Das große Buch der italienischen Küche

CUCINA ITALIANA

Das große Buch der Italienischen Küche

·C·U·C·I·N·A·

Italiana

**Accademia Italiana
· della Cucina ·**

Delphin

Anmerkungen:
Wenn nicht anders angegeben, sind die Rezepte für 4 Personen berechnet.

1 Glas = 150–200 ml
1 Eßlöffel (EL) = 25 ml
1 Teelöffel (TL) = 5 ml

Die mit * gekennzeichneten Rezepte sind abgebildet.

Texte
Ada Boni, Roberto Bosi
Vittorio Camilla, Giorgio Marcolungo
Anna Martini, Lamberto Paronetto
Mariella Pizetti, Francesco Spagnolli

Redaktion
Giuseppe Parisi

Layout
Giorgio Seppi

Aus dem Italienischen von
Doris Gottwald (Süßspeisen),
Helga Greiner (Fleisch, Käse, Eingemachtes, Vorwort),
Susanne Vogel (Vorwort, Vorspeisen, Teigwaren,
Suppen, Reis, Saucen, Fische und Meeresfrüchte,
Eierspeisen, Gemüse, DOC-Weine),
Claudia Weiand (Geflügel, Wild, Pizzen und Brote, Glossar)

Satz
Fotosatz Uhl + Massopust GmbH, Aalen
Umschlaggestaltung
Christa Manner, München
Gesamtherstellung
Mondadori, Verona
Printed in Italy
ISBN 3.7735.5317.X

Inhalt

Vorwort

»Kann ich wohl unterstellen, daß das Essen, die Küche überhaupt, noch nie derart im Mittelpunkt des Interesses gestanden hat wie heute? Bezeichnend für unsere modernen Zeiten (und was sind das für Zeiten!) mag der Ausspruch eines hübschen Jünglings sein, einer dieser filigranen Nippesfiguren, wie sie aus den exklusiven (will heißen teuersten, nicht unbedingt besten) Restaurants von Manhattan, Mayfair und Saint-Honoré nicht wegzudenken sind. Polyglott, polyvalent und polychrom zwitschert es aus der glatten, alterslosen Ephebenmaske: »Ach, Cheri, die Küche ist heute so wahnsinnig mondän!« Dabei hat unser kleiner Liebling keine Ahnung, daß er damit leichthin die Klagen um den Niedergang der wahren Eßkultur nachplappert, die schon vor einem Vierteljahrhundert von einer vielbetrauerten, klugen Dame, der Journalistin Irene Brin, geäußert wurden. Es ist eines der zahlreichen Paradoxe unserer Zeit: Niemals zuvor wurde soviel über die Kochkunst geredet, geschrieben und veröffentlicht, während man tatsächlich immer weniger und – viel schlimmer – immer weniger gut ißt.

Unser Jahrhundert wendet sich mehr und mehr von den einstigen lustvollen Tafelfreuden ab. Inzwischen sind die Menschen beim Essen gehetzt, von einer metaphysischen Furcht durchdrungen, dem Pillenwahn verfallen und dem Diätkult ergeben; sie erstarren in unserer tiefgekühlten Welt mit ihren auf die Spitze getriebenen Raffinessen. Diese Entwicklung spiegelt sich nicht zuletzt in der kostbarsten Zier einer kultivierten Tafel wider, in den Tischgesprächen. Sprühten diese einst bei den opulenten Mahlzeiten der Belle Epoque vor Witz und Geist, so drehen sie sich heute, angesichts eines trostlosen Rohkostsalates, mit dem sich so viele Herrschaften von Welt bescheiden, monoton um ein und dasselbe Thema: Was dick macht und was nicht.

Diese trost- und appetitlose Szenerie brachte eine Flut von üppig ausgestatteten, auf feinstem Papier gedruckten Kochbüchern hervor, die jedoch mehr zur Augenweide gereichten als zur Gaumenfreude. Und so fristeten sie als reine Demonstrationsobjekte mondänen Lebensstils denn auch ein Dasein in Unberührtheit auf den Bücherregalen der Wohnzimmer, unbeachtet von der wirklichen Küche, zu deren Unterweisung sie eigentlich gedacht sein sollten. Gegen solche und ähnliche Modemarotten einer hektisch-desorientierten Welt mußte sich der gesunde Menschenverstand, der jedem »rappel à l'ordre« zugrunde liegt, doch einfach auflehnen.

Dieser trug ganz wesentlich zur Gründung unserer Accademia Italiana della Cucina *durch eine Schar von Genießern aus den Bereichen der Kunst, Wissenschaft, Industrie und des öffentlichen Lebens bei, die sich für den »Schmerzensschrei« des unvergeßlichen Orio Vergani empfänglich zeigten: »Die italienische Küche siecht dahin.« Mit dieser Mahnung wollte er darauf aufmerksam machen, daß tief verwurzelte Sitten und Gebräuche, kulturelle Traditionen und familiäre Bande von Hast, Stillosigkeit und mangelndem Feingefühl zunehmend verdrängt zu werden drohten; diese Entwicklung werde, gleichsam unbemerkt, noch begünstigt durch zerstörerische Tendenzen der westlichen Welt, die dem Schlankheitsideal auf dem heidnischen Altar des Fastenkults huldige.*

Mehr als dreißig Jahre engagierter Arbeit haben bewiesen, daß es der Accademia *nicht darum geht, blasierte Nostalgiker oder gar Eßfanatiker zu rekrutieren. Vielmehr haben diese Gourmets, beseelt von einem Empfinden für den heimischen Herd und von Ehrfurcht vor den Traditionen, das Anliegen, den verschwenderischen kulturellen Reichtum unseres Landes zu verteidigen, den es, verwirrt vor allem durch den sogenannten modernen Zeitgeist, beinahe verwirkt hätte.*
Neben Monumenten und Museen, denen immer etwas von moosüberwachsenen Atrien und zerbröckelnden Foren anhaftet, verlor sich allmählich vor dem Hintergrund der geschändeten Kutlurlandschaften eines verratenen Italiens ein weiterer Bestandteil unseres Kulturerbes, die Gastronomie, in der pseudo-internationalen Anonymität, die in Gestalt von dekadenten Fast-Food-Produkten, Hamburgern, folienumschweißten Pizzen nach Wildwest-Manier und explosiven Cola-Getränken daherkam.

Den von so vielen wackeren Italienern gefochtenen Kampf zur Verteidigung der unverfälschten Küche und der damit verbundenen Gefühle und Werte mag man als romantisches Scharmützel einer verlorenen Nachhut werten, er wird dennoch gefochten von den vielen Mitgliedern unserer Accademia. *Wir glauben, daß der Herr den Sünder mit dem Hunger bestraft, den Fleißigen aber mit dem Appetit belohnt. Und diese begabte Kreatur, der Mensch, war es, der auf die göttliche Erfindung des Wassers zum Stillen des Durstes mit der Erfindung des Weins antwortete (und Gott weiß wohl, wieviel guten und rechtschaffenen wir noch davon herstellen!), woraufhin der*

Vorwort

Schöpfer zum Zeichen seiner Bewunderung aus dieser seiner Kreatur die einzige auf Erden machte, die trinken kann, ohne Durst zu verspüren. Der Mensch nun vollzog einen wahrhaftigen Fortschritt, indem er sich von einer niederen Unterjochung durch den Körper, die ihm zum Zwecke der Erhaltung seiner Art auferlegt war, nämlich dem Hunger, befreite und, nachdem er diesen zum Appetit emporgehoben hatte, daraus ein erhabenes Vergnügen entwickelte, auf daß die Menschheit darauf das prunktvolle Gebäude der Kochkunst errichte. Demzufolge konnte ein Werk wie dieses gar nicht ausbleiben, und unausweichlich mußte auch unsere Accademia *durch Übernahme der Schirmherrschaft wie auch durch Beiträge in entscheidendem Maße daran mitwirken.*

Dieses Werk voller Leben, Lehrbuch ebenso wie praktischer Leitfaden, dient zugleich als Bollwerk gegen die Verfälschung der ursprünglichen italienischen Kochkunst. Die Küche kann und wird als aufschlußreiches und ausdrucksstarkes Spiegelbild der jeweiligen Epoche die zeitgemäßen Entwicklungen mitvollziehen und dabei alle lebendigen und auch lebensnotwendigen Elemente, die Erfordernisse wie auch die Konvenienzen der immer wieder unterschiedlichen gesellschaftspolitischen und wirtschaftlichen Realität zum Ausdruck bringen. Gleichzeitig wird das Werk wesentlich dazu beitragen, die Evolution in die Schranken der Vernunft zu weisen, und somit gerade jene unhaltbaren und willkürlichen Torheiten ausmerzen, die, im Kielwasser der Mode unter der Flagge irgend so einer aufkommenden »nouvelle cuisine« segelnd, die ursprünglichen, vertretbaren Postulate eben dieser Evolution schmählich verraten haben.

»Fruges consumere nati«, das sagte bereits Horaz. Und es dauerte nicht lange, bis unsere Vorfahren eine Küche geschaffen hatten, der sogar ein Heiliger, Thomas von Aquin, seinen Segen erteilte: »Diese Kunst ist die höchste, sie nährt die Sterblichen«. Und wohl kaum ein anderes großes Volk konnte, aus einer reichen Vielfalt von Aromen und Geschmacksvarianten schöpfend, eine Küche hervorbringen, die so eng verwachsen ist mit den vielgestaltigen Erscheinungsformen von Flora und Fauna, Klima und Boden. In ihr kommt die großartige Vergangenheit des eigenen Landes ebenso zum Ausdruck wie Einflüsse aus aller Welt, die begünstigt wurden durch Kriege, Invasionen und Handel; sie ist Bewahrerin jahrhundertealter Tradition ebenso wie Fürsprecherin zeitgemäßer und zukünftiger Strömungen, stets geprägt von spontaner Ursprünglichkeit: Eine Küche, die den edelsten Wesenszug eines alten Kulturvolkes – und damit meine ich die schlichte Natürlichkeit, die unser gesamtes Brauchtum kennzeichnet – zum Ausdruck bringt und die gleichzeitig modernste ernährungswissenschaftliche Erkenntnisse berücksichtigt, so daß ungezählte Italiener, ohne eine konkrete Vorstellung von der heute so wichtig gewordenen Vollwertküche zu haben, sich ganz unbewußt »bewußt ernähren« – von alters her Gourmets, zugleich aber unfreiwillig äußerst verwöhnte Gesundheitsapostel unserer modernen Zeit. Vergessen wir auch nicht, daß Spontaneität und Einfallsreichtum Jahrhunderte währende Armut zu überbrücken vermochten, indem das Volk aus seiner Not die sprichwörtliche Tugend machte und dabei einen Schatz völlig eigenständiger Rezepte hervorbrachte. Der echten italienischen Küche mit ihren Ursprüngen, die bis ins Goldene Zeitalter zurückreichen, können weder übriggebliebene Fragmente einer aufgeblasenen Rhetorik noch mondäne Überspitztheiten etwas anhaben; wir verlieren uns nicht in einem Vokabular, das die »cuisine« als grande, haute *oder* bourgeoise, classique *oder* nouvelle, gourmande *oder* minceur *apostrophiert: Begriffe, die aus einer Ecke kommen, in der man gern viel Lärm um nichts macht. Wer uns einer übertriebenen Einfachheit bezichtigt, wer sogar von einer »cuisine intello« spricht, dabei aber großzügig darüber hinweggeht, daß wir mit der futuristischen Küche von Filippo Tommaso Marinetti und seinem »Simultanessen« bereits einen authentischen, wenn auch provokatorischen Beitrag zur avantgardistischen Küche geleistet haben, dem halten wir die noble Schlichtheit, die unvergängliche Natürlichkeit unserer »buona cucina« entgegen.*

Hiermit sei nichts gegen die französische Küche gesagt, die unbestritten von einem hohen kulturellen Niveau und feinen Sitten und Gebräuchen zeugt. Wir möchten nur unsere Überzeugung zum Ausdruck bringen, daß unsere Küche vor dem Niedergang gerettet werden kann: Wir entdecken den langersehnten Silberstreifen am Horizont in Gestalt einer vielversprechenden jungen Generation, die die unserem Volk innewohnende natürliche Begabung fortführt und sich mit bemerkenswertem Engagement und regem Interesse für

Vorwort

Überliefertes den Weg zum Erfolg wieder erschließt. In diese jungen Leute, Kochkünstler-Kinder und Erben überlieferter Gastgeber- und Küchentraditionen, die einerseits der Vergangenheit treu bleiben, andererseits aber, bewegt vom sehnlichen Wunsch nach Erneuerung, inzwischen unzeitgemäßen barocken Zierat und Schwerfälligkeiten ablegen, setze ich meine ganze Hoffnung. Sie mischen Altes und Neues und beschreiten dabei wieder die bewährten Wege, die uns zu jenen Refugien führen, wo die Tafel noch süße Labung und wunderbare Überraschung verspricht. Dort kann es noch geschehen, daß einem beim Genuß einer guten Flasche Wein Dante in den Sinn kommt: »Schau, wie zum Weine wird die Sonnenwärme, wenn sie sich mit dem Saft der Rebe bindet« (Purg. 25, 77/78). Dem kann ich lediglich hinzufügen: »Ich habe dir vorgelegt, nun stärke dich« (Paradiso 10, 25).

Wir gestehen und bekennen also unsere Treue zu unserer lieben alten Freundin, der Kochkunst, derjenigen der guten Tafel, die keiner weiteren Adjektive bedarf und deren unangefochtene Wortführerin noch immer die italienische Küche ist und auch in Zukunft bleiben wird. Dafür wird uns »unsere« Tafel wiedergeschenkt, Zeichen kultivierter Lebensart – schon Dante scheute sich nicht, seinem Traktat höchster Weisheit den Titel Convivio *(Das Gastmahl) zu geben.*
Bei Tisch spielt sich seit jeher das Leben ab – tagtäglich bei den Mahlzeiten im Kreise der Familie, zu besonderen Anlässen bei gesellschaftlichen, mondänen, diplomatischen Büffets bis hin zum Liebesmahl in den frühchristlichen Gemeinden. Durch die Jahrtausende hindurch feierte man auf diese Weise die errungenen Siege – am Feuer in den Höhlen ebenso wie beim großen Bankett, bei den Festen der Satrapen im Persien der Antike wie mit den Orgien der alten Römer, bei den schillernd phantasiereichen Festen des italienischen Rinascimento *wie auch im Rahmen der streng reglementierten, aber glanzvollen Festmahle in Versailles und nicht zuletzt mit der echten »grande cuisine« im letzten bürgerlichen Freudentaumel der Belle Epoque, als in den Tempeln einer erhabenen und verwegenen Kochkunst der sehnsuchtsvolle Refrain aus Baudelaires* L'invitation au voyage *anklang: »Là où les sons et les couleurs se répondent... Là tout n'est qu'ordre et beauté, luxe calme et volupté...«*

Aber auch angesichts solcher Überästhetisierung eines ohnehin schon prunkvollen Brauches und einer verfeinerten Kultur bleiben wir weiter der natürlichen und unverfälschten Kochkunst, Frucht unserer spontanen Eingebung, treu; jener Kochkunst, von der der unvergessene Pellegrino Artusi – so klein, daß er sich auf die Zehenspitzen stellen mußte, um einen verstohlenen Blick in die damals großzügigen Dekolletés des schönen Geschlechts zu wagen – so gern als Spitzbübin sprach und sich dabei einen kleinen Vorgeschmack von den kommenden Genüssen verschaffte; jener vortrefflichen und heiligen provinziellen und regionalen Kochkunst schließlich, der Mondadori dieses Buch gewidmet hat. Wir haben mit Bescheidenheit die immensen Schätze unserer Küche ausgebreitet, eben jene Schätze, die, wie bereits ausdrücklich gesagt wurde, untrennbar mit unserem Wesen und also mit unseren italienischen Sitten und Gebräuchen verbunden sind, geprägt von Einfachheit und Natürlichkeit. Diese Werte sind es, die aus einem einfachen Gericht ein fürstliches Mahl werden lassen. Zögern wir nicht, die wir den provinziellen Küchen das Fortbestehen der nationalen Küche anvertrauen, uns als allererste zu »Provinzlern« zu erklären. Und warum auch nicht! Denn schließelich sind unsere Provinzen oftmals nichts anderes als die einstigen souveränen Staaten einer unvergleichlichen historischen Vergangenheit. Souverän auch in allen feinen Künsten des Lebens, in einem Land voller Vielfalt und Phantasie, das in Geographie und Geschichte immer Klassenbester war... und, unter uns gesagt, auch in der Kochkunst.«

GIOVANNI NUVOLETTI PERDOMINI
Präsident der Accademia Italiana della Cucina

Antipasti e salumi

Vorspeisen, Wurst und Schinken

»Sicher, Antipasti haben in der italienischen Küche noch nie eine wesentliche Rolle gespielt. Und trotzdem bestätigt sich immer wieder, daß man bei einem größeren Mahl ungern auf eine Vorspeise verzichtet. Dies gilt insbesondere für Gegenden, in denen man die typischen Spezialitäten noch zu schätzen weiß – zumal wir zu den Vorspeisen auch die italienischen Wurstwaren rechnen können, die bereits seit langem ihren festen Platz in der kulinarischen Welt behaupten. Ist es denn überhaupt denkbar, daß jemand, in Erwartung eines Tellers mit dampfenden Spaghetti, vor ein paar Scheiben aromatischem Schinken oder Finocchiona, Capocollo oder auch Hausmacherwurst zurückschreckt? Gelegentlich hört man die Behauptung, in der italienischen Speisenfolge seien Vorspeise und der – zu gewichtige – erste Gang miteinander unvereinbar. Das mag sein, man kann sich aber aus der Affäre ziehen, indem man Alternativen anbietet: entweder Antipasto oder »il primo«, also einen ersten Gang. Aber wir meinen doch, daß ein paar Toasts mit Leberfarce überbacken oder ein halbes Dutzend Miesmuscheln im Weinsud oder auch zwei Scheiben Parma-Schinken niemandem den Appetit rauben können.«

BRUSCHETTA *

Bauernbrot mit Knoblauch

8 Scheiben Bauernbrot
2 zerdrückte Knoblauchzehen
Olivenöl
Salz
frisch gemahlener Pfeffer

Am besten eignet sich für dieses Rezept selbstgebackenes Brot. Ansonsten verwendet man ein helles Bauernbrot, niemals jedoch Toastbrot.
Die Brotscheiben im Ofen oder auf der Herdplatte goldbraun rösten. Mit Knoblauch bestreichen, mit Öl einpinseln und reichlich Salz und frisch gemahlenen Pfeffer darüberstreuen. Sehr heiß servieren.

CAPE SANTE

Jakobsmuscheln

12 Jakobsmuscheln
½ Glas Öl
1 Knoblauchzehe
1 Bund Petersilie
Semmelbrösel
1 gehackte Knoblauchzehe
40 g Butter
etwas trockener Weißwein
etwas Zitronensaft

Jakobsmuscheln waschen und in einem Topf ohne Wasser zusammen mit der Hälfte des Öls, etwas Petersilie und der gehackten Knoblauchzehe erhitzen, bis sie sich öffnen. Ihr Fleisch auslösen und in den Semmelbröseln wenden. In einer Pfanne die Knoblauchzehe und Petersilie im restlichen Öl und der Butter andünsten. Muscheln zufügen und, wenn sie schön gebräunt sind, mit etwas Wein und Zitronensaft beträufeln. In den eigenen Schalen anrichten und heiß servieren.

COZZE AL RISO *

Muschelreis

700 g Miesmuscheln
300 g Reis
2 EL Öl
Salz, frisch gemahlener Pfeffer
400 g Tomaten
1 Knoblauchzehe

Die gründlich abgebürsteten und gewaschenen Muscheln ohne Wasser in einem Topf erhitzen. Wenn sie sich geöffnet haben, aus den Schalen lösen, dabei den Muschelsud auffangen und durchsieben. Knoblauch in einer Kasserolle im Öl goldbraun anschwitzen. Herausnehmen und die durchpassierten Tomaten zusammen mit dem Muschelsud zufügen. Salzen, pfeffern und aufwallen lassen. Den Reis separat in sprudelndem Salzwasser kochen und, sobald er halb gar ist, zur Tomatensauce geben. Unter ständigem Rühren fertig garen und zuletzt die Muscheln untermischen.

COZZE AL FORNO

Überbackene Muscheln

4 Dutzend Miesmuscheln (je nach Größe genügen auch 40 Stück)
Olivenöl
Saft von 2 Zitronen
1 kleiner Bund Petersilie
2 Knoblauchzehen
Semmelbrösel
1 EL Essig
Salz, frisch gemahlener Pfeffer

Muscheln waschen und mit einer harten Bürste gründlich einzeln abschrubben. Mit Hilfe eines Messers öffnen, dabei den Muschelsaft auffangen und die leere Schalenhälfte wegwerfen. Muschelsaft durch ein Sieb gießen und in einer Tasse mit dem Essig, 4 EL Öl, dem Zitronensaft und der Petersilie verrühren. Die Schalenhälften mit den Muscheln nebeneinander in eine feuerfeste Form legen und mit der zubereiteten Sauce beträufeln. Die Knoblauchzehe zerdrücken, in Öl einrühren und damit die Muscheln begießen. Über jede etwas Semmelbrösel geben und die Form ca. 15 Minuten in den vorgeheizten Ofen (200–220 °C) schieben. Sehr heiß in der Form servieren.

CRESCENTINE

Plunder süß und salzig

300 g Mehl
1 EL Butter (oder Schweineschmalz oder zerdrückter Speck)
½ Päckchen Backpulver
1 Schöpfkelle Brühe
reichlich Öl und Schmalz zum Backen
Salz

Die Brühe anwärmen und die Butter (bzw. das Schmalz oder – und das ist die traditionelle Version – den zerdrückten Speck) darin schmelzen. Das Mehl zusammen mit 1 Prise Salz, dem Backpulver und der lauwarmen Brühe zu einem weichen, elastischen Teig verarbeiten. Diesen nicht zu dünn ausrollen, zweimal falten, erneut ausrollen, wieder falten usw. Den Vorgang insgesamt 5–6mal wiederholen. Zuletzt etwa 5 mm dick ausrollen. Mit dem Teigrädchen (oder einem Messer) etwa 2 cm breite Streifen abschneiden und diese in 7–8 cm lange Stücke teilen. In der Pfanne zum Backen reichlich Öl und Schmalz zum Sieden bringen und das Gebäck portionsweise hineingeben. Die Stückchen blähen sich sofort auf, bilden an der Oberfläche Blasen und werden knusprig goldbraun. Vorsichtig mit dem Schaumlöffel herausnehmen (dabei nicht die Blasen beschädigen, die sich sonst mit dem Fett füllen) und auf Küchenkrepp legen. Mit etwas Salz bestreuen (Kinder mögen es lieber gezuckert) und auf einem Teller anrichten. Noch heiß servieren.

CROSTINI DI FEGATINI

Weißbrotscheiben mit Leberfarce überbacken

8 altbackene Weißbrotscheiben
150 g Hühnerlebern
40 g nicht zu magerer, roher Schinken
1 EL Butter
1 EL Öl
etwas Zitronensaft
½ Zwiebel
2–3 Salbeiblättchen
geriebener Parmesan
Salz
frisch gemahlener Pfeffer

Den grob gehackten Schinken zusammen mit einem Stückchen Zwiebel, dem Öl und dem gewaschenen Salbei in einer Pfanne dünsten. Sobald die Zwiebel glasig wird, die gehäuteten, gewaschenen und zerkleinerten Hühnerlebern zufügen. Kräftig anbräunen, dabei häufig umrühren und mit 2–3 EL Wasser begießen. Salzen und leicht pfeffern. Die Salbeiblättchen herausnehmen und den Pfanneninhalt durch ein Sieb streichen. In einer Schüssel mit der Butter und einem Spritzer Zitronensaft zu einer geschmeidigen Creme verrühren. Die gerösteten Brotscheiben damit bestreichen, mit etwas Parmesan bestreuen und einige Minuten in den sehr heißen Ofen schieben.

CROSTINI ALLA NAPOLETANA

Toast mit Sardellen und Tomaten

8 Scheiben Kastenbrot
80 g sehr frische Butter
2 Stück Mozzarella
4 eingesalzene Sardellen
4 vollreife Tomaten
Öl
Origano
Salz
frisch gemahlener Pfeffer

Die Sardellen sorgfältig wässern und damit entsalzen. Entgräten und in jeweils vier feine Filets teilen. Die Tomaten waschen, abtrocknen und in Scheiben schneiden. Den Mozzarellakäse in 8 gleich große Scheiben teilen. Die Brotscheiben jeweils mit 10 g Butter bestreichen, mit einer Scheibe Mozzarella belegen (die nicht größer sein darf als das Brot) und mit zwei Sardellenstreifchen und einigen Tomatenscheiben garnieren. Leicht salzen und pfeffern und mit Origano nach Belieben würzen. Die Brotscheiben auf ein leicht eingeöltes Backblech legen und bei mäßiger Hitze (ca. 180 °C) 10 Minuten im Ofen überbacken. Sehr heiß als Vorspeise oder kleine Zwischenmahlzeit servieren.

CROSTINI GUSTOSI ALLA ROMANA

Überbackener Sardellentoast

8 Scheiben Bauernbrot
4 eingesalzene Sardellen
Mozzarella
50 g Butter

Sardellen waschen, entgräten und hacken. Die Butter in einem Töpfchen erhitzen und, sobald sie zu schmelzen beginnt, vom Herd nehmen. Sardellen zufügen und mit der Gabel zu einer geschmeidigen Paste zerdrücken. Die Brotscheiben gleichmäßig damit bestreichen und mit einer Mozzarellascheibe belegen (die nicht über den Rand der Brotscheibe ragen darf). Im gut vorgeheizten Ofen ein paar Minuten überbacken, bis der Käse zerläuft.

GRANSEOLA

Seespinne

4 mittelgroße Seespinnen
Salz
Olivenöl
Saft von 1 Zitrone
frisch gemahlener Pfeffer
1 EL gehackte Petersilie

Die Seespinnen einige Stunden wässern, anschließend in sprudelndem Wasser 10–15 Minuten kochen. Auskühlen lassen und vorsichtig das Fleisch auslösen. Die Schalenhälften waschen. Das Fleisch hacken (dabei aufpassen, daß keine Schalenstückchen hineingeraten sind) und wieder in die Schalenhälften geben. Mit reichlich Öl, Zitronensaft, Salz und Pfeffer anmachen und mit Petersilie bestreuen. Kalt servieren.

INSALATA DI SEPPIE

Tintenfischsalat

600 g Tintenfisch
1 Knoblauchzehe
1 dl Olivenöl
gehackte Petersilie
2 EL Essig
Salz
Saft von 1 Zitrone
frisch gemahlener Pfeffer

Falls möglich, die Tintenfische von der feinen, äußeren Haut befreien. Augen, Mittelknochen und Tintensack entfernen. In reichlich Wasser gründlich waschen, um die Fangarme von etwaigen Sandrückständen zu säubern. Mit dem Fleischklopfer bearbeiten, bis sie mürbe sind. Die so vorbereiteten Tintenfische in kochendes, mit Essig gesäuertes Salzwasser gleiten lassen und zugedeckt etwa 1 Stunde leise sprudelnd kochen. Durch Einstechen mit einer Gabel prüfen, ob sie gar sind. Abseihen, abkühlen lassen und in Streifen schneiden. Mit Öl, Zitronensaft, Salz, Pfeffer, Knoblauchstückchen und gehackter Petersilie anmachen. Mit einer Garnitur aus schwarzen Oliven, Scheiben von gelben und roten Paprikaschoten und Zitronenspalten in Muschelschalen anrichten.

LUMACHE ALLA BOBBIESE

Schnecken aus Bobbio

24 Schnecken
50 g Butter
500 g Porree
500 g Bleichsellerie
2 große Mohrrüben
1 Zwiebel
1 Glas Olivenöl
3 EL Tomatensauce (s. S. 124)
Salz
frisch gemahlener Pfeffer

Schnecken aus der Gegend von Bobbio (Piacenza), und hier besonders die im Dezember gesammelten, sind eine begehrte Delikatesse. So erstaunt es nicht, daß sie in Bobbio als Weihnachtsessen zubereitet werden und sogar in großen Städten wie Mailand und New York bekannt sind, wo sie in Spezialitätengeschäften angeboten werden.
Da die Zubereitung dieses Rezeptes sehr zeitaufwendig ist, empfiehlt es sich, die einzelnen Arbeitsschritte über zwei Tage zu verteilen. Wesentlich einfacher und angenehmer ist jedoch die Verwendung küchenfertig vorbereiteter Schnecken.
Die Schnecken einige Tage zum Reinigen in einen Sack mit Kleie geben. Säubern und waschen. In einem Topf (möglichst aus Steingut) die gehackte Zwiebel im Öl und in der Butter glasig dünsten (nicht bräunen!). Die Schnecken zufügen und mit der in 1 Glas Wasser aufgelösten Tomatensauce begießen. Aufkochen lassen, die Hitze reduzieren, mit Salz und etwas Pfeffer würzen und zugedeckt einige Stunden dünsten. Dabei häufig umrühren und nach Bedarf heißes Wasser nachfüllen. Die Schnecken bis zum folgenden Tag ruhen lassen. Den Topf wieder auf den Herd stellen, ein Glas Wasser angießen und das geputzte, gewaschene und zerkleinerte Gemüse (Mohrrüben, Sellerie und Porree) dazugeben. Zugedeckt wieder ein paar Stunden leise köcheln lassen. Mit Salz abschmecken, häufig durchmischen und erforderlichenfalls etwas Wasser nachgießen. Auf diese Weise erhält man eine dicke, cremige Sauce.
Sehr heiß servieren. Dazu frisch zubereitete Polenta (s. S. 84 ff.) reichen. Als Beilage paßt dazu ein knackiger Salat oder in etwas Butter gedünsteter Spinat.

LUMACHE ALLA MILANESE

Weinbergschnecken auf Mailänder Art

24 gereinigte Weinbergschnecken
1 Handvoll grobes Salz
1 Glas Essig
1 Knoblauchzehe
½ Glas Öl
50 g Butter
4 gehackte Sardellen
4 Fenchelsamen
1 Bund gehackte Petersilie
1 TL Mehl
½ gehackte Zwiebel
gut 1 Glas trockener Weißwein
Salz
frisch gemahlener Pfeffer
Muskatnuß

Schnecken waschen und die Gehäuse abbürsten. Dreimal hintereinander jeweils 1 Stunde in etwas Wasser legen, das gesalzen und mit Essig gesäuert wurde. Anschließend in wenig ebenso gesalzenem und gesäuertem Wasser 10 Minuten kochen. Aus dem Gehäuse ziehen und den schwarzen Eingeweidesack entfernen. Die zerdrückte Knoblauchzehe in einem Pfännchen in der Butter und dem Öl andünsten und entfernen. Zerkleinerte Sardellen, Fenchelsamen, gehackte Zwiebel und Petersilie zufügen und leicht anbräunen. Das Mehl einrühren und die Schnecken dazugeben. Mit dem Wein aufgießen, leicht salzen, pfeffern und mit 1 Prise Muskatnuß abrunden. Bei milder Hitze ca. 1 Stunde garen, dabei gelegentlich umrühren. Die Schnecken wieder in die Gehäuse geben, mit der Sauce überziehen und heiß servieren.

BOVOLONI

Schnecken in Weißwein

800 g Schnecken (mit Gehäuse)
½ Glas Öl
5 Knoblauchzehen
1 Bund Petersilie
1 Glas trockener Weißwein
Salz
frisch gemahlener Pfeffer

Die Schnecken 5–6 Tage zum Reinigen in ein Kleiesäckchen geben. Waschen und 10–15 Minuten überbrühen. Abseihen und mit Hilfe einer Gabel aus dem Gehäuse ziehen. Den schwarzen Eingeweidesack entfernen. Die Schnecken in reichlich Maismehl wenden. Kräftig abreiben und so den Schleim entfernen. Gründlich unter fließendem Wasser waschen, auf einem Tuch trocknen und auskühlen lassen. Das Öl mit den ganzen Knoblauchzehen und der grob zerkleinerten Petersilie in einen Steinguttopf geben und die Schnecken daraufsetzen. Etwa 4 Stunden bei milder Hitze zugedeckt dünsten. Dabei zunächst den Wein, später wiederholt etwas Wasser nach Bedarf angießen. Nach der Hälfte der Garzeit mit Salz und Pfeffer abschmecken. Fertig garen und servieren.

MOZZARELLA ALL'ORIGANO

Mozzarella mit Origano

2 Stück Büffelmozzarella
2 Tomaten
Origano
einige Basilikumblätter
Salz
frisch gemahlener Pfeffer
3 EL Olivenöl

Mit frischem Mozzarella aus Büffelmilch und aromatischen, sonnengereiften Tomaten zubereitet eine köstliche sommerliche Vorspeise. Die Tomaten gut waschen, abtrocknen und senkrecht fächerförmig aufschneiden, dabei nicht ganz durchtrennen. Mit Hilfe einer Messerklinge aufblättern und in die Einschnitte jeweils eine Mozzarellascheibe setzen. Mit Öl, Salz, Pfeffer und Origano abschmecken und mit Basilikumblättern garnieren.

OSTRICHE ALLA TARANTINA

Gedünstete Austern

24 sehr frische Austern
Salz
1 Bund Petersilie
2 EL Semmelbrösel
Pfeffer
Olivenöl
1–2 Zitronen

Die Muschelschalen mit dem Austernbrecher öffnen und die Austern in reichlich Salzwasser gründlich waschen. Die Schalenhälften mit den Muscheln in eine ofenfeste Form geben. Mit reichlich gehackter Petersilie bestreuen, etwas Semmelbrösel darüber verteilen und reichlich Pfeffer darübermahlen. Mit etwas Öl beträufeln und ¼ Stunde im vorgewärmten Ofen bei 160 °C dünsten. Mit Zitronenspalten garnieren und heiß servieren.

OLIVE AL FORNO

Gebackene Oliven

24 große grüne Oliven
24 feine Scheiben Räucherspeck
Olivenöl

Oliven so entkernen, daß sie die Form bewahren. Jede Olive mit einer Speckscheibe umwickeln. Jeweils zwei Oliven auf einen Zahnstocher spießen und in eine leicht eingeölte, feuerfeste Form legen. Bei mäßiger Temperatur im Ofen erhitzen, wobei das Fett aus dem Speck austritt und den Oliven einen besonderen Geschmack verleiht. Die Oliven von den Speckscheiben befreien, abtropfen lassen, auf einen vorgewärmten Teller geben und sofort servieren.

OLIVE FARCITE *

Gefüllte Oliven

40 große grüne Oliven, in Salzwasser eingelegt
200 g gemischtes Hackfleisch (Kalb, Schwein, Mortadella, Schinken)
20 g Butter
40 g geriebener Parmesan
2 Eier
½ Glas trockener Weißwein
etwas Mehl
Öl
Muskatnuß
Salz
frisch gemahlener Pfeffer

Die Butter in einem Topf zerlassen und das Hackfleisch einige Minuten unter ständigem Rühren darin anbräunen. Mit etwas Salz, 1 Prise Pfeffer und einem Hauch frisch geriebener Muskatnuß abschmecken. Mit dem Wein übergießen und diesen bei erhöhter Temperatur verdampfen lassen. Wenn die Flüssigkeit beinahe völlig verdampft ist, die Hitze wieder herunterschalten und ein mit dem Parmesan verquirltes Ei unterziehen. Die Oliven vorsichtig entkernen und sie dabei möglichst wenig verletzen. (Am besten schält man das Fruchtfleisch spiralförmig, wie bei einer Apfelsine, ab.) Mit der Mischung füllen. Das zweite Ei auf einem Teller verschlagen und die Oliven darin wenden. Anschließend im Mehl wenden und in einer Pfanne in reichlich siedendem Öl fritieren.

OLIVE NERE ALL'ACCIUGA

Aromatisierte Oliven

400 g schwarze Oliven
4 Sardellenfilets
½ gehackte Zwiebel
1 gehackte Knoblauchzehe
Origano
2 dl Olivenöl

Die Oliven mit Hilfe des Entkerners entsteinen und das Fleisch dabei möglichst wenig verletzen. In einer Pfanne das Öl mit der Zwiebel, den Sardellenfilets und dem Origano ca. 5 Minuten erhitzen. Das so aromatisierte Öl durch ein Sieb über die Oliven gießen.

CUSCINETTI DI PANDORATO

Gefüllte Brottaschen

Etwa 400 g Kastenweißbrot
350 g Mozzarella
120 g roher Schinken in Scheiben (oder Sardellenfilets)
Mehl
gut ¼ l Milch
2 Eier
Salz
Schweineschmalz (oder Öl) zum Backen

Das Brot in dicke Scheiben schneiden, die Rinde entfernen und die Scheiben waagerecht halbieren, jedoch nicht ganz durchtrennen, so daß eine Tasche entsteht. Diese mit einigen Mozzarella- und Schinkenscheiben (bzw. Sardellenfilets) füllen. Die Brotscheiben leicht einmehlen und kurz in die Milch eintauchen. In einen tiefen Teller legen und mit den verquirlten und etwas gesalzenen Eiern übergießen. Etwa 1 Stunde ruhen lassen, bis sie sich mit Ei vollgesogen haben, und in reichlich heißem Schmalz (oder Öl) backen. Zum Aufsaugen von überschüssigem Fett auf Küchenkrepp legen und heiß servieren.

»capocollo pugliese«. Wie für die apulische und generell die süditalienische Küche typisch, wird für diese Variante reichlich Cayennepfeffer verwendet.
In der Zubereitung unterscheiden sich die beiden Versionen kaum voneinander, dafür aber in bezug auf Aroma und Aussehen. Der »capocollo pugliese« ist sehr viel kleiner und hat einen intensiveren Rauchgeschmack. Diesen erhält er in der ersten Konservierungsphase, wenn er in speziellen Kammern kaltem Rauch ausgesetzt wird, der etwas abseits durch das Verbrennen grüner Eichenzweige entsteht. Nach 5–6 Monaten ist die Konservierung abgeschlossen. Im Sommer wird dieses Produkt in Steingut-Töpfen aufbewahrt, die mit Olivenöl gefüllt sind, damit das Fleisch nicht zu sehr austrocknet.

Capocollo umbro
Sofern diese Delikatesse aus dem mageren Fleisch von Schweinen hergestellt wird, die auf eine ganz besondere Art gefüttert wurden, besticht sie durch einen vollen und zugleich äußerst delikaten Geschmack.
Ein Stück Schweinslende wird zunächst sorgfältig gesäubert und zurechtgeschnitten, bis es die typische zylindrische Form hat. Danach wird das Stück im Ganzen wiederholt in trockenem Weißwein »gewaschen« und schließlich in eingefettetes Pergamentpapier gewikkelt, das an den Seiten offen bleibt. Nach etwa 10 Tagen wird das Pergamentpapier entfernt und durch eine spezielle Strohhülle ersetzt. Das Fleisch wird darin eingehüllt, anschließend mit einem Faden umwickelt und zum Trocknen an einen luftigen, kühlen Ort gehängt. Bis es gut abgehangen und von hochwertiger Qualität ist, vergehen mindestens 3 Monate.

Coppa
Diese Spezialität kann in ganz Italien auf eine lange kulinarische Tradition zurückblicken, wobei viele Ortschaften die Siegerpalme für die köstlichste Zubereitung für sich beanspruchen.
Die sorgfältig ausgewählten Zutaten hierfür – Schweinefleisch vom Nacken und Filet – werden zunächst gesalzen. Nun beginnt der Prozeß der Haltbarmachung, der meist zeitlich ziemlich begrenzt ist und vor allem ganz bestimmte Umgebungsbedingungen erfordert. Denn das Fleisch soll dabei seine Mürbheit und Zartheit nicht einbüßen. Und da die »coppa« zu einem Großteil aus magerem Fleisch besteht, würde sie an einem ungeeigneten, kalten und trockenen Ort sehr bald stark austrocknen und damit hart und zäh werden. Um dies zu vermeiden, wickelt man sie in ein weißweingetränktes Tuch ein. Diese Maßnahme korrigiert nicht nur ein extrem trockenes Klima und ersetzt einen feuchten Kellerraum, sondern dient darüber hinaus dazu, bereits in seiner Qualität gemindertes Fleisch wieder zu verbessern: Der Wein dringt allmählich in das Fleisch ein und verleiht ihm dadurch wieder seine ursprüngliche Zartheit; gleichzeitig wird das durch die zu schnelle Austrocknung gebildete Salz wieder abgebaut.

Coppa

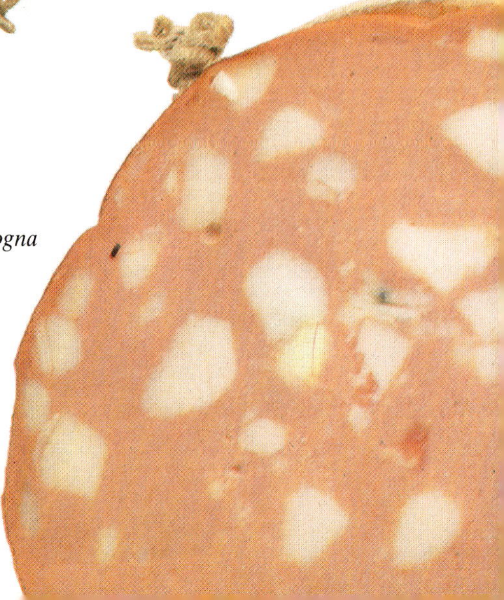

Mortadella di Bologna

Cotechino
Für diese Schweinskochwurst verwendet man eine mittelfein gehackte Mischung aus harten und weichen Stücken vom Hals und Kopf des Schweines, dazu mageres Muskelfleisch und Schwarte, die der Wurst ihren Namen gibt (Schwarte = cotenna). Sie wird, ebenso wie der gefüllte Schweinsfuß und die runde »bondiola« (eine Art Salami), gekocht verspeist.
Die zubereitete Mischung wird gesalzen, mit Pfefferkörnern bestreut und in Schweinedarm gefüllt. Zum Schluß wird sie im Holzofen getrocknet und dabei ganz leicht vorgegart.
Da sie frisches Fleisch enthält und daher schnell verdirbt, muß sie bald verzehrt werden. Damit sie beim Kochen ihren Geschmack und Geruch bewahrt, sind einige Regeln unbedingt zu beachten: Das Kochen muß bei milder Hitze erfolgen und darf die Dauer von 2–3 Stunden nicht unterschreiten. Die Wurst darf trotz des langen Garvorgangs nicht aufreißen, was durch das Aufquellen der Wurstmasse im Wasser leicht geschehen kann. Um also zu vermeiden, daß sie platzt oder gar ganz zerfällt, wodurch sie ungenießbar würde, wird empfohlen, die Wurst vor dem Kochen von allen Seiten dicht an dicht einzustechen. Zuweilen wird sie sogar an beiden Enden geöffnet und fest in ein Stück Gaze oder ein weißes Leinentuch eingenäht.

Finocchiona
Diese Wurst gehört zur typischen Küche der Toskana, wo sie auch ihre treuesten Anhänger hat. Sie besteht aus Rind- und Schweinefleisch, das zusammen fein gehackt und gut vermengt wird. Zuletzt werden in die Wurstmasse, die mageres und fettes Fleisch zu gleichen Teilen enthält, Fenchelsamen gemischt, die dieser Spezialität ihr besonderes Aroma verleihen und übrigens auch ihren Namen rechtfertigen (finocchio = Fenchel).

Luganega
Dem Klang des Wortes »luganega« nach müßte die so bezeichnete Wurst eigentlich aus Venetien, genauer aus der Gegend um Treviso, stammen. Eine semantische Analyse führt jedoch zu dem Schluß, daß diese Wurstspezialität bereits in der Antike bekannt war, aber weit entfernt von Venetien entstand, wohin sie dann gebracht wurde und wo sie schnell eine weite Verbreitung fand. Tatsächlich ist das Wort »luganega« von »lucanica« abzuleiten, was soviel wie »lukanisch« bedeutet, also (Wurst) aus Lukanien.
Dieses Produkt ist an seiner typischen Form erkennbar, die durch die Knoten entsteht, mit denen die Wurstmasse in kleine Portionen eingeteilt wird. Das hierfür verwendete Fleisch wird dem Nacken und der Backe des Schlachttieres entnommen. Besonders charakteristisch für die »luganega« ist jedoch ihre einmalige Würzung, die nicht auf einem festgelegten Rezept beruht, sondern von Hersteller zu Hersteller anders ist, wobei der Pfeffer aber grundsätzlich eine wichtige Rolle spielt. In letzter Zeit werden jedoch Qualität und Geschmack der Grundzutaten weitaus höher bewertet als möglichst phantasiereiche und originelle Gewürzformeln.

Cotechino

Mortadella di Bologna
Diese Wurst zählt zweifellos zu den weitestverbreiteten und meistverkauften ganz Italiens. Besonders als Aufschnitt in einem knusprigen Brötchen ist sie ein Genuß und außerdem im Vergleich zu ähnlichen Produkten sehr preiswert. Denn sie wird aus kleingehacktem Schweinefleisch zubereitet, das im Naturzustand beim Verbraucher keinen großen Anklang finden würde. Zuweilen ist sie auch aus gemischtem Fleisch hergestellt, und der jeweilige Fettanteil kann variieren, so daß im Handel drei Sorten angeboten werden, nämlich extra, super und normale.
Bevor die Wurstmasse in (meist künstlichen) Darm gefüllt wird, wird sie mit etwa 1 cm großen Speckwürfeln angereichert, die ihr das unverwechselbare, mosaikartige Aussehen verleihen. Ein weiterer wesentlicher Herstellungsschritt ist das Würzen mit verschiedenen natürlichen Aromen und hierbei vor allem Pfeffer. Bevor dieser nach Europa gelangte, verwendete man Myrtenbeeren, was auch in der lateinischen Bezeichnung dieser Wurst, myrtatella, anklingt. Zum Schluß wird die Wurst langsam in einem speziellen Ofen bei etwa 90 °C gegart.

Pancetta arrotolata
In der italienischen Wurstindustrie wird das unter der Haut liegende Bauchfettgewebe des Schweines auf verschiedene Art verwertet, je nachdem, ob es sich um ein fettes oder eher mageres Schlachttier handelt. Bei fetten Schweinen unterscheidet sich der Bauchspeck nicht wesentlich vom Speck; er ist lediglich etwas fester und leicht durchwachsen. Meist wird er mit der Schwarte gepökelt und findet in der Küche so zum Würzen, als Ergänzung bei Fleischgerichten oder aufgeschnitten als Garnitur Verwendung.
Häufig kommt er aber auch als Aufschnitt auf den Tisch, wobei sein hoher Fettanteil ihn allerdings

Prosciutto toscano

fast ausschließlich in die einfache Küche verbannt, zumal viele ihn wegen seiner Kalorien generell verschmähen. Dabei ist Bauchspeck durch seine Zartheit und seinen milden Geschmack, der durch richtiges Abhängen noch hervorgehoben wird, äußerst lecker. Stammt er von einem nicht sehr fetten Tier und überwiegen die mageren Anteile, dann wird er gerollt, mit verschiedenen Gewürzen aromatisiert, in Därme gefüllt und – wie bei der anderen Variante auch – einige Monate getrocknet, zuweilen auch geräuchert.

Prosciutto di Parma
Parmaschinken
Jede Wurst- oder Schinkensorte zeichnet sich durch spezielle Qualitätsmerkmale aus, die sie bei einer mehr oder weniger großen Anhängerschaft von Feinschmeckern beliebt und begehrt macht. Dabei rangiert der Parmaschinken an erster Stelle und ist weit über die Landesgrenzen hinaus als Delikatesse berühmt.
Er wird aus der Keule frisch geschlachteter, sorgfältigst ausgewählter Schweine geschnitten und erfährt außer der Kühlung keinerlei konservierende Behandlung. Die Phase des Trocknens beginnt unmittelbar nach dem Einpökeln und erstreckt sich bei Schinken

zwischen 7 und 9 Kilogramm über 10 Monate, bei größeren Schinken über ein Jahr. Ein am Schinken selbst aufgebrachtes Brandsiegel kennzeichnet das Produkt als »prosciutto di Parma« und garantiert so dem Händler wie auch dem Verbraucher Herstellungsort und -verfahren. Die verwendeten Tiere dürfen laut gesetzlicher Bestimmung nur aus einem begrenzten Gebiet in Norditalien zwischen der Emilia Romagna und dem Piemont stammen, und auch Schweinerasse, Aufzuchtmethoden und Mastverfahren sind garantiert und unterliegen strengsten Vorschriften.
Der »Parma« wird in zwei Versionen angeboten, die sich deutlich voneinander unterscheiden: Während der vom Knochen gelöste Schinken sich von Mal zu Mal in anderer Form präsentiert, hat die Variante mit – am Kniegelenk gestutztem – Knochen das typische, rundliche Aussehen, vergleichbar einer großen Hühnerkeule. Diese Form entsteht durch das Entfernen von überschüssigem, nicht angewachsenem Fettgewebe an der flachen Keulenseite, teilweises Ablösen der Schwarte und der oberen Fettschicht und Abtragen von freiliegendem Muskelfleisch am oberen Schenkelknochen.
Dagegen weisen beide Arten in bezug auf Farbe, Aroma und Geschmack keine Unterschiede auf. Die Farbe ist bei dem frisch aufgeschnittenen Fleisch rosa bis rot, durchzogen von einer feinen Fettmaserung. Der Geschmack läßt sich als zart, mild und nicht sehr salzig beschreiben; das in langer Reifung und ohne Räuchern entwickelte Aroma ist würzig.
Während ein aus dem Knochen gelöster Schinken mindestens 5½ Kilogramm wiegt, bewegen sich die Knochenschinken im allgemeinen zwischen 8 und 9 Kilogramm und unterschreiten nie die 7er Marke.

Prosciutto di San Daniele
San-Daniele-Schinken
Ohne Zweifel kann der San-Daniele-Schinken auf eine äußerst ruhmreiche Tradition in der italienischen Schinkenherstellung zurückblikken, und zu Recht sind seine einmaligen Qualitätskriterien gesetzlich geschützt.
Als »Rohstoff« für einen »San Daniele« wird zunächst einmal eine frische Schweinskeule benötigt, die mindestens 9,5 Kilogramm wiegt und von einem in Italien aufgezogenen, absolut gesunden und nach der Schlachtung völlig ausgebluteten Tier stammt. Dieser Schinken wird nun zwischen zwei Brettern aus Tannen- oder Pinienholz gepreßt, um ihm die charakteristische Geigenform zu verleihen. Das typische Äußere dieses Schinkens kommt jedoch durch ein kompliziertes und aufwendiges Verfahren zustande, bei dem die Hinterbeine des geschlachteten Tieres mit beinahe chirurgischem Geschick aus den Muskeln und Gelenken herausgelöst werden. Nun folgt das Pökeln, das für ein gutes Endprodukt von entscheidender Bedeutung ist und nur zu einer bestimmten Zeit, nämlich zwischen dem 1. Oktober und dem 31. März, stattfinden darf. Schließlich wird der Schinken, dessen Reifezeit durch keinerlei künstliche Hilfsmittel beschleunigt wird und der – sieht man von dem natürlichen Prozeß des Kühlens einmal ab – auch keinerlei konservierende Behandlung erfährt, in einer Umgebung mit geeigneten Klimabedingungen mindestens 9 Monate getrocknet. In dieser heiklen und entscheidenden Phase kommt es ganz besonders auf die richtigen Umgebungsbedingungen an, die in diesem Falle durch die feuchten Winde im Gebiet von San Daniele del Friuli gegeben sind und die ein langsames und gleichmäßiges Vordringen des Salzes bis an den Knochen gewährleisten. All dies trägt zu den Gütemerkmalen des San-Daniele-Schinkens bei, die ihn weltberühmt machten: die Zartheit des frisch angeschnittenen Fleisches, der geringe Anteil an makellos weißem Fett, das in appetitlichem Kontrast steht zu dem leicht gemaserten Blaßrot des mageren Fleisches, und schließlich der einmalig milde Geschmack, der von einem unvergleichlichen Aroma begleitet ist.

Prosciutto toscano
Toskanischer Schinken
Immer wieder kann man feststellen, daß die Küchen der einzelnen Regionen neben ganz typischen Erzeugnissen und Gerichten solche bieten, die sich zwar auch woanders finden und dennoch in dieser bestimmten Gegend ganz charakteristische Merkmale entwickeln. So produziert beispielsweise die Toskana neben den einzigartigen Schinken von Wildschweinen und Kreuzungen aus Sau und Keiler als einzige Region auch jene Schinken, die hinsichtlich der verwendeten Tiere und auch des Fleischgeschmacks eine Einmaligkeit darstellen: Bei den Tieren handelt es sich um freilebend aufgezogene Schweine, deren Keulen im Laufe der Verarbeitung zunächst stark gepökelt und dann so getrocknet werden, daß sie einen ganz eigenwilligen Geschmack entwickeln. Dabei wird gewissermaßen aus der Not eine Tugend gemacht, denn in anderen Gegenden Italiens sind die klimatischen Bedingungen für die Schinkenproduktion weitaus günstiger, so daß derartige Konservierungsmaßnahmen überflüssig oder sogar von schädlicher Wirkung wären.

Salama da sugo
Diese Spezialität aus dem Gebiet von Ferrara wird aus Schweinefleisch und -zunge zubereitet, die fein gehackt und dann mit Gewürzen und Kräutern aromatisiert werden – nach einem Rezept, das auf Lucrezia Borgia und die Fasti in der Küche der Lidi degli Estensi zurückgehen soll. Diese Wurstmasse wird nun in Därme oder Schweinsblasen gefüllt und anschließend getrocknet: zunächst an einem warmen Ort, wo ihr schnell Feuchtigkeit entzogen wird (früher pflegte man sie sogar unter die heiße Asche zu legen), und anschließend mindestens 6 Monate in einem gut durchlüfteten und kühlen Raum. Das Köstliche an dieser Wurst ist, wie schon ihr Name sagt, die besonders herzhafte Sauce (sugo = Sauce), die beim Kochen entsteht und die man, um den vollen Geschmack zu kosten, sofort genießen muß. Die typischen Beilagen sind heißes Kartoffelpüree oder kalte Melone.

Salame di Milano
Diese Wurst unterscheidet sich in Geschmack und Konsistenz deutlich von anderen Salamisorten und grenzt sich daher durch die Herkunftsbezeichnung »Mailänder Salami« eindeutig gegen diese ab. Die hierfür verwendete Wurstmasse ist fest und gehaltvoll und besteht vorwiegend aus magerem Fleisch von Keule, Nacken und Schulter. Die Bestandteile werden so lange vermengt, bis sich eine homogene Masse ergibt und magere und fette Stückchen gleichmäßig verteilt sind. Nach diesem Verarbeitungsschritt, der einst manuell erfolgte, inzwischen aber – ohne negative Beeinflussung der Qualität – maschinell geschieht, wird der Wurstteig in große Därme gefüllt und in einem geeigneten Klima etwa 3–4 Monate abgehängt.

Salame tipo Varzi
Die für diese Wurstart verwendeten Zutaten sind: mageres Schweinefleisch, Bauchspeck, Pfeffer, Nitritpökelsalz, Kochsalz, Weißwein und Knoblauch. Dabei werden 7 Teile mageres Fleisch und 3 Teile Bauchspeck zerkleinert, vermengt und anschließend mit dem Wein übergossen, der den zerstoßenen Knoblauch enthält. Nun werden die restlichen Zutaten in angemessenen Mengen eingearbeitet, und dabei wird der Teig erneut durchgeknetet, bis sich eine homogene Masse ergibt. Der Teig wird in einen zuvor gewaschenen und getrockneten, langen Darm gefüllt, der im Abstand von 30 cm durch Knoten abgeteilt und dann zusammengebunden wird. Der Prozeß der Haltbarmachung umfaßt lediglich zwei Schritte, wobei sich allerdings durch den Übergang von der manuellen zur industriellen Produktion entscheidende Änderungen vollzogen haben. Zunächst wird die Wurst einige Stunden in einem geheizten Raum getrocknet, dann wird sie an einem feuchten und kühlen Ort einige Monate abgehangen.

Salamini oder Salsicce di cinghiale
Ebenso wie der Wildschweinschinken gehören diese Würstchen, deren Hauptzutat aus magerem Wildschweinfleisch besteht, zu den typischen Produkten der Toskana, speziell der an der Westküste gelegenen Maremmen.
Häufig wird die Wurst in Öl eingelegt und auch so im Handel angeboten. Auf diese Weise wird sie nicht hart, und ihre besonderen Merkmale, vor allem der charakteristische Wildgeschmack, bleiben in vollem Maße erhalten. Es kann sehr leicht passieren, daß die Wurst bereits beim Abhängen zu hart und trocken wird, was einerseits auf ihren geringen Fettanteil und andererseits auf das in der betreffenden Gegend herrschende Klima zurückzuführen ist. Daher greift man für ihre Haltbarmachung auf Hilfsmittel und Verfahren zurück, wie sie auch woanders für ähnliche Wurstwaren eingesetzt werden.

Salsiccia della Basilicata
Der Begriff »salsiccia«, also Wurst, bezieht sich auf eine Vielfalt derartiger Produkte, die sich sowohl in bezug auf die verwendete Fleischsorte (Schwein, Rind, Esel, Pferd usw.) wie auch hinsichtlich ihre Behandlung und Zubereitungsart (frisch, abgehangen, geräuchert, gekocht, roh usw.) deutlich voneinander unterscheiden.
So wird die »salsiccia lucana« (Wurst aus Lukanien), die sich im alten Rom äußerster Beliebtheit erfreute und sogar von illustren Autoren der lateinischen Literatur lobend erwähnt wurde, aus Schweinefleisch nach einem Rezept zubereitet, das beinahe unverändert aus der lukanischen Zeit übernommen ist. Die mageren Stücke des Schlachttieres werden durch den Fleischwolf gedreht und mit bestimmten Gewürzen, vor allem schwarzem Pfeffer und milden oder pikanten roten Pfefferschoten, abgeschmeckt. Danach erfolgt die Haltbarmachung gemäß den ortsüblichen Verfahren. Die Verwendungsmöglichkeiten dieser Wurst sind sehr vielseitig.

Salsiccia siciliana
Diese Wurst erinnert hinsichtlich Herstellung und Art der Verwendung an analoge Produkte anderer Regionen. Durch ihre vielfältigen Zutaten stellt sie jedoch eine Besonderheit dar. Der Wurstteig wird zunächst aus 4 Teilen magerem Schweinefleisch und 1 Teil Speck, beides zusammen fein gehackt, zubereitet und anschließend mit Salz, Pfeffer, Petersilie, Fenchelsamen, Stückchen von Caciocavallo (s. S. 286) und von Tomaten angereichert.
Zuweilen wird diese sizilianische Wurst als Füllung für Fleischgerichte benutzt, meist allerdings nach einem traditionellen und sehr verbreiteten Rezept in der Pfanne gebraten oder auf dem Rost gegrillt.

Sopressata calabrese
Der Teig für diese Wurst besteht zu 70% aus magerem Schweinefleisch, ergänzt durch fette Fleischstücke wie Rücken- oder Bauchspeck. Im Gegensatz zu den sonst üblichen Herstellungsverfahren wird das Fleisch für diese Wurstspezialität aus Kalabrien nur grob mit dem Messer zerkleinert, bevor man es mit Salz, Pfeffer, gemahlener Chilischote und Rotwein aromatisiert. Manchmal gibt man zusätzlich noch Schweineblut und mildes, zuvor geröstetes Paprikapulver hinein, das der Wurst eine intensive Färbung verleiht und dadurch das fertige Produkt beim Verbraucher noch begehrter macht.
Die Reifezeit schließlich umfaßt zwei Phasen: Zunächst wird die Wurst neben den Rauchfang gehängt, wo sie schnell trocknet und ein leichtes Raucharoma annimmt; anschließend wird sie, damit sich innen keine Luftblasen bilden, gepreßt und so 2–3 Monate in einem kühlen und gut durchlüfteten Raum gelagert.

Sopressata della Basilicata
Neben der berühmten »salsiccia« bietet die Basilicata, eine Region im Apennin, noch eine weitere Wurstdelikatesse, die »sopressata«. Oft sieht man sie dort in Bauernhäusern neben dem Herd hängen, einem Platz, an dem diese Wurst am besten reift und ein einmaliges Aroma entwickelt. Der Wurstteig – 80% mageres Schweinefleisch und 20% Speck, mit Salz und Pfefferkörnern gewürzt – wird in Schweinedarm gefüllt und dann eine Zeitlang gepreßt. Dieser Vorgang, dem sie auch ihren Namen verdankt, beseitigt eventuell noch in der Wurst befindliche Luftblasen, die die Qualität beeinträchtigen könnten, und bewirkt zugleich eine vollkommene Vermischung der Zutaten. Wie die Mehrzahl der Wurstprodukte, so muß auch die »sopressata« vor dem Verbrauch etwas reifen. Sofern das Trocknen in einem gut ventilierten Raum mit frischem Klima geschieht, nimmt es nur kurze Zeit in Anspruch, und es kann dann in den meisten Fällen auf zusätzliche Räuchereinrichtungen verzichtet werden.

Sopressa veneta
Eine kulinarische Köstlichkeit aus Venetien, die für ihren zarten Geschmack und ein außergewöhnliches Aroma berühmt ist. Diese Qualitätsmerkmale verdankt sie natürlich ihren hochwertigen Zutaten, der Erfahrung der Hersteller und ihrem klimatisch äußerst günstigen Herkunftsgebiet. Ebenso trägt aber auch eine Besonderheit bei der Zubereitung dazu bei: Die Wurstmasse wird in natürliche, extrem weite Därme gefüllt, in denen sie ihre Mürbheit und Würze entfalten und bewahren kann.
Das verwendete magere Fleisch stammt aus Keule, Nacken und Schulter des Schweines, die fetten Anteile – sie machen ungefähr ein Drittel aus – sind Stücke aus der Brustspitze sowie Bauchspeck. Diese Bestandteile werden grob gehackt und mit Salz, Pfeffer, zerdrückten Knoblauchzehen und etwas Wein ergänzt, wobei Knoblauch und Wein nicht zwingend dazugehören. Früher ersetzte so mancher Genießer bei der Hausschlachtung den Wein auch durch Grappa, um damit das Aushärten der Wurst etwas hinauszuzögern.
Die Wurstmasse wird so lange bearbeitet, bis sich eine homogene Mischung ergibt. Vor dem Abhängen wird das in die Därme gefüllte Endprodukt wiederholt zusammengepreßt, um ihm die gewünschte Form zu verleihen und eventuelle Luftblasen zu beseitigen, die ansonsten die Qualität beeinträchtigen könnten.
Diese »sopressa veneta« kommt entweder als kalter Aufschnitt auf den Tisch oder auf dem Grill aufgewärmt und mit einer Beilage aus gerösteten Polentascheiben – ein ebenso einfaches wie exquisites Gericht der ländlichen Küche.

Speck
Die bekannte Geschicklichkeit der Südtiroler bei der Verarbeitung von Schweinefleisch in Verbindung mit den dort herrschenden, günstigen Klimabedingungen bringt eine typische Spezialität, den Südtiroler Speck, hervor, in Italien einfach »Speck« geheißen. Er wird in zwei Varianten angeboten: Ist er aus Bauchspeck hergestellt, so überwiegen die Fettanteile, und das Produkt erinnert an ganz normalen durchwachsenen, geräucherten Speck. Wenn er dagegen aus dem Hinterschinken bereitet wurde und folglich nur wenig Fett enthält, dann denkt man unweigerlich an einen Räucherschinken.
Charakteristisch für dieses Produkt ist das besondere und sehr aufwendige Räucherverfahren, das als wichtigste Phase der gesamten Herstellung anzusehen ist und mit akribischer Genauigkeit in strikter Anlehnung an die traditionellen Methoden durchgeführt wird. Nachdem das Fleisch zunächst einige Wochen in einer Salzlake gepökelt und dann mit verschiedenen Gewürzen aromatisiert wurde, ist es bereit für den Prozeß des Räucherns, bei dem nichts dem Zufall überlassen bleibt: Das umgebende Klima, die Dauer und selbst die für das Feuer verwendete Holzart sind fest vorgeschrieben, und zwar wird das Feuer mit Tannen- oder Pinienholz unterhalten. Zusätzlich werden Wacholderbeeren hineingeworfen, um dem Rauch eine besondere Würze zu geben, die sich auf das Fleisch überträgt und ihm ein einzigartiges Aroma verleiht.
In einem trockenen, gut durchlüfteten und nach Möglichkeit dunklen Raum aufbewahrt, hält sich der Speck nach dieser Konservierung ausgezeichnet. Eventuell auf der Innenseite (ohne Schwarte) entstehender Schimmel läßt sich ohne weiteres entfernen und wirkt sich nicht nachteilig auf die Qualität aus.
Diese Delikatesse wird in erster Linie zusammen mit anderem Aufschnitt als Vorspeise serviert, findet aber, besonders wenn er schön fett ist, auch anderweitig vielseitige Verwendung

Zampone
Gefüllter Schweinsfuß
Der gefüllte Schweinsfuß, ein fester Bestandteil der Küche in der Emilia Romagna und insbesondere in Modena, wird aus Schwarte und Fleisch von Schulter, Backe und Hachse des Schweines zubereitet. Die Stücke werden sehr fein zerkleinert und mit Salz, Pfeffer und anderen Gewürzen abgeschmeckt. Anschließend füllt man diese Mischung in die naturbelassene Vorderhachse des Schlachttieres. Naturbelassen heißt in diesem Fall,

daß Füße und Klauen nicht entfernt werden, was auch den Namen dieser Spezialität rechtfertigt (zampone = großer Fuß).
Nur wird das Produkt in besonderen Öfen getrocknet und dabei leicht gegart, was seine Haltbarkeit verbessert. Eine braunrote Färbung der äußeren Schwarte zeigt an, daß die Konservierung abgeschlossen und die gewünschte Qualität erreicht ist. Jetzt kann der Schweinsfuß zubereitet werden, wobei er jedoch vor dem Kochen etwa 12 Stunden in kaltes Wasser gelegt werden muß. Außerdem sollte man ihn vorher hier und da mit einer dicken Nadel einstechen, um unangenehme Überraschungen während des Kochvorgangs auszuschließen. Sofern man nicht das bereits vorgekochte Produkt kauft, das vor dem Verzehr nur noch kurz aufgewärmt wird, muß das Garen langsam und gleichmäßig erfolgen und sich mindestens über 3 Stunden erstrecken.
Der gekochte Schweinsfuß wird in dicke Scheiben geschnitten und mit einer Beilage aus Kartoffelpüree und gekochtem Gemüse serviert, wobei gekochte Bohnen besonders gut dazu passen.

Speck

BUDINO DI FORMAGGIO CON FONDUTA AL PROFUMO DI FUNGHI

Käsepudding mit Käse-Steinpilz-Sauce

Für den Pudding:

100 g Parmesan
100 g Taleggio (s. S. 293)
3 Eier
100 g Milch
Salz

Für die Sauce:

100 g Fontina (s. S. 288)
50 g Milch
50 g getrocknete Steinpilze

Die Eier schaumig schlagen und salzen. Die Milch langsam im Wasserbad erhitzen. Taleggio und Parmesan zufügen und darin schmelzen, dann die Eier unter langsamem Rühren zufügen. Die Mischung in Auflaufförmchen füllen und im Ofen 1 Stunde bei 150 °C im Wasserbad garen.
Die Pilze über Nacht in der Milch einweichen. Herausnehmen und anderweitig verwenden. Den Fontina in dieser, im Wasserbad erhitzten, Milch schmelzen. Den Pudding aus den Förmchen stürzen und mit der Käse-Pilz-Sauce übergießen. Heiß servieren.

CALAMARI CALDI ALLO SCALOGNO

Heiße Kalmare mit Schalotte

12 Kalmare (ca. 600 g)
1 gekochte rote Rübe
1 Zwiebel
½ Mohrrübe
½ Stange Bleichsellerie
3 dl Sahne
1 Schalotte
1 Glas Weißwein
1 EL Butter
Salz

Die Kalmare säubern und die rosafarbene Haut abziehen. Die Kalmare in Salzwasser mit der Mohrrübe, Selleriestange und Zwiebel etwa ½ Stunde kochen. Die in sehr feine Scheiben geschnittene Schalotte in etwas Butter goldgelb dünsten. Mit Wein ablöschen und 3 dl des beim Kochen der Kalmare entstandenen Fumets angießen. Die Sauce köchelnd eindicken lassen. Die in Scheiben geschnittene rote Rübe auf vier Tellern verteilen, die Kalmare in die Mitte geben und mit der Sauce überziehen.

INSALATA TIEPIDA DI PORCINI CON LATTUGA ALL'ACETO

Warmer Kopfsalat mit Steinpilzen

500 g Steinpilze
250 g Kopfsalat
10 g Butter
1 EL Himbeeressig
Salz
frisch gemahlener Pfeffer

Die Steinpilze in hauchdünne Scheiben schneiden und 2 Minuten in der Butter scharf anbraten, dabei ständig durchmischen. Den Salat in feine Streifchen (Julienne) schneiden, in eine Schüssel geben und mit dem Essig begießen. Salzen und pfeffern. 30 Sekunden in den stark vorgeheizten Ofen schieben. Den Salat auf vorgewärmten Tellern anrichten, die Pilze darauf verteilen und die Vorspeise, nach Belieben garniert, servieren.

FONDI DI CARCIOFO AL FEGATO GRASSO

Artischockenböden mit Gänseleberpastete

4 Artischocken
4 Scheibchen Gänseleberpastete (aus der Dose)
4 Trüffelscheibchen
4 große Salatblätter

Artischocken in Salzwasser garen. Blätter entfernen, Böden auf die gleiche Größe zurechtschneiden und beiseite legen. In einer Schüssel die Vinaigrette vorbereiten: Senf, Essig, Salz und Pfeffer in einer Schüssel mit der Gabel verrühren und mit Öl aufschlagen. Die Artischockenböden einige Minuten darin beizen. 4 Teller mit den Salatblättern auslegen und die abgetropften Artischockenböden darauflegen. Jeweils mit 1 runden Scheibe Pastete (nicht größer als die Artischocke) belegen und mit 1 Trüffelscheibchen garnieren.

Paste asciutte

Teigwaren

»Vor nicht allzu langer Zeit noch haftete dem Auftischen eines Nudelgerichtes, das traditionell die Mahlzeit einleitete, ein ganz und gar ritueller Charakter an. Wenn die Hausfrau die Pasta auf den Tisch brachte, war die ganze Familie bereits voll gespannter Erwartung versammelt. Es war ein Ritus, und das ist es heute noch – jedoch vergiftet vom Diätkult, unterminiert vom Wunsch, sich um jeden Preis seine schlanke Linie zu bewahren. Man wunderte sich, wie erfolgreiche Sportler es sich je leisten konnten, am Vorabend entscheidender Wettkämpfe Pasta zu essen, doch dann verstand man, daß ein gesunder Mensch, der einer gesunden Tätigkeit nachgeht und sich darüber hinaus in seiner Freizeit viel an der frischen Luft bewegt, auch Teigwaren zu sich nehmen kann, und ob! Wahrscheinlich läßt sich ein Teller kaum besser füllen als mit leckeren Nudeln, die nur darauf zu warten scheinen, mit einer Sauce vollendet zu werden, die ihre Entstehung der Tradition oder auch der persönlichen Eingebung der Köchin verdankt. Auch über die Saucen waren abwertende Äußerungen zu hören, als ob man so ungefähr alle Essensreste darin verwerten könne. Dabei war es letzten Endes die persönliche Phantasie, die das geschmackliche und farbliche Spektrum der Zubereitungsarten für italienische Teigwaren enorm verfeinert und bereichert hat.«

TAGLIATELLE COL PROSCIUTTO

Tagliatelle mit Schinken

300 g Weizenmehl
3 Eier
100 g nicht zu magerer roher Schinken
40 g Butter
50 g geriebener Parmesan
Salz
frisch gemahlener Pfeffer

Mehl, Eier und 1 Prise Salz zu einem geschmeidigen Teig verkneten. Ausrollen und Tagliatelle ausschneiden, die etwa 8 mm breit sind (dies ist das goldene Maß, das dem 12 270sten Teil der Höhe des Torre degli Asinelli entspricht, wie ein Bologneser Lebemann einmal behauptet haben soll). Die Nudeln in reichlich Salzwasser kochen. Inzwischen in einer größeren Pfanne die Butter schmelzen und den feinstreifig geschnittenen Schinken darin auslassen, wobei die Butter nicht braun werden darf. Die Nudeln »al dente« abgießen und bei milder Hitze kurz in der Pfanne schwenken, so daß sie das volle Aroma aufnehmen. Mit Pfeffer aus der Mühle bestäuben. Vom Herd nehmen und schnell den Parmesan unterziehen. Sofort servieren.

TAGLIATELLE ALLA ROMAGNOLA

Tagliatelle mit Tomaten und Petersilie

400 g frische Tagliatelle
400 g nicht zu reife Tomaten
1 kleiner Bund Petersilie
1 Knoblauchzehe
4 EL Olivenöl
Salz
frisch gemahlener Pfeffer

Petersilie und Knoblauch hacken; Tomaten waschen, entkernen und zerkleinern. Diese Zutaten zusammen mit dem Öl in einen Topf geben. Mit Salz und Pfeffer abschmecken und bei mäßiger Hitze kochen, bis die Sauce eindickt. Vom Herd nehmen und durch ein Sieb streichen. Währenddessen die Tagliatelle in reichlich Salzwasser kochen und abgießen, sobald sie »al dente« sind, d. h. sie müssen noch etwas Biß haben. In eine Schüssel füllen, die Sauce darüber verteilen, durchmischen und – ohne Zugabe von Parmesan – zu Tisch bringen.

TAGLIATELLE SMALZADE

Tagliatelle mit Kalbsgulasch

300 g Weizenmehl
3 Eier
500 g Kalbsgulasch
50 g Butter
1 mittelgroße Zwiebel
½ Glas Weißwein
½ Becher Sahne
etwas Fleischbrühe
Salz
frisch gemahlener Pfeffer

Eine Spezialität der Trienter Küche. Das Mehl (etwa 1 EL zurückbehalten), die Eier und 1 Prise Salz zu einem homogenen Teig verarbeiten und diesen kneten, bis er beim Durchschneiden an der Schnittfläche kleine Bläschen aufweist. Falls er zu fest sein sollte, einige EL lauwarmes Wasser einarbeiten. Gleichmäßig und nicht zu dünn ausrollen. Kurz trocknen lassen und anschließend in 5 cm breite Streifen, die Tagliatelle, schneiden. Die Kalbfleischstücke im restlichen Mehl wenden. Die Butter in einem Topf erhitzen, bis sie leicht braun wird. Das Fleisch und die geachtelte Zwiebel hineingeben. Sobald das Fleisch schön angebräunt ist, den Wein angießen und ohne Deckel leicht verkochen lassen. Nun etwas Brühe (ersatzweise auch aus Fleischextrakt zubereitete) dazugießen und das Fleisch fertig garen. Salzen und pfeffern und mit der Sahne verfeinern. Die Tagliatelle in reichlich Salzwasser kochen und abseihen. Die Sauce (ohne Fleisch) und den Parmesan unterziehen.
Das Fleisch läßt sich gut mit einem Salat als Beilage als Hauptgericht servieren. Zuweilen mischt man es auch unter die Nudeln.

TAGLIATELLE AL SUGO

Tagliatelle mit Fleischsauce

300 g Weizenmehl
2 Eier
2 Eigelb
1 Scheibe gekochter Schinken, ½ cm dick
1 Stange Bleichsellerie
1 kleine Mohrrübe
50 g Butter
500 g Dosentomaten (geschält)
geriebener Parmesan
Salz
frisch gemahlener Pfeffer

Dieses Gericht ist typisch für das Piemont. 30 g Parmesan unter das Mehl mischen und anschließend mit den Eiern und Eigelben zu einem sehr festen, elastischen Teig verkneten. Sehr dünn ausrollen, etwas trocknen lassen und ca. 3 cm breite Nudelstreifen abschneiden. Jeweils ein paar dieser Stücke aufeinanderlegen und in ½ cm breite Streifchen, die sogenannten Tagliatelli, schneiden. Den Schinken würfeln, Sellerie und Mohrrübe sehr fein hacken. Die Hälfte der Butter zusammen mit den Schinkenwürfeln und dem zerkleinerten Gemüse in einen Topf geben und dünsten. Wenn das Gemüse weich ist, die durchpassierten Tomaten zufügen. Leicht mit Salz und Pfeffer würzen und die Sauce bei milder Hitze eindicken lassen. Die Tagliatelli in reichlich Salzwasser kochen, abseihen und in eine vorgewärmte Schüssel füllen. Die restliche Butter in Flöckchen unterziehen und zuletzt die Sauce darübergießen. Der Parmesan wird separat dazu gereicht.

TAGLIATELLINE CON LA FONDUTA

Tagliatelline mit Käsefondue

300 g Tagliatelline
200 g Fontina in feinen Scheiben
100 g Milch
20 g Butter
3 Eigelb
1 weiße Trüffel
Salz
frisch gemahlener Pfeffer

Ein typisches Gericht im Aostatal. Die Käsescheiben in eine Schale legen und mit der lauwarmen Milch übergießen. Mindestens ein paar Stunden ziehen lassen. Die Butter in einem nicht anlaufenden Topf zerlassen. Bei milder Hitze den Käse mit 2 EL der zum Einweichen verwendeten Milch zufügen. Lang-

sam mit dem Schneebesen rühren, bis der Käse völlig geschmolzen ist. Die Temperatur erhöhen und einzeln die Eigelbe hineingeben. Dabei energisch rühren, bis sich eine homogene Creme ergibt. Mit Salz und Pfeffer abschmecken. Die Tagliatelline in reichlich Salzwasser garen und abgießen. In eine Schüssel füllen, die Käsesauce darüber verteilen und gut durchmischen. Mit hauchfeinen Trüffelscheibchen bestreuen.

TAGLIATELLE VERDI ALLA MARINARA

Grüne Tagliatelle mit Muscheln

400 g frische grüne Tagliatelle
4 EL Olivenöl
¼ Zwiebel
4 reife Tomaten
800 g Miesmuscheln
1 Knoblauchzehe
gehackte Petersilie
Salz
frisch gemahlener Pfeffer

Die Muscheln gründlich unter fließendem Wasser waschen. Anschließend abbürsten und abbrausen. Zusammen mit 1 EL Öl bei hoher Temperatur in einer Pfanne erhitzen, bis sie sich öffnen. Das Muschelfleisch auslösen, die in der Pfanne verbliebene Flüssigkeit durch ein Haarsieb gießen und beiseite stellen. Die Zwiebel in Scheiben schneiden; die Knoblauchzehe vom Keim befreien und zerdrükken. Das restliche Öl in einem Topf erhitzen und Zwiebel und Knoblauch darin anschwitzen. Die gehäuteten, entkernten und zerkleinerten Tomaten zugeben. Mit Salz, Pfeffer und gehackter Petersilie würzen. Auf lebhaftem Feuer kochen lassen, bis die Sauce ihr volles Aroma entwickelt und eindickt. Die Muscheln zusammen mit einer kleinen Menge ihres Wassers zufügen. Zugedeckt leise köcheln lassen. Inzwischen die grünen Nudeln in reichlich Salzwasser auf lebhafter Flamme garen. Unmittelbar vor dem Abgießen 1 Prise Natron und 1 Glas kaltes Wasser dazugeben. So bleiben die Nudeln schön grün und fest und verkleben nicht. In einer hübschen Schüssel mit der Sauce vermischen und ein paar Muscheln mit Schale als Garnitur verwenden. Großzügig mit frisch gemahlenem schwarzem Pfeffer bestreuen.

TAGLIATELLE COL POLLO *

Tagliatelle mit Hühnchen

300 g Weizenmehl
3 Eier
1 junges Huhn
50 g Butter
4 EL Olivenöl
1 kleine Zwiebel
1 Glas Milch
1 EL Tomatenmark
1 TL Fleischextrakt
½ Glas trockener Rotwein
60 g geriebener Parmesan
Salz
frisch gemahlener Pfeffer

Das Mehl mit den Eiern und 1 Prise Salz zu einem ziemlich festen Teig verarbeiten und ihn walken, bis er schön elastisch ist. (Beim Durchschneiden müssen kleine Blasen an der Schnittfläche zu sehen sein.) Den Teig auf dem Backbrett nicht zu dünn ausrollen und kurz ruhen lassen, damit er etwas trocknet. Aufrollen und fingerbreite Tagliatelle davon abschneiden. Das Huhn sorgfältig säubern, in Stücke zerlegen und von den Knochen lösen (diese wegwerfen). Öl und Butter in einer Pfanne erhitzen und die gehackte Zwiebel darin unter Rühren goldbraun anschwitzen. Die Hühnerstücke hineingeben und von allen Seiten kräftig anbräunen. Die Temperatur erhöhen. Das Huhn mit dem Wein begießen. Sobald dieser verdampft ist, die Milch mit dem darin gelösten Fleischextrakt angießen. Mit Salz und frisch gemahlenem Pfeffer abschmecken, die Temperatur herunterschalten und alles etwa ¼ Stunde langsam durchkochen. Das Tomatenmark in etwas lauwarmem Wasser auflösen und in die Pfanne gießen. Weiter leise köcheln lassen, dabei (falls erforderlich) ab und zu ein paar EL heißes Wasser nachgießen. Bis das Fleisch richtig gar ist, ist die Sauce stark eingedickt. Die in reichlich Salzwasser gekochten und abgegossenen Nudeln in eine Schüssel füllen und mit der Sauce mischen. Sofort servieren und geriebenen Parmesan dazu reichen. Das Hühnerfleisch ist, zusammen mit jungen, im Ofen gebackenen Kartoffeln und einem frischen Salat angerichtet, ein schmackhaftes Hauptgericht.

TAGLIATELLE ALL'UOVO IN SALSA DI FEGATINI

Tagliatelle in Geflügellebersauce

400 g frische Tagliatelle
2 EL Olivenöl
30 g Butter
½ Zwiebel
200 g Dosentomaten (geschält)
200 g Hühnerlebern
Salz
frisch gemahlener Pfeffer
50 g geriebener Parmesan

Die Hühnerlebern sorgfältig von etwaigen Gallerückständen befreien, waschen und zerkleinern. Öl und Butter in einem Pfännchen erhitzen. Die Hühnerlebern zusammen mit 1 Zwiebelscheibe hineingeben und anbräunen; die Zwiebel entfernen, sobald sie etwas Farbe annimmt. Die Hühnerlebern erst scharf anbraten und anschließend zugedeckt langsam garen. Die Tomaten häuten, entkernen, abtropfen lassen, hacken und in die Pfanne geben. Salzen und pfeffern und alles langsam durchkochen. Die Tagliatelle in reichlich sprudelndem Wasser kochen, dabei salzen. Den Topf vor dem Abgießen kurz unter den kalten Wasserstrahl halten. Die Nudeln in eine tiefe, vorgewärmte Schüssel füllen, mit der Sauce mischen, mit Butterstückchen verfeinern und den geriebenen Parmesan unterziehen.

TAGLIATELLE IN SALSA DI FUNGHI

Tagliatelle in Pilzsauce

400 g frische Tagliatelle
200 g frische Steinpilze (oder 30 g getrocknete Steinpilze)
30 g Butter
3 EL Olivenöl
¼ Zwiebel
1 Knoblauchzehe
250 g Dosentomaten (geschält)
Salz
frisch gemahlener Pfeffer
50 g geriebener Parmesan

Pilze säubern, mit einem feinen Messer abschaben und mit einem Tuch abreiben. Tomaten waschen, schälen, entkernen und abtropfen lassen. Im Öl zusammen mit den Zwiebelstückchen und der Knoblauchzehe dünsten. Die in Scheiben geschnittenen Pilze zugeben, salzen und pfeffern. Die Sauce zuerst bei starker Hitze durchkochen, dann zugedeckt leise köcheln lassen, bis die Pilze gar sind. Nudeln in lebhaft sprudelndes Wasser geben und während des Kochvorgangs salzen. Unmittelbar vor dem Abgießen 1 Glas kaltes Wasser in den Topf gießen. In einer vorgewärmten Schüssel mit der zerlassenen Butter und dem Parmesan vermischen. Die Sauce darübergießen und das Gericht sofort servieren. Mehr Parmesan dazu reichen.

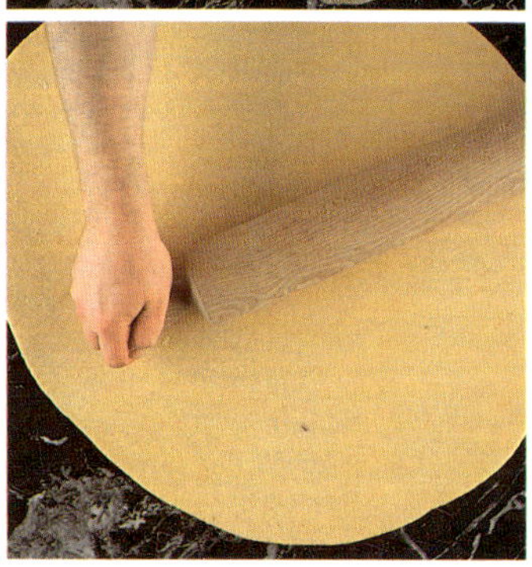

So stellt man Tagliatelle her

Für 4 Portionen Eierteigwaren benötigt man im allgemeinen 300 g Weizenmehl, 3 Eier und 1 Prise Salz. (In manchen Gegenden gibt man ein paar Tropfen Öl und etwas Milch zu den Eiern, in anderen wird das Mehl nur mit Wasser verknetet.)

Das Mehl auf ein Backbrett häufen. In die Mitte eine Mulde drücken und die Eier zusammen mit 1 Prise Salz hineingeben. Mit einer Gabel oder der Fingerspitze das Mehl behutsam unter die Eier mischen.

Den Teig so lange bearbeiten, bis er sehr elastisch ist und sich beim Durchschneiden an der Schnittfläche kleine Luftbläschen zeigen. In ein bemehltes Tuch einschlagen und etwa ¼ Stunde ruhen lassen.

Von der Mitte ausgehend den Teig ziemlich dünn und gleichmäßig ausrollen. Das Teigstück kurz trocknen lassen.

Zusammenrollen und mit einem sehr scharfen Messer Streifen von 1 cm Breite (eventuell auch etwas breiter) abschneiden. Die Nudeln auf einem bemehlten Tuch ausbreiten und trocknen lassen.

TAGLIATELLE CON FUNGHI E SALSICCIA

Tagliatelle mit Pilzen und Wurst

400 g Tagliatelle
80 g Salsiccia (s. S. 21/22)
250 g frische Steinpilze (oder 25 g getrocknete Steinpilze)
¼ Zwiebel
1 Knoblauchzehe
2 EL Olivenöl
50 g Butter
60 g geriebener Parmesan
gehackte Petersilie
Salz
frisch gemahlener Pfeffer

Um zu vermeiden, daß die Pilze Geschmack oder Aroma einbüßen, diese nicht waschen, sondern Erdrückstände vorsichtig mit einem Messer abschaben und die Pilze dann mit einem Tuch abreiben. Anschließend in Scheiben schneiden. Die Wurst mit einer Gabel mehrmals einstechen und kurz mit heißem Wasser überbrühen. Häuten und in Scheibchen schneiden. In einem Topf die Knoblauchzehe (ohne Keim) und die Zwiebel im Öl leicht anbräunen, dann entfernen. Die Wurst- und Pilzstückchen hineingeben, salzen und pfeffern. Alles zunächst scharf anbraten, dann bei reduzierter Hitze dünsten, bis die Pilze gar sind; wenn nötig mit etwas Brühe aufgießen. Die Tagliatelle in sprudelndem Salzwasser »al dente« kochen. Abgießen und in einer vorgewärmten Schüssel mit der zerlassenen Butter und dem Parmesan vermischen. Die Sauce mit gehackter Petersilie vollenden und über die Nudeln geben. Servieren und mehr geriebenen Parmesan bereitstellen.

TAJARIN ALL'ALBESE CON FEGATINI

Hausgemachte Bandnudeln mit Hühnerleber und Trüffel

300 g Weizenmehl
3 Eier
100 g Hühnerlebern
40 g Butter
1 TL Fleischextrakt
1 weiße Trüffel
40 g geriebener Parmesan
Muskatnuß
Salz
frisch gemahlener Pfeffer

Ein typisch Piemonteser Rezept. Aus Mehl und Eiern einen Teig

zubereiten und diesen kneten, bis er weich und glänzend ist. Sehr dünn ausrollen, zusammenrollen und 4–5 mm breite Streifen, die »tajarin«, abschneiden.
Die Butter in einer kleinen Pfanne erhitzen, bis sie zu schäumen beginnt. Sofort die gesäuberten und in dünne Scheiben geschnittenen Hühnerlebern dazugeben. 2–3 Minuten anbraten. Nun den in 1 Schöpfkelle warmem Wasser gelösten Fleischextrakt zufügen. Mit Salz und, nach Belieben, einer Prise Muskatnuß abschmecken. Bei mäßiger Hitze leise köcheln lassen, bis die Sauce etwas eindickt. Die »tajarin« in reichlich Salzwasser kochen und abgießen, wenn sie »al dente« sind, d. h. noch Biß haben. Auf eine heiße Servierplatte geben. Pfeffern und den Parmesan mit der Sauce unterziehen. Gut durchmischen und mit hauchdünnen Trüffelscheiben bestreuen.

TAGLIOLINI ALLA MARINARA

Tagliolini auf Seemannsart

300 g Mehl
3 Eier
1 Drachenkopf
2 kleine Hechtdorsche
(oder Kabeljaue)
2 mittelgroße Seezungen
1 Seeteufel
4 EL Olivenöl
1 Knoblauchzehe
1 kleiner Bund Petersilie
1 EL Tomatensauce (s. S. 124)
1 TL abgeriebene Zitronenschale
Salz, frisch gemahlener Pfeffer

Mehl, Eier und Zitronenschale zu einem ziemlich festen Teig verarbeiten. Sehr dünn ausrollen und kurz trocknen lassen. Zusammenrollen und Tagliolini, d. h. feine und schmale Tagliatelle, abschneiden. Einen Fischfond zubereiten: Die Fische wie gewohnt säubern und vorbereiten (nicht köpfen). Mit wenig Wasser und etwas Salz im Fischkessel etwa 15 Minuten kochen. Anschließend die Fische herausnehmen, den Fond durch ein feines Sieb gießen, die Fischköpfe gut ausdrücken und die austretende Flüssigkeit auffangen.
Das Öl, die Knoblauchzehe und die Hälfte der feingehackten Petersilie in eine Pfanne geben. Den Fischfond angießen und mit dem Tomatenmark aromatisieren. Mit Salz und frisch gemahlenem Pfeffer abschmecken und langsam köchelnd leicht eindicken lassen. Dabei muß die Sauce recht flüssig bleiben. Inzwischen in reichlich Salzwasser die Nudeln halbgar kochen. Rechtzeitig abgießen und zur Fischsauce geben. Unter ständigem Rühren zu Ende garen, wobei sie den vollen Geschmack der Sauce aufnehmen. Die restliche Petersilie fein wiegen (wenn sie erst kurz vor der Verwendung gehackt wird, bewahrt sie besser ihr Aroma) und darüberstreuen. Sehr heiß servieren.
Zu diesem Gericht wird kein Parmesan gereicht. Die Fische werden gehäutet, entgrätet und mit Olivenöl, Salz, frisch gemahlenem Pfeffer und etwas gehackter Petersilie abgeschmeckt. Mit Zitronenspalten garniert und mit Salzkartoffeln serviert, sind sie ein vorzügliches Hauptgericht.

TAGLIOLINI AI CARCIOFI

Tagliolini mit Artischocken

400 g frische Tagliolini
4 Artischocken
3 EL Olivenöl
50 g Butter
¼ Zwiebel
2 Eier
60 g geriebener Parmesan
Saft von 1 Zitrone
Salz
frisch gemahlener Pfeffer

Die Artischocken von den äußeren Blättern befreien. Mit einem scharfen Messer die Spitzen der inneren Blättchen auf gleicher Höhe kappen. Das Heu entfernen und die Artischockenböden in feine Scheiben schneiden. Die Stücke in mit Zitronensaft gesäuertes Wasser legen, damit sei ihre helle Farbe behalten. Öl und Butter in einer Pfanne erhitzen und die Zwiebel leicht anbräunen. Herausnehmen und die gut abgetropften Artischocken darin goldbraun dünsten. Aufwallen lassen und den Garvorgang bei milder Hitze und zugedeckter Pfanne vollenden, dabei gelegentlich etwas Wasser angießen. Die fertigen Artischocken salzen und leicht pfeffern. In reichlich sprudelndem Salzwasser die Nudeln kochen. Die Eier mit einem Teil des Parmesan verquirlen. Die Nudeln abgießen, sobald sie »al dente« sind, und in eine Schüssel geben. Die verquirlten Eier, die Sauce mit den Artischocken und weiteren Parmesan unterziehen. In einer gut vorgeheizten ofenfesten Form anrichten und mit dem restlichen Parmesan servieren.

TAGLIOLINI ALLA FRANCESCANA

Tagliolini Franziskaner-Art

300 g frische Tagliolini
50 g Butter
400 g vollreife Tomaten
(ersatzweise aus der Dose)
60 g geriebener Parmesan
1 mittelgroße Zwiebel
1 kleine Mohrrübe
1 Stange Bleichsellerie
1 kleiner Bund Petersilie
1 Thymianzweiglein
Salz

Zwiebel, Mohrrübe und Selleriestange zusammen sehr fein hacken. Die Butter in einer größeren Pfanne zerlassen und das zerkleinerte Gemüse auf sehr niedriger Flamme 5–6 Minuten darin weich dünsten. Die Tomaten durch ein Sieb streichen; Petersilie und Thymian fein wiegen. Alles zum Gemüse geben und die Hitze verstärken. Die Sauce zugedeckt leise köchelnd etwa ¼ Stunde eindicken lassen. Inzwischen die Nudeln in reichlich Salzwasser »al dente« kochen und abgießen, aber nicht völlig abtropfen lassen. In einer vorgewärmten Schüssel mit der Sauce gut vermischen. Mit der Hälfte des Parmesan bestreuen und erneut durchmischen. Sofort servieren und den restlichen Parmesan separat dazu reichen.

Das »pesto« rechtzeitig vorbereiten. Die Kartoffel schälen und würfeln. Die Würfelchen in reichlich Salzwasser kochen und nach der Hälfte der Garzeit die Nudeln zufügen. (Trenette sind eine Art flache, schmale Bandnudeln, aber dunkler als normale Nudeln und mit längerer Garzeit.) Abseihen, sobald die Nudeln »al dente« sind. In eine gut vorgewärmte Schüssel geben und die mit etwas Kochwasser verlängerte Basilikumsauce unterziehen. Sehr heiß servieren.

Reichlich Salzwasser in einem Topf aufwallen lassen. Etwa 5 Minuten, bevor die Nudeln ins Wasser gegeben werden, das Öl in einem Pfännchen erhitzen und die Knoblauchzehen darin dünsten. Sobald sie etwas Farbe annehmen, die Pfanne vom Herd nehmen und die feingehackte Petersilie dazugeben. Die Nudeln im kochenden Wasser »al dente« garen. Das Kochwasser bis auf ½ Glas abgießen und die Nudeln sofort mit dem warmen Öl vermischen. Mit reichlich Pfeffer aus der Mühle würzen. Gut durchmischen und das Gericht ohne Parmesan zu Tisch bringen.

BAVETTINE AL POMODORO

Bavettine mit Tomatensauce

300 g Bavettine
400 g frische Tomaten
1 Knoblauchzehe
1 Bund Petersilie
3–4 Basilikumblättchen
4 EL Olivenöl
60 g geriebener Parmesan
Salz
frisch gemahlener Pfeffer

Die Tomaten waschen, enthäuten, entkernen und in Streifchen schneiden. Zum Abtropfen in ein Nudelsieb geben, salzen und pfeffern und mit den gehackten Petersilien- und Basilikumblättchen bestreuen. Knoblauch im Öl in einem Topf dünsten, bis er Farbe annimmt, dann entfernen. Die Tomatenstücke mit den Kräutern hineingeben und kurz garen, ohne daß sie breiig werden. Diese aromatische Sauce unter die inzwischen in Salzwasser gekochten Bavettine mischen. Servieren und separat weitere Sauce und geriebenen Parmesan bereitstellen.

LINGUINE AGLIO E OLIO

Linguine mit Öl und Knoblauch

300 g Linguine (oder Vermicelli)
gut ½ Glas Öl
4 zerdrückte Knoblauchzehen
1 Bund Petersilie
Salz
frisch gemahlener Pfeffer

TRENETTE AL PESTO *

Trenette mit Basilikumsauce

300 g Trenette
1 mittelgroße Kartoffel
Basilikumsauce (Rezept S. 130)
Salz

PAPPARDELLE AL CINGHIALE

Pappardelle mit Wildschweinschinken

450 g frische Eiernudelblätter
200 g Wildschweinschinken
40 g Speck
½ Glas Olivenöl
60 g Butter
1 Zwiebel
1 Mohrrübe
120 g Steinpilze
1 Glas Rotwein
1 Gläschen Grappa
Salz
frisch gemahlener Pfeffer
80 g geriebener Parmesan

Damit die Pilze nicht ihr Aroma verlieren, ist es ratsam, sie nicht zu

waschen, sondern eventuelle Erdstückchen mit einem Küchenmesser von Kopf und Stiel abzukratzen und sie anschließend mit einem Tuch abzureiben. Danach werden sie in feine Scheiben geschnitten. Zwiebel, Mohrrübe, Schinken und Speck in der Küchenmaschine fein zerkleinern und die Zutaten dann in Öl und reichlich Butter anbräunen. Die Pilze dazugeben, salzen und pfeffern. Aufkochen lassen und Wein und Grappa angießen. Sobald diese verdampft sind, den Deckel auflegen, die Temperatur reduzieren und die Sauce leise köcheln lassen. Die Nudelblätter in Pappardelle, also 3 cm breite Streifen, schneiden und diese in reichlich Salzwasser kochen. Vor dem Abseihen 1 Kelle kaltes Wasser in den Topf geben, damit die Nudeln nicht verkleben. In eine Servierschüssel füllen, mit zerlassener Butter und dem Parmesan vermischen und großzügig mit der Sauce übergießen. Servieren und mehr geriebenen Parmesan dazu reichen.

PAPPARDELLE ALL'ARETINA

Pappardelle mit Entenschmorfond

400 g hausgemachte Pappardelle (Zutaten s. Rezepttext)
1 junge Ente
30 g Butter
50 g nicht zu magerer roher Schinken
1 mittelgroße Zwiebel
1 Stange Bleichsellerie
1 kleine Mohrrübe
1 EL Tomatenmark
Fleischbrühe
Salz
frisch gemahlener Pfeffer

350 g Mehl, 3 Eier, 1 Eigelb und 1 kleine Prise Salz zu einem weichen, elastischen Teig verkneten. Diesen doppelt so dick wie normale Fettuccine ausrollen. Mit dem Teigrädchen gezackte Pappardelle ausschneiden. Schinken, Zwiebel, Selleriestange und Mohrrübe fein hacken. Die Butter in einem größeren Topf zerlassen und die gesäuberte und gewaschene Ente einschließlich der Leber ringsum darin anbräunen. Das gehackte Gemüse zufügen, salzen und pfeffern. Bei mäßiger Hitze und zugedecktem Topf die Ente schmoren; dabei ab und zu etwas Brühe mit dem darin verrührten Tomatenmark angießen. (Anstelle der Brühe können Sie heißes Wasser mit einem darin gelösten knappen TL Fleischextrakt verwenden.) Kurz vor Beendigung des Garvorgangs die Entenleber herausnehmen, mit einer Gabel zerdrücken und wieder in den Topf geben. Die Pappardelle in reichlich Salzwasser kochen und abgießen, sobald sie »al dente« sind. Mit dem Entenschmorfond vermischen. Das Entenfleisch wird, mit einem frischen Salat ergänzt, als Hauptgericht serviert.

PAPPARDELLE SULLA LEPRE

Pappardelle mit Hasenkeulen

350 g Weizenmehl
3 Eier
1 Eigelb
4 kleine Hasenkeulen
2 Hasennieren
40 g Butter
20 g Bauchspeck
½ Zwiebel
½ Stange Bleichsellerie
½ Mohrrübe
2 Petersilieblättchen
1 EL Tomatenmark
Fleischbrühe
Salz
frisch gemahlener Pfeffer

Das Mehl (bis auf einen kleinen Rest) mit den Eiern, dem Eigelb und 1 kleinen Prise Salz verkneten und zu einem weichen, elastischen Teig verarbeiten. Zu einem Teigstück von der doppelten Dicke der üblichen Fettuccine ausrollen. Kurz trocknen lassen und die (etwa 2 cm breiten) Pappardelle ausschneiden. Den Schinken, das Gemüse und die Petersilie fein hakken. Die Butter in einem Topf zerlassen und die zerkleinerte Mischung hineingeben. Sofort die in Mehl gewendeten Hasenkeulchen und -nieren zufügen. Das Fleisch von allen Seiten schön anbräunen. Anschließend mit dem in etwas heißer Brühe verrührten Tomatenmark ergänzen. Die Nieren herausnehmen, fein wiegen und wieder dazugeben. Weiter schmoren und wenn nötig gelegentlich etwas Brühe angießen. Die Keulen herausnehmen, wenn sie gar sind (ca. 45 Min.), und warm stellen. Die Nudeln in reichlich Salzwasser kochen, abgießen, abtropfen lassen und in einer vorgewärmten Schüssel mit dem Schmorfond vermischen. Auf einzelnen Tellern anrichten und auf jede Portion eine Hasenkeule legen.

PAPARÈLE E FEGATINI

Bandnudeln mit Hühnerlebern

300 g Weizenmehl
3 Eier
150 g Hühnerlebern
60 g geriebener Parmesan
1 EL Butter
¾ l Brühe von Rind, Huhn oder, am besten, Kapaun
Salz
frisch gemahlener Pfeffer

Eine Spezialität des Veneto. Die Hühnerlebern sorgfältig putzen, dabei die feinen Häutchen und grünlichen Stellen entfernen. Gründlich waschen und zerkleinern. Das Mehl und die Eier mit 1 Prise Salz zu einem homogenen, elastischen Teig verkneten. Ziemlich dünn ausrollen. Nach ein paar Minuten, die der Teig zum Trocknen benötigt, aufrollen und in etwa 5 mm breite Streifchen, die »paparèle«, schneiden. Die Butter in einem Topf erhitzen und, sobald sie zu schäumen beginnt, die Hühnerlebern zufügen. Salzen, pfeffern und 2–3 Minuten ringsum anbraten, bis sie Farbe annehmen. Die Brühe aufwallen lassen und nun zunächst den Topfinhalt, dann die Nudeln hineingeben. Während des Garens nehmen die Nudeln fast die gesamte Brühe auf.
Das Gericht servieren und Parmesan dazu reichen.

LINGUE DI PASSERO AL TONNO

Bandnudeln mit Thunfisch

300 g Lingue di passero (dünne Bandnudeln)
1 Dose Thunfisch in Öl
40 g Butter
1 EL Mehl
½ Glas trockener Weißwein
2 EL Öl
Salz
frisch gemahlener Pfeffer

Die Butter in einem Topf langsam zerlassen und das Mehl darin hellbraun rösten. Mit dem Wein ablöschen und unter Rühren weiterkochen, bis der Mehlgeschmack nachläßt. Vom Herd nehmen und den Parmesan sowie den abgetropften, zerpflückten und mit der Gabel zerdrückten Thunfisch dazufügen. Mit frisch gemahlenem Pfeffer bestäuben. Die Nudeln in stark sprudelndem Salzwasser kochen. Abgießen, sobald sie »al dente« sind, und in eine vorgewärmte Schüssel füllen. Mit dem Öl und der Thunfischsauce vermischen und sofort zu Tisch bringen.

BÌGOLI IN SALSA

Vollkornnudeln in Sardellensauce

400 g Bigoli (frische Vollkornnudeln)
50 g Olivenöl
4 eingesalzene Sardellen
1 mittelgroße Zwiebel
1 kleiner Bund Petersilie
Salz
frisch gemahlener Pfeffer

Sardellen wässern, um das Salz zu entfernen, und entgräten. Zusammen mit der Zwiebel fein hacken. Diese Zutaten zusammen mit dem Öl in einen Topf geben, etwas Wasser angießen und zugedeckt bei milder Hitze köcheln lassen, bis die Sauce stark eingedickt ist. Kurz vor Beendigung des Kochvorgangs den Topf vom Herd nehmen, gehackte Petersilie einrühren und mit frisch gemahlenem Pfeffer bestäuben. Die in reichlich Wasser unter Zugabe von etwas Salz gekochten Nudeln abtropfen lassen und mit der heißen Sauce vermischen. Zu diesem Gericht wird kein Parmesan gereicht.

BÌGOLI CON REGAGLIE DI POLLO

Vollkornnudeln mit Hühnerklein

400 g Bigoli (frische Vollkornnudeln)
60 g Butter
100 g Hühnerklein
100 g Hühnerlebern
einige Salbeiblättchen
Fleischbrühe
50 g geriebener Parmesan
Salz

Ein typisches Rezept des Veneto. Hühnerklein und Hühnerlebern säubern, waschen und kleinschneiden. Während die Nudeln in reichlich Salzwasser kochen, die Butter in einem Pfännchen erhitzen und die Salbeiblättchen darin anbräunen. Nun das Hühnerklein zufügen und etwa ½ Stunde unter gelegentlicher Zugabe von etwas Brühe (ersatzweise aus einem Brühwürfel zubereitet) dünsten. Die Hühnerlebern erst einige Minuten vor Beendigung des Garvorgangs hineingeben, so daß sie schön weich bleiben. Die Nudeln abgießen, sobald sie »al dente« sind. Die Sauce und den Parmesan unterziehen und das Gericht heiß servieren.

BÌGOLI CO' L'ANARA *

Vollkornnudeln mit Entenklein

400 g Bigoli (frische Vollkornnudeln)
50 g Butter
1 junge Ente
1 Zwiebel
1 Stange Bleichsellerie
1 kleine Mohrrübe
einige Salbeiblätter
50 g geriebener Parmesan
Fleischbrühe
Salz
frisch gemahlener Pfeffer

Die Ente gründlich säubern und waschen. Innereien und Leber beiseite legen. Die Ente zusammen mit der Zwiebel, Selleriestange und Mohrrübe in einen Topf mit leicht gesalzenem Wasser geben und kochen. Die Butter in einem Pfännchen erhitzen und die Salbeiblätter darin anbräunen. Die sehr fein zerkleinerten Innereien zusammen mit der gewiegten Leber hineingeben und mit ein paar Schöpfkellen Fleischbrühe begießen. Salzen und pfeffern und ¼ Stunde leise köcheln lassen. Den Kochfond der Ente zum Kochen der Nudeln verwenden. Diese »al dente« abgießen und in einer Schüssel mit der Sauce vermischen. Mit Parmesan bestreuen, erneut durchmischen und heiß servieren. Die Ente erscheint als Hauptgericht zusammen mit einer der zahlreichen Saucen für gekochtes Fleisch.

BÌGOLI CON LE SARDELLE

Vollkornnudeln mit Sardellen

400 g Bigoli (frische Vollkornnudeln)
50 g Öl
3 eingesalzene Sardellen

Ein Klassiker aus dem Veneto. Die Sardellen gründlich waschen, um das überschüssige Salz zu entfernen. Entgräten und zerkleinern. (Man kann die Sardellen auch durch Abreiben mit einer Zitronenspalte entsalzen.) Reichlich leicht gesalzenes Wasser in einem Topf aufwallen lassen, die Nudeln hineingeben und garen. Das Öl mit den Sardellen in einer kleinen Pfanne auf kleiner Flamme erhitzen. Die Sardellen mit einer Gabel fein zerdrücken und alles mischen, bis sich eine geschmeidige Creme ergibt. Die »al dente« gekochten Nudeln abtropfen lassen und mit der Sardellensauce vermischen. Dieses Gericht wird ohne weitere Zugabe von Parmesan serviert.

PASTA ALL'AGLIO E OLIO DEL DUCA

Spaghetti mit Öl und Knoblauch nach Herzogs-Art

300 g Spaghetti
5 EL Olivenöl
6 Knoblauchzehen
30 g Butter
30 g Weizenmehl
2 dl Milch
Salz
frisch gemahlener weißer Pfeffer

In einem Töpfchen die Knoblauchzehen in ½ l Wasser einige Stunden auf niedriger Flamme kochen. Die Béchamelsauce zubereiten: Die Butter in einer kleinen Kasserolle anbräunen. Das Mehl zufügen und unter ständigem Rühren ½ Minute anschwitzen. Mit der zuvor gekochten und noch warmen Milch aufgießen. Salzen und mit frisch gemahlenem Pfeffer bestäuben. Bei kleiner Hitze etwa 20 Minuten langsam kochen. Vom Herd nehmen und beiseite stellen, dabei häufig umrühren. Die Spaghetti in reichlich Salzwasser kochen. Währenddessen die Knoblauchzehen mit ihrem Kochwasser durch ein Sieb streichen und die Flüssigkeit im Topf auffangen. Das Öl unterziehen und die Mischung auf dem Herd warm stellen, wobei sie etwas eindicken sollte. Die Spaghetti abgießen, sobald sie »al dente« sind, und in eine Schüssel füllen. Zunächst die Béchamelsauce, dann die heiße Knoblauchflüssigkeit unterziehen. Mit Hilfe von zwei Gabeln gut durchmischen.
Dank der besonderen Zubereitungsart können Sie diese Sauce unbesorgt genießen – ohne hinterher die sonst bei knoblauchhaltigen Speisen übliche »Duftnote« zu verbreiten, die nicht unbedingt jedermanns Sache ist.

PASTA CON LE ZUCCHINE *

Nudeln mit Zucchini

300 g Nudeln (Spaghetti, Penne, Perciatelli, Tagliatelle usw.)
3 schöne Zucchini
6 EL Olivenöl
Salz
frisch gemahlener Pfeffer

Die Nudeln in reichlich Salzwasser kochen. Inzwischen die Zucchini waschen, trockentupfen und in feine Scheiben schneiden. Das Öl zum Sieden bringen und das Gemüse hineingeben. Salzen und pfeffern. Häufig umrühren, damit die Zucchini nicht anbrennen. Die fertigen, abgetropften Nudeln in einer Schüssel mit dem Gemüse und dem Öl gut vermischen. Sofort, ohne Zugabe von Parmesan, servieren.

PASTA CON LA CARNE »CAPULIATA«

Nudeln mit Hackfleisch auf sizilianische Art

300 g Spaghetti (oder Makkaroni oder Perciatelli)
200 g mageres Hackfleisch vom Rind
50 g Butter
1 Zwiebel
1 Knoblauchzehe
1 kleiner Bund Petersilie
2 Basilikumblätter
4 vollreife Tomaten
½ Glas trockener Rotwein

100 g Caciocavallo (s. S. 286) oder
Provolone piccante (s. S. 292)
50 g geriebener Parmesan oder
Pecorino
Salz
frisch gemahlener Pfeffer

Für dieses typisch sizilianische Rezept werden Zwiebel, Knoblauch, Petersilie und Basilikum zusammen sehr fein gehackt. Von der Butter 1 EL zurückbehalten und den Rest in einer Pfanne zerlassen. Sobald sie zu schäumen beginnt, Zwiebel und Kräuter zufügen. Einige Minuten andünsten und nun das Fleisch hineingeben. Gut durchmischen und ohne Deckel 3–4 Minuten anbraten. Die Temperatur erhöhen und den Wein angießen. Sobald er verdampft ist, die zuvor geschälten, entkernten und zerkleinerten Tomaten zufügen. Mit Salz und Pfeffer abschmecken und die Sauce zugedeckt bei milder Hitze etwa ½ Stunde durchkochen. Dabei ab und zu durchrühren und wenn nötig eine Schöpfkelle heißes Wasser nachgießen. Die Nudeln in einem großen Topf mit reichlich Salzwasser »al dente« kochen. Abgießen und in einer Schüssel die Sauce und den geriebenen Parmesan unterziehen. Mit dem beiseite gelegten Butterstückchen eine ofenfeste Form ausstreichen. Den Boden der Form mit einer Schicht Nudeln bedecken, Caciocavallo-Scheiben darauflegen, wieder eine Schicht Nudeln einfüllen und mit einer Schicht Käse bedecken. Bei mittlerer Hitze ca. 20 Minuten backen. Aus dem Ofen nehmen und sofort servieren. Liebhaber besonders kräftiger Gerichte ersetzen den Parmesan durch die gleiche Menge Pecorino.

FETTUCCINE AL PESTO

Fettuccine mit Basilikumsauce

400 g frische Fettuccine
»pesto« (Rezept S. 130)
Salz

Rechtzeitig das »pesto« herstellen. Die – möglichst hausgemachten – Fettuccine in viel Salzwasser kochen. Bevor sie vom Herd genommen werden, 1 Prise Natron und 1 Glas kaltes Wasser hineingeben, damit sie nicht aneinanderkleben. Abgießen und in einer Schüssel mit der Basilikumsauce vermischen. Sehr heiß zu Tisch bringen.

FETTUCCINE ALLA ROMANA

Fettuccine auf römische Art

300 g getrocknete Fettuccine
1 Zwiebel
50 g Schinkenspeck
1 Knoblauchzehe
60 g Butter
200 g reife Tomaten
30 g getrocknete Pilze
80 g Butter
200 g Hühnerklein
Salz
1 Schuß trockener Weißwein
frisch gemahlener Pfeffer
Fleischbrühe
1 kleine Tasse Schmorfond (Rezept S. 129)
geriebener Parmesan

Schinkenspeck und Zwiebel hakken, Knoblauch zerdrücken. Alles zusammen in einer Kasserolle erhitzen. Den Knoblauch herausnehmen, sobald er bräunt. Die geschälten, entkernten und zerkleinerten Tomaten und die in etwas Wasser eingeweichten und gut ausgedrückten Pilze zufügen. Salzen und auf lebhafter Flamme etwa 20 Minuten kochen lassen. In einem zweiten Topf ein Stückchen Butter zerlassen und das zerkleinerte Hühnerfleisch darin anbraten. Salzen und mit dem Wein ablöschen. Sobald dieser verkocht ist, pfeffern und den Garvorgang nach Zugabe einiger EL heißer Brühe vollenden. Das Hühnerklein zusammen mit dem Schmorfond zur Tomatensauce geben und alles einige Minuten schwach kochen lassen, damit sich der volle Geschmack entfaltet. Die Fettuccine in sprudelndes Salzwasser geben. Sofort rühren, damit sie nicht verkleben, und »al dente« kochen. Abgießen und sofort die heiße Sauce, zerlassene Butter und reichlich geriebenen Parmesan unterziehen.

FETTUCCINE ALLA TRASTEVERINA

Fettuccine aus dem Trastevere

300 g Weizenmehl
3 Eier
1 Handvoll Venusmuscheln ohne Schalen (oder 1 kg mit Schalen)
1 Handvoll geschälte Garnelen
400 g vollreife, frische Tomaten (ersatzweise aus der Dose)
40 g Butter
3 EL Olivenöl
½ Zwiebel
1 Knoblauchzehe
1 kleiner Bund Petersilie
Salz
frisch gemahlener Pfeffer

Für den Nudelteig das Mehl mit den Eiern, 1 TL Olivenöl und 1 Prise Salz vermischen. Alles zu einem weichen, homogenen Teig verkneten. Diesen auf dem Backbrett mitteldick ausrollen. Aufrollen und fingerbreite Fettuccine davon abschneiden. Zwiebel und Knoblauchzehe zusammen fein

hacken. Im restlichen Öl und der Butter in einer Pfanne weich dünsten. Die geschälten, entkernten und in Streifen geschnittenen Tomaten dazugeben (Dosentomaten werden nur durchpassiert). Falls Sie Muscheln mit Schalen verwenden, diese mit ½ Glas Wasser auf starker Flamme erhitzen und mit dem Schaumlöffel herausnehmen, sobald sie sich öffnen. Den Muschelfond beiseite stellen. Die Garnelen in Stückchen teilen, zu den Tomaten geben und bei mäßiger Hitze schmoren. Den Muschelfond durch ein feines Sieb oder Tuch gießen und zu den Garnelen geben. Die Sauce salzen und pfeffern und bei stärkerer Hitze eindicken lassen. Im letzten Moment die Muscheln dazufügen. Die Fettuccine in reichlich Salzwasser garen. Abgießen, sobald sie »al dente« sind, und in einer Schüssel mit der Sauce vermengen. Mit 1 EL gehackter Petersilie bestreuen, erneut gut durchmischen und sofort servieren.

FETTUCCINE AL TRIPLO BURRO MAESTOSE (all'Alfredo)

Butterfettuccine nach Alfredo

300 g Weizenmehl
3 Eier
120 g Butter
100 g geriebener Parmesan
Salz

Das Mehl und die Eier mit 1 Prise Salz zu einem homogenen, elastischen Teig verkneten (beim Durchschneiden müssen an der Schnittfläche Luftbläschen erkennbar sein). Mit einem Tuch bedeckt etwas ruhen lassen. Nicht zu dünn ausrollen. Den Teig kurz trocknen lassen und dann in etwa 1 cm breite Streifen schneiden. Diese Nudeln in reichlich Salzwasser nicht zu weich kochen. Das Kochwasser bis auf einen ganz kleinen Rest (damit sie nicht zusammenkleben) abgießen. Die Fettuccine in eine Schüssel füllen und den Parmesan unterziehen. Dies muß schnell erfolgen, damit sie nicht auskühlen. Stückchenweise die Butter untermischen und die Nudeln in vorgewärmten Tellern anrichten. Man muß dieses Rezept nur einmal probiert haben, um zu wissen, daß Fettuccine, auf diese Art zubereitet, sehr lecker sind, da ihr feiner Geschmack dabei voll zur Geltung kommt.

Übrigens wird bei so zubereiteten Nudeln grundsätzlich zunächst der Käse und dann erst die Butter untergemischt.

FETTUCCINE ALLA PAPALINA

Fettuccine auf päpstliche Art

300 g Weizenmehl
5 Eier
80 g magerer roher Schinken
1 EL Olivenöl
½ Zwiebel
1 dl Sahne
50 g Butter
80 g geriebener Parmesan
Salz
frisch gemahlener Pfeffer

Zunächst den Nudelteig vorbereiten: Mehl, 3 Eier, Olivenöl und 1 Prise Salz zu einer weichen, geschmeidigen Masse verkneten. (Der Teig hat die richtige Konsistenz, wenn beim Durchschneiden an der Schnittfläche kleine Luftbläschen zu sehen sind.) Mitteldick ausrollen und in 1 cm breite Streifen, eben die Fettuccine, schneiden.
Während die Nudeln in reichlich Salzwasser garen, den Schinken feinstreifig schneiden und die Zwiebel sehr fein hacken. Beide Zutaten mit 20 g Butter in einem Pfännchen hellbraun dünsten. Die restlichen Eier mit 2 EL Parmesan und der Sahne verquirlen. Wenn die Fettuccine beinahe gar sind, die übrige Butter in einer großen Pfanne zerlassen. Sobald sie schäumt, die Eier einrühren und, solange diese noch nicht stocken, die abgetropften Nudeln mit der Zwiebel-Schinken-Mischung dazugeben. Mit Pfeffer aus der Mühle bestäuben, erneut gut durchmischen und die Pfanne sofort vom Herd nehmen. Die Nudeln auf vorgewärmten Tellern verteilen, mit Parmesan bestreuen und sofort servieren. Je heißer das Gericht gegessen wird, desto schmackhafter ist es.
Da es einer gewissen Erfahrung bedarf, um die Fettuccine im richtigen Moment abzugießen und alles schnell in der Pfanne zu vermischen, ohne daß die Eier stocken, hier ein Tip: Butter, Sahne und Eier in einer großen Schüssel verquirlen und diese im Wasserbad erwärmen. Die »al dente« gekochten Nudeln zusammen mit Schinken und Zwiebel in die Schüssel geben und alles gut durchmischen.

FETTUCCINE CON PROSCIUTTO E PANNA

Fettuccine mit Schinken und Sahne

300 g Weizenmehl
3 Eier
1 Eigelb
50 g nicht zu magerer roher Schinken
2 dl Sahne
60 g geriebener Parmesan
Salz
frisch gemahlener Pfeffer

Aus dem Mehl, 1 Prise Salz und den ganzen Eiern einen Teig zubereiten, der homogen und ziemlich fest sein muß. Ausrollen und etwa ½ cm breite Streifen abschneiden. In einer Schüssel die Sahne mit dem feinstreifig geschnittenen Schinken, der Hälfte des Parmesan und dem Eigelb vermischen. Nach Geschmack salzen und pfeffern. Alles mit dem Holzlöffel glattrühren.
Die Fettuccine in reichlich Salzwasser »al dente« kochen und abgießen. Sofort in die Schüssel geben und alles behutsam durchmischen. Den restlichen Parmesan separat dazu reichen.

TESTAROLI AL PESTO

Fladen mit Basilikumsauce

300 g Mehl
4 EL Öl
»pesto« (Rezept S. 130)
1 Handvoll geriebener Parmesan
Salz

Das Mehl mit Wasser und etwas Salz zu einem recht flüssigen Teig verrühren. Einst goß man diesen in Steingut-Tiegel, deckte das Kochgefäß zu, legte Asche und Glut darauf und holte nach 4–5 Minuten den fertigen Fladen heraus. Daher auch der Name dieser Zubereitung (testo = irdene, flache Backform). Heutzutage verwendet man eine gußeiserne Pfanne von ca. 25 cm Durchmesser und backt darin dünne Fladen, ähnlich einer Crêpe. Die Testaroli können im voraus zubereitet werden. Vor ihrer weiteren Verwendung muß man nur reichlich Wasser in einem Topf aufwallen lassen, die Fladen hineingeben und den Herd abschalten. Nach 4–5 Minuten sind sie schön heiß. Sie werden behutsam herausgenommen, abgetropft und in Streifen geschnitten. Man verteilt das »pesto« darüber, gibt die Testaroli auf vorgewärmte Teller und serviert sie, mit etwas Parmesan bestreut.

STRANGOZZI DI SPOLETO

Fettuccine aus Spoleto

350 g Mehl
Wasser
1 Knoblauchzehe
½ Glas Öl
800 g reife Tomaten
1 Bund Petersilie
1 Bund Basilikum
Salz
frisch gemahlener Pfeffer

In Spoleto heißen Fettuccine, die ohne Eier zubereitet wurden, »strangozzi«.
Das Mehl auf dem Backbrett mit soviel Wasser verkneten, daß sich ein glatter, fester Teig ergibt. Diesen bearbeiten, bis er etwas aufgeht. Mit dem Nudelholz dünn ausrollen und kurz trocknen lassen. Zusammenrollen und in ½ cm breite Streifen schneiden. Auf dem Brett ausbreiten und ½ Stunde trocknen lassen. Inzwischen die Knoblauchzehe zerdrücken; die Tomaten enthäuten und zerkleinern; die Kräuter fein hacken. Knoblauch im Öl goldgelb anschwitzen und herausnehmen. Die Tomaten und Kräuter zufügen, salzen und pfeffern.
Umrühren und auf lebhafter Flamme etwa 20 Minuten kochen. Die »strangozzi« in reichlich sprudelndes Salzwasser geben und dieses abgießen, sobald es wieder aufwallt. (Die Anweisung bezieht sich auf Nudeln vom selben Tag; getrocknete, also etwas ältere Nudeln, kochen 1 Minute länger.) Mit der Sauce vermischen und sofort zu Tisch bringen. Zu diesem Gericht wird kein Parmesan gereicht.

SPAGHETTI ALLE VONGOLE

Spaghetti mit Venusmuscheln

350 g Spaghetti
600 g frische Venusmuscheln (oder eine kleine Dose Venusmuscheln im eigenen Saft)
3 EL Olivenöl
2 Knoblauchzehen
4 große, vollreife Tomaten (oder 400 g Dosentomaten)
1 kleiner Bund Petersilie
Salz
frisch gemahlener Pfeffer

Die gründlich gewaschenen Muscheln mit etwas Wasser in einer Pfanne stark erhitzen. Mit dem Schaumlöffel herausnehmen, sobald sie sich öffnen. Wenn sie nur noch lauwarm sind, von den Schalen befreien. Wenn sich der Sand gesetzt hat, den Muschelsud behutsam durch ein mit Stoff ausgelegtes Sieb gießen.
Die Tomaten durch ein Passiersieb streichen. Die Knoblauchzehen mit der Hälfte der Petersilie fein wiegen. Beides zusammen mit dem Öl und dem Muschelsud in eine Pfanne geben. Salzen und auf die Menge einiger Eßlöffel einkochen. Die Tomaten hineingeben und auf lebhaftem Feuer eindicken. Mit Pfeffer bestäuben und die Muscheln zufügen. Diese dürfen nicht gekocht werden, sondern werden lediglich aufgewärmt, ob sie nun frisch oder aus der Dose sind. Die Spaghetti in reichlich Salzwasser garen und abgießen. In einer Schüssel mit der Sauce vermengen und mit der restlichen feingeschnittenen Petersilie bestreuen. (Petersilie darf erst zum Zeitpunkt der Verwendung gehackt werden, da sie sonst ihr Aroma verliert.) Zu diesem Gericht wird kein Parmesan gereicht.
Eine leichtere Variante des Rezeptes ergibt sich, wenn man das Öl kalt zu den Spaghetti in die Schüssel gibt, anstatt es mit den anderen Zutaten zu erhitzen.

PASTA CON LE MELANZANE

Nudeln mit Auberginen

350 g Nudeln (Spaghetti, Vermicelli, Perciatelli o. ä.)
2 schöne Auberginen
Olivenöl
1 Knoblauchzehe
1 kleiner Bund Petersilie
1 Msp. gemahlene Chilischote
Salz

Ein Originalrezept aus Sizilien. Die Auberginen fein würfeln. (Ist die Haut fest, zieht man sie zuvor ab.) Die Würfelchen mit Salz bestreuen und einige Stunden zum Entwässern und zum Mildern des herben Geschmacks in ein Nudelsieb geben. Olivenöl in einer Pfanne mit der Chilischote und der zerdrückten Knoblauchzehe erhitzen. Den Knoblauch entfernen, wenn er dunkelbraun ist, und die Auberginenwürfel mitbraten. Anschließend zum Entfetten auf Küchenkrepp legen. Währenddessen die Nudeln in viel Salzwasser kochen. »Al dente« abgießen und in eine Servierschüssel füllen. Einen Schuß Öl dazugeben und die feingehackte Petersilie darüberstreuen. Gut durchmischen und die Auberginenwürfel darüber verteilen. Ohne Parmesan servieren.

SPAGHETTI AL TONNO

Spaghetti mit Thunfisch

300 g Spaghetti
1 Knoblauchzehe
gut ½ Glas Öl
400 g reife Tomaten
100 g Thunfisch in Öl
Salz
frisch gemahlener Pfeffer
1 gehäufter TL Origano
geriebener Pecorino (nach Belieben)

Die zerdrückte Knoblauchzehe in einem kleinen Topf im Öl dünsten. Herausnehmen, sobald sie zu bräunen beginnt. Die gehäuteten, entkernten und zerkleinerten Tomaten dazugeben. Leicht salzen, pfeffern und bei stärkerer Hitze 20 Minuten durchkochen. Den mit einer Gabel zerpflückten Thunfisch zufügen und mit Origano bestreuen. Alles vermischen und weitere 5 Minuten auf dem Herd ziehen lassen. Die Spaghetti in einen großen Topf mit sprudelndem Salzwasser werfen. Abgießen, wenn sie »al dente« sind, und sofort mit der heißen Sauce vermengen. Dieses Gericht schmeckt ohne Käse ebenso wie mit geriebenem Pecorino.

SPAGHETTI ALLA SANGIOVANNIELLO

Spaghetti mit Tomaten-Sardellen-Sauce

350 g Spaghetti
500 g vollreife Tomaten (ersatzweise aus der Dose)
6 EL Olivenöl
3 eingesalzene Sardellen
1 Knoblauchzehe
1 kleiner Bund Petersilie
1 kleine Chilischote
2–3 Basilikumblätter
Salz

In der Küche Apuliens ist dieses Rezept weit verbreitet. Frische Tomaten häuten (vorheriges kurzes Überbrühen erleichtert die Arbeit), entkernen und grob zerkleinern. (Dosentomaten werden nur durchpassiert.) Die Sardellen durch gründliches Waschen entsalzen, dann entgräten und zerpflükken. Das Öl in eine weite, ofenfeste Form gießen. Die Sardellen zufügen und auf niedriger Flamme

mit einer Gabel zu einer Paste zerdrücken. Knoblauch und Basilikum fein hacken und mit den Tomaten und der Chilischote zu den Sardellen geben. Alles bei milder Hitze zu einer etwas dickeren Sauce einkochen. Die Chilischote wird wieder entfernt, wenn die Sauce pikant genug ist. Die Spaghetti in reichlich Salzwasser kochen, bis sie halb gar sind; dann abgießen. In der Form mit der Sauce vermengen und unter häufigem Rühren auf höherer Flamme fertig garen. Wenn nötig, die Sauce mit einigen EL des Nudelwassers verdünnen. Zuletzt die grob zerkleinerte Petersilie unterziehen. Sehr heiß und ohne Zugabe von Parmesan servieren.

SPAGHETTI COI BROCCOLI *

Spaghetti mit Broccoli

350 g Spaghetti
600 g Broccoli
4 eingesalzene Sardellen
4 EL Olivenöl
1 Knoblauchzehe
Salz

Eine Spezialität Apuliens. Sardellen gründlich waschen, entgräten und zerkleinern. Die Broccoliröschen abtrennen, waschen und in viel Salzwasser kochen. Abtropfen lassen und warm stellen. Im Gemüsewasser die Spaghetti aufsetzen. Inzwischen in einer Pfanne das Öl mit der sehr fein gewiegten Knoblauchzehe und den Sardellen erhitzen. Die Sardellen mit einer Gabel zerdrücken, bis sie zu einer Creme werden. Die Spaghetti abgießen, wenn sie »al dente« sind. In eine Schüssel füllen und die Sardellensauce sowie die Broccoliröschen vorsichtig unterziehen. Sofort servieren. Dieses Gericht ißt man ohne Parmesan. Wer es etwas pikanter liebt, kann die Sardellen mit etwas fein zerriebener Chilischote würzen.

SPAGHETTI CON LE SEPPIE

Spaghetti mit Tintenfisch

350 g Spaghetti
400 g Tintenfische
1 kleine Zwiebel
1 Stange Bleichsellerie
1 Stückchen Mohrrübe
1 Knoblauchzehe
1 kleiner Bund Petersilie
½ Glas trockener Weißwein
½ l Fleischbrühe (oder 1 TL Fleischextrakt, in Wasser gelöst)
4 EL Olivenöl
Salz
frisch gemahlener Pfeffer

Die Tintenfische gründlich säubern und waschen; Fangarme in Stückchen, Körpersäcke in feine Streifen schneiden. Zwiebel, Selleriestange, Knoblauchzehe und Mohrrübe fein hacken. Diese Zutaten in einer Kasserolle im Öl dünsten, bis die Zwiebel glasig wird. Die Tintenfische hineingeben und leicht anbraten. Den Wein angießen und verdampfen lassen. Mit Salz und Pfeffer abschmecken und den Garvorgang bei mäßiger Hitze vollenden. Gelegentlich eine Schöpfkelle heiße Brühe nachgießen. Im letzten Augenblick die gehackte Petersilie zufügen. Die Spaghetti in einem großen Topf in Salzwasser »al dente« kochen, d. h. sie sollen noch Biß haben. Abtropfen lassen und in einer Terrine mit der Tintenfischsauce vermischen.

SPAGHETTINI AROMATICI

Aromatische Spaghettini

350 g Spaghettini
½ Glas Olivenöl
1 Knoblauchzehe
2–3 Sardellenfilets
4 Pfefferminzblätter
1 Bund Petersilie
1 EL Kapern
8 schwarze Oliven
Salz

Sardellenfilets fein hacken; Petersilie und Pfefferminzblätter fein wiegen; Oliven entkernen und fein zerkleinern; Knoblauchzehe zerdrücken. Reichlich Salzwasser in einem großen Topf aufwallen lassen. Die Spaghettini hineinwerfen und sofort rühren, damit sie nicht verkleben. Nach Vorschrift in sprudelndem Wasser »al dente« kochen. Inzwischen das Öl in einem Pfännchen erhitzen und die Knoblauchzehe goldgelb anschwitzen. Herausnehmen und die Sardellenfilets auf niedriger Flamme dünsten, bis sie zerfallen. Die Pfanne vom Herd nehmen und die gehackten Kräuter zu den Sardellen geben.
Die Nudeln abgießen und unverzüglich in einer vorgewärmten Schüssel mit der Sardellensauce vermengen. Oliven und Kapern unterziehen und das Gericht ohne Zugabe von Parmesan servieren.

SPAGHETTI ALLA CAPRESE

Spaghetti aus Capri

400 g Spaghetti
350 g reife Tomaten
Olivenöl
50 g entgrätete Sardellen
80 g Thunfisch in Öl
50 g schwarze, entkernte Oliven
Salz
frisch gemahlener Pfeffer
100 g feingewürfelter Mozzarella

Die kurz überbrühten Tomaten enthäuten, von den Kernen befreien und zerkleinern. 3 EL Öl in einer kleinen Pfanne erhitzen. Die Tomaten hineingeben, leicht salzen und auf lebhafter Flamme ca. ¼ Stunde kochen. Sardellen waschen und gut abtropfen. Zusammen mit dem Thunfisch und den zerkleinerten Oliven im Mörser zu einer Paste zerreiben. Durch ein Sieb streichen und das erhaltene Püree mit einigen EL Öl geschmeidig rühren. Anschließend auf kleiner Flamme erwärmen. Die Spaghetti in einen großen Topf mit sprudelndem Salzwasser geben und »al dente« kochen. Abtropfen lassen und sofort mit der heißen Tomatensauce, den Mozzarellawürfeln und der Sardellen-Thunfisch-Paste vermengen. Großzügig mit Pfeffer bestäuben, erneut durchmischen und sofort servieren.

SPAGHETTI ALLA VIAREGGINA

Spaghetti aus Viareggio

300 g Spaghetti
1 kg Venusmuscheln
1 Glas Olivenöl (auch etwas mehr)
1 Knoblauchzehe
1 kleine Zwiebel
½ Glas trockener Weißwein

350 g Tomaten aus der Dose
1 Stückchen Chilischote
Salz
frisch gemahlener Pfeffer
2 Bund Petersilie

Die Muscheln durch längeres Einlegen in Salzwasser von Sandresten säubern, anschließend abbrausen. Ohne Zugabe von Wasser in einer zugedeckten Pfanne mit dem Knoblauch und einigen EL Öl auf kleiner Flamme erhitzen. Aus den Schalen lösen, sobald sie sich öffnen; dabei die in ihnen enthaltene Flüssigkeit auffangen. Die Zwiebel in dünne Scheiben schneiden. In einem Topf im Öl glasig werden lassen. Mit dem Wein ablöschen und diesen verkochen lassen. Nun die zerkleinerten Tomaten und 1 Glas des Muschelsuds zufügen. Mit der Chilischote und 1 Prise Salz würzen. Auf lebhafter Flamme ca. 20 Minuten kochen. Inzwischen die Spaghetti in viel Salzwasser »al dente« garen. Die Muscheln und die feingehackte Petersilie zur Tomatensauce geben. Großzügig mit Pfeffer bestäuben und 1 Minute ziehen lassen. Die Spaghetti sofort nach dem Abgießen mit der Sauce vermischen und servieren.

SPAGHETTI AL FORMAGGIO

Spaghetti mit Käse

300 g Spaghetti
1–2 gehackte Knoblauchzehen
1 EL gehackte Petersilie
1 EL gehacktes Basilikum
gut ½ Glas Öl
350 g reife Tomaten
Salz
frisch gemahlener Pfeffer
80 g Fiore sardo (s. S. 291)

Die gehackten Zutaten bei minimaler Hitze mit dem Öl in einer kleinen Pfanne anschwitzen. Die enthäuteten, entkernten und zerkleinerten Tomaten zufügen. Salzen, pfeffern und ca. ¼ Stunde auf lebhafter Flamme durchkochen. Reichlich Wasser unter Zugabe von etwas Salz in einem Topf aufwallen lassen und die Spaghetti darin »al dente« kochen. Abgießen und sofort mit der vorbereiteten Sauce vermischen. Die Nudeln in einen Steingut-Topf füllen. Mit den Käsescheiben belegen und in den auf 180 °C vorgeheizten Ofen schieben, bis der Käse zerläuft. Dann das Gericht sofort servieren.

SPAGHETTI CON SALSA DI POMODORO

Spaghetti mit Tomatensauce

300 g Spaghetti
½ Glas Olivenöl
500 g reife, aber noch feste Eiertomaten
Salz
frisch gemahlener Pfeffer
ein paar Basilikumblätter

4 feste Tomaten heraussuchen. Diese überbrühen (möglichst kurz, damit sie nicht matschig werden) und dann enthäuten. Vierteln, von den Stengelansätzen befreien und entkernen. Die Viertel noch einmal längs halbieren. Damit die Stücke nicht zerquetscht werden, bedient man sich für den gesamten Vorgang am besten einer Gabel und eines scharfen Messers. Die übrigen blanchierten, gehäuteten und entkernten Tomaten zu einer sämigen Sauce verkochen und diese ca. 20 Minuten bei mäßiger Hitze eindicken lassen. Gegen Ende des Kochvorgangs die Hälfte des Öls einrühren. Inzwischen die Spaghetti in reichlich Salzwasser nicht zu weich kochen. Abtropfen lassen und in einer Schüssel mit der Sauce vermischen, zu der in letzter Minute die ganzen Tomatenstücke und das restliche Öl gegeben wurden. (Die Menge des verwendeten Öls richtet sich nach der Konsistenz der Sauce, wobei es auf dem Teller keine Fettaugen bilden darf.) Etwas Parmesan unterziehen und nach Belieben pfeffern. Eine noch aromatischere Sauce erhält man, indem man am Vortag einige Basilikumblätter in das zu verwendende Öl einlegt, die dann wieder entfernt werden.

SPAGHETTI ALLA NORMA

Spaghetti mit Auberginen, Tomaten und Ricotta

350 g Spaghetti
3 Auberginen
400 g vollreife Tomaten (ersatzweise aus der Dose)
2 Knoblauchzehen
1 kleiner Bund Basilikum
8 EL Olivenöl
80 g Ricotta stagionata (s. S. 293)
Salz
frisch gemahlener Pfeffer

Die Auberginen in dünne Scheiben schneiden, mit Salz bestreuen und zum Entwässern in ein Nudelsieb aus Kunststoff legen. Die zuvor kurz überbrühten Tomaten häuten, von den Kernen befreien und fein zerkleinern. (Dosentomaten werden nur durchpassiert.) Knoblauch und Basilikum fein hacken. Beides zusammen mit den Tomaten und 3 EL Öl in die Pfanne geben, salzen und pfeffern. Bei mäßiger Hitze eindicken lassen. Das restliche Öl in einer zweiten Pfanne stark erhitzen. Die abgetrockneten Auberginenscheiben portionsweise darin goldgelb braten. Anschließend zum Abtropfen auf Küchenkrepp legen. Mit Salz und Pfeffer bestreuen. Die in reichlich Salzwasser »al dente« gekochten und abgegossenen Spaghetti in eine Schüssel füllen. Die Auberginenscheiben darüber verteilen, mit der Tomatensauce überziehen und mit dem geriebenen Ricotta bestreuen.
Dieses schmackhafte Gericht aus Catania ist dem dort geborenen Musiker Vincenzo Bellini, Komponist der berühmten Oper »Norma«, gewidmet.

SPAGHETTI ALLA TARENTINA *

Spaghetti aus Tarent

350 g Spaghetti
200 g Krebse
300 g Venusmuscheln
200 g Miesmuscheln
4 Meerdatteln
150 g frischer Aal
250 g vollreife Tomaten (ersatzweise aus der Dose)
6 EL Olivenöl
1 Knoblauchzehe
1 kleiner Bund Petersilie
Salz
frisch gemahlener Pfeffer

Muscheln gründlich mit Hilfe einer harten Bürste säubern und waschen. Mit 1 kleinen Schöpfkelle Wasser in eine Pfanne geben und die Muscheln darin bei starker Hitze kochen. Sobald sie sich öffnen, herausnehmen und das Fleisch aus den Schalen lösen. Durch erneutes Waschen in lauwarmem Wasser eventuelle Sandrückstände entfernen. Den in der Pfanne verbliebenen Muschelsud durch ein sehr feines Tuch in eine Tasse gießen. Die Krebse gut waschen und ausbrechen. Die gehackte Knoblauchzehe in einer Pfanne im Öl goldbraun anschwitzen. Die Hitze reduzieren und die Meeresfrüchte (Krebse, Miesmuscheln, Venusmuscheln, die gründlich gebürsteten und gewaschenen Meerdatteln mit der

Schale) sowie den zerkleinerten Aal hineingeben. Mit Salz und frisch gemahlenem Pfeffer abschmecken. Nun die gehäuteten, entkernten und streifig geschnittenen Tomaten zufügen (Dosentomaten werden durch ein Sieb gestrichen). Mit dem Muschelsud ergänzen und den Garvorgang bei milder Hitze vollenden. Im letzten Augenblick die gehackte Petersilie unterziehen. Die Spaghetti in viel Salzwasser nicht zu weich kochen und abgießen. In eine Schüssel füllen und mit der Sauce vermischen. Das Gericht auf einzelne Teller verteilen und in die Mitte jeweils eine Meerdattel geben.

SPAGHETTI ALLA SIRACUSANA

Spaghetti aus Syrakus

350 g Spaghetti
5 EL Olivenöl
500 g vollreife Tomaten
1 EL eingesalzene Kapern
1 eingesalzene Sardelle
1 gelbe Paprikaschote
50 g geriebener Pecorino
1 Knoblauchzehe
Salz
frisch gemahlener Pfeffer

Kapern waschen, um sie etwas zu entsalzen; Sardelle wässern, entgräten und zerkleinern; Tomaten häuten, entkernen und mit den Händen zerteilen; Knoblauchzehe fein hacken. Das Öl mit dem Knoblauch und den Tomaten in eine Kasserolle geben und ohne Deckel 10 Minuten leise köcheln lassen. Die Sardelle, die Kapern und die feinstreifig geschnittene Paprikaschote zufügen. Salzen und pfeffern. Alles bei mäßiger Hitze zu einer ziemlich dicken Sauce einkochen. Die Spaghetti in reichlich Salzwasser »al dente« garen und abtropfen lassen. In einer Schüssel mit der Sauce vermengen und den Pecorino unterziehen. Gut durchmischen und sofort servieren.

SPAGHETTI ALLA CARRETTIERA

Spaghetti auf Fuhrmannsart

350 g Spaghetti
50 g Schweinebacke
50 g Thunfisch in Öl
200 g frische Steinpilze (oder
1 Handvoll getrocknete Pilze)
1 Knoblauchzehe
4 EL Olivenöl
½ TL Fleischextrakt
50 g geriebener Parmesan
Salz
frisch gemahlener Pfeffer

Schweinebacke in feine Streifen schneiden; Thunfisch zerpflücken; Pilze gründlich säubern und in dünne Scheiben schneiden (getrocknete Pilze werden ca. 1 Stunde in warmem Wasser eingeweicht und dann in Stückchen geteilt). Das Öl mit der gehackten Knoblauchzehe und dem Schweinefleisch in einer Pfanne erhitzen, bis die fetten Fleischstücke glasig werden. Die Pilze hineingeben, mit Salz und Pfeffer aus der Mühle würzen und alles etwa 10 Minuten bei milder Hitze dünsten. Dabei einige EL heißes Wasser mit dem darin gelösten Fleischextrakt zufügen. Nun die Thunfischstückchen einrühren und alles auf kleiner Flamme einige Minuten durchmischen. In reich-

lich Salzwasser die Nudeln kochen. Abgießen, sobald sie »al dente« sind, und in einer Servierschüssel mit der Sauce vermischen. Sofort zu Tisch bringen und geriebenen Parmesan dazu reichen.

SPAGHETTI CON LE COZZE

Spaghetti mit Miesmuscheln

350 g Spaghetti (oder Vermicelli)
800 g Miesmuscheln
4 EL Olivenöl
2 Knoblauchzehen
2 EL gehackte Petersilie
abgeriebene Schale von 1 Zitrone
Salz
frisch gemahlener Pfeffer

Die Muscheln kräftig mit einer harten Bürste bearbeiten, anschließend waschen. In einer Pfanne mit 1 kleinen Schöpfkelle Wasser kräftig erhitzen, bis sich die Schalen öffnen. Nun die Muscheln aus den Schalen lösen und in lauwarmem Wasser von etwaigen Sandresten säubern. Sobald sich der Muschelsud gesetzt hat, diesen aus der Pfanne durch ein sehr feines Tuch in ein Schälchen gießen. Die Spaghetti in reichlich Salzwasser garen. Inzwischen das Öl mit den sehr fein gehackten Knoblauchzehen und 1 EL Petersilie in eine Pfanne geben und behutsam den Muschelsud so dazugießen, daß eventuelle Sandpartikel auf dem Schalenboden nicht aufgewirbelt werden. Den Sud auf ziemlich lebhafter Flamme etwas reduzieren. Nun die Muscheln hineingeben und garen. Kurz bevor der Topf vom Herd genommen wird, salzen und pfeffern und die Zitronenschale einrühren. Die Nudeln abgießen, sobald sie »al dente« sind, und in eine Schüssel füllen. Mit der Sauce übergießen, die Muscheln darauf verteilen und mit der übrigen Petersilie bestreuen. Gut durchmischen und – ohne Parmesan – zu Tisch bringen.

SPAGHETTI ALLA MARINARA

Spaghetti auf Matrosenart

350 g Spaghetti
500 g reife, aber feste Tomaten (ersatzweise aus der Dose)
20 schwarze Oliven
4 EL Olivenöl
1 EL Kapern
1 Knoblauchzehe
3 Basilikumblättchen
Salz

Diese Sauce ist ein bißchen zeitaufwendig, also beginnen Sie rechtzeitig mit der Zubereitung: Oliven entkernen und in Stückchen schneiden; Kapern und Knoblauch zusammen sehr fein wiegen; Tomaten kurz in kochendes Wasser legen, häuten, entkernen und zerkleinern (Dosentomaten statt dessen durch ein Sieb streichen). Das Öl zusammen mit diesen vorbereiteten Zutaten und dem Basilikum in einen Topf (möglichst aus Email oder Steingut) geben und alles gut 30 Minuten bei mäßiger Hitze durchkochen, bis sich eine cremigdicke Sauce von ziemlich dunkler Farbe ergibt. Die Basilikumblätter herausnehmen und die Sauce unter die in reichlich Salzwasser »al dente« gegarten und abgetropften Spaghetti mischen. Das Gericht wird ohne Käse serviert.
Durch Zugabe von 1 kleinen Chilischote zu den restlichen Zutaten ergibt sich eine pikante Variante. Dabei wird die Schote nicht zerkleinert, damit man sie, wenn der gewünschte Geschmack erreicht ist, einfach wieder entfernen kann.

SPAGHETTI AL POMODORO E BASILICO

Spaghetti mit Tomaten und Basilikum

350 g Spaghetti (oder Vermicelli)
600 g vollreife, feste Tomaten
4 EL Olivenöl
50 g geriebener Pecorino
1 kleiner Bund Basilikum
Salz
frisch gemahlener Pfeffer

Diese sehr einfache, aber nicht minder schmackhafte Sauce wird folgendermaßen zubereitet: Tomaten enthäuten (kurzes Überbrühen erleichtert diese Arbeit), entkernen und in Streifchen schneiden. Diese zum Abtropfen in ein Sieb geben. Geschälte Dosentomaten werden nur (ohne den Saft) durchpassiert. Das Öl in einer Pfanne nur leicht erwärmen und die Tomatenstückchen zusammen mit den Basilikumblättern hineingeben. Salzen und pfeffern und bei mäßiger Temperatur etwa ½ Stunde leise köcheln lassen. Dabei öfter leicht umrühren, damit die Sauce nicht ansetzt. Aus der fertigen Sauce die Basilikumblätter wieder entfernen. Die Nudeln in viel Salzwasser »al dente« kochen, abgießen und mit der Sauce vermengen. Servieren und den Pecorino (der ebensogut durch Parmesan ersetzt werden kann) separat dazu reichen.

SPAGHETTI CACIO E PEPE *

Spaghetti mit Käse und Pfeffer

350 g Spaghetti
80 g geriebener Pecorino
Salz
reichlich frisch gemahlener Pfeffer

Ein typisches Gericht aus den gebirgigen Abruzzen und der Provinz Rieti. Die Spaghetti in einem Topf mit großem Fassungsvermögen in viel Salzwasser »al dente« kochen. Abgießen und dabei einige EL des Kochwassers zurückbehalten. Die Nudeln in einer Schüssel großzügig mit grob gemahlenem Pfeffer und anschließend mit Pecorino bestreuen. Soviel Nudelwasser dazugießen, daß der Käse schmilzt und cremig wird. Durchmischen und sehr heiß servieren.

SPAGHETTI ALLA CARBONARA

Spaghetti Köhler-Art

350 g Spaghetti
100 g Bauchspeck
50 g geriebener Parmesan
1 EL Olivenöl (oder 1 EL Butter)
2 EL Sahne
4 Eigelb
Salz
frisch gemahlener Pfeffer

Ein Originalrezept aus dem Latium. Den Bauchspeck in Streifen schneiden. Diese zusammen mit dem Öl (oder der Butter) in einer ziemlich großen Pfanne auf kleiner Flamme erhitzen, bis der fette Speck schmilzt. Die Pfanne vom Herd nehmen und warm stellen. Die Spaghetti in reichlich sprudelndes Salzwasser werfen und »al dente« kochen. Inzwischen in einer Schale die Eigelbe mit dem Schneebesen schaumig schlagen. Dann die Sahne und die Hälfte des Parmesan unterrühren und die Mischung nach Belieben pfeffern. Die fertigen Spaghetti abgießen und in die inzwischen wieder auf die Herdplatte gestellte Pfanne mit dem Speck geben. Gut durchmischen, wieder vom Herd nehmen und die ziemlich cremige Eimischung unterziehen. Dies muß schnell geschehen, denn die Eigelbe dürfen nicht stocken. (Falls die Mischung nicht die richtige Konsistenz hat, mit etwas Sahne ergänzen.) Die Spaghetti sofort auf vorgewärmten Tellern anrichten und mit dem restlichen Parmesan servieren.

BUCATINI ALL'AMATRICIANA

Bucatini aus Amatrice

350 g Bucatini
100 g grobgewürfelte Schweinebacke
1 EL Olivenöl
1 gehäufter EL feingehackte Zwiebel
3 nicht zu reife Tomaten
½ zerriebene Chilischote
50 g geriebener Pecorino
Salz

Diese Spezialität ist in der Gegend von Amatrice im Grenzgebiet zwischen den Abruzzen und dem Latium zu Hause.
Die Tomaten enthäuten (kurzes Überbrühen vereinfach diesen Vorgang) und von den Samenkernen befreien. Das Fruchtfleisch in dünne Scheiben schneiden. Die Fleischwürfel in einer Pfanne auf kleiner Flamme im Öl anbräunen. Sobald das Fett glasig wird, die Stücke herausnehmen und warm stellen. Die Chilischote mit der Zwiebel im gleichen Öl anschwitzen. Wenn die Zwiebel goldgelb ist, die gut abgetropften Tomatenscheiben zufügen.
Leicht salzen, durchmischen und 10 Minuten kochen lassen. Vom Herd nehmen und die Fleischwürfel zur Sauce geben. Die Bucatini in reichlich Salzwasser kochen und abgießen, sobald sie »al dente« sind. In einer Servierschüssel mit der Sauce und dem Pecorino vermischen. Sofort servieren.
Charakteristisch für dieses Gericht ist, daß die Nudeln nicht in Tomatensauce serviert werden, sondern nur einen Hauch von Tomate erkennen lassen. Die Fleischwürfel sollen so knusprig sein, als wären sie soeben erst vom Herd genommen worden. Es ist also wichtig, daß sie während der Saucenzubereitung warmgehalten werden.

SPAGHETTI CON CAPPERI E OLIVE NERE

Spaghetti mit Kapern und schwarzen Oliven

300 g Spaghetti
1 Handvoll Kapern in Essig
20 große schwarze Oliven
1 gehäufter EL Tomatensauce (s. S. 124)
4 EL Olivenöl
1 Chilischote
Salz

Die Spaghetti in einen großen Topf mit reichlich Salzwasser werfen und kochen. Die ausgedrückten und feingewiegten Kapern in eine Schale geben. Die entkernten und geviertelten Oliven, das Öl und die von den Samen befreite, aber nicht zerkleinerte Chilischote zufügen. Mit dem Tomatenmark ergänzen und alles zu einer homogenen Sauce verrühren. Die Spaghetti abgießen, sobald sie gar sind. In einer Schüssel gründlich mit der vorbereiteten Sauce vermischen. Vor dem Servieren die Chilischote entfernen, die inzwischen ihr pikantes Aroma an die Spaghetti abgegeben hat. Das Gericht wird ohne Käse gegessen.
Diese Sauce kann ohne weiteres im voraus zubereitet werden. In einem Glas und mit einer dünnen Schicht Olivenöl bedeckt, hält sie sich im Kühlschrank einige Tage.

SPAGHETTI CON POLPI E TOTANI

Spaghetti mit kleinen Kraken und Kalmaren

350 g Spaghetti
200 g kleine, junge Kalmare
300 g kleine Kraken
5 EL Olivenöl
2 Knoblauchzehen
1 mittelgroße Zwiebel
400 g Tomaten aus der Dose
Salz
frisch gemahlener Pfeffer

Dieses Gericht findet man häufig an der tyrrhenischen Küste Kalabriens. Die Weichtiere gründlich waschen und vorbereiten: Kalmare in Ringe, Kraken in Stückchen schneiden. Zwiebel und Knoblauch zusammen fein hacken. Zusammen mit dem Öl und den Meeresfrüchten in eine Pfanne geben. Alles langsam auf ziemlich kleiner Flamme anbräunen. Die durchpassierten Tomaten zufügen. Mit Salz abschmecken und bei milder Hitze kochen lassen, bis die Sauce schön eindickt. Falls erforderlich, 1 Schöpfkelle heißes Wasser nachgießen. Die Nudeln in reichlich Salzwasser kochen (aufpassen, daß sie nicht zu weich werden!). Abgießen und in eine Servierschüssel füllen. Mit der Sauce und etwas frisch gemahlenem Pfeffer mischen. Das Gericht wird ohne Käse serviert.

SPAGHETTI ALLA GIARDINIERA

Spaghetti Gärtnerin-Art

300 g Spaghetti
1 gelbe Paprikaschote
100 g enthülste Erbsen
100 g Steinpilze
80 g frische Fagioli (weiße Bohnenkerne)
2 Artischocken
etwas Zitronensaft
1 Zwiebel
1 Knoblauchzehe
½ Glas Olivenöl
40 g Butter
1 Glas trockener Rotwein
350 g Tomaten aus der Dose
geriebener Parmesan
Salz
frisch gemahlener Pfeffer

Die Paprikaschote über der Flamme rösten und die Haut abziehen. Halbieren, aushöhlen, waschen und feinstreifig schneiden. Von der Artischocke die äußeren Blätter entfernen, die Spitzen der inneren Blätter mit einem scharfen Messer alle in gleicher Höhe kappen. Artischocken vierteln und die einzelnen Stücke in dünne Scheiben schneiden. In leicht mit Zitronensaft gesäuertem Wasser waschen. Pilzstiele von Erdpartikeln säubern; Pilze waschen und in Scheiben schneiden. Die Zwiebel hakken, die Knoblauchzehe vom Keim befreien und zerdrücken. In einer Kasserolle beide zusammen im Öl und in der Butter goldgelb anschwitzen. Nun das vorbereitete und zerkleinerte Gemüse sowie die Erbsen und Bohnen hineingeben. Salzen und pfeffern. Kurz unter Rühren ziehen lassen, dann mit dem Wein begießen und diesen weitgehend verkochen lassen. Die Tomaten dazugeben. Alles zugedeckt im eigenen Dampf garen; eventuell etwas Wasser nachgießen. Die Spaghetti in lebhaft sprudelndem Salzwasser »al dente« kochen und abgießen. In einer Servierschüssel mit der Sauce vermischen. Zu diesem Gericht wird geriebener Parmesan gereicht.

SPAGHETTI AL GORGONZOLA

Spaghetti mit Gorgonzola

350 g Spaghetti (oder Bucatini, Perciatelli o. ä.)
20 g Butter
60 g Gorgonzola
2 dl Sahne
2 Salbeiblätter
Salz
frisch gemahlener weißer Pfeffer

Während die Nudeln in reichlich Salzwasser kochen, die Butter, Sahne, gewaschenen Salbeiblätter und den Gorgonzola in einem Topf im Wasserbad langsam zerlassen; dabei langsam und stetig rühren, bis sich eine sämige, homogene Creme bildet. (Die Mischung darf auf keinen Fall aufkochen.) Vom Herd nehmen und warm stellen. Die Nudeln abgießen, sobald sie »al dente« sind. In eine vorgewärmte Schüssel füllen und sofort mit der Sauce übergießen. Zuvor die Salbeiblättchen herausnehmen. Mit reichlich frisch gemahlenem Pfeffer bestäuben und gut durchmischen, so daß die Nudeln die Sauce schön aufnehmen. Auf vorgewärmte Teller verteilen und unverzüglich servieren.

SPAGHETTI DELL'ADRIATICO

Spaghetti »Adria«

350 g Spaghetti
800 g kleine Kraken (»moscardini«)
1 feingehackte Knoblauchzehe
einige Rosmarinblätter
etwas Kümmel
1 Lorbeerblatt
Origano
gehackte Petersilie
150 g Tomatenstückchen
Salz, Chilischote
½ Glas Öl

Die Kraken waschen, trockentupfen und den Mund abschneiden. Das Öl in eine Pfanne gießen. Knoblauch, Kräuter und Gewürze hineingeben. Die Tomatenstückchen zufügen. Auf dieses Bett die mit Salz und Pfeffer gewürzten Kraken legen. Die Pfanne hermetisch abdichten und auf den Herd stellen. ¾ Stunde leise köcheln lassen. Die Spaghetti in reichlich Salzwasser »al dente« kochen. Abgießen und in eine vorgewärmte Schüssel füllen. Die Sauce unterziehen und das Gericht dampfend servieren.

SPAGHETTI AGLIO E OLIO

Spaghetti mit Knoblauch und Öl

350 g Spaghetti
4 Knoblauchzehen
4 EL bestes Olivenöl
1 kleiner Bund Petersilie
Salz
frisch gemahlener Pfeffer

Für dieses typisch süditalienische Rezept die Spaghetti in reichlich

Salzwasser kochen. Inzwischen das Öl mit den zerdrückten Knoblauchzehen in eine Pfanne geben. Knoblauch entfernen, sobald er goldbraun ist. Die Pfanne warm stellen. Petersilie sehr fein wiegen. Die Nudeln abgießen, sobald sie »al dente« sind. Pfeffern, mit dem sehr heißen Öl vermischen und mit Petersilie bestreuen. Sofort servieren.

Wer es etwas pikanter mag, gibt mit dem Knoblauch eine kleine Chilischote zum Öl, die dann ebenso entfernt wird.

SPAGHETTI AI FRUTTI DI MARE *

Spaghetti mit Meeresfrüchten

350 g Spaghetti
250 g Garnelen
1 kg gemischte Muscheln
(Miesmuscheln, Venusmuscheln, Meerdatteln usw.)
1 Knoblauchzehe, gehackt
gut ½ Glas Öl
2 reife Tomaten
Salz
frisch gemahlener Pfeffer
1 Bund Petersilie, gehackt

Die gewaschenen Garnelen in etwas Salzwasser kochen, anschließend schälen. Muscheln gut abbürsten und waschen. Mit 2 EL Öl in einer Pfanne auf kleinerer Flamme erhitzen, dabei die Pfanne gelegentlich schütteln. Nach etwa 5 Minuten, wenn sie alle geöffnet sind, herausnehmen und das Fleisch mit einem Löffel auslösen. Verschlossene Schalen nicht mit Gewalt aufbrechen, sondern wegwerfen, da diese Muscheln nicht genießbar sind. Die Knoblauchzehe in ½ Glas Öl dünsten. Die enthäuteten, zerkleinerten und entkernten Tomaten zufügen. Salzen und pfeffern und auf lebhafter Flamme etwa 10 Minuten kochen lassen. Währenddessen die Spaghetti in einem großen Topf mit Salzwasser »al dente« garen. Die Muscheln in der Sauce nur einige Minuten erwärmen (sie dürfen nicht hart werden). Die Spaghetti abgießen und sofort mit der Sauce vermengen.

SPAGHETTI COL TARTUFO NERO

Spaghetti mit schwarzer Trüffel

350 g Spaghetti
2 eingesalzene Sardellen
1 schwarze, hühnereigroße Trüffel
4 EL Olivenöl
1 kleiner Bund Petersilie
Salz

Dieses Gericht gehört in den Tälern Umbriens zur traditionellen Küche.
Die Trüffel sorgfältig säubern (d. h. kräftig abbürsten, auf keinen Fall waschen!) und in hauchdünne Scheiben schneiden. Die Sardellen ausgiebig wässern, dann entgräten und hacken. In eine Schale geben, tropfenweise das Öl einrühren und die Sardellen dabei mit einer Gabel zu einer Paste zerdrücken. Zuletzt, kurz bevor die Sauce unter die Nudeln gemischt wird, Trüffel und gehackte Petersilie unterziehen. Die in reichlich Salzwasser »al dente« gekochten und gut abgetropften Spaghetti in eine Schüssel geben. Mit der Sauce vermischen und sofort – ohne Parmesan – servieren.

SPAGHETTINI AL BASILICO TRITATO

Spaghettini mit gehacktem Basilikum

350 g Spaghettini
400 g frische Tomaten
(ersatzweise aus der Dose)
50 g Butter
50 g geriebener Parmesan
1 EL gehackte Zwiebel
1 kleiner Bund Basilikum
Salz
frisch gemahlener Pfeffer

Ein typisches Rezept der ligurischen Küste. Die mit den Händen zerteilten Tomaten in einen Topf geben (Dosentomaten werden ganz mit ihrem Saft verwendet). Etwa ½ Stunde kochen, anschließend durch ein Sieb streichen. Während die Spaghettini in reichlich Salzwasser garen, die Hälfte der Butter in einer Pfanne zerlassen. Sobald sie aufschäumt, die Zwiebelstückchen einrühren und glasig werden lassen. Das Tomatenpüree dazufügen, salzen und pfeffern. Bei mäßiger Hitze ca. 10 Minuten leise durchkochen. Die Spaghettini abgießen, sobald sie »al dente« sind, und in eine vorgewärmte Servierschüssel geben. Die übrige Butter stückchenweise unterziehen. Mit den gehackten Basilikumblättern und der Hälfte des Parmesan bestreuen und alles mit der Sauce überziehen. Gut durchmischen und servieren. Den restlichen Parmesan separat dazu reichen.

VERMICELLI CON PROSCIUTTO E PISELLI

Vermicelli mit Schinken und Erbsen

300 g Vermicelli
50 g Butter
¼ Zwiebel
100 g geriebener Parmesan
150 g ausgehülste, frische Erbsen
50 g gekochter Schinken (mit Fett)
etwas Fleischbrühe
½ Glas trockener Weißwein
Salz
frisch gemahlener Pfeffer

Damit die Erbsen auch nach der Zubereitung noch ihre appetitlich grüne Farbe haben, müssen sie frisch und zart sein, und der Garvorgang darf nur kurze Zeit dauern. Dafür wie folgt vorgehen: Fette Schinkenstreifen fein würfeln und zusammen mit der Butter und der gehackten Zwiebel in eine Kasserolle geben. Bei milder Hitze dünsten, aber nicht bräunen. Nun die Erbsen zufügen, leicht pfeffern und mit einigen EL Brühe begießen. Den Herd hochschalten und unter Rühren fertig garen. Zuletzt mit Salz abschmecken, den Wein angießen und den mageren Schinken in feinen Streifen dazugeben. Sobald der Wein verkocht ist, den Topf vom Herd nehmen und warm stellen. Die Vermicelli in einen Topf mit sprudelndem Salzwasser geben und auf lebhafter Flamme »al dente« kochen. Abgießen, auf Tellern verteilen und mit der Sauce mischen. Mit Parmesan bestreut servieren.

TIMPANO DI VERMICELLI GRANITO

Üppiger Nudelauflauf

300 g Vermicelli
5 EL Olivenöl
3 eingesalzene Sardellen
1 kleiner Bund Petersilie
2 EL Kapern
1 Dose zarte Erbsen
1 Handvoll getrocknete Pilze
1 EL Butter
200 g Fischfilet nach Wahl
10 grüne Oliven
4 EL Semmelbrösel
Salz
frisch gemahlener Pfeffer

Die Pilze in etwas warmem Wasser ca. 20 Minuten einweichen. Das Fischfilet mit 1 EL Öl in einer Pfanne garen; salzen und pfeffern. Herausnehmen, zerpflücken und wieder in die Pfanne geben. Die

Petersilie hacken. Zusammen mit den Pilzen und etwas Öl in einen Topf füllen. Leicht salzen und einige EL des durchgeseihten Pilzeinweichwassers dazugießen. Alles leise köcheln lassen, bis die Sauce schön eindickt. Die Vermicelli in viel Salzwasser kochen. In einer großen Pfanne die gut gewässerten, entgräteten und zerkleinerten Sardellen im restlichen Öl zu einer Paste verrühren. Die Vermicelli »al dente« abgießen und im Sardellen-Öl schwenken. Vom Herd nehmen und abkühlen lassen. Eine ofenfeste Form mit der Hälfte der Butter einfetten und mit den Semmelbröseln ausstreuen. Boden und Ränder der Form mit der Hälfte der Nudeln bedecken. Die Pilzsauce hineingießen. Fischfilet, Erbsen, Kapern und die entkernten Oliven darüber verteilen. Mit den restlichen Nudeln bedecken und einige Butterflöckchen daraufsetzen. Zuletzt mit 1 Handvoll Semmelbrösel bestreuen. Den Auflauf im Ofen bei 180 °C backen, bis sich eine goldbraune Kruse bildet (ca. 20 Minuten).

VERMICELLI CON CIPOLLINE E PISELLI

Vermicelli mit Perlzwiebeln und Erbsen

300 g Vermicelli
8 Perlzwiebeln
150 g ausgehülste Erbsen
60 g Butter
1 Scheibe Bauchspeck
1 EL Tomatensauce (s. S. 124)
etwas Fleischbrühe
gehackte Petersilie
50 g geriebener Parmesan
Salz
frisch gemahlener Pfeffer

Die Perlzwiebeln von der feinen Haut befreien und in kaltes Wasser legen. Anschließend hacken und mit etwas Butter und dem gewürfelten Bauchspeck in eine Kasserolle geben. Zugedeckt bei milder Hitze im eigenen Dampf dünsten. Falls nötig, etwas Wasser angießen. Mit den Erbsen und dem in einer kleinen Kelle Fleischbrühe verrührten Tomatenmark ergänzen. Pfeffern, den Herd hochschalten und etwa 20 Minuten weiter garen. Damit die Erbsen schön zart und grün bleiben, erst salzen, wenn sie bereits gar sind. Die Vermicelli in reichlich Salzwasser kochen. Abgießen, sobald sie »al dente« sind, und in einer Schüssel mit zerlassener Butter, ein wenig Parmesan und etwas Sauce vermengen. Gut durchmischen und auf einer Platte anrichten. Mit der restlichen Sauce begießen und mit gehackter Petersilie bestreuen. Den restlichen Parmesan separat dazu reichen.

VERMICELLI ALLA TURRIDU

Vermicelli mit Tomaten-Oliven-Sauce

300 g Vermicelli
5 EL Olivenöl
10–12 schwarze Oliven
350 g Tomaten
Salz
½ Chilischote
1 Prise Origano
50 g geriebener Parmesan

Tomaten häuten, entkernen und ausdrücken; Oliven entkernen, aber dabei nicht zerschneiden. Das Öl in einer Kasserolle gut erhitzen und die Tomaten, die Oliven und die zerriebene Chilischote hineingeben. Mit Salz abschmecken und die Sauce eindicken lassen. Die Vermicelli in einem großen Topf mit stark gesalzenem Wasser »al dente« kochen und abgießen. 1 Schuß Olivenöl, den Parmesan und 1 Prise Origano unterziehen. Auf einer Servierplatte anrichten und die heiße Sauce darübergießen.

VERMICELLI ARROSTO CON SPINACI

Vermicelli mit Spinat im Ofen gebacken

300 g Vermicelli
30 g feingehackte Pinienkerne
4 große Büschel Spinat
4 EL Olivenöl
2 eingesalzene Sardellen
1 Knoblauchzehe
1 kleiner Bund Petersilie
Salz

Spinat in 1 Fingerhut Salzwasser garen. Die Sardellen zum Entsalzen gut wässern. Zusammen mit der Knoblauchzehe, der Petersilie und dem Spinat hacken. Die so vorbereiteten Zutaten in einer Pfanne im Öl einige Minuten anschwitzen. Die Pinienkerne zufügen und alles ein paar Minuten weiter dünsten. Die Vermicelli in reichlich Salzwasser halb garen. Abgießen und in eine weite, ofenfeste Form füllen. Gleichmäßig mit der Sauce überziehen. (Die Sauce muß ziemlich flüssig sein, damit die Nudeln darin zu Ende garen können.) Etwa ¼ Stunde im heißen Ofen backen. Ohne Parmesan servieren.

VERMICELLI ALLE ALICI SALSE

Vermicelli mit Sardellensauce

350 g Vermicelli
4 EL Olivenöl
1 Knoblauchzehe
4 eingesalzene Sardellen
Salz
frisch gemahlener Pfeffer

Dieses Gericht ist am Golf von Neapel und Salerno zu Hause. Die Vermicelli in reichlich kochendem Salzwasser aufsetzen. Inzwischen die zerdrückte Knoblauchzehe in einer großen Pfanne im Öl goldbraun dünsten, dann herausnehmen. Die gewässerten, entgräteten und zerkleinerten Sardellen in die Pfanne geben und mit der Gabel zu einer homogenen, dunklen Paste zerreiben. Die Nudeln »al dente« abgießen und in die Pfanne füllen. Bei mäßiger Hitze ziehen lassen, bis sie den vollen Geschmack aufgenommen haben. Nach Belieben mit etwas Pfeffer bestäuben und sofort servieren.

VERMICELLI ALLA SICILIANA

Vermicelli auf sizilianische Art

300 g Vermicelli
5 EL Olivenöl
4 frische Sardinen
1 EL Butter
4 vollreife Tomaten
Salz
frisch gemahlener Pfeffer

Aus den durchpassierten Tomaten, der Butter, etwas Salz und 1 Prise gemahlenem Pfeffer eine dicke Sauce zubereiten. Die Sardinen

säubern, entgräten und filetieren. Die Hälfte der Filets in 2 EL Öl goldbraun braten; anschließend auf Küchenkrepp legen und mit 1 Prise Salz bestreuen. Die übrigen Filets zerkleinern und in einer weiten Pfanne im restlichen Öl schwenken. Salzen und pfeffern und zu einer Paste zerreiben. (Eventuell die Creme mit 1 EL Milch verdünnen.) In einem großen Topf die Vermicelli in Salzwasser kochen und kurz vor Ende der Garzeit abgießen. In die Pfanne zu der Sardinencreme geben, die Tomatensauce unterziehen und so lange durchmischen, bis die Nudeln völlig gar sind. Sofort auf einzelnen Tellern anrichten und auf jede Portion ein gebratenes Sardellenfilet legen. Ohne Parmesan servieren.

VERMICELLI ALL'OLIO E POMODORI CRUDI

Vermicelli mit Öl und rohen Tomaten

400 g Vermicelli
1 Knoblauchzehe
550 g reife Tomaten
1 Bund Petersilie
3–4 Basilikumblätter
½ Glas Olivenöl (auch etwas mehr)
Saft von ½ Zitrone
Salz
frisch gemahlener Pfeffer

Die Knoblauchzehe zerdrücken. Eine Suppenschüssel damit ausreiben, Knoblauch anschließend wegwerfen. Die entkernten und geachtelten Tomaten in die Schüssel füllen. Petersilie hacken und zusammen mit dem Öl, in das am Vorabend bereits die Basilikumblätter eingelegt wurden, dem Zitronensaft und etwas Salz und Pfeffer über die Tomaten geben. Zudekken und etwa ½ Stunde ziehen lassen. In einem großen Topf reichlich Salzwasser zum Kochen bringen und die Vermicelli darin »al dente« garen. Abgießen und sofort in die Schüssel mit der vorbereiteten Sauce geben. Durchmischen und sofort servieren.

ORECCHIETTE AL SUGO D'AGNELLO *

Orecchiette mit Lammfleischsauce

250 g Hartweizengrieß
100 g Weizenmehl (oder Hartweizenmehl)
1 kg Lammgulasch
100 g Butter
2 EL Olivenöl
1 Rosmarinzweig
60 g geriebener Parmesan
Salz
frisch gemahlener Pfeffer

Hartweizengrieß und Mehl mit Wasser zu einem ziemlich festen Teig verkneten und diesen bearbeiten, bis er glatt und elastisch ist. Zu fingerdicken Rollen formen und diese in 3–4 mm dicke Scheiben schneiden. Die Teigstückchen werden nun auf dem Backbrett mit Hilfe des Daumens etwas gezogen, wobei sie die typische, rundliche Form annehmen und an der Unterseite etwas aufgerauht werden. Die fertigen Orecchiette (»Öhrchen«) mindestens 1 Tag lang trocknen lassen.
Das Lammfleisch waschen und gut trockentupfen. Mit der Butter, dem Öl und dem Rosmarinzweig in eine Kasserolle geben. Zudecken und das Fleisch bei milder Hitze ringsum anbräunen, dabei gelegentlich durchmischen. Mit Salz und frisch gemahlenem Pfeffer würzen und den Garvorgang vollenden. Falls erforderlich, ab und zu 1 EL Wasser angießen. Sobald das Fleisch gar ist, den Rosmarinzweig entfernen. Die Orecchiette in reichlich Salzwasser kochen, bis sie »al dente« sind. Abgießen und in einer Schüssel mit dem dickflüssigen Lammgulasch vermischen. Sofort zu Tisch bringen. Dieses herzhafte Gericht wird mit geriebenem Parmesan serviert. – Man kann die Teigwaren auch nur mit der Sauce vermischen; mit Salat als Beilage ergibt das Lammfleisch ein delikates Hauptgericht.

So stellt man Orecchiette her

Hartweizengrieß, Mehl und lauwarmes, gesalzenes Wasser zu einem Teig verkneten, dessen Konsistenz der von Brotteig ähnelt.

Den Teig durchwalken und zu 30–40 cm langen, fingerdicken Röllchen formen. Jeweils nicht mehr als zwei Röllchen gleichzeitig vorbereiten, da der Teig sonst zu stark austrocknet.

3–4 mm dicke Scheiben von den Röllchen abschneiden und diese auf dem Backbrett mit dem Daumen etwas ziehen, so daß sie die für Orecchiette (»Öhrchen«) charakteristische gewölbte Form annehmen und auf der Unterseite leicht aufgerauht werden.

Den gesamten Teig auf diese Weise verarbeiten und die Orecchiette vor der Verwendung einen Tag lang trocknen lassen.

ORECCHIETTE CON LE CIME DI RAPA STRASCICATE

Orecchiette mit Broccoli

350 g Orecchiette
400 g Broccoliröschen
4 EL Olivenöl
1 Knoblauchzehe
1 Chilischote
Salz

Die Orecchiette nach der Anleitung im Rezept »Orecchiette mit Lammfleischsauce« (2. Spalte dieser Seite) vorbereiten oder bereits fertig kaufen. Die geputzten und gewaschenen Broccoliröschen in reichlich sprudelndem Salzwasser garen, wobei sie ihre Farbe und feste Konsistenz nicht verlieren dürfen. Mit dem Schaumlöffel aus dem Topf heben; das Kochwasser später zum Kochen der Orecchiette verwenden. Die feingehackte Knoblauchzehe zusammen mit der Chilischote in einer Pfanne anschwitzen, Broccoli zufügen und mit Salz abschmecken. Bei milder Hitze etwas ziehen lassen und die Chilischote herausnehmen, sobald das Gemüse pikant genug ist. Die Nudeln im Broccoliwasser »al dente« kochen. Abtropfen lassen und in die Pfanne zum Gemüse geben. Durchschwenken und behutsam mischen. Das Gericht ohne Parmesan servieren.

MACCHERONI ALLE ERBE AROMATICHE

Makkaroni mit aromatischem Gemüse

300 g Makkaroni
500 g Fleisch vom Jungrind (Nuß oder Schwanzstück)
1 Knoblauchzehe
1 mittelgroße Zwiebel
1 kleine Mohrrübe
2 Stangen Bleichsellerie
1 kleiner Bund Petersilie
2–3 Basilikumblätter
1 TL Fleischextrakt
2 EL Tomatenmark
1 Chilischote
50 g Schinkenspeck
30 g Butter
3 EL Olivenöl
½ Glas trockener Rotwein
50 g geriebener Parmesan
Salz
frisch gemahlener Pfeffer

Knoblauch, Zwiebel, Mohrrübe, Sellerie, Petersilie und Basilikum zusammen sehr fein hacken. Das Fleisch mit dem feinstreifig geschnittenen Speck spicken. In einem Steingut-Topf (oder einer ofenfesten Form) in der Butter und im Öl bei mäßiger Hitze ringsum anbräunen. Den Wein angießen und bei stärkerer Hitze verkochen lassen. Nun die feingehackten Kräuter und Gemüse hineingeben und unter gelegentlichem Rühren weich dünsten. Fleischextrakt und Tomatenmark in etwas heißem Wasser verrühren und in den Topf gießen. Salzen, pfeffern und die Chilischote (längs aufgeschnitten und von den Samenkernen befreit) zufügen. Den Topf zudecken und alles langsam schmoren, bis das Fleisch gar und der Fond dick und cremig ist. Gelegentlich rühren, damit nichts am Topfboden ansetzt; falls nötig, etwas Wasser nachgießen. Die Chilischote entfernen, wenn der gewünschte Geschmack erzielt ist. Die Makkaroni in reichlich Salzwasser kochen, bis sie »al dente« sind. Abgießen und in einer Schüssel mit einem Teil des Schmorfonds vermischen. Großzügig mit geriebenem Parmesan bestreuen und sofort zu Tisch bringen.

Der Braten wird aufgeschnitten und mit einer Beilage aus frischem Salat als Hauptgericht serviert.

MACCHERONI ALLA PESARESE

Makkaroni aus Pesaro

300 g Makkaroni (dick genug zum Füllen, z. B. Cannelloni)
150 g nicht zu magerer gekochter Schinken
100 g Hühnerlebern
100 g mageres Kalbfleisch
100 g Butter
1 Tasse Fleischbrühe (oder 1 Msp. Fleischextrakt, in 1 Tasse heißem Wasser gelöst)
1 Tasse frische Sahne
1 kleine Zwiebel
1 schwarze Trüffel
100 g geriebener Parmesan
Salz
frisch gemahlener Pfeffer

Zwiebel und Kalbfleisch sehr fein hacken. 40 g Butter in einer Pfanne zerlassen und diese Zutaten unter ständigem Rühren bei mäßiger Hitze einige Minuten dünsten. Mit der Fleischbrühe (bzw. dem im heißen Wasser gelösten Fleischextrakt) ablöschen. Salzen und pfeffern und zugedeckt bei milder Hitze ca. ½ Stunde leise köcheln lassen, dabei ab und zu umrühren. Die von der feinen Haut befreiten und gewaschenen Hühnerlebern über einer Schale durch ein Sieb streichen. Ebenso mit der gründlich abgebürsteten und feingehackten Trüffel und dem gekochten Schinken verfahren. Die drei Zutaten in der Schale gut mit einem Spatel oder Holzlöffel vermischen, salzen und pfeffern. Nach und nach ⅔ der Sahne gründlich unterziehen. Die Farce muß zum Schluß geschmeidig, doch nicht zu weich sein. Die Makkaroni in sprudelndem Salzwasser halb garen. Mit kaltem Wasser abbrausen, abtropfen lassen und zum Trocknen auf ein Tuch legen. Den Boden einer weiten ofenfesten Form gut mit Butter ausstreichen. Die Farce in einen Spritzbeutel mit großer Tülle geben und die Makkaroni damit füllen. Nebeneinander in die Form legen. Die erste Lage mit einigen EL der Kalbfleisch-Zwiebel-Sauce beträufeln und mit etwas Parmesan bestreuen. Nun eine zweite Lage daraufschichten. Diese mit der restlichen Sauce überziehen und mit dem übrigen Parmesan bestreuen. Mit dem Rest der Sahne begießen und die übrige Butter in Flöckchen darauf verteilen. Im vorgeheizten Ofen (ca. 200 °C) 15–20 Minuten bzw. bis sich eine appetitlich goldbraune Kruste bildet, backen. Sehr heiß servieren.
Dieses Gericht unterscheidet sich ganz deutlich von einer bekannten Bologneser Spezialität, da es ohne Tomaten und Béchamelsauce zubereitet wird. Da die Makkaroni von Hand gefüllt werden, ist die Füllung gut verteilt, und der Geschmack der verwendeten Zutaten, insbesondere der Trüffel, kommt voll zur Geltung. Eine delikate Komposition.

MACCHERONCELLI ALLA CAMPOFILONE

Maccheroncelli aus Campofilone

300 g Weizenmehl
3 Eier
100 g Butter
150 g Kalbfleisch
150 g Schweinslende
100 g Hühnerlebern (oder Hühnerklein)
500 g Tomaten aus der Dose
geriebener Pecorino
Salz
frisch gemahlener Pfeffer

Ein Originalrezept aus den Marken. Für den Nudelteig das Mehl mit den Eiern verkneten und die Masse so lange bearbeiten, bis sie glatt und elastisch ist. Den Teig auf dem Backbrett sehr dünn ausrollen und kurz trocknen lassen. Zusammenrollen und sehr feine Streifchen, die Engelshaar ähnelnden »Maccheroncelli«, abschneiden. Kalb- und Schweinefleisch mit der Butter in einen Topf geben und von allen Seiten langsam anbraten. Die durchpassierten Tomaten hineingeben. Alles mit Salz und frisch gemahlenem Pfeffer abschmecken und bei sehr milder Hitze etwa 1½ Stunden leise schmoren. Falls die Sauce dabei zu sehr verkocht, einige EL heiße Brühe oder auch Wasser nachgießen. Kurz vor Beendigung des Garvorgangs die sorgfältig gesäuberten, gewaschenen und zerkleinerten Hühnerlebern zufü-

gen. Die Maccheroncelli in reichlich Salzwasser kochen (dieser Vorgang dauert kaum länger als 1 Minute). Abgießen und in eine Servierschüssel geben. Mit dem Schmorfond vermengen und mit etwas geriebenem Pecorino bestreuen. (Parmesan ergibt einen milderen Geschmack.) Das Fleisch kommt mit einer Beilage aus grünem Salat oder Radicchio als Hauptgericht auf den Tisch.
Dieses Gericht gilt als Bravourstück für so manche Hausfrau aus den Marken. Zugleich aber ist es ein Prüfstein für die Qualität und das ausgewogene Verhältnis der Zutaten. Denn die Sauce ist nichts anderes als eine Kraftbrühe mit Hühnerlebereinlage, deren delikates Aroma auf keinen Fall durch die Tomate beeinträchtigt werden darf.

MACCHERONI ALLA CHITARRA *

Makkaroni aus den Abruzzen

300 g sehr feiner Hartweizengrieß
4 Eier
50 g Butter
60 g Bauchspeck
4 vollreife Tomaten
50 g geriebener Pecorino
Salz
frisch gemahlener Pfeffer

Die für dieses Rezept verwendete Nudelart ist ein typisches Produkt der Abruzzen: »Maccheroni alla Chitarra« werden aus Hartweizengrieß hergestellt und mit der »Chitarra« geschnitten, einem rechteckigen Holzrahmen, der mit Drähten in 2–3 mm Abstand bespannt ist und ein bißchen an eine Gitarre erinnert – daher auch der Name.
Den Grieß mit den Eiern und 1 Prise Salz zu einem Teig vermischen und diesen kneten, bis er sehr elastisch und geschmeidig (d. h. weicher als ein gewöhnlicher Eiernudelteig) ist. Nicht zu dünn ausrollen; die Stärke entspricht im allgemeinen dem Abstand zwischen den Drähten der »Chitarra«. Das Teigstück entsprechend der Größe des Rahmens in Rechtecke teilen. Jeweils eins dieser Stücke auf die »Chitarra« legen und mit dem Nudelholz darüberrollen. Dabei wird der Teig durch die Drähte gepreßt und in »viereckige Spaghetti« geschnitten. Anstelle dieses Spezialrahmens kann man ebensogut die Nudelmaschine verwenden: Den Teig ziemlich dick ausrollen und mit der Einstellung für Tagliatelle durch die Maschine laufen lassen. Trotz der komplizierten Herstellung liegt das eigentliche Geheimnis für ein gutes Gelingen der Nudeln im gründlichen Kneten des Teiges auf dem Backbrett.
Die Nudeln in einem großen Topf in Salzwasser kochen. Gut abtropfen lassen, sobald sie »al dente« sind. Zu »Maccheroni alla Chitarra«, die mit zu den schmackhaftesten hausgemachten Nudeln zählen, paßt am besten eine unkomplizierte Sauce. Beispielsweise zerläßt man 50 g Butter zusammen mit 60 g feinstreifig geschnittenem Bauchspeck (eventuell geräuchert), fügt 4 gehäutete und entkernte Tomaten dazu und läßt die Sauce etwas eindicken. Geriebener Pecorino und frisch gemahlener Pfeffer runden das köstliche Mahl ab.

MACCHERONI ARROSTO

Überbackene Makkaroni

350 g Makkaroni
200 g mageres Hackfleisch (vom Kalb oder Rind)
2 Knoblauchzehen
1 Rosmarinzweig
60 g Butter
4 frische, vollreife Tomaten (ersatzweise aus der Dose)
½ Glas trockener Weißwein
1 EL Weizenmehl
2 dl Fleischbrühe (oder 1 TL Fleischextrakt, in Wasser gelöst)
50 g geriebener Parmesan
Salz
frisch gemahlener Pfeffer

Knoblauch und Rosmarinblätter sehr fein hacken. 50 g Butter in eine Kasserolle geben und die Küchenkräuter zusammen mit Hackfleisch und Mehl einige Minuten bei mäßiger Hitze anschwitzen, dabei ständig rühren. Den Herd hochschalten und den Wein hineingießen. Unter Rühren verkochen lassen. Die Tomaten enthäuten, von den Kernen befreien und zerkleinern. (Dosentomaten durch ein Sieb streichen.) Zum Topfinhalt geben und mit Salz und Pfeffer würzen. Die Brühe angießen, gut durchrühren und zugedeckt leise köcheln lassen, bis sich eine dicke, cremige Sauce ergibt. Wasser in einem großen Topf zum Kochen bringen, salzen und die Makkaroni

So stellt man Maccheroni alla Chitarra her

Bei der Herstellung dieser Nudeln kommt die »Chitarra« zum Einsatz, ein für die Abruzzen typisches Gerät, das seine Bezeichnung seiner Ähnlichkeit mit einer Gitarre verdankt: Es besteht aus einem Holzrahmen, der dicht an dicht mit Stahldrähten bespannt ist.

Hartweizengrieß auf ein Backblech häufen. In der Mitte eine Mulde formen und die Eier zusammen mit 1 Prise Salz hineingeben. Alles verkneten und den Teig etwa 20 Minuten energisch walken. Anschließend ¼ Stunde ruhen lassen.

Mit dem Rollholz nicht zu fein ausrollen – die Dicke sollte dem Abstand der Drähte auf der »Chitarra« entsprechen. Auf diese Weise erhält man Nudeln mit quadratischem Querschnitt.

Den ausgerollten Teig in Rechtecke von der Größe der »Chitarra« teilen.

Jeweils ein Rechteck auf das Gerät legen und den Teig mit dem Rollholz zwischen den Drähten hindurchpressen. So entstehen die typischen eckigen Spaghetti. Diese sofort mit Mehl bestäuben, damit sie nicht verkleben.

Den restlichen Teig auf die gleiche Art verarbeiten.

darin garen. Kurz vor Ende der Kochzeit abgießen und lagenweise in eine ausgebutterte ofenfeste Form füllen. Jede Lage mit etwas Sauce übergießen und mit Parmesan bestreuen. Die letzte Schicht mit Butterflöckchen belegen. Bei mäßiger Hitze im Ofen überbakken, bis die Nudeln goldbraun überkrustet sind (ca. 20 Minuten). Herausnehmen und in der Form sofort servieren.

MACCHERONI ALLA NAPOLETANA DI ARTUSI

Makkaroni auf neapolitanische Art nach Artusi

300 g Makkaroni
50 g Butter
400 g vollreife Tomaten
(ersatzweise aus der Dose)
1 kleine Zwiebel
1 kleiner Bund Basilikum
60 g geriebener Parmesan oder Pecorino
Salz
frisch gemahlener Pfeffer

Zwiebel und Basilikumblätter fein hacken. 30 g Butter in einer Pfanne zerlassen und die gehackten Zutaten bei mäßiger Hitze einige Minuten darin dünsten. Die gehäuteten, entkernten und grob zerkleinerten Tomaten zufügen. (Dosentomaten werden nur durch ein Sieb gestrichen.) Mit Salz und frisch gemahlenem Pfeffer abschmecken. Die Sauce leise köchelnd eindicken lassen. Inzwischen die Makkaroni – Penne rigate eignen sich ebenso gut – in reichlich Salzwasser nicht zu weich kochen. Abgießen und in die Servierschüssel füllen. Flöckchenweise die restliche Butter unterziehen. Die Sauce untermischen und das Gericht mit Parmesan oder, wenn man es deftiger mag, mit Pecorino bestreuen. Erneut gut durchmischen und sofort servieren.

MACCHERONI ALLA BOLOGNESE *

Makkaroni auf Bologneser Art

350 g Maccheroni rigati
(oder Penne rigate)
100 g Bauchspeck
100 g mageres Hackfleisch vom Kalb
1 Hühnerleber
1 TL Weizenmehl
1 Stückchen Selleriestange
(10 cm)
1 kleine Zwiebel
1 Stückchen Mohrrübe
½ Becher Sahne
1 Tasse Fleischbrühe
1 Prise Muskatnuß
(oder 1 Gewürznelke)
50 g geriebener Parmesan
Salz
frisch gemahlener Pfeffer

Zwiebel, Mohrrübe, Sellerie und Bauchspeck zusammen hacken. Diese Zutaten zusammen mit der Butter und dem Hackfleisch in einer Kasserolle auf kleiner Flamme dünsten. Dabei häufig rühren, damit das Fleisch gleichmäßig bräunt und nicht ansetzt. 1 knappen TL Mehl einrühren und mit der Fleischbrühe ablöschen (ersatzweise etwas Fleischextrakt in lauwarmem Wasser auflösen). Vorsichtig salzen, dabei berücksichtigen, daß der Bauchspeck bereits Salz abgibt. Pfeffern und nach Geschmack mit etwas Muskatnuß oder auch 1 Gewürznelke aromatisieren. Alles etwa ½ Stunde bei milder Hitze garen, dabei gelegentlich durchmischen. Kurz bevor die Sauce vom Herd genommen wird, mit der Sahne und der zerkleinerten Hühnerleber verfeinern. Die Makkaroni in viel Salzwasser »al dente« kochen. Abtropfen lassen und in einer Terrinne mit der cremigen, nicht zu dicken Fleischsauce übergießen. Gut durchmischen und sehr heiß mit geriebenem Parmesan zu Tisch bringen.
Bei der traditionellen emilianischen Zubereitung wird das Fleisch nicht durch den Wolf gedreht, sondern mit einem Messer fein gehackt, da bei dieser Methode nicht soviel Saft austritt.

MACCHERONI AI QUATTRO FORMAGGI

Makkaroni mit vier Käsesorten

300 g Makkaroni
50 g Mozzarella
50 g Gruviera (italien. Käse, ähnlich dem Gruyère)
50 g Fontina valdostana (s. S. 288)
50 g Provolone dolce (s. S. 292)
oder Edamer
50 g Butter
½ TL Weizenmehl
1 knappes Glas Milch
geriebener Parmesan
Salz
frisch gemahlener Pfeffer

Die Käsestücke in feine Streifchen schneiden. Die Hälfte der Butter in einer Pfanne zerlassen und, sobald sie schäumt, das Mehl einrühren und ½ Minute unter Rühren anschwitzen. Die Milch dazugießen und 5 Minuten köcheln lassen, dabei ständig rühren. Die Pfanne vom Herd nehmen und die Käsestreifchen hineingeben. Kräftig durchrühren und beiseite stellen. Die in reichlich Salzwasser »al dente« gekochten und abgetropften Makkaroni in eine Schüssel füllen. Mit frisch gemahlenem Pfeffer bestäuben und die restliche zerlassene Butter unterziehen. Die Käsesauce auf starker Flamme erneut kurz erhitzen und dabei energisch umrühren. Über die Makkaroni gießen und sofort gründlich durchmischen. Heiß servieren und geriebenen Parmesan separat dazu reichen.
Man kann ohne weiteres auch andere Käsesorten verwenden, wobei allerdings immer Fontina dabei sein sollte.

MACCHERONI COL RAGÙ

Makkaroni mit Fleischsauce

350 g Makkaroni
400 g reife Tomaten (ersatzweise aus der Dose)
200 g Rinderfilet
4 EL Olivenöl
1 TL Fleischextrakt
1 kleiner Bund Basilikum
1 Knoblauchzehe
50 g geriebener Parmesan oder Pecorino
Salz
frisch gemahlener Pfeffer

Das Fleisch in kleine Würfel schneiden. Die Knoblauchzehe zerdrücken und in einer Pfanne im Olivenöl goldgelb dünsten. Herausnehmen, die Fleischwürfel hineingeben und von allen Seiten kräftig anbräunen. Die zuvor kurz überbrühten und enthäuteten, ausgedrückten und entkernten Tomaten dazufügen. Kurz ziehen lassen, dann eine Schöpfkelle heißes Wasser mit dem darin gelösten Fleischextrakt angießen. Mit dem gehackten Basilikum ergänzen, salzen und pfeffern. Den Garvorgang zugedeckt bei mäßiger Hitze etwa ½ Stunde fortsetzen. Währenddessen die Makkaroni in reichlich Salzwasser »al dente« kochen. Abgießen und in einer Servierschüssel mit der Fleischsauce vermischen. Das Gericht mit Parmesan (oder Pecorino) servieren.

MACCHERONI ALLA NAPOLETANA

Makkaroni auf neapolitanische Art

350 g Makkaroni
1 mittelgroße Zwiebel
500 g reife Tomaten
(oder 1 Dose à 500 g)
200 g frischer Scamorza
(s. S. 293) oder Mozzarella
(s. S. 290)
80 g Butter
1 Knoblauchzehe
Salz
frisch gemahlener Pfeffer

Knoblauch und Zwiebel sehr fein hacken. Die Tomaten durch ein Sieb streichen und alles zusammen mit 50 g Butter in eine Pfanne geben. Mit Salz und Pfeffer abschmecken. Die Sauce bei mäßiger Hitze leicht eindicken lassen. Die Makkaroni in einem großen Topf mit Salzwasser halb gar kochen, dann abgießen. Eine ofenfeste Form wie folgt füllen: 1 Lage Makkaroni, darüber dünne Scamorza-Scheiben, dann Tomatensauce. In dieser Reihenfolge die gesamten Zutaten in die Form füllen. Die letzte Schicht Tomatensauce gleichmäßig mit Butterflöckchen belegen. Das Gericht ca. ½ Stunde im Ofen bei 160–180 °C backen und sehr heiß servieren.

MACCHERONI ALLA CALABRESE

Makkaroni aus Kalabrien

350 g Makkaroni
(oder zerkleinerte Ziti)
1 Knoblauchzehe, zerdrückt
1 Chilischote, zerkleinert
½ Glas Öl
(oder Schweineschmalz)
1 Zwiebel, gehackt
120 g roher Schinken, gehackt
500 g reife Tomaten
Salz
frisch gemahlener Pfeffer
100 g Caciocavallo (s. S. 286), gerieben

Die Knoblauchzehe mit der Chilischote im Öl anschwitzen. Sobald der Knoblauch etwas Farbe annimmt, entfernen. Die Zwiebel hineingeben und auf sehr kleiner

Flamme glasig dünsten. Nun den Schinken und, nach einigen Minuten, auch die gehäuteten, entkernten und zerkleinerten Tomaten zufügen. Salzen, pfeffern und die Sauce auf lebhafter Flamme ca. ½ Stunde durchkochen. In einem großen Topf reichlich Wasser zum Kochen bringen, salzen und die Makkaroni darin nicht zu weich kochen. Abgießen und etwas Sauce unterziehen. In eine vorgewärmte Schüssel 1 Lage Makkaroni füllen, großzügig mit geriebenem Caciocavallo bestreuen und mit 2 EL Sauce beträufeln. Auf diese Weise die Schüssel füllen, bis alle Zutaten verbraucht sind. Das Gericht sofort servieren.

MACCHERONI ALLE ALICI FRESCE

Makkaroni mit frischen Sardellen

350 g lange Makkaroni
150 g frische Sardellen
1 Glas Olivenöl
4 große, reife Tomaten
1 zerdrückte Knoblauchzehe
frisch gemahlener Pfeffer
Salz
80 g Thunfisch in Öl
1 EL gehackte Petersilie
2 EL gehacktes Basilikum

Sardellen aufschneiden und von der Mittelgräte befreien. Gründlich waschen und mit Küchenkrepp trockentupfen. Tomaten kurz blanchieren und häuten, entkernen und in Spalten schneiden. Das Öl in einer Kasserolle erhitzen, die Knoblauchzehe darin goldgelb dünsten und anschließend entfernen. Sardellen und Tomaten in den Topf geben. Mit etwas Wasser übergießen, salzen und pfeffern. Alles leise köchelnd garen. Inzwischen den Thunfisch abtropfen lassen und fein würfeln. Zur Sauce geben und kurz weitergaren. Zuletzt mit den gehackten Kräutern aromatisieren. Die Nudeln in 5–6 cm lange Stücke brechen und in reichlich Salzwasser kochen. Die Hälfte der abgetropften Nudeln in eine große Schüssel füllen und mit der Hälfte der Sauce begießen. Die restlichen Nudeln darauf verteilen und mit der übrigen Sauce überziehen. Das Gericht einige Minuten ziehen lassen und dann servieren.

MACCHERONI CON LA RICOTTA

Makkaroni mit Ricotta

400 g Makkaroni
Salz
200 g frischer Ricotta
6 EL heiße Milch
2 EL Zucker
1 Prise Zimt

Kindern schmeckt diese Art der Zubereitung besonders gut.
Die Makkaroni in einen großen Topf mit sprudelndem Salzwasser werfen, umrühren und kochen, bis sie weich sind (ca. 10 Minuten). Ricotta, Milch, Zucker und Zimt in einer Schüssel glattrühren. Die Makkaroni abtropfen lassen und in eine vorgewärmte Schüssel füllen. Die Ricottacreme unterziehen und sofort servieren.

MACCHERONI ALLA PASTORA

Makkaroni Hirten-Art

350 g Makkaroni
150 g frischer Ricotta
Salz
frisch gemahlener Pfeffer
100 g Salsiccia (nach Belieben, s. S. 22)
50 g geriebener Pecorino

Reichlich Salzwasser in einem Topf zum Kochen bringen. Inzwischen den Ricotta mit etwas Salz und ein wenig Pfeffer in einer Schüssel geschmeidig rühren. Nach Belieben auch die zerkrümelte und in etwas Öl angebratene Wurst untermischen. Die Makkaroni »al dente« garen. Abgießen, dabei etwas Kochwasser zum Verlängern der Ricottacreme zurückbehalten. Die Nudeln in der Schüssel mit der verdünnten Creme, dem Pecorino und etwas Pfeffer vermengen. Gut durchmischen und unverzüglich servieren.

TORTIGLIONI CON FONDUTA

Tortiglioni mit Käsesauce

350 g Tortiglioni
150 g Fontina (s. S. 288)
50 g Butter
2 Eigelb
¼ l Milch für die Sauce
1 Tasse Milch
frisch gemahlener weißer Pfeffer
Salz
60 g geriebener Parmesan
30 g weiße Trüffel

Fontina in feine Scheiben schneiden. In eine weite Schüssel legen, mit der Milch bedecken und einige Stunden ziehen lassen. Nun den Käse im Wasserbad erhitzen, bis er zerläuft, dabei ständig mit einem kleinen Schneebesen bearbeiten. Die zuvor verquirlten und mit 1 Tasse lauwarmer Milch verdünnten Eigelbe langsam einlaufen lassen. Alles gut verrühren und mit frisch gemahlenem Pfeffer abschmecken. Die Tortiglioni in einem großen Topf mit Salzwasser garen und abgießen, wenn sie »al dente« sind. In einer vorgewärmten Schüssel mit der zerlassenen Butter und dem Parmesan vermischen, anschließend die Käsesauce unterziehen. Vor dem Servieren mit Trüffelscheibchen bestreuen.

TORTIGLIONI ALL'ITALIANA

Tortiglioni auf italienische Art

350 g Tortiglioni
50 g Butter
1 Mozzarella
8 schwarze Oliven
1 kräftige Prise Origano
4 Tomaten
2 EL Öl
geriebener Parmesan
Salz
frisch gemahlener Pfeffer
1 Knoblauchzehe
Basilikum

Oliven entsteinen (der Kirschentkerner erleichtert diese Arbeit) und zerkleinern. Mozzarella würfeln. Die Tortiglioni in reichlich sprudelndem Salzwasser »al dente« kochen. Inzwischen die Tomaten schälen, entkernen und achteln. In einem Pfännchen in Öl mit einem Hauch Knoblauch und etwas Basilikum schwenken. Die Nudeln abtropfen lassen und in eine runde, hitzebeständige Form füllen. Zerlassene Butter, geriebenen Parmesan, Mozzarellawürfel und Olivenstückchen untermischen. Mit 1 Prise Origano und dem Saft der zerdrückten Knoblauchzehe würzen und mit den Tomatenstückchen garniert servieren.

GARGANELLI *

Hausgemachte Teigwaren in Fleischsauce

300 g Weizenmehl
3 Eier
40 g Butter
50 g Bauchspeck
200 g Hackfleisch (Rind oder Kalb)
2 Hühnerlebern
½ Glas trockener Weißwein
1 mittelgroße Zwiebel
1 kleine Mohrrübe
1 Stange Bleichsellerie
300 g Tomaten aus der Dose
60 g geriebener Parmesan
Salz
frisch gemahlener Pfeffer

Mehl, Eier und die Hälfte des Parmesan vermengen und bearbeiten, bis sich ein homogener, elastischer Teig ergibt. Diesen ziemlich dünn ausrollen und in Quadrate von 6 cm Seitenlänge schneiden. Daraus die Garganelli herstellen: Die Teigstücke um ein fingerdickes Stöckchen wickeln (s. Abbildung S. 56) und dabei gleichzeitig über den »Kamm« – ein spezielles, gerilltes Brett – gleiten lassen. Zwiebel, Mohrrübe, Sellerie und Bauchspeck zusammen fein hacken. In einer Kasserolle 20 g Butter zerlassen. Sobald sie leicht bräunt, das Kleingehackte mit dem Hackfleisch hineingeben. 4–5 Minuten dünsten, dann mit dem Wein ablöschen. Auf lebhafter Flamme verkochen, bis sein Aroma verflogen ist. Die durchpassierten Tomaten zufügen. Alles salzen und pfeffern und zugedeckt schwach kochen lassen, bis sich eine cremige Sauce ergibt. Kurz vor Beendigung des Garvorgangs mit den gewaschenen, gehäuteten und zerkleinerten Hühnerlebern ergänzen. Die Garganelli in reichlich Wasser unter Zugabe von etwas Salz kochen. Abgießen und in einer Schüssel zunächst stückchenweise die übrige Butter, dann die Sauce und den restlichen Parmesan unter die Nudeln ziehen.

GRAMIGNA CON LA SALSICCIA

Röhrennudeln mit Bratwurst

350 g Röhrennudeln (gramigna)
200 g frische Bratwurst
400 g frische, vollreife Tomaten (ersatzweise aus der Dose)
60 g geriebener Parmesan

Die zuvor kurz überbrühten Tomaten häuten, entkernen, behutsam ausdrücken und fein zerkleinern. Die Bratwurst hier und da mit einer Gabel einstechen. Zusammen mit den Tomaten in eine Pfanne geben. Aufkochen lassen, anschließend zugedeckt ca. ½ Stunde bei sehr milder Hitze garen. Vom Herd ziehen. Die Wurst herausnehmen, vorsichtig von ihrer Haut befreien, zerteilen und die Stückchen wieder zu den Tomaten geben. Die Pfanne warm stellen. Die Nudeln in reichlich Salzwasser »al dente« kochen, abtropfen lassen und mit der heißen Sauce vermengen. Sofort servieren und geriebenen Parmesan dazu reichen.

PASTA E BROCCOLI

Nudeln mit Broccoli

300 g Nudeln (z. B. Penne oder Makkaroni)
1 Broccoli (oder Blumenkohl)
50 g nicht zu magerer roher Schinken
1 kleine Zwiebel
1 Knoblauchzehe
1 kleiner Bund Petersilie
3 EL Olivenöl
½ Glas trockener Weißwein
1 kleine Chilischote
2 eingesalzene Sardellen
300 g Tomaten aus der Dose
Fleischbrühe
geriebener Parmesan
Salz

Die Broccoli- bzw. Blumenkohlröschen vorsichtig abschneiden; die Sardellen gründlich wässern, entgräten und zerkleinern; Schinken, Zwiebel, Knoblauch und Petersilie fein hacken. Das Öl zusammen mit den gehackten Zutaten, der Chilischote und den Sardellen in eine Pfanne geben. Kurz andünsten und mit dem Wein aufgießen. Mit den durchpassierten Tomaten ergänzen, salzen und ca. ¼ Stunde leise köcheln lassen. Nach Zugabe der Kohlröschen 5–6 Minuten ziehen lassen. Mit 1–2 Schöpfkellen heißer (eventuell auch aus Fleischextrakt hergestellter) Brühe übergießen, die Nudeln zufügen und weiterkochen, bis sie »al dente« sind. Falls nötig, etwas heiße Brühe nachgießen. Das Gericht in eine Schüssel füllen und mit geriebenem Parmesan servieren. (So mancher ißt es auch gern ohne Käse.) Eine interessante geschmackliche Variante ergibt sich durch Zugabe von feinstreifig geschnittenem rohen Schinken kurz vor dem Servieren.

So stellt man Garganelli her

Mehl und Eier mit 1 Prise Salz vermischen. Den Teig wie gewohnt kneten und geriebenen Parmesan einarbeiten.

Kräftig walken, bis ein elastischer, homogener Teig entsteht, und diesen mit dem Nudelholz ziemlich dünn ausrollen.

Quadrate von 6 cm Seitenlänge ausschneiden.

Diese Stückchen wie abgebildet um einen kleinen Stab wickeln und gleichzeitig über den »Kamm« (ein spezielles gerilltes Brett) ziehen. Anschließend vom Stab streifen. Die so hergestellten Nudeln erinnern an große, quer gerillte Penne.

PASTA CON LE SARDE

Maccheroncini mit Sardinen

400 g Maccheroncini
250 g wilder Fenchel
Salz
350 g frische Sardinen
1 Zwiebel in Scheiben
2 Glas Öl
4 entgrätete Sardellen
frisch gemahlener Pfeffer
80 g Pinienkerne
80 g Sultaninen

Ein sizilianisches Originalrezept. Die Fenchelknollen von den harten Blättern befreien, gründlich waschen und in 2 l kaltem, gesalzenem Wasser aufsetzen. Aufwallen lassen und das Gemüse 10 Minuten kochen. Abtropfen lassen, gut ausdrücken und hacken. Das Kochwasser zur späteren Verwendung beiseite stellen. Sardinen vorbereiten: Aufschneiden, ausnehmen und die Mittelgräte entfernen, köpfen. In viel Salzwasser waschen und trockentupfen. Sardellen waschen, abtropfen lassen und in einem Pfännchen auf kleiner Flamme mit ein paar Tropfen Öl zu Brei verkochen. Zwiebelscheiben auf kleiner Flamme in 1 Glas Öl hellgelb dünsten. Die Hälfte der Sardinen zufügen und mit dem Holzlöffel zu einer Paste zerdrücken, dann die Sardellen dazugeben. Mit etwas Salz und reichlich Pfeffer würzen. Mit den Pinienkernen, dem Fenchel und den in lauwarmem Wasser eingeweichten und ausgedrückten Sultaninen ergänzen. Zugedeckt einige Minuten ziehen lassen. Falls die Sauce zu dickflüssig ist, mit etwas Fenchelwasser verdünnen. Warm stellen. Etwas Öl in einer Pfanne erhitzen und die restlichen ganzen Sardinen bei geringer Hitze von allen Seiten braten, dabei behutsam mit dem Holzlöffel wenden. Leicht salzen und nach 10 Minuten vom Herd ziehen. Das mit reichlich Salzwasser verlängerte Fenchelwasser aufwallen lassen und die Maccheroncini hineinwerfen. Sofort durchmischen und die Nudeln »al dente« kochen. Abtropfen lassen und sofort mit der Hälfte der vorbereiteten Sauce vermengen. Eine Schicht Nudeln in eine ofenfeste Form füllen, ein paar Sardinen darauflegen und mit etwas Sauce überziehen. Auf diese Weise alle Zutaten in die Form schichten, bis sie verbraucht sind. Die letzte Schicht aus Nudeln mit Sauce übergießen. Die Form abdecken und etwa 20 Minuten in den vorgeheizten Ofen (160 °C) schieben. Das Gericht kann warm oder auch kalt serviert werden.

PASTA INCACIATA

Auflauf mit Fleisch und Eiern

300 g Maccheroncini (oder Perciatelli)
400 g vollreife Tomaten (ersatzweise aus der Dose)
50 g Hackfleisch vom Kalb
50 g Mozzarella
50 g frische, ausgehülste Erbsen
2 Hühnerlebern
2 Auberginen
1 Knoblauchzehe
1 kleiner Bund Petersilie
Olivenöl
1 Ei
50 g geriebener Pecorino oder Parmesan
Salz
frisch gemahlener Pfeffer

Dieses typisch sizilianische Gericht wird folgendermaßen zubereitet: Auberginen in feine Scheiben schneiden, mit Salz bestreuen und zum Entwässern mindestens ½ Stunde in ein Kunststoffsieb legen. Anschließend in siedendem Öl fritieren, zum Entfetten auf Kü-

chenkrepp legen und warm stellen. Das Ei hart kochen und in Scheibchen schneiden. Knoblauch und Basilikum zusammen fein hacken; Mozzarella in Scheiben schneiden. 4 EL Öl mit den gehackten Küchenkräutern, den durchpassierten Tomaten, dem Hackfleisch und den Erbsen in eine Pfanne geben. Mit Salz und Pfeffer abschmecken und zugedeckt ca. ½ Stunde bei schwacher Hitze kochen. Kurz vor Beendigung des Garvorgangs die gehäuteten, gewaschenen und zerkleinerten Hühnerlebern untermischen. Die Nudeln in reichlich Salzwasser »al dente« kochen und abgießen. Eine ofenfeste Form leicht einölen. Boden und Rand mit den Auberginenscheiben auslegen, die Hälfte der Nudeln einfüllen und mit der Hälfte der Mozzarella- und Eischeiben und einem Drittel der Sauce bedecken. Die übrigen Nudeln darauf verteilen, wieder ein Drittel der Sauce darübergießen, mit den restlichen Käse- und Eischeiben belegen und mit reichlich Pecorino bestreuen. Den Auflauf etwas zusammendrücken. Ca. 20 Minuten im vorgeheizten Ofen bei 200 °C backen. Herausnehmen und auf eine Servierplatte stürzen. Mit der restlichen, sehr heißen Sauce überziehen und mit etwas Pecorino bestreuen. Sofort servieren.

MACCHERONI INCACIATI AL SUGO DI PESCE

Makkaroni mit Fischsauce

350 g Makkaroni
2 mittelgroße Hechtdorsche (à ca. 250 g)
4 EL Öl
400 g vollreife Tomaten (ersatzweise aus der Dose)
1 Zwiebel
1 kleiner Bund Basilikum
1 kleiner Bund Petersilie
Salz
frisch gemahlener Pfeffer

Ein sizilianisches Originalrezept. Tomaten ein paar Minuten in heißes Wasser legen (so läßt sich die Haut besser abziehen), enthäuten, halbieren und leicht ausdrücken, um die Kerne und überschüssigen Saft zu entfernen. (Dosentomaten werden einfach durchpassiert.) Fische ausnehmen, entgräten, gründlich waschen und filetieren. Zwiebel in feine Scheiben schneiden und in einem Topf im Öl glasig werden lassen. Fischfilets einige Minuten anbräunen, dann die Tomaten und das gehackte Basilikum zufügen. Salzen, pfeffern und zugedeckt bei mäßiger Hitze köcheln lassen, bis die Sauce eindickt. Dabei ab und zu umrühren, damit nichts am Topfboden ansetzt. Kurz vor Ende der Kochzeit die feingewiegte Petersilie einrühren. Die in reichlich Salzwasser »al dente« gekochten und abgetropften Makkaroni in eine Schüssel füllen und mit der Fischsauce vermischen.

PASTA ALLA CACCIATORA

Nudeln Jägerin-Art

300 g kurze Nudeln (z. B. Penne oder Muschelnudeln)
50 g Butter
1 Krickente (300 g)
1 Stange Bleichsellerie
1 kleine Mohrrübe
1 Bund Petersilie
60 g geriebener Parmesan
Salz

Ein charakteristisches Gericht der Toskana, speziell der Maremmen.

Die Krickente, ein etwa taubengroßer Sumpfvogel, gehört zur Familie der Wildenten.
Die Ente rupfen, abflämmen, ausnehmen, Kopf und Füße entfernen, gründlich waschen. Zusammen mit der Entenleber, dem Wurzelwerk, der Petersilie und etwas Salz in einen Topf mit Wasser geben und garen. Anschließend ausbeinen und das Fleisch zusammen mit der Entenleber hacken. Die Nudeln im Entenkochwasser »al dente« kochen und abgießen. Mit der zerlassenen Butter, dem Fleisch und dem Parmesan gründlich vermischen. Dieses ebenso leichte wie delikate Gericht wird sehr heiß serviert.

PAGLIA E FIENO

Heu und Stroh

400 g Hartweizenmehl
2 Eier
100 g Spinat
30 g Butter
½ Becher frische Sahne
1 Scheibe gekochter Schinken (ca. 60 g)
Salz

Spinat verlesen, gründlich waschen und in ganz wenig Wasser unter Zugabe von etwas Salz kochen. Abtropfen lassen, ausdrücken und durch ein Sieb streichen. Mehl, Eier und 1 Prise Salz zu einem ziemlich festen Teig vermengen und diesen kräftig bearbeiten, bis er glatt und elastisch ist. In zwei verschieden große Portionen teilen. Die kleine etwas ruhen lassen, die größere nicht zu dünn ausrollen. Kurz trocknen lassen, dann in 8 mm breite Fettuccine schneiden. Die kleinere Teigportion auf dem Backbrett unter Zugabe von etwas Mehl mit dem Spinat verkneten. Anschließend wie beschrieben zu Fettuccine verarbeiten. Die grünen und weißen Nudeln – Heu und Stroh – zusammen in reichlich Salzwasser nicht zu weich kochen. Inzwischen den feingewürfelten Schinken in einer großen Pfanne in der Butter anbräunen. Sobald das Fett glasig wird, die Sahne angießen. Mit Salz abschmecken und alles einige Minuten leise köcheln lassen. Die Nudeln abgießen und zum Pfanneninhalt geben. Unter Rühren fertig garen. Das Gericht auf einzelne Teller verteilen und mit geriebenem Parmesan bestreut servieren.

MEZZE MANICHE ALLA ZINGARA

Hörnchen auf Zigeunerart

300 g Hörnchennudeln
4 reife Tomaten
3 EL Olivenöl
1 zerkleinerte Chilischote
8 schwarze Oliven
1 Knoblauchzehe
Origano
Salz
geriebener Parmesan

Wasser in einem großen Topf zum Kochen bringen, salzen und die Nudeln darin »al dente« garen. Tomaten häuten, entkernen, ausdrücken und hacken. Oliven mit Hilfe des Kirschentkerners entsteinen und kleinschneiden. Knoblauch und Chilischote im Öl anbräunen. Tomaten und Oliven hineingeben und mit Salz und einem Hauch Origano würzen. Die Sauce kochend eindicken lassen. Die fertigen Nudeln abgießen und sofort mit der herzhaften Sauce vermischen. Dazu geriebenen Parmesan reichen.

PENNE AL MASCARPONE *

Penne mit Sahnekäse

350 g Penne rigate
30 g Butter
60 g frischer Mascarpone (s. S. 290)
1 Scheibe sehr magerer gekochter Schinken (60 g)
50 g geriebener Parmesan
Salz

Die Penne in reichlich Salzwasser kochen. Währenddessen alle fetten Teile vom Schinken abschneiden, den Rest sehr fein hacken. Sobald die Nudeln »al dente« sind, 1 Schöpfkelle kaltes Wasser in den Topf geben, um den Kochvorgang zu stoppen und so zu verhindern, daß die Nudeln verkleben. Nun abgießen und in eine Servierschüssel füllen. Die Butter in einem

zelne Teller verteilen und servieren. Den restlichen Pecorino separat dazu reichen.

PENNE ALLA VESUVIANA

Penne vom Vesuv

350 g Penne rigate
4 EL Olivenöl
4 große, reife Tomaten
(oder 1 Dose Tomaten à 500 g)
1 Mozzarella aus Büffelmilch
2 EL Kapern
1 Dutzend schwarze Oliven
1 kleiner Bund Basilikum
1 Knoblauchzehe
1 Prise Origano
Salz
frisch gemahlener Pfeffer

Viel Salzwasser in einem großen Topf aufwallen lassen und die Penne hineingeben. Während sie garen, Tomaten durchpassieren, Oliven halbieren und entkernen, Mozzarella fein würfeln, Knoblauchzehe zerdrücken. Tomaten und Knoblauch mit ein paar Basilikumblättern in eine Pfanne geben, leicht salzen und auf lebhafter Flamme alles zu einer Sauce eindicken lassen. Knoblauch entfernen, die Pfanne vom Herd ziehen und warm stellen. Die Nudeln abgießen, sobald sie »al dente« sind. In einer Servierschüssel mit dem Öl und etwas frisch gemahlenem Pfeffer vermischen. Die ausgedrückten Kapern, die Oliven- und Mozzarellastückchen unterziehen. Die Sauce darübergießen und mit etwas Origano bestreuen. Das Gericht mit Basilikumblättchen, die einen schönen Kontrast bilden, garnieren und ohne Parmesan servieren.

Pfännchen zerlassen und zusammen mit dem Parmesan unter die Nudeln ziehen. Den Mascarpone flöckchenweise darüber verteilen, die Schinkenstückchen darüberstreuen und das Gericht sofort servieren.

PENNE ALL'ARRABBIATA *

Hitzige Penne

350 g Penne rigate
100 g Schweinebacke (oder Bauchspeck)
500 g vollreife Tomaten (oder 400 g Dosentomaten)
1 TL Butter
1 mittelgroße Zwiebel
1 Knoblauchzehe
1 Chilischote
60 g geriebener Pecorino
Salz

Ein traditionelles Rezept aus dem Latium.
Zwiebel und Knoblauch sehr fein wiegen; Schweinebacke feinstreifig schneiden; Tomaten blanchieren, häuten, entkernen und fein zerkleinern (Dosentomaten nur durch ein Sieb streichen). Die Nudeln in reichlich sprudelndem Salzwasser aufsetzen. Inzwischen die Butter in einer großen Pfanne zerlassen. Knoblauch, Zwiebel und Fleischwürfel bei milder Hitze langsam darin anbräunen. Nun die Tomaten mit der Chilischote zufügen und alles auf kleiner Flamme eine kleine Weile durchkochen. Die Chilischote entfernen, sobald die Sauce die gewünschte Schärfe angenommen hat. Die Nudeln nach der Hälfte der Kochzeit abgießen, aber nicht völlig abtropfen lassen. Zusammen mit 1–2 EL Pecorino in die Pfanne geben und alles durchmischen. Die Nudeln unter ständigem, behutsamem Rühren fertig garen. Sollte die Sauce zu dickflüssig sein, einige EL des Nudelwassers zufügen. Das Gericht auf ein-

INSALATA DI PENNE

Nudelsalat

350 g Penne lisce (glatte Penne)
1 große, nicht zu reife Tomate
2 hartgekochte Eier
1 kleine Dose Thunfisch
(ca. 100 g)
2 in Essig eingelegte Paprikahälften (gelb und rot)
12 schwarze Oliven
8 gefüllte Oliven
4 EL Olivenöl
Salz

Ein köstliches Sommergericht. Die Nudeln in reichlich Salzwasser »al dente« kochen. Inzwischen die restlichen Zutaten vorbereiten: Eier und Tomaten achteln, Thunfisch mit einer Gabel grob zerpflücken. Schwarze Oliven mit dem Kirschentkerner entsteinen, gefüllte Oliven halbieren, Paprikaschoten fein würfeln. Die Nudeln abgießen, sobald sie »al dente« sind. In eine Schüssel füllen und mit dem Olivenöl vermischen. Die übrigen vorbereiteten Zutaten mit Ausnahme der Tomaten- und Eiachtel unterheben. Gut durchmischen. Abwechselnd die Ei- und Tomatenstücke kreisförmig darauf anordnen und den Salat ohne geriebenen Käse zu Tisch bringen.

PENNE CON I CARCIOFI

Penne mit Artischocken

300 g Penne
4 zarte Artischocken
1 kleiner Bund Petersilie
1 Knoblauchzehe
4 EL Olivenöl
1 gehäufter EL Butter
Zitronensaft
50 g geriebener Parmesan
Salz
frisch gemahlener Pfeffer

Die äußeren Blätter der Artischokken abziehen. Von den restlichen Blättern die harten Spitzen abschneiden, so daß nur die fleischigen, zarten Herzen übrigbleiben. Diese in feine Spalten schneiden und sofort in mit Zitronensaft gesäuertes Wasser legen. Anschließend zusammen mit dem Öl und ½ Glas Wasser in eine Pfanne füllen. Mit der sehr fein gehackten Knoblauchzehe, Salz und Pfeffer würzen. Zugedeckt auf kleiner Flamme schwach kochen lassen, bis die Artischocken schön gar sind. Im letzten Moment die feingehackte Petersilie unterziehen. Die in reichlich Salzwasser »al dente« gekochten und abgetropften Penne in eine Schüssel geben. Flöckchenweise die Butter untermischen, dann die Sauce unterziehen. Erneut gut durchmischen und servieren. Geriebenen Parmesan dazu reichen.

RIGATONI CON LA PAGLIATA

Rigatoni mit Kalbsgekröse

300 g Rigatoni
500 g Kalbsgekröse (vom krausen, noch mit Speisebrei gefüllten Darm)
50 g Schweinebacke oder Bauchspeck
4 EL Olivenöl
400 g Tomaten aus der Dose
1 mittelgroße Zwiebel
1 kleiner Bund Petersilie
1 kleine Stange Bleichsellerie
1 Knoblauchzehe
½ Glas trockener Weißwein
60 g geriebener Pecorino
Muskatnuß
Salz
frisch gemahlener Pfeffer

Dieses Originalrezept stammt aus dem Latium.
Das Gekröse in 20–25 cm lange Stücke teilen und, soweit möglich, von Fettgewebe befreien. Die Enden der einzelnen Stücke mit weißem Küchenzwirn zusammennähen, so daß sie die Form von Kringeln annehmen. Zwiebel, Sellerie, Knoblauch, Petersilie und Schweinebacke zusammen sehr fein hakken. Das Öl in eine feuerfeste Form (am besten aus Steingut) geben und die gehackten Zutaten bei mäßiger Hitze darin schmoren, bis die Zwiebel glasig wird. Gekröse hineingeben und ringsum anbraten. Den Herd hochschalten und den Weißwein angießen. Verkochen lassen und nun die durchpassierten Tomaten zufügen. Mit Salz, frisch gemahlenem Pfeffer (und, nach Geschmack, etwas geriebener Muskatnuß) würzen. Zugedeckt etwa 3 Stunden bei minimaler Hitze köcheln lassen, dabei gelegentlich umrühren. Erforderlichenfalls etwas Wasser nachfüllen. Die Nudeln in viel Salzwasser »al dente« kochen und abseihen. In einer Schüssel mit der vorbereiteten Sauce und dem Pecorino vermengen. Die Fleischkringel vom Zwirn befreien und auf den Nudeln in der Mitte anordnen. Das Gericht sofort servieren.

FUSILLI ALLA NAPOLETANA *

Fusilli auf neapolitanische Art

350 g Fusilli
150 g Mozzarella
50 g Bauchspeck
3 EL Olivenöl
4 vollreife Tomaten (ersatzweise aus der Dose)
1 EL Tomatenmark
1 mittelgroße Zwiebel
1 Stange Bleichsellerie
1 kleine Mohrrübe
1 Knoblauchzehe
½ Glas trockener Weißwein
50 g geriebener Pecorino
1 Prise Origano
Salz
frisch gemahlener Pfeffer

Zwiebel, Sellerie, Mohrrübe und Knoblauch zusammen sehr fein hacken; Bauchspeck in Streifchen, Mozzarella in kleine Würfel schneiden. Das Feingehackte zusammen mit dem Bauchspeck in einer großen Pfanne (möglichst aus Steingut) im Öl dünsten. Sobald das Gemüse weich ist, den Weißwein angießen und auf lebhafter Flamme ohne Deckel verkochen lassen. Nun die gehäuteten, entkernten und zerkleinerten Tomaten zusammen mit dem Tomatenmark einrühren (Dosentomaten werden nur durchpassiert). Die Hitze reduzieren. Die Sauce mit Salz und Pfeffer abschmecken und unter gelegentlichem Rühren leicht eindicken lassen. Die Nudeln in reichlich Salzwasser kochen, bis sie beinahe gar sind. Abgießen und zusammen mit 1 EL Pecorino zum Pfanneninhalt geben. Alles gut durchmischen und die Sauce, falls sie zu dickflüssig ist, mit einigen EL des Nudelwassers verdünnen. Ziehen lassen, bis die Nudeln gar sind. Das Gericht in eine Servierschüssel füllen und die Mozzarellawürfel gleichmäßig darüber verteilen. Mit etwas Origano bestreuen und sofort servieren. Dazu geriebenen Pecorino bereitstellen.
Eine geschmackliche Variante ergibt sich durch Verwendung von sehr frischem Ricotta anstelle des Mozzarella.

ROLLATO DI SPINACI

Spinatstrudel

500 g Spinat
½ Zwiebel
100 g Räucherschinken
1 dl Sahne
100 g Weizenmehl
3 EL Öl
150 g Butter
etwas geriebene Muskatnuß
50 g geriebener Parmesan
Salz
frisch gemahlener Pfeffer

Spinat verlesen und mehrmals unter fließendem Wasser waschen. Ohne Wasser in einen Topf füllen und dünsten (das an den Blättern befindliche Wasser reicht dafür aus). Anschließend gut ausdrücken und hacken. Jeweils 1 EL Butter und Öl in eine Pfanne geben und den Spinat zusammen mit der gehackten Zwiebel und einem Teil des gewürfelten Schinkens darin schwenken. Salzen und pfeffern und nach Belieben mit etwas Muskatnuß abschmecken. Das Mehl mit 2 EL Öl, etwas Salz und Wasser nach Bedarf zu einem glatten Teig vermengen. Kräftig kneten, bis er weich und elastisch ist. Zu einem länglichen, höchstens 5 mm dicken Stück ausrollen. Die Spinatmischung und die restlichen Schinkenwürfel darauf verteilen. Zu einem großen Strudel zusammenrollen. Diesen fest in ein Tuch einschlagen und wie eine Wurst umbinden. Etwa ½ Stunde in sprudelndem Salzwasser garen. Den Strudel auswickeln und in Scheiben schneiden. Diese mit zerlassener Butter beträufeln und mit geriebenem Parmesan bestreut servieren.

RAVIOLI RIPIENI DI PESCE E SPINACI

Ravioli mit Spinat-Fisch-Füllung

300 g Weizenmehl
3 Eier
400 g Spinat
1 mittelgroßer Hechtdorsch (ca. 300 g)
2 eingesalzene Sardellen
3 EL Olivenöl
50 g Butter
Salz
frisch gemahlener Pfeffer

Den Fisch gründlich waschen, ausnehmen, entgräten und filetieren. Die Filets zerkleinern. Spinat gut waschen und in ganz wenig Salzwasser dünsten. Mit kaltem Wasser überbrausen, gut ausdrücken und sehr fein wiegen. Sardellen gründlich wässern, entgräten und zerpflücken. Mit dem Öl in eine Pfanne geben, verrühren und mit der Gabel zu einer Paste zerdrücken. Den Spinat zufügen und einige Minuten darin schwenken. Mit den Fischstückchen ergänzen und alles mit Salz und Pfeffer abschmecken. Auf kleiner Flamme unter ständigem Rühren 5–6 Minuten ziehen lassen. Vom Herd nehmen und den Pfanneninhalt durch ein Sieb streichen. Mit diesem Püree die Ravioli füllen (s. Grundrezept auf S. 63). Die Ravioli in reichlich Salzwasser kochen und abgießen, sobald sie gar sind. In einer Schüssel anrichten, mit zerlassener Butter übergießen und heiß servieren.

RAVIOLI AI FILETTI DI SOGLIOLA ALLA MARCHIGIANA

Ravioli mit Seezungenfilets

300 g Weizenmehl
4 Eier
150 g frischer Ricotta
2 mittelgroße Seezungen (à 200 g)
2 Knoblauchzehen
1 Stange Bleichsellerie
1 kleine Mohrrübe
400 g Tomaten aus der Dose
5 EL Olivenöl
½ Glas trockener Weißwein
1 kleiner Bund Petersilie
80 g geriebener Parmesan
1 Prise Muskatnuß
Salz
frisch gemahlener Pfeffer

Die Ravioli rechtzeitig nach dem Grundrezept auf S. 63 herstellen und füllen. (Zubereitung der Fül-

lung: In einer Schüssel den Ricotta mit 1 Ei, 1 Handvoll geriebenem Parmesan, 1 Prise Muskatnuß und etwas Salz gut verrühren.)
Seezungen waschen, ausnehmen, entgräten und filetieren. Mohrrübe, Sellerie und Knoblauchzehen zusammen fein hacken und in einer Pfanne im Öl etwas anschwitzen. Nun die Seezungenfilets hineinlegen und beidseitig goldbraun braten. Den Herd hochschalten. Die Filets mit dem Wein ablöschen und diesen verkochen lassen. Die Hitze wieder reduzieren und die geschälten, durchpassierten Tomaten einrühren. Mit Salz und Pfeffer abschmecken und den Garvorgang zugedeckt bei milder Hitze vollenden. Gegen Ende der Garzeit die feingewiegte Petersilie unterziehen. Die Ravioli in reichlich Salzwasser kochen. Abgießen und auf einzelne Teller verteilen. Die Sauce unterziehen und auf jede Portion 2 Seezungenfilets legen. Den restlichen Parmesan separat dazu reichen.

RAVIOLI RIPIENI DI RAGÙ DI PESCE

Ravioli mit Fischfarce

300 g Weizenmehl
50 g Butter
50 g geriebener Parmesan
3 Eier
2 eingesalzene Sardellen
3 EL Olivenöl
1 mittelgroße Zwiebel
1 kleine Mohrrübe
1 Stück Selleriestange (ca. 15 cm)
1 Knoblauchzehe
1 kleiner Bund Petersilie
1 Handvoll getrocknete Pilze (ca. 20 g)
1 Hechtdorsch (ca. 300 g)
2 EL Tomatenmark
Salz
frisch gemahlener Pfeffer

Pilze in warmem Wasser einweichen, anschließend gut ausdrükken. Hechtdorsch waschen, ausnehmen, entgräten und filetieren. Die Filets sehr fein hacken. Sardellen gut waschen, entgräten, fein zerkleinern und zusammen mit dem Öl in einer Pfanne erwärmen, dabei mit der Gabel zu einer Paste zerdrücken. Das gesamte Gemüse einschließlich Knoblauch und Petersilie fein hacken und zu der Sardellenpaste geben. Bei mäßiger Hitze einige Minuten ziehen lassen. Tomatenmark in etwas war-

mem Wasser verrühren und zum Pfanneninhalt gießen. Mit Salz und Pfeffer abschmecken und alles leise köchelnd zu einer cremig-dicken Sauce verkochen. Kurz vor Beendigung des Kochvorgangs die zerkleinerten Fischfilets in die Sauce mischen. Erforderlichenfalls nachsalzen und gut durchrühren. Für den Nudelteig Mehl, Eier und 1 Prise Salz verkneten; die Ravioli wie auf S. 63 beschrieben herstellen und mit der Sauce füllen. Die fertigen Ravioli in reichlich Salzwasser garen, abgießen und in einer Schüssel mit zerlassener Butter und geriebenem Parmesan vermischen.

RAVIOLI CON LA ZUCCA

Ravioli mit Kürbis

300 g Weizenmehl
4 Eier
600 g Kürbis
100 g Kalbfleisch
100 g Kalbshirn
60 g sehr frischer Ricotta (italienischer Frischkäse)
50 g roher Schinken
70 g Butter
60 g geriebener Parmesan
Salz
frisch gemahlener Pfeffer

Kürbis in Salzwasser kochen, gut abtropfen lassen, harte und grüne Teile abschneiden und das restliche Fruchtfleisch sehr fein wiegen. Hirn etwa 5 Minuten mit heißem Wasser überbrühen, die dünne Haut abziehen; Hirn sehr fein zerkleinern. Schinken hacken. 30 g Butter in einer Pfanne zerlassen. Kalbfleisch ringsum darin anbräunen, salzen und pfeffern. Weiter schmoren, bis es gar ist (je nach Dicke ca. 10–20 Min.); dabei gelegentlich mit einigen EL Wasser begießen. 1 Ei in einer Schale gründlich verquirlen. Das durch den Wolf gedrehte Kalbfleisch mit dem Schmorfond, das Hirn, den zerbröckelten Ricotta, den Schinken und das Kürbisfleisch untermischen. Mit Salz abschmecken und kräftig mit dem Holzlöffel glattrühren. Aus dem Mehl und den übrigen 3 Eiern unter Zugabe von 1 Prise Salz den Nudelteig kneten und diesen so lange auf dem Backbrett walken, bis er glatt und geschmeidig ist. Ziemlich dünn ausrollen und auf eine Hälfte in regelmäßigen Abständen kleine Portionen der vorbereiteten Füllung setzen. Einen Backpinsel in Wasser tauchen und damit die Teigzwischenräume benetzen. Die zweite Teighälfte über die so vorbereitete Teigfläche schlagen und beide Teigstücke zwischen den Füllungen mit der Fingerspitze leicht zusammendrücken. Mit dem Teigrädchen zwischen den Füllungen entlangfahren und Quadrate, die sogenannten Ravioli, ausschneiden. Diese in viel sprudelndem Salzwasser garen. Mit dem Schaumlöffel herausheben und auf Tellern anrichten. Mit der restlichen zerlassenen Butter beträufeln und servieren. Dazu reichlich geriebenen Parmesan reichen.

RAVIOLI ALLA GENOVESE

Ravioli auf Genueser Art
(für 6 Personen)

Für die Füllung:

200 g Eskariol (Endivie)
150 g Borretsch
80 g gekochtes Kalbshirn
1 gekochtes Kalbsbries
30 g gekochtes Kalbsrückenmark
30 g Butter
80 g Kalbfleisch
80 g mageres Schweinefleisch
40 g Kalbsbrustspitze oder -euter
50 g zerkleinerte Bratwurst (nach Belieben)
3 Eier
1 Brötchen
2 gehäufte EL geriebener Parmesan
Salz
frisch gemahlener Pfeffer
Majoran

Für den Nudelteig:

400 g Mehl
3 Eier
1 Prise Salz
Wasser nach Bedarf

Zur geschmacklichen Verfeinerung:

1 Tasse Fleischsauce
60 g geriebener Parmesan

Eskariol und Borretsch von den härteren Blättern befreien. Das Gemüse waschen und in wenig Salzwasser 5 Minuten kochen; abtropfen lassen, gut ausdrücken und fein hacken. Die Butter in einer Kasserolle zerlassen und das Kalb- und Schweinefleisch darin anbraten. Anschließend zusammen mit den Innereien und dem enthäuteten Rückenmark fein wiegen. Das

So stellt man gefüllte Teigtaschen her

Eier, Mehl, 1 Prise Salz und nach Belieben etwas Olivenöl zu einem Nudelteig verarbeiten, wie für die Grundzubereitung auf S. 30 beschrieben. Diesen halbieren und beide Hälften ziemlich dünn ausrollen. Auf eine der beiden Teigplatten in regelmäßigem Abstand kleine Portionen der vorbereiteten Füllung setzen. (Diese kann mit Fleisch, aber auch mit Ricotta oder Gemüse hergestellt sein.) 1 Ei mit etwas Wasser verquirlen und die Teigzwischenräume mit dieser Mischung bestreichen.

Jetzt die zweite Teigplatte darüberlegen und um die Füllungen herum mit der Fingerkuppe leicht andrükken. Mit dem Teigrädchen in kleine Quadrate, die sogenannten Ravioli, schneiden (Abb. mittlere Spalte).

Eine andere Nudelform erhält man, indem man die Teigplatte in regelmäßigen Abständen mit kleinen Füllungsportionen belegt und dann mit einer speziellen Form oder einem normalen Glas entsprechend kleine Kreise aussticht. Die Ränder mit einer verquirlten Ei-Wasser-Mischung oder einfach mit Milch bepinseln. Die Teigscheiben in der Mitte umschlagen, so daß eine Halbmondform entsteht, und die übereinanderliegenden Ränder zusammendrücken. Durch Verbinden der beiden spitzen Enden (Abb. rechte Spalte) erhält man Cappelletti, Tortellini und andere Formen.

Die linke Spalte illustriert die Ravioli-Zubereitung mit Hilfe einer speziellen Ravioli-Form.

Die Teigreste lassen sich, grob zerschnitten, gut als Suppeneinlage verwenden.

weiche Innere des Brötchens in dem Bratenfond einweichen. In einer Schale mit dem gehackten Gemüse, dem gewiegten Fleisch, der Bratwurst, den Eiern, 2 EL Parmesan, Salz, Pfeffer und einem Hauch Majoran gründlich mit dem Holzlöffel vermengen.
Aus den angegebenen Zutaten einen Teig zubereiten und diesen so lange kneten, bis er die richtige Konsistenz hat. Zu zwei dünnen Teigstücken ausrollen.
Auf ein Teigstück in regelmäßigen Abständen kleine Portionen der Füllung setzen. Die zweite Teigplatte darüberlegen und mit dem Teigrädchen Ravioli ausschneiden. Diese ein paar Stunden trocknen lassen. Nun portionsweise in reichlich sprudelndes Salzwasser geben. Nach dem erneuten Aufwallen 3–4 Minuten ziehen lassen. Abtropfen lassen und auf eine Servierplatte legen. Mit der Fleischsauce und reichlich Parmesan vermischen. Ausgezeichnet schmecken diese Ravioli auch als Einlage in einer Fleischbrühe.

RAVIOLI AI FUNGHI

Ravioli mit Pilzen

350 g Mehl
200 g Ricotta (italienischer Frischkäse)
100 g gekochter Schinken
6 Eier
100 g Spinat
60 g Butter
60 g geriebener Parmesan
200 g Steinpilze oder
25 g getrocknete Pilze
Salz

Für dieses typische Gericht aus Ligurien zunächst den Spinat im eigenen Saft dünsten, ausdrücken und durchpassieren. Das Püree in eine Schüssel geben und, mit einem Stückchen Butter ergänzt, zum Trocknen in den aufgewärmten, aber ausgeschalteten Ofen schieben. Aus 4 Eiern, etwas Salz und dem Spinat einen Teig kneten. Diesen dünn ausrollen und in Quadrate von 6 cm Seitenlänge schneiden. Die Füllung zubereiten: Ricotta mit 2 Eiern, dem gehackten Schinken, geriebenem Parmesan und Salz verrühren. Diese Mischung TL-weise auf die Hälfte der Teigstückchen jeweils in die Mitte geben. Mit der anderen Hälfte der Quadrate die Füllungen abdecken, dabei die Ränder leicht zusammendrücken. Die Ravioli in reichlich Salzwasser garen, abtropfen lassen und mit der zerlassenen Butter und dem Parmesan vermischen. Auf eine Platte legen und mit einer schmackhaften Sauce aus frischen Pilzen (Rezept s. S. 70, Timballo di Fettucine) übergießen. Dazu geriebenen Parmesan reichen.

RAVIOLI ALL'ABRUZZESE *

Ravioli aus den Abruzzen

350 g Weizenmehl
5 Eier
250 g Ricotta (italienischer Frischkäse)
2 TL Zucker
60 g Butter
150 g Hackfleisch
4 EL trockener Weißwein
4 EL Tomatenmark
1 Knoblauchzehe
1 kleine Zwiebel
1 Gewürznelke
60 g geriebener Parmesan oder Pecorino
1 Prise Zimt
Salz
frisch gemahlener Pfeffer

1 Ei gut verquirlen. Zucker, Zimt und Ricotta behutsam unterziehen und alles zu einer geschmeidigen Masse verrühren. Das Mehl mit 3 Eiern und 1 Prise Salz mischen und alles zu einem glatten, elastischen Teig verarbeiten. Diesen dünn ausrollen und mit dem letzten, verquirlten Ei einpinseln. Auf die Hälfte des Teigstücks in regelmäßigen Abständen kleine Portionen der Ricotta-Ei-Füllung setzen. Die zweite Hälfte des Teigstücks darüberlegen und beide Schichten zwischen den Füllungen mit der Fingerkuppe leicht zusammendrükken. Quadrate ausschneiden und diese Ravioli auf dem Backbrett zum Trocknen ausbreiten. Die Butter in einer Kasserolle erhitzen, bis sie zu bräunen beginnt. Jetzt das Hackfleisch, die zerkleinerte Zwiebel, die sehr fein gehackte Knoblauchzehe und die Gewürznelke hineingeben. Salzen und pfeffern und alles einige Minuten unter Rühren dünsten. Den Wein angießen und auf lebhafter Flamme verkochen lassen. Die Gewürznelke entfernen und das in etwas lauwarmem Wasser verrührte Tomatenmark dazugießen. Die Ravioli in einem großen Topf in viel Salzwasser kochen. Mit dem Schaumlöffel

vorsichtig herausnehmen, abtropfen lassen und auf vorgewärmten Tellern verteilen. Die Sauce unterziehen und das Gericht sofort servieren. Geriebenen Parmesan oder – wenn man es deftiger mag – Pecorino dazu reichen.

RAVIOLI AGLI ORTAGGI *

Ravioli mit Gemüse

400 g frische Ravioli
150 g grüne Bohnen
150 g Zucchini
150 g Erbsen
150 g Faglioli (weiße Bohnen)
1 Stange Bleichsellerie
100 g Bauchspeck
½ TL Fleischextrakt
50 g geriebener Parmesan
Salz
frisch gemahlener Pfeffer

Das Gemüse putzen, waschen und kochen. Nun die Zucchini in nicht zu dünne Scheiben schneiden, den Sellerie fein würfeln und die grünen Bohnen in 3 cm lange Stücke teilen. Den Bauchspeck feinstreifig schneiden und in einer Pfanne bei milder Hitze langsam auslassen. Die Stückchen mit einer Gabel herausnehmen und warm stellen. Das Gemüse in die Pfanne geben und einige Minuten in dem Fett ziehen lassen, dabei gelegentlich durchmischen. Den in 2–3 EL Wasser gelösten Fleischextrakt einrühren und alles mit Salz und Pfeffer abschmecken. Ein paar EL Wasser angießen und unter ständigem Rühren auf lebhafter Flamme wieder verdampfen lassen. Das Gemüse soll garen, darf dabei aber nicht verkochen. Kurz vor Beendigung des Garvorgangs die Speckstreifchen wieder untermischen. Die Ravioli in reichlich Salzwasser kochen. Abtropfen lassen und in einer Schüssel mit dem Pfanneninhalt übergießen. Sofort servieren und dazu geriebenen Parmesan reichen.

RAVIOLI DI MAGRO ALLA PANNA

Fastenravioli mit Sahne

300 g Weizenmehl
3 Eier
150 g Spinat
150 g sehr frischer Ricotta (italienischer Frischkäse)
50 g Butter
2 dl Sahne
Salz
frisch gemahlener Pfeffer

Den verlesenen und gründlich gewaschenen Spinat in ganz wenig leicht gesalzenem Wasser dünsten. Abtropfen lassen, gut ausdrücken und hacken. 20 g Butter in einer Pfanne zerlassen und, sobald sie zu bräunen beginnt, den Spinat zufügen. Mit Salz und frisch gemahlenem Pfeffer abschmecken und 3–4 Minuten in der Butter schwenken. Jetzt Spinat und Ricotta in einer Schüssel vermischen und mit dem Holzlöffel bearbeiten, bis eine glatte Creme entsteht. Erforderlichenfalls salzen und beiseite stellen. Das Mehl, die Eier und 1 Prise Salz zu einem Teig verkneten. Nach der Anleitung auf S. 63 Ravioli ausschneiden und mit der Ricotta-Mischung füllen. Die Ravioli in reichlich Salzwasser kochen. Mit dem Schaumlöffel herausnehmen, wenn sie beinahe gar sind. Inzwischen in einer großen Pfanne die restliche Butter mit der Sahne stark erhitzen. Die Ravioli hineingeben und behutsam mit der Gabel wenden. Die Hälfte des Parmesan unterziehen. Erneut durchmischen und die Nudeln auf einer Servierplatte anrichten. Mit dem restlichen geriebenen Parmesan zu Tisch bringen.

RAVIOLINI ALLA MILANESE

Kleine Ravioli Mailänder Art

300 g Weizenmehl
4 Eier
1 Scheibe nicht zu magerer roher Schinken, etwa ½ cm dick
200 g Rindfleisch
100 g Butter
1 Rosmarinzweig
60 g Parmesan
1 Prise Zimt (nach Belieben)
Salz
frisch gemahlener Pfeffer

40 g Butter mit dem Rindfleisch und dem Rosmarinzweig in eine Kasserolle geben. Das Fleisch auf ziemlich lebhafter Flamme von allen Seiten anbraten. Die Hitze reduzieren. Salzen und pfeffern und zugedeckt fertig garen (je nach Fleischqualität bis zu 1 Stunde), dabei gelegentlich etwas Wasser angießen. Den Schinken und das gare Rindfleisch sehr fein hacken.

In eine Schüssel füllen und mit 1 Ei, 1 EL Parmesan, etwas von dem entstandenen Bratenfond und – nach Belieben – 1 Prise Zimt gut vermengen. Diese Ravioli-Füllung beiseite stellen.
Für den Nudelteig das Mehl, 3 Eier und 1 Prise Salz verkneten. Nach der Anleitung auf S. 63 die Raviolini herstellen.
Die Nudeln in einem großen Topf mit viel Salzwasser kochen. Inzwischen den restlichen Bratenfond mit der übrigen Butter verfeinern. Die abgetropften Raviolini auf einzelne Teller verteilen, mit dem Bratenfond vermischen und großzügig mit geriebenem Parmesan bestreuen.

CULINGIONES

Teigtäschchen mit Käsefüllung

300 g Hartweizenmehl
5 Eier
200 g Spinat
200 g frischer, sehr weicher Pecorino sardo (s. S. 291)
400 g vollreife Tomaten (ersatzweise aus der Dose)
50 g reifer Pecorino sardo
50 g Butter
1 EL Weizenmehl
1 Prise Muskatnuß
Salz
frisch gemahlener Pfeffer

Dies sind die typischen Ravioli, wie man sie in Sardinien bereitet. Den Spinat sorgfältig verlesen und waschen. In ganz wenig Wasser dünsten und mit den Händen ausdrükken. Anschließend in einer Pfanne einige Minuten in 1 EL Butter unter Zugabe von 1 Prise Salz schwenken. In einer Schüssel mit 2 Eiern, dem zerbröckelten frischen Pecorino, 1 Prise Muskatnuß, etwas Pfeffer und Salz verrühren; falls nötig, mit 1 EL Mehl binden. Kräftig mit dem Holzlöffel bearbeiten, bis sich eine glatte, aber ziemlich feste Mischung ergibt. Aus dem Hartweizenmehl, 3 Eiern und 1 Prise Salz den Ravioli-Teig kneten. Die nach der Anweisung auf S. 63 hergestellten Ravioli in reichlich Salzwasser garen, abtropfen lassen und in einer Schüssel mit Tomatensauce vermengen. (Zubereitung der Tomatensauce: Die durchpassierten Tomaten mit der restlichen Butter und 1 Prise Salz bei mäßiger Hitze eindicken lassen.)
Zu diesem Gericht reicht man geriebenen reifen Pecorino.

CASONSÈI DI BERGAMO

Ravioli aus Bergamo

300 g Weizenmehl
300 g Kartoffeln
200 g Spinat
100 g Bratwurst
4 Eier
½ Zwiebel
1 EL gehackte Petersilie
2 EL altbackenes geriebenes Brot
1 Knoblauchzehe
100 g geriebener Parmesan
60 g Butter
Salz
frisch gemahlener Pfeffer

Die Füllung für die »Casonsei«, diese Ravioli-Spezialität aus Bergamo, wird rechtzeitig, am besten schon 24 Stunden im voraus, zubereitet: Spinat verlesen, waschen, in ganz wenig Wasser dünsten, abtropfen lassen und hacken. Zwiebel und Knoblauch sehr fein wiegen und in einer Pfanne in 1 EL Butter anschwitzen. Den Spinat dazugeben, salzen und pfeffern und kurz ziehen lassen. Die Pfanne vom Herd nehmen und die gehackte Petersilie einrühren. Kartoffeln kochen, pellen und zerstampfen. Das Püree in eine Schüssel füllen und mit den Semmelbröseln, der Hälfte des Parmesan, dem Spinat, 1 Ei und der fein zerkleinerten Bratwurst vermengen. Die Mischung mit Salz und Pfeffer abschmecken, erneut gründlich durchmischen und anschließend in der zugedeckten Schüssel an einen kühlen Ort stellen.
Inzwischen aus dem Mehl, 3 Eiern und 1 Prise Salz wie gewohnt einen Nudelteig herstellen und diesen kräftig walken, bis er recht weich und elastisch ist. Ziemlich dünn ausrollen und mit der entsprechenden Form oder einem ganz normalen Glas kleine runde Stückchen ausstechen. Jeweils ½ EL der Füllung daraufsetzen und die »Casonsei« zusammenfalten, was etwas Geschick erfordert. Den Teigrand an einer Seite leicht über die Füllung legen, nun den Rand links davon darüberklappen, dann den rechten und zuletzt den gegenüberliegenden Rand darüberfalten. Die auf diese Weise entstandenen kleinen »Pakete« etwa 5 Minuten in viel sprudelndem Salzwasser ziehen lassen. Behutsam abtropfen lassen und auf einzelne Teller verteilen. Mit dem übrigen geriebenen Parmesan bestreuen und die restliche zerlassene Butter darübergießen. Die Teigreste lassen sich, grob zerschnitten, gut als Suppennudeln verwerten.

AGNOLOTTI ALLA MARCHIGIANA

Teigtäschchen aus den Marken

300 g Weizenmehl
3 Eier
100 g Butter
200 g mageres Hackfleisch vom Rind
1 Scheibe Mortadella, ½ cm dick
200 g Spinat
500 g frische, vollreife Tomaten (ersatzweise aus der Dose)
60 g geriebener Parmesan
Salz
frisch gemahlener Pfeffer

Agnolotti nach der Grundzubereitung auf S. 63 herstellen, dabei folgende Füllung verwenden: Das Hackfleisch in 20 g Butter mit 1 Prise Salz anbraten, dann in eine Schüssel geben.
Spinat sorgfältig verlesen, waschen und in ganz wenig Salzwasser kurz dünsten, bis er zusammenfällt. Fein hacken und ein paar Minuten in 20 g Butter unter Zugabe von 1 Prise Salz in einer Pfanne schwenken. Anschließend zum Hackfleisch geben. Mortadella sehr fein zerkleinern und ebenfalls in die Schüssel füllen. Alles mit Salz abschmecken, leicht pfeffern und gut vermischen – und schon ist die Füllung fertig. Die restliche Butter (60 g) mit den durchpassierten Tomaten und 1 Prise Salz bei milder Hitze langsam zu einer ziemlich dicken Sauce einkochen. Die Agnolotti in reichlich Salzwasser kochen und abgetropft in einer Servierschüssel mit der Tomatensauce und geriebenem Parmesan vermengen.

AGNOLOTTI ALLA PIEMONTESE

Agnolotti aus Piemont

Für die Füllung:

60 g Butter
1 EL Öl
1 kleine Zwiebel, gehackt
1 Knoblauchzehe, gehackt
1 Rosmarinzweig
1 gehäufter EL Mehl
1 Schöpfkelle Fleischbrühe
2 reife Tomaten
200 g Rindfleisch
150 g Spinat, gekocht und gehackt
Salz
frisch gemahlener Pfeffer
50 g geriebener Parmesan
2 Eier

Für den Nudelteig:

300 g Mehl
3 Eier
Salz

Zwiebel, Knoblauch und die zerriebenen Rosmarinblätter in einem Topf in der Hälfte der Butter und im Öl anschwitzen. Fleisch hineingeben, salzen und pfeffern und von allen Seiten kräftig anbräunen. Anschließend mit dem Mehl bestäuben und mit der Fleischbrühe begießen. Die geschälten, durchpassierten Tomaten zufügen und mit Salz abschmecken. Zugedeckt etwa 2 Stunden auf kleiner Flamme schmoren. Dabei muß die Sauce ziemlich stark eindicken. Das Fleisch, wenn es gar ist, durch den Fleischwolf drehen und mit dem Spinat, gut der Hälfte des Parmesan und den Eiern vermengen. Mit Salz und Pfeffer würzen und erneut gut durchmischen. Mehl, Eier und 1 kräftige Prise Salz zu einem glatten, elastischen Teig verarbeiten. Diesen halbieren und beide Hälften möglichst dünn ausrollen. Auf ein Teigstück in regelmäßigen und nicht zu dichten Abständen kleine Portionen der vorbereiteten Füllung setzen. Das zweite Teigstück darüberlegen und in den Zwischenräumen um die Füllungen gut an das untere Stück andrücken. Die Agnolotti mit der entsprechenden Form, dem Teigrädchen oder einem Messer ausschneiden. In reichlich sprudelndem Salzwasser 10–12 Minuten kochen. Abtropfen lassen und mit der restlichen Butter und der vorbereiteten Sauce vermischen. Mit reichlich geriebenem Parmesan servieren.

AGNOLOTTI TOSCANI

Teigtäschchen aus der Toskana

300 g Weizenmehl
4 Eier
150 g Kalbfleisch
150 g Kalbshirn
80 g Butter
50 g altbackene Weißbrotkrume
5 gehäufte EL geriebener Parmesan
etwas Milch
Salz
frisch gemahlener Pfeffer

Weißbrotkrume in einigen EL lauwarmer Milch einweichen. Kalbshirn von der feinen Haut befreien (kurzes vorheriges Überbrühen erleichtert diesen Vorgang). 30 g Butter in eine Pfanne geben und das gesalzene und gepfefferte Kalbfleisch zugedeckt bei milder Hitze darin schmoren (ca. 15–20 Min.); nach Bedarf einige EL Wasser angießen. 1 Ei mit der leicht ausgedrückten Weißbrotkrume, dem zerkleinerten Kalbshirn, dem durch den Fleischwolf gedrehten Kalbfleisch und 2 EL Parmesan in einer Schale vermengen. Mit Salz abschmecken und leicht mit Pfeffer bestäuben. Alle Zutaten mit dem Holzlöffel energisch vermischen. Mit dieser Füllung und den angegebenen Zutaten für den Teig die Agnolotti nach der Anleitung auf S. 63 zubereiten. In reichlich Salzwasser garen und abtropfen lassen. In einer Servierschüssel mit der restlichen zerlassenen Butter beträufeln und mit geriebenem Parmesan bestreuen. Ausgezeichnet schmecken diese Agnolotti auch als Einlage in einer guten Fleischbrühe.

PANSOÒTI CON SALSA DI NOCI ALLA LIGURE *

Gefüllte Teigecken mit Walnußsauce

300 g Weizenmehl
100 g sehr frischer Ricotta (italienischer Frischkäse)
300 g Kräuter und Borretsch
50 g geriebener Parmesan
100 g Walnußkerne
Weißbrotkrume
½ Glas trockener Weißwein
4 EL Dickmilch
4 EL Olivenöl
1 Knoblauchzehe
1 Ei
Salz
frisch gemahlener Pfeffer

Eine Delikatesse aus Ligurien. Kräuter und Borretsch gründlich waschen, in ganz wenig Salzwasser kochen, ausdrücken und durch ein Sieb streichen. Knoblauch hacken und zusammen mit dem Kräuterpüree, 1 Ei, dem Ricotta und 20 g geriebenem Parmesan in eine Schale geben. Salzen und pfeffern und die Zutaten gut vermengen. Aus Mehl, Wein, 1 Prise Salz und Wasser nach Bedarf einen ziemlich festen Teig kneten. Diesen nicht zu dünn ausrollen und in Dreiecke

von 7–8 cm Seitenlänge schneiden. Auf jedes Teigstückchen eine kleine Portion der Füllung setzen. Die Ränder mit Wasser einpinseln. Die Dreiecke zusammenklappen und an den Rändern leicht zusammendrücken. Und schon sind die »Pansòoti« fertig!
Walnußkerne kurz überbrühen, damit sich die feine Haut besser abziehen läßt. Weißbrotkrume in Wasser einweichen, ausdrücken und zusammen mit den geschälten Nußkernen und etwas Salz im Mörser zu einer homogenen Creme zerreiben. Durch ein Sieb streichen und in einer Schale mit dem Öl und der Dickmilch verdünnen. (Eine Variante dieses Rezeptes finden Sie auf S. 125, rechte Spalte.) Die »Pansòoti« in reichlich Salzwasser garen. Abtropfen lassen und in einer Schüssel mit der Nußsauce vermischen. Heiß servieren und den restlichen Parmesan separat dazu reichen.

RAVIOLI DI ROMAGNA

Ravioli aus der Romagna

150 g sehr frischer Ricotta (italienischer Frischkäse)
50 g Weizenmehl
50 g Butter
80 g geriebener Parmesan
2 Eier
Salz

Diese Ravioli, in ihrer Heimat zuweilen auch als »Orecchioni« (große Ohren) oder »Tortelloni« bezeichnet, sind eine besondere Spezialität. Sie haben keine Füllung, sondern werden folgendermaßen hergestellt: Ricotta, Eier, 40 g Parmesan, das Mehl – bis auf einen kleinen Rest – und etwas Salz in einer Schüssel gut mit dem Holzlöffel vermengen. Die Mischung auf das eingemehlte Backbrett geben und zu einer 3–4 cm dicken Rolle formen. Diese in etwa 5 mm breite Scheibchen schneiden, die sofort, damit sie nicht verkleben, nebeneinander auf dem bemehlten Brett ausgebreitet werden. In einem großen Topf mit viel Wasser *ohne* Salz kochen und mit dem Schaumlöffel herausnehmen, sobald sie an die Oberfläche steigen. Dabei muß man ganz behutsam vorgehen, damit sie nicht auseinanderbrechen. Auf einzelnen Tellern anrichten, die zerlassene Butter darüberträufeln und mit dem restlichen Parmesan bestreuen.

CAPPELLETTI ASCIUTTI ALL'USO DI ROMAGNA

Gefüllte Nudelhütchen

300 g Weizenmehl
4 Eier
100 g frischer Ricotta (italienischer Frischkäse)
2 Hühnerbrüstchen
100 g Butter
50 g geriebener Parmesan
1 Prise Muskatnuß
Salz
frisch gemahlener Pfeffer

Hühnerbrüstchen in 40 g Butter in einer Pfanne anbraten. Mit Salz und frisch gemahlenem Pfeffer würzen und unter gelegentlicher Zugabe von etwas heißem Wasser schmoren, bis sie gar sind (ca. 30 Min.). Anschließend sehr fein hakken und in einer Schale mit dem Ricotta und 1 Ei gut vermengen. Die Füllung mit etwas Muskatnuß aromatisieren und falls nötig nachsalzen.

Aus dem Mehl, den 3 Eiern und 1 Prise Salz einen Teig herstellen und diesen kneten, bis er weich und elastisch ist. Ziemlich dünn ausrollen und mit der entsprechenden Form oder auch einem normalen Glas Kreise ausstechen. Auf diese jeweils etwas Füllung geben und die Stückchen so zusammenklappen, daß eine Halbmondform entsteht. Die spitzen Enden übereinanderlegen und etwas zusammenpressen. (Durch leichtes Benetzen halten sie eventuell besser zusammen.) Die Teighütchen – oder auch »Cappelletti« – in einem großen Topf in reichlich Salzwasser garen. Abtropfen lassen, in einer Schüssel mit der restlichen zerlassenen Butter übergießen und großzügig mit Parmesan bestreuen.
»Cappelletti« werden auch gerne mit einer Fleischsauce anstelle der zerlassenen Butter serviert.

TORTELLINI ALLA PANNA CON TARTUFI

Tortellini mit Sahne-Trüffel-Sauce

300 g Weizenmehl
4 Eier, 2 Eigelb
80 g mageres Kalbfleisch
80 g Schweinefleisch
80 g Schinken
1 Rosmarinzweig
1 Knoblauchzehe
etwas Muskatnuß
1 EL Olivenöl
1 Glas trockener Weißwein
2 Becher Sahne
50 g Butter
geriebener Parmesan
Salz
frisch gemahlener Pfeffer
80 g weiße Trüffel

Zunächst die Füllung für diese Spezialität aus Bologna vorbereiten: Kalb- und Schweinefleisch sowie

die fetten Schinkenteile kleinschneiden. Alles zusammen mit dem Öl, der Knoblauchzehe und dem Rosmarinzweig in eine Pfanne geben. Salzen und pfeffern und das Fleisch anbräunen. Den Wein angießen und auf kleiner Flamme verdampfen lassen. Rosmarin und Knoblauch entfernen; das Fleisch zusammen mit dem mageren Schinken durch den Fleischwolf drehen. 1 Ei und reichlich geriebenen Parmesan in die Masse einarbeiten und mit einem Hauch Muskatnuß würzen. Aus dem Mehl, 3 Eiern und 1 Prise Salz einen Teig kneten. Fein ausrollen und in Quadrate mit 5 cm Seitenlänge schneiden. In die Mitte dieser Stückchen jeweils etwas Füllung geben und die Tortellini formen (s. Anleitung auf S. 63). Diese in reichlich sprudelndem Wasser unter Zugabe von etwas Salz und einem Stückchen Butter »al dente« kochen. Inzwischen die Sahne mit einem Stückchen Butter in einer großen Pfanne erhitzen. Die abgetropften Tortellini hineingeben und durchmischen. Die Pfanne vom Herd ziehen und die Sauce mit den Eigelben und geriebenem Parmesan binden. Die Tortellini in eine vorgewärmte ofenfeste Form füllen und die feingehobelte Trüffel darüber verteilen. Mit zerlassener Butter beträufeln und mit geriebenem Parmesan bestreuen. Vor dem Servieren kurz in den heißen Ofen schieben.

TORTELLINI AL SUGO DI CARNE

Tortellini mit Fleischsauce

400 g Tortellini mit Fleischfüllung
50 g Schweinefleisch
50 g Mortadella (s. S. 19)
50 g Rindfleisch
50 g gekochter Schinken
1 Zwiebel
1 Mohrrübe
1 Stange Bleichsellerie
½ Glas Olivenöl
60 g Butter
½ Glas trockener Rotwein
1 EL Tomatenmark
Salz
frisch gemahlener Pfeffer
1½ l Fleischbrühe (oder Wasser)

Das Gemüse hacken und in einer Kasserolle in der Hälfte der Butter und im Öl dünsten. Sobald es etwas Farbe annimmt, das feingewürfelte Rind- und Schweinefleisch hineingeben und anbräunen. Durchmischen, salzen und pfeffern. Den Wein angießen; sobald er verdampft ist, das in etwas Brühe verrührte Tomatenmark zufügen. Zugedeckt auf kleiner Flamme ca. ½ Stunde leise köcheln lassen. Schinken und Mortadella fein hacken und kurz vor Ende der Kochzeit in die Fleischsauce einrühren. Die Tortellini in der Brühe »al dente« kochen. Abtropfen lassen und in einer Schüssel anrichten. Die mit etwas Butter verfeinerte Fleischsauce unterziehen. Sehr heiß servieren und separat dazu geriebenen Parmesan reichen.

ANOLINI ALLA PARMIGIANA

Teigringe aus Parma

300 g Hartweizenmehl
4 Eier
300 g Rindfleisch
100 g Butter
1 EL Olivenöl
1 kleine Mohrrübe
1 Knoblauchzehe
1 mittelgroße Zwiebel
1 Stange Bleichsellerie
½ Glas trockener Rotwein
1 EL Tomatenmark
100 g geriebener Parmesan
5 EL geröstetes und geriebenes Brot
Salz
frisch gemahlener Pfeffer

Mohrrübe, Sellerie, Knoblauch und Zwiebel zusammen sehr fein hacken. 40 g Butter und das Öl in eine ofenfeste Form geben und das Gemüse darin bei milder Hitze andünsten. Das Fleisch dazugeben und auf lebhafter Flamme anbraten. Mit dem Wein begießen und, sobald er verdampft ist, die Temperatur reduzieren. Den Topfinhalt mit Salz und Pfeffer würzen und etwas warmes Wasser mit dem darin gelösten Tomatenmark dazugie-

ßen. Zugedeckt langsam schmoren, bis das Fleisch gar und der Bratenfond ziemlich stark eingedickt ist (ca. 1–1½ Stunden). Die vorbereiteten Semmelbrösel mit 40 g geriebenem Parmesan, ⅔ des Bratenfonds und 1 Ei in einer Schale gut vermischen. Dabei muß sich eine ziemlich trockene Füllung ergeben, die man nach Geschmack mit etwas Muskatnuß oder Zimt abrunden kann. Das Mehl, 3 Eier und 1 Prise Salz zu einem recht festen, glatten Teig verkneten. Ziemlich dünn ausrollen und kleine Kreise ausstechen. Jeweils ½ EL der Füllung in die Mitte setzen und die Stücke halbmondförmig zusammenklappen.
Die Ränder zusammendrücken und die Enden zu einem Ring zusammenlegen. Die gefüllten Nudeln in reichlich Salzwasser garen und abgetropft auf einzelnen Tellern anrichten. Mit der restlichen zerlassenen Butter und dem Bratenfond beträufeln und kräftig Parmesan darüberstreuen. Das Fleisch ergibt, fein aufgeschnitten, ein schmackhaftes Hauptgericht.

TIMBALLO DI FETTUCCINE *

Nudelauflauf mit Pilzsauce

400 g frische Fettuccine
¼ l Béchamelsauce (Rezept S. 126)
3 Eigelb
60 g geriebener Parmesan
150 g gekochter Schinken
30 g getrocknete Steinpilze
3 EL Olivenöl
1 Knoblauchzehe
1 kleine Schöpfkelle Fleischbrühe
Salz
frisch gemahlener Pfeffer

Pilze in lauwarmem Wasser einweichen, anschließend ausdrücken und fein zerkleinern. Die zerdrückte Knoblauchzehe im Öl goldgelb anschwitzen. Pilzstückchen kurz mitdünsten, bis sie das Aroma aufgenommen haben. Etwas Brühe angießen und alles zugedeckt leise köcheln lassen. Die (möglichst hausgemachten) Fettuccine in reichlich Salzwasser »al dente« kochen. Inzwischen die Eigelbe in einer Schüssel verquirlen und mit der Hälfte der Béchamelsauce und dem feingewürfelten Schinken vermischen. Die Nudeln abgießen, zuvor jedoch 1 Tasse kaltes Wasser in den Topf geben, damit sie nicht verkleben. In die Schüssel zu der Eimischung geben und alles gut vermengen.
Eine Auflaufform ausbuttern und mit Parmesan ausstreuen. Die Nudeln einfüllen und mit der restlichen Béchamelsauce überziehen. 10 Minuten im vorgeheizten Ofen gratinieren. Herausnehmen und kurz ruhen lassen, damit sich die Nudeln setzen. Den Auflauf auf eine Servierplatte stürzen und in der Mitte mit der Pilzsauce übergießen.

TIMBALLO DI LASAGNE ALLA MODENESE

Lasagne aus Modena

350 g Hartweizenmehl
150 g gekochter Spinat
2 Eier
Salz
Fleischsauce (Rezept S. 130)
½ l Béchamelsauce (Rezept S. 126)
30 g Butter

Zunächst die Fleischsauce zubereiten. Dann die Lasagne herstellen: Nach der Anleitung auf S. 30 das Mehl, die Eier, den durchpassierten Spinat und 1 Prise Salz zu einem Teig verarbeiten und diesen nicht zu dünn ausrollen. In 10 cm große Quadrate schneiden, dabei auch kleine Teigreste verwerten. Einen Topf mit leicht gesalzenem Wasser aufsetzen. Aufwallen lassen und ½ EL Öl hineingeben, damit die Nudelblätter nicht verkleben. Diese portionsweise kochen, bis sie bei-

nahe gar sind, abtropfen lassen und zum Auskühlen auf feuchte Tücher legen.
Inzwischen die Béchamelsauce zubereiten. Nun eine rechteckige flache Auflaufform mit der Butter ausstreichen. Eine Lage Nudeln einfüllen; Fleischsauce und reichlich Parmesan darüber verteilen. Schichtweise Nudeln, Fleischsauce und Parmesan hineingeben, bis die Zutaten verbraucht sind. Zuletzt mit einer Lage Nudeln abdecken und diese gleichmäßig mit der Béchamelsauce überziehen (die Sauce mit dem Rücken einer Messerklinge glattstreichen). Mit Parmesan bestreuen und Butterflöckchen darüber verteilen. Das Gericht bei mäßiger Hitze etwa ½ Stunde im Ofen backen, bis sich eine schöne goldbraune Kruste bildet. Die Lasagne heiß servieren.

TIMBALLO DI TORTELLINI

Tortellini-Auflauf

350 g frische Tortellini
100 g Butter
60 g Zucker
150 g Weizenmehl
50 g Hühnerlebern
1 kleine Zwiebel
1 Stange Bleichsellerie
1 kleine Mohrrübe
1 kleiner Bund Petersilie
½ Glas trockener Weißwein
1 Scheibe roher Schinken à 50 g
100 g mageres Hackfleisch vom Kalb
400 g Tomaten aus der Dose
60 g geriebener Parmesan
Salz
frisch gemahlener Pfeffer

Zwiebel, Petersilie, Sellerie und Mohrrübe zusammen fein hacken. 30 g Butter in einer Pfanne zerlassen. Sobald sie etwas bräunt, das Gemüse mit dem Hackfleisch einige Minuten darin leicht anrösten. Mit dem Wein ablöschen und diesen auf ziemlich lebhafter Flamme verdampfen lassen. Hitze reduzieren und die durchpassierten Tomaten untermischen. Salzen und pfeffern und alles zugedeckt schwach kochen lassen, bis die Fleischsauce ziemlich stark eingedickt ist; dabei hin und wieder umrühren. 5 Minuten vor Beendigung des Kochvorgangs die zerkleinerten Hühnerlebern und den feingewürfelten Schinken dazugeben. Das Mehl (bis auf 1 TL) mit 50 g zerlassener Butter, dem Zucker und 1 Prise Salz zu einem glatten Teig verkneten. In ein Tuch einschlagen und ca. ½ Stunde ruhen lassen. Nun zu zwei Teigstücken ausrollen – das eine so groß wie die verwendete Auflaufform, das andere etwas größer. Die Tortellini in reichlich sprudelndes Salzwasser geben und kochen, bis sie beinahe gar sind. Abtropfen lassen und beiseite stellen. Eine Auflaufform ausbuttern und mit Mehl ausstreuen. Das größere Teigstück hineinlegen und den Teig bis zum Rand hochziehen. Eine Lage Tortellini einfüllen, etwas Fleischsauce darübergeben und leicht mit Parmesan bestreuen. In dieser Reihenfolge die Zutaten in die Form schichten, bis sie aufgebraucht sind. Einige Butterflöckchen darüber verteilen und alles mit dem zweiten Teigstück bedekken. Die Teigränder gut zusammendrücken und den Auflauf im Ofen bei 180 °C etwa 20 Minuten backen.

SAGNE CHINE

Lasagne mit Fleischbällchen

Für die Fleischbällchen:

120 g Schweinsfilet
1 EL Öl
2 gehäufte EL geriebener Pecorino
1 Ei
Salz
frisch gemahlener Pfeffer
Öl zum Braten
½ Zwiebel
1 Mohrrübe
1 Stange Bleichsellerie
½ Glas Öl
200 g frische Steinpilze
(oder 20 g getrocknete Pilze)
2 Artischocken
Zitronensaft
2 EL Öl

Für den Nudelteig:

300 g Hartweizenmehl
Salz
Wasser
1 Tasse Bratenfond
3 hartgekochte Eier, geachtelt
150 g frischer Provola (s. S. 292)
(oder Mozzarella), gewürfelt
60 g geriebener Pecorino

Im Landesinneren Kalabriens und der Basilicata wird dieses Gericht gerne aufgetischt.
Das zweimal durch den Fleischwolf gedrehte Schweinsfilet im heißen Öl anbraten. Vom Herd nehmen und mit dem Pecorino, dem Ei, 1 Prise Salz und einer kräftigen Prise Pfeffer vermengen. Aus dieser Masse haselnußgroße Bällchen formen, die in reichlich Öl gebraten werden. Sobald sie kräftig gebräunt sind, herausnehmen und zum Entfetten auf Küchenkrepp legen. Zwiebel, Sellerie und Mohrrübe fein hacken. Pilze säubern, waschen und kleinschneiden (getrocknete Pilze zunächst einweichen und gut ausdrücken). In einem Topf das gehackte Gemüse auf kleiner Flamme im Öl weich dünsten. Nun die Pilze dazugeben, alles leicht salzen und weitere 10 Minuten bei milder Hitze dünsten. Die Artischocken vorbereiten: Von holzigen Blättern befreien, in mit Zitronensaft gesäuertem Wasser waschen und in Spalten schneiden. In 2 EL heißem Öl unter Zugabe von etwas Salz bei milder Hitze ca. 20 Minuten schmoren, dabei gelegentlich mit etwas heißem Wasser (oder Brühe) übergießen. Das Mehl mit 1 Prise Salz und Wasser nach Bedarf auf dem Backbrett zu einem recht festen Teig verkneten und diesen ca. ½ Stunde kräftig bearbeiten, bis er glatt und elastisch ist. Mit dem Nudelholz hauchdünn ausrollen und Teigblätter von 7–8 cm Seitenlänge ausschneiden. Diese portionsweise in viel sprudelndes, gesalzenes Wasser gleiten lassen und kochen, bis sie an die Oberfläche steigen. Mit dem Schaumlöffel herausheben und sofort auf feuchte Tücher legen. (Nicht frisch zubereitete Lasagneblätter haben eine etwas längere Kochzeit.) Den Boden einer Backform (möglichst aus Steingut, von 30 cm Durchmesser und mit hohem Rand) mit 2 großen EL heißem Bratenfond ausstreichen. Eine Lage Lasagne hineingeben und 1 EL Bratenfond darüberträufeln. Einige Fleischbällchen, etwas von der Gemüsemischung, ein paar Eiachtel, einige Käsewürfelchen und großzügig Pecorino darüber verteilen. Auf diese Weise die Form auffüllen, bis sämtliche Zutaten verbraucht sind. Zuletzt alles mit einer Schicht Teigblätter bedecken. Mit einigen EL Bratenfond überziehen und reichlich Pecorino darüberstreuen. Die Lasagne im vorgeheizten Ofen bei 160 °C ca. ½ Stunde überbacken. Sehr heiß direkt in der Form zu Tisch bringen.

PASTICCIO DI MACCHERONI ALL'USO DI ROMAGNA

Makkaroni-Auflauf aus der Romagna

350 g Makkaroni
50 g Butter
150 g Kalbsbries
100 g nicht zu magerer roher Schinken
1 Handvoll getrocknete Pilze
1 kleine schwarze Trüffel
½ l Béchamelsauce (Rezept S. 126)
100 g geriebener Parmesan
Muskatnuß (nach Belieben)
Salz
frisch gemahlener Pfeffer

Die Béchamelsauce nach Rezept zubereiten. Pilze in warmem Wasser einweichen. Kalbsbries in Stückchen, Schinken in feine Streifen schneiden. Die Makkaroni in reichlich Salzwasser kochen, bis sie halb gar sind. Abgießen und zum Abtropfen auf einem Tuch ausbreiten. Die Butter in einer Pfanne erhitzen, bis sie zu bräunen be-

ginnt. Kalbsbries zufügen, salzen und mit etwas frisch gemahlenem Pfeffer bestäuben. Die Hälfte der Béchamelsauce dazugießen und das Bries darin garen. Den Schinken, die Pilze und die in hauchfeine Scheiben geschnittene Trüffel hineingeben und alles mit Muskatnuß würzen. Eine Schicht Makkaroni in eine ausgebutterte ofenfeste Form füllen. Mit einigen EL Sauce beträufeln, mit Butterflöckchen belegen und etwas Béchamelsauce darüber verteilen. Die Zutaten in dieser Reihenfolge in die Form schichten, bis sie aufgebraucht sind. Zuletzt alles großzügig mit Parmesan bestreuen und Butterflöckchen darüber verteilen. Das Gericht im vorgeheizten Ofen (180 °C) 20 Minuten gratinieren und dann sofort in der Form servieren.

VINCISGRASSI

Gefüllte Lasagne nach Fürst zu Windisch-Graetz

Für die Sauce:

50 g Butter
50 g Schinkenspeck (oder Speck)
1 kleine Zwiebel
1 Mohrrübe
200 g Hühner- und Lamminnereien
2 Fingerhut trockener Weißwein
1 gehäufter EL Tomatenmark
½ Glas Fleischbrühe
100 g Kalbshirn
Salz
frisch gemahlener Pfeffer
20 g getrockenete Pilze
½ Glas Milch
Zimt

Für den Nudelteig:

300 g Weichweizenmehl
100 g Hartweizenmehl
40 g Butter
3 Eier
Salz
2 Fingerhut Vino Santo (süßer, likörartiger Wein) oder Marsala

Für die Béchamelsauce:

40 g Butter
30 g Mehl
¼ l Milch
Salz
etwas Muskatnuß
40 g Butter
80 g geriebener Parmesan
1 Trüffel (nach Belieben)

Dieses Rezept aus den Marken wurde vom Koch des Fürsten zu Windisch-Graetz zu einer Zeit ersonnen, als dieser in seiner Eigenschaft als österreichischer Feldmarschall während der Napoleonischen Kriege in den Marken weilte. Der Rezepttitel »Vincisgrassi« beruht auf einer Adaption des Namens »Windisch-Graetz«.
Schinkenspeck hacken und zusammen mit der halbierten Zwiebel und Mohrrübe in der Butter dünsten. Das Gemüse entfernen, sobald es etwas Farbe annimmt. Die zerkleinerten Innereien (mit Ausnahme der Leber) hineingeben, durchmischen und mit dem Wein ablöschen. Sobald dieser verkocht ist, das in der heißen Brühe verrührte Tomatenmark angießen. Salzen, pfeffern und zugedeckt auf kleiner Flamme ca. 2 Stunden köcheln lassen.
Währenddessen Leber und Hirn garziehen lassen und kleinschneiden. Pilze in lauwarmem Wasser einweichen und gut ausdrücken. Diese Zutaten nach 1½ Stunden der Kochzeit zusammen mit der Milch zu den Innereien geben. Mit etwas Zimt würzen.
Mehl, Butter und Eier mit 1 Prise Salz und dem Wein auf dem Backbrett 20 Minuten verkneten, bis sich ein glatter, elastischer Teig ergibt. Diesen dünn ausrollen und in Stücke schneiden, die die Länge der verwendeten Auflaufform und eine Breite von 10 cm haben. Auf dem Backbrett zum Trocknen ausbreiten.
Nach der Anleitung auf S. 126 eine eher dünnflüssige Béchamelsauce zubereiten. Sofort danach reichlich Salzwasser in einer flachen, weiten Kasserolle zum Kochen bringen. Die Nudelblätter portionsweise hineingleiten lassen und mit dem Schaumlöffel herausheben, sobald sie an die Oberfläche steigen. Abtropfen lassen und auf ein sauberes Tuch legen. Die Auflaufform einbuttern und mit einem Teigstück auslegen. Mit einigen EL lauwarmer Béchamelsauce und etwas Fleischsauce bestreichen. Leicht mit Parmesan bestreuen und ein paar Trüffelstreifchen darauf verteilen (nach Belieben). Auf diese Weise sämtliche Zutaten einfüllen, bis sie aufgebraucht sind. Zuletzt alles mit einem Teigstück abdecken und mit reichlich Béchamelsauce überziehen. Kräftig mit Parmesan bestreuen und mit einigen Butterflöckchen belegen.
Die Lasagne etwa 6 Stunden (oder auch über Nacht) an einem kühlen Ort ruhen lassen. Anschließend im vorgeheizten Ofen bei 200 °C etwa ½ Stunde, bzw. bis sich eine leichte Kruste bildet, backen. Mit etwas zerlassener Butter (oder heißer Sauce) beträufeln und sofort servieren.

LASAGNE ALLA FERRARESE

Lasagne aus Ferrara

300 g getrocknete Lasagne
200 g mageres Hackfleisch vom Rind
60 g Butter
100 g nicht zu magerer roher Schinken
½ l Béchamelsauce (Rezept s. 126)
½ Mohrrübe
1 kleine Zwiebel
1 Stange Bleichsellerie
½ Glas trockener Weißwein
500 g Tomaten aus der Dose
100 g geriebener Parmesan
Salz
frisch gemahlener Pfeffer

Zwiebel, Mohrrübe, Sellerie und Schinken fein hacken. Die Zutaten in einem Topf (möglichst aus Steingut) einige Minuten in 30 g Butter anschwitzen. Das Hackfleisch dazugeben und anbräunen. Auf höherer Flamme den Wein angießen und schnell verdampfen lassen. Die durchpassierten Tomaten unterziehen und die Hitze reduzieren. Alles salzen und pfeffern und zugedeckt auf kleiner Flamme etwa 1 Stunde schwach kochen lassen. Falls nötig, ein paar EL heiße Brühe angießen.
Die Lasagneblätter in reichlich Salzwasser kochen, bis sie beinahe gar sind. Herausnehmen, mit kaltem Wasser abbrausen, abtropfen lassen und auf einem Tuch ausbreiten. Den Boden einer ofenfesten Form ausbuttern und gleichmäßig mit Lasagneblättern auslegen. Zunächst etwas Fleischsauce, dann etwas Béchamelsauce daraufstreichen und leicht mit geriebenem Parmesan bestreuen. Die Zutaten in dieser Reihenfolge in die Form schichten, bis sie aufgebraucht sind. Ein paar Butterflöckchen darüber verteilen und die Lasagne im vorgeheizten Ofen bei etwa 200 °C eine gute halbe Stunde backen. Herausnehmen und sofort servieren.

LASAGNE VERDI ALLA RICOTTA *

Grüne Lasagne mit Ricotta

400 g frische grüne Lasagne
1 Tasse Fleischsauce
200 g Ricotta (italienischer Frischkäse)
40 g Butter
100 g Rindfleisch (Kugel)
100 g Schweinslende
1 Scheibe Mortadella (s. S. 19)
1 Scheibe gekochter Schinken
1 EL Milch
Muskatnuß
Salz
frisch gemahlener Pfeffer
½ Glas Rotwein
1 Glas Tomatensauce (Rezept S. 124)

Aus Rind- und Schweinefleisch, Mortadella und Schinken eine gute Fleischsauce zubereiten: Die Fleischstücke zum Teil fein würfeln, zum Teil zusammen mit Sellerie, Mohrrübe und Zwiebel hakken. Alles mit dem Öl und der Butter in eine Kasserolle geben. Salzen, pfeffern und anbräunen. Mit dem Wein aufgießen und diesen verdampfen lassen. Die Tomatensauce (ersatzweise frische, durchpassierte Tomaten) zufügen und alles auf kleiner Flamme schmoren, bis das Fleisch gar und

die Sauce eingedickt ist. Den Ricotta mit der Milch in einer Schüssel glattrühren; mit Salz, Pfeffer und Muskatnuß abschmecken. Die Lasagneblätter in einem weiten Topf mit reichlich Salzwasser kochen. Mit dem Schaumlöffel herausnehmen, sobald sie an die Oberfläche steigen, und zum Trocknen auf ein Tuch legen. Eine ofenfeste Form mit einer Schicht Nudeln auslegen und nun die Zutaten – in der Reihenfolge Fleischsauce, Ricottacreme, Nudeln – einfüllen, bis alles aufgebraucht ist. Die letzte Schicht mit zerlassener Butter beträufeln. Die Lasagne im heißen Ofen etwa 10 Minuten gratinieren. Sofort servieren und geriebenen Parmesan dazu reichen.

LASAGNA IMBOTTITA

Gefüllte Lasagne

300 g Hartweizenmehl
500 g Schweinelende
200 g frische, ausgehülste Erbsen
100 g Mozzarella
20 g getrocknete Pilze
3 Eier
1 Stange Bleichsellerie
1 kleine Zwiebel
1 kleine Mohrrübe
Olivenöl
60 g geriebener Pecorino
Salz
frisch gemahlener Pfeffer

Eine Spezialität Kalabriens. Das Mehl mit 1 Prise Salz und lauwarmem Wasser zu einem Teig verkneten. Diesen nicht zu dünn ausrollen und in recht breite Streifen schneiden. Vom Schweinefleisch 4 kleine Schnitzel abschneiden und beiseite legen. Das restliche Fleisch hacken bzw. durch den Wolf drehen. Mit 30 g Pecorino und 1 Ei in einer Schale vermengen, salzen und pfeffern. Aus der Masse walnußgroße Bällchen formen und diese in heißem Öl braten. Die restlichen 2 Eier hart kochen, aus der Schale lösen und in dünne Scheiben schneiden. Mozzarella fein würfeln. Die 4 Schweineschnitzel in die Pfanne mit dem heißen Öl geben und braten. Zwiebel, Sellerie und Mohrrübe fein hacken. Pilze in warmem Wasser einweichen und kleinschneiden. Das so vorbereitete Gemüse mit 2 EL Öl kurz in einer Pfanne anbräunen. Die Erbsen dazugeben, etwas Wasser angießen und alles zugedeckt schmoren. Die Teigblätter in reichlich Salzwasser kochen, bis sie fast gar sind. Behutsam aus dem Wasser nehmen und zum Auskühlen auf ein Tuch legen. Eine ofenfeste Form mit Öl ausstreichen und die Lasagneblätter schichtweise hineinlegen. Zwischen die einzelnen Schichten jeweils eine Lage aus Eischeiben, Käsewürfeln, Fleischbällchen und einmal zusätzlich den Schnitzeln geben. Jeweils mit ein paar EL Gemüsesauce beträufeln und mit geriebenem Pecorino bestreuen. Zuletzt alles mit einer Schicht Nudeln abdecken und darüber Gemüsesauce und Pecorino verteilen. Etwa ½ Stunde bei mäßiger Hitze im Ofen backen und sehr heiß servieren.

LASAGNA ALL'ABRUZZESE

Lasagne aus den Abruzzen

300 g Hartweizenmehl
6 Eier, davon 2 hartgekocht
300 g mageres Kalbfleisch
400 g Tomaten aus der Dose
70 g Butter
1 Mozzarella
4 EL trockener Weißwein
1 EL Tomatensauce (s. S. 127)
100 g geriebener Parmesan
Salz
frisch gemahlener Pfeffer

Die beiden hartgekochten Eier und den Mozzarella fein würfeln. Das Fleisch durch den Wolf drehen. 40 g Butter in einer Kasserolle zerlassen, bis sie zu schäumen beginnt. Das Hackfleisch ein paar Minuten darin anbräunen. Mit dem Wein ablöschen und diesen verdampfen lassen. Die durchpassierten Tomaten und die Tomatensauce untermengen und alles aufkochen lassen. 3 EL Parmesan mit 1 Ei und etwas Salz und Pfeffer in einer Schale gut verrühren und die Mischung teelöffelweise zum Topfinhalt geben. Die Sauce bei milder Hitze eindicken lassen. Auf dem Backbrett 3 Eier mit dem Mehl und 1 Prise Salz zu einem Teig verkneten und diesen walken, bis er glatt und elastisch ist. Dünn ausrollen und ein Stück ausschneiden, das Boden und Wand der verwendeten (nicht zu breiten) Auflaufform abdeckt, den Rest in Stücke von der Größe der Form aufteilen. Die Nudelblätter in reichlich Salzwasser halb gar kochen. Abtropfen lassen und zum Trocknen behutsam auf einem Tuch ausbreiten. Die Form gut ausbuttern und mit dem größeren Teigstück auslegen, das auch an den Rändern hochgezogen wird. Mit einigen EL Sauce begießen, Mozzarella- und Eistückchen gleichmäßig darauf verteilen und mit geriebenem Parmesan bestreuen. Wieder eine Schicht Nudeln, mit Sauce beträufeln und so fortfahren, bis sämtliche Zutaten aufgebraucht sind. Als letzte Schicht ein Lasagneblatt hineingeben und nur etwas zerlassene Butter darübergießen. Das Gericht ca. ¼ Stunde im vorgeheizten Ofen bei 200 °C backen und dann sofort servieren.

LASAGNE AL SANGUE *

Lasagne mit einer Sauce aus Schweineblut und Milch

300 g frische Lasagne
200 g frische Bratwurstfülle
100 g Schweinebries
20 g Butter
3 dl Schweineblut
1 dl Milch
½ Zwiebel
1 kleiner Bund Petersilie
2 EL Olivenöl
50 g geriebener Parmesan
Salz

Eine Spezialität aus dem Piemont. Schweinebries in leicht gesalzenem Wasser garziehen. Zwiebel und Petersilie fein hacken. Öl und Butter in einer Kasserolle erhitzen. Sobald die Butter leicht bräunt, das Feingehackte, die Bratwurstfülle und das zerkleinerte Bries hineingeben. Zugedeckt auf kleiner Flamme ca. ½ Stunde sautieren. Inzwischen die Nudeln in sprudelndes Salzwasser gleiten lassen und vorsichtig herausnehmen, sobald sie halb gar sind. Schweineblut und Milch in eine größere Pfanne gießen und erhitzen. Die Lasagne hineingeben und bei mäßiger Hitze behutsam rühren, bis das Blut cremig wird und eine bräunliche Farbe annimmt (ohne jedoch zu gerinnen). Den Topfinhalt mit dem zerkleinerten Fleisch untermengen. Die Pfanne vom Herd nehmen und den geriebenen Parmesan unterziehen. Erneut durchmischen und sehr heiß servieren.

LASAGNE BOLOGNESI

Bologneser Lasagne

Für den Nudelteig:

2 Eier
250 g Hartweizenmehl

Für die Béchamelsauce:

60 g Butter
4 EL Mehl
1 TL Salz
1 l Milch

Für die Fleischsauce:

300 g Ragù alla bolognese (Rezept S. 130)
40 g getrocknete Pilze
1 Knoblauchzehe
30 g Butter
1 Glas Milch
1 Bund Petersilie
100 g geriebener Parmesan
40 g Butter

Den Nudelteig nach der Anleitung auf S. 30 herstellen, das Ragù und die Béchamelsauce nach den Rezepten auf S. 130 bzw. S. 126 zubereiten. Knoblauch in einem Pfännchen goldgelb andünsten und herausnehmen. Die eingeweichten, ausgedrückten und kleingeschnittenen Pilze hineingeben und mit der Milch, der gehackten Petersilie und Salz ergänzen. Alles bei minimaler Hitze ca. 15 Minuten leise köcheln lassen. Eine runde Form von gut 20 cm Durchmesser ausbuttern. Eine Lage Lasagne einschichten, dünn mit Béchamelsauce bestreichen, heißes Ragù darüber verteilen und mit Parmesan bestreuen. In dieser Reihenfolge sämtliche Zutaten einfüllen, bis sie aufgebraucht sind. Zwei- oder dreimal anstelle des Ragù die Pilzsauce dazugeben. Zuletzt mit Teigblättern abdecken, einige EL Ragù darüber verteilen, mit Butterflöckchen belegen und mit etwas Parmesan bestreuen. Ca. 1 Stunde in den vorgeheizten Ofen (180 °C) schieben und herausnehmen, wenn sich eine leichte Kruste gebildet hat.

LASAGNETTE AL MASCARPONE

Lasagnette mit Mascarpone

300 g Hartweizenmehl
3 Eier
2 Eigelb
100 g sehr frischer Mascarpone (s. S. 290)
3 EL Olivenöl
50 g geriebener Parmesan
Salz
frisch gemahlener Pfeffer

Aus dem Mehl, den Eiern und 1 Prise Salz einen festen, glatten Teig kneten. Mitteldick ausrollen. Das Teigstück aufrollen und fingerbreite Streifen davon abschneiden. Auf dem Backbrett oder einem Tuch zum Trocknen ausbreiten. Anschließend in reichlich sprudelndes Salzwasser geben und »al dente« kochen. Inzwischen die Eigelbe in einer Schüssel verquirlen und das Öl tropfenweise unter langsamem Rühren einlaufen lassen. Nach und nach den Mascarpone untermischen. Mit 1 Prise Salz und etwas frisch gemahlenem Pfeffer würzen. Die Lasagnette abtropfen lassen und in der Schüssel mit der Mascarpone-Sauce gut vermengen. Zum Schluß mit viel Parmesan bestreuen und servieren. Einfacher und nicht minder lecker gerät dieses Gericht durch die Verwendung fertig gekaufter Lasagnette.

LASAGNETTE AGLI SPINACI

Lasagnette mit Spinat

250 g getrocknete Lasagnette
500 g Spinat
50 g Butter
2 TL Olivenöl
1 Knoblauchzehe
100 g geriebener Parmesan
Salz
frisch gemahlener Pfeffer

Spinat gründlich waschen und mit ganz wenig Wasser unter Zugabe von etwas Salz (damit das Gemüse nicht verblaßt) dünsten. Nach wenigen Minuten abseihen, leicht ausdrücken und hacken. Die zerdrückte Knoblauchzehe im Öl und in der Butter in einer Pfanne hellbraun anschwitzen, anschließend entfernen. Den Spinat hineingeben, mit Salz abschmecken, leicht mit Pfeffer übermahlen und ein paar Minuten in der Pfanne schwenken. Zuletzt die Hälfte des Parmesan gründlich unterziehen. Die in reichlich Salzwasser »al dente« gekochten Lasagnette (s. Rezept oben) abtropfen lassen und auf eine Servierplatte geben. Gleichmäßig mit dem Spinat überziehen und servieren. Separat dazu den restlichen Parmesan reichen.

LASAGNE AL BASILICO

Lasagne mit Basilikum

300 g getrocknete Lasagne
80 g Pecorino sardo (oder Parmesan)
30 g Olivenöl
10 Walnußkerne
1 große Handvoll Basilikum
Salz

In der Toskana ist dieses Rezept beheimatet, das folgendermaßen zubereitet wird: Käse, Basilikum und Walnüsse im Mörser gründlich zerstoßen. Langsam das Öl einlaufen lassen. Die Nudeln in reichlich Salzwasser »al dente« kochen. Abtropfen lassen und mit der vorbereiteten Sauce vermischt sofort servieren.
Ein schnelles und äußerst schmackhaftes Gericht.

LASAGNE AL SUGO DI FUNGHI

Lasagne mit Pilzsauce

300 g getrocknete Pilze
200 g frische oder
30 g getrocknete Steinpilze
40 g Butter
1 kleiner Bund Petersilie
1 Knoblauchzehe
4 große frische Tomaten
2 EL Öl
½ Zwiebel
50 g geriebener Parmesan
Salz
frisch gemahlener Pfeffer

Ein Originalrezept aus Ligurien. Tomaten enthäuten und durch leichtes Ausdrücken von den Samenkernen und überschüssigem Saft befreien. Anschließend in Streifchen schneiden. (Notfalls lassen sich die Tomaten durch 2 EL Tomatensauce (s. S. 124) ersetzen, die in 1 Tasse heißem Wasser oder, besser noch, Brühe verrührt wird.) Die Pilze säubern und in dünne Scheiben schneiden (getrocknete Pilze in lauwarmem Wasser einweichen, ausdrücken und zerkleinern). Zwiebel, Petersilie und Knoblauch zusammen fein hacken. Das Öl in einer Pfanne erhitzen und das Feingehackte zusammen mit den Tomaten und den Pilzen hineingeben. Mit Salz und Pfeffer abschmecken und zugedeckt etwa ½ Stunde leise köcheln lassen, bis sich eine cremige Sauce ergibt. Die in reichlich Salzwasser gekochten und abgetropften Nudeln auf eine Platte geben. Butterflöckchen, die Sauce und den Parmesan untermischen. Ebenso lecker, aber bekömmlicher ist die Lasagne, wenn man zuletzt anstelle der Butter Öl unterzieht.

LASAGNE COI FAGIOLI

Lasagne mit weißen Bohnen

300 g Hartweizenmehl
500 g Fagioli (weiße Bohnen)
50 g Speck oder Schweineschmalz
2 Knoblauchzehen
1 kleiner Bund Petersilie
Salz
frisch gemahlener Pfeffer

Ein traditionelles lukanisches Rezept.
Mehl auf das Backbrett schütten und mit Salz und Wasser nach Bedarf zu einem festen Teig verkneten, der mindestens ½ Stunde gewalkt wird. Mit dem Nudelholz sehr dünn ausrollen und in große Lasagneblätter schneiden. Bohnen in viel Wasser unter Zugabe von etwas Salz garen. Speck sehr fein hacken und in eine Pfanne geben (Schmalz zerlassen). Die zerdrückten Knoblauchzehen darin goldbraun anschwitzen und dann herausnehmen. Inzwischen die Nudeln in reichlich sprudelndem Salzwasser »al dente« kochen. Abgetropft in einer Terrine mit dem heißen Speck vermischen und die Bohnen unterziehen. Kräftig mit Pfeffer übermahlen und mit feingewiegter Petersilie bestreuen. Erneut gut durchmischen und ohne Parmesan zu Tisch bringen.

LASAGNE AL SUGO

Lasagne mit Fleischsauce

300 g Hartweizenmehl
3 Eier
300 g zarte Rinderkeule, in sehr kleine Stücke geschnitten
60 g Butter
1 Zwiebel
1 Stange Bleichsellerie
1 Bund Petersilie
1 kleine Mohrrübe
½ Glas trockener Weißwein
2 dl Fleischbrühe
(oder 1 TL Fleischextrakt)
4 vollreife Tomaten
(ersatzweise aus der Dose)
50 g geriebener Parmesan
Salz
frisch gemahlener Pfeffer

Vom Mehl 1 EL zurückbehalten; den Rest mit den Eiern und 1 Prise Salz zu einem homogenen, elastischen Teig verkneten. Ziemlich dünn ausrollen und in Quadrate von 5–6 cm Seitenlänge teilen (diese Nudelform wird in Genua als »Lasagne« bezeichnet). Zwiebel, Sellerie, Mohrrübe und Petersilie zusammen sehr fein hacken und mit der Butter in eine Kasserolle geben. Das Fleisch zufügen und alles bei milder Hitze 5–6 Minuten anschwitzen, dabei fleißig rühren. Den Wein angießen und auf höherer Flamme verdampfen lassen. Die kurz in heißes Wasser gelegten Tomaten enthäuten, entkernen, zerkleinern und unter das Fleisch mischen. Alles mit Salz und frisch gemahlenem Pfeffer würzen und zugedeckt etwa ¼ Stunde schwach kochen lassen. Das zurückbehaltene Mehl in einem Stahl- oder Aluminiumpfännchen unter ständigem Rühren anbräunen. Mit der zuvor erhitzten Brühe ablöschen (ersatzweise den Fleischextrakt in der entsprechenden Menge Wasser auflösen) und in die Fleischsauce einrühren. Die Sauce zugedeckt eindicken lassen. In reichlich Salzwasser die Nudeln »al dente« kochen und abgießen. Eine Lage auf die Servierplatte geben und mit Sauce begießen. Die beiden Zutaten abwechselnd aufschichten, bis sie verbraucht sind. Das Gericht sehr heiß servieren.

STRASCINATI

Gerillte Lasagne

Für die Fleischsauce:

1 Zwiebel, gehackt
1 EL Öl
1 gehäufter EL Schweineschmalz
200 g Schweine- oder Kalbfleisch
½ Glas Rotwein
350 g reife Tomaten
Salz
frisch gemahlener Pfeffer
½ Chilischote, gehackt
1 Knoblauchzehe, zerdrückt
2 EL Öl

Für den Nudelteig:

400 g Hartweizenmehl
1 gehäufter EL Schweineschmalz
Salz
Wasser
80 g geriebener Pecorino

In Lukanien und Kalabrien bereitet man die Lasagne so zu: Auf dem Backbrett das Mehl mit dem Schmalz und 1 Prise Salz anhäufen. Mit soviel warmem Wasser verkneten, wie erforderlich ist, um einen festen Teig zu erhalten. Diesen ca. ½ Stunde kräftig bearbeiten, bis er glatt und geschmeidig ist. Zu einer Teigplatte von 1 cm Stärke ausrollen und in 7–8 cm große Quadrate schneiden. Nun die Stücke nacheinander mit Hilfe des »cavarola«, eines speziellen, gerillten Brettchens, zu »Strascinati« verarbeiten: Man zieht sie über dieses Brett und übt dabei gleichzeitig leichten Druck aus, wodurch sie die typische rechteckige, gerillte Form annehmen. Die »Strascinati« einige Stunden trocknen lassen. Die

Zwiebel bei milder Hitze im Öl und Schmalz hellgelb anschwitzen. Das zweifach durch den Wolf gedrehte Fleisch dazugeben und einige Minuten anbräunen, dabei immer wieder durchmischen. Den Wein angießen und verdampfen lassen. Nun die durchpassierten Tomaten unterziehen. Alles salzen und pfeffern und zugedeckt etwa 2 Stunden langsam schmoren. Knoblauch und gehackte Chilischote in einem Pfännchen im Öl anschwitzen. Knoblauch entfernen, sobald er Farbe annimmt; das Öl warmstellen. Die Nudeln ca. 5 Minuten in reichlich Salzwasser »al dente« garen, abseihen und sofort mit etwas heißer Fleischsauce vermengen. Etwas Sauce in eine vorgewärmte Schüssel gießen, einen Teil der Nudeln darübergeben, mit viel Pecorino bestreuen und in dieser Reihenfolge die Zutaten einfüllen, bis sie verbraucht sind. Das heiße Öl und den restlichen Pecorino darüber verteilen und das Gericht sofort servieren.

PICCAGGE AL SUGO

Genueser Lasagne

300 g Weizenmehl
3 Eier
1 Zwiebel
60 g Butter
300 g Kalbfleisch
(Keule oder Gulasch)
4 vollreife Tomaten
(ersatzweise aus der Dose)
25 g getrocknete Pilze
50 g geriebener Parmesan
Salz
frisch gemahlener Pfeffer

Eine Spezialität aus Ligurien. Einen knapen EL Mehl zurückbehalten; den Rest mit den Eiern und 1 Prise Salz zu einem ziemlich festen Teig verarbeiten. Kneten, bis er glatt und elastisch ist. Ziemlich dünn ausrollen und, nachdem er etwas getrocknet ist, in große Lasagne teilen, die im Genueser Dialekt »Piccagge« heißen. Die Nudelblätter nebeneinander auf dem Backbrett ausbreiten. Pilze in etwas heißem Wasser einweichen. Die Butter mit der zerhackten Zwiebel und dem Fleisch in eine Kasserolle geben. Das Fleisch ringsherum kräftig anbraten. Nun die gehäuteten, entkernten und zerkleinerten Tomaten zufügen (Dosentomaten einfach durchpassieren), mit den kleingeschnittenen Pilzen ergänzen, salzen und pfeffern. Zugedeckt 15 Minuten leise köcheln lassen. Inzwischen den EL Mehl in einem Pfännchen unter Rühren schön anrösten und in die Kasserolle geben. Wenn nötig, etwas heiße Brühe nachgießen und das Fleisch zugedeckt fertig garen. Die Nudeln in einem großen Topf mit Salzwasser »al dente« kochen, abgießen und in die Servierschüssel füllen. Mit der Sauce aus der Kasserolle vermengen und reichlich geriebenen Parmesan darüberstreuen.

Das Fleisch wird, fein aufgeschnitten und mit der restlichen Sauce begossen, mit einer Beilage aus frischem Salat als Hauptgericht serviert. Oder man richtet die Nudeln bereits auf einzelnen Tellern an und legt auf jede Portion eine Scheibe Fleisch.

PIZZOCCHERI DELLA VALTELLINA *

Veltliner Nudeln mit Wirsing und Salbei

200 g feingemahlenes Buchweizenmehl
100 g Weizenmehl
1 Ei
1 Glas Milch
3 mittelgroße Kartoffeln
100 g Magerkäse aus dem Veltlin in feinen Scheiben
50 g Butter
einige Wirsingblätter
3–4 Salbeiblätter
Salz
frisch gemahlener Pfeffer

Die beiden Mehlsorten vermischen und mit dem Ei, der Milch und wenn nötig etwas Wasser zu einem ziemlich festen Teig verkneten. Nicht zu dünn ausrollen und in fingerbreite Streifen, die »Pizzoccheri«, schneiden. Die geschälten und grob gewürfelten Kartoffeln mit dem feinstreifig geschnittenen Wirsing in reichlich Salzwasser kochen. Kurz vor Ende der Garzeit die Nudeln dazugeben und auf lebhafter Flamme mitkochen. Sobald sie »al dente« sind, alles abgießen. Eine Schüssel abwechselnd mit einer Lage der Nudelmischung und einer Schicht Käse füllen. Die zerlassene und mit den Salbeiblättern aromatisierte Butter darübergießen und alles mit frisch gemahlenem Pfeffer bestäuben (sofern man einen etwas kräftigeren Geschmack mag).

CANNELLONI ALLA NAPOLETANA

Cannelloni auf neapolitanische Art

200 g Hartweizenmehl
2 Eier
1 kg reife Tomaten
½ Glas Öl
Salz
1 Bund Basilikum
200 g Mozzarella, feingewürfelt
3 Sardellen, entgrätet
60 g geriebener Parmesan

Aus Mehl und Eiern einen Teig kneten, dünn ausrollen und auf dem Backbrett trocknen lassen. In Quadrate von 5–6 cm Seitenlänge schneiden. Einen weiten, flachen Topf mit viel Salzwasser aufsetzen. Sobald das Wasser sprudelt, die Teigstücke portionsweise hineingleiten lassen. Nachdem sie an die Oberfläche gestiegen sind (was ziemlich bald geschieht), noch einige Minuten kochen, bis sie »al dente« sind. Abtropfen lassen und nebeneinander auf ein angefeuchtetes und gut ausgedrücktes Tuch legen. Tomaten kurz überbrühen, häuten, entkernen und in Stücke schneiden. Das Öl in einer Kasserolle erhitzen und die Tomaten hineingeben. Salzen und auf lebhafter Flamme ca. 20 Minuten durchkochen. Die Hälfte durch ein Sieb streichen, mit frischem Basilikum würzen und diese Sauce beiseite stellen. Auf die Teigstücke jeweils etwas Mozzarella, einige Tomaten- und Sardellenstückchen und etwas geriebenen Parmesan geben. Nun die Teigstücke zusammenrollen und die so entstandenen Cannelloni nebeneinander in eine große ofenfeste Form legen. Mit der Tomatensauce übergießen und reichlich mit Parmesan bestreuen. Im vorgeheizten Ofen bei 180 °C etwa 20 Minuten backen und dann sofort servieren.

CANNELLONI AL GRATIN *

Gratinierte Cannelloni

300 g Weizenmehl
4 Eier
200 g Kalbfleisch
100 g frische Bratwurst
100 g Kalbsbries
4 EL Olivenöl
1 kleine Zwiebel
1 Rosmarinzweig
½ Glas trockener Weißwein
1 EL Semmelbrösel
2 EL Tomatensauce (s. S. 124)
60 g geriebener Parmesan
Salz
frisch gemahlener Pfeffer

Aus 3 Eiern und dem Mehl einen Teig herstellen, diesen nicht zu dünn ausrollen und in 10 × 15 cm große Rechtecke schneiden. Kalbfleisch und Bries kleinschneiden, Zwiebel sehr fein wiegen. Das Öl mit dem Rosmarin 2–3 Minuten erhitzen, dann den Zweig herausnehmen. Die Fleischstückchen zusammen mit der Zwiebel hineingeben und von allen Seiten anbräunen. Salzen, etwas pfeffern und mit dem Wein ablöschen. Sobald dieser verkocht ist, auch das zerkleinerte Bries zufügen und die Pfanne dann sofort vom Herd ziehen. Den Inhalt durch den Fleischwolf drehen.
Das Tomatenmark mit 2 EL lauwarmem Wasser verdünnen, in den Bratenfond einrühren und die Pfanne beiseite stellen. Die Fleischmasse mit dem letzten Ei, der Wurstfülle und der Hälfte des Parmesan vermengen. Nach Belieben mit etwas Muskatnuß würzen. Die Nudelblätter portionsweise in reichlich Salzwasser kochen, bis sie halb gar sind. Mit dem Schaumlöffel herausheben, in kaltes Wasser tauchen und auf einem leicht feuchten Tuch ausbreiten. In die Mitte jeweils etwas Füllung geben und diese in Längsrichtung verteilen. Die Teigstücke zusammenrollen und an den Enden leicht zusammendrücken. Diese Cannelloni nebeneinander in eine gut ausgebutterte ofenfeste Form legen und gleichmäßig mit der beiseite gestellten Sauce überziehen. Den restlichen Parmesan mit den Semmelbröseln vermischen und das Gericht damit bestreuen. 30–40 Minuten im vorgeheizten Ofen (180 °C) gratinieren. Wenn sich eine goldgelbe Kruste bildet, herausnehmen und servieren.

STRANGULAPRIÈVETE

Gnocchi auf neapolitanische Art

250 g Weizenmehl
500 g Kartoffeln
400 g Dosentomaten (oder
4 große, reife frische Tomaten)
50 g Olivenöl
60 g geriebener Parmesan
einige Basilikumblätter
Salz
frisch gemahlener Pfeffer

Kartoffeln kochen, schälen und über dem Backbrett durch die Presse drücken, solange sie noch heiß sind. Das Mehl dazugeben und langsam mit 1 gestrichenen TL Salz einarbeiten. Sollte die Mischung noch nicht fest genug sein, mit etwas Mehl ergänzen. Den Teig kräftig kneten, bis er weich und elastisch ist und nicht mehr an den Händen haftet. Fingerdicke Röllchen daraus formen und diese in kleine Stücke schneiden. Die Stückchen mit dem Daumen leicht auf das eingemehlte Backbrett drücken, wobei sie die typische Gnocchiform annehmen. Nebeneinander (damit sie nicht verkleben) auf ein mit etwas Mehl bestäubtes Tuch geben und etwa ¼ Stunde ruhen lassen. Inzwischen eine einfache Sauce zubereiten: Das Öl mit den durchpassierten Tomaten in eine Kasserolle füllen, mit Salz und frisch gemahlenem Pfeffer abschmecken und mit etwas Basilikum würzen. Die Sauce auf kleiner Flamme eindicken lassen. Die Gnocchi in reichlich Salzwasser kochen und mit dem Schaumlöffel herausnehmen, sobald sie an die Oberfläche kommen. Auf einzelnen vorgewärmten Tellern anrichten. Jede Portion mit etwas Sauce vermischen und sofort servieren. Dazu geriebenen Parmesan.

GNOCCHI ALLA VENETA

Gnocchi aus dem Veneto

800 g Kartoffeln
150 g Weizenmehl
2 Eier
500 g vollreife Tomaten
(ersatzweise aus der Dose)
60 g Butter
Salz
geriebener Parmesan

Die Kartoffeln mit der Schale kochen, schälen und über einer Schüssel, die bereits das Mehl enthält, durch die Presse drücken. Die beiden Eier und 1 kräftige Prise Salz zufügen. Alles zunächst in der Schüssel vermengen, dann auf der Arbeitsfläche mit den Händen bearbeiten, bis sich ein lockerer, elastischer und gleichmäßiger Teig ergibt. Zu Röllchen formen und diese in etwa 3 cm lange Stücke schneiden. Mit Hilfe einer Gabel oder der Innenseite einer Käsereibe daraus die Gnocchi formen. Nebeneinander ausbreiten, damit sie nicht zusammenkleben. Die Tomaten durch ein Sieb streichen und das erhaltene Püree mit der Butter und etwas Salz in eine Kasserolle geben. Ohne Deckel bei mäßiger Hitze zu einer ziemlich dicken Sauce einkochen. In reichlich Salzwasser die Gnocchi ein paar Minuten kochen, bis sie gar sind. Kurz nachdem sie an der Oberfläche auftauchen, mit dem Schaumlöffel herausheben und auf einzelne Teller verteilen. Über jede Portion ein paar EL Sauce gießen und großzügig mit Parmesan bestreuen. Sofort servieren.

GNOCCHI AL SUGO D'ANATRA

Gnocchi mit Entenfrikassee

800 g Kartoffeln
150 g Mehl
2 Eier
1 mittelgroße Zwiebel
1 kleiner Bund Petersilie
4 EL Olivenöl
1 kleine Ente
300 g Tomaten aus der Dose
½ Glas trockener Weißwein
60 g geriebener Parmesan
Salz
frisch gemahlener Pfeffer

Aus den gekochten, geschälten und durch die Presse gedrückten Kartoffeln, den Eiern, 1 Prise Salz und dem Mehl in einer Schüssel den Gnocchi-Teig mischen. Anschließend auf dem Backbrett kneten, bis er locker und elastisch wird. Zu Röllchen formen, die in 2–3 cm lange Stücke geschnitten werden. Diese mit dem Daumen gegen die Innenseite der Käsereibe drücken, so daß sie die typische Form annehmen. Zwiebel und Petersilie fein hacken. Mit dem Öl in eine Kasserolle geben und anschwitzen, bis die Zwiebel glasig wird. Das in mundgerechte Happen geteilte Entenfleisch in Mehl wenden und in der Kasserolle ringsherum leicht anbraten. Den Herd hochschalten und auf lebhafter Flamme den Weißwein angießen. Nachdem dieser verdampft ist, die durchpassierten Tomaten einrühren. Mit Salz und Pfeffer abschmecken und die Hitze reduzieren, sobald die Sauce aufkocht. Zugedeckt weiter leise köcheln lassen und dabei häufig durchmischen, damit nichts am Topfboden ansetzt. Die in reichlich Salzwasser gekochten und abgetropften Gnocchi auf einzelnen Tellern anrichten. Mit 2–3 EL des Fonds beträufeln und einige Fleischstückchen darauf verteilen. Sofort zu Tisch bringen und geriebenen Parmesan separat

So stellt man Kartoffelgnocchi her

Kartoffeln weichkochen, schälen und über der Arbeitsfläche noch heiß durch die Presse drücken. Die Kartoffeln müssen noch heiß sein, da sie sonst im Teig Klumpen bilden. Das Mehl und 1 Prise Salz dazugeben und alles gründlich zu einem homogenen, lockeren Teig verkneten. Da dieses Rezept keine Eier verwendet, benötigt man zum Binden der Kartoffeln mehr Mehl.

Den Teig in kleine Portionen aufteilen und daraus fingerdicke Röllchen formen.

Diese in etwa 3 cm lange Stückchen schneiden. Leicht gegen die Innenseite einer Käsereibe drücken, um ihnen die typische gekrümmte Gnocchiform mit der unebenen Oberfläche zu verleihen. Zum Trocknen nebeneinander auf ein Tuch legen und aufpassen, daß sie dabei nicht miteinander verkleben.

dazu reichen. Das restliche Entenfleisch wird als Hauptgericht serviert.

GNOCCHI ALLA VERONESE *

Gnocchi aus Verona

800 g Kartoffeln
200 g Weizenmehl
80 g Butter
60 g geriebener Parmesan
1 TL Zimt
1 TL Zucker
Salz

Kartoffeln kochen, schälen und, solange sie noch heiß sind, über dem Backbrett durch die Presse geben. Das Mehl und 1 Prise Salz zufügen und alles energisch bearbeiten, bis sich ein glatter, lockerer Teig ergibt. Da keine Eier verwendet werden, entsprechend mehr Mehl einarbeiten, um die Kartoffeln zu binden. Aus kleinen Teigportionen fingerdicke Rollen formen und diese in ca. 3 cm lange Abschnitte teilen. Über einen Gabelrücken legen und unter leichtem Druck zu Gnocchi formen. In reichlich sprudelndes Salzwasser gleiten lassen und nach etwa 3 Minuten, wenn sie gar sind, mit dem Schaumlöffel herausnehmen. Abtropfen lassen und auf einzelnen Tellern anrichten. Die Butter in einem Pfännchen anbräunen. 2–3 EL über jede Portion träufeln und jeweils 1 Prise Zucker und Zimt darüberstreuen. Mit reichlich Parmesan servieren.

GNOCCHI DI POLENTA

Maismehlnocken

350 g Maismehl
1 l Wasser
Salz
frisch gemahlener Pfeffer
40 g getrocknete Pilze
2 EL Öl
120 g Butter
50 g Schinkenspeck
1 Mohrrübe
1 Stange Bleichsellerie
1 kleine Zwiebel
50 g Bratwurstfülle
200 g Tomatensauce (s. S. 124)
120 g geriebener Parmesan

Maismehl in leicht gesalzenem Wasser zu Brei kochen und diesen auf einem angefeuchteten Holzbrett 1 cm dick ausstreichen. Erkalten lassen und inzwischen die Sauce zubereiten: Pilze ½ Stunde in lauwarmem Wasser einweichen. Gut ausdrücken und fein hacken. Den Schinkenspeck und die Gemüse fein zerkleinern und im erhitzten Öl und der Butter dünsten, bis sie weich bzw. glasig werden. Die zerkrümelte Wurstfülle ein paar Minuten mitbraten. Die mit Wasser leicht verdünnte Tomatensauce dazugießen und alles zugedeckt schwach kochen lassen. Nach etwa 15 Minuten die Pilze zufügen, salzen und pfeffern und weitere 15 Minuten köcheln lassen. Aus der Polenta runde Stückchen ausschneiden. Eine Schicht davon in eine ausgebutterte Form füllen, mit ein paar EL Sauce überziehen und mit Parmesan und einigen Butterflöckchen bestreuen. Auf diese Weise sämtliche Zutaten in die Form schichten, bis sie aufgebraucht sind. Das Gericht ca. ¼ Stunde im heißen Ofen (200 °C) überbacken, bis es goldbraun überkrustet ist.

GNOCCHI DI ZUCCA MANTOVANI *

Kürbisnocken aus Mantua

150 g Weizenmehl
500 g Kürbis
70 g Butter
70 g geriebener Parmesan
Salz

Kürbis dick schälen, dabei auch die unter der Schale liegende grüne Schicht entfernen. Das Fruchtfleisch grob zerkleinern und in leicht gesalzenem Wasser weichkochen. Durch ein Sieb streichen und das Püree zusammen mit dem Mehl und 1 Prise Salz auf die Arbeitsfläche geben. Alles gründlich zu einem lockeren, elastischen Teig verkneten. (Da Kürbisse einmal mehr, einmal weniger mehlig sind, empfiehlt es sich, das Mehl por-

tionsweise einzuarbeiten, bis die Masse die erforderliche Konsistenz hat.) Den Teig zu fingerdicken Röllchen formen, die in ca. 3 cm lange Stücke geschnitten werden. Diese über einen Gabelrücken oder auf die Innenseite einer Käsereibe legen und leicht drücken, damit sie die typische Gnocchiform annehmen. Anschließend portionsweise in einem großen Topf in Salzwasser garen. Mit dem Schaumlöffel herausnehmen, wenn sie an die Oberfläche steigen. Auf einzelne Teller verteilt mit zerlassener Butter beträufeln und großzügig mit geriebenem Parmesan bestreuen. Heiß servieren.

GNOCCHI ALLA BAVA

Gnocchi-Käse-Auflauf

800 g Kartoffeln
200 g Weizenmehl
150 g Fontina
(s. S. 288) in feinen Scheiben
60 g Butter
Salz

Kartoffeln weich kochen, schälen und sofort über dem Backbrett durch die Presse drücken. (Die Kartoffeln müssen unbedingt heiß püriert werden, da sie sonst im Teig Klumpen bilden!) Etwas auskühlen lassen, das Mehl und 1 Prise Salz zufügen und alles energisch zu einem lockeren, homogenen Teig verkneten. Zu fingerdicken Röllchen verarbeiten. Diese in etwa 2 cm lange Stücke teilen, die, auf die Innenseite einer Käsereibe oder über eine Gabel gelegt, durch leichtes Drücken mit dem Daumen zu Gnocchi geformt werden. Reichlich Salzwasser zum Kochen bringen und die Gnocchi darin etwa 10 Minuten garen. Mit dem Schaumlöffel herausheben und gut abtropfen lassen. Eine ofenfeste Form ausbuttern und die Gnocchi abwechselnd mit den Käsescheiben hineinschichten. Mit der zerlassenen Butter übergießen und in den gut vorgeheizten Ofen schieben, bis sich oben eine schöne goldbraune Kruste bildet. Nach etwa 10 Minuten herausnehmen und sofort servieren.

GNOCCHI DI CASTAGNE

Gnocchi aus Kastanienmehl

350 g Kastanienmehl
300 g Weizenmehl
1 Handvoll Pinienkerne
1 Handvoll Walnußkerne
80 g geriebener Parmesan
2 Knoblauchzehen
1 kleiner Bund Petersilie
1 Glas Öl
Salz

Die zwei Mehlsorten auf der Arbeitsfläche mischen und mit Wasser nach Bedarf gründlich verkneten, bis sich ein glatter, lockerer Teig ergibt. Diesen in apfelsinengroße Portionen aufteilen und daraus auf der Arbeitsfläche fingerdicke Rollen formen, die in 2 cm lange Stückchen geschnitten werden. Auf die Innenseite einer Käsereibe oder auf eine Gabel legen und durch leichtes Drücken mit dem Daumen zu Gnocchi formen. Nebeneinander legen, damit sie nicht verkleben. Walnußkerne 3–4 Minuten in kochendes Wasser legen, um das Schälen zu erleichtern. Pinienkerne im Ofen rösten. Beides schälen und im Mörser fein zerstoßen. Petersilie und Knoblauchzehen fein hacken und in 4 EL Öl in einer Kasserolle dünsten. Pinien- und Walnußkerne zufügen und unter Rühren einige Minuten mitrösten. Vom Herd ziehen und das mit etwas kochendem Wasser zu einer cremigen Emulsion verschlagene restliche Öl unterrühren. Die Gnocchi in reichlich kochendem Salzwasser 7–8 Minuten garen. Vorsichtig mit dem Schaumlöffel herausnehmen und auf einzelnen Tellern anrichten. Die Nußcreme darüber verteilen und jede Portion großzügig mit Parmesan bestreuen. Sofort servieren.

GNOCCHI ALLA PIEMONTESE

Piemonteser Gnocchi

800 g Kartoffeln
200 g Weizenmehl
60 g Butter
einige Salbeiblätter
50 g geriebener Parmesan
Salz

Kartoffeln schälen und im fest verschlossenen Topf in ganz wenig Salzwasser im Dampf garen. Das Wasser abgießen und die Kartoffeln im offenen Topf weitere 15 Sekunden dämpfen, bis sie trocken sind. Sofort über dem Backbrett durch die Presse geben. Nach und nach das Mehl mit 1 TL Salz einarbeiten, bis die Masse glatt und elastisch ist. (Die Menge des verwendeten Mehls hängt von der Mehlig-

keit der Kartoffeln ab.) Den Teig zu Röllchen formen, die in 3 cm lange Stücke geschnitten werden. Nach der Anleitung auf S. 79 die Gnocchi formen, wobei diese stark gekrümmt sein müssen, damit sie gleichmäßig garen.
Viel Salzwasser in einem großen Topf aufwallen lassen und die Gnocchi darin auf lebhafter Flamme einige Minuten kochen. Mit dem Schaumlöffel herausnehmen und abtropfen lassen. Auf einzelne Teller verteilt mit zerlassener Butter übergießen, in der zuvor die Salbeiblätter gedünstet wurden. Zuletzt mit Parmesan bestreuen und servieren.

So stellt man Grießgnocchi her

Milch mit 1 Prise Salz zum Kochen bringen. Langsam den Weizengrieß einrieseln lassen, dabei ständig rühren, damit sich keine Klumpen bilden. Anschließend 15–20 Minuten kochen.

Den Topf vom Herd ziehen, wenn der Grieß schön gequollen ist. Die Hälfte der Butter, die Eigelbe und eine Handvoll geriebenen Parmesan unterziehen. Dabei energisch rühren, damit die Eier nicht im heißen Grieß stocken.

Die Masse auf einen feuchten Teller gießen und mit einer in Wasser getauchten Messerklinge glattstreichen.

Aus dem ausgekühlten und erstarrten Grieß mit einer Form oder einem dünnrandigen Glas kleine Kreise ausstechen.

Eine ofenfeste Form ausbuttern und die Gnocchi, wie auf obigem Foto abgebildet, dachziegelartig darin anordnen.

GNOCCHI ALLA ROMANA *

Grießgnocchi auf römische Art

200 g Hartweizengrieß
½ l Milch (auch etwas mehr)
100 g Butter
2 Eigelb
80 g geriebener Parmesan

Die Milch in einem Topf aufkochen. Langsam den Grieß einstreuen und dabei ständig mit dem Holzlöffel rühren, damit er nicht am Topfboden anbackt. Den Vorgang immer wieder kurz unterbrechen, um alles kräftig zu vermischen. In der Anfangsphase muß der Grieß ziemlich flüssig bleiben. Dann wird er 15–20 Minuten gekocht und vom Herd genommen. In der Schale die Eigelbe mit einigen EL Milch verquirlen. Bevor der Grieß auskühlt, die Hälfte der Butter einarbeiten und die verquirlten Eigelbe unterziehen; dabei ständig rühren, um ein Stocken der Eier im heißen Grieß zu vermeiden. Den Topfinhalt auf einen feuchten Teller gießen und zu einer 1 cm dicken Schicht glattstreichen. Einige Stunden auskühlen lassen. Jetzt die Grießplatte auf eine Arbeitsfläche stürzen und mit einem dünnrandigen Glas kleine Kreise ausstechen. Die Gnocchi ordentlich nebeneinander in einer ausgebutterten Form anordnen. Mit zerlassener Butter beträufeln und in den heißen Ofen schieben, bis sie eine appetitlich goldbraune Farbe annehmen. Mit Käse bestreuen und sofort zu Tisch bringen.

GNOCCHI ALLA PASTISSADA

Gnocchi mit Fleischragout

800 g Kartoffeln
200 g Weizenmehl
400 g gut abgehangenes Rindfleisch (Keule) oder auch Pferdefleisch
500 g frische Tomaten oder 400 g Dosentomaten
60 g Butter
1 EL Olivenöl
2 Zwiebeln
1 Glas alter Rotwein
1 Prise Zimt
Salz
geriebener Parmesan
frisch gemahlener Pfeffer

Ein typisches Gericht des Veneto. Die gekochten und geschälten Kartoffeln durch die Presse drücken, solange sie noch heiß sind (sonst bilden sie im Teig Klumpen). Zusammen mit dem Mehl auf die Arbeitsfläche häufen. 1 Prise Salz dazugeben und alles gründlich zu einem glatten, lockeren Teig verkneten. Dabei nur soviel Mehl verwenden, wie nötig ist, um die Kartoffeln zu binden. Den gesamten Teig zu fingerdicken Rollen verarbeiten, die in ca. 3 cm lange Stücke geschnitten werden. Diese zu Gnocchi formen, wie auf S. 79 beschrieben. Auf ein Tuch legen und aufpassen, daß sie dabei nicht miteinander verkleben.
Nun die Fleischsauce – die »Pastissada« – zubereiten: Butter und Öl in eine Pfanne geben. Das in kleine Stückchen geschnittene Fleisch zufügen und einige Minuten scharf anbraten. Mit dem Wein ablöschen und diesen verdampfen lassen. Die geschälten, entkernten Tomaten zusammen mit der in feine Scheiben geschnittenen Zwiebel dazumischen. Zugedeckt schwach kochen lassen, bis das Fleisch so zart ist, daß es sich mit der Gabel zerteilen läßt (ca. 3–4 Stunden). Die Gnocchi in reichlich kochendes Salzwasser gleiten lassen und mit dem Schaumlöffel herausnehmen, sobald sie an die Oberfläche steigen. Abgetropft auf einzelne Teller verteilen und mit dem Fleisch und der Sauce vermischen.
Nach Geschmack geriebenen Parmesan, etwas frisch gemahlenen Pfeffer und 1 Prise Zimt darüberstreuen.

TROFIE AL PESTO *

Genueser Nocken mit Basilikumsauce

350 g Weizenmehl
4 EL Olivenöl
3 Handvoll Basilikumblätter
1 Knoblauchzehe
1 EL geröstete Pinienkerne
30 g geriebener Pecorino
30 g geriebener Parmesan
Salz
frisch gemahlener Pfeffer

Das Mehl mit 1 Prise Salz und so viel Wasser gründlich verkneten, daß sich ein ziemlich fester Teig ergibt. Etwa kirschgroße Bällchen abstechen und diese auf dem Backbrett zu kleinen Rollen formen. Einzeln spiralförmig um eine dicke Stricknadel wickeln und dann vorsichtig abstreifen. Diese spiralförmigen Nudeln, in Genua »Trofie«

genannt, einige Minuten in reichlich sprudelndem Salzwasser garen (diese Zeitangabe bezieht sich auf frische »Trofie«). Gut abtropfen lassen und mit dem Pesto vermischen, dessen Zubereitung auf S. 130 beschrieben ist.

MALLOREDDUS

Grießnocken mit Tomatensauce

300 g Hartweizengrieß
500 g vollreife Tomaten
(ersatzweise aus der Dose)
1 Zwiebel
1 Knoblauchzehe
3–4 Basilikumblätter
1 Prise Safran
50 g geriebener Pecorino
4 EL Olivenöl
1 TL Fleischextrakt
Salz
frisch gemahlener Pfeffer

Die »Malloreddus«, schmackhafte kleine Gnocchi, die der traditionellen Küche Sardiniens entstammen, werden am besten bereits am Vortag hergestellt.
Aus Grieß, 1 Prise Salz und etwas lauwarmem Wasser mit dem darin verrührten Safran auf dem Backbrett einen Teig kneten und diesen so lange bearbeiten, bis er glatt und ziemlich fest ist. Bleistiftdicke Röllchen daraus formen und diese in 1 cm breite Stückchen schneiden. Leicht mit Mehl bestäuben, damit sie nicht kleben, und auf der Innenseite eines Siebes oder der Käsereibe unter leichtem Druck mit dem Daumen die typischen, gekrümmten Gnocchi daraus formen. Zum Trocknen auf einem Tuch ausbreiten. Zwiebel, Knoblauch und Basilikum fein hacken und in einem Topf im Öl einige Minuten anschwitzen. Die durchpassierten Tomaten zufügen. Salzen und pfeffern und den in 1 EL heißem Wasser gelösten Fleischextrakt einrühren. Ohne Deckel bei mäßiger Hitze köcheln lassen, bis die Sauce genügend eingedickt ist. Die »Malloreddus« in reichlich Salzwasser kochen und mit der Schaumkelle herausnehmen, sobald sie an die Oberfläche steigen. Auf einzelne Teller verteilen und mit etwas Sauce vermischen. Dazu geriebenen Pecorino reichen.
Reichhaltiger wird das Gericht, wenn man etwas Bratwurstfülle oder Hackfleisch im Saucentopf anbrät, bevor die Tomaten zugefügt werden.

MALFATTI

Gnocchi aus der Lombardei

500 g Spinat
200 g Weizenmehl
150 g sehr frischer Ricotta (italienischer Frischkäse)
100 g Butter
80 g geriebener Parmesan
2 Eier und 1 Eigelb
½ Zwiebel
Muskatnuß
Salz
frisch gemahlener Pfeffer

Zunächst den verlesenen und gewaschenen Spinat ohne Zugabe von Wasser zugedeckt dämpfen (das zwischen den Blättern befindliche Restwasser reicht dafür aus). Die grob zerkleinerte Zwiebel in 30 g Butter goldgelb dünsten. Herausnehmen und den gehackten Spinat hineingeben. Ziehen lassen, bis er das Aroma aufgenommen hat. Vom Herd nehmen und abkühlen lassen. Den zuvor mit dem Holzlöffel geschmeidig gerührten Ricotta und die Hälfte des Parmesan zufügen. Mit 1 Prise Muskatnuß, Salz und Pfeffer würzen. Die Eier, das Eigelb und zuletzt das Mehl einarbeiten. Alles gründlich mit dem Holzlöffel zu einer homogenen Mischung vermengen. Aus dem Teig nußgroße Gnocchi formen und diese in reichlich Salzwasser geben. Herausheben, sobald sie an die Oberfläche kommen. In einer ofenfesten Form mit der restlichen, zerlassenen Butter beträufeln und mit Parmesan bestreuen. 5 Minuten bei mäßiger Hitze in den Ofen schieben, dann sofort servieren.

So stellt man »Canèderli« her

Eier mit etwas Milch und 1 Prise Salz verschlagen. Das Brot in kleine Würfel schneiden und diese etwa 20 Minuten in den verquirlten Eiern einweichen. Ab und zu durchmischen, damit sie sich gleichmäßig vollsaugen.

Bauchspeck (oder Südtiroler Speck) und Salami sehr fein würfeln. Zusammen mit der gehackten Zwiebel und Petersilie einige Minuten braten. Nun die Mischung in die Schüssel zu den Eiern geben und behutsam etwas Mehl unterziehen, bis sich ein weicher, homogener Teig ergibt.

Es gibt zwei Methoden, um die »Canèderli« herzustellen: Man sticht eßlöffelweise Portionen ab und rollt diese mit nassen Händen zu aprikosengroßen Knödeln. Oder man gibt 1 EL Teig, wie auf dem Foto links abgebildet, in eine Schöpfkelle und verleiht ihm mit Hilfe eines kleinen Löffels die typische Eiform.

CANÈDERLI *

Speck-Salami-Knödel

250 g altbackenes Brot
3 EL Weizenmehl
4 Eier
2 dl Milch
1 kleiner Bund Petersilie
50 g Bauchspeck oder Südtiroler Speck
2 Scheiben Salami (ca. 60 g)
1 mittelgroße Zwiebel
60 g Butter
Salz
frisch gemahlener Pfeffer
geriebener Parmesan

Die Eier mit der Milch und etwas Salz in einer Schale verquirlen. Das feingewürfelte Brot ca. 20 Minuten darin einweichen. Dabei öfter mit dem Holzlöffel behutsam durchmischen, damit sich die Würfel gleichmäßig vollsaugen. Speck und Salami in Würfelchen schneiden; Zwiebel und Petersilie hacken. Diese Zutaten zusammen in der Pfanne bei mäßiger Hitze ein paar Minuten dünsten. Nun nach und nach das Mehl vorsichtig unterziehen. Mit Salz und frisch gemahlenem Pfeffer abschmecken. Aus der Masse nach nebenstehender Anleitung die »Canèderli« formen und die jeweils fertigen in kochendes Salzwasser gleiten lassen. Es ist ratsam, zunächst einen Knödel zur Probe zu garen. Sollte er im Wasser zerfallen, muß man noch 1–2 EL Mehl zum Teig geben. Die gekochten »Canèderli« auf einzelne Teller geben. Zerlassene Butter und Parmesan darüber verteilen. Manche essen diese Knödel auch gerne als Einlage in einer Brühe, die aber dann sehr gut sein muß.

POLENTA CONDITA

Polenta mit würziger Tomatensauce

300 g grobes Maismehl
4 vollreife Tomaten
200 g sardische Würstchen
100 g sardischer Käse
½ Zwiebel
1 Bund Petersilie
ein paar Basilikumblätter
½ Glas Öl
1 EL Butter
Salz

Rechtzeitig eine Polenta zubereiten: Dazu das Maismehl in 1½ l gesalzenem Wasser zu Brei kochen. In eine Schüssel füllen, auskühlen lassen und in dünne Scheiben schneiden. Zwiebel und Kräuter hacken und im Öl weich dünsten. Die durchpassierten Tomaten und die enthäuteten und in Scheibchen geschnittenen Würstchen zufügen. Die Sauce auf kleiner Flamme eindicken lassen. Eine große ofenfeste Form ausbuttern. Lagenweise Polentascheiben, etwas Parmesan und Sauce einfüllen, bis die Zutaten aufgebraucht sind. Zuletzt mit einer Schicht Polenta abdecken und mit Parmesan bestreuen. Einige Butterflöckchen darüber verteilen und das Gericht bei 170 °C backen, bis es goldbraun überkrustet ist.

POLENTA PASTISSADA

Polenta mit Fleischsauce und Hühnerklein

400 g Maismehl
2½ l Wasser
400 g Hühnerklein
1 Handvoll getrocknete Pilze
150 g Butter
50 g frischer Bauchspeck
½ Zwiebel
1 Stange Bleichsellerie
1 Mohrrübe
2 EL Öl
200 g Dosentomaten
200 g Kalbsgulasch
½ Glas trockener Weißwein
geriebener Parmesan
Salz
frisch gemahlener Pfeffer

Ein typisches Gericht aus dem Veneto. Die Polenta zubereiten: In einem großen Topf das Wasser zum Kochen bringen und salzen. Langsam das Maismehl einstreuen, damit sich keine Klümpchen bilden. Unter ständigem Rühren ¾ Stunde kochen, danach den Brei auf ein geeignetes Holzbrett gießen und erkalten lassen. Inzwischen die Pilze in lauwarmem Wasser etwa 20 Minuten einweichen, anschließend ausdrücken und zerkleinern. ⅓ der Butter in einem Topf zerlassen und die Pilze darin einige Minuten schwenken. Das Hühnerklein dazugeben, etwas salzen und nach Geschmack pfeffern. Auf kleiner Flamme ein paar Minuten dünsten, dabei rühren. Den Topf vom Herd nehmen und beiseite stellen. Zwiebel, Sellerie, Mohrrübe und Speck hacken und in einem zweiten Topf im Öl und 1 EL Butter goldgelb anschwitzen, dabei ständig rühren. Nun die Kalbfleischstückchen untermischen und mit dem Wein ablöschen. Sobald dieser verdampft ist, die durchpassierten Tomaten unterziehen. Salzen, pfeffern und zugedeckt bei minimaler Hitze etwa 1 Stunde köcheln lassen. Vom Herd nehmen, wenn das Fleisch zart und die Sauce eingedickt ist. Eine ausgebutterte ofenfeste Form mit Polentascheiben auslegen. Einige EL der Fleischsauce darüber verteilen. Die nächste Polentaschicht mit dem Hühnerklein überziehen und mit geriebenem Parmesan bestreuen. In dieser Reihenfolge sämtliche Zutaten lagenweise in die Form schichten. Zuletzt mit Parmesan bestreuen und mit Butterflöckchen belegen. Das Gericht bei mäßiger Hitze (ca. 180 °C) etwa ½ Stunde im Ofen backen und dann sofort servieren.

POLENTA E FONTINA IN TORTA

Polenta-Torte mit Fontina

1½ l Wasser
300 g Maismehl
1 gehäufter TL Salz
150 g Fontina (s. S. 288) in feinen Scheiben)
frisch gemahlener weißer Pfeffer
20 g Butter

Im Aostatal trifft man auf diese Zubereitungsart.
Wasser und Salz in einem großen Topf zum Kochen bringen. Sobald es sprudelt, das Maismehl unter ständigem Rühren einrieseln lassen. So lange kochen, bis es sich gut vom Topfrand löst, dabei häufig durchmischen. Dieser Vorgang dauert ca. 45 Minuten.
Die fertige Polenta in eine mit Wasser ausgespülte tiefe Schüssel gießen und erkalten lassen. Waagerecht in etwa 5 mm dicke Scheiben schneiden und diese abwechselnd mit dem Käse in eine ausgebutterte Form schichten. Dabei die Käsescheiben jeweils mit etwas Pfeffer bestäuben.
Zuletzt mit Polentascheiben abdecken und mit Butterflöckchen belegen. Das Gericht im heißen Ofen gratinieren.

POLENTA TARAGNA

Polenta mit Butter und Käse

300 g Buchweizenmehl
80 g Maismehl
1½ l Wasser
Salz
150 g Butter
200 g frischer Veltliner Käse

Ein typisches Gericht aus der Lombardei, speziell aus dem Veltlin.
Wasser aufkochen, salzen und die beiden gemischten Mehlsorten einstreuen. Unter häufigem Rühren gut 1 Stunde kochen. Nun stückchenweise die Butter und den feinstreifig geschnittenen Käse unterziehen. Durchmischen und den Kochvorgang weitere 10 Minuten fortsetzen. Die dickflüssige Polenta auf ein Holzbrett gießen, von dem sich jeder Gast nach Belieben bedient.

POLENTA SMALZADA TRENTINA

Polenta mit Sardellen

250 g Maismehl (oder Buchweizenmehl)
60 g Butter
10 Sardellenfilets
60 g geriebener Parmesan
Salz

Eine Spezialität aus dem Gebiet von Trient.
1½ l Wasser unter Zugabe von Salz in einem großen Topf aufwallen lassen und das Mehl langsam einstreuen. Unter ständigem Rühren mit dem Holzlöffel ca. ¾ Stunde kochen, bis sich ein Brei von der richtigen Konsistenz ergibt. Diesen in eine ausgebutterte ofenfeste Form gießen und glattstreichen. Zuerst mit den zerkleinerten Sardellenfilets, dann mit geriebenem Parmesan bestreuen. Die zerlassene Butter gleichmäßig darüber verteilen und das Gericht im vorgeheizten Ofen bei 200–220 °C etwa 20 Min. backen. Sofort servieren.

POLENTA DI PATATE

Polenta aus Kartoffeln

1 kg Kartoffeln
100 g Speck
100 g geräucherter Bauchspeck
2 große Scheiben Salami
½ Glas Öl
2 EL Weizenmehl
1 Zwiebel
Salz
frisch gemahlener Pfeffer

Dieses Gericht ist in der Trienter Küche zu Hause.
Die Kartoffeln weich kochen, schälen und noch heiß durch die Presse drücken. Speck und Bauchspeck fein würfeln, Zwiebel fein hacken. Diese Zutaten unter Rühren im Öl kräftig anbräunen. Mit dem Mehl bestäuben und unter Rühren binden. Die pürierten Kartoffeln in einen Topf (möglichst aus Kupfer, wie man ihn gerne für Polenta verwendet) geben. Mit der Zwiebel-Speck-Mischung und der in feine Streifen oder Würfel geschnittenen Salami vermengen. Mit Salz und Pfeffer abschmecken. Den Topf auf den Herd stellen und die Polenta unter ständigem Rühren auf ziemlich lebhafter Flamme kochen, bis sie sich ohne weiteres von der Topfwand löst. Auf ein Holzbrett stürzen und, begleitet von Mixed Pickles oder einem frischen Salat zu Tisch bringen.
Ausgezeichnet schmeckt diese Polenta auch noch am folgenden Tag: 15–20 Minuten im Ofen bei ca. 160 °C rösten und heiß servieren.

So bereitet man Couscous zu

In einer Schüssel mit weitem Boden die beiden Grießsorten mischen. Ein Glas lauwarmes Wasser mit dem darin verrührten Safran dazugießen.

Mit den Fingerspitzen durch den Grieß fahren und diesen von Boden und Wand der Schüssel abstreifen, wobei er sich zu pfefferkorngroßen Kügelchen formt.

Jedesmal, wenn sich eine kleinere Portion solcher Kügelchen gebildet hat, alles in ein Sieb füllen und kräftig schütteln, damit der unverarbeitete Gries herausfällt. Die Kügelchen jeweils zum Trocknen auf einem Tuch ausbreiten. Nach und nach den gesamten Grieß in der Schüssel auf diese Weise verarbeiten.

CUSCUSU *

Couscous

150 g feiner Hartweizengrieß
150 g grober Hartweizengrieß
1 Msp. Safran
etwas frisch geriebene Muskatnuß
Olivenöl
Salz
frisch gemahlener Pfeffer

Für die Fischsuppe:

1 kg gemischte Fische (Drachenkopf und eine kleine Zahnbrasse sollten möglichst dabeisein, vielleicht auch einige Meeresfrüchte)
1 Zwiebel
1 Knoblauchzehe
1 Tomate
1 Bund Petersilie
Olivenöl
Salz
frisch gemahlener Pfeffer

Dieses Gericht kann im gesamten Mittelmeerraum auf eine lange und große Tradition zurückblicken. Dabei ist die Grundzubereitung immer dieselbe, während die Art der Sauce von Region zu Region variiert. So kann sie die verschiedensten Fleischsorten enthalten oder auch, wie dieser sizilianische Couscous, gemischte Fische. Die Zubereitung ist ziemlich aufwendig und erfordert spezielles Kochgeschirr.
Und so wird der Couscous gemacht: Die beiden Grießsorten in eine weite, flache Schüssel – in der dortigen Gegend heißt sie »mafaradda« – füllen und vermischen. Safran in 1 Glas lauwarmem Wasser verrühren und zum Grieß gießen. Mit ausgestreckten Fingern immer wieder über den Schüsselboden fahren, wobei sich der feuchte Grieß zu pfefferkorngroßen Klümpchen formt. Hierbei ist die Menge des verwendeten Wassers entscheidend, denn zuviel führt dazu, daß der Grieß zu großen Klumpen verklebt. In diesem Fall muß man noch etwas Grieß ergänzen. Zuwenig Wasser dagegen verhindert die gewünschte Streuselbildung. Sobald sich eine kleine Portion der Körner gebildet hat, alles in ein Sieb geben und durch Schütteln den noch nicht verarbeiteten Grieß heraussieben. Die Streusel zum Trocknen auf einem Tuch ausbreiten. Auf diese Weise den gesamten Grieß verarbeiten. In einem speziellen Couscous-Topf, der später einen Dämpfeinsatz aufnehmen kann, eine Fischsuppe zubereiten: ½ Glas Öl erhitzen und Knoblauch, Petersilie und Zwiebel darin anschwitzen. Die Tomate kurz mitdünsten, wobei die Zutaten nicht bräunen dürfen. Die gewaschenen, gesäuberten und in Stücke geschnittenen Fische hineingeben. Etwa 1½ l Wasser angießen und alles mit Salz und Pfeffer abschmecken. Die Fische garziehen, wobei die erforderliche Kochzeit je nach Art der verwendeten Sorten schwankt. Nun die Suppe durch ein Sieb gießen. ½ l des Fischfonds beiseite stellen, den Rest abmessen. Sollten weniger als 1½ l übrigbleiben, entsprechend mit Wasser ergänzen. Diese Flüssigkeit jetzt in den Couscous-Topf gießen. Den Dämpfeinsatz einhängen (notfalls tut es auch ein Nudelsieb) und die Grießstreusel behutsam einfüllen. Mit ½ Glas Öl begießen, das vorsichtig mit dem Holzlöffel gleichmäßig untergemischt wird. Dabei sollen keine Grießkörner durch die Löcher im Einsatz in den unteren Topfteil fallen. Bei dieser Zubereitungsart kommt es wesentlich darauf an, daß der Topf während des Garens dicht verschlossen ist. Denn der Couscous gart 1½ Stunden langsam im Dampf des Fischfonds und nimmt dabei dessen Geschmack und Aroma auf. Es darf also kein Dampf entweichen. Den Topf auf den Herd stellen und den Grieß bei niedriger Hitze dämpfen. Es ist ratsam, während dieses Vorgangs eventuell verstopfte Löcher im Einsatz mit einer Stricknadel wieder zu öffnen, damit der Dampf ungehindert zirkulieren kann. Den fertig gegarten Grieß in eine Kasserolle umfüllen. Mit einer Gabel vorsichtig die Körner voneinander trennen, ohne sie dabei zu zerdrükken. Etwas von dem halben Liter Fischfond angießen, der anfangs beiseite gestellt wurde. Den Topf zugedeckt an einen warmen Ort stellen und immer wieder etwas Fischfond nachgießen, wenn die Flüssigkeit im Topf bereits aufgenommen wurde. Dieser Vorgang muß sich mindestens über 1 Stunde erstrecken. Den fertigen Couscous auf eine Platte geben und die entgräteten heißen Fischstücke darauf anrichten. Mit Pfeffer und eventuell etwas frisch gemahlener Muskatnuß bestäuben und das Gericht sehr heiß servieren.

RAVIOLI DI MELANZANE AL BURRO MONTATO

Ravioli mit Auberginen

125 g Mehl
2 Eier
500 g Auberginen
200 g frische, vollreife Tomaten
2 Knoblauchzehen
1 kleine Zwiebel
ein paar Basilikumblätter
50 g Butter
Olivenöl
50 g geriebener Parmesan
Salz

Die Auberginen vorbereiten: Der Länge nach in Spalten teilen, salzen und ½ Stunde bei 100 °C im Ofen trocknen. Anschließend die Haut abziehen und das Fruchtfleisch fein hacken. In 10 g Butter und 10 g Öl die feingehackte Zwiebel und Knoblauchzehe anschwitzen. Die überbrühten, gehäuteten und zerkleinerten Tomaten und das Basilikum zufügen und alles bei milder Hitze ca. 15 Minuten schmoren. Nun das Auberginenfleisch unterziehen und weiter köcheln, bis alles stark eingedickt ist. Zuletzt den Parmesan einrühren. Nach der Anleitung auf S. 63 den Nudelteig zubereiten und mit der Auberginenfüllung die Ravioli herstellen. Diese in reichlich Salzwasser 5 Minuten kochen, abtropfen lassen und mit der restlichen Butter in eine Pfanne geben. So lange kräftig rühren, bis die Butter cremig wird, und die Ravioli dann sofort servieren.

SPAGHETTI ALL'ARAGOSTA

Spaghetti mit Languste

350 g Spaghetti
1 Languste von etwa 1 kg
1 Glas Weißwein
1 Gläschen Weinbrand
1 kg vollreife Tomaten
½ Zwiebel
½ Knoblauchzehe
1 Bund Petersilie
20 g Öl
40 g Butter
Salz
frisch gemahlener Pfeffer

Die Languste in Stücke teilen (dabei den Schwanz nicht beschädigen) und in jeweils 20 g Butter und Öl zusammen mit der gehackten Zwiebel, der Knoblauchzehe und der gewiegten Petersilie anbraten. Salzen und pfeffern. Wein und Weinbrand angießen und flambieren. Die gehäuteten, entkernten und gewürfelten Tomaten zufügen. Zugedeckt 20 Minuten garen, vom Herd ziehen und alles durch ein Spitzsieb streichen; vorher den Langustenschwanz beiseite legen. Die Spaghetti in reichlich Salzwasser »al dente« kochen, abgießen und mit der restlichen Butter und der Sauce vermengen. Die Nudeln mit dem in Scheiben geschnittenen Langustenschwanz garniert servieren.

Minestre

Suppen

»Anfangs waren Suppen wohl nichts anderes als das, was man durch das Kochen gewisser Speisen in Wasser erhielt. Man könnte also die Brühe mit Einlage als gastronomische Weiterentwicklung einer Zubereitungsart betrachten, mit der einfachste Zutaten, die besonders auf dem Land ohne weiteres zu finden waren, aufgewertet wurden. Im Mittelalter, als Fleisch – wenn man das so überhaupt sagen kann – leichter erhältlich war, kam mindestens ein- oder zweimal in der Woche eine gehaltvolle Brühe mit einer Einlage aus Hühner-, Hammel- oder Rindfleisch auf den Tisch. Als dann aus der Neuen Welt die Hülsenfrüchte, insbesondere die Fagioli, die dicken weißen Bohnen, zu uns gelangten, wurden diese schnell zum Hauptbestandteil von Gemüsesuppen.
Allerdings enthält jede gute italienische Minestra neben Gemüse auch Nudeln, und zwar in den unterschiedlichsten Formen. Wenn sie nichts anderes zur Verfügung hatten, schlugen die Bauern ein, zwei Eier in die Brühe und trugen so zur Entstehung der Stracciatelle bei. In anderen, reicheren Gegenden ließen die Hausfrauen ihrer Phantasie freien Lauf und erfanden gefüllte Nudeln, die, in einer gehaltvollen, fetten Brühe schwimmend, lukullische Genüsse versprachen und beinahe eine vollständige Mahlzeit darstellten.«

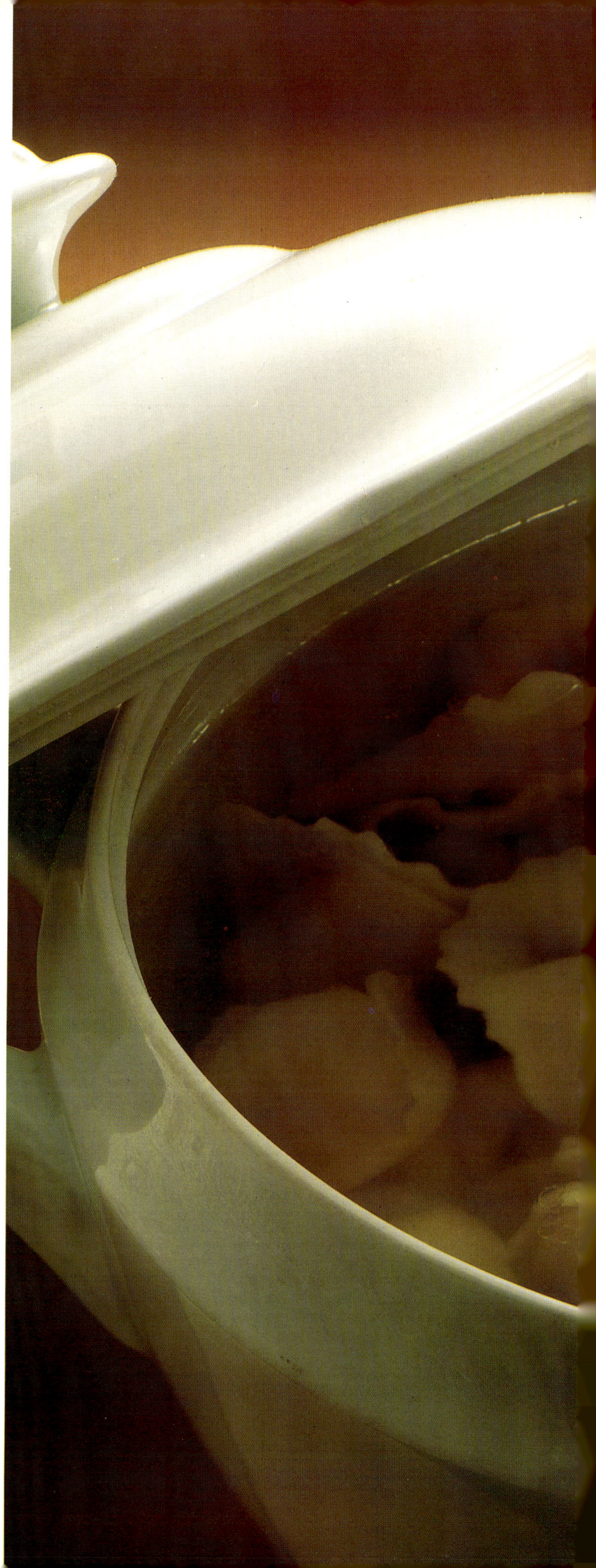

ACQUACOTTA

Gemüsesuppe auf Brotscheiben

400 g frische Steinpilze
8 kleine altbackene Brotscheiben
200 g frische, reife Tomaten (ersatzweise aus der Dose)
2 Knoblauchzehen
3 Eier
4 EL Öl
1 Brühwürfel
50 g geriebener Parmesan
Salz
frisch gemahlener Pfeffer

Die Pilze sorgfältig putzen, waschen und in nicht zu feine Scheiben schneiden. Knoblauch fein hacken; Tomaten enthäuten (kurzes Überbrühen vereinfacht diesen Vorgang), entkernen und zerkleinern. (Dosentomaten werden nur durchpassiert.) Das Öl mit den Pilzen und dem Knoblauch in einem Topf zugedeckt 10 Minuten erhitzen. Die Tomaten zufügen und mit dem Brühwürfel, Salz und Pfeffer würzen. Sofort 1 l heißes Wasser angießen, umrühren und alles 30–40 Minuten durchkochen. Die Brotscheiben im Backofen goldbraun rösten und jeweils 2 in einen tiefen Teller legen. In einer Suppenschüssel die Eier mit Hilfe einer Gabel mit dem Parmesan verschlagen und eine Schöpfkelle der fertigen Suppe dazugießen. Sofort durchrühren. Nach und nach die restliche Suppe zufügen, dabei immer wieder rühren. Schließlich die vorbereiteten Brotscheiben mit der fertigen Suppe übergießen. Sofort servieren.

CIPOLLATA

Zwiebeltopf

1 kg große Zwiebeln (möglichst von der weißen Sorte)
500 g vollreife Tomaten (ersatzweise aus der Dose)
50 g Speck
4 EL Öl
2 Eier
4–5 Basilikumblätter
60 g geriebener Parmesan
Salz
frisch gemahlener Pfeffer

Am Vorabend der Zubereitung die Zwiebeln in dünne Scheiben schneiden und diese in eine Schüssel mit reichlich Wasser geben. Am nächsten Tag das Öl zusammen mit dem zerdrückten Speck einige Minuten in einem Topf erhitzen. Die

gut abgetropften Zwiebelscheiben und die gehackten Basilikumblätter zufügen, salzen und pfeffern. Zugedeckt bei milder Hitze dünsten, bis die Zwiebeln glasig sind (sie dürfen nicht braun werden!). Die Tomaten durch ein Sieb streichen und das Püree zusammen mit gut 1 l Wasser zu den Zwiebeln geben. Gut durchrühren und zugedeckt etwa 1 Stunde leise köcheln lassen. Falls die Suppe dann noch zu flüssig ist, den Kochvorgang etwas verlängern. Kurz bevor die Suppe fertig ist, die Eier mit dem geriebenen Parmesan in einer Schale verquirlen. Den Topf vom Herd nehmen und die Suppe mit der Eimischung legieren, dabei energisch durchrühren. Die Suppe sollte zum Schluß recht dickflüssig sein. Dazu passen gut Landbrotschnittchen, die im heißen Ofen kurz geröstet wurden.

CREMA VELLUTATA DI VERDURE

Gemüserahmsuppe

2 l Wasser
350 g Gemüse nach Wahl
2 EL Reismehl oder Maisstärke
2 Eigelbe
50 g Butter
1 EL geriebener Parmesan pro Person

Das Gemüse, beispielsweise Spargel, Kürbis oder Kichererbsen, in 2 l Wasser kochen, bis die Kochflüssigkeit merklich reduziert ist und sich das volle Aroma der Gemüsesorten entfaltet; durch ein Sieb geben. In einer Schöpfkelle der Kochflüssigkeit das Reismehl (bzw. die Maisstärke) auflösen und die Brühe damit eindicken. Den Topf vom Herd nehmen. Die Eigelbe in eine Suppenterrine geben und mit der Gemüsebrühe übergießen. Sofort kräftig umrühren, damit sie nicht stocken. Mit einem Stück Butter sowie 1 EL Parmesan pro Kopf verfeinern. Gut schmeckt es auch, wenn man zuletzt ein paar Stückchen von dem mitgekochten Gemüse, beispielsweise Spargelspitzen oder Blumenkohlröschen, wieder zur Suppe gibt.

FAVATA

Bohnentopf

400 g getrocknete dicke Bohnen
½ Glas Öl (auch etwas mehr)
200 g Schweinsrippchen
200 g Bratwurst
1 Stück magerer Bauchspeck (ca. 100 g)
½ Wirsingkohl (oder 1 Karde)
2–3 wilde Fenchelknollen
2 Zwiebeln
2 reife Tomaten
Salz
frisch gemahlener Pfeffer
geröstete Brotscheiben
geriebener Parmesan

Die Bohnen 12 Stunden in lauwarmem Wasser einweichen. Die Bratwurst mehrmals mit einer dicken Nadel einstechen und mit den Rippchen in einem großen Topf im Öl anbraten. Nun die abgetropften Bohnen in den Topf geben und alles gut mit heißem Wasser bedekken. Zugedeckt bei milder Hitze 1 Stunde kochen.
Inzwischen den Wirsing (bzw. die Karde) feinstreifig schneiden; Fenchel zerkleinern; Zwiebeln in Scheiben schneiden; Tomaten überbrühen, schälen, entkernen und in Stücke schneiden.
Den Bauchspeck am Stück und das zerkleinerte Gemüse in den Topf geben. Salzen und pfeffern und den Garvorgang 2 Stunden bei sehr milder Hitze fortsetzen. Falls nötig, etwas Wasser nachfüllen.
Das Gericht ist fertig, wenn das Fleisch gar ist und sich im Topf eine schöne Brühe gebildet hat. Das Fleisch herausnehmen, die Rippchen zerteilen, den Speck und die Bratwurst kleinschneiden. Wieder in den Topf geben. Die heiße Suppe in tiefe Teller verteilen und mit gerösteten Brotscheiben und geriebenem Parmesan servieren.

MINESTRA DI FARRO

Grünkernsuppe

200 g Grünkernmehl
3 vollreife Tomaten (oder 200 g Dosentomaten)
½ Zwiebel
1 kleine Mohrrübe
1 Stange Bleichsellerie
1 Schinkenknochen mit etwas Fleisch
60 g geriebener Käse, gemischt aus Parmesan und Pecorino
Salz

Den Schinkenknochen ca. ¼ Stunde kochen, um ihn etwas zu entsalzen. Das Wasser abgießen und durch 1½ l Leitungswasser ersetzen. Mohrrübe, Selleriestange und Zwiebel zerkleinern; Tomaten schälen, entkernen und in Stückchen schneiden (Dosentomaten werden einfach durchpassiert). Das Gemüse in den Topf geben und alles etwa 1 Stunde kochen. Den Knochen herausnehmen und die Brühe durch ein feines Sieb gießen. Wieder auf den Herd stellen. Mit Salz abschmecken und aufwallen lassen. Nun das Grünkernmehl einstreuen und die Suppe mit dem Holzlöffel gut durchrühren. Etwa ½ Stunde leise köcheln lassen. (Grünkerngrütze oder ganzer Grünkern muß über Nacht eingeweicht und 2–3 Stunden gekocht werden.) Kurz vor Beendigung des Kochvorgangs das vom Knochen abgeschabte, feingewürfelte Fleisch zufügen und den geriebenen Käse unterrühren. Erneut gut durchmischen und sofort servieren.

MINESTRA DI CICORIA

Zichoriensuppe

550 g wilde Zichorie
Salz
2 Eier
2 EL geriebener Parmesan
1½ l Fleischbrühe
geröstete Weißbrotschnittchen
geriebener Parmesan

Das Gemüse gründlich waschen und in etwas Salzwasser kochen. Ausdrücken und in Streifchen schneiden. Die Eier in einer Schüssel mit 1 kräftigen Prise Salz und 2 EL Parmesan verquirlen. Die Brühe in einem Topf zum Kochen bringen und dann sofort vom Herd nehmen. Eier und Zichorie hineingeben und mit dem Schneebesen schlagen, bis die Eier stocken. Sofort mit gerösteten Brotscheiben und reichlich Parmesan servieren.

MINESTRA DEL PARADISO

Paradiessuppe

4 Eier
Salz
frisch gemahlener Pfeffer
1 Prise Muskatnuß
7 EL geriebener Parmesan
4 EL Semmelbrösel
1½ l Fleischbrühe
Butter (nach Belieben)

Manche Varianten dieses Rezeptes empfehlen, die Semmelbrösel erst in Butter zu rösten, bevor man sie mit den Eiern verquirlt. Die Fleischbrühe zum Kochen bringen. Inzwischen die Eier in einer Schüssel mit je 4 EL Semmelbröseln und Parmesan gründlich verquirlen. Mit Salz, Pfeffer und etwas Muskatnuß abschmecken. Sobald die Brühe aufwallt, die Eier zugeben und nach einem kurzen Moment durchrühren. Noch 1 Minute weiterkochen. Die Suppe in eine Terrine füllen und den restlichen Parmesan unterziehen.

MINESTRA DI TRIPPA E VERDURE *

Kuttelsuppe mit Gemüse

700 g Kutteln
2 kleine Zwiebeln
ein paar Gewürznelken
1 Mohrrübe
1 Stange Bleichsellerie
3 schwarze Pfefferkörner
100 g Speck
1 kleiner Weißkohl
3 Kartoffeln
1 Porreestange
Salz
frisch gemahlener Pfeffer

Die vom Metzger küchenfertig vorbereiteten Kutteln in Streifen schneiden. Mit 1 nelkengespickten Zwiebel, der Mohrrübe, ½ Selleriestange, etwas Salz und den Pfefferkörnern in einen großen Topf geben. Mit reichlich Wasser bedekken und 1 Stunde leise kochen. Das Fleisch herausnehmen, die Brühe durch ein Sieb gießen. Den Speck zu einer weichen Paste zerdrücken und in einem großen Topf (möglichst aus Steingut) zerlassen. Die zweite Zwiebel und den restlichen Sellerie, beide feingehackt, in diesem Fett weich dünsten. Die Kutteln, die Brühe, den geputzten, gewaschenen und zerkleinerten Kohl, die in 4 Stücke geteilte Porreestange und die gewürfelten Kartoffeln zufügen. Salzen, pfeffern und 1 Stunde bei milder Hitze köcheln lassen. Heiß servieren.

MINESTRA D'ERBE MARITATA

Gemüseeintopf

1 Huhn
350 g Rindfleisch (Rippe oder Schwanzstück)
100 g Salami
100 g Schweinebacke
100 g Schinken
80 g Schweineschwarte
Salz
1 Zwiebel
1 Mohrrübe
1 Stange Bleichsellerie
1 kleiner Weißkohl
350 g Chicorée
200 g Eskariol (Endivie)
1 Knoblauchzehe
50 g Speck

Bei diesem Gericht handelt es sich um eine neapolitanische Spezialität, die traditionsgemäß zu Ostern zubereitet wird.
Das Huhn, das Rindfleisch, das abgehäutete Wurststück, die Schweinebacke, das Schinkenstück und die zuvor abgeschabte und überbrühte Schwarte in einen Topf geben. Mit Wasser bedecken, Salz und das Suppengemüse (Mohrrübe, Zwiebel und Sellerie) zufügen und alles kochen. Die einzelnen Fleischstücke herausnehmen, sobald sie gar sind, und in einem Topf mit etwas Brühe warmhalten. Wenn das ganze Fleisch gar ist, die Brühe durchseihen und beiseite stellen. Den Weißkohl putzen, die Blätter von den harten Rippen befreien und jeweils halbieren. Chicorée und Eskariol putzen und jeweils vierteln. Das Gemüse gründlich waschen und in einem separaten Topf mit heißem Wasser einige Minuten kochen. Mit kaltem Wasser abbrausen, ausdrücken und den Boden einer Kasserolle damit auslegen. Den Speck und die Knoblauchzehe fein hacken und über das Gemüse streuen. Salami, Schweinebacke und Schinken in dünne Scheiben schneiden, die Schwarte zerkleinern und alles zum Gemüse geben. Mit der Fleischbrühe bedecken und mindestens 2 Stunden leise köcheln lassen. Das Gericht bei minimaler Hitze noch etwas ziehen lassen, bis es leicht eindickt.

MINESTRA DI PISELLI FRESCHI E CARCIOFI

Erbsen-Artischocken-Suppe

400 g frische Erbsen
2 zarte Artischocken
Saft von 1 Zitrone
1 zerdrückte Knoblauchzehe
2 EL Öl
1 Prise Natron
Salz
1 Bund Petersilie, gehackt
1 TL Fleischextrakt
(nach Belieben)
geriebener Parmesan
(oder Pecorino)
geröstete Weißbrotscheiben

Erbsen aushülsen. Artischocken von den holzigen Blättern befreien, sehr fein zerkleinern und in Wasser, das mit dem Zitronensaft angereichert ist, waschen. In einer Kasserolle den Knoblauch bei milder Hitze im Öl goldbraun dünsten. Herausnehmen und die Erbsen, Artischocken und Petersilie zufügen. Kurz anschwitzen, dann ca. 1½ l Wasser mit dem darin gelösten Natron angießen. Mit etwas Salz und, nach Belieben, dem Fleischextrakt würzen. Zugedeckt auf kleiner Flamme gut 30 Minuten kochen. Die Suppe im Topf zu Tisch bringen, damit sie schön heiß bleibt. Dazu reichlich geriebenen Parmesan und geröstete Brotscheiben reichen.

MINESTRA DI PASSATELLI *

Fleischbrühe mit Nudeleinlage

120 g Semmelbrösel
80 g geriebener Parmesan
3 Eier
30 g Butter (oder Rindermark)
1 Prise geriebene Muskatnuß
abgeriebene Schale von ½ Zitrone
1 l Fleischbrühe
Salz

Semmelbrösel, 1 Prise Salz, Muskatnuß, Zitronenschale und Eier in eine Schale geben und gründlich mit einer Gabel verquirlen. Nun den Parmesan und die weiche Butter (oder das Mark) dazugeben. Alles mit der Gabel zu einem ziemlich festen Teig vermengen. Zudekken und ruhen lassen. Die Brühe zum Kochen bringen. Den vorbereiteten Teig zu Passatelli verarbeiten (dazu kann man ein Spätzlesieb verwenden) und diese sofort in die heiße Brühe gleiten lassen. Einige Minuten kochen und sehr heiß servieren. Zu diesem Gericht wird kein Parmesan gereicht, da die Passatelli der Suppe bereits einen Käsegeschmack verleihen.

MINESTRONE ABRUZZESE

Gemüsesuppe aus den Abruzzen

½ kg Schweinskopf
1 EL Öl
20 g Speck
½ Knoblauchzehe
1–2 Bund Petersilie
1 Zwiebel
2 Mohrrüben
½ Stange Bleichsellerie
3 Kartoffeln
1 Steckrübe
½ Porreestaude
½ Weißkohl
100 g gekochte Linsen oder weiße Bohnen
100 g Suppennudeln
geriebener Parmesan
Salz

Die Brühe zubereiten: Den Schweinskopf in einen Topf mit kochendem Wasser legen und 5 Minuten kochen. Herausnehmen, sorgfältig abschaben, abbrausen und in einen Topf mit kaltem Wasser legen. Zum Kochen bringen, gut abschäumen und ½ Zwiebel, den Sellerie und 1 Mohrrübe hineingeben. Etwa 3 Stunden kochen. Den Schweinskopf herausnehmen, entbeinen und das Fleisch grob würfeln. Die Fleischwürfel in einen Topf füllen, mit einer kleinen Menge der Brühe bedecken und warm stellen.
Speck, Knoblauch die restliche Zwiebel und etwas Petersilie fein hacken. 1 großen EL Öl in eine Kasserolle geben und die gehackten Zutaten darin leicht anbräunen. Die zuvor durchgeseihte Brühe angießen.
Die Steckrübe schälen, waschen und würfeln. Den Porree in Scheibchen schneiden. Den Kohl von den harten Rippen befreien, feinstreifig schneiden und blanchieren. Das so vorbereitete Gemüse zusammen mit der zweiten Mohrrübe und den Kartoffeln zur Brühe geben und alles zugedeckt schwach kochen lassen, bis das Gemüse gar ist. Salzen, die Linsen bzw. Bohnen und die Nudeln zufügen und so lange weiter kochen, bis letztere gar sind. Reichlich geriebenen Pecorino unterrühren. Gut durchmischen und erneut kurz ziehen lassen. Die Suppe in tiefe Teller füllen und auf jede Portion ein paar Fleischwürfel geben.

MINESTRONE D'ORZO

Gemüsesuppe mit Graupen

200 g getrocknete weiße Bohnen
200 g Perlgraupen
50 g geräucherter Bauchspeck
1 geräuchertes Würstchen
2 EL Öl
2 Kartoffeln
1 Knoblauchzehe
1 Bund Petersilie
Salz
frisch gemahlener Pfeffer

Die 12 Stunden in lauwarmem Wasser eingeweichten und abgetropften Bohnen zusammen mit den Graupen und dem sehr fein gewiegten Speck, der fein gehackten Knoblauchzehe und der gewiegten Petersilie in einen Topf geben. Mit gut 2 l Wasser aufgießen, salzen, pfeffern und aufwallen lassen. Anschließend zugedeckt etwa 2 Stunden bei milder Hitze kochen. Die zerkleinerte Wurst und die fein gewürfelten Kartoffeln hineingeben. Weiter kochen, bis die Kartoffeln gar sind (15–20 Min.). Den Herd abschalten und die Suppe zugedeckt ruhen lassen, bis sie nur noch lauwarm ist. Nun kann sie serviert werden.
Die Graupen werden schneller weich, wenn man sie bereits am Vorabend zum Einweichen in kaltes Wasser legt.

So stellt man Passatelli her

Semmelbrösel, etwas Salz, eine Messerspitze Muskatnuß, abgeriebene Zitronenschale und die Eier in eine Schüssel geben. Mit einer Gabel verschlagen. Nun den geriebenen Parmesan, 1 EL Butter (oder gehacktes Rindermark) zufügen. Die Zutaten gut mischen und zu einem festen Teig verarbeiten, dessen Konsistenz an Kartoffelpüree erinnert. Mit einem Tuch abdecken und ruhen lassen.

Inzwischen die Brühe erhitzen und nach ca. ¼ Stunde mit der Teigverarbeitung beginnen: Diesen durch die Spätzlemaschine pressen und die so erhaltenen Passatelli direkt in die heiße Brühe fallen lassen.

MINESTRONE TOSCANO

Toskaner Gemüsesuppe

300 g Faglioli (spezielle dicke weiße Bohnen), ausgehülst
Salz
½ Glas Öl
1 Knoblauchzehe, gehackt
½ Zwiebel in feinen Scheiben
1 Stange Bleichsellerie, feingewürfelt
1 Mohrrübe in feinen Scheiben
2 Rosmarinzweiglein, gehackt
50 g Bauchspeck (nach Belieben), gehackt
1 gehäufter EL Tomatensauce (Rezept S. 124)
½ Wirsingkohl, feinstreifig geschnitten
2 Porreestauden, fein zerkleinert
2 Zucchini, feingewürfelt
1 Bund Basilikum, gehackt
1 Gewürznelke
100 g Reis (oder Nudeln oder geröstete Brotscheiben)
gutes Olivenöl

Die Bohnen ca. 2 Stunden in Salzwasser kochen. Abgießen und das Kochwasser auffangen. Etwas mehr als die Hälfte der Bohnen durchpassieren. Knoblauch, Zwiebel, Sellerie, Mohrrübe, Rosmarin und (nach Belieben) den Speck im Öl goldbraun andünsten. Die in etwas lauwarmem Wasser verrührte Tomatensauce zufügen. Nun auch das restliche Gemüse, die ganzen und passierten Bohnen mit ihrem Kochwasser, das Basilikum und die Gewürznelke hineingeben. Etwas heißes Wasser dazugießen. Mit Salz abschmecken und ½ Stunde leise köcheln lassen. Die Suppe nach Wunsch mit Reis oder Nudeln ergänzen oder mit gerösteten Brotscheiben und etwas Öl servieren. Dazu wird kein Parmesan gereicht.

MINESTRONE COL PESTO

Gemüsesuppe mit Basilikumsauce

200 g Borlotti-Bohnen (frisch oder getrocknet)
150 g Suppennudeln (z. B. Pennette, Ditali rigati oder frische Tagliatelle)
4 EL Öl
2 Kartoffeln
2 vollreife Tomaten
2 Mohrrüben
2 Zucchini
1 Zwiebel
1 Bund Borretsch
1 Porreestange
3 Stangen Bleichsellerie
2 EL geriebener Parmesan
1 EL geriebener Pecorino sardo
1 EL Basilikumsauce (Rezept S. 130)
Salz

Frische Bohnen aushülsen, getrocknete am Vorabend zum Einweichen in kaltes Wasser legen. Das restliche Gemüse putzen bzw. schälen und in dünne Scheiben schneiden. Den Borretsch waschen und hacken. 2 l Wasser in einen Topf (möglichst aus Steingut) füllen, salzen und aufwallen lassen. Nun das gesamte vorbereitete Gemüse zusammen mit 2 EL Öl hineingeben. Zugedeckt ca. 2 Stunden langsam kochen, bis sich eine dicke Gemüsebrühe ergibt. Das Gemüse darf allerdings nicht zerkochen. Die Nudeln zufügen und alles aufkochen lassen. Die Basilikumsauce in etwas heißer Brühe verrühren und sie unmittelbar vor Beendigung des Kochvorgangs zur Suppe geben. 2 EL kaltes Öl und den geriebenen Käse unterrühren und das Gericht servieren. Anstelle des Pecorino sardo, der einen ausgesprochen kräftigen Geschmack hat, kann man auch etwas mehr Parmesan verwenden.

MINESTRONE ALLA MILANESE

Gemüsesuppe auf Mailänder Art

150 g Schweineschwarte
80 g Bauchspeck
1 Knoblauchzehe
1 Zwiebel
1 Bund Petersilie
2 Kartoffeln
2 Mohrrüben
2 Stangen Bleichsellerie
2 Zucchini
1 reife Tomate
200 g dicke weiße Bohnen (italienische Sorte), ausgehülst
1 Wirsingkohl
150 g Reis
150 g Erbsen, ausgehülst
Salz
1 EL gehacktes frisches Basilikum
geriebener Parmesan

Zwiebel in Scheiben, Schwarte in Streifen schneiden; Mohrrüben würfeln, Sellerie und Zucchini in Stückchen teilen, Tomate häuten, entkernen und zerkleinern; Wirsing feinstreifig schneiden. Speck, Knoblauch und Petersilie fein hakken und in den Suppentopf geben. Die Zwiebelscheiben bei milder Hitze darin weich dünsten. Die Schwarte und das vorbereitete Gemüse mit Ausnahme des Wirsings und der Erbsen hineingeben. Mit ca. 2 l Wasser bedecken, salzen und aufwallen lassen. Die Temperatur verringern und die Suppe zugedeckt etwa 4 Stunden leise köcheln lassen. Kohl und Erbsen zufügen, nach ca. 20 Minuten den Reis einstreuen. Weitere 20 Minuten garen. Zuletzt das gehackte Basilikum unterrühren und die Suppe wahlweise heiß oder kalt mit viel geriebenem Parmesan servieren.

PANCOTTO

Brotsuppe

200 g Eiertomaten
500 g altbackenes Brot in Scheiben
½ Glas Olivenöl
4 Eier
geriebener Pecorino
1 Bund Petersilie
1 Knoblauchzehe
1 Stange Bleichsellerie
2 Lorbeerblätter
Salz
frisch gemahlener Pfeffer

Die Tomaten grob zerkleinern und zusammen mit dem Öl, der Petersilie, den Lorbeerblättern, dem Knoblauch und dem Sellerie in einen Topf geben. Mit gut 1 l Wasser auffüllen. Salzen, pfeffern und ca. ½ Stunde kochen lassen. Die so erhaltene Brühe durchseihen und in einen sauberen Topf füllen. Die gerösteten Brotscheiben einige Minuten darin einweichen. Herausnehmen und in tiefe Teller legen. 1 Ei in die kochend heiße Brühe schlagen, herausnehmen, sobald es stockt, und auf das Brot legen. Ebenso mit den übrigen Eiern verfahren. Die heiße Brühe darüber verteilen und großzügig mit Parmesan bestreuen.

PAPPA COL POMODORO

Dicke Tomatensuppe

700 g vollreife Tomaten (ersatzweise aus der Dose)
250 g altbackenes Landbrot
1 l Fleischbrühe (oder 1 Brühwürfel und ½ TL Fleischextrakt,

in 1 l heißem Wasser gelöst)
4 Knoblauchzehen
2 Basilikumblättchen
Salz
frisch gemahlener Pfeffer

Das Brot in Scheiben schneiden und diese im Ofen rösten. Die Tomaten waschen, halbieren und entkernen. Mit dem Knoblauch, der Petersilie und dem Basilikum in einen Topf geben und bei mäßiger Hitze kochen, anschließend durch ein Sieb streichen. (Dosentomaten können sofort durchpassiert werden.) Fleischbrühe, Brotscheiben und Öl dazugeben. Nach Geschmack salzen und pfeffern. Alles bei milder Hitze zu einer dicken Suppe verkochen. Diese kann man ebensogut kalt wie heiß genießen.

PASTA E CECI

Kichererbsensuppe mit Nudeln

200 g Kichererbsen (getrocknet)
200 g kurze Nudeln
1 Knoblauchzehe
1 Rosmarinzweiglein
1 TL Tomatenmark
1 EL Olivenöl
Salz
frisch gemahlener Pfeffer

Die Kichererbsen über Nacht in lauwarmem Wasser einweichen. Am nächsten Tag abtropfen und in gut 1 l leicht gesalzenem Wasser in 2–3 Stunden weich kochen. Inzwischen das Öl mit dem Rosmarin und Knoblauch in einem Pfännchen erhitzen. Sobald der Knoblauch etwas Farbe annimmt, das in ½ Glas warmem Wasser gelöste Tomatenmark einrühren. Die Hälfte der Kichererbsen durch ein Sieb streichen, in den Topf mit den ganzen Kichererbsen zurückgeben, die vorbereitete Tomatensauce zufügen, salzen und pfeffern. Nun die Nudeln hineingeben und das Gericht so lange weiter kochen, bis diese gar sind.

PASTA E FAGIOLI

Weiße-Bohnen-Suppe mit Nudeln

400 g Faglioli (spezielle dicke weiße Bohnen)
1 Glas Öl
200 g Tagliatelle
200 g Dosentomaten oder etwas Tomatenmark, in wenig Wasser gelöst
1 Zwiebel

1½ l Fleischbrühe
50 g geriebener Parmesan
Salz
frisch gemahlener Pfeffer

Das Öl in eine Kasserolle geben und die gehackte Zwiebel darin anschwitzen. Die Bohnen zufügen (getrocknete Bohnen werden über Nacht in lauwarmem Wasser eingeweicht) und mit der heißen Fleischbrühe begießen. (Ersatzweise für die Brühe kann man in 1½ l heißem Wasser 1 Brühwürfel und 1 TL Fleischextrakt lösen.) Etwa 1 Stunde auf sehr kleiner Flamme zugedeckt köcheln lassen. Mit den durchpassierten Tomaten ergänzen und weitere 2 Stunden zugedeckt leise kochen. ⅓ der Bohnen mit dem Schaumlöffel herausnehmen und über dem Topf durch ein Sieb streichen, so daß das Püree wieder in den Topf fällt. Auf diese Weise erhält man eine sehr dickflüssige Brühe. Falls die zubereitete Menge nicht für 4 Portionen ausreicht, etwas heißes Wasser dazugießen. Salzen und (nach Geschmack) leicht pfeffern. Die Tagliatelle hineingeben und »al dente« garen, d. h. sie müssen noch Biß haben. Den Topf vom Herd nehmen, den Parmesan unterziehen und servieren. Sehr gut schmeckt dieses Gericht auch, wenn es zunächst 10 Minuten im Teller abkühlt.

PASTINA CON VERDURA

Nudelsuppe mit Gemüse

200 g kleine Suppennudeln
2 Zucchini
1 kleine Dose Tomaten
2 Kartoffeln
30 g Butter
1 l Fleischbrühe
Salz
geriebener Parmesan

Kartoffeln schälen, Zucchini waschen und beides fein würfeln. Die Butter langsam in einem Topf zerlassen und das Gemüse mit den durchpassierten Tomaten dazugeben. Durchmischen und 1 Kelle Fleischbrühe angießen. Kurz durchkochen und mit der restlichen Brühe auffüllen. Sobald der Topfinhalt aufkocht, die Nudeln einrühren und 5 Minuten mitgaren. Das Gericht salzen, heiß in tiefe Teller füllen und servieren. Reichlich Parmesan bereitstellen.

QUADRUCCI E PISELLI

Fleckerl und Erbsen

50 g Speck, gehackt
60 g roher Schinken, gewürfelt
1 Zwiebel, in Scheiben
1 Knoblauchzehe, gehackt
1 Stange Bleichsellerie, gehackt
1 Bund Petersilie, gehackt
50 g Butter
200 g ausgehülste Erbsen
1 EL Tomatensauce (Rezept S. 124)
1 l Fleischbrühe
250 g frische (oder 200 g getrocknete) Fleckerl-Nudeln
geriebener Parmesan oder Pecorino

Die Butter zerlassen und den Speck zusammen mit dem Schinken, der Knoblauchzehe, Zwiebel, Selleriestange und Petersilie bei milder Hitze anschwitzen. Die Erbsen dazugeben und mit der in etwas lauwarmer Brühe gelösten Tomatensauce ergänzen. Leicht salzen und ¼ Stunde langsam schmoren lassen. Die übrige Brühe in einem zweiten Topf aufwallen lassen. Den Inhalt des anderen Topfes und Nudeln einrühren und kochen, bis die Fleckerl gar sind. Diese recht dicke Suppe wird sehr heiß und mit reichlich geriebenem Parmesan oder Pecorino serviert.

RAVIOLI DI MAGRO IN BRODO

Fastenravioli in Brühe

Für die Nudeln:

250 g Mehl
1 Ei
1 Prise Salz
Milch

Für die Füllung:

300 g gekochter Fisch
100 g geriebener Parmesan
2 Eier
Salz
etwas Muskatnuß

Zum Kochen:

1 l magere Fleischbrühe

Das Mehl mit den Eiern verkneten und soviel Milch einarbeiten, daß der Teig die richtige Konsistenz bekommt (s. Rezept S. 63). In einer Schüssel den fein zerkleinerten Fisch mit dem Parmesan, den Eiern, 1 Prise Salz und etwas Muskatnuß gut vermischen. Den Nudelteig dünn ausrollen und kleine, runde Stücke ausstechen. Diese jeweils mit etwas Füllung belegen und wie Tortellini zusammenfalten. Etwa 2 Stunden auf einem Tuch trocknen lassen und anschließend 3–4 Minuten in der heißen Brühe garen. Mit reichlich geriebenem Parmesan servieren.

SCRIPPELLE 'MBUSSE

Abruzzen-Eierkuchen in Brühe

3 Eier
120 g Mehl
¼ l Milch
etwas Muskatnuß
Schweineschmalz (oder Öl)
50 g geriebener Pecorino
80 g geriebener Parmesan
etwas Hühnerklein
etwas Butter
1 l Brühe von Truthahn oder Huhn
Salz

Eine Spezialität aus den Abruzzen. Die Eier mit dem Mehl in einer Schüssel verrühren. 1 gehäuften EL Parmesan, etwas Salz und ein wenig Muskatnuß zufügen. Nach und nach die Milch untermischen, bis sich ein leicht fließender Teig ergibt. Ein Pfännchen von etwa 15 cm Durchmesser gut mit Schmalz (oder Öl) einfetten und stark erhitzen. 2 große EL Teig hineingeben und den Eierkuchen beidseitig backen. Den restlichen Teig auf die gleiche Weise verarbeiten. Die Eierkuchen mit der Mischung aus dem Pecorino und dem übrigen Parmesan bestreuen. Nach Geschmack in die Mitte etwas in Butter gebratenes Hühnerklein geben, die Eierkuchen zusammenrollen und in tiefe Teller legen. Mit heißer Brühe begießen.

STRACCIATELLA ALLA ROMANA

Fleischbrühe mit Eier-Käse-Einlauf

1 l Fleischbrühe
3 Eier
4 El geriebener Parmesan
Salz
etwas Muskatnuß (nach Belieben)

Eier, Parmesan, Muskatnuß und Salz mit einer Gabel gut verquirlen. Die Fleischbrühe in einem Topf zum Kochen bringen. Die Eimischung unter leichtem Rühren mit dem Schneebesen langsam hineinlaufen lassen, wobei das Ei in feinen Flocken gerinnt. Einige Minuten weiter kochen und dann sofort servieren.

TORTELLINI IN BRODO

Tortellini in Brühe

Für die Füllung:

80 g Schweinefilet
50 g Brustfleisch von Pute oder Kapaun
50 g Rindermark
50 g Mortadella (s. S. 19)
30 g Schinken
40 g Butter
80 g geriebener Parmesan
1 Ei
Salz
frisch gemahlener Pfeffer
etwas Muskatnuß

Für den Teig:

etwa 250 g Mehl
2 Eier

Zum Kochen:

1 l Fleischbrühe

Schweinefilet, Putenbrust und Rindermark kräftig in der Butter anbräunen. Zusammen mit der Mortadella und dem Schinken durch den Fleischwolf drehen oder mit dem Wiegemesser fein zerkleinern. Parmesan und Ei unterrühren. Mit Salz, Pfeffer und Muskatnuß abschmecken. Die nach dem Rezept auf S. 63 zubereiteten runden Teigstückchen mit dieser Mischung füllen und wie Tortellini zusammenrollen. Zum Trocknen auf ein Tuch legen. 3–4 Min. in der heißen Fleischbrühe garen. Pro Person rechnet man etwa 20 Tortellini.

ZUPPA SANTÈ

Brühe mit Allerlei

250 g Hackfleisch vom Kalb
80 g Caciocavallo (s. S. 286)
50 g Hühnerklein
50 g Butter
1 Ei
1,2 l Hühnerbrühe
2 EL geriebener Pecorino
Mehl
8 Scheiben altbackenes Brot
Salz
frisch gemahlener Pfeffer

Hackfleisch, Ei und Pecorino (ein milderer Geschmack läßt sich mit der gleichen Menge Parmesan erzielen) in einer Schüssel gut vermischen. Salzen und pfeffern. Aus dieser Masse walnußgroße Bällchen formen. Diese im Mehl wenden und in der leicht angebräunten Butter goldbraun braten. Die Brotscheiben im Ofen rösten. Die entfettete Hühnerbrühe in einen Topf füllen und das in Stückchen geschnittene Hühnerklein darin garen. Jeweils 2 Brotscheiben in einen Teller legen und mit 20 g des feingewürfelten Caciocavallo bestreuen. ¼ der Fleischbällchen zufügen, mit der Brühe begießen und das Hühnerklein darauf verteilen. Sofort servieren und genießen, solange das Brot noch knusprig ist.

ZUPPA DI FAGIOLI *

Gemüsetopf

200 g dicke weiße Bohnen (»cannellini«)
200 g altbackenes, kräftiges Landbrot
1 Zwiebel, 1 Knoblauchzehe
1 kleiner Bund Petersilie
1 Stange Bleichsellerie
3–4 Basilikumblätter
einige Wirsing- oder Schwarzkohlblätter (toskanische Spezialität)
3 EL Tomatensauce (Rezept S. 124)
½ Glas Olivenöl
Salz
frisch gemahlener Pfeffer

Die über Nacht in lauwarmem Wasser eingeweichten Bohnen in einem Topf (möglichst aus Steingut) in 2½ l leicht gesalzenem Wasser 2–3 Stunden kochen. Zwiebel, Knoblauch, Petersilie, Sellerie und Basilikum fein hacken und in einem zweiten Topf im Öl leicht anbräunen. 2 Schöpfkellen des Bohnenkochwassers dazugießen und die grob zerpflückten Kohlblätter zufügen. Mit Salz und reichlich Pfeffer abschmecken. Die Tomatensauce in etwas Bohnenwasser verrühren und zum Gemüse geben. Alles zugedeckt bei milder Hitze mindestens 1 Stunde schmo-

ren; falls nötig, etwas Flüssigkeit ergänzen. Gut die Hälfte der Bohnen aus ihrem Topf entnehmen und durchpassieren. Das so erhaltene Püree zum übrigen Gemüse geben. Die restlichen Bohnen mit dem Schaumlöffel aus dem Kochwasser heben und unter das Gemüse mischen. Soviel Bohnenwasser ergänzen, daß das Gemüse die richtige Konsistenz bekommt. Das in fingerdicke Scheiben geschnittene Brot ein paar Minuten im Ofen rösten. Eine Suppenschüssel damit auslegen und die Suppe einfüllen. Nach Belieben mit geriebenem Parmesan bestreuen. Das Gericht zudecken und vor dem Servieren ¼ Stunde ruhen lassen.

ZUPPA DI MANZO CON PAPRICA

Rindfleischsuppe mit Paprika

600 g Rindfleisch
1 Zwiebel
1 Knoblauchzehe
2 Bratwürste
40 g Speck
2 Eiertomaten
2 Paprikaschoten
3 Kartoffeln
1 TL Paprikapulver
2 l heißes Wasser
Mischbrotscheiben
Salz

Den Speck in einer Pfanne auslassen und die in Scheiben geschnittene Zwiebel zusammen mit der gehackten Knoblauchzehe darin anschwitzen. Das gewürfelte Rindfleisch hineingeben, anbraten und mit Salz und Paprika würzen. Durchmischen und zugedeckt (damit das Fleisch ein volleres Aroma entwickelt) ¼ Stunde langsam garen. Die in Streifen geschnittenen Paprikaschoten, die gewürfelten Kartoffeln und die geschälten und entkernten Tomaten zufügen. Mit dem heißen Wasser begießen und 1–2 Stunden weiterköcheln. Zum Schluß die Bratwurststückchen untermischen. Erneut abschmecken und prüfen, ob das Fleisch gar ist. Die Suppe mit Mischbrotscheiben als Beilage servieren.

ZUPPA DI FUNGHI

Pilzsuppe

80 g getrocknete Steinpilze
4 Kartoffeln
1 Zwiebel, gehackt
2 EL Reismehl
½ Glas Olivenöl
½ Becher Sahne
1 Bund Petersilie, gehackt
1 l Fleischbrühe (oder 1 in Wasser gelöster Brühwürfel)
Salz
frisch gemahlener Pfeffer
1 EL Butter
geriebener Parmesan

Die Pilze gut waschen und in lauwarmem Wasser nach Vorschrift einweichen. Ausdrücken und in Stückchen schneiden. Die Zwiebel in einer Kasserolle im Öl anbräunen und die Pilze zufügen. Die Kartoffeln schälen und waschen, nicht zerkleinern. Das Reismehl in etwas kaltem Wasser verrühren. Alles in den Topf zu den Pilzen geben. Damit sich der volle Geschmack entwickeln kann, einen Augenblick warten, bevor Sie die Fleischbrühe angießen. Mit Salz abschmecken, mit Pfeffer aus der Mühle bestäuben und eine gute Stunde köcheln lassen. Die Kartoffeln herausnehmen, passieren und wieder zufügen. Die Suppe mit der Sahne legieren und mit 1 EL Butter verfeinern. Falls nötig, nachwürzen und noch ein paar Minuten durchkochen. Mit gehackter Petersilie bestreuen und sehr heiß servieren. Dazu geriebenen Parmesan reichen.

ZUPPA DI PORRI

Porreesuppe

1 kg Porree
3 kleine Kartoffeln
30 g Butter
30 g Olivenöl
2 EL Reismehl
1½ l Fleischbrühe
Salz
geriebener Parmesan

Von den Porreestangen die Wurzeln abschneiden und die grünen Enden stutzen, so daß nur die weißen, zarten Teile bleiben. Unter fließendem Wasser eventuelle Erdrückstände abspülen. Kurz überbrühen, um ihren Geschmack etwas zu mildern. Längs halbieren und die Hälften in ½ cm breite Streifen schneiden. In einem Topf im Öl und in der Butter dünsten. Das Reismehl in etwas Wasser verrühren und zum Gemüse geben. Die geschälten und gewaschenen, ganzen Kartoffeln zufügen und die gewünschte Menge Fleischbrühe angießen. Salzen und ca. 2 Stunden köcheln lassen. Im letzten Augenblick die Kartoffeln aus dem Topf nehmen, durch ein Sieb streichen und die Suppe wieder mit diesem Püree eindicken. Die Suppe erneut kurz durchkochen und dann in eine Terrine füllen. Mit viel geriebenem Parmesan servieren.

ZUPPA DI CIPOLLE

Zwiebelsuppe

400 g Zwiebeln
60 g Butter
Salz
weißer Pfeffer
2 TL Mehl
1½ l Rindfleischbrühe
1 Mini-Baguette
50 g geriebener Emmentaler
50 g geriebener Parmesan

Die Zwiebeln in dünne Scheiben schneiden. Zusammen mit 40 g Butter in einen Topf geben und bei milder Hitze weich dünsten. Das Mehl einstreuen, salzen und pfeffern. Mit der Fleischbrühe begießen und ca. ¾ Stunde schwach köcheln lassen. Inzwischen das Brot in Scheiben schneiden und rösten. Den Boden einer ofenfesten Form damit auslegen. Mit Butterflöckchen und reichlich Käse (gemischt aus den beiden angegebenen Sorten) bestreuen. Wieder eine Schicht Brot und darüber Käse in die Form geben. Zuletzt alles mit der Zwiebelbrühe übergießen. Zugedeckt etwa 10 Minuten in den auf 120–140 °C vorgeheizten Ofen schieben.

ZUPPA DI CECI

Kichererbsensuppe

250 g getrocknete Kichererbsen
500 g Schweinskopf
1 Zwiebel, in Scheiben geschnitten
1 Stange Bleichsellerie, gehackt
1 Gewürznelke
1 Lorbeerblatt
40 g Butter
1 Glas trockener Weißwein
Salz
40 g Speck, gehackt
½ Zwiebel, in Scheiben
1 Stange Bleichsellerie, zerkleinert
1 Mohrrübe, gehackt
1 Salbeizweig
1 EL Tomatenmark
1 Bund Petersilie, gehackt

Kichererbsen zwei Tage lang einweichen, dabei das Wasser häufig wechseln. Mit etwas Salz und kaltem Wasser aufsetzen und etwa 3 Stunden kochen. Den gründlich gewaschenen Schweinskopf zusammen mit der Zwiebel, der gehackten Selleriestange, 1 Gewürznelke, 1 Lorbeerblatt und der Butter in eine Kasserolle geben. Andünsten und mit dem Wein ablöschen. Sobald dieser verkocht ist, leicht salzen und mit lauwarmem Wasser bedecken. Zugedeckt auf kleiner Flamme ca. 1½ Stunden köcheln lassen, dabei die Brühe gelegentlich abschäumen. Den Speck mit der halben Zwiebel, der zerkleinerten Selleriestange, der Mohrrübe und dem Salbei in einer Pfanne anschwitzen. Diese Zutaten zu den gekochten Kichererbsen geben und das in etwas Fleischbrühe eingerührte Tomatenmark zufügen. Alles 20 Minuten durchkochen. Den Schweinskopf in Scheiben schneiden und zusammen mit der Brühe zu den Kichererbsen geben. Mit gehackter Petersilie bestreuen.

ZUPPA DI FAGIOLI ALLA TOSCANA »LA RIBOLLITA«

Bohnensuppe auf toskanische Art

300 g getrocknete weiße Bohnen
2 EL Öl (auch etwas mehr)
1 Knoblauchzehe, gehackt
1 Zwiebel, gehackt
1 Mohrrübe, gehackt
1 Stange Bleichsellerie, gehackt
1 Porreestange, gehackt
1 Rosmarinzweig, gehackt
1 Stückchen Chilischote
1 Schinkenknochen
Salz
frisch gemahlener Pfeffer

Zur geschmacklichen Verfeinerung:

1 Glas Öl
1 Knoblauchzehe, zerdrückt
1 Prise Thymian
8 Scheiben geröstetes Landbrot
60 g geriebener Parmesan
1 Zwiebel, in dünne Scheiben geschnitten

Die Bohnen über Nacht einweichen. Am nächsten Tag diese klassische toskanische Suppe vorbereiten: Knoblauch, Zwiebel, Suppengemüse, Rosmarin und Chilischote im Öl dünsten, bis sie etwas Farbe annehmen. Die Bohnen und den Schinkenknochen dazugeben. Alles mit Wasser bedecken, salzen, pfeffern und bei sehr milder Hitze 2 Stunden leise köcheln lassen. Wenn die Bohnen gar sind, den Schinkenknochen herausnehmen, die Hälfte der Bohnen durch ein Sieb streichen und in den Topf zurückgeben. Das Öl mit der zerdrückten Knoblauchzehe und dem Thymian in einem Pfännchen erhitzen. Die Hälfte davon in die Suppe einrühren. Nun ist die eigentliche Bohnensuppe fertig. Doch ist es viel raffinierter, sie nicht einfach mit gerösteten Brotscheiben zu servieren, sondern im Ofen zu überbacken: Eine hitzebeständige Form mit den Brotscheiben auslegen. Mit der Hälfte des Parmesan bestreuen und die Suppe hineingießen. Mit den Zwiebelscheiben bedecken und den restlichen Parmesan und das Thymian-Öl darüber verteilen. Bei 180 °C etwa ½ Stunde im Ofen gratinieren, bis die Zwiebel goldbraun ist. In der Form servieren.

ZUPPA DI CAVOLO NERO

Suppe mit Schwarzkohl

2 Stangen Bleichsellerie, gehackt
1 Mohrrübe, gehackt
½ Zwiebel, gehackt
1 Knoblauchzehe, gehackt
1 Bund Petersilie, gehackt
1 Salbeizweig
1 Prise Thymian
1 Glas Öl
6 Schwarzkohlblätter, feinstreifig geschnitten (Schwarzkohl wird nur in der Toskana kultiviert)
1 Tasse weiße Bohnen, gekocht
1 EL Tomatensauce (Rezept S. 124)
Salz
frisch gemahlener Pfeffer
einige Scheiben Mischbrot
50 g geriebener Parmesan

Die gehackten Zutaten im Öl goldgelb anschwitzen. Die Kräuter hineingeben, gefolgt von den Kohlblättern und Bohnen. Die in etwas lauwarmem Wasser verrührte Tomatensauce dazugießen und salzen. Alles mit etwa 2 l warmem Wasser bedecken und ganz schwach köcheln lassen. Die Suppe nach 1 knappen Stunde, wenn der Kohl gar ist, in eine Terrine füllen. Die Brotscheiben hineingeben. Mit reichlich Pfeffer und Parmesan bestreuen. Durchmischen und heiß servieren.

ZUPPA ALLA PAVESE

Brühe mit Eiern und Röstbrot

4 Scheiben Kastenweißbrot
1 l klare, entfettete Fleischbrühe
1 EL Butter
4 Eier
frisch gemahlener weißer Pfeffer
geriebener Parmesan

Die Fleischbrühe erhitzen. Inzwischen die Brotscheiben in der Butter auf beiden Seiten goldbraun rösten (aufpassen, daß sie nicht zerbröseln!) und in 4 ofenfeste Suppentassen verteilen. Jeweils 1 Ei darüber aufschlagen und die Teller sofort in den vorgeheizten Ofen schieben, bis das Eiweiß stockt. Über jede Portion 1 Schöpfkelle der kochendheißen Brühe geben. Mit Pfeffer aus der Mühle bestäuben, mit Parmesan bestreuen und servieren.

ZUPPA DI LENTICCHIE

Linsensuppe

200 g Linsen
50 g Speck
15 g geröstete Maronen
2 EL Öl
1 EL Tomatenmark
Küchenkräuter (Basilikum, Majoran, Thymian, Rosmarin, Lorbeer)
8 Scheiben Landbrot
Salz
frisch gemahlener Pfeffer

Die Linsen 24 Stunden in lauwarmem Wasser einweichen. Anschließend in Salzwasser unter Zugabe einiger Lorbeerblätter kochen. Inzwischen das Öl und den feingewürfelten Speck in einem Pfännchen zusammen mit den zerkleinerten Maronen und einigen Kräutern erhitzen. Tomatenmark mit ½ Glas warmem Wasser verdünnen und, sobald der Speck angebräunt ist, zum Pfanneninhalt geben. Mit Salz und Pfeffer abschmecken. Diese Sauce nun zu den Linsen gießen, zuvor jedoch die Lorbeerblätter entfernen. Alles einige Minuten durchkochen (es muß ca. 1 l des Linsenwassers übrigbleiben). Die Suppe in tiefe Teller füllen und jeweils zwei Brotscheiben hineinlegen.

CREMA DI ZUCCA CON AMARETTO

Kürbiscremesuppe mit Amaretti

500 g länglicher Kürbis
1 Zwiebel
1 l Milch
20 g Butter
Salz
1 TL Zucker
100 g Amaretti
(italienische Mandelmakronen)

Die zerkleinerte Zwiebel in einer Kasserolle in der Butter glasig werden lassen. Den gesäuberten und in Stückchen geschnittenen Kürbis dazugeben und einige Minuten unter Rühren mitdünsten. Salzen und die Milch angießen. Den Zucker und die Hälfte der Amaretti zufügen und alles etwa ½ Stunde leise köcheln lassen. Anschließend im Mixer fein pürieren und die Suppe, mit den restlichen zerbröselten Makronen bestreut, heiß servieren.

ZUPPA DI ASPARAGI

Spargelsuppe

1 Bund grüner Spargel
3 Zwiebeln
2 l Gemüsebrühe
20 g Butter
20 g Olivenöl
1 Bund Petersilie
Salz
100 g fein gehobelter Parmesan

Spargelstangen schälen, die Enden entfernen und wegwerfen, die Köpfe abschneiden und beiseite legen. Butter und Öl in einer Kasserolle erhitzen und die Zwiebeln darin weich dünsten. Die vorbereiteten Spargelstangen einige Minuten mitdünsten. Salzen und die Gemüsebrühe aufgießen. Mindestens 1 Stunde leise köcheln lassen, anschließend alles durch ein Sieb streichen. Die Spargelspitzen dazugeben und auf kleiner Flamme 5 Minuten mitkochen. Die Suppe mit gehackter Petersilie bestreuen, dazu Croûtons und Parmesan reichen.

ZUPPA DI FINOCCHI

Fenchelsuppe

6 Fenchelknollen
2 Zwiebeln
1 l Gemüsebrühe
20 g Butter
50 g Olivenöl
Salz
50 g geriebener Parmesan

Die Zwiebeln in einer hohen Kasserolle in der Butter und im Öl weich dünsten. Den gesäuberten, gewaschenen und in sehr dünne Scheiben geschnittenen Fenchel zufügen und ein paar Minuten mitgaren. Salzen, die Gemüsebrühe angießen und ca. 20 Minuten kochen lassen. Im Mixer pürieren und die Suppe mit reichlich Parmesan bestreut zu Tisch bringen.

ZUPPA DI CARCIOFI

Artischockensuppe

10 Artischocken
2 Zwiebeln
1 l Gemüsebrühe
20 g Butter
50 g Olivenöl
Salz
50 g geriebener Parmesan

Die Zubereitung erfolgt wie bei der Fenchelsuppe, allerdings wird die Flüssigkeit nach dem Pürieren durch ein Spitzsieb gestrichen.

Riso

Reis

»Reis ist in Italien erst bekannt, seit er während des Rinascimento, der italienischen Renaissance, von den Spaniern dort eingeführt wurde. Trotzdem konnte er sich in nur 500 Jahren einen festen Platz erobern, so daß er inzwischen aus der italienischen Küche in vielerlei Hinsicht nicht mehr wegzudenken ist. Dies beweist eine Unzahl von Risotto-Versionen, die von Region zu Region unterschiedlich zubereitet werden: beispielsweise in Küstenorten mit Meeresfrüchten oder Fischsauce oder im Landesinneren mit Pilzen, Trüffeln oder Wild. Einst wurde zwischen riso und risotto genauestens unterschieden. Unter riso verstand man den in Wasser gekochten und anschließend gewürzten Reis, während der Reis für den risotto entweder in einer fetten Brühe oder, zumindest am Anfang des Garvorgangs, unter Zugabe von Öl und Butter gekocht wurde. Inzwischen ist diese strenge Unterscheidung jedoch in Vergessenheit geraten. Der Reis aber wurde zu einem immer wichtigeren Nahrungsmittel, das heute oftmals den ersten Gang ersetzt oder gern auch mit bunten Gemüsen zu einem Salat verarbeitet wird.«

SFORMATO DI RISO BIANCO

Reisauflauf mit weißer Sauce

300 g Reis
200 g Hühnerlebern
100 g Champignons
150 g Kalbsbries und -hirn
1 Handvoll Erbsen
weiße Sauce (50 g Butter,
40 g Mehl, Salz, Pfeffer,
etwas heiße Fleischbrühe,
1 Stückchen Butter)
2 EL Semmelbrösel

Den Reis nach Vorschrift kochen und abkühlen lassen. Die Champignons putzen und kleinschneiden. Kalbsbries und -hirn wässern, kurz überbrühen und die Haut abziehen bzw. blutige Stellen und Adern entfernen. Die Hühnerlebern in Butter anbraten. Dann Pilze und Innereien zufügen und leicht anbräunen. Die Erbsen (möglichst frische oder tiefgekühlte verwenden) dazugeben und ⅔ der zuvor zubereiteten weißen Sauce untermischen. (Zubereitung der Sauce: Die Butter zerlassen, das Mehl darin anschwitzen, salzen, pfeffern, etwas heiße Brühe angießen und mit einem Stückchen Butter vollenden.) Alles 10–15 Minuten bei milder Hitze schmoren. Eine Auflaufform ausbuttern und mit den Semmelbröseln ausstreuen. Eine Schicht Reis hineingeben, etwas Parmesan und 1 EL weiße Sauce darüber verteilen, wieder eine Schicht Reis hineinfüllen usw. Im Ofen bei ca. 180 °C etwa 30 Min. backen und servieren. Weiße Sauce mit Hühnerlebern, Kalbsbries und Kalbshirn separat dazu reichen.

MINESTRA DI RISO CON FAVE

Reissuppe mit dicken Bohnen

1 kg dicke Bohnen
200 g Reis
60 g Speck
1 Zwiebel
3 vollreife Tomaten (oder 2 EL
Tomatensauce, Rezept S. 124)
Salz
frisch gemahlener Pfeffer

Die Bohnen aushülsen, die Zwiebel und den Speck sehr fein zerkleinern. Speck und Zwiebel einige Minuten in einem Topf anbraten. Nun die Bohnen und sofort darauf die durchpassierten Tomaten (bzw. die in 2 Schöpfkellen heißem Wasser aufgelöste Tomatensauce) zufügen. Etwa ¼ Stunde kochen, anschließend 1 l Wasser dazugießen, salzen und pfeffern. Sobald das Wasser aufkocht, den Reis einrühren und garen. Diese Suppe wird ohne Parmesan serviert.

SUPPLÌ

Gefüllte Reiskroketten
(ergibt 20 Stück)

400 g Reis
1 Tasse Bratenfond (auch etwas
mehr), Rezept S. 129
Salz
80 g Butter
80 g geriebener Parmesan
2 Eier

Für die Füllung:

¼ Zwiebel
40 g Butter
40 g roher Schinken
2 Hühnerlebern
100 g Hackfleisch
80 g Kalbsbries, gehackt
30 g getrocknete Pilze
1 EL Tomatensauce
(Rezept S. 124)
Salz
150 g Mozzarella
sehr feine Semmelbrösel
Öl (oder Schweineschmalz)
zum Ausbacken

Den Bratenfond und ca. 1 l heißes Wasser in einen Topf geben. Den Reis einstreuen und unter gelegentlichem Rühren ca. 15 Minuten körnig garen. Mit Salz abschmekken; Butter, Parmesan und die Eier gut untermischen. Anschließend abkühlen lassen. Inzwischen die gehackte Zwiebel bei milder Hitze in der Butter leicht anbräunen. Den kleingeschnittenen Schinken, die fein zerkleinerten Hühnerlebern, das Hackfleisch und die Kalbsbriesstückchen dazugeben und anbraten. Die zuvor einige Stunden in lauwarmem Wasser eingeweichten und ausgedrückten Pilze zufügen und die in etwas lauwarmem Wasser gelöste Tomatensauce einrühren. Mit Salz abschmecken und alles leise köcheln lassen, bis die Sauce eindickt (ca. 20 Minuten).
Nun die Kroketten formen: Etwas Reis auf die Handfläche geben und flachdrücken. In die Mitte einen Klecks Sauce und darauf einige Mozzarellawürfel setzen. Mit Reis bedecken und eine große runde Krokette formen. Auf die gleiche Weise den übrigen Reis und die Füllung verarbeiten. Die Kroketten in den Semmelbröseln wenden und im heißen Öl schwimmend goldbraun und knusprig backen. Zum Aufsaugen von überschüssigem Öl auf Küchenkrepp legen. Heiß servieren.

RISI E BISI *

Reis mit Erbsen und Parmesan

400 g zarte Zuckererbsen
250 g Reis
40 g Butter
2 kleine Scheiben
durchwachsenen Speck
1 Bund Petersilie
½ Zwiebel
50 g geriebener Parmesan
1 TL Fleischextrakt
1 Brühwürfel
Zucker, Salz
frisch gemahlener Pfeffer

Speck, Petersilie und Zwiebel hakken und in der Hälfte der Butter in einem Topf andünsten. Erbsen zufügen, 2 Schöpfkellen Wasser dazugießen und mit 1 kleinen Prise Zucker würzen. Zugedeckt 5 Minuten kochen lassen (bei weniger zarten Erbsen auch 15 Minuten). Etwa 1 l kochendheißes Wasser angießen, Fleischextrakt und Brühwürfel hineingeben und alles aufkochen lassen. Den Reis einstreuen, mit Salz abschmecken und leicht mit Pfeffer bestäuben. Wenn der Reis beinahe gar ist, das Gericht mit der restlichen Butter verfeinern und den geriebenen Parmesan unterziehen. Gut durchmischen und sofort servieren.
Bei der traditionellen venezianischen Art der Zubereitung muß die Brühe sehr stark eindicken, beinahe zu einem Gelee. Eine andere Variante verwendet frische Zuckererbsen, deren zarte Hülsen in Salzwasser gekocht werden. In dem durchgeseihten Gemüsewasser wird dann der Reis gegart.

POLPETTINE DI RISO

Reisklößchen

400 g Reis
150 g Fontina (halbfester Käse)
1½ l Fleischbrühe
2 Eigelb
50 g geriebener Parmesan
1 Mohrrübe
1 Steckrübe
1 Knollensellerie
einige Salatblätter
Salz

2 EL Mehl
4 EL Olivenöl
50 g Butter
Öl zum Backen

Den Reis in reichlich Salzwasser körnig garen. Abgießen und in eine Schüssel über den feingewürfelten Fontina geben. Durch die Wärme beginnt der Käse zu schmelzen. Alles sofort gut durchmischen und die Butter, den Parmesan und die verquirlten Eigelbe unterziehen. Aus dieser Reismasse kleine runde Klößchen formen, die im Mehl gewälzt und anschließend im heißen Öl goldbraun gebraten werden. Aus der Pfanne nehmen und zum Abtropfen auf Küchenkrepp legen. Das Gemüse putzen und waschen. In feine Scheiben und diese in Streifchen schneiden. In einen Topf geben, mit der Brühe bedekken und 10 Minuten kochen. Nun die Reisklößchen dazugeben und kurz aufwärmen. Die Suppe heiß servieren und geriebenen Parmesan dazu reichen.

SARTÙ DI RISO ALLA NAPOLETANA

Reisauflauf mit Überraschung

250 g Reis
100 g Hackfleisch vom Kalb
4 EL geriebener Parmesan
1 Knoblauchzehe
etwas Petersilie
2 Eier
150 g frische Pilze (oder
20 g getrocknete Pilze)
2 Würstchen (ca. 100 g)
200 g ausgehülste zarte Erbsen
50 g nicht zu magerer roher
Schinken
150 g Hühnerklein
4 vollreife Tomaten
150 g Mozzarella
Butter
Öl
Semmelbrösel
Salz
frisch gemahlener Pfeffer

Knoblauch und Petersilie fein zerkleinern und zusammen mit dem Hackfleisch, 1 EL Semmelbrösel, 2 EL geriebenem Parmesan und 1 Ei in eine Schüssel geben. Mit Salz und Pfeffer abschmecken und alles mit dem Holzlöffel gründlich vermischen. Aus dieser Masse mit einem kleinen Löffel walnußgroße Bällchen abstechen, leicht in Semmelbröseln wälzen und in heißem Öl goldbraun braten. Aus der Pfanne nehmen und beiseite stellen. Die Pilze gut waschen und trockentupfen (getrocknete Pilze müssen zuvor ¼ Stunde in lauwarmem Wasser eingeweicht werden). Im gleichen Öl scharf anbraten, salzen und anschließend weitere 10 Minuten bei milder Hitze dünsten. Vom Herd nehmen und beiseite stellen. Die in Scheibchen geschnittenen Würstchen in einer kleinen Pfanne einige Minuten braten, anschließend auf einen Teller geben. In derselben Pfanne 1 EL Butter zerlassen, das fein zerkleinerte Hühnerfleisch zufügen, leicht salzen und 10 Minuten garen. In einem kleinen Topf 1 EL Butter zerlassen, den in Streifen geschnittenen Schinken und die Erbsen mit etwas Wasser hineingeben, salzen und pfeffern. Sobald die Erbsen gar sind und die Sauce eindickt, den Topf vom Herd nehmen. Die Tomaten durch ein Sieb streichen, leicht salzen und mit 1 EL Butter verfeinern. Bei milder Hitze ohne Deckel eindicken lassen. Den Mozzarella in dünne Scheiben schneiden. Nun haben Sie alle Zutaten, die für die Füllung gebraucht werden, vorbereitet. Den Reis in Salzwasser etwa 10 Minuten körnig garen. In eine Schüssel füllen und die Tomatensauce, das zweite Ei und den restlichen Parmesan vorsichtig unterziehen. Die Reismasse beinahe völlig erkalten lassen. Eine hochrandige feuerfeste Form ausbuttern und mit etwas Semmelbröseln ausstreuen. Den Reis hineingeben (einen Rest zurückbehalten) und am Rand der Form andrücken, so daß in der Mitte ein Loch entsteht. Sämtliche vorbereiteten Zutaten – Hackfleischbällchen, Pilze, Wurstscheibchen, Hühnerfleisch, Mozzarellascheiben und Erbsen – einfüllen. Die Füllung mit dem zurückbehaltenen Reis abdecken. Das Gericht mit Semmelbröseln bestreuen und mit Butterflöckchen belegen. Im vorgeheizten Ofen bei 170–180 °C goldbraun überkrusten (etwa 45 Minuten). Herausnehmen und 10 Minuten in der Form ruhen lassen. Mit einer Messerspitze am Innenrand der Form entlangfahren, um die Speise zu lösen, und den Auflauf auf eine Servierplatte stürzen.

RISOTTO ALLA ROSSINI

Risotto mit Steinpilzen

350 g Reis
4 Steinpilzköpfe
80 g Butter
4 reife Tomaten
Salz
50 g Rindermark
1½ l Fleischbrühe
2 Eigelb
80 g geriebener Parmesan

Die Pilzköpfe säubern und kleinschneiden. Die Tomaten enthäuten und achteln. Die Hälfte der Butter in einer kleinen Pfanne zerlassen, Pilze und Tomaten hineingeben, salzen und zugedeckt etwa 20 Minuten schmoren. In einem etwas größeren Topf, in dem später der Reis gegart wird, die restliche Butter zerlassen und das gehackte Rin-

dermark anbraten. Den Reis hineingeben und etwas heiße Brühe angießen, sobald er das ganze Fett aufgenommen hat. Wenn die Brühe völlig absorbiert ist, immer wieder etwas nachfüllen, dabei ständig mit dem Holzlöffel rühren. Nach etwa 10 Minuten die Pilze und Tomaten dazugeben, weiter rühren und die restliche Brühe angießen. Nach ca. 5 Minuten den Herd abschalten. Der Reis sollte nun schön körnig und geschmeidig sein. Parmesan und Eigelbe energisch unterrühren, so daß das Ei nicht stockt. Vor dem Servieren zugedeckt einige Minuten ruhen lassen. Dazu geriebenen Parmesan reichen.

INSALATA DI RISO E FRUTTI DI MARE

Reissalat mit Meeresfrüchten

300 g Reis
200 g Garnelen
4 Heuschreckenkrebse
1 Mohrrübe
1 Stange Bleichsellerie
1 Knoblauchzehe
1 kleiner Bund Petersilie
½ Zwiebel
½ Glas Öl
1 Zitrone
Salz, reichlich frisch gemahlener Pfeffer

Mohrrüben, Selleriestange, Knoblauch, Petersilie und Zwiebel grob hacken. Mit reichlich Wasser in einen Topf geben, salzen und aufwallen lassen. Nun die zuvor unter fließendem Wasser gewaschenen Garnelen und Heuschreckenkrebse zufügen und etwa ¼ Stunde kochen. Anschließend abseihen und die Kochflüssigkeit in einem Topf auffangen. Die Garnelen schälen, in Stückchen teilen und mit den ganzen Heuschreckenkrebsen beiseite stellen. Die Garnelenkochflüssigkeit aufwallen lassen und den Reis darin körnig garen. Abgießen, in eine Schüssel füllen und mit dem Saft von ½ Zitrone, dem Öl und reichlich Pfeffer aromatisieren. Nun die Garnelen untermischen. Den Reis auf 4 Tellern verteilen und, in der Mitte mit je einer Zitronenscheibe und einem Heuschreckenkrebs garniert, zu Tisch bringen.

RISOTTO DI GAMBERI

Risotto mit Krabben

350 g Reis
400 g frische Krabben
1 Knoblauchzehe
1 großer Bund Petersilie
½ Zwiebel
½ Glas Öl
½ Glas trockener Weißwein
1½ l heißes Wasser
1 EL Butter
Salz
frisch gemahlener Pfeffer

Die Krabben waschen und in etwas Salzwasser 5 Minuten kochen, damit sie sich leichter aus den Schalen lösen. Knoblauch und Zwiebel hacken. In einer weiten, flachen Kasserolle unter Rühren im Öl anschwitzen. Den Reis dazugeben und unter ständigem Rühren einige Minuten glasig rösten. Dann die Hitze erhöhen, den Wein angießen und verdampfen lassen. Das Wasser angießen, die Krabben zufügen, mit Salz und Pfeffer abschmecken und alles aufkochen lassen; erforderlichenfalls heißes Wasser nachgießen. Kurz vor Beendigung des Garvorgangs die feingewiegte Petersilie unterrühren und zuletzt die Butter hineingeben. Erneut gut durchmischen und servieren.

POMODORI RIPIENI DI RISO

Tomaten mit Reisfüllung

4 große, reife Tomaten
80 g Reis
4 EL Öl
2 EL geriebener Parmesan
½ Knoblauchzehe
3 Sardellen
20 g Kapern
1 Bund Petersilie
1 Bund Basilikum
Salz
frisch gemahlener Pfeffer

Die Tomaten waschen, einen Deckel abschneiden und aushöhlen; dabei den Saft auffangen, jedoch die Kerne entfernen. Den Reis in reichlich Salzwasser kochen. Inzwischen den Knoblauch, die Sardellen, Kapern, Petersilie und das Basilikum hacken. Sobald der Reis schön körnig ist, abgießen und mit dem Tomatensaft, Öl, 1 Prise Pfeffer, dem Parmesan und dem Kleingehackten vermischen. Das Innere der Tomaten leicht salzen und mit der Reismischung füllen. Den Deckel wieder darauflegen. Die Tomaten mit reichlich Abstand in eine ofenfeste Form setzen und das Öl sowie 1 Glas Wasser dazugießen. Im Ofen bei niedriger Hitze (120–140 °C) etwa 30 Minuten schmoren.

ARANCINI DI RISO

Gefüllte Reisbällchen

200 g Reis
200 g junge, feine Erbsen
100 g gemischtes Hackfleisch vom Kalb, Rind und Schwein
40 g Butter
½ kleine Zwiebel
einige Petersilienblätter
2 vollreife Tomaten
Fleischbrühe
geriebener Parmesan oder Pecorino
2 Eier

Öl oder Schweineschmalz
zum Braten
Salz
frisch gemahlener Pfeffer

Die Butter und 2 EL Öl in einer Kasserolle stark erhitzen und die in feine Scheiben geschnittene Zwiebel darin anschwitzen. Fleisch und Erbsen hinzugeben, salzen und pfeffern und die durch ein Sieb gestrichenen Tomaten zufügen. Alles zugedeckt kochen lassen, bis es stark eindickt, dabei häufig durchmischen. Den Reis in etwas leicht gesalzener Fleischbrühe garen und, wie bei der Risotto-Zubereitung, erforderlichenfalls etwas Flüssigkeit nachgießen. Den Reis »al dente«, d. h. schön körnig, vom Herd nehmen und die restliche Butter mit einigen EL Parmesan (nach Belieben gemischt mit Pecorino) untermischen, solange er noch heiß ist. Alles mit dem Ei binden. Aus dieser Mischung mandarinengroße Bällchen formen, mit dem Zeigefinger ein Loch hineindrücken und mit einer kleinen Menge der Hackfleisch-Erbsen-Mischung füllen. Die Öffnung wieder gut verschließen und den Bällchen eine schöne runde Form geben. Das zweite Ei in einem tiefen Teller verschlagen. Die Bällchen zunächst im Ei, dann in den Semmelbröseln wenden. Reichlich Öl (bzw. Schweineschmalz) in einer Pfanne erhitzen und die Reisbällchen darin backen. Zum Aufsaugen von überschüssigem Fett auf Küchenkrepp legen und sehr heiß servieren. Dazu paßt auch eine leichte Tomatensauce, die mit etwas Butter verfeinert und leicht gesalzen wurde.

PANISSA DI VERCELLI

Reisgericht mit Wurst

300 g Reis
200 g Borlotti-Bohnen
1 Zwiebel
1 kleine »Salam d'la düja«
(s. S. 16)
50 g Speck
1 Stück Schwarte
2 EL Öl
1 EL Butter
geriebener Parmesan
Salz, frisch gemahlener Pfeffer

Bohnen enthülsen (getrocknete Bohnen werden über Nacht in lauwarmem Wasser eingeweicht) und zusammen mit der Schwarte in 1 l

leicht gesalzenem Wasser kochen. Das Öl, die Butter, die zerdrückte Wurst und den zerstoßenen Speck in eine große Pfanne geben und die sehr fein gehackte Zwiebel darin weichdünsten; dabei öfter mit dem Holzlöffel durchmischen. Den Reis einrühren und glasig werden lassen. Dann nach und nach die Kochflüssigkeit der Bohnen dazugießen und aufkochen lassen. Kurz bevor der Reis gar ist, die Bohnen untermischen, etwas Pfeffer darüberstreuen und, falls nötig, salzen. Den Herd ausschalten, den Parmesan über den Reis verteilen, erneut durchmischen und sofort servieren.

RISOTTO COI CARCIOFI

Risotto mit Artischocken

300 g Reis
50 g roher Schinken
50 g Butter
1 l entfettete Brühe
von Schweinefleisch
6 zarte Artischocken
1 Zitrone
1 kleiner Bund Petersilie
4 EL geriebener Parmesan
Salz, frisch gemahlener Pfeffer

Die Artischocken vorbereiten: Holzige Blätter entfernen, die harten Blattspitzen stutzen und die Artischocken senkrecht in Scheiben schneiden. Damit sie sich nicht dunkel verfärben, in Wasser einlegen, das mit Zitronensaft gesäuert wurde. Die Brühe erhitzen (ersatzweise bringt man die gleiche Menge Wasser zum Kochen und löst darin 1 Brühwürfel und ½ TL Fleischextrakt). Den Schinken fein zerkleinern und in einer Kasserolle in der Butter leicht anbräunen. Die Artischocken hineingeben, 1 Schöpfkelle Brühe angießen und das Gemüse zugedeckt ca. 10 Minuten schwach kochen lassen, bis von der Brühe kaum noch etwas übrig ist. Den Reis einstreuen und unter ständigem Rühren mit dem Holzlöffel in der Artischockensauce quellen lassen. Immer wieder etwas Brühe nachgießen, sobald nur noch wenig Flüssigkeit im Topf ist, bis der Reis »al dente«, d. h. schön körnig, ist. Leicht salzen und nach Geschmack pfeffern. Die sehr fein gehackte Petersilie untermischen, den Herd ausschalten und den geriebenen Parmesan einrühren. Erneut gut durchmischen und sofort servieren.

RISO E PATATE

Reis und Kartoffeln

200 g Reis
400 g gelbfleischige Kartoffeln
1 Zwiebel
150 g gekochter Schinken
2 EL Olivenöl
1½ l magere Brühe
gehackte Petersilie
geriebener Parmesan
Salz

Die Brühe erhitzen. Inzwischen die Zwiebel hacken, den Schinken fein würfeln. Das Öl in einem Topf erhitzen, die Zwiebel und die fetteren Schinkenwürfel leicht darin anbraten. Sobald die Zwiebel etwas Farbe annimmt, die fein gewürfelten Kartoffeln und den restlichen Schinken dazugeben. Durchmischen und die Hälfte der heißen Brühe angießen. Den Topf zudekken und alles leise köcheln lassen. Wenn die Kartoffeln gar sind, die restliche Brühe nachgießen, mit Salz abschmecken und aufwallen lassen. Nun den Reis dazugeben und körnig garen. Zuletzt die gehackte Petersilie einrühren und das Gericht sehr heiß servieren. Dazu reichlich geriebenen Parmesan bereitstellen.

RISO IN BRODO CON FEGATINI

Reis mit Brühe und Hühnerleber

250 g Reis
6 Hühnerlebern
50 g Butter
1½ l klare Hühnerbrühe
Salz

Die Hühnerbrühe aufwallen lassen und den Reis einstreuen. Ohne Deckel in der sprudelnden Flüssigkeit garen, damit er nicht klebrig wird. Die Hühnerlebern sorgfältig säubern und gründlich waschen. In Stückchen schneiden und diese in einer kleinen Pfanne in der Butter bei milder Hitze kurz anbraten. Wenn der Reis beinahe fertig ist, die Lebern zur Brühe geben. Fertig garen und sofort servieren.

RISO E FAGIOLI ALLA FIORENTINA

Reis mit Bohnen auf florentinische Art

700 g frische weiße Bohnen
400 g vollreife Tomaten
200 g Reis
50 g Speck
½ Glas Öl
1 Bund Petersilie
1 mittelgroße Zwiebel
1 kleine Mohrrübe
1 Stange Bleichsellerie
2 Knoblauchzehen
1 Stückchen Chilischote
Salz

Bohnen enthülsen, waschen und in 2 l Wasser 1½ Stunden bei milder Hitze kochen; das Salzen erfolgt erst gegen Ende des Garvorgangs, damit die Bohnen schön zart bleiben. Den Speck zerdrücken (mit Hilfe eines Messers, dessen Klinge über der offenen Flamme erhitzt wurde). Zusammen mit dem Öl und dem zuvor zerkleinerten Gemüse in einer Pfanne bei geringer Hitze einige Minuten anbraten. Ein Stückchen zerriebene Chilischote und die enthäuteten, entkernten und zerkleinerten Tomaten dazugeben. Durchmischen und zugedeckt 15–20 Minuten leise köcheln lassen. Nun den Pfanneninhalt in den Topf zu den garen Bohnen geben (falls erwünscht, zunächst durchpassieren), gut durchrühren, erforderlichenfalls nachsalzen und noch einige Minuten durchkochen. Zum Schluß den Reis einrühren und rechtzeitig, solange er noch ziemlich körnig ist, vom Herd nehmen. Dieses Gericht kann auch ohne Reis zubereitet werden; statt dessen reicht man dazu geröstete Weißbrotwürfel.

RISO ALLA PARMIGIANA

Reis mit Parmesan

300 g Reis
50 g Butter
1 l Fleischbrühe
½ Zwiebel
80 g geriebener Parmesan
Salz

Die Zwiebel fein hacken und in ⅔ der Butter bei milder Hitze in einem Topf anschwitzen. Den Reis dazugeben und unter ständigem Rühren mit dem Holzlöffel glasig werden lassen. Nach wenigen Minuten einige Schöpfkellen heiße Brühe darübergießen (ersatzweise kann man die gleiche Menge kochenden Wassers verwenden, in dem 1 Brühwürfel und 1 TL Fleischextrakt gelöst wurden). Nach und nach immer wieder etwas Brühe angießen, bis der Reis körnig gegart ist. Kurz bevor er vom Herd genommen wird, den geriebenen Parmesan und die restliche Butter untermischen. Sofort zu Tisch bringen, zuvor jedoch noch einmal durchrühren.

RISOTTO COI TARTUFI

Risotto mit Trüffeln

300 g Reis
50 g Butter
1 schwarze oder weiße Trüffel
Fleischbrühe
1 kleine Zwiebel
40 g geriebener Parmesan

Die Zwiebel hacken und in einem Topf in der Hälfte der Butter dünsten. Den Reis einstreuen und unter ständigem Rühren einige Minuten glasig rösten. Anschließend mit etwas heißer Brühe (die ebensogut aus Fleischextrakt zubereitet sein kann) übergießen und diesen Vorgang öfter wiederholen, bis der Reis gar ist. Kurz vor Ende der Kochzeit mit der restlichen Butter verfeinern. Den Reis auf eine vorgewärmte Platte häufen, hauchfeine Trüffelscheiben darüber verteilen und mit reichlich Parmesan bestreuen. Das Gelingen dieses Gerichtes hängt wesentlich vom richtigen Verhältnis der zwei Zutaten Käse und Trüffel ab. Hierbei richtet sich die Menge des verwendeten Parmesan nach der Geschmacksintensität der Trüffel, die nicht vom Käse überdeckt werden darf.

RISOTTO CON LA ZUCCA *

Risotto mit Kürbis

300 g Reis
500 g Kürbis
4 EL Öl
1 EL Butter
½ Zwiebel
1 TL Fleischextrakt
geriebener Parmesan
Salz
frisch gemahlener Pfeffer

Den Kürbis sorgfältig vorbereiten, die Schale und das weiche innere Fruchtfleisch entfernen, den Rest fein würfeln. Die Zwiebel hacken und in einer flachen, weiten Kasserolle zusammen mit dem Kürbis bei milder Hitze im Öl einige Minuten anschwitzen, dabei häufig mit dem Holzlöffel durchrühren. Gleichzeitig Wasser zum Kochen bringen, das nun nach und nach zum Kürbis gegeben wird. Dünsten, bis er leicht verkocht ist, und dann den Reis zufügen. Mit dem Fleischextrakt und etwas Salz würzen und den Reis unter häufigem Rühren garen. Sobald kaum noch Flüssigkeit im Topf ist, wieder etwas heißes Wasser nachgießen. Kurz bevor der Topf vom Herd genommen wird, etwas Pfeffer darübermahlen (nach Belieben). Den Herd abschalten und noch einmal energisch durchrühren, dabei den Parmesan einarbeiten. Der Risotto muß schließlich von cremiger Konsistenz sein.

RISO CON LE RANE

Reis mit Froschschenkeln

250 g Froschschenkel, küchenfertig vorbereitet
250 g Reis
1 EL Butter
1 EL Öl
1 l Fleischbrühe (oder 1 Brühwürfel und ½ TL Fleischextrakt, in 1 l heißem Wasser gelöst)
1 kleiner Bund Petersilie
½ Zwiebel
1 Stange Bleichsellerie
Salz

Zwiebel und Sellerie fein hacken. In einer größeren Kasserolle Butter und Öl erhitzen und das Kleingehackte darin anschwitzen. Die gewaschenen Froschschenkel zufügen und einige Minuten mitbraten. Die heiße Brühe dazugießen und, sobald sie aufwallt, den Reis einstreuen. Bei mäßiger Hitze garen und dabei häufig umrühren. Vor dem Servieren mit der gehackten Petersilie bestreuen.
Anstelle der Zwiebel kann man für dieses Rezept auch 2 Knoblauchzehen verwenden.

RISO ALLA PILOTA

Reis mit pikanter Wurst und Käse

1 l Wasser
300 g Reis
50 g Butter
200 g Bratwurst
1 Prise Muskatnuß
1 Prise Zimt
60 g geriebener Parmesan
Salz

Dies ist ein Originalrezept aus Mantua.
Einen Steingut-Topf mit Wasser füllen. Salzen und aufwallen lassen. Den Reis von einem geknifften Blatt Papier herunter in den Topf rieseln lassen, so daß er sich in der Mitte zu einem kleinen Hügel türmt. Die Spitze dieses Hügels muß etwas aus dem Wasser herausragen (gegebenenfalls etwas Flüssigkeit abschöpfen). 5 Minuten kochen lassen, anschließend den Topf vom Herd nehmen und etwas schütteln, damit der Reis sich gleichmäßig verteilt. Mit einem doppelt gefalteten Tuch bedecken, den Deckel daraufsetzen und den Topf in ein Tuch wickeln, damit sich die Wärme hält und so der Garvorgang ohne weitere Hitzezufuhr 25 Minuten fortgesetzt wird. Um diese komplizierte Prozedur zu vermeiden, kann man den zugedeckten Topf etwa 18–20 Minuten bei 110 °C in den Ofen schieben. Bei Beendigung des Garvorgangs muß der Reis fast trocken sein. Inzwischen die Butter in einer Pfanne zerlassen. Die enthäutete, zerkrümelte Bratwurst darin leicht anbraten. Mit Muskatnuß und Zimt bestäuben und salzen. Den Pfanneninhalt zum Reis geben, Parmesan unterziehen, gut durchmischen und servieren.

RISOTTO CON L'ANGUILLA

Reis mit Aal

1 mittelgroßer Aal
300 g Reis
1 Zwiebel
20 g Butter
4 EL Öl
1 Brühwürfel
½ TL Fleischextrakt
1 kleiner Bund Petersilie
Salz
frisch gemahlener Pfeffer

Dieses Gericht entstammt der traditionellen Küche der Lagune von Venedig.
Den Aal gründlich säubern und waschen, jedoch nicht häuten. In Stücke teilen; die Zwiebel hacken und beides in der Butter und dem Öl in einer Pfanne anbraten. Zugedeckt bei ziemlich milder Hitze etwa 1 Stunde weitergaren, dabei gelegentlich 1 kleine Schöpfkelle heißes Wasser nachgießen, wenn der Schmorfond zu stark eindickt. Die Aalstücke herausnehmen und auf einen Teller legen; die Garflüssigkeit durchseihen und in eine ziemlich große Kasserolle füllen. Den Reis einstreuen und wie üblich garen. Wenn nötig, etwas heißes Wasser mit dem darin gelösten Brühwürfel und Fleischextrakt dazugießen. Leicht salzen und nach Belieben pfeffern.
Den Aal häuten und entgräten und die Stücke unter den Reis mischen, sobald er »al dente«, d. h. schön körnig, ist. Zuletzt mit gehackter Petersilie bestreuen und sofort servieren.

RISOTTO CON GLI ASPARAGI

Reis mit Spargel

1 kg Spargel
300 g Reis
50 g Butter
1 Zwiebel
1 Brühwürfel
½ TL Fleischextrakt
½ Glas trockener Weißwein (auch etwas mehr)
Salz
frisch gemahlener Pfeffer

Spargelstangen schälen, holzige oder unansehnliche Stellen entfernen, die Spitzen abschneiden und beiseite legen. Spargel in wenig Salzwasser garen. Anschließend über dem Topf mit dem Kochwasser durch ein Sieb streichen und die so erhaltene Spargelbrühe warm stellen. 40 g Butter in einer größeren Pfanne zerlassen und die sehr fein gehackte Zwiebel zusammen mit den Spargelspitzen einige Minuten darin dünsten. Den Reis dazugeben und unter ständigem Rühren mit dem Holzlöffel glasig werden lassen. Den Wein angießen und bei starker Hitze verdampfen lassen. Nach und nach die heiße Spargelbrühe dazugießen, Fleischextrakt und Brühwürfel unterziehen und erforderlichenfalls mit 1 Prise Salz und frisch gemahlenem Pfeffer würzen. Wenn der Reis fast gar ist, die restliche Butter unterziehen und den geriebenen Parmesan einrühren. Gut durchmischen und sofort zu Tisch bringen.

RISOTTO NERO *

Schwarzer Reis (mit Tintenfisch)

800 g kleine Tintenfische
300 g Reis
1 l Fischfond (Rezept S. 131)
2 EL Öl
½ Zwiebel
1 Knoblauchzehe
1 Bund Petersilie
½ Glas trockener Weißwein
Salz
frisch gemahlener Pfeffer

Den Mittelknochen der Tintenfische herauslösen und die Innereien samt dem Tintenbeutel entfernen (Tintenbeutel nicht wegwerfen). Die Tintenfische gründlich waschen und in feine Streifen schneiden. Zwiebel, Knoblauch und Petersilie fein wiegen und in einer Kasserolle in Öl dünsten. Tintenfische hineingeben und kurz anbraten. Mit dem Wein aufgießen und den Inhalt einiger Tintenbeutel dazugeben. Alles ca. 20 Minuten garen und dabei ab und zu 1 kleine Schöpfkelle Fischfond dazugießen. Den Reis einstreuen und garen; nach und nach mit etwas Fischfond ergänzen. Salzen, reichlich frisch gemahlenen Pfeffer darübermahlen und sofort servieren.
Dieser Risotto wird »all'onda« zubereitet, d. h. der Reis fließt langsam zum Rand des Tellers, wenn man diesen neigt.

RISOTTO ALLA MILANESE

Reis mit Safran und Ochsenmark auf Mailänder Art

1 kleine Zwiebel
50 g Butter
1 nußgroßes Stück Ochsenmark
½ Glas trockener Rot- oder Weißwein
300 g Rundkornreis (möglichst italienischer Arborio)
1 l gute Fleischbrühe
1 Briefchen Safran
40 g geriebener Parmesan

Die Zwiebel in hauchfeine Scheiben schneiden, das Mark hacken. Beides zusammen mit der Hälfte

der Butter in einer großen Kasserolle bei niedrigster Hitze weich dünsten, jedoch nicht bräunen. Mit Wein aufgießen und kochen, bis er verdampft ist. (Ob Sie Rot- oder Weißwein verwenden, ist reine Geschmackssache; bei manchen Varianten dieses Gerichtes wird der Wein auch erst nach der Zugabe von Reis angegossen.)
Den Reis einrühren und leicht glasig rösten, dabei häufig umrühren. Mit 2 Schöpfkellen heißer Brühe auffüllen und, sobald diese vom Reis aufgenommen ist, immer wieder etwas zugießen, bis der Reis halb gar ist (nach ca. 10 Minuten), wobei der Topfinhalt immer kochen muß.
Nun den in etwas Brühe gelösten Safran dazugeben. Wenn der Reis »al dente« ist, die restliche Butter und den Parmesan unterziehen und alles durchmischen. Zugedeckt 2–3 Minuten ruhen lassen, dann sofort servieren.

RISOTTO ALLA CERTOSINA

Risotto mit Flußkrebsen

500 g Flußkrebse
1 Zwiebel
1 Knoblauchzehe
1 Mohrrübe
1 Stange Bleichsellerie
1 kleiner Bund Petersilie
½ Glas Öl
400 g geschälte Dosentomaten
Salz
frisch gemahlener Pfeffer
50 g Butter
½ Glas trockener Weißwein
400 g Reis

Die Flußkrebse gründlich waschen. Eine Hälfte der Zwiebel, die Knoblauchzehe, Mohrrübe, Selleriestange und Petersilie fein hacken. Alles zusammen mit dem Öl in eine große Kasserolle geben und goldbraun anschwitzen. Die Flußkrebse zufügen, alles gut durchmischen und mit den passierten Tomaten ergänzen. Salzen, pfeffern und etwa 1 l Wasser angießen. Die Flußkrebse ca. 10 Minuten kochen, die Brühe abseihen und die Krebse aus den Schalen brechen. Die Hälfte ihres Fleisches beiseite stellen; den Rest im Mörser zerreiben, durch ein Sieb streichen und in die Kochflüssigkeit geben. In einem anderen Topf die zweite, in Scheiben geschnittene Zwiebelhälfte goldbraun anschwitzen, den Wein angießen und etwas verdampfen lassen. Den Reis zufügen und kurz in der Mischung schwenken, dann nach und nach die Gemüse-Flußkrebs-Brühe hineingießen.
Nach der Hälfte der Kochzeit, also nach etwa 10 Minuten, das restliche Flußkrebsfleisch dazugeben und weitere 10 Minuten mitgaren, wobei sich der volle Geschmack entfaltet. Jetzt sollte der Reis gar sein. Den Herd abschalten, die restliche Butter unterziehen, sehr gut durchmischen und zugedeckt einige Minuten ruhen lassen. Dann sofort servieren.

RISOTTO AI FUNGHI

Risotto mit Pilzen

1 kleine Zwiebel
50 g Butter
250 g frische Steinpilze
1 knappes Glas trockener Weißwein
300 g Reis
1 l gute Fleischbrühe
40 g geriebener Parmesan

Die in feine Scheiben geschnittene Zwiebel bei sehr milder Hitze in der Hälfte der Butter weichdünsten, jedoch nicht bräunen. Die gründlich gesäuberten und gehackten Pilze zufügen, durchmischen und den Wein angießen. Etwas verdampfen lassen und dann den Reis dazugeben. Unter ständigem Rühren leicht anrösten und nun mit 2 Schöpfkellen der heißen Brühe begießen. So lange garen, bis die Brühe weitgehend aufgenommen ist, dann wieder etwas nachgießen. Ständig mit dem Holzlöffel durchmischen und den Garvorgang auf diese Art vollenden. Zuletzt, etwa nach 20 Minuten, die restliche Butter und den geriebenen Käse unterziehen. Durchrühren, zudecken und 2–3 Minuten vor dem Servieren ruhen lassen. Dazu geriebenen Parmesan reichen.

RISOTTO ALLA VALTELLINESE

Risotto mit Bohnen und Kohl

200 g Borlotti-Bohnen
Salz
250 g Weißkohl oder Wirsing
350 g Reis
60 g Butter
2–3 Salbeiblätter
50 g geriebener Parmesan

Die Bohnen über Nacht einweichen und im Einweichwasser – gesalzen und erforderlichenfalls etwas verlängert – kochen. Abgießen und warm stellen. Den Kohl putzen und von den harten Rippen befreien. Die Blätter einige Minuten in kochendem Wasser blanchieren, abgießen und feinstreifig schneiden. Reichlich Salzwasser in einem Topf aufwallen lassen und den Reis hineingeben. Auf lebhaftem Feuer 5 Minuten garen, dann den Kohl zufügen und weitere 15 Minuten bei starker Hitze garen. Zuletzt die Bohnen untermischen. Alles auf einer Platte anrichten. Die Butter in einem Töpfchen zerlassen und die Salbeiblätter darin goldgelb dünsten. Anschließend herausnehmen und das Reisgericht mit dieser Butter und dem geriebenen Parmesan geschmacklich abrunden.

RISO E VONGOLE ALLA VENETA

Reis und Venusmuscheln auf venezianische Art

1 kg Venusmuscheln
1 Knoblauchzehe
½ Glas Olivenöl
2 Sardellen
350 g Eiertomaten
Salz
frisch gemahlener Pfeffer
350 g Reis
reichlich gehackte Petersilien- und Basilikumblätter

Die Muscheln waschen. Um den Sand auszuschwemmen, geht man wie folgt vor: Einen tiefen Teller umgekehrt in eine große Schüssel setzen. Die Muscheln auf den Teller legen, die Schüssel mit kaltem Wasser füllen und einige Stunden abwarten, bis sich der in den Muscheln enthaltene Sand auf dem Schüsselboden sammelt.
Die Muscheln vorsichtig herausnehmen, um den Sand nicht aufzuwirbeln, in eine Pfanne legen und

zugedeckt im eigenen Dampf kochen. Sobald sie sich geöffnet haben, vom Herd nehmen, aus den Schalen lösen und auf einen Teller geben. Die in der Pfanne zurückgebliebene Kochflüssigkeit durch ein Sieb gießen und zur späteren Verwendung für die Sauce beiseite stellen. Die Knoblauchzehe hakken und mit dem Öl in einem Topf leicht erhitzen. Nun sofort die gewaschenen und entgräteten Sardellen zusammen mit den gehäuteten, entkernten und zerkleinerten Tomaten zufügen. Leicht salzen und reichlich pfeffern. Sobald die Tomaten zu kochen beginnen, den beiseite gestellten Muschelsud dazugießen. Auf lebhaftem Feuer etwa 20 Minuten durchkochen, bis die Sauce eindickt. Zuletzt die Muscheln hineingeben. Inzwischen den Reis in einem zweiten Topf »al dente« – schön körnig – kochen, abgießen, in eine Schüssel füllen und die kochendheiße Sauce mit den Muscheln darüber verteilen. Das Gericht mit gehackter Petersilie und Basilikum bestreuen und servieren.

RISOTTO CON LE ZUCCHINE

Risotto mit Zucchini

350 g Reis
350 g kleine Zucchini
50 g Butter
50 g durchwachsener Speck
1 kleine Zwiebel
1 Knoblauchzehe
2–3 Bund Petersilie
Salz
frisch gemahlener Pfeffer
etwa 1 l heiße Fleischbrühe
geriebener Parmesan

Zucchini waschen und in dünne Scheibchen schneiden. Speck, Knoblauch, Zwiebel und Petersilie hacken. Die Butter in einem Topf schmelzen und Speck, Knoblauch und Zwiebel darin anschwitzen, bis diese etwas Farbe annimmt. Knoblauch entfernen und die Zucchini mit der Petersilie hineingeben. Das Gemüse bei sehr milder Hitze weich dünsten. Etwas salzen und den Reis einstreuen. Ein paar Minuten leicht anrösten, dabei ständig rühren. Mit einer Tasse heißer Brühe übergießen und unter ständigem Rühren dünsten, bis die Flüssigkeit aufgenommen ist. Nach und nach immer wieder etwas Brühe angießen, bis der Reis gar ist. Salzen, pfeffern und den geriebenen Parmesan untermischen. Einige Minuten zugedeckt ruhen lassen, dann servieren.

RISOTTO ALLA BOLOGNESE

Risotto auf Bologneser Art

300 g Reis
50 g durchwachsener Speck
50 g roher Schinken
50 g Butter
1 Glas trockener Weißwein
etwa 1 l Fleischbrühe

einige Löffel Fleischsauce (Rezept S. 130) oder Tomatensauce (Rezept S. 127)
80 g geriebener Parmesan
1 mittelgroße Trüffel
Salz

Den fein zerkleinerten Speck und Schinken in 30 g Butter in einer Kasserolle einige Minuten anbraten. Den Reis dazugeben und 5 Minuten darin anrösten, bis er etwas von dem Fett und gleichzeitig den Geschmack aufgenommen hat. Den Wein angießen, verdampfen lassen und nach und nach einige Schöpfkellen Brühe hineingießen. Unter ständigem Rühren leise köcheln lassen, bis der Reis gar ist. Wenige Minuten vor Vollendung des Kochvorgangs mit 1 Prise Salz würzen und die Fleisch- oder Tomatensauce unterziehen. Den Risotto mit der restlichen Butter verfeinern und mit dem geriebenen Parmesan vollenden. Vor dem Servieren feine Trüffelscheibchen darüberstreuen.

CRESPELLE DI RISO ALLA BENEDETTINA

Süße Reiskugeln

200 g Reis
3 Gläser Milch
1 EL Zucker
1 Prise Zimt
1 Msp. Backpulver
etwas abgeriebene Apfelsinen- oder Zitronenschale
Mehl
Öl
Salz

Die Milch zusammen mit ½ l Wasser und etwas Salz aufkochen lassen. Den Reis einstreuen und garen (wenn er fertig ist, ist die ganze Flüssigkeit absorbiert und der Reis schön weich). Etwas auskühlen lassen und die gehackte Apfelsinen- bzw. Zitronenschale und das Backpulver untermischen. Etwa ½ Stunde ruhen lassen. Aus der Masse walnußgroße Kügelchen formen. Diese in Mehl wenden und in reichlich Öl goldbraun backen. Herausnehmen und zum Aufsaugen von überschüssigem Fett auf Küchenkrepp legen. Auf einer Platte anrichten und mit einer Zucker-Zimt-Mischung bestreuen. Sofort servieren.

RISOTTO ALLA SARDA *

Sardischer Risotto

300 g Reis
100 g Schweinefleisch
100 g Kalbfleisch
50 g Speck (oder ½ Glas Öl)
1 Briefchen Safran
½ Zwiebel
½ Glas trockener Rotwein
200 g vollreife Tomaten
1 l Fleischbrühe (ersatzweise 1 Brühwürfel und ½ TL Fleischextrakt, in 1 l heißem Wasser gelöst)
50 g geriebener Pecorino
1 EL Butter
Salz
frisch gemahlener Pfeffer

Das Fleisch würfeln (nicht durch den Fleischwolf drehen!), den Speck zerdrücken und die Zwiebel in sehr feine Ringe schneiden. Speck (bzw. Öl) mit der Zwiebel in eine Kasserolle geben und etwas Farbe annehmen lassen. Dann das Fleisch zufügen und einige Minuten leicht anbraten. Den Wein angießen und verdampfen lassen. Die Tomaten häuten, entkernen und in große Stücke teilen. Zusammen mit dem Safran zum Fleisch geben, alles salzen und gut pfeffern. Die Sauce zugedeckt bei milder Hitze eindicken lassen. In einer weiten, flachen Kasserolle die Butter zerlassen; sobald sie aufschäumt, den Reis hineingeben. 3–4 Minuten unter häufigem Rühren leicht anrösten, dann die Fleischsauce hineingießen und alles ohne Deckel aufkochen lassen, dabei ständig rühren und nach Bedarf mit einigen Schöpflöffeln heißer Brühe auffüllen. Wenn der Reis fast gar ist, den Herd abschalten, den Käse unterziehen (wenn der Pecorino-Geschmack zu pikant ist, kann man ihn durch dieselbe Menge Parmesan ersetzen) und nochmals mit etwas Pfeffer bestäuben. Ein letztes Mal energisch durchrühren und sofort servieren.

PEPERONI FARCITI ALLA TORINESE

Paprikaschoten mit Reisfüllung

4 große Paprikaschoten (grün oder gelb)
150 g Reis
4 eingesalzene Sardellen
4 EL Öl
1 EL Butter
1 Handvoll Petersilie
1 Knoblauchzehe
Salz

Die Paprikaschoten halbieren, aushöhlen, entkernen und 2–3 Minuten in heißes Wasser legen, damit sich die Haut besser abziehen läßt. Den Reis in reichlich Salzwasser kochen. Währenddessen die Sardellen waschen, entgräten und zerkleinern. Zusammen mit der Butter, 1 EL Öl und dem feingewiegten Knoblauch in eine Pfanne geben und bei milder Hitze dünsten, dabei die Sardellen mit einer Gabel zerdrücken. Den Reis abgießen, sobald er »al dente«, d. h. schön körnig, ist. 2 EL Öl unterziehen und die gehackte Petersilie darüberstreuen. Den Reis in die Paprikahälften füllen und diese in eine ofenfeste Form legen, die zuvor mit dem restlichen Öl eingefettet wurde. Die Sardellensauce darüber verteilen. In den Ofen schieben und bei mäßiger Hitze etwa ½ Stunde gardünsten. Dieses Gericht schmeckt kalt ebenso ausgezeichnet wie warm.

RISOTTO AL SALTO

Reiskuchen

Mit diesem Rezept lassen sich Reisreste gut verwerten. Ein Stück Butter in einer Pfanne zerlassen. Den gekochten Reis hineingeben und etwas flachdrücken. Langsam erhitzen und dabei gelegentlich die Pfanne schütteln. Sobald sich unten eine leichte goldbraune Kruste bildet, den Reisfladen wenden und auch auf der anderen Seite anbräunen. Eine andere Methode besteht darin, den Reis in eine leicht ausgebutterte antihaftbeschichtete Ofenform zu füllen und bei 200 °C ca. 5–10 Minuten zu backen, bis sich eine appetitlich braune Kruste bildet. Den Reiskuchen wie eine Torte aufschneiden und großzügig mit geriebenem Parmesan bestreuen.

RISOTTO CON I FINOCCHI

Risotto mit Fenchel

300 g Reis
350 g zarter Fenchel
60 g Butter
1 Zwiebel
60 g geriebener Parmesan
Fleischbrühe

Fenchel putzen, waschen und in feine Scheiben schneiden. In einer Kasserolle 40 g Butter zerlassen und die feingehackte Zwiebel darin dünsten. Fenchel hineingeben und schön anbräunen. Den Reis zufügen und garen, dabei immer wieder mit etwas heißer Brühe begießen. Sobald der Reis schön körnig ist, reichlich geriebenen Parmesan und die restliche Butter einarbeiten. Zugedeckt weitere 2–3 Minuten fertig garen.

RISOTTO ALLA CHIOGGIOTTA

Fisch-Risotto aus Chioggia

Das Originalrezept verwendet Fisch aus der Lagune von Venedig, also aus der Gegend, in der die Stadt Chioggia liegt.

500 g gemischte kleine Fische
1 Knoblauchzehe
½ Zwiebel
2 EL Öl
30 g Butter
300 g Reis
½ Glas trockener Weißwein
Salz
frisch gemahlener Pfeffer
1 Bund Petersilie

Knoblauch und Zwiebel hacken und in einer Kasserolle im Öl und der Hälfte der Butter andünsten. Die sorgfältig gesäuberten und gewaschenen Fische hineingeben und salzen. Kurz ziehen lassen, damit sie die Würze aufnehmen, dann zugedeckt etwa 15 Minuten garen. Anschließend alles durch ein Sieb streichen und mit etwas heißem Salzwasser verdünnen. In der restlichen Butter den Reis anrösten, dann 1 Schöpfkelle der passierten Fischmischung dazugeben und rühren, bis die Flüssigkeit beinahe aufgesogen ist. Wieder etwas davon angießen und so fortfahren, bis der Reis »al dente« ist. Mit dem Wein aromatisieren, salzen, reichlich pfeffern und mit der gehackten Petersilie bestreuen.

RISOTTO ALLA TOSCANA

Toskana-Reis

350 g Reis
½ Zwiebel
1 kleine Mohrrübe
1 Stange Bleichsellerie
60 g Butter
2 EL Öl
150 g mageres Hackfleisch vom Rind
80 g Kalbsleber
80 g Kalbsniere
1 Hühnerleber
½ Glas Rotwein
1 EL Tomatenmark
Salz
frisch gemahlener Pfeffer
Muskatnuß
1 l Fleischbrühe
60 g geriebener Parmesan
1 EL Butter

Die Zwiebel in feine Scheiben schneiden; Mohrrübe und Sellerie hacken. Kalbsleber würfeln, Kalbsniere in feine Scheiben schneiden. Das Gemüse im Öl und in der Butter goldbraun anschwitzen. Nun zunächst das Hackfleisch, dann Kalbsleber und -niere, schließlich die Hühnerleber dazugeben. Gut anbraten, dann mit dem Wein ablöschen. Sobald er verkocht ist, das in etwas heißer Brühe gelöste Tomatenmark einrühren. Salzen, reichlich pfeffern und mit 1 Prise Muskatnuß würzen. Zugedeckt ½ Stunde langsam kochen lassen. Den Reis untermischen und unter Rühren leicht quellen lassen, wobei er etwas von dem Fett aufnimmt. Nach und nach die heiße Brühe angießen und ständig rühren. Den Herd abschalten, sobald das Gericht von cremiger Konsistenz ist. Mit 1 EL Butter und geriebenem Parmesan vollenden. Kurz ruhen lassen und servieren.

RISOTTO DI GAMBERETTI

Garnelenrisotto

300 g Reis
300 g Garnelen
2 Gläser trockener Weißwein
1 Knoblauchzehe
¼ Zwiebel
3 EL Olivenöl
50 g Butter
1 l Fischfond (Rezept S. 131)
Salz
frisch gemahlener Pfeffer

Die Garnelen gründlich unter fließendem Wasser waschen und schälen, dabei die Schwänze nicht beschädigen. Zwiebel und Knoblauch hacken und im Öl ganz leicht anbräunen, dann die Garnelenschwänze dazugeben. Etwas Farbe annehmen lassen, salzen und pfeffern. Mit dem Wein aufgießen und bei milder Hitze etwa 10 Minuten garen. Die Butter in einer Pfanne zerlassen, den Reis einstreuen und kurz unter Rühren glasig werden lassen. Nach und nach abwechselnd 1 kleine Schöpfkelle der heißen Fischbrühe und der Garnelensauce immer dann zufügen, wenn der Reis zu trocken wird. Zuletzt das kalte Olivenöl unterziehen. Alles in eine vorgewärmte Schüssel füllen, mit den Garnelenschwänzen garnieren und sofort servieren.

RISO CON RICOTTA

Reis mit Ricotta

300 g Reis
150 g Ricotta
2 Eier
50 g geriebener Parmesan
1 Prise Muskatnuß
100 g Hackfleisch vom Kalb
1 Mozzarella
500 g enthäutete Tomaten
1 Stange Bleichsellerie
1 Mohrrübe
1 Zwiebel

einige Basilikumblätter
Olivenöl
50 g Butter
Salz

Zwiebel, Sellerie, Mohrrübe und Basilikum zerkleinern. Alles mit den Tomaten zu einer geschmeidigen Sauce verkochen. Durch ein Sieb streichen und, mit Salz und Öl ergänzt, auf dem Herd eindicken lassen. Aus dem Hackfleisch kleine Bällchen formen und diese in der Sauce garziehen. Inzwischen in reichlich Salzwasser den Reis auf lebhafter Flamme »al dente« kochen. Abseihen, mit der Gabel auflockern und auskühlen lassen. Eier verquirlen, Mozzarella würfeln und beides zusammen mit dem Ricotta in den Reis einarbeiten. Mit 1 Prise Muskatnuß, etwas Tomatensauce und dem Parmesan vollenden. Den Reis in eine gut ausgebutterte Auflaufform füllen und 5 Minuten in den heißen Ofen schieben, anschließend auf eine Servierplatte stürzen. Die Hackfleischbällchen darum verteilen und mit der Sauce nappieren.

RISOTTO ALL'UOVO

Risotto mit Ei

300 g Reis
4 Eigelbe
1 Prise Muskatnuß
80 g Butter
50 g geriebener Parmesan
1 Becher Sahne
1 l klare, entfettete Brühe
Salz

Die Fleischbrühe erhitzen. 60 g Butter in einem Topf schmelzen und den Reis darin glasig werden lassen. Schöpfkellenweise nach und nach Brühe angießen, damit der Reis immer etwas feucht bleibt, und ihn so auf lebhafter Flamme garen. Zum Schluß mit der restlichen Butter verfeinern. Inzwischen die Eigelbe mit der Sahne, dem Parmesan und etwas Muskatnuß verquirlen. Diese Mischung vorsichtig unter den auf minimaler Hitze garenden Reis ziehen. 2 Minuten ruhen lassen, auf tiefe Teller verteilen und mit geriebenem Parmesan bestreuen.

RISO ALLA PUGLIESE *

Reis mit Muscheln und Sardinen

300 g Reis
300 g Muscheln
200 g Sardinen
2 Zwiebeln
1 Kartoffel
2 EL geschälte, gehackte Tomaten
1 Briefchen Safran
1 Eigelb
3 EL Tomatensauce
(Rezept S. 124)
2 EL Olivenöl
schwarze Oliven
1 Bund Petersilie
1 grüne Paprikaschote
1 Knoblauchzehe
1 l Fischfond (Rezept S. 131)
etwas Öl

Die Muscheln unter fließendem Wasser gründlich waschen und abbürsten. In der Pfanne mit einem Schuß Öl und dem Knoblauch erhitzen, bis sie sich öffnen. Aus den Schalen lösen und den darin befindlichen Sud auffangen, durch ein feines Sieb gießen und beiseite stellen. Die Sardinen schuppen, ausnehmen, entgräten, gründlich waschen und zerkleinern. Kartoffel und Zwiebeln in Scheiben schneiden. Die Zwiebeln in einem Topf mit etwas Öl bei milder Hitze goldbraun anschwitzen. Nun die Tomaten, Sardinenstückchen und Kartoffelscheiben dazugeben. Kurz ziehen lassen; dann mit dem Muschelsud, in dem der Safran aufgelöst wurde, begießen und salzen. Bei milder Hitze schmoren. Sobald die Sauce dickflüssig wird, den Reis zusammen mit dem Muschelfleisch zufügen, mit dem Fischfond bedecken und den Topf ca. 15–18 Minuten in den heißen Ofen schieben. Der Reis hat nun die ganze Flüssigkeit aufgenommen und ist schön weich. Aus dem Ofen nehmen. Etwas Öl und das verquirlte Eigelb unterziehen. Das Gericht mit der Tomatensauce, der feingeschnittenen Paprikaschote, den schwarzen Oliven und Petersilienblättchen garnieren.

RISOTTO CON RADICCHIO ROSSO

Risotto mit Radicchio

300 g Reis
600 g Radicchio
100 g Butter
100 g Räucherspeck
1 Zwiebel
1 Glas Rotwein
1 Bund Petersilie
Fleischbrühe
geriebener Parmesan
Salz
frisch gemahlener Pfeffer

Zwiebel zerkleinern; Räucherspeck würfeln; Radicchio waschen und feinstreifig schneiden; Petersilie hacken. In einer Pfanne die Hälfte der Butter zerlassen und die Zwiebel darin anschwitzen. Nun den Speck und nach einigen Minuten den Radicchio und die Petersilie zufügen. Salzen, pfeffern und etwa 20 Minuten dünsten. Die restliche Butter in einem Topf mit größerem Fassungsvermögen schmelzen, den Reis einstreuen und kurz anrösten, mit dem Wein ablöschen. Nun so lange etwas Fleischbrühe nachgießen, bis der Reis gar ist. Die gedünstete Gemüse-Speck-Mischung gründlich unterziehen und das Gericht servieren.

RISOTTO AL FONDO BRUNO

Reis mit braunem Fond

400 g Reis
70 g Butter
1 Zwiebel
Fleischbrühe
100 g geriebener Parmesan
100 g brauner Fond (Rezept S. 131)
Salz

Die zerkleinerte Zwiebel in der Hälfte der Butter andünsten. Den Reis einige Minuten darin anrösten, mit Fleischbrühe aufgießen und 20 Minuten leise köcheln lassen. Mit Salz abschmecken und den Topf vom Herd nehmen. Die restliche Butter und den Parmesan einarbeiten. Auf tiefen Tellern anrichten und über jede Portion 1½ EL braunen Fond geben.

RISOTTO CON FEGATINI E PISELLI

Reis mit Hühnerleber und Erbsen

300 g Reis
300 g Hühnerlebern
250 g Erbsen
100 g Zwiebeln
100 g Butter
50 g gekochter Schinken
1 Bund Petersilie
1 l Fleischbrühe
70 g geriebener Parmesan
Salz
frisch gemahlener Pfeffer

Zwiebeln zerkleinern, Schinken fein würfeln, Petersilie hacken. Die Hälfte der Zwiebeln in 30 g Butter in einem Pfännchen glasig werden lassen. Die Hühnerlebern zufügen, salzen, mit ½ Glas Fleischbrühe ablöschen und 10 Minuten leise köcheln lassen. In einer zweiten Pfanne die restlichen Zwiebeln in 30 g Butter andünsten. Die Schinkenwürfel und nach 2 Minuten die Erbsen dazugeben. Salzen und etwas Flüssigkeit angießen und 18 Minuten bei milder Hitze durchkochen. Den Reis in einem Topf in der restlichen Butter anrösten, mit Brühe begießen und 20 Minuten garen. Den Topf vom Herd nehmen. Geriebenen Parmesan, gehackte Petersilie, Erbsen und Hühnerlebern unter den Reis mischen und das Gericht servieren.

Salse e condimenti

Saucen und Fonds

»In so mancher fremdländischen Küche – beispielsweise in der französischen und chinesischen – wird die Sauce seit jeher als Zutat verstanden, die die Gerichte dominiert, ja zuweilen sogar ihren ursprünglichen Geschmack überdeckt und ihnen einen völlig neuen verleiht.
Nach der italienischen Kochphilosophie dagegen soll der Eigengeschmack der Speisen nicht von der Sauce erschlagen, sondern vielmehr ergänzt werden. Dabei entwickelte sich eine Fülle von Varianten (man denke hier nur an die Spaghetti-Saucen), deren Vielfalt noch begünstigt wurde durch das Bestreben der Regionen und oftmals sogar einzelner Gegenden, eine eigenständige Küche zu schaffen. Tomaten, Basilikum, Sardellen, Auberginen, Venusmuscheln, Brokkoliröschen, Miesmuscheln, Hühnerlebern, Sardinen, Pilze, Trüffeln, Sahne, Knoblauch und das unvergleichliche Olivenöl sind mit allen nur denkbaren Nudelarten zu gelungenen Kompositionen verschmolzen; Kräuter wie Origano, Rosmarin und Basilikum runden Fleisch harmonisch ab; Fischgerichte werden oftmals erst durch Verwendung würzender Zutaten, wie beispielsweise Petersilie und Zwiebeln, zu raffinierten Gaumenfreuden.«

Tropfen Zitronensaft verhindern, daß die Mayonnaise zu stark eindickt. Mit Salz und Pfeffer abschmecken und unter ständigem vorsichtigen Rühren das restliche Öl unterziehen. Damit die Mayonnaise ihre geschmeidige Konsistenz behält und etwas leichter wird, zuletzt den gut erwärmten Essig durch energisches Bearbeiten mit dem Holzlöffel untermischen.

SALSA BESCIAMELLA

Béchamelsauce
(ergibt 1 l)

100 g Butter
4 gestrichene EL Mehl
1 knapper TL Salz
1 l Milch

Die Butter in Stückchen schneiden. Zusammen mit dem Mehl und Salz in einen Topf mit gewölbtem Boden (möglichst aus Kupfer) geben. Bei milder Hitze nach und nach die Milch mit dem Schneebesen einrühren. Ca. 20 Minuten kochen lassen, bis der Mehlgeschmack verschwunden ist, dabei häufig umrühren. Die Sauce vom Herd nehmen, in eine Schale füllen und erneut durchmischen. Je nach Verwendungszweck mit geriebenem Parmesan, Pfeffer oder einem Eigelb ergänzen.

SALSA ALLA TARTARA

Tartarensauce

Mayonnaise von 2 Eigelben und 2 dl Öl (Rezept S. 125)
½ Zwiebel
½ Paprikaschote
1 Knoblauchzehe
15 g Kapern
20 g Petersilie

Im Gegensatz zur Mayonnaise wird für diese Sauce ein Eigelb hartgekocht, das andere bleibt roh. Ansonsten ist die Zubereitung die gleiche. Das rohe und das gekochte Eigelb in einer Schale mit dem Holzlöffel zu einer geschmeidigen Masse verrühren. Das Öl anfangs tröpfchenweise, dann in feinem Faden zufügen. Die Mischung mit Essig und Zitronensaft verdünnen und mit Salz abschmecken. Zwiebel, Knoblauch, Paprikaschote, Kapern und Petersilie fein hacken und unterziehen. Die Sauce erneut behutsam durchmischen und in eine Sauciere füllen. Eine ideale Ergänzung zu vielen Gerichten.

SALSA AL PEPERONCINO *

Pikante Mayonnaise

2 Eigelbe
2 dl Pflanzenöl
Zitronensaft
Salz
1 EL Cayennepfeffer

Die Eigelbe mit dem Holzlöffel oder einem kleinen Schneebesen schaumig rühren. Die Hälfte des Öls tropfenweise zufügen. Etwas Zitronensaft ergänzen und salzen. Weiter mit dem Schneebesen bearbeiten und das restliche Öl in feinem Strahl einarbeiten. Zum Schluß den Cayennepfeffer unterziehen.

SALSA VERDE *

Grüne Sauce

200 g feine Petersilienblätter
¼ Zwiebel
1 Knoblauchzehe
1 grüne Paprikaschote
40 g Kapern
3 eingesalzene Sardellen
1 Glas Olivenöl
Saft von ½ Zitrone
Salz

Petersilie gründlich waschen. Sardellen abreiben, um das Salz zu entfernen, in Zitronensaft waschen und entgräten. Die Paprikaschote über der offenen Flamme anrösten, damit sich die Haut besser abziehen läßt. Halbieren, aushöhlen, entkernen und waschen. Petersilie, Sardellenfilets, die kleingeschnittene Paprikaschote und Zwiebel, Knoblauch und Kapern in der Küchenmaschine fein pürieren. Die Mischung mit Olivenöl und Zitronensaft verdünnen. Mit Salz abschmecken. Zu gekochtem Fleisch und Gemüsegerichten reichen.

SALSA DI POMODORO *

Tomatensauce

350 g frische reife Tomaten (ersatzweise aus der Dose)
1 kleine Mohrrübe
1 kleine Zwiebel
1 Stange Bleichsellerie
2 Basilikumblätter
½ Knoblauchzehe
Salz
frisch gemahlener Pfeffer
1 Glas Olivenöl

Für diese Sauce eignen sich am besten reife, fleischige, saftige Sommertomaten.
Gründlich waschen, in Stückchen schneiden und leicht salzen. Zum Abtropfen in ein Sieb geben. Bei milder Hitze das zerkleinerte Gemüse in etwas Öl andünsten. Tomaten zufügen und bei geringer Hitze kochen.
Sobald das Gemüse gar und der Tomatensaft verkocht ist, alles passieren. Die Sauce erforderlichenfalls erneut auf den Herd stellen und weiter eindicken lassen. Mit Salz abschmecken. Das Öl einrühren. Einen eventuell zu säuerlichen Geschmack mit etwas Zucker abmildern.
Die Sauce heiß servieren.

SALSA »PEARA« *
(peperata)

Marksauce mit Pfeffer

40 g Butter
50 g Rindermark
120 g Semmelbrösel
3 EL geriebener Parmesan
⅔ l klare Fleischbrühe
Salz
reichlich frisch gemahlener schwarzer Pfeffer

Diese pfeffrige, dicke Sauce wird gern zu gekochtem Fleisch serviert. Die Zubereitung erfolgt am besten in Steingut-Kochgeschirr. Butter und Rindermark in einem Steingut-Topf schmelzen. Die Semmelbrösel zufügen und mit dem Holzlöffel rühren, bis Butter und Mark aufgesogen sind. Nun schöpflöffelweise die kochendheiße Brühe an-

gießen, bis sich eine cremige Sauce ergibt. Auf niedriger Flamme längere Zeit kochen, dabei gelegentlich umrühren. Zuletzt den geriebenen Parmesan dazugeben, erforderlichenfalls salzen und reichlich schwarzen Pfeffer darübermahlen. Die Sauce sehr heiß servieren.

SALSA AL CREN

Meerrettichsauce

Mit Essig:

120 g frischer Meerrettich
35 g Weißbrotkrume
etwas Milch zum Einweichen
1 Prise Salz
1 Prise Zucker
1 Glas Weißweinessig

Meerrettich sorgfältig schaben, waschen und reiben. Die in der Milch eingeweichte Weißbrotkrume ausdrücken und zusammen mit dem Meerrettich, Salz und Zucker in eine Schüssel geben. Gut vermischen und mit dem Essig verdünnen. Ideal zu gekochtem Fleisch.

Mit Sahne:

120 g frischer Meerrettich
1 Prise Salz
1 Prise Zucker
1 Becher Sahne

Meerrettich schaben, waschen und reiben. Die Sahne mit dem Schneebesen leicht schaumig, jedoch nicht steif schlagen. Meerrettich mit etwas Zucker und Salz in eine Schüssel geben und die Sahne vorsichtig unterziehen. Paßt ausgezeichnet zu Vorspeisen und kalten Fleisch- und Fischgerichten.

SALSA AI CAPPERI E ACCIUGA

Kapern-Sardellen-Sauce

50 g Kapern
1 knapper EL gehackte Zwiebel
100 g Butter
35 g Sardellenfilets
1 Spritzer Essig
20 g schaumig geschlagene Butter

Die Sardellenfilets zusammen mit den Kapern hacken. Die Zwiebel in der Butter bei milder Hitze anbräunen. Vom Herd nehmen und die Kapern-Sardellen-Mischung zufügen. Einen Spritzer Essig ergänzen und die schaumig geschlagene Butter unterziehen.

SALSA ALLE OLIVE

Olivensauce

½ Zwiebel
200 g schwarze Oliven
1 Glas Olivenöl
2 EL geschälte, pürierte Tomaten
Salz
frisch gemahlener Pfeffer

Oliven entkernen und fein hacken. Die Zwiebel in Scheiben schneiden und in einer kleinen Pfanne im Öl anbräunen. Zunächst die Oliven, dann die Tomaten zufügen. Die Sauce bei mäßiger Hitze 10 Minuten durchkochen. Mit Salz und Pfeffer würzen und in einer Sauciere zu Tisch bringen.

SALSA AI PEPERONI

Sauce mit Pfefferschoten

200 g grüne Pfefferschoten, in Essig eingelegt
100 g grob geriebener Parmesan
1 Msp. Senf
½ Glas Olivenöl
Salz

Pfefferschoten entkernen und fein hacken. Zusammen mit dem Senf zum Parmesan geben und vermischen. Mit Salz abschmecken und das Olivenöl unterrühren. Die Sauce in einen tiefen Teller füllen, der mit Gürkchen, ganzen eingelegten Pfefferschoten und in Öl eingelegten Zwiebelchen garniert ist. Diese Sauce schmeckt gut zu gekochtem Fleisch.

SALSA PER IL PESCE

Fischsauce

2 hartgekochte Eigelbe
3–4 Sardellenfilets
gut ½ Glas Öl
einige Tropfen Zitronensaft

Eigelbe und Sardellen getrennt zerkleinern. Anschließend zusammen im Mörser zerreiben, bis sich eine homogene, geschmeidige Mischung ergibt. Tropfenweise Öl und Zitronensaft zufügen, bis die Sauce eine mayonnaiseartige Konsistenz annimmt. Eine schmackhafte Ergänzung zu gegrilltem Fisch.

SALSA PIEMONTESE

Sauce mit Trüffel

1 Glas Wasser
1 EL Fleischextrakt
4 Sardellen
1 kleine weiße Trüffel
1 kleine Schalotte
1 Knoblauchzehe
1 kleiner Bund Petersilie
1 Eigelb, hartgekocht
1 TL Kartoffelstärke
Öl
Zitronensaft
1 Prise frisch gemahlener weißer Pfeffer

Das Wasser in einem Topf zum Kochen bringen und den Fleischextrakt darin auflösen. Sardellen entgräten; Trüffel raspeln; Schalotte, Knoblauchzehe und Petersilie hacken; Eigelb zerkleinern. Alles zusammen im Mörser zerreiben, durch ein Sieb streichen und in die kochende Flüssigkeit geben. Mit der in etwas Wasser gelösten Kartoffelstärke binden. Einige Tropfen Öl, etwas Zitronensaft und Pfeffer ergänzen.
Durchmischen und sehr heiß servieren.

SALSINA PER ARROSTI E CACCIAGIONE

Sauce zu Braten und Wild

50 g nicht zu magerer roher Schinken
2 Hühnerlebern
½ Zitrone
2 Knoblauchzehen
3 Salbeiblätter
1 Rosmarinzweig
einige Wacholderbeeren
½ Glas Öl
1 Glas Rotweinessig
2 Gläser trockener Weißwein
Salz
frisch gemahlener Pfeffer

Schinken, Hühnerlebern und Knoblauch fein hacken. Zusammen mit dem Wein, Salbei, Rosmarin, den Wacholderbeeren, der geschälten und in Scheiben geschnittenen Zitrone, dem Öl und Essig in einen Topf geben (keinen Aluminiumtopf verwenden). Salzen und pfeffern.
Bei milder Hitze unter häufigem Rühren leise kochen lassen, bis die Sauce eingedickt ist (die ursprüngliche Menge sollte um die Hälfte reduziert sein).

SUGO DI CARNE

Fleischsauce

30 g Nierenfett
40 g Butter
250 g Hackfleisch vom Rind
½ Zwiebel
½ Stange Bleichsellerie
½ Mohrrübe
½ Knoblauchzehe
1 Rosmarinzweig
1 Glas Rotwein
2 große, reife Tomaten
Salz
frisch gemahlener Pfeffer
¼ l Fleischbrühe

Das Nierenfett zusammen mit der Butter in einer Pfanne zerlassen und das Hackfleisch darin anbräunen. Die fein zerkleinerte Zwiebel, Selleriestange und Mohrrübe, Knoblauch und Rosmarin zufügen, salzen und pfeffern. Einige Minuten weitergaren, anschließend den Wein angießen. Inzwischen die Tomaten häuten, entkernen und in grobe Stücke teilen. Sobald der Wein verkocht ist, die Tomaten dazugeben und den Kochvorgang bei sehr milder Hitze ein bis zwei Stunden fortsetzen, dabei gelegentlich eine Schöpfkelle Brühe ergänzen. Wenn das Fleisch gar und die Sauce im gewünschten Maße eingedickt ist, alles durchseihen.

SUGO D'UMIDO »GAROFOLATO«

Schmorfond

800 g Rindfleisch vom unteren Schwanzstück

Zum Spicken:

1 Scheibe Speck (ca. 80 g)
½ Knoblauchzehe
2 Gewürznelken
1 Bund Majoran
Salz
frisch gemahlener Pfeffer

Für die Sauce:

30 g Schinkenspeck (oder Speck)
½ Knoblauchzehe
40 g Butter (oder Öl)
½ Glas Rotwein
Salz
frisch gemahlener Pfeffer
2 Gewürznelken
1 Zwiebel
1 Mohrrübe
1 Stange Bleichsellerie
1 Bund Petersilie
1 EL Tomatensauce (Rezept S. 124)

Ein typisches Gericht der römischen Küche, das seinen Namen aus dem dortigen Dialekt entlehnt (»garofolo« ist die lokale Bezeichnung für die Gewürznelke, im Italienischen eigentlich »garofano«).
Das Fleisch gut weichklopfen, anschließend spicken: Knoblauchzehen und Majoranblätter hacken und mit Salz und Pfeffer vermischen. Den in Stücke geschnittenen Speck darin wenden. Mit einem spitzen Messer kleine Einschnitte im Fleisch vornehmen und die Gewürznelken und Speckstükke hineinstecken. Den Braten mit einem dünnen Faden fest zusammenbinden. Schinkenspeck auslassen, Butter und die zerdrückte Knoblauchzehe zufügen und das Fleisch langsam darin anbraten. Den Knoblauch entfernen, sobald er etwas Farbe annimmt. Den Braten wenden, bis er von allen Seiten schön angebräunt ist. Salzen, pfeffern und mit dem Wein begießen. Zwiebel, Mohrrübe, Selleriestange und Petersilie fein zerkleinern. Sobald der Wein verkocht ist, den Braten aus dem Topf nehmen und beiseite stellen. Die Gewürznelken zusammen mit dem zerkleinerten Gemüse zum Schmorfond geben und bei milder Hitze weich dünsten. Den Braten wieder hineinlegen und weitere 10 Minuten bei geringer Hitze schmoren. Mit in etwas lauwarmem Wasser gelöster Tomatensauce ergänzen und das Fleisch mit lauwarmem Wasser befeuchten. Zugedeckt bei milder Hitze ca. 2 Stunden weitergaren.
Der hierbei entstehende Schmorfond wird gerne mit Fettuccine, in Risottos und für Kutteln verwendet; der Braten wird aufgeschnitten und als Hauptgericht serviert.

RAGÙ ALLA BOLOGNESE

Fleischsauce mit Speck und Tomaten

50 g durchwachsener Speck
50 g Butter
200 g Hackfleisch (gemischt vom Kalb, Rind und Schwein)
1 mittelgroße Zwiebel
1 kleine Mohrrübe
1 Stange Bleichsellerie
½ Glas trockener Rotwein
3 EL Tomatensauce (Rezept S. 124)
1 TL Fleischextrakt
¼ l Milch
Salz
frisch gemahlener Pfeffer

Mohrrübe, Zwiebel, Sellerie und Speck sehr fein zerkleinern. Die Butter in einem Topf zerlassen. Sobald sie zu schäumen beginnt, das kleingehackte Gemüse zusammen mit dem Speck und dem Hackfleisch hineingeben und einige Minuten anbraten. Anschließend die Temperatur erhöhen und den Wein angießen. Tomatensauce und Fleischextrakt in etwas warmem Wasser auflösen und in den Topf geben, sobald der Wein verdampft ist. Mit Salz und Pfeffer würzen. Zugedeckt leise kochen lassen, bis die Mischung ziemlich dickflüssig ist. Nun die Milch einrühren und den Topf wieder zudecken. Bei schwacher Hitze leise weiter köcheln lassen, bis die Milch verkocht ist.
Dieses ist das ursprüngliche Rezept für Ragù alla bolognese. Inzwischen kursiert in den Küchen Italiens eine Vielzahl von Varianten, die diesem typisch emilianischen Gericht nicht zum Nachteil gereichen, sondern es im Gegenteil noch verbessern und verfeinern. So werden, zusätzlich zum Hackfleisch, Hühnerlebern verwendet oder einige getrocknete Steinpilze, die in lauwarmem Wasser eingeweicht und zusammen mit dem Gemüse und Speck zerkleinert werden, zuweilen auch Streifen von rohem, nicht zu magerem Schinken oder aber all diese Zutaten gleichzeitig, was höchste Gaumenfreuden verspricht! Am Vortag zubereitet und zugedeckt an einem kühlen Ort (nicht in einem Aluminiumtopf) aufbewahrt, läßt sich diese Sauce hervorragend für weiße oder grüne Lasagne wie auch für Tortellini verwenden.

RAGÙ D'AGNELLO E PEPERONI

Lammragout mit Paprikaschoten

230 g mageres Lammfleisch
½ Glas Öl
1 Knoblauchzehe
2–3 Lorbeerblätter
½ Glas trockener Weißwein
3 reife, geschälte Tomaten
2 Paprikaschoten
Salz
frisch gemahlener Pfeffer
1 Schöpfkelle Fleischbrühe (nach Belieben)

Das Fleisch in kleine Stücke teilen, kräftig pfeffern und salzen und 1 Stunde ruhen lassen. Die Knoblauchzehe mit den Lorbeerblättern im Öl andünsten. Sobald sie Farbe annehmen, entfernen, das Fleisch in den Topf geben und von allen Seiten gleichmäßig anbraten. Den Wein angießen und verdampfen lassen. Die zerkleinerten Tomaten und in Streifen geschnittenen Paprikaschoten zufügen, salzen und zugedeckt ca. 1½ Stunden bei mäßiger Hitze garen. Gelegentlich umrühren und falls erforderlich heiße Brühe ergänzen.
Diese Sauce paßt gut zu frischen Fettuccine und Maccheroni alla chitarra.

PESTO ALLA GENOVESE *

Genueser Basilikumsauce

1 Bund Basilikum (ca. 30 Blätter)
1 Handvoll Pinienkerne
2 Knoblauchzehen
½ Glas Öl
1 EL geriebener Parmesan
1 EL nicht zu alter geriebener Pecorino sardo
1 Prise Hagelsalz

Basilikumblätter mit einem Tuch abreiben, nicht waschen. Pinienkerne im Backofen rösten. Basilikumblätter, Pinienkerne, Knoblauch und Hagelsalz im Mörser (möglichst aus Marmor) zerstoßen. Nach und nach die beiden Käsesorten untermischen. (Einen dezenteren Geschmack erhält man bei Verwendung von normalem Pecorino.) Alles in eine Schale füllen und das Öl in kleinen Portionen mit dem Holzlöffel unterrühren. Die fertige Sauce muß von cremiger Substanz und lebhaft grüner Farbe sein. Ausgezeichnet zu Nudeln, aber auch in der Minestrone und zu anderen Gerichten.

BAGNA CAUDA

Heiße Sauce aus Butter, Öl und Knoblauch

100 g Butter
50 g Öl
4 große Knoblauchzehen
6 eingesalzene Sardellen
1 weiße Trüffel

Sardellen gut wässern, entgräten und in Stückchen teilen. Butter und Öl in einem Topf (möglichst aus Steingut) erhitzen und die fein gehackten Knoblauchzehen darin weich dünsten, jedoch nicht anbräunen. Den Topf vom Herd nehmen, Sardellen hineingeben und mit Hilfe einer Gabel zerdrücken. Wieder auf die Platte stellen und die sorgfältig geputzte und in hauchfeine Scheiben geschnittene Trüffel ergänzen. Bei milder Hitze alles gründlich vermischen und sofort servieren.
Damit die Sauce heiß bleibt, sollte sie direkt im Kochtopf serviert und in die Tischmitte auf eine Warm-

halteplatte gestellt werden. Zu dieser italienischen Spezialität werden rohe Gemüsestückchen (Karden, Bleichsellerie und eventuell Paprikaschoten) vorbereitet, die dann in die Sauce gestippt werden.

AGLIATA

Knoblauchsauce

1 Brötchen
1 EL Essig
2 Knoblauchzehen
2 Bund Basilikum
2 Bund Petersilie
Salz
1 Tasse Olivenöl
frisch gemahlener Pfeffer

Ein typisches Rezept Liguriens. Die Sauce erinnert an eine provenzalische Spezialität – Aioli –, die aus Knoblauch, Eigelb und Olivenöl zubereitet wird, doch finden sich zahlreiche Varianten auch in den südeuropäischen Ländern und auf dem Balkan. Ausgezeichnet paßt diese Sauce beispielsweise zu gebratenem Stockfisch, Kalbsleber oder Ragout aus Lamminnereien. Das Brötchen aushöhlen und die Krume in Essig einweichen. Gut ausdrücken und im Mörser mit den gehackten Knoblauchzehen und den fein gewiegten Kräutern zerreiben. Die Mischung in eine Sauciere füllen und das Öl unterziehen. Salzen und pfeffern.

PEVERADA

Pfeffersauce

150 g Hühnerlebern
2 Scheiben »Sopressa veneta« (ca. 100 g) (s. S. 22)
2 Sardellenfilets
1 kleiner Bund Petersilie
1 Knoblauchzehe
1 Zitrone
8 EL Olivenöl
½ Glas trockener Weißwein (bzw. 4 EL Essig)
Salz
frisch gemahlener Pfeffer

Hühnerlebern, »sopressa«, Sardellenfilets, Knoblauchzehe, Petersilie und die abgeriebene Zitronenschale sehr fein hacken. Öl in einem Topf erhitzen und diese Zutaten hineingeben. Salzen, leicht pfeffern und durchkochen. Mit Zitronensaft und Wein (bzw. Essig) ergänzen. Zu gebratenem Huhn oder Perlhuhn reichen.

FONDO BRUNO

Brauner Fond
(ergibt ca. ½ l)

3 kg Kalbs- oder Rinderknochen in kleine Stücke zerhacken lassen. Je 500 g Zwiebeln, Mohrrüben und Sellerie zerkleinern. Alles zusammen mit 1 kg mageren Fleischabfällen vom Kalb und Rind und einem Kräutersträußchen, bestehend aus Petersilienstengeln, 1 Lorbeerblatt, 2 Thymianzweiglein und 1 zerdrückten Knoblauchzehe, in einen großen Steingut-Topf füllen. In den heißen Ofen schieben und häufig durchmischen, bis alles schön gebräunt ist; dabei gelegentlich entfetten. Vorsichtig ½ l trokkenen Weißwein angießen und verdampfen lassen. 1 kg Tomatenfleisch zufügen und unter häufigem Rühren weiterschmoren, bis fast die gesamte Flüssigkeit verkocht ist. Nun 5 l heißes Wasser dazugießen, mit 10 Pfefferkörnern würzen und salzen. 2–3 Stunden bei minimaler Hitze köcheln lassen, dabei immer wieder entfetten und abschäumen. Alles durch ein Spitzsieb streichen und noch einmal um ⅓ einkochen lassen. Dieser Fond verfeinert Fleischgerichte und hält sich im Kühlschrank ca. 20 Tage.

FONDO BRUNO DI SELVAGGINA

Wildfond

Die Zubereitung ist identisch mit dem vorhergehenden Rezept, wobei jedoch anstelle der Kalb- und Rindfleischstückchen die entsprechende Menge Wildabfälle verwendet wird. Zur geschmacklichen Abrundung von Wildgerichten.

FONDO DI PESCE

Fischfond
(ergibt ca. 2 l)

3 kg Fischabfälle und -gräten zusammen mit 150 g Zwiebeln, 150 g Sellerie und einem Kräutersträußchen, bestehend aus Petersilienstengeln, 1 Lorbeerblatt und einigen Mohrrübenstückchen, in einen Topf geben. Mit 1 Glas trockenem Weißwein und dem Saft von ½ Zitrone ergänzen. Mit einigen Pfefferkörnern und Salz würzen. 5 l Wasser angießen und alles 4 Stunden leise köcheln lassen. Zum Schluß durch ein feinmaschiges Sieb streichen. Verwendung als Grundlage für Fischsaucen.

Carni

Fleisch

»Dieses Kapitel ist dem Fleisch gewidmet, Wild und Geflügel ausgenommen. Die kulinarischen Traditionen sind in Italien von Region zu Region sehr verschieden. So dominieren in Mittelitalien Gerichte aus Schaffleisch; besonders Lamm und Zicklein sind sehr beliebt. Sie werden meist anläßlich religiöser Feiertage wie Ostern geschlachtet. In der Poebene, die an Weideland sehr reich ist, stößt man natürlich eher auf Rind- und Schweinefleischrezepte (letztere sind in den Bologneser Küchen, entlang der Via Emilia bis zum Po, weit verbreitet). In der Toskana hingegen, dem Geburtsort der berühmten Fiorentina, klagt man bereits, daß dieser Inbegriff eines Fleischgerichtes so selten geworden sei wie Eis im Juli. (Die echte Fiorentina muß aus Fleisch vom Jungrind aus dem Chianti-Gebiet zubereitet werden.) In Süditalien und auf den Inseln (vor allem in Kalabrien und Sardinien) werden aus Schaf- und Schweinefleisch köstliche Gerichte gekocht, oft ländlich-einfach und sehr traditionsreich. Hierzu zählt z. B. die Porchetta.«

Manzo

Rindfleisch

STRACOTTO

Rinderschmorbraten

800 g Rindfleisch (Roastbeef)
50 g Butter
50 g Speck
½ Zwiebel
1 Stange Bleichsellerie
1 kleine Mohrrübe
2 Knoblauchzehen
1 TL Fleischextrakt
2 EL Tomatensauce (Rezept S. 124)
Salz
frisch gemahlener Pfeffer

Die Knoblauchzehen in feine Scheibchen schneiden und das Fleisch damit spicken. Das Gemüse und den Speck fein hacken. In einem Steingut-Topf die Butter zerlassen; das Feingehackte einige Minuten darin anbraten. Das Fleisch hineingeben und unter häufigem Wenden rundum gut anbraten. Den Fleischextrakt mit etwas Wasser und der Tomatensauce verrühren und an das Fleisch gießen. Zugedeckt bei schwacher Hitze schmoren lassen, hin und wieder wenden und wenn nötig mit etwas Wasser beträufeln. Nach der Hälfte der Garzeit salzen und nach Belieben pfeffern. Für ein optimales Stracotto muß das Fleisch mindestens 4 Stunden bei schwacher Hitze garen; das Ergebnis wird ein schmackhaftes und weiches Fleisch in einer cremigen Sauce sein.
Das Fleisch in dicke Scheiben schneiden, mit der Sauce beträufeln und servieren. Besonders gut paßt als Beilage frischer Salat wie Radicchio oder Kopfsalat.

POLPETTINE ALLA SALVIA *

Salbeiklößchen

450 g mageres Rinderhackfleisch
8 feingeschnittene Salbeiblättchen
60 g Butter
Salz
2 EL geriebener Parmesankäse
Mehl
4 EL Marsala

Das Fleisch mit den feingeschnittenen Salbeiblättchen, 30 g Butter, dem Parmesan und Salz vermischen. Alles zu einem glatten Teig verarbeiten. Mit bemehlten Händen kleine Klößchen formen. Die restliche Butter in einer Pfanne zerlassen. Die Klößchen 5–7 Minuten goldbraun braten. Mit dem Marsala beträufeln und verdampfen lassen. Die Klößchen mit dem Bratenfond beträufeln und heiß servieren.

CODA ALLA VACCINARA

Ochsenschwanzragout

1 kg Ochsenschwanz
50 g Speck
20 g Butter (auch Öl oder Schmalz)
1 Zwiebel
1 Mohrrübe
1 Knoblauchzehe
1 Bund Petersilie
2 Stangen Bleichsellerie
1 Glas trockener Weißwein
2 EL Tomatensauce (Rezept S. 124)
Salz
frisch gemahlener Pfeffer

Ein typisches Gericht der römischen Küche.
Den Ochsenschwanz gut waschen und für einige Stunden in kaltes Wasser legen. Herausnehmen und in den Gelenken durchschneiden. Die Zwiebel mit dem Knoblauch, der Mohrrübe und der Petersilie zusammen sehr fein wiegen. Den Speck kleinschneiden; mit der Butter und dem Gemüse in eine Kasserolle (möglichst aus Steingut) geben und einige Minuten braten, bis das Gemüse etwas weich geworden ist. Das Fleisch dazugeben und rundum braun braten. Mit Salz und Pfeffer abschmecken, nach und nach den Wein angießen. Sobald der Wein verdampft ist, die mit ½ l Wasser verdünnte Tomatensauce hineingeben. Alles gut verrühren, bei schwacher Hitze zugedeckt 3–4 Stunden schmoren lassen. Danach den kleingeschnittenen Sellerie hinzufügen und für eine weitere halbe Stunde garen.
Die Fleischstücke auf einer Platte anrichten, mit der Sauce beträufeln und sehr heiß servieren.

CODA DI BUE ALLA CAVOUR

Ochsenschwanzragout »Cavour«

1 kg Ochsenschwanz
80 g Schweineschwarte
2 Zwiebeln
4 Mohrrüben
1 dicke Stange Bleichsellerie
1 Bund Petersilie
½ Glas Öl
gut ¼ l Rotwein
1 TL Fleischextrakt
1 TL Kartoffel- oder Maisstärke
25 g Butter
50 g Trockenpilze
Salz
frisch gemahlener Pfeffer

Den Ochsenschwanz in den Gelenken durchschneiden, waschen und trockentupfen. In einer Kasserolle das Öl erhitzen, die Schwarte säubern und in feine Streifen schneiden, zusammen mit der grob zerkleinerten Zwiebel, den Mohrrüben, dem Bleichsellerie und der Petersilie hineingeben. Zuletzt die Fleischstücke hinzufügen und mit Salz und Pfeffer abschmecken. Danach den Wein angießen. Sobald das Gemüse etwas weich geworden und der Wein verdampft ist, soviel Wasser angießen, bis alles bedeckt ist. Den Fleischextrakt darin auflösen. 3 Stunden weich kochen lassen, wenn nötig noch etwas Wasser hinzufügen. Die Ochsenschwanzstücke herausnehmen und auf einer Platte anrichten. Die Flüssigkeit mit der mit Butter verkneteten Stärke binden. Die zuvor in Wasser eingeweichten Pilze klein schneiden, in etwas Öl anbraten und in die Sauce geben. Weitere 10 Minuten bei schwacher Hitze köcheln lassen und über die Fleischstücke gießen.

FARSUMAGRU

Gefüllte Rinderroulade

350 g mageres Rinderhackfleisch
1 Ei
1 Eigelb
2 gehäufte EL geriebener Caciocavallo (s. S. 285)
Salz
frisch gemahlener Pfeffer
Muskatnuß
1 Bund feingehackte Petersilie
Majoran (nach Wunsch)
Thymian (nach Wunsch)
1 gehackte Knoblauchzehe (nach Wunsch)

1 große, dünne Scheibe mageres Rindfleisch (ca. 300 g)
1 Scheibe roher Schinken (80 g)
1 Scheibe Speck (ca. 100 g)
40 g Schmalz
1 gehackte Zwiebel
gut ½ Glas Rotwein
1 Tasse frische, vorgekochte Tomatensauce (nach Wunsch) (Rezept S. 124)
80 g Caciocavallo, gewürfelt
1 hartgekochtes Ei

Das Hackfleisch in eine Schüssel geben, das Ei und das Eigelb, den geriebenen Caciocavallokäse, etwas Salz und Pfeffer, 1 Prise Muskatnuß, die Petersilie, falls erwünscht eine Prise Majoran und Thymian sowie den Knoblauch hinzufügen. Zu einem gleichmäßigen Teig verarbeiten und zur Seite stellen. Das Fleisch in eine viereckige Form klopfen, an den Rändern etwas einschneiden, damit es sich beim Kochen nicht einrollt; das harte Ei in Scheiben, den Käse in Würfel und den Schinken und Speck in Streifen schneiden. Die Hackfleischfüllung mit angefeuchteten Händen auf das Fleisch streichen, die Ränder frei lassen. Darüber das Ei, den Käse, Schinken und Speck geben. Das Fleisch von der Breitseite her aufrollen und zusammenbinden. Das Schmalz in einer Kasserolle erhitzen, die Zwiebel und das Fleisch hineingeben. Bei schwacher Hitze braten, bis Fleisch und Zwiebel etwas Farbe angenommen haben. Dann den Wein angießen und verdampfen lassen. Mit Salz und Pfeffer würzen und zugedeckt bei schwacher Hitze ca. 1½ Stunden gar schmoren lassen.
Der Farsumagru wird warm oder kalt in Scheiben geschnitten gegessen. Eventuell Tomatensauce dazu servieren.

ROLLÈ DI FILETTO

Rinderfilet

500 g Rinderfilet
Salz
frisch gemahlener, schwarzer Pfeffer
1 Zweiglein Rosmarin
2 Lorbeerblätter
½ Zitrone
3 EL Öl
40 g Butter
1 TL Mehl
1 Glas trockener Weißwein (oder 2 EL Essig bester Qualität)

Das Filet gut salzen und pfeffern, mit dem Öl, dem Rosmarin, dem Lorbeer und der Zitrone in eine Kasserolle geben. Zugedeckt bei starker Hitze ca. 15 Minuten braten. Dabei das Fleisch hin und wieder wenden. Zitrone, Rosmarin und Lorbeer herausnehmen, die Butter hineingeben und mit dem Mehl bestäuben; das Fleisch mit dem Wein (oder dem Essig) beträufeln und die Sauce etwa 5 Minuten eindicken lassen. Dazu das Fleisch herausnehmen und warm stellen. Das Filetstück in Scheiben schneiden und mit der Sauce beträufelt servieren.

MANZO STUFATO

Rinderschmorbraten

600 g Rindfleisch vom Bug
40 g in Streifen geschnittener Bauchspeck
1 Knoblauchzehe
30 g Butter
2 EL Öl
1 Gewürznelke
1 gehackte Zwiebel
1 gehackte Stange Bleichsellerie
1 Glas Rotwein (Barbera oder Barolo)
Salz
frisch gemahlener Pfeffer
1 EL Tomatensauce (Rezept S. 124)
1 Schöpfkelle (eventuell mehr) Fleischbrühe

Das Fleisch mit den Speckstreifen spicken und mit der Knoblauchzehe einreiben. Mit Küchengarn gut binden. In einer Kasserolle (möglichst aus Steingut) die Butter mit dem Öl erhitzen, das Fleisch, die Gewürznelke sowie das kleingehackte Gemüse hineingeben. Alles gut anbraten, den Wein angießen und verdampfen lassen. Mit Salz und Pfeffer abschmecken, die Tomatensauce mit der heißen Fleischbrühe verrühren und hineingeben. Zugedeckt ca. 4 Stunden langsam schmoren lassen; falls erforderlich, etwas Brühe angießen. Die Sauce durch ein Sieb passieren (sie muß ziemlich sämig sein) und am folgenden Tag heiß servieren. Als Beilage Polenta reichen.

MANZO BRASATO ALLA MODA DI TRENTO

Rinderschmorbraten »Trient«

600 g Rindfleisch vom Bug
¼ l Milch
1 dl Sahne
1 Glas Essig
½ Zwiebel
60 g Speck in Scheiben
1 Rosmarinzweig
50 g Butter
1 TL Mehl
Salz
frisch gemahlener Pfeffer

Das Fleisch mit den Speckscheiben belegen und fest umbinden. In einem Steingut-Topf die Butter zerlassen, die feingehackte Zwiebel anbraten. Danach das Fleisch und den Rosmarin hineingeben. Bei schwacher Hitze unter häufigem Wenden das Fleisch 5–10 Minuten rundum braten. Die Hitze höher schalten, den Essig angießen und verdampfen lassen; jetzt die Sahne und die Milch darübergießen, salzen und zugedeckt bei schwacher Hitze fertig garen (ca. 1 Stunde). Falls erforderlich etwas kochende Brühe hinzufügen (oder kochendes Wasser mit 1 TL Fleischextrakt verrührt). Kurz vor Ende der Garzeit das Fleisch aus der Kasserolle nehmen, die Sauce durch ein Sieb streichen und nochmals aufkochen lassen.
Das Fleisch in Scheiben schneiden, die Sauce darüber verteilen und mit kochendheißer Polenta (s. S. 85) servieren.

STUFATINO

Rindfleischragout

550 g Rinderkeule
60 g Schmalz
1 feingehackte Zwiebel
40 g feingehackter Schinkenspeck
1 kleingeschnittene Stange Bleichsellerie
1 zerdrückte Knoblauchzehe
1 Prise Majoran
1 Glas Rotwein
2 EL Tomatenmark
heiße Brühe
700 g Knollensellerie oder Karden, gekocht

Das Fleisch in kleine Stücke zerteilen. Das Schmalz erhitzen und die Zwiebel glasig dünsten. Den Schinkenspeck, die zerkleinerte Selleriestange und den Knoblauch hineingeben und einige Minuten braten. Das mit Salz und einer Prise Majoran eingeriebene Fleisch in den Topf geben und bei schwacher Hitze braun braten. Mit Wein beträufeln und langsam verdampfen lassen. Das Tomatenmark in einer Tasse heißer Brühe auflösen und angießen. Zugedeckt für ca. 2 Stunden leise köcheln lassen, wenn erforderlich, hin und wieder etwas heiße Brühe hinzufügen. Den Knollensellerie oder die Karden klein schneiden, einige Minuten vor Ende der Garzeit in den Topf geben und mitkochen.
Knollensellerie und besonders Karden sind die typischen Beilagen zu diesem Gericht.

CULATTA DI MANZO ALLA TRIESTINA

Rinderbraten »Triest«

800 g Rinderkeule
1 Scheibe nicht zu magerer Schinken (50 g)
½ Zwiebel
1 Stange Bleichsellerie
1 Mohrrübe
1 Glas trockener Weißwein
¾ l heiße Brühe (in kochendem Wasser 1 Würfel und ½ TL Fleischextrakt auflösen)
4 EL Öl
30 g Butter
einige Gewürznelken
Salz
frisch gemahlener Pfeffer

Den Schinken in feine Streifen schneiden und das Fleisch spicken. In einer Pfanne das Öl mit der Butter erhitzen und das Fleisch bei mäßiger Hitze gleichmäßig braun braten. Die Zwiebel fein wiegen, Mohrrübe und Sellerie kleinschneiden und mit den Gewürznelken in die Pfanne geben. Mit Salz und Pfeffer abschmecken und mit dem Wein beträufeln. Zugedeckt ca. 1½ Stunden garen. (Falls erforderlich, etwas Wasser angießen.) Das fertige Fleisch herausnehmen und etwas abkühlen lassen. Danach in dünne Scheiben schneiden und auf einer Servierplatte anrichten. Die Sauce bei starker Hitze bis zu einer cremigen Konsistenz eindicken lassen und kochend heiß über das Fleisch gießen. Noch besser gelingt die Sauce, wenn sie vor dem Aufkochen durch ein Sieb passiert und mit 1 TL Mehl gebunden wird.
Als Beilage Kartoffelpüree reichen.

GULASCH ALLA TRIESTINA

Triestiner Gulasch

600 g Rindfleisch
600 g Zwiebeln
50 g Speck
50 g Schmalz
Paprikapulver
1 Rosmarinzweig
2 Lorbeerblätter
200 g Tomatenpüree
Salz

Den Speck fein wiegen und mit dem Schmalz in einer Kasserolle erhitzen. Die Zwiebeln in feine Scheiben schneiden und bei schwacher Hitze weich dünsten. In der Zwischenzeit das Fleisch in 3 cm große Würfel schneiden, die Hitze hochschalten und unter häufigem Wenden braun braten. Salzen und nach Belieben mit Paprikapulver würzen. Die Kräuter mit Küchengarn fest zusammenbinden, damit der Rosmarin keine Blättchen verliert, und in den Topf geben. Das Tomatenpüree mit einer kleinen Schöpfkelle Wasser verdünnen und hineingießen.
Zugedeckt leise köcheln lassen, bis das Fleisch sehr weich ist und die Zwiebeln zu einer dicken, gleichmäßigen Sauce zerkocht sind. Sofern erforderlich, während der Garzeit etwas heißes Wasser angießen. Das Kräutersträußchen entfernen und den Gulasch sofort heiß servieren.
Dazu heiße Polenta oder Salzkartoffeln reichen.

GAROFOLATO DI MANZO

Gespickter Rinderbraten

600–700 g Rindfleisch
50 g Butter
50 g Speck
1 Stück Butter
2 Knoblauchzehen
4 reife Tomaten
1 Glas trockener Rotwein
Gewürznelken
Salz
frisch gemahlener Pfeffer

Mit einem spitzen Messer das Fleisch in gleichmäßigen Abständen einschneiden und mit kleinen Stückchen Speck und Knoblauch sowie einigen Gewürznelken spikken. In einer Kasserolle Öl und Butter erhitzen, das Fleisch hineinlegen und unter häufigem Wenden braun braten. Zuerst den Wein hineingießen (bei starker Hitze verdampfen lassen), dann die durch ein Sieb gestrichenen Tomaten. Mit Salz und Pfeffer abschmecken,

zudecken und bei mäßiger Hitze ca. 2 Stunden garen. Hin und wieder umrühren und etwas warmes Wasser angießen. Das Fleisch herausnehmen, sobald es weich ist, in 2 cm dicke Scheiben schneiden und sofort servieren. Der Bratensaft dient als köstliche Sauce zu Teigwaren. Dazu die Nudeln »al dente« kochen, abtropfen lassen und in der Pfanne mit dem Bratensaft schwenken.

INVOLTINI ALLA BARESE

Rouladen mit Käse

600 g Pferde- oder Rindfleisch
80 g Speck
80 g Pecorino (s. S. 290–291)
1 Bund Petersilie
4 Knoblauchzehen
500 g reife Tomaten
4 EL Öl
Salz
frisch gemahlener Pfeffer

Das Fleisch in 4 gleichmäßig dicke Scheiben schneiden. Vorsichtig breitklopfen, salzen und pfeffern. Den Speck und den Käse in Streifchen schneiden, Petersilie und Knoblauch zusammen grob hakken. Alles auf den 4 Fleischscheiben verteilen. Das Fleisch einrollen und wie eine Salami mit Küchengarn festbinden. In einer Pfanne das Öl erhitzen, die Rouladen unter ständigem Wenden wenige Minuten braten. Die enthäuteten, entkernten und grob gehackten Tomaten hineingeben; etwas salzen und zugedeckt die Sauce ungefähr eine halbe Stunde bei mäßiger Hitze eindicken lassen. Die fertigen Rouladen aus der Pfanne nehmen, das Küchengarn entfernen, auf einer Servierplatte anrichten und die Sauce darüber verteilen. Heiß auf den Tisch bringen.
Wird an Stelle von Pferdefleisch Rindfleisch verwendet, genügt die Hälfte der angegebenen Menge an Knoblauch und Pecorino.

BISTECCHINE ALLA MODA DI NAPOLI

Beefsteaks mit Pilzen

600 g Rindfleisch
(Roastbeef, Filet, Schwanzstück)
100 g roher Schinken
1 Handvoll frische Pilze
1 Bund Petersilie
½ Zwiebel
Öl
Salz
frisch gemahlener Pfeffer

Das Fleisch in 8 möglichst gleichgroße Scheiben schneiden. Die Pilze putzen (Trockenpilze am Abend vorher in lauwarmem Wasser einweichen). Den Schinken und die Petersilie fein wiegen. Wenig Öl in einer Pfanne (oder feuerfesten Form) erhitzen. Die Pfanne sollte so groß sein, daß die Fleischscheiben nebeneinander Platz finden. Den Schinken hineingeben, die Pilze darauf verteilen. Mit wenig Salz würzen, pfeffern und mit der feingehackten Petersilie bestreuen. Das Ganze mit einem feinen Strahl Öl begießen und nun die Fleischscheiben darauf legen. Für eine Viertelstunde in den vorgeheizten Backofen (ca. 200 °C) schieben. Herausnehmen, mit einer Palette das Fleisch umdrehen, mit dem Saft der halben Zitrone beträufeln und leicht salzen. Weitere 5 Minuten im Backofen garen und in der Pfanne auf den Tisch bringen.
Das Fleisch mit einem breiten Löffel zusammen mit der feinen Sauce, die sich während der Garzeit gebildet hat, aus der Pfanne heben.

MANZO ALLA PIZZAIOLA

Rindfleisch mit Tomaten und Origano

700 g zartes, mageres Rindfleisch
2 Knoblauchzehen
500 g sehr reife Tomaten
½ Glas Öl
½ Glas trockener Weißwein
Origano
Salz
frisch gemahlener Pfeffer

Das Fleisch in dünne Schnitzel schneiden. Das Öl in einer Pfanne erhitzen und den feingehackten Knoblauch hineingeben. Sobald er etwas Farbe annimmt, das Fleisch hinzufügen und wenige Minuten braten. Herausnehmen und warm stellen. Die Tomaten enthäuten, Kerne entfernen, grob hacken und in den Bratenfond geben. Salzen, pfeffern und nach Belieben mit Origano würzen. Die Hitze hochschalten, den Wein angießen und bei geschlossenem Topf verdampfen lassen. Danach den Deckel abnehmen und bei starker Hitze die Sauce schnell eindicken lassen; dabei ständig vorsichtig rühren, die

Tomaten sollen nicht ganz zerkochen. Das Fleisch in die Sauce legen und noch einige Minuten ziehen lassen.
Dieses köstliche Gericht erhält seinen charakteristischen Geschmack durch das Origanogewürz und wird besonders im neapolitanischen Raum geschätzt.

POLPETTINE AI CAPPERI

Fleischklößchen mit Kapern

400 g mageres Rinderhackfleisch
1 Handvoll Kapern
½ Glas Weißwein
½ Glas Öl
1 Prise Majoran
1 Stück Butter
½ entrindetes Brötchen
1 EL Mehl
etwas Milch
Salz

Das Brötchen eine Minute in der Milch einweichen und ausdrücken. In einer Schüssel das Hackfleisch mit dem Brot und der Butter mischen, mit Salz und Majoran abschmecken. Alles zu einem glatten Teig verarbeiten und walnußgroße Klößchen daraus formen. In jedes Klößchen 3 bis 4 Kapern hineindrücken und in Mehl wenden. In einer breiten Pfanne das Öl erhitzen, alle Klößchen gleichzeitig hineingeben und unter ständigem Wenden goldbraun ausbraten. Mit dem Wein beträufeln und noch einige Minuten braten.
Die Klößchen auf einer Platte anrichten. Den Bratenfond mit etwas Wasser lösen, umrühren und heiß über die Klößchen verteilen. Sofort servieren.

BISTECCHE ALLA SICILIANA

Steaks mit Oliven

4 Steaks (vom Rinderfilet oder Rinderkeule)
50 g schwarze Oliven
30 g in Essig eingelegte Peperoni
50 g Kapern
4 sehr reife Tomaten
½ Glas Öl
1 Knoblauchzehe
1 Stange Bleichsellerie
Origano
Salz
frisch gemahlener Pfeffer

Die Oliven halbieren und entkernen. Die Tomaten enthäuten, Kerne entfernen und grob hacken. Die Peperoni der Länge nach aufschneiden, entkernen und den Bleichsellerie in kleine Stücke schneiden. In einer Pfanne das Öl mit dem zerdrückten Knoblauch erhitzen. Den Knoblauch entfernen, sobald er etwas Farbe annimmt, und die Steaks in die Pfanne legen. Von beiden Seiten einige Minuten braun braten und herausnehmen. Sellerie, Oliven, Peperoni, Kapern und Tomaten in die Pfanne geben, salzen und pfeffern und mit Origano würzen. Das Ganze bei mäßiger Hitze unter vorsichtigem Rühren einige Minuten eindicken lassen. Die Steaks nochmals in die Pfanne legen und kurz ziehen lassen. Dabei hin und wieder wenden. In der Pfanne sehr heiß auf den Tisch bringen.

FILETTO ALLA SARDA

Rinderfilet mit Sardellen

600 g Rinderfilet
2 Glas trockener Weißwein
½ Glas Öl
2 in Salz eingelegte Sardellen
1 Zitrone
1 Knoblauchzehe
1 Bund Petersilie
Salz
frisch gemahlener Pfeffer

Das Filet in einer Kasserolle mit dem Wein begießen, die zerdrückte Knoblauchzehe und den Petersilienbund hineingeben, mit Salz und Pfeffer würzen und mindestens 2 Stunden marinieren lassen. Das Fleisch dabei öfter umdrehen. Danach das Öl hineingießen und die Kasserolle zudecken. Auf den Herd stellen und sehr langsam garen. Falls erforderlich, hin und wieder etwas Wasser angießen. Das Fleisch herausnehmen, sobald es sehr weich ist (1–1½ Std.). Etwas abkühlen lassen, damit es dünn aufgeschnitten werden kann. Die Fleischscheiben auf einer Platte anrichten.
Die Sauce durch ein Sieb passieren, wieder auf den Herd stellen und die vom Salz befreiten und kleingeschnittenen Sardellen hineingeben. Zuletzt den Zitronensaft hineingießen und unter kräftigem Rühren nochmals 1 Minute erhitzen.
Die Sauce über das Fleisch verteilen und sofort servieren.

»PASTISSADA« ALLA VENETA *

Rinderkeule in Weinsauce

1 kg Rinderkeule
1 kleine Zwiebel
80 g Butter
Salz
frisch gemahlener Pfeffer
1 kleines Glas Marsala
1 kleines Glas Weißwein

Für die Marinade:

1 Knoblauchzehe
1 Gewürznelke
1 Prise Zimt
½ l Essig
2 Stangen Bleichsellerie
1 Rosmarinzweig
Salz
4 Pfefferkörner

Das Fleisch 12 Stunden in eine Marinade aus Essig, Knoblauch, Gewürznelke, Zimt, Bleichsellerie, Rosmarin, Salz und Pfefferkörnern legen. Danach abtropfen lassen und trockentupfen.
Die Butter in einer Kasserolle (möglichst aus Steingut) zerlassen und die Zwiebel sowie das Gemüse aus der Marinade darin anbraten. Das Fleisch hineingeben und braun braten, salzen, pfeffern und mit dem Marsala und dem Weißwein begießen.
Die Kasserolle mit Alufolie zudekken und 2½ Stunden langsam garen lassen. Danach das Fleisch in nicht zu dünne Scheiben schneiden, die Sauce durch ein Sieb streichen und darüber verteilen.
Als Beilage Polenta reichen.

MANZO BRASATO AL BAROLO

Rinderbraten in Rotwein

1 dickes Rinderlendenstück (ca. 800 g)
1 Flasche Barolo
1 Zwiebel
1 Stange Bleichsellerie
1 Lorbeerblatt
1 Mohrrübe
je 30 g Butter und fetter, roher Schinken, feingehackt
1 TL Kartoffelstärke
Salz
einige schwarze Pfefferkörner

Den Wein in eine Schüssel gießen, Zwiebel, Mohrrübe und Bleichsellerie klein schneiden und hineingeben. Pfefferkörner, Salz und das zerbröselte Lorbeerblatt hinzufügen und das Fleisch darin mindestens 24 Stunden marinieren lassen. Hin und wieder wenden.
Das Fleisch zum Schmoren herausnehmen, trockentupfen und fest zusammenbinden, damit es seine Form behält. Die Butter und den Schinken erhitzen, das Fleisch hineingeben.
Die Marinade in einem anderen Topf bei starker Hitze einkochen lassen. Durch ein Sieb passieren und über das Fleisch gießen. Mit Salz abschmecken. Wenn nötig, die Kasserolle zudecken und bei schwacher Hitze fertig garen. Das Fleisch herausnehmen, sobald es sehr weich ist, auf eine Platte legen und warm stellen.
Die Kartoffelstärke mit etwas Wasser verrühren und in den Bratenfond einrühren. Einige Minuten kochen lassen und sehr heiß zu dem Fleisch servieren.

MEDAGLIONI ALLA ROSSINI

Tournedos »Rossini«

4 ca. 2½ cm dicke Lendenschnitten
2 EL Öl
40 g Butter
1 EL Mehl
½ Glas Marsala
Salz
frisch gemahlener Pfeffer
4 Scheiben roher Schinken
4 Scheiben Grovierakäse
½ Tasse möglichst dickflüssige Béchamelsauce (s. S. 126)
4 geröstete Weißbrotscheiben
weiße Trüffel (nach Belieben)

Die Lendenschnittchen im heißen Öl-Butter-Gemisch braten. Wenn das Fleisch Farbe annimmt, mit Mehl bestäuben, danach mit dem Marsala beträufeln und verdampfen lassen. Von beiden Seiten gut salzen und pfeffern. Das Fleisch schmoren lassen, bis es die Tunke absorbiert hat. Herausnehmen und in eine feuerfeste Form legen. Käse- und Schinkenscheiben darauflegen, mit der Béchamelsauce begießen und einige Minuten in den vorgeheizten Backofen (200 °C) schieben.
Die Tournedos auf den in Butter gerösteten Weißbrotscheiben anrichten und, falls es die Jahreszeit erlaubt, hauchfeine Trüffelscheibchen darüberstreuen.

Vitello

Kalbfleisch

NOCE DI VITELLO FARCITO

Gefülltes Kalbfleisch
(für 6–8 Personen)

1 kg Kalbsnuß
Salz
frisch gemahlener Pfeffer
Zitronensaft
gehackter Rosmarin
200 g Schweine- oder Truthahnfleisch
Muskatnuß
2 EL Marsala
50 g gekochter Schinken
50 g Pökelzunge
50 g Mortadella
50 g Kalbsleber
2 hartgekochte Eigelb
1 gekochte und kleingeschnittene Mohrrübe
100 g gekochte Erbsen
3 EL Olivenöl
Milch (nach Wunsch)

Das Fleisch klopfen und mit einem scharfen Messer eine tiefe Tasche einschneiden. Dabei einen 2 cm breiten Rand lassen.
Das Innere mit etwas Salz, Pfeffer, Rosmarin und einigen Tropfen Zitronensaft würzen und ½ Stunde ruhen lassen. In der Zwischenzeit die Füllung vorbereiten: Das Schweine- oder Truthahnfleisch klein schneiden, mit Salz, Muskatnuß und Marsala abschmecken. Schinken, Pökelzunge und Mortadella in Würfel schneiden, Leber, Eigelb, Mohrrübe kleinschneiden und mit den Erbsen hinzufügen. Alles gut mischen und mit dem Teig die Fleischtasche füllen. Die Öffnung zunähen. Das Fleisch in eine feuerfeste Form geben, mit Öl beträufeln und 1½ Stunden in den vorgeheizten Backofen (160 °C) schieben. Falls erforderlich während der Garzeit mit etwas Milch anfeuchten.
Das Gericht in Scheiben geschnitten kalt oder warm servieren.

SALTIMBOCCA ALLA ROMANA

Kalbsschnitzel mit Schinken und Salbei

500 g Kalbfleisch
8 Scheiben roher, nicht zu magerer Schinken
1 Salbeizweig
50 g Butter
trockener Weißwein
Salz
frisch gemahlener Pfeffer

Das Fleisch in 8 gleichmäßig dünne Schnitzel schneiden und klopfen. Jeweils mit 1 Scheibe Schinken und 1 Salbeiblättchen belegen, zusammenklappen und mit einem Zahnstocher zusammenstecken.
In einer weiten Pfanne die Butter zerlassen. Die Schnitzel auf beiden Seiten bei starker Hitze braun braten. Mit wenig Salz bestreuen (der Schinken ist bereits salzig) und mit etwas Wein beträufeln. Diesen schnell verdampfen lassen und die Schnitzel auf einer vorgewärmten Platte anrichten. Mit dem Bratenfond begießen und sofort servieren. Sollte keine Flüssigkeit mehr in der Pfanne sein, den Bratenfond mit einigen Löffeln Wasser von der Pfanne lösen, eine Minute köcheln lassen und über das Fleisch verteilen.

TOURNEDOS CON FINANZIERA

Tournedos mit Kalbsbries

150 g Kalbsbries
120 g Kalbsrückenmark
1 EL Essig
½ Zwiebel
1 Mohrrübe
1 Stange Bleichsellerie
3 kleine Gläser Madeira (oder trockener Marsala)
80 g in Essig eingelegte Pilze, gewürfelt
50 g Essiggurken, gewürfelt
4 Kalbsmedaillons, 2–3 cm dick
1 EL Mehl
100 g Butter
Salz
frisch gemahlener Pfeffer

Kalbsbries und Kalbsrückenmark in leicht gesalzenes kaltes Wasser legen.
Essig, Zwiebel, Mohrrübe und Bleichsellerie hineingeben. Leicht salzen und pfeffern, aufkochen und ca. 10 Minuten kochen lassen. Das Kalbsbries abtropfen lassen (das Häutchen entfernen) und zusammen mit dem Rückenmark in Würfel schneiden. 40 g Butter in einer kleinen Kasserolle zerlassen.
Kalbsbries und Rückenmark hineingeben und sehr langsam bräunen; mit Salz und Pfeffer abschmecken, ein Gläschen Madeira angießen und verdampfen lassen. Danach die Pilze und die Essiggurken hinzufügen, alles gut verrühren und zugedeckt warm stellen. Mit der Zubereitung der Tournedos beginnen.
Die Fleischscheibchen mit einem Faden rundherum binden, damit sie beim Braten ihre runde Form behalten. Mit Mehl bestäuben. In einer Pfanne 60 g Butter zerlassen, die Tournedos von beiden Seiten vorsichtig braten. Salzen und pfeffern, zwei Gläschen Madeira hineingießen und verdampfen lassen. Die Fäden entfernen, und die Tournedos auf einer Platte anrichten.
Die Kalbsbriessauce darüber verteilen.

SOUFFLÉ CON FINANZIERA

Feinschmecker-Soufflé
(für 6 Personen)

50 g getrocknete Pilze
6 Hühnerlebern
3 EL Öl
100 g Kalbsrückenmark
30 g Butter
¼ l trockener Weißwein
Salz

Für das Soufflé:

70 g Butter
80 g Mehl
½ l Milch
Salz
frisch gemahlener Pfeffer
1 Prise Muskatnuß
50 g geriebener Parmesan
50 g gekochter, in Streifen geschnittener Schinken
4 Eier
1 weiße Trüffel

Die Pilze ½ Stunde in lauwarmem Wasser einweichen; abtropfen lassen, ausdrücken und in Öl und einer Prise Salz anbraten. Die Lebern in Würfel schneiden, in der Butter bei starker Hitze wenige Minuten braten. Danach leicht salzen.
Das Rückenmark waschen, in kleine Stücke schneiden und zu den Lebern in die Pfanne geben. Gut vermischen und mit dem Wein begießen. Den Wein verdampfen lassen, die Pfanne vom Herd nehmen und warm stellen. In der Zwischenzeit das Soufflé zubereiten: Zuerst den Herd einschalten und auf 210–230 °C stellen. Die Butter bei schwacher Hitze zerlassen, das Mehl hineingeben und anschwitzen. Nach und nach mit der warmen Milch löschen. Mit Salz, einer Prise weißem Pfeffer und etwas Muskatnuß abschmecken. Unter ständigem Rühren ¼ Stunde köcheln lassen. Vom Herd nehmen, den Parmesan und den Schinken untermischen; unter kräftigem Rühren nun einzeln die Eigelbe einrühren. Am Schluß sehr vorsichtig das steif geschlagene Eiweiß unterziehen.
Die Auflaufmasse in eine ausgebutterte Auflaufform füllen und sofort in den heißen Ofen schieben. Die Hitze leicht herunterschalten und 25 Minuten backen, ohne den Backofen zu öffnen.
Das Soufflé sofort servieren. Dazu die heiße, mit Trüffelscheibchen bestreute Sauce reichen.

COSTOLETTE ALLA VALDOSTANA *

Kalbskoteletts mit Käse

4 möglichst dicke Kalbskoteletts
4 Scheiben roher Schinken
150 g Fontina (s. S. 288)
1 Ei
1 EL Mehl
Semmelbrösel
50 g Butter
Salz
frisch gemahlener Pfeffer

In jedes Kotelett eine waagerechte tiefe Tasche bis zum Knochen einschneiden. Den Käse in Streifen schneiden, in 4 Teile teilen und jeweils in eine Scheibe Schinken einwickeln. Diese kleinen Rouladen etwas plattdrücken und in die Taschen der Koteletts schieben. Mit dem Fleischklopfer kräftig den Rand klopfen, damit die Koteletts geschlossen bleiben. Salzen und pfeffern, die Koteletts zuerst im Mehl, dann in dem verquirlten, ungesalzenen Ei und zuletzt in den Semmelbröseln wenden. In einer weiten Pfanne die Butter bei mäßiger Hitze zerlassen und die Koteletts von beiden Seiten goldbraun ausbraten. Mit frischem Salat servieren.

VITELLO ALLA MARENGO

Kalbsragout »Marengo«

800 g Kalbfleisch
½ Glas Öl
1 feingehackte Zwiebel
Salz
frisch gemahlener Pfeffer
1 EL Mehl
1 Glas trockener Weißwein
½ l Fleischbrühe
4 reife Tomaten, enthäutet und in Scheiben geschnitten
1 zerdrückte Knoblauchzehe
½ Lorbeerblatt
1 Prise Thymian
8 Perlzwiebeln
50 g Butter
8 Champignons
4 in Öl geröstete Weißbrotscheiben
gehackte Petersilie

Öl in einer Pfanne erhitzen, das in große Würfel geschnittene Fleisch hineingeben und von allen Seiten anbraten. Die feingehackte Zwiebel hinzufügen, mit Salz und Pfef-

fer abschmecken; mit Mehl bestäuben, alles verrühren und weiter braten, bis das Fleisch eine dunkelbraune Farbe angenommen hat. Mit der Brühe und dem Wein auffüllen. Umrühren, dabei den Bratenfond lösen und wieder zum Kochen bringen. Tomaten, Knoblauch, Lorbeer und Thymian hineingeben. Zudecken, die Hitze herunterschalten und ca. ¾ Stunde schmoren lassen. In der Zwischenzeit die Perlzwiebeln in der Butter braten, ohne daß sie zerfallen. Die Pilze entstielen, die Hütchen waschen und trockentupfen. Die Zwiebeln und Pilzhüte zu dem Fleisch geben und fertiggaren (ca. 15 Minuten). Das Fleisch etwas ruhen lassen, damit das Fett an die Oberfläche steigt. Mit einem Löffel abschöpfen. Das Ragout nochmals erhitzen, dann auf einer vorgewärmten Platte anrichten und ringsum mit den gerösteten Weißbrotscheiben garnieren. Mit gehackter Petersilie bestreuen.

COSTOLETTE ALLA MILANESE

Panierte Kalbskoteletts

4 Kalbskoteletts (Karree) mit Knochen
2 verquirlte Eier
150 g Semmelbrösel
100 g Butter
Salz
Zitronenscheiben

Das Fleisch am Knochen leicht einschneiden, etwas klopfen, die Ränder einschneiden, damit sich das Fleisch beim Braten nicht einrollt. Im verquirlten Ei (ohne Salz) wenden, danach in den Semmelbröseln. Die Panade fest an das Fleisch andrücken.

In einer weiten Pfanne die Butter erhitzen und die Koteletts hineinlegen. Bei starker Hitze braten, bis sich eine goldgelbe Kruste bildet. Nur einmal mit einem hözernen Pfannenwender wenden. Sobald die andere Seite ebenfalls knusprig braun ist, die Hitze herunterschalten und noch fünf Minuten fertiggaren (das Fleisch soll sehr weich sein). Erst am Schluß salzen. Die Koteletts auf einer gut vorgewärmten Platte anrichten, mit den Zitronenscheiben belegt servieren. Diese Koteletts schmecken auch kalt sehr gut.

VITELLO AL VINO ROSSO

Kalbsgulasch in Rotwein geschmort

600 g Kalbsgulasch
80 g Butter
1 Zwiebel
Salz
frisch gemahlener Pfeffer
2 Glas Rotwein
1 EL Fleischextrakt
3–4 Bund Petersilie
1 Knoblauchzehe
1 Lorbeerblatt
1 Zweiglein Thymian
1 EL Mehl

In einer Kasserolle 40 g Butter erhitzen und die feingehackte Zwiebel hineingeben. Sobald sie etwas Farbe annimmt, die Fleischstücke hinzufügen und braun braten. Salzen, pfeffern und den Rotwein angießen. Den Fleischextrakt in einem Glas Wasser auflösen und ebenfalls hineingießen. Bei starker Hitze einkochen lassen. Die zerdrückte Knoblauchzehe in die Petersilie wickeln, zusammen mit dem Lorbeer und dem Thymianzweiglein ein Kräutersträußchen binden. Das Kräutersträußchen zu dem Fleisch in den Topf geben. Zugedeckt bei mäßiger Hitze ca. 2 Stunden schmoren lassen. Falls erforderlich, hin und wieder etwas Wasser angießen. Das Fleisch herausnehmen und in einer Schüssel anrichten. 40 g Butter mit dem Mehl verkneten und nach und nach in die Sauce rühren, bis sie sehr sämig wird. Über das Fleisch gießen und servieren.

VITELLO CON MELANZANE

Kalbfleisch mit Auberginen

4 Scheiben Kalbfleisch à ca. 100 g
2 runde Auberginen
Salz
Öl zum Ausbacken
4 reife Tomaten
2 EL Öl
80 g grüne (oder schwarze) Oliven, entkernt
3–4 Basilikumblättchen, feingehackt
Mehl
40 g Butter

Die Auberginen schälen, in wenige Millimeter dicke, runde Scheiben schneiden. Leicht salzen und auf einem schräg gestellten Teller eine Stunde ruhen lassen, damit sie den bitteren Saft abgeben. Trockentupfen und nacheinander in heißem Öl ausbacken. Auf Küchenkrepp abtropfen lassen. Die Tomaten kurz in kochendes Wasser tauchen, enthäuten, Kerne entfernen und in Stücke schneiden. In einer kleinen Kasserolle die Tomaten in Öl mit einer Prise Salz bei starker Hitze ca. 10 Minuten braten. Die Oliven, die Basilikumblättchen und die gebratenen Auberginen hineingeben und einige Minuten bei mäßiger Hitze schmoren. Die Fleischscheiben in Mehl wenden und bei starker Hitze von beiden Seiten je 6 Minuten braun braten. Salzen, herausnehmen, in eine Steingut-Pfanne legen und mit der Sauce begießen. Für einige Minuten in den vorgeheizten Backofen (160 °C) schieben. Heiß servieren.

TESTINA DI VITELLO ALLE OLIVE *

Kalbskopf mit Oliven

1 kg Kalbskopf
1 Zwiebel
1 Mohrrübe
1 Stange Bleichsellerie
1 Bund Petersilie
Salz
150 g grüne Oliven
1 feingehackte Zwiebel
2 feingehackte Mohrrüben
2 Stangen Bleichsellerie, feingehackt
1 Schöpfkelle Fleischbrühe

Den Kalbskopf säubern und unter fließendem Wasser gründlich abspülen. Mit der ganzen Zwiebel, der Mohrrübe, der Bleichselleriestange und der Petersilie in einen Topf geben und mit Salz bestreuen. Alles gut mit Wasser bedecken und zugedeckt bei schwacher Hitze gut 1 Stunde kochen lassen. Das Fleisch muß sich leicht vom Knochen lösen lassen. Das Fleisch sorgfältig entbeinen und in dünne Scheiben schneiden. Die Oliven entkernen, die Hälfte in einem Mörser zerstoßen. Das feingehackte Gemüse (Zwiebel, Mohrrüben und Bleichselleriestangen) mit einigen Löffeln der Kalbskopfbrühe in eine Kasserolle geben. Bei mäßiger Hitze leicht dünsten. Die zerstoßenen Oliven und die Kalbskopfstücke hinzufügen. Einige Minuten ziehen lassen, mit einer Schöpfkelle sehr heißer Fleischbrühe begießen und die restlichen Oliven hineingeben. Mit Salz abschmecken und bei mäßiger Hitze noch ca. 10 Minuten fertig schmoren lassen. Dabei hin und wieder den Topf rütteln, damit nichts anbrennt. Sehr heiß servieren.

INVOLTINI CON FAGIOLONI BIANCHI

Kalbsschnitzel mit weißen Bohnen

8 kleine Kalbsschnitzel
350 g dicke, weiße Bohnen, gekocht
50 g Schinkenspeck
1 feingehackte Knoblauchzehe
6 EL Öl
4 reife Tomaten, kleingeschnitten
80 g frische Pilze, in Scheiben geschnitten
1 zerdrückte Knoblauchzehe
etwas Fleischbrühe
200 g Schweinehackfleisch (Lende)
1 Ei
Salz
frisch gemahlener Pfeffer
geriebener Parmesan
gehackte Petersilie
50 g Butter

Die Kalbsschnitzel gut klopfen. In einer Kasserolle etwas Öl erhitzen und den Schinkenspeck und die gehackte Knoblauchzehe anbraten; die Petersilie und die Tomaten, zuletzt die weißen Bohnen hineingeben. Mit Salz abschmecken und ½ Stunde schmoren lassen. In der Zwischenzeit die zerdrückte Knoblauchzehe in einer kleinen Pfanne in Öl anbraten. Entfernen, sobald sie etwas Farbe annimmt, und die gesäuberten Pilze hinzufügen; salzen und etwas Fleischbrühe angießen. Ungefähr 20 Minuten

schmoren lassen, danach die Pilze sehr fein wiegen.
In der Zwischenzeit das Hackfleisch in einer Schüssel mit dem Parmesan, dem Ei, einer Prise Salz und Pfeffer und der Petersilie vermischen. Die Pilze untermischen und den Teig auf den Kalbsschnitzeln verteilen. Die Fleischscheiben einrollen und mit einem Zahnstocher feststecken. In heißer Butter gleichmäßig braun braten.
Die Bohnen mit der Tomatensauce hineingeben und bei schwacher Hitze fertiggaren (ca. 15 Minuten).

PICCATE DI VITELLO

Kalbsschnitzel mit Zitrone

4 Kalbsschnitzel (à ca. 120 g)
1 Stück Butter
1 Bund Petersilie
1 EL Mehl
Saft einer halben Zitrone
Salz

Die Kalbsschnitzel gleichmäßig klopfen, salzen und im Mehl wenden Die Butter in einer Pfanne erhitzen, und die Schnitzel von beiden Seiten braun braten. Wenn das Fleisch fertig ist (bei weichem Kalbfleisch genügen wenige Minuten), mit dem Zitronensaft beträufeln und mit der sehr fein gehackten Petersilie bestreuen. Heiß servieren.

NERVETTI IN INSALATA

Kalbsknorpelsalat

2 Kalbsfüßchen und 2 Kalbsknie
3 Frühlingszwiebeln
1 Mohrrübe
1 Bleichselleriestange
Olivenöl
Weinessig
Salz
frisch gemahlener Pfeffer

Die Kalbsfüßchen abflämmen und waschen; die Kalbsknie waschen. Mindestens 2 Stunden in Salzwasser mit der Mohrrübe und der Bleichselleriestange kochen. Aus der Brühe nehmen und etwas auskühlen lassen.
Die Kalbsstücke völlig entbeinen und das Fleisch in Streifen schneiden. In einer Schüssel eine Salatsauce aus den in feine Scheiben geschnittenen Zwiebeln, Öl, Weinessig, Salz und Pfeffer bereiten und mit dem noch lauwarmen Fleisch vermischen.

VITELLO IN GELATINA ALLA MILANESE

Kalbfleisch in Aspik

800 g Kalbsbrust am Stück
2 Mohrrüben
2 feingehackte Bleichselleriestangen
2 möglichst dick geschnittene Scheiben magerer Schinken
Salz
frisch gemahlener Pfeffer
60 g Butter
30 g feingehackter Speck
2 Lorbeerblätter
1 Kalbsfüßchen
1 Knoblauchzehe
1 Gläschen Marsala
4 Blatt Gelatine
1 Eiweiß
Senffrüchte zum Garnieren

Die Kalbsbrust vom Fleischer vorbereiten lassen: Zu einer quadratischen Scheibe klopfen, die ca. 1 cm dick und ohne Löcher sein sollte. Eine Mohrrübe in kleine Würfel schneiden und mit einer feingehackten Stange Bleichsellerie vermischen. Eine Hälfte der Fleischscheibe damit belegen und zu einem Rechteck zusammenklappen. Von beiden Seiten mit Salz und Pfeffer einreiben und zwischen die beiden Schinkenscheiben legen. Mit Küchenfaden gut festbinden, damit das Fleisch beim Garen seine Form behält.
In einer Kasserolle die Butter erhitzen und den Speck hinzufügen. Eine Mohrrübe und eine Stange Bleichsellerie feinwiegen und mit den Lorbeerblättern und der Kalbsbrust dazugeben. Das Fleisch von beiden Seiten braun braten, danach die Knoblauchzehe und das in zwei Teile zerhackte Kalbsfüßchen hineingeben. Alles mit Wasser bedecken und zugedeckt zum Kochen bringen. Die Hitze herunterschalten und ca. 2 Stunden ziehen lassen. Den Herd abschalten und das Fleisch in der Brühe abkühlen lassen. Herausnehmen, in nicht zu dünne Scheiben schneiden und auf einer tiefen Servierplatte anrichten.
Mit der Fleischbrühe das Gelee zubereiten. Die Gelatineblätter in kaltem Wasser 10 Minuten quellen lassen. Gut ausdrücken und in einer Kasserolle mit der entfetteten und gefilterten Brühe begießen. Eventuell mit etwas Wasser auf ca. ½ l aufgießen. Mit etwas Salz würzen, das Eiweiß hineingleiten lassen, damit die Brühe klar und durchsichtig wird. Mit dem Marsala aromatisieren. Zum Kochen bringen und dabei dauernd mit einem Schneebesen schlagen. Die Kasserolle zudecken und 4 oder 5 Minuten ganz leise köcheln lassen. Durch ein Tuch über die Fleischscheiben gießen und im Kühlschrank abkühlen lassen.
Die Platte mit Senffrüchten garnieren.

FRITTURA PICCATA

Kalbsschnitzel mit Schinken

8 kleine Kalbsschnitzel
Mehl
200 g roher Schinken
60 g Butter
2 Bund Petersilie, feingewiegt
Saft einer Zitrone
2 EL heiße Brühe

Die Kalbsschnitzel vorsichtig sehr dünn klopfen. Den Schinken in feine Streifen schneiden. In einer weiten Pfanne ⅔ der Butter erhitzen, bei starker Hitze die Kalbsschnitzel und den Schinken wenige Minuten braten. Leicht salzen, das fertige Fleisch auf einer Platte anrichten. In derselben Pfanne die restliche Butter erhitzen, den Zitronensaft, die Petersilie und die Brühe hineingeben. Alles gut vermischen. Sobald die Sauce aufkocht, vom Herd nehmen und über die Schnitzel verteilen. Sofort servieren.

OSSOBUCO ALLA MILANESE *

Kalbshachse Mailänder Art

4 Scheiben Kalbshachse (ca. 4 cm dick)
50 g Butter
½ Zwiebel
1 EL Mehl
½ Glas trockener Weißwein
1 Bund Petersilie
1 Knoblauchzehe
200 g Tomaten aus der Dose
abgeriebene Schale ½ Zitrone
1 Sardellenfilet (nach Wunsch)

In einer Pfanne die Butter erhitzen. Das Fleisch in Mehl wenden und von beiden Seiten gut anbraten. Nach und nach den Wein angießen und verdampfen lassen. Die Tomaten durch ein Sieb streichen und zu dem Fleisch geben. Zugedeckt bei schwacher Hitze ca. 1½ Stunden gar schmoren, bis sich das Fleisch vom Knochen zu lösen beginnt. Dabei öfter wenden (wenn nötig, etwas heißes Wasser angießen, die Sauce soll aber sämig werden).
Die gehackte Petersilie mit der Zitronenschale und der zerdrückten Knoblauchzehe mischen (eventuell das entgrätete Sardellenfilet dazugeben) und diese Mischung auf die Fleischscheiben verteilen. Das Fleisch nicht mehr wenden und noch weitere 5 Minuten bei schwacher Hitze ziehen lassen.
Unbedingt sehr heiß servieren (das Mark schmeckt kochend heiß am besten).
Dazu Risotto alla Milanese (s. S. 114) reichen, oder einfachen Reis in Salzwasser körnig kochen, in kleine Förmchen füllen und abkühlen lassen. Auf die Platte stürzen, auf der die Kalbshachse serviert wird.

SCALOPPE DI VITELLO ALLA BOLOGNESE

Bologneser Kalbsschnitzel

400 g Kalbfleisch
40 g Butter
8 Scheiben roher, nicht zu magerer Schinken
8 Scheiben Grovierakäse
2 EL Mehl
½ Glas trockener Weißwein
Salz
frisch gemahlener Pfeffer

Das Fleisch in 8 gleichmäßig dicke Scheiben schneiden, klopfen und in Mehl wenden. In einer Pfanne die Butter zerlassen und das Fleisch von beiden Seiten goldbraun braten. Aus der Pfanne nehmen und in eine weite, feuerfeste Form legen. Mit Salz und Pfeffer würzen.
Die Pfanne wieder auf den Herd stellen, den Bratenfond mit dem Wein (ersatzweise 4 EL Marsala) löschen und heiß über das Fleisch gießen. Auf jede Fleischscheibe je eine Scheibe Schinken und Groviera legen (ersatzweise 1 TL Parmesan über das Fleisch streuen) und in den vorgeheizten Backofen (ca. 200 °C) schieben. Nach wenigen Minuten herausnehmen; der Käse soll nur schmelzen, nicht gratinieren. Heiß servieren, Salat dazu reichen.

COTOLETTE ALLA BOLOGNESE

Panierte Kalbsschnitzel mit Schinken und Käse

4 Kalbsschnitzel (à ca. 150 g)
4 Scheiben roher Schinken
4 Scheiben junger, weicher Parmesan (oder 4 Scheiben Schmelzkäse)
1 Ei
50 g Butter
2 kleine Schöpfkellen Tomatenpüree
2 EL trockener Weißwein (oder trockener Marsala)
1 EL Mehl
Semmelbrösel
Salz

Die Schnitzel gleichmäßig dünn klopfen, salzen und in Mehl wenden. Das Ei in einem Teller verquirlen, die Schnitzel darin wenden, danach in den Semmelbröseln. In einer Pfanne die Butter erhitzen, die Schnitzel von beiden Seiten darin goldbraun ausbraten. Herausnehmen und nebeneinander in eine weite, feuerfeste Form legen. Mit je einer Scheibe Schinken und Parmesan (oder Schmelzkäse) belegen, die Tomaten darauf verteilen und mit dem Wein beträufeln. In den heißen Backofen (200 °C) schieben, bis das Fleisch fast die ganze Flüssigkeit absorbiert hat.
Dieses Gericht kann auch folgendermaßen zubereitet werden: Das Fleisch wieder wie oben mit je einer Scheibe Schinken und Käse belegen (aber kleinere, dünnere Schnitzel verwenden) und mit einer zweiten Scheibe Fleisch bedecken. Fest zusammenpressen und wieder in Mehl, Ei und Semmelbröseln wenden. Goldbraun ausbacken, mit Sahne begießen, passierte Tomaten darüber verteilen und mit Salz und Pfeffer würzen. Bei sehr schwacher Hitze 20 Minuten fertiggaren.

UCCELLINI DI CAMPAGNA

Kalbfleisch am Spieß

Weißbrotscheiben, 4 × 4 cm groß
400 g Kalbfleisch, in große Würfel geschnitten
80 g Speck
Salbeiblättchen

Den Speck mit der heißen Messerklinge zerdrücken und vorsichtig beide Seiten der Brotscheibchen damit bestreichen. Abwechselnd eine Brotscheibe, ein Stück Fleisch und ein Salbeiblättchen auf Grillspieße stecken. Diese Spießchen in eine feuerfeste Form oder eine beschichtete Pfanne legen und in den heißen Backofen schieben. Während der Garzeit die Spieße wiederholt mit dem sich bildenden Eigensaft beträufeln. Heiß servieren.

Dieses Gericht kann je nach Geschmack variiert und zum Beispiel durch Wurstscheibchen oder kleine Stückchen Bauchspeck angereichert werden.

BISTECCA ALLA FIORENTINA

Florentiner Steak

2 dicke Steaks vom Jungrind
4 EL Olivenöl
1 Zitrone
Salz
frisch gemahlener Pfeffer

Das Geheimnis einer echten »bistecca alla fiorentina« liegt in der Qualität des Fleisches und der Zubereitung.
Das Fleisch muß zart, rosig und saftig sein. Ein Steak darf nicht mehr als 600 g wiegen und sollte 2,5 cm dick sein. Auf keinen Fall klopfen, mit Öl einreiben oder würzen. Ein echter Feinschmecker aus der Toskana läßt nur folgende Zutaten gelten: Salz, Pfeffer, Zitronensaft und die großen Blutstropfen, die von den heißen Steaks perlen.

Den Kohlen- oder Holzkohlengrill stark vorheizen und die Steaks auf den Rost legen. Von einer Seite grillen; die gegrillte Seite salzen und pfeffern. Die zweite Seite grillen und würzen. Noch einmal wenden, damit das überflüssige Salz schmilzt und abfließt. Das Fleisch soll außen ganz dunkel, innen aber saftig, blutig und weich sein. Eventuell auf einer Platte anrichten und mit einem feinen Strahl Olivenöl begießen. Mit Zitronenvierteln garnieren.

ROGNONI ALLA FIORENTINA

Florentiner Kalbsnieren

2 Kalbsnieren
40 g Butter
1 Bund Petersilie
1 Zitrone
Semmelbrösel
Salz
frisch gemahlener Pfeffer

Die Nieren der Länge nach aufschneiden und von Sehnen und

Fettsträngen befreien. Zum Säubern mit Salz bestreuen und einige Minuten stehen lassen. Unter fließendem Wasser gründlich waschen und abtrocknen. Butter in einer Pfanne zerlassen. Sobald sie etwas schäumt, die 4 Nierenhälften hineingeben und einige Minuten braten. Die Pfanne von der Kochplatte nehmen. Die Nieren mit Salz und frisch gemahlenem Pfeffer würzen und mit der feingehackten Petersilie bestreuen. Einige Stunden ruhen lassen, die Nieren dabei hin und wieder wenden. Butter und Gewürze sollen einen feinen Film um die Nieren bilden. Die Nierenhälften dann in den Semmelbröseln wenden und in der Pfanne (noch besser wäre ein kleiner Rost) von beiden Seiten braun braten. Mit Zitronenachteln garnieren und heiß servieren.

COTECHINO IN FAGOTTO

Schweinswurst im Fleischmantel

1 Cotechino (s. S. 18), 300–400 g
1 Scheibe Kalbfleisch (ca. 400 g)
3 Scheiben roher Schinken
1 Stange Bleichsellerie
1 kleine Mohrrübe
½ Zwiebel
50 g Butter
1 Glas trockener Rotwein
1 TL Fleischextrakt

Die Wurst von der Schnur befreien und in einem ziemlich großen Topf mit kaltem Wasser zum Kochen bringen. Sobald das Wasser aufwallt, die Hitze herunterschalten und die Wurst halb garziehen. Aus dem Topf nehmen, die Haut abziehen und abkühlen lassen. Die Fleischscheibe ausbreiten und mit den Schinkenscheiben belegen. Die Wurstfüllung in die Mitte legen. Das Fleisch sehr vorsichtig einrollen und mit Küchengarn wie eine Salami gut festbinden. In einer Kasserolle die Butter erhitzen und das kleingehackte Gemüse braten. Das Fleisch dazugeben und rundum golbraun braten. Dann den Wein angießen und bei starker Hitze verdampfen lassen. Den Fleischextrakt in 1 Glas Wasser auflösen und ebenfalls hineingießen. Nun die Hitze herunterschalten und zugedeckt ca. 1 Stunde garen (dabei hin und wieder eine kleine Schöpfkelle Wasser angießen). Das Fleisch herausnehmen und in ziemlich dicke Scheiben (3–4 cm) schneiden. Auf einer Servierplatte im Backofen warm halten, bis der Bratenfond in der Kasserolle etwas eingedickt ist. Über die Fleischscheiben verteilen und sofort servieren.
Dazu frischen Salat reichen oder, wie in der Romagna üblich, bißfest gekochte Mohrrüben, die in Butter geschwenkt und mit etwas Salz und gehackter Petersilie bestreut werden.

ARROSTO FARCITO

Gefüllter Kalbsbraten

1 Scheibe Kalbfleisch (500 g)
300 g Spinat
40 g geriebener Parmesan
80 g Butter
50 g Mortadella
100 g Bauchspeck in Scheiben
2 Eier
3 EL Öl
1 Glas Milch
Salz
frisch gemahlener Pfeffer

Den Spinat säubern und gründlich waschen; tropfnaß ohne weitere Wasserzugabe dämpfen, bis die Blätter zusammenfallen. Gut ausdrücken und fein hacken. In einer Schüssel mit den Eiern, dem Parmesan und der kleingewürfelten Mortadella gut vermischen und mit Salz abschmecken. In einer möglichst breiten Pfanne ein Stück Butter und 1 EL Öl erhitzen. Die Mischung hineingeben und stocken lassen. Vorsichtig wenden und so ein gleichmäßiges Omelett ausbakken. Das Fleisch mit den Speckscheiben belegen, das Spinatomelett darauflegen. Darauf achten, daß ein fingerbreiter Rand freibleibt, damit beim Rollen die Füllung nicht herausquillt. Die Fleischscheibe vorsichtig aufrollen und mit starkem Garn umbinden.
In einer Kasserolle die restliche Butter und 2 EL Öl erhitzen. Den Kalbsbraten hineingeben und bei schwacher Hitze unter häufigem Wenden rundum anbraten. Sobald das Fleisch und der Bratenfond eine braune Farbe angenommen haben, 1 Glas Wasser und 1 Glas Milch hineingießen. Zugedeckt ganz langsam fertig garen (1–1½ Std.).
Dieser köstliche Braten wird sowohl kalt als auch warm, mit der Sauce beträufelt, serviert. Man schneidet ihn in 2 cm dicke Scheiben und reicht roten Radicchiosalat dazu.

ROGNONE IN UMIDO

Kalbsnierchen mit Petersilie

2 Kalbsnieren
30 g Butter
2 EL Öl
2 Knoblauchzehen
1 Bund Petersilie
2 EL Mehl
Salz, frisch gemahlener Pfeffer

Die Nieren sorgfältig von Fett und Sehnen befreien und in Scheiben schneiden. Mit einem Teelöffel Salz bestreuen und etwas ruhen lassen. Mit den Händen das Salz gut einreiben. Die Nieren in einem Sieb unter fließendem Wasser gründlich spülen. Auf Küchenkrepp abtropfen lassen. Danach die Nierenscheibchen einzeln sorgfältig in Mehl wenden. In einer (nicht emaillierten) Kasserolle die Butter erhitzen. Sobald sie etwas schäumt, die Nieren hineingeben und bei schwacher Hitze unter ständigem Rühren braun rösten. Soviel Wasser hineingießen, daß eine nicht zu dicke, aber cremige Sauce entsteht. Das Öl hinzufügen, mit Salz und einer Prise Pfeffer würzen. Die Petersilie mit dem Knoblauch zusammen fein wiegen und in die Kasserolle geben. Bei schwacher Hitze 10–15 Minuten dünsten, dabei hin und wieder umrühren. Darauf achten, daß die Nieren nicht zu lange geschmort werden, damit sie nicht hart werden. Die Sauce sollte am Schluß eine der Béchamelsauce ähnliche Konsistenz aufweisen.
Das Gericht sehr heiß auf den Tisch bringen und dazu frische, ebenfalls heiße Polenta (s. S. 85) servieren.

VITELLO TONNATO

Kalbfleisch mit Thunfischsauce

600 Kalbfleisch (Nuß)
200 g Thunfisch in Öl
2 hartgekochte Eier
1 Lorbeerblatt
2 Gewürznelken
½ Zwiebel
1 Stange Bleichsellerie
4 in Salz eingelegte Sardellen
½ Glas Öl
1 EL in Essig eingelegte Kapern
1 Zitrone
1 Flasche trockener Weißwein
1 EL Essig
Salz

Den Bleichsellerie und die Zwiebel klein schneiden. Wein in eine Schüssel gießen, Essig, zerbröselte Lorbeerblätter, Gewürznelken sowie das zerkleinerte Gemüse hineingeben. Das Fleisch binden, damit es seine Form behält, und 24 Stunden darin marinieren lassen. Dabei hin und wieder wenden, damit es gleichmäßig von der Marinade durchdrungen wird. Das Fleisch herausnehmen und in einen Topf geben. Die Marinade durch ein Sieb über das Fleisch gießen. Soviel Wasser hinzufügen, daß das Fleisch ganz mit Flüssigkeit bedeckt ist. Etwas salzen und bei schwacher Hitze und offenem Topf ca. eine ¾ Stunde garen. Herausnehmen und abkühlen lassen. Die Flüssigkeit muß am Schluß ungefähr zur Hälfte eingekocht sein. Die Sardellen unter fließendem Wasser waschen und entgräten. Den Thunfisch zerpflücken, die Eier kleinschneiden. Alles zusammen in ein Sieb geben und in die Brühe passieren. Sehr vorsichtig mischen, dann langsam das Öl unterrühren. Die Kapern gut ausdrücken und hineingeben. Vom ausgekühlten Fleisch das Küchengarn entfernen und das Fleisch mit einem scharfen Messer in gleichmäßig dicke Scheiben (ca. ½ cm) schneiden. Auf einer Servierplatte anrichten und mit der Sauce begießen. Ein Schüsselchen mit Kapern für diejenigen auf den Tisch stellen, die einen kräftigeren Geschmack bevorzugen.
Man kann die Zubereitung der Sauce vereinfachen: Eine Mayonnaise aus 2 Eigelb, 0,2 l Öl, Salz, Essig oder Zitronensaft bereiten. Den Thunfisch mit einigen Kapern und einer vom Salz befreiten und entgräteten Sardelle sehr fein wiegen (am besten im Mixer pürieren, damit eine cremige Paste entsteht). Zuletzt die Mayonnaise mit der Thunfischpaste verrühren und noch einige Kapern hineingeben. Diese Variante eignet sich besonders gut, wenn es sehr schnell gehen muß. Dann empfiehlt sich die Verwendung von der im Handel befindlichen Mayonnaise im Glas.

CIMA ALLA GENOVESE

Gefüllte Kalbsbrust

550 g Kalbsbrust
1 Kalbsbries
80 g Kalbshirn
50 g Kalbsrückenmark
50 g Kalbseuter
80 g Kalbfleisch
½ Zwiebel
1 feingehackte Knoblauchzehe
50 g Butter
1 Tasse Erbsen
3 Eier
3 EL geriebener Parmesan
Majoran
Salz

Für die Brühe:
1½ l Wasser
1 Zwiebel
1 Mohrrübe
1 Stange Bleichsellerie
Salz

Beim Einkauf vom Fleischer eine Tasche in das Fleisch schneiden lassen. Das Kalbsbries, Hirn und Rückenmark mit kochendem Wasser blanchieren. Die Häutchen entfernen. Alles zusammen mit der Zwiebel, dem Knoblauch, Euter und Kalbfleisch in der Butter braten. Alles in kleine Stückchen schneiden und die Erbsen hinzufügen. Die Eier mit dem Parmesan verquirlen, mit etwas Majoran und Salz würzen und ebenfalls hineingeben. Zu einem Teig vermischen und in die Tasche der Kalbsbrust füllen. Mit Küchengarn gut zunähen. Die Kalbsbrust in die bereits heiße Brühe legen und 1 Stunde bei offenem Topf und 1 weitere Stunde zugedeckt langsam garen.
Die Kalbsbrust wird kalt oder warm in Scheiben geschnitten serviert.
Die Gemüsebrühe kann als optimale Suppengrundlage verwendet werden.

»ZAMPI DI VITELLO«

Kalbsfüße

4 Kalbsfüße
2 Zwiebeln
2 Stangen Bleichsellerie
1 Mohrrübe
2 EL Öl
50 g Butter
1 Bund gehackte Petersilie
frisch gemahlener Pfeffer
1 TL Fleischextrakt
80 g Tomatenmark
1 Prise Zimt
2 EL geriebener Parmesan

Die Kalbsfüße mit einem Messer schaben und abflämmen. Gründlich waschen, das Wasser mehrmals wechseln. Einen Topf mit reichlich Salzwasser auf den Herd stellen, die Mohrrübe, eine Zwiebel und die beiden Stangen Bleichsellerie hineingeben. Die Kalbsfüße hinzufügen und ca. 2 Stunden ziehen lassen, bis sich das Fleisch leicht vom Knochen lösen läßt. Die Kalbsfüße aus der Brühe nehmen, völlig entbeinen und das Fleisch in kleine Stücke schneiden.
Die Butter mit dem Öl in eine Kasserolle geben. Die gehackte Petersilie und eine kleingeschnittene Zwiebel dazufügen. Bei schwacher Hitze leicht braten, das Fleisch hinzufügen und mit einigen Löffeln Brühe beträufeln. Mit Salz und Pfeffer abschmecken. Sobald die Brühe verdampft ist, das mit einem Löffel Brühe verrührte Tomatenmark und den Fleischextrakt in die Kasserolle geben. Noch etwas Brühe angießen und so lange weitergaren, bis die Sauce eingedickt ist.
Am Schluß mit Parmesan und Zimt würzen, in eine Servierschüssel füllen und heiß servieren.

LOMBATINE ALLA PARMIGIANA

Kalbslende mit Schinken und Käse

4 Scheiben Kalbslende
Salz
2 EL Butter
60 g roher Schinken, feingehackt
2–3 Bund Petersilie, gehackt
3 EL geriebener Parmesan
½ Glas Marsala

Die Fleischscheiben leicht flachklopfen. Die Butter in einer Pfanne erhitzen und die Lendenschnitten langsam von beiden Seiten goldbraun braten. Mit Salz würzen. Den Schinken mit der Petersilie und dem Parmesan vermischen. Die Paste auf das Fleisch streichen und mit dem Marsala beträufeln. Die Pfanne zudecken, bis der heiße Marsaladampf den Käse zum Schmelzen gebracht hat. Sehr heiß servieren.

STUFATO DI MUSCOLO

Muskelfleischragout

500 g Kalbfleisch von der Wade, gewürfelt
2–3 Bund Petersilie, feingehackt
Mehl
2 EL Tomatenmark
50 g Butter
3 EL Öl
2 zerdrückte Knoblauchzehen
6 EL trockener Weißwein
Salz
frisch gemahlener Pfeffer
gekochte Erbsen oder gebratene Pilze (nach Wunsch)

Die Fleischwürfel mit Mehl bestäuben. Das Tomatenmark mit etwas lauwarmem Wasser verrühren. In einer schweren Pfanne das Öl und die Butter erhitzen, die Knoblauchzehen darin braten, bis sie braun werden, dann entfernen. Das Fleisch hineingeben und rundherum braten. Mit dem Wein beträufeln und bei schwacher Hitze verdampfen lassen. Das Tomatenmark hinzufügen und mit Salz und Pfeffer würzen. Bei mäßiger Hitze zugedeckt garen, bis das Fleisch weich und die Sauce eingedickt ist. Mit der Petersilie bestreuen und nach Wunsch gekochte Erbsen oder in Butter gebratene Pilze dazu reichen.

Maiale

Schweinefleisch

SCALOPPE DI MAIALE AL MARSALA

Schweineschnitzel mit Marsala

400 g Schweinefilet
40 g Schmalz
Salz
frisch gemahlener Pfeffer
½ Glas Marsala
1 EL Mehl
30 g Butter

Anhängendes Fett am Schweinefilet wegschneiden. Das Filetstück der Länge nach aufschneiden, aber nicht durchtrennen. Das Fleischstück soll sich wie ein Buch aufklappen lassen. Einen Fleischklopfer in Wasser tauchen und das Filetstück zu einer flachen Scheibe klopfen. Aus dieser Scheibe 10 cm lange und sehr schmale Schnitzel schneiden und dünnklopfen. Das Schmalz in einer Pfanne erhitzen, die Schnitzel von beiden Seiten jeweils einige Minuten bei starker Hitze braten. Mit wenig Salz und reichlich Pfeffer würzen. Die Schnitzel auf einer Platte aufeinanderschichten und warm stellen.
Den Marsala in den Bratenfond gießen, das Mehl hineingeben und mit einem Holzlöffel unter ständigem Rühren 1 Minute bei schwacher Hitze eindicken lassen. Die Butter stückchenweise unterrühren. Die sehr heiße Sauce über die Schnitzel verteilen.

COSTINE AL FINOCCHIO *

Schweinerippchen mit Fenchel

1 kg Schweinerippchen
30 g Butter
2 EL Öl
Salz
frisch gemahlener Pfeffer
4 EL Marsala
½ Glas Rotwein
1 EL Tomatensauce (Rezept S. 124)
1 feingehackte Knoblauchzehe
Fenchelsamen

Butter und Öl in einer Pfanne erhitzen und die Schweinerippchen bei mäßiger Hitze anbraten. Mit Salz und Pfeffer würzen und von beiden Seiten braun braten. Herausnehmen und auf einer Platte anrichten. Zugedeckt warm stellen. Den Marsala und den Wein in die Pfanne gießen. Knoblauch, Fenchelsamen und das Tomatenmark dazufügen. Umrühren und bei starker Hitze aufkochen. Die Flüssigkeit um ca. ⅔ einkochen lassen und über die Schweinerippchen gießen. Heiß servieren.

'NDOCCA 'NDOCCA

Gekochtes Schweinefleisch

800 g gemischtes Schweinefleisch (Schweinsfuß, Schulter, Rüssel, Ohr, Rippchen)
1 Knoblauchzehe
Lorbeerblätter
Rosmarin
1 Msp. Chilipulver
½ Glas Essig
Salz
frisch gemahlener Pfeffer

Das in Stücke geschnittene Schweinefleisch 24 Stunden in eine Marinade aus Wasser, Essig und zerbröselten Lorbeerblättern legen. Danach das Fleisch herausnehmen, abtropfen lassen und in eine feuerfeste Form (oder Steingut-Topf) geben. Reichlich Wasser dazugießen, die Knoblauchzehe, den Rosmarin und das Chilipulver hinzufügen. Mit Salz und Pfeffer würzen. Bei schwacher Hitze ca. 4 Stunden garen, dabei muß das Fleisch am Schluß in der Brühe gelieren.
Dieses für die Provinz Teramo (Abruzzen) typische Gericht schmeckt kalt und warm sehr gut. »'ndocca 'ndocca« ist Abruzzeser Dialekt und heißt soviel wie »in großen Stücken«.

RÔSTIDA

Ragout aus Innereien und Schweinefleisch

400 g frische Innereien vom Schwein (Herz, Lunge)
200 g Schweinelende
3 große, reife Tomaten (oder die entsprechende Menge aus der Dose)
50 g Butter
Salz
frisch gemahlener Pfeffer

Ein typisches Gericht der Region Piemont.
Die Innereien und das Fleisch in Stücke schneiden und in einer Pfanne wenige Minuten in der Butter braten. Die Tomaten durch ein Sieb passieren. Mit Salz und wenig Pfeffer abschmecken und zu dem Fleisch in die Pfanne geben. Zugedeckt bei schwacher Hitze schmoren. Dabei hin und wieder umrühren und bei Bedarf etwas Wasser angießen. Die Sauce muß am Schluß gut eingedickt sein.
Am besten schmeckt heiße Polenta (s. S. 85) dazu.

INVOLTINI ALLA MILANESE

Schweinerouladen

400 g in Scheibchen geschnittenes Schweine- oder Kalbfleisch
2 kleine Schweinswürstchen
2 feingehackte Hühnerlebern
1 Handvoll gehackte Petersilie
1 gehackte Knoblauchzehe
2 EL geriebener Parmesan
2 Eigelb
Salbeiblättchen
100 g Bauchspeck
Mehl
50 g Butter
Salz
½ Tasse Weißwein
½ Tasse Wasser oder Brühe, kochend heiß

Damit dieses Gericht gut gelingt, muß das Fleisch sehr zart sein.
Die Schnitzel sehr dünn klopfen; sie sollten alle ungefähr 10 × 7 cm groß sein.
Die Haut von den Würstchen abziehen, die Fülle in kleine Stücke schneiden. In einer Schüssel mit den Hühnerlebern, Knoblauch, Petersilie und den verquirlten Eigelben vermischen. Diese Paste auf das Fleisch streichen. Die Schnitzel einrollen und mit einem Spießchen oder Zahnstocher zustecken. Ein Stückchen Bauchspeck und ein Salbeiblättchen auf den Spieß oder Zahnstocher dazustecken. Die Rouladen nun leicht mit Mehl bestäuben und in der Butter braten. Dabei hin und wieder wenden, bis sie eine goldbraune Farbe angenommen haben. Mit Salz würzen und den Wein angießen. Bei schwacher Hitze verdampfen lassen. Die Brühe hineingießen, die Pfanne zudecken und ca. 20 Minuten bei schwacher Hitze schmoren. Ein Risotto oder Polenta dazu servieren.

INVOLTINI DI MAIALE AL FORNO

Schweinerouladen mit Leber

400 g Schweinelende
100 g Schweineleber
60 g gehackter Speck
1 feingehackte Knoblauchzehe
1 gehackter Bund Petersilie
½ Brötchen
2 Eigelb (oder 1 ganzes Ei)
Brotscheiben
Salz
frisch gemahlener Pfeffer
gut ½ Glas Öl

Das Fleisch in zwölf kleine Scheiben schneiden und breitklopfen. Das Brötchen in Wasser einweichen und gut ausdrücken. Die Schweineleber und den Speck in einer Schüssel mit dem Knoblauch und der Petersilie mischen. Das eingeweichte Brot leicht salzen und mit den Eigelb (oder dem ganzen Ei) hinzufügen. Alles gut mischen und die Paste auf das Fleisch streichen. Die Fleischscheiben einrollen und mit Küchengarn zunähen. Jeweils zwei Rouladen auf einen Spieß stecken. Zwischen die beiden Rouladen ein Stück Brot spießen. Die Spießchen in eine Pfanne legen und mit Öl beträufeln. Salzen und pfeffern und in den vorgeheizten Backofen (160 °C) schieben. Nach ca. ½ Stunde herausnehmen. Die Rouladen sollen braun, das Brot soll knusprig sein. Sehr heiß servieren.

MORSEDDU

Innereienragout

250 g Schweinsleber (oder vom Kalb)
150 g Schweinslunge (oder vom Kalb)
250 g Schweinsherz (oder vom Kalb)
gut ½ Glas Öl (oder Schmalz)
2 gehackte Knoblauchzehen
350 g reife Tomaten
Salz
frisch gemahlener Pfeffer
1 Stück rote Chilischote, feingehackt

Ein typisches Gericht aus Kalabrien.
Der Name »morseddu« wird vom italienischen »morsi« (Happen) abgeleitet, und in Happen wird dieses Gericht serviert. Die Leber in kleine Scheiben schneiden, Lunge und Herz fein hacken. In sehr heißem Öl (oder Schmalz) braten. Die Tomaten enthäuten, Kerne entfernen. Mit dem gehackten Knoblauch zu den Innereien geben. Mit Salz und Pfeffer würzen und die Chilischote hinzufügen. Zugedeckt ca. 20 Minuten bei mäßiger Hitze schmoren lassen. Diese Mischung dann auf geröstete Brotscheiben verteilen oder in eine »Pitta« füllen (eine Pizza aus völlig ungewürztem Hefeteig, die zu einer Tasche zusammengeklappt und mit der Füllung ½ Stunde im vorgeheizten Backofen – 180 °C – gebacken wird).

LOMBATINE DI MAIALE ALLA NAPOLETANA *

Schweinelende mit Paprika

4 Scheiben Schweinelende
2 rote oder gelbe Paprikaschoten
100 g frische Pilze
Olivenöl
1 Knoblauchzehe
Salz
frisch gemahlener Pfeffer
1 EL Tomatenmark

Die Paprikaschoten und die frischen Pilze putzen und in Ringe bzw. Scheibchen schneiden. In einer Pfanne etwas Öl erhitzen und eine Knoblauchzehe darin braten. Entfernen, bevor sie braun wird. Das Fleisch im Öl von beiden Seiten goldbraun anbraten. Mit Salz und Pfeffer würzen und auf einen Teller legen. Mit einem zweiten Teller zudecken. Das mit Wasser verrührte Tomatenmark in die Pfanne gießen, Paprika und Pilze und zuletzt die Lendenscheiben hinzufügen und zugedeckt ca. 30 Minuten langsam garschmoren. Sehr heiß auf den Tisch bringen.

»CAZZOEULA«

Deftiger Eintopf

150 g frische Schweineschwarte
1 Schweinsfuß und 1 Schweinsohr
1 Zwiebel, in feine Scheiben geschnitten
30 g Butter
1 EL Öl
500 g Schweinerippchen
2 Mohrrüben, kleingehackt
2 Stangen Bleichsellerie, kleingehackt
½ Glas trockener Weißwein
1 Schöpfkelle Brühe
4 Schweinswürste (Luganega, s. S. 19)
1 kg zarte Weißkohlblätter
Salz
frisch gemahlener Pfeffer

Dieses Gericht stammt aus der Lombardei.
Schweinsfuß und Schweinsohr abflämmen und in jeweils 2 Hälften zerteilen. Die Schweineschwarte in große Stücke zerteilen. Alles in kochendem Wasser ca. ½ Stunde weichkochen. Die in Scheiben geschnittene Zwiebel im Öl und der Butter anbraten. Die Rippchen hineingeben und braun braten. Den Wein angießen und verdampfen lassen. Bleichsellerie, Mohrrüben, Schweinsfuß, Schweinsohr und Schwarte hinzufügen. Die Brühe angießen und ½ Stunde schmoren.
Danach die Würste und die sorgfältig gewaschenen Weißkohlblätter dazugeben. Eine weitere ½ Stunde garen. (Im Sommerhalbjahr geernteter Kohl muß eine ¾ Stunde garen.) Hin und wieder das Fett abschöpfen. Mit Salz und Pfeffer würzen. Die »Cazzoeula« darf nicht zu flüssig werden.

BRACIOLINE DI MAIALE AL VINO BIANCO

Schweineschnitzel mit Weißweinsauce

4 Schweineschnitzel
1 gehackte Knoblauchzehe
1 Zweig gehackter Rosmarin
Salz
rote Chilischote
2 EL Öl
½ Glas trockener Weißwein
1 Schöpfkelle Fleischbrühe

Die Schweineschnitzel leicht klopfen. Den Fettrand wegschneiden und fein hacken. Knoblauch, Rosmarin, Schnitzelfett, eine Prise Salz und ein kleines Stückchen Chilischote vermischen. Mit dieser Paste die Schnitzel von beiden Seiten sorgfältig einreiben. In einer Pfanne das Öl erhitzen, die Schnitzel von beiden Seiten braun braten. Mit Wein beträufeln. Sobald der Wein verdampft ist, die Brühe über die Schnitzel gießen. Zugedeckt bei mäßiger Hitze schmoren, bis die Brühe verdampft ist. Sehr heiß servieren.

»LOMBELLO« ARROSTO

Schweinefilet am Spieß

500 g Schweinefilet
Stangenweißbrot
Parmaschinken
3 EL Schmalz
Salz
frisch gemahlener Pfeffer

In Rom wird das Schweinefilet »lombello« genannt; es ist Grundlage dieses köstlichen Gerichts.
Eventuell anhängendes Fett am Schweinefilet wegschneiden. Das Filetstück in fingerdicke Scheiben schneiden. Das Brot und den Schinken in doppelt so viele ebenso dicke Scheiben schneiden. Wie folgt auf einen Spieß stecken: 1 Scheibe Brot, 1 Scheibe Schinken, 1 Scheibe Fleisch, 1 Scheibe Schinken, 1 Scheibe Brot usw., bis alle Zutaten aufgebraucht sind. Alles mit reichlich zerlassenem Schmalz einfetten und mit Salz und Pfeffer würzen. Den Spieß auf den glühenden Holzkohlengrill legen, hin und wieder mit Schmalz beträufeln. Nach ungefähr ½ Stunde werden die Häppchen braun und knusprig sein.

COSTARELLE CON LE »PANUNTELLE«

Schweinerippchen vom Grill

800 g Schweinerippchen
4 Brötchen
Salz
frisch gemahlener Pfeffer
1 EL Schmalz oder 2 EL Öl

Typisches Gericht aus Kampanien. Das Schweinerippenstück in möglichst große Stücke zerteilen. Mit zerlassenem Schmalz oder mit etwas Öl einfetten und mit Salz und Pfeffer würzen. Auf den Rost des Holzkohlengrills legen und bei nicht zu starker Glut grillen. Die Brötchen in zwei Hälften schneiden und in Reichweite neben dem Grill bereitlegen. Sobald die Rippchen etwas Farbe annehmen und das Bratenfett heraustritt, die Brötchenhälften mit der Schnittfläche nach unten auf das Fleisch legen. Leicht andrücken, damit sie das Fett aufsaugen können. Diesen Vorgang so lange wiederholen, bis die Rippchen braun und die Brötchen mit Fett durchtränkt sind. Nochmals mit Pfeffer würzen. Das Fleisch auf den Brötchen anrichten und heiß servieren.

RAMBASICCI

Weißkohlrouladen

400 g gemischtes Hackfleisch (vom Schwein und Kalb)
8 zarte, kleine Blätter Weißkohl
1 Knoblauchzehe
1 Bund Petersilie
1 Zwiebel
1 Stück Butter
3 EL Öl
1 TL Paprikapulver
1 TL Fleischextrakt (oder
1 Brühwürfel)
1 EL geriebener Parmesan
2 EL Semmelbrösel
Salz

Eine Spezialität aus der Provinz Triest und aus Istrien.
Knoblauch und Petersilie sehr fein wiegen. In einer Schüssel mit dem Hackfleisch, dem Parmesan und Paprikapulver sowie einer Prise Salz vermischen und zu einem glatten Teig verarbeiten. Die Weißkohlblätter in kochendem Wasser 3–4 Minuten blanchieren. Die Blätter vorsichtig einzeln herausnehmen, zum Trocknen auf ein Tuch ausbreiten. Den Fleischteig auf den Blättern verteilen, einrollen und wie eine Salami mit Küchengarn umbinden. Die Zwiebel in Ringe schneiden und in Butter und Öl einige Minuten braten. Die Rouladen nebeneinander dazulegen. Zugedeckt garen. Dazu den Fleischextrakt in etwas warmem Wasser auflösen und nach und nach über die Rouladen träufeln. Nach etwa ¼ Stunde den Deckel abnehmen, die Semmelbrösel hineinstreuen und die Sauce wenige Minuten eindicken. Sofort auf den Tisch bringen.

PORCEDDU

Spanferkel am Spieß

1 Spanferkel (das nicht schwerer als 5–6 kg sein soll; ein Tier dieser Größe reicht in der Regel für 10–12 Personen)
1 großes Stück Speck
Myrtenblätter
Salz
frisch gemahlener Pfeffer

Dieses traditionsreiche Rezept stammt aus Sardinien, wo den Hirten ein handgeschnitzter Holzstab als Spieß dient. Er wird ca. ½ m vom offenen Feuer entfernt senkrecht in den Boden gesteckt. Natürlich kann das Spanferkel auch auf dem vollautomatischen Grill zubereitet werden. Wie auch immer, das »Porceddu«, so verlangt es die Tradition, muß in jedem Fall über einem Holzfeuer gebraten werden, am besten mit speziellen, aromatischen Hölzern. An dem Holzspieß sind am oberen Ende zwei gekreuzte Holzstücke als Griff befestigt, um den Spieß während des Bratens drehen zu können. Zwei weiter unten angebrachte Holzstücke stützen das Spanferkel.
Das Tier sorgfältig ausnehmen, waschen und trockentupfen. Längs halbieren und auf zwei Spieße stekken. Zuerst die Innenseiten der beiden Hälften dem Feuer zuwenden, bis sie eine appetitlich goldbraune Farbe angenommen haben. Danach den Spieß immer wieder etwas drehen. Während der ganzen Garzeit das Fleisch regelmäßig mit dem Speck einfetten. Dazu das Speckstück auf einen Stock spießen. Das Spanferkel benötigt mindestens 3–4 Stunden, bis es gleichmäßig braun gebraten ist. Heiß servieren.
Der Spanferkelbraten schmeckt auch kalt sehr gut. In diesem Fall auf einer Platte in einem Bett aus Myrtenblättern anrichten. Das Spanferkel wird vollständig gegessen, auch Ohren und Schwarte.

INVOLTINI ALLA CALABRESE

Schweinerouladen aus Kalabrien

4 Scheiben Schweinelende
4 Scheiben Bauchspeck
1 sehr frischer Mozzarellakäse (möglichst Büffelmozzarella)
4 Scheiben scharfe Salami
etwas Öl
Salz
frisch gemahlener Pfeffer

Die Fleischscheiben dünn und breit klopfen. Jeweils eine Scheibe Schinken, etwas in Streifen geschnittenen Mozzarella sowie eine kleingeschnittene Scheibe Salami darauf verteilen. Mit wenig Salz und reichlich Pfeffer würzen. Die Fleischscheiben einrollen und mit einem Zahnstocher feststecken. Die Rouladen mit etwas Öl einpinseln. Auf den vorgeheizten Grill legen und unter häufigem Wenden rundum knusprig braun braten. Die fertigen Rouladen auf einer Platte anrichten und mit etwas Salz bestreuen. Sofort servieren.

MAIALE AL LATTE

Schweinebraten in Milch

1 kg Schweinekeule
50 g Butter
1 l Milch
1 l Weißwein
einige Salbeiblättchen
1 Rosmarinzweig
Salz
frisch gemahlener Pfeffer

Das Fleisch in eine Schüssel geben, mit dem Weißwein begießen und zwei Tage marinieren lassen. Herausnehmen, sorgfältig abtrocknen und gut binden, damit es seine Form behält. In Butter anbraten, mit Salz und nach Belieben mit Pfeffer würzen. Die Milch hineingießen, die Salbeiblättchen und den Rosmarinzweig hinzufügen und bei schwacher Hitze sehr langsam schmoren. Wenn das Fleisch fast weich ist, die Hitze hochschalten und die Milch eindicken. Das Fleisch in nicht zu dünne Scheiben schneiden und auf einer vorgewärmten Platte anrichten. Mit der durchgesiebten Sauce übergießen und heiß servieren. Kartoffelpüree dazu reichen.

MAIALE UBRIACO

Schweineschnitzel in Rotwein

4 Schweineschnitzel
1 Bund Petersilie
1 Knoblauchzehe
1 Glas trockener Rotwein
1 Prise Fenchelsamen
Öl
Salz
frisch gemahlener Pfeffer

Knoblauch, Petersilie und Fenchelsamen zusammen sehr fein wiegen. Diese Mischung auf die Schnitzel verteilen und mit Salz und Pfeffer würzen. Sehr wenig Öl in einer Pfanne erhitzen, die Schnitzel hineingeben und bei mäßiger Hitze goldbraun braten. Den Rotwein angießen und zugedeckt bei schwacher Hitze etwas einkochen lassen. Die Schnitzel auf einer Platte anrichten, mit der Sauce beträufeln und heiß servieren.

FETTINE DI MAIALE IN SALSINA

Schweinefleisch mit Kapernsauce

500 g zartes Schweinefleisch
1 EL in Salz eingelegte Kapern
½ Zitrone
3 EL Öl
½ Glas trockener Rotwein
Salz
frisch gemahlener Pfeffer

Eine Spezialität aus Umbrien. Das Schweinefleisch in möglichst dünne Scheiben schneiden. In einer Pfanne das Öl erhitzen und das Fleisch bei schwacher Hitze von beiden Seiten braun braten. Den Wein und den Saft der halben Zitrone angießen, mit Salz und Pfeffer abschmecken. Die Kapern in reichlich Wasser vom Salz befreien und in die Pfanne geben. Große Kapern vorher etwas zerkleinern. Die Pfanne zudecken und die Sauce bei schwacher Hitze eindicken lassen. Dieses Gericht sehr heiß servieren.

ARISTA ALLA FIORENTINA

Florentiner Schweinebraten

1 kg Schweinelende
2 Knoblauchzehen
abgeriebene Schale von 1 Zitrone
1 Rosmarinzweig
Salz
frisch gemahlener Pfeffer

Eine Gewürzmischung aus etwas Salz, einer kräftigen Prise Pfeffer, der abgeriebenen Zitronenschale und den zusammen mit dem Rosmarinzweig feingewiegten Knoblauchzehen bereiten. Mit einem spitzen Messer in regelmäßigen Abständen kleine Löcher in das Fleisch stechen und mit der Rosmarin-Knoblauch-Paste füllen. Den Braten auf einen Spieß stekken (wenn dies nicht möglich ist, in eine Bratpfanne legen) und bei nicht zu starker Hitze 1½–2 Stunden garen. Kein weiteres Fett mehr hinzufügen, das Schweinefleisch ist bereits ziemlich fett. Wird der Braten auf dem Grill zubereitet, den Bratensaft auffangen und das Fleisch hin und wieder damit beträufeln. Beim Braten in der Pfanne das Fleisch öfter wenden. Wenn das Fleisch gar ist, herausnehmen und in dicke Scheiben schneiden.

Im Bratensaft könnten Kartoffeln oder Gemüse wie Mohrrüben, Schwarzkohl (eine toskanische Spezialität) oder Steckrüben gegart und als Beilage gereicht werden.

ARISTA AL FORNO

Marinierter Schweinebraten

700 g Schweinebraten
½ Glas Öl
1 Rosmarinzweig
2 Knoblauchzehen
¼ l Milch
2 EL Essig
Salz
frisch gemahlener Pfeffer

In einer Schüssel eine Marinade aus dem Essig, Rosmarin, den zerdrückten Knoblauchzehen, etwas Salz und einer Prise Pfeffer bereiten. Den Braten mit Küchengarn zu einer Rolle binden und einen Tag marinieren lassen. Dabei öfter wenden, damit er gleichmäßig von der Marinade durchdrungen wird. In einer Kasserolle das Öl erhitzen, den Braten aus der Marinade nehmen, trockentupfen und rundherum gleichmäßig goldbraun braten. Die durchgeseihte Marinade mit der Milch an das Fleisch gießen. Die Kasserolle zudecken und den Braten bei schwacher Hitze ca. 1 Stunde schmoren lassen. Die Sauce muß am Schluß die richtige Konsistenz aufweisen; nötigenfalls während der Garzeit etwas warmes Wasser nachgießen.

CRAUTI E LUCANICA TRENTINA

Sauerkraut mit Würstchen

600 g Sauerkraut
100 g Speck
1 EL Fleischextrakt
400 g Wurst aus Schweine- und Rindfleisch (Lucanica trentina)
Salz

Die Lucanica trentina ist eine Wurst aus schwach gewürztem Schweine- und Rindfleisch.

schen und mit einem Tuch abtrocknen. Die Kaninchenstücke in eine kalte Pfanne legen, den Knoblauch, die Tomaten, die in feine Scheibchen geschnittene Mohrrübe, Öl und Butter hinzufügen. Die Pfanne auf den Herd stellen und erhitzen. Den Weinbrand angießen und verdampfen lassen. Danach eine Schöpfkelle warmes Wasser hineingießen und ca. 1 Stunde garen.
Die in Scheiben geschnittenen Oliven dazugeben und weitere 45 Minuten schmoren.

CONIGLIO IN AGRODOLCE

Kaninchen süßsauer

1,5 kg Kaninchenfleisch, in Stücke geschnitten
2–3 EL Olivenöl
60 g Butter
50 g Schmalz
1 Zwiebel, feingehackt
Mehl
Salz
frisch gemahlener Pfeffer
1 Tasse Fleischbrühe
2–3 EL Zucker
½ Glas Essig
4 EL Sultaninen
4 EL Pinienkerne

Für die Marinade:

2 Glas Rotwein
1 kleine Zwiebel, in Scheiben geschnitten
2 Knoblauchzehen
1 Bund Petersilie, feingehackt
1 Lorbeerblatt
1 Prise Thymian
4–5 schwarze Pfefferkörner
Salz

Die Fleischstücke mit einem feuchten Tuch abreiben. Sämtliche Zutaten für die Marinade in eine Kasserolle geben und bei mäßiger Hitze zum Kochen bringen. Die Marinade vom Herd nehmen und abkühlen lassen. Die Kaninchenstücke in eine Schüssel geben und mit der Marinade begießen. Nach einigen Stunden herausnehmen, trockentupfen und mit Mehl bestäuben. In einer Pfanne die Zwiebel im Öl andünsten, die Fleischstücke dazugeben und anbraten. Die Marinade hineingießen und bei mäßiger Hitze und offenem Topf 20 Minuten köcheln. Wenn der Wein verdampft ist, mit Salz und Pfeffer würzen und eine Tasse Fleischbrühe oder Wasser angießen. Zugedeckt weitere 20 Minuten garen, bis das Fleisch weich und die Brühe ziemlich eingekocht ist. In einer Kasserolle bei schwacher Hitze den Zucker in 1 EL Wasser auflösen. Sobald der Zucker etwas gebräunt ist, den Essig und die Sultaninen hineingeben. Wenige Minuten köcheln lassen. Diese Tunke in den Topf zu dem Fleisch geben und sehr vorsichtig in die Sauce unterrühren. Ganz am Schluß die Pinienkerne hinzufügen.

SALMÌ DI CONIGLIO *

Kaninchensalmi

1 kg Kaninchenfleisch
½ Glas Essig
½ Glas Olivenöl
1 Zwiebel, in Scheiben geschnitten
1 Zitrone, in Scheiben geschnitten
1 Gewürznelke
2 zerbröselte Lorbeerblätter
1 Msp. Fleischextrakt
Salz
frisch gemahlener Pfeffer
2 Sardellen
1 Stück Butter

Das Fleisch waschen und mit einem Tuch abtrocknen. In gleichmäßige Stücke zerteilen. Öl und Essig in eine Schüssel gießen, die Zwiebel- und Zitronenscheiben sowie die Gewürznelke und die Lorbeerblätter hineingeben. Das Fleisch in dieser Marinade mehrmals wenden und dann einen Tag zugedeckt marinieren lassen. Danach das Ganze in eine Kasserolle geben, nur die Zitronenscheiben entfernen. Bei mäßiger Hitze das Fleisch braten. Den Fleischextrakt in 1 Schöpfkelle Wasser auflösen und an das

Fleisch gießen. Mit Salz und Pfeffer würzen und zugedeckt schmoren. Während der Garzeit regelmäßig etwas warmes Wasser nachgießen, bis das Fleisch fertig gegart ist. Die Sauce soll am Schluß nicht zu dickflüssig sein. In der Zwischenzeit die Sardellen waschen und entgräten. Im Mörser zerstoßen und mit der Butter vermischen. Diese Sardellenbutter in die Sauce einrühren.
Die Fleischstücke auf einer Servierplatte anrichten und Sauce darüber verteilen.

CONIGLIO IN UMIDO ALLA REGGIANO

Kaninchenragout

1 kg Kaninchenfleisch
50 g Butter
50 g Bauchspeck
1 Zwiebel
1 Knoblauchzehe
1 Stange Bleichsellerie
1 Bund Petersilie
½ Glas trockener Weißwein
2 EL Tomatensauce (Rezept S. 124)
Salz, frisch gemahlener Pfeffer

Das Kaninchenragout wird in den meisten Regionen Italiens auf ähnliche Art und Weise zubereitet. Es genügt aber schon, von der einen oder anderen Zutat etwas mehr oder weniger zu verwenden, das eine oder andere Gewürz hinzuzufügen oder ganz wegzulassen, um einem Gericht einen oft völlig anderen Geschmack zu verleihen. Eventuell wird es milder, kräftiger, schärfer oder cremiger. Wir haben hier die in Reggio Emilia übliche Variante aufgenommen:
Das küchenfertige Kaninchen in eine Schüssel legen und ½ Stunde unter fließendes Wasser stellen. Abtropfen lassen und trockentupfen. Bleichsellerie, Zwiebel, Knoblauch und Speck zusammen fein wiegen. In einer Kasserolle, möglichst aus Steingut, die Butter zerlassen und das Kleingehackte einige Minuten unter ständigem Rühren anbraten. Das Fleisch hineingeben und von allen Seiten goldbraun braten. Jetzt die Hitze hochschalten, den Weißwein angießen, umrühren und bei offenem Topf verdampfen lassen. Die Tomatensauce mit einem Glas Wasser verrühren und ebenfalls dazugießen. Mit Salz und Pfeffer abschmecken und zugedeckt bei schwacher Hitze garen, bis das Fleisch sehr weich ist (dies wird ungefähr 1½ Stunden dauern). Falls erforderlich, immer wieder etwas warmes Wasser nachgießen. Kurz vor Ende der Garzeit die gehackte Petersilie hineingeben. Die Kaninchenstücke mit der Sauce beträufelt auf den Tisch bringen.

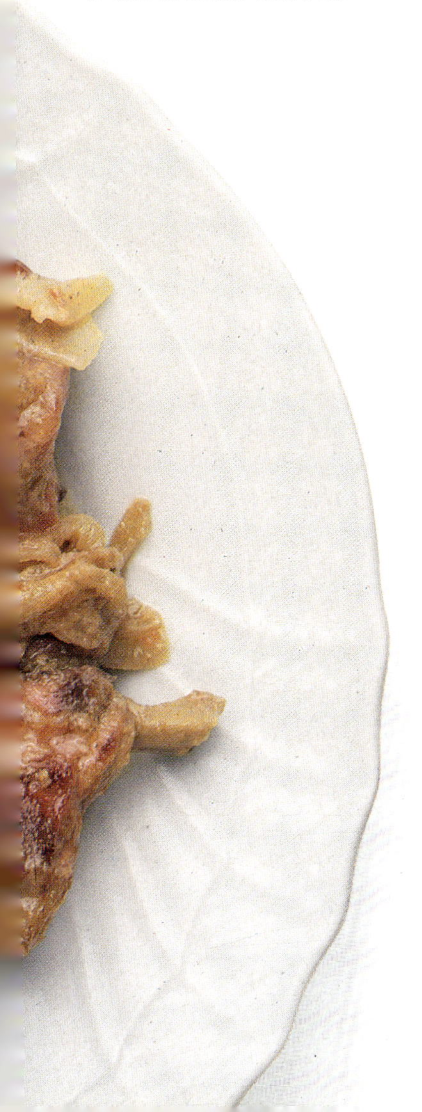

Agnello e Capretto

Lamm und Zicklein

ABBACCHIO ALLA ROMANA

Milchlamm auf römische Art

1 kg Milchlamm (Keule und ein Teil des Kotelettstücks)
50 g Olivenöl
2 in Salz eingelegte Sardellen
3 Knoblauchzehen
1 Rosmarinzweig
4 EL Weißweinessig
Salz
frisch gemahlener Pfeffer

Das Milchlamm wird in Rom »abbacchio« genannt.
Das Fleisch in ca. 50 g schwere Stücke zerteilen. In einer Pfanne das Öl erhitzen und zwei Knoblauchzehen hineingeben. Sobald sie braun werden, herausnehmen. Das Fleisch hineinlegen und von allen Seiten goldbraun braten. In der Zwischenzeit in einem Mörser die dritte Knoblauchzehe mit den Rosmarinblättchen und den gewaschenen und entgräteten Sardellen zerstoßen. Diese Paste in einer kleinen Schüssel mit dem Weißweinessig zu einer flüssigen Creme vermischen. Wenn das Fleisch gar ist, diese Creme bei starker Hitze in den Bratenfond einrühren.
Die Milchlammstücke auf einer Platte nebeneinander anrichten, mit der Sauce beträufeln und sofort servieren.

»CORDULA« O »CORDA«

Sardischer Spieß

Die Därme von 3 kleinen Lämmchen
Salz
frisch gemahlener Pfeffer
1 Scheibe Speck (ca. 100 g)
1 Prise Majoran
1 Prise Thymian
1 Lorbeerblatt
1 Bund Salbei

Die »Cordula« oder »Corda« gehört zu den geradezu archaischen Gerichten, die seit Jahrtausenden von den Hirten Sardiniens zubereitet werden.
Die Därme sorgfältig putzen und gründlich waschen. Zu Zöpfen flechten und auf 4 Spieße verteilen. Salzen und pfeffern, den Speck auslassen und das Fett darüberträufeln, mit Majoran, Thymian, dem zerbröselten Lorbeerblatt und den Salbeiblättchen würzen. Auf den glühenden Hozkohlengrill legen und von beiden Seiten knusprig braun braten. Die »Cordula« sehr heiß servieren.
Bei der weniger klassischen Variante werden die Gedärme im Topf mit frischen Tomaten und Erbsen geschmort.

AGNELLINO AL FORNO

Gespickte Lammkeule

800 g Lammkeule
150 g roher Schinken
1 Rosmarinzweig
3 EL Schmalz
Salz
frisch gemahlener Pfeffer
3 gehäufte EL Semmelbrösel
3 EL Pecorino (s. S. 291) oder geriebener Parmesan

Das Fleisch mit einem feuchten Tuch abreiben und in regelmäßigen Abständen ziemlich tiefe Löcher hineinstechen. In jedes Loch jeweils ein Stückchen Schinken und einige Rosmarinblättchen hineinstecken. Die gespickte Keule mit dem gehackten Speck in eine Pfanne geben, mit Salz und Pfeffer würzen. Mit dem geriebenen Parmesan (oder, nach Wunsch, Pecorino) und den Semmelbröseln bestreuen. Im Backofen bei mäßiger Hitze ca. 40 Minuten braten. Das Fleisch herausnehmen, sobald es sehr weich ist. Mit seinem Bratensaft beträufeln und servieren.

GNIUMMERIEDDI

Innereien am Spieß

400 g Innereien vom Lamm oder Zicklein (Herz, Leber und Lunge)
250 g Därme vom Lamm (oder vom Zicklein)
1 Bund Salbei
½ Glas Öl
Salz
frisch gemahlener Pfeffer
50 g Speck
1 Zitrone

Ein typisches Gericht aus der Vorgebirgsregion des Gargano.
Herz, Leber und Lunge in nußgroße Stücke zerteilen. Den Darm sehr langsam und äußerst vorsichtig entwirren. Mit leichtem Druck, ohne ihn zu verletzen, zwischen Daumen und Zeigefinger durchziehen. Gründlich waschen und trokkentupfen. Auf einen großen Spieß (oder mehrere kleine Spieße) abwechselnd ein Stückchen Leber, Lunge und Herz stecken. Nach jedem zweiten oder dritten Fleischstückchen ein Salbeiblättchen aufspießen. Diesen Vorgang wiederholen, bis alle Innereien aufgebraucht sind. Nun ein Darmende mit einem Stück Schnur auf der Spitze des Spießes festbinden. Den Darm spiralenförmig über die gan-

ze Länge des Spießes und wieder zurück wickeln. Auf diese Weise ein dichtes Netz um die Innereien weben. Das andere Darmende ebenfalls mit etwas Schnur am Spieß festmachen.
Das Ganze mit Öl einpinseln und mit Salz und Pfeffer würzen. Den Spieß (oder die Spießchen) auf den Grill legen (wenn möglich, Olivenholz verwenden). Ständig drehen und wiederholt mit Öl einpinseln. Bei nicht zu starker Hitze grillen, damit auch die Innereien gut durchgaren.
Wenn der Spieß fertig ist (nach ca. ¼ Stunde), die Speckscheibe in einen dicken Bogen Papier einwickeln und auf eine große Grillgabel spießen. Dieses Päckchen über das Feuer halten, bis das Papier fettig durchtränkt ist; das Papier anzünden und verbrennen.
Das Fett in großen Tropfen auf den Spieß fallen lassen. Den Spieß herausziehen, das Fleisch auf einer großen Platte anrichten. Mit Zitronensaft beträufeln und sehr heiß servieren.

SPIEDINI DI CAPRETTO

Zicklein am Spieß

800 g Zickleinfleisch
(Keule oder Lende)
Salz
frisch gemahlener Pfeffer
20 quadratisch geschnittene
Scheibchen Brot
32 quadratisch geschnittene
Scheibchen Schinken
½ Glas Öl

Das Fleisch in 16 Würfel schneiden, die ungefähr die Maße der Brot- und Schinkenscheiben haben sollten. Mit Salz und Pfeffer würzen. Diese Zutaten in nachstehender Reihenfolge auf vier Spieße verteilen: 1 Scheibe Brot, 1 Scheibe Schinken, 1 Stück Fleisch, 1 Scheibe Brot, 1 Scheibe Schinken usw. Auf einen Spieß kommen 4 Stück Fleisch, 5 Scheiben Brot und 8 Scheiben Schinken.
Die so vorbereiteten Spieße in eine mit Öl eingefettete Pfanne legen, einen feinen Strahl Öl darübergießen und mit Salz und Pfeffer abschmecken. Ungefähr ½ Stunde in den heißen Backofen schieben, bis sie knusprig braun sind. In dieser Zeit zwei- bis dreimal wenden.
Die Spieße am Schluß herausziehen, die Häppchen auf einer vorgewärmten Servierplatte anrichten.

COSTOLETTE DI AGNELLO AI PEPERONI

Lammkoteletts mit Paprika

8 Lammkoteletts
4 Paprikaschoten
6 EL Öl
Salz
frisch gemahlener Pfeffer
3–4 Sardellenfilets
½ Knoblauchzehe, feingehackt
3 Bund Petersilie, feingehackt

Die Paprikaschoten über der Flamme rösten, die Haut abziehen. Halbieren und die weißen Rippen und die Kerne entfernen. Die Paprikahälften in eine mit Öl eingefettete Pfanne legen, mit einer Prise Salz würzen und mit 2 EL Öl beträufeln. Bei schwacher Hitze 10 Minuten im Backofen braten. Das restliche Öl in einer weiten Pfanne erhitzen, die Koteletts bei mäßiger Hitze von beiden Seiten braten. Mit Salz und Pfeffer würzen. Die Paprikahälften auf einer Servierplatte anrichten und mit dem Bratensaft beträufeln. Auf jede Paprikahälfte 1 Kotelett legen. Den Bratenfond mit 2–3 EL Wasser von der Pfanne lösen. Die Sardellenfilets, den Knoblauch und die Petersilie hineingeben und unter ständigem Rühren leicht köcheln lassen, bis die Sardellen aufgelöst sind, die Sauce eingedickt ist. Die Sauce über den Koteletts verteilen.

AGNELLO AL FORNO CON PATATE E POMODORI *

Lammragout mit Tomaten und Kartoffeln

1 kg Lammfleisch (Keule und
Lende)
50 g Butter
½ Glas Öl
1 Zwiebel, in Scheiben
geschnitten
2 Rosmarinzweige
1 Glas trockener Weißwein
Salz
350 g reife Tomaten
500 g junge, kleine Kartoffeln
frisch gemahlener Pfeffer

Das Fleisch in gleichmäßig große Stücke schneiden. Die Zwiebelscheiben in Öl und Butter bei schwacher Hitze andünsten. Sobald sie glasig werden, das Fleisch und die zerkleinerten Rosmarinzweige hineingeben. Bei mäßiger Hitze von allen Seiten goldbraun braten. Den Wein angießen und verdampfen lassen. Mit Salz und Pfeffer abschmecken. Die enthäuteten, entkernten und zerkleinerten Tomaten dazugeben. Bei starker Hitze ½ Stunde garen. Die geschälten Kartoffeln hinzufügen, mit wenig Salz und reichlich Pfeffer würzen und die Pfanne in den vorgeheizten Backofen (180 °C) schieben. Ungefähr 40 Minuten braten, dabei das Fleisch hin und wieder wenden und den Bratenfond gleichzeitig vom Boden der Pfanne lösen. Servieren, wenn die Kartoffeln knusprig braun gebacken sind.

CAPRETTO ALLA PAESANA

Zicklein nach Bauernart

800 g Zickleinfleisch
2 große Zwiebeln
400 g sehr reife Tomaten
400 g Kartoffeln
Salz
frisch gemahlener Pfeffer
Origano
1 Glas Öl
80 g geriebener Parmesan

Das Fleisch in gleichmäßig große Stücke schneiden. Mit den in feine Scheiben geschnittenen Zwiebeln in einen Steinguttopf geben. Die Kartoffeln (möglichst junge Kartoffeln verwenden) in Scheiben schneiden. Die Tomaten enthäuten, Kerne entfernen und zerkleinern. Kartoffeln und Tomaten zu dem Fleisch in den Topf geben. Mit einigen Handvoll geriebenem Pecorino bestreuen. Mit wenig Salz und reichlich Pfeffer und Origano würzen. Ein Glas Öl darüberträufeln.
Den Topf gut verschließen und in den vorgeheizten Backofen schieben. Bei mäßiger Hitze eine Stunde oder etwas länger garen. Den Deckel erst kurz vor dem Servieren abnehmen.

CAPRETTO E CARCIOFI

Zicklein mit Artischocken

800 g Zickleinfleisch (Keule oder
Rücken)
1 Glas Öl
50 g feingehackter Schinken
1 mittelgroße Zwiebel, feingehackt
1 Bund Petersilie, feingehackt
1 gehäufter EL Mehl
¼ l trockener Weißwein
Salz
frisch gemahlener Pfeffer
4 Artischocken
2 Zitronen
2 Eigelb
Majoran

Das Fleisch in gleichmäßig große Stücke schneiden. Mit dem Öl, dem gehackten Schinken, der Zwiebel und der Petersilie (1 EL übriglassen) in eine Kasserolle geben. Sehr langsam anbraten. Sobald das Fleisch eine goldbraune Farbe angenommen hat, mit dem Mehl bestäuben. Nach ca. 10 Minuten die Hitze hochschalten, den Wein angießen und verdampfen lassen. Mit Salz und Pfeffer abschmecken. Die Hitze nun reduzieren, die Kasserolle zudecken und mindestens ½ Stunde garen. In der Zwischenzeit die harten Außenblätter von den Artischocken entfernen. Die Spitzen der Blätter abschneiden und die Artischocken in nicht zu dünne Spalten schneiden. Sofort in kaltes, mit Zitronensaft gesäuertes Wasser legen. Die Artischocken abtropfen lassen und in den Topf zu dem Fleisch geben. Mit Salz würzen und ungefähr ½ Stunde langsam ziehen lassen. Bei Bedarf etwas heiße Brühe (oder Wasser) nachgießen. Die Sauce soll am Schluß nicht zu dünnflüssig sein. In der Zwischenzeit die Eigelbe in einer kleinen Schüssel mit einer Prise Salz und Pfeffer, 1 EL der sehr fein gehackten Petersilie und einer Prise Majoran verquirlen. Das Ganze in den Topf gießen, gut vermischen und sofort vom Herd nehmen. Die Eimasse darf nicht stocken, sondern muß sich mit dem Bratenfond zu einer cremigen Sauce verbinden.

VENTRICINE DI CHIETI

Rouladen mit Innereien

1 Zwiebel
50 g Butter
geröstete Brotscheiben

Für dieses Gericht benötigt man unbedingt einen Kupfertopf mit zwei Griffen, der hermetisch verschlossen werden kann.
Das Fleisch waschen und in kleine Stücke schneiden. Mit Salz bestreuen und ca. 1 Stunde ruhen lassen. Das Fleisch mit der ganzen Zwiebel und der in kleine Stücke geschnittenen Butter in den Topf geben, verschließen. Den Topf bis zum Schluß nicht mehr öffnen. Bei

mäßiger Hitze garen. Den Topf dabei hin und wieder an den Griffen fassen und kräftig schütteln, damit das Fleisch gewendet wird. Nach ungefähr 1 Stunde den Deckel abnehmen. Das weiche Fleisch auf gerösteten Brotscheiben anrichten, mit dem Bratensaft beträufeln und servieren.

BRACIOLINE D'AGNELLO

Lammschnitzel mit Weißwein

8 kleine Lammschnitzel
4 EL Olivenöl
200 g Netz vom Lamm
350 g Innereien vom Lamm (Herz oder Leber)
1 Bund Petersilie, feingehackt
Salz
100 g Gekröse vom Lamm (Darm)
1 EL Öl
Chilipulver

Das Netz in kleine Quadrate schneiden. Die gründlich gewaschenen Innereien klein hacken, Petersilie und Knoblauch fein wiegen. Alles gut mischen und mit einer Prise Salz und Chilipulver würzen. Etwas von dieser Mischung auf die Netzscheibchen legen, wie Rouladen einrollen und mit einem Stückchen Darm zubinden. Die mit nur 1 EL Öl eingefettete Pfanne sehr heiß werden lassen. (Die »Ventricine« sollen möglichst in ihrem eigenen Fett garen.) Die Rouladen dazugeben und ca. ¼ Stunde rundum braten.

AGNELLO ALLA PECORARA

Einfacher Lammtopf

1 kg Lammfleisch (Osterlamm)
einige Salbeiblättchen
Salz
frisch gemahlener Pfeffer
½ Glas trockener Weißwein
Saft ½ Zitrone

Das Fleisch beim Einkauf aus dem Sattel des Tieres schneiden lassen. Die Schnitzel in etwas Olivenöl und einigen Salbeiblättchen von beiden Seiten goldbraun ausbraten. Mit Salz und Pfeffer würzen, den Weißwein angießen und eindicken lassen. Die Schnitzel herausnehmen, mit Zitronensaft beträufeln und sofort heiß auf den Tisch bringen.

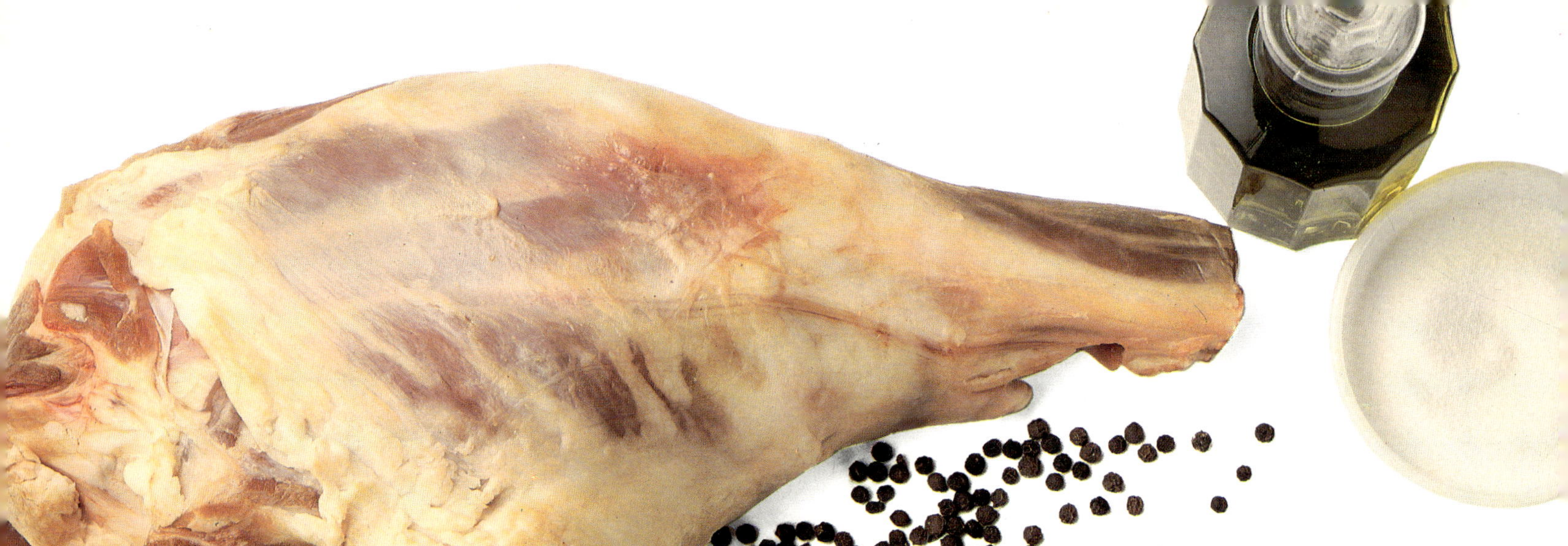

AGNELLO, CACIO E UOVA *

Lammragout mit Käse und Ei

1 Lammkeule von ca. 1 kg
½ Glas Öl
1 Zwiebel, in Scheiben geschnitten
1 Glas trockener Weißwein
1 Schöpfkelle Fleischbrühe
2 Eier (oder 4 Eigelb)
50 g geriebener Pecorino
Salz
frisch gemahlener Pfeffer

Das Fleisch waschen und in Stücke schneiden. Mit Salz und Pfeffer bestreuen und ca. 1 Stunde ruhen lassen. In einer Kasserolle, möglichst aus Steingut, die Zwiebelscheiben in Öl andünsten. Sobald sie weich sind, das Fleisch hineingeben und langsam von allen Seiten braun braten. Den Wein angießen und verdampfen lassen. Den Topf zudecken. Hin und wieder umrühren und nötigenfalls etwas heiße Brühe angießen. Ungefähr 1 Stunde garen. Kurz vor Ende des Garvorganges die Eier in einer Schüssel mit dem Pecorino, einer Prise Salz und Pfeffer verquirlen. Die Eimasse über das Fleisch gießen, dabei schnell und kräftig rühren. Nach wenigen Minuten vom Herd nehmen und sofort servieren.

AGNELLO CON SALSINA ALL'UOVO E LIMONE

Lammgulasch mit Ei und Zitrone

800 g Lammgulasch
½ Glas Öl
½ Glas trockener Weißwein
1 Knoblauchzehe
2 Eigelb
1 Zitrone
Salz
frisch gemahlener Pfeffer

Ein typisches Osteressen aus den Abruzzen.
In einer Kasserolle das Öl erhitzen. Das Fleisch mit der Knoblauchzehe darin anbraten. Die Knoblauchzehe herausnehmen, sobald sie dunkelbraun ist. Die Fleischstücke ständig umrühren, damit sie von allen Seiten eine gleichmäßige dunkelbraune Farbe annehmen. Dann den Wein angießen und bei starker Hitze verdampfen lassen. Mit Salz und Pfeffer würzen, die Hitze zurückschalten und den Topf zudecken. Bei schwacher Hitze weitergaren, dabei hin und wieder etwas warmes Wasser nachgießen. Wenn das Fleisch sehr weich ist, die Fleischstücke einzeln herausnehmen, auf einer Servierplatte warm stellen. Die Eigelbe mit dem Zitronensaft verquirlen und unter kräftigem Rühren unter den Bratenfond mischen. Dazu den Topf vom Herd nehmen, damit die Eimasse nicht stockt. Den Topf wieder auf die Kochplatte stellen und bei kleinstmöglicher Hitze weiterrühren, bis die Sauce schaumig ist wie eine Zabaione (s. S. 361). Über das Fleisch gießen und sofort servieren.

AGNELLO AL FORNO CON PATATE E CIPOLLE

Lammbraten mit Kartoffeln und Zwiebeln

1 kg Lammfleisch (Keule)
1 Knoblauchzehe
1 Rosmarinzweig
6 kleine Zwiebeln (oder 2 große Zwiebeln)
800 g sehr kleine Kartoffeln (oder große Kartoffeln in Scheiben geschnitten)
½ Glas Öl
1 EL Butter
Salz
frisch gemahlener Pfeffer

Das Fleisch waschen und abtrocknen. Die Knoblauchzehe und die Rosmarinblättchen zusammen sehr fein wiegen. Im Öl und der Butter in einer weiten Pfanne erhitzen. Erst wenn das Fett prasselt, das Fleisch hineingeben und rundum braun braten. Wenn das Fleisch eine gleichmäßige Farbe angenommen hat, die geschälten Kartoffeln und die in Scheiben geschnittenen Zwiebeln hinzufügen. Die Pfanne in den sehr heißen Backofen (200–220 °C) schieben. Ungefähr eine Stunde garen. Dabei das Fleisch hin und wieder wenden und einmal, falls nötig, einen feinen Strahl Öl darübergießen. Das Gericht ist fertig, wenn Gemüse und Fleisch dunkelbraun sind.
Als Hauptgang servieren und frischen Salat dazu reichen. Das Fleisch schmeckt am besten, wenn es sehr heiß verzehrt wird.

AGNELLO AI FUNGHI CARDONCELLI

Lammfleisch mit Pilzen

1 kg Lammfleisch (oder Zicklein)
500 g Kräuterseitlinge (Baumpilze wie auch der Austernseitling)
½ Glas Öl
2 Knoblauchzehen
Salz
frisch gemahlener Pfeffer

Die Pilze putzen, waschen und abtropfen lassen. Das in Stücke zerteilte Fleisch mit den Pilzen und den feingewiegten Knoblauchzehen in eine Kasserolle geben. Mit Salz und reichlich Pfeffer würzen (am besten ein Stückchen zerstoßene Chilischote unter den Pfeffer mischen). Das Ganze mit Öl beträufeln und ca. 1 Stunde in den Backofen (160 °C) schieben. Das Fleisch während des Garvorgangs hin und wieder wenden und mit dem Bratensaft beträufeln. In der Kasserolle auf den Tisch bringen.

TESTINA DI AGNELLO AL FORNO

Überbackener Lammkopf

2 Lammköpfchen (oder Zicklein)
1 Bund Petersilie
2 EL geriebener Pecorino
2 EL Semmelbrösel
Olivenöl
1 Zitrone
Salz
Origano

Die beiden Köpfchen mit einem Hieb in zwei Hälften spalten (Hirn und Zunge nicht entfernen, sie schmecken hervorragend). Das Fleisch waschen und abtropfen lassen. In einer kleinen Schüssel eine Mischung aus dem Pecorino, den Semmelbröseln, der feingehackten Petersilie, einer Prise Salz und reichlich Origano (nach Geschmack) bereiten. Die vier Kopfhälften in der Pfanne wieder zu 2 Köpfchen zusammenlegen und die Käse-Petersilien-Mischung darüberstreuen. Mit reichlich Olivenöl begießen und in den vorgeheizten Backofen schieben (160–170 °C). Ungefähr 1 Stunde garen. Mit Zitronenscheiben garniert servieren.

CALDARIELLO

Lammragout in Schafsmilch geschmort

800 g Lammfleisch (aus Keule und Rippenstück), kleingeschnitten
1 Zwiebel
1 Knoblauchzehe
1 Bund Petersilie
etwas wildes Fenchelkraut
8 Toastbrotscheiben
½ Glas Öl
2 Glas Schafsmilch
Salz
frisch gemahlener Pfeffer

Dieses Gericht ist nach dem Kessel (caldariello) genannt, in dem es zubereitet wird und der in manchen Gegenden des apulischen Hinterlandes noch zu finden ist.
Knoblauch, Petersilie und Fenchelkraut zusammen fein wiegen. Die Zwiebel in Ringe schneiden. Das zerkleinerte Gemüse, die Zwiebelringe, die Milch und das Öl kalt in einen Topf geben. Das Fleisch hinzufügen, mit Salz und Pfeffer würzen und den Topf aufsetzen und bei schwacher Hitze schmoren. Hin und wieder umrühren, damit nichts anbrennt. Die Garzeit hängt von der Fleischbeschaffenheit ab. Am Schluß erhalten Sie ein würziges Fleisch (es soll weich und zart sein) in einer köstlichen Sauce.

COSTOLETTE D'AGNELLO ALLA COSENTINA

Lammkoteletts aus Cosenza

8 Lammkoteletts
400 g sehr reife Tomaten
2 große, grüne Paprikaschoten
2 Knoblauchzehen
1 Bund Petersilie
1 Zwiebel
2 EL grüne Oliven
1 knappes Glas Öl
Salz
frisch gemahlener Pfeffer

4 EL Öl in einer Pfanne sehr heiß werden lassen. Die Koteletts hineingeben und von beiden Seiten braun braten. Die Tomaten enthäuten, Kerne entfernen und kleinschneiden. Die Paprikaschoten in Streifen schneiden, die Oliven entkernen und halbieren. Knoblauch, Zwiebel und Petersilie zusammen fein wiegen. Das restliche Öl in einer zweiten Pfanne erhitzen, das zerkleinerte Gemüse dazugeben. Mit Salz und reichlich Pfeffer (eventuell mit einem kleinen Stückchen zerstoßener Chilischote gemischt) abschmecken. Bei mäßiger Hitze ¼ Stunde schmoren. Die Koteletts dazugeben und noch wenige Minuten ziehen lassen. Dabei hin und wieder umdrehen. Sofort servieren.

»SGUAZETO« D'AGNELLO ALLA FRIULANA

Lammragout aus dem Friaul

800 g Lammkeule
50 g Butter
2–3 große EL Öl
1 Knoblauchzehe
1 Zwiebel, feingehackt
80 g Speck, feingehackt
Salz
frisch gemahlener Pfeffer
Zimt
1 TL Tomatenmark
1 Schöpfkelle heiße Brühe
Polenta

Den Speck in der Butter und dem Öl anbraten. Die Knoblauchzehe und die feingehackte Zwiebel hineingeben. Die Knoblauchzehe entfernen, sobald sie zu bräunen beginnt. Das in Stücke geschnittene Fleisch hinzufügen, salzen und pfeffern und mit einer Prise Zimt würzen. Wenn das Fleisch rundum braun gebraten ist, das mit einer Schöpfkelle heißer Brühe verrührte Tomatenmark angießen. Zugedeckt langsam ca. 1 Stunde schmoren. Die Sauce soll sehr sämig werden. Frische Polenta dazu reichen (s. S. 85).

COSCIOTTO DI AGNELLO ARROSTO

Gebratene Lammkeule

1 kg Lammkeule
80 g roher Schinken, in Streifen geschnitten
1 Bund Petersilie, feingehackt
2 Knoblauchzehen, feingehackt
1 Bund Majoran, feingehackt
2 Rosmarinzweige, feingehackt
Salz
frisch gemahlener Pfeffer
50 g Schmalz
1 Glas trockener Weißwein

Die Lammkeule waschen und sorgfältig abtrocknen. Harte Hautstellen entfernen und mit einem scharfen Messer in regelmäßigen Abständen ca. 1 Dutzend Löcher einstechen. Den feingehackten Majoran und die Petersilie mit den Speckstreifen anbraten und mit Salz und Pfeffer würzen. Mit dieser Mischung die Lammkeule spicken. Das Fleisch mit Salz und Pfeffer und der übriggebliebenen Gewürzmischung einreiben. Das Schmalz erhitzen und die Lammkeule bei mäßiger Hitze (oder im Backofen bei 160 °C) braten.
Mit dem Wein beträufeln und zugedeckt 40 Minuten garen. Sofern erforderlich, etwas Wein nachgießen. Man kann diese Lammkeule auch am Spieß braten. In diesem Fall das Fleisch regelmäßig mit dem zerlassenen Schmalz einpinseln. Wir empfehlen aber, die Keule in der Pfanne zu braten und mit dem Wein zu beträufeln. Das Fleisch wird auf diese Weise weicher.

CACCIATORA DI CAPRETTO

Zicklein nach Jägerart

1 kg Zickleinfleisch
2 große EL Öl
50 g Butter
1 Knoblauchzehe
½ Zwiebel, feingehackt
60 g Schinken (oder Speck), kleingehackt
1 Glas Rotwein (Sangiovese)
150 g Tomaten aus der Dose
Salz
frisch gemahlener Pfeffer
1 Bund Petersilie, feingehackt

Das Fleisch in Stücke schneiden. Die Knoblauchzehe im Öl und in der Butter braun braten, dann ent-

fernen. Jetzt die Zwiebel und den kleingehackten Schinken (oder Speck) sowie die Fleischstücke hineingeben. Das Fleisch rundherum braun braten. Den Wein angießen und verdampfen lassen. Die zerkleinerten Tomaten hinzufügen, salzen und pfeffern und mit der Petersilie bestreuen. Zudecken und das Ganze ca. 1 Stunde langsam schmoren.

ABBACCHIO O CAPRETTO BRODETTATO

Milchlamm oder Zicklein mit Schinken und Wein geschmort

1 kg Milchlamm- oder Zickleinfleisch
1½ Zitronen
2–3 EL Olivenöl
40 g Butter
2 Scheiben Parmaschinken, in Stückchen geschnitten
1 Zwiebel, feingehackt
Salz
frisch gemahlener Pfeffer
1 EL Mehl
1 Glas trockener Weißwein
heißes Wasser oder Brühe
2 Eigelb
3 Bund Petersilie, feingehackt
einige Majoranblättchen, feingehackt

Das Fleisch in kleine Stücke schneiden, abtrocknen und mit der halben Zitrone abreiben. Öl und Butter in einer Kasserolle erhitzen, das Fleisch, die Zwiebel und den Schinken hineingeben und bei schwacher Hitze anbraten. Hin und wieder umrühren. Mit Salz und Pfeffer würzen. Sobald das Fleisch etwas Farbe angenommen hat, mit Mehl bestäuben. Darauf achten, daß alle Fleischstücke bemehlt werden. Den Wein angießen und die Kasserolle zudecken. Ungefähr 30 Minuten garen, das Fleisch muß weich werden. Sofern nötig, etwas heiße Brühe nachgießen, damit die Sauce weder zu dick noch zu flüssig wird.
Die feingehackte Petersilie und den Majoran mit den Eigelben und der abgeriebenen Schale der halben sowie dem Saft der ganzen Zitrone verquirlen. Mit etwas Salz abschmecken. Die Hitze zurückschalten und die Eimasse zu dem Fleisch in den Topf gießen. Dabei kräftig rühren. Zwei Minuten köcheln lassen und ständig weiterrühren. Die Eimasse darf nicht stokken. Sofort servieren.

Frattaglie

Innereien

ANIMELLE DI VITELLO

Kalbsbries mit Erbsen und Schinken

600 g Kalbsbries (oder Bries vom Milchlamm)
40 g Schmalz (oder Öl, oder Butter)
½ Zwiebel, feingehackt
50 g roher Schinken, kleingehackt
Salz
frisch gemahlener Pfeffer
Fleischbrühe
30 g Butter
50 g zerlassene Butter
350 g feine, ausgelöste Erbsen
50 g gekochter Schinken, in Würfel geschnitten

Das Bries einige Zeit in lauwarmem Wasser wässern. Das Wasser öfter wechseln. Die Blutgerinnsel und das Häutchen entfernen. Danach das Bries kurz in kochendem Wasser blanchieren und in kaltem Wasser abschrecken. Abtropfen lassen und in Stücke schneiden. In einer kleinen Pfanne das Schmalz erhitzen, den rohen Schinken und die Zwiebel hineingeben. Sobald die Zwiebel glasig ist, das Bries hinzufügen und mit Salz und Pfeffer würzen. Etwas Brühe angießen und zugedeckt ca. ¼ Stunde bei mäßiger Hitze garen. Das Bries hin und wieder umrühren, dann auf einer vorgewärmten Platte anrichten. Die Sauce etwas eindicken lassen und 1 Stück Butter unterrühren. Sehr heiß über die Briesstückchen gießen. In der Zwischenzeit die Erbschen mit dem gekochten Schinken in der flüssigen Butter braten. Mit Salz und Pfeffer abschmecken und als Beilage reichen. (Die Erbsen und der gekochte Schinken können auch zu dem Bries gegeben werden. In diesem Fall bei schwacher Hitze wenige Minuten ziehen lassen.)

ANIMELLE CON FUNGHETTI

Kalbsbries mit Pilzen

350 g Kalbsbries
½ Glas Essig
50 g Butter
2 Lorbeerblätter
1 gehäufter EL Tomatenmark
150 g in Essig eingelegte Pilze
100 g ausgelöste Erbsen
Salz

Das Kalbsbries ½ Stunde in Essigwasser legen. Danach wenige Minuten in kochendem, leicht gesalzenem Wasser blanchieren. Abtropfen lassen und das Häutchen entfernen. Die Butter in einer Pfanne erhitzen und die Lorbeerblätter hineingeben. Das Bries in kleine Stücke schneiden und in der Butter braten. Mit Salz würzen. Das Tomatenmark mit einer Schöpfkelle Wasser verrühren und mit den Pilzen und den Erbsen ebenfalls in den Topf geben. Bei mäßiger Hitze garen. Den Topf nicht zudecken, die Flüssigkeit soll etwas einkochen.

CERVELLA ALLA NAPOLETANA *

Überbackenes Hirn

400 g Hirn vom Milchlamm, Lamm oder Kalb
50 g schwarze Oliven
1 EL in Salz eingelegte Kapern
Semmelbrösel
Öl
Salz, frisch gemahlener Pfeffer

Das Hirn gründlich in reichlich warmem Wasser putzen, die dünne Haut möglichst vollständig abziehen. Das Hirn in wenig kaltem Wasser aufsetzen, leicht salzen und zum Kochen bringen. Wenige Minuten ziehen lassen. Mit einem Schaumlöffel vorsichtig herausheben und in einer Schüssel mit kaltem Wasser abschrecken. Eine feuerfeste Form mit etwas Öl einfetten und das ganze Hirn in einer Schicht hineinlegen. Mit Salz und frisch gemahlenem Pfeffer würzen. Die Kapern gründlich waschen und mit den entkernten und halbierten Oliven hineinstreuen. Einen feinen Strahl Öl (möglichst Olivenöl) darübergießen. In den vorgeheizten Backofen schieben (180 °C) und ca. 20 Minuten überbacken. In der Backform auf den Tisch bringen.

CERVELLA IN CARROZZA

Paniertes Kalbshirn

1 Kalbshirn
2 Eier
1 EL Mehl
4 EL Milch
Semmelbrösel
Salz
8 Scheiben geröstetes Toastbrot
Öl

Ein typisches Gericht aus der Provinz Trient. Das Hirn einige Minuten in kochendem Wasser blanchieren und sorgfältig das Häutchen abziehen. Danach in wenig Salzwasser 5 Minuten kochen. In einer Schüssel mit einer Gabel zerdrükken. Die Eier mit der Milch, einer Prise Salz und dem Mehl verquirlen. Darauf achten, daß dabei keine Klümpchen entstehen. Die Brotscheiben auf einer Seite mit der Hirnmasse bestreichen. Zuerst in der Eimasse und dann in den Semmelbröseln wenden. Reichlich Öl in einer Pfanne sehr heiß werden lassen. Die Brotscheiben darin von beiden Seiten knusprig braun ausbacken. Sofort servieren.

FRITTURA DI CERVELLA

Ausgebackenes Hirn

400 g Hirn vom Milchlamm (oder vom Kalb)
¼ Zwiebel
Salz
1 großer EL Essig
1 Zitrone
Öl
Mehl
2 mit Salz verquirlte Eier
Öl zum Ausbacken

Das Hirn in kaltem Wasser wässern, das Wasser mehrmals wechseln und die Blutgerinnsel entfernen. Das Hirn in eine Kasserolle geben, die Zwiebel und den Essig hineingeben, mit Wasser bedecken und zum Kochen bringen. Sobald das Wasser aufwallt, das Hirn herausheben und unter fließendem kalten Wasser abschrecken. Das Häutchen abziehen und das Bries in kleine, regelmäßige Stückchen schneiden. Mit Zitronensaft beträufeln und einen feinen Strahl Öl darübergießen. Die Hirnstücke zuerst in Mehl, dann in den verquirlten Eiern wenden. Öl in einer Pfanne erhitzen, und das Hirn bei mäßiger Hitze backen, bis es eine goldbraune Farbe angenommen hat. Auf Küchenkrepp abtropfen lassen und sofort servieren.

FEGATELLI ALLA TOSCANA

Leberspießchen aus der Toskana

800 g Schweineleber, in große Stücke geschnitten
ca. 200 g Schweinenetz
1 Prise Fenchelsamen
Salz, frisch gemahlener Pfeffer
Semmelbrösel
Lorbeerblätter
kleine geröstete Brotscheibchen

Das Netz in lauwarmem Wasser aufquellen lassen und in Stücke schneiden. Die Leberstücke in einem Teller mit einer kräftigen Prise Fenchelsamen, Salz und Pfeffer sowie einer Handvoll Semmelbröseln mischen. Die Netzstücke gut abtropfen lassen, die gewürzten Leberstücke einzeln darin einwickeln. Diese kleinen Rouladen abwechselnd mit Brotscheibchen und Lorbeerblättchen auf Spieße stecken. Über offenem Holzfeuer grillen oder in eine mit Öl eingefettete Pfanne legen und bei mäßiger Hitze ca. 10 Minuten braten. Sehr heiß servieren.

SGUAZZETTO »A LA BECHERA«

Innereientopf

600 g Innereien (Herz, Leber, Lunge und Milz vom Kalb)
1 Zwiebel, gehackt
1 Knoblauchzehe
1 Stange Bleichsellerie, gehackt
2 Mohrrüben, gehackt
50 g Butter
2 große EL Öl
½ Glas trockener Weißwein
Salz, frisch gemahlener Pfeffer
1 Thymianzweig
1 EL Tomatenmark, in einer Schöpfkelle Brühe aufgelöst

Die Innereien 5 Minuten in kochendem Wasser blanchieren und in Stücke schneiden. Die Zwiebel, die Knoblauchzehe, den Bleichsellerie und die Mohrrüben in der Butter und dem Öl anbraten. Die Knoblauchzehe herausnehmen, sobald sie braun wird. Die Innereien zufügen und mit dem Wein beträufeln. Wenn der Wein verdampft ist, mit Salz und Pfeffer würzen. Den Thymianzweig in ein Baumwollsäckchen einbinden und in den Topf geben. Das mit der Brühe verrührte Tomatenmark unterrühren und langsam schmoren, bis die Sauce eingedickt ist. Das Thymiansäckchen entfernen und die Innereien sehr heiß servieren.

FEGATO ALLA VENEZIANA

Venezianische Leber

500 g Kalbsleber
2 große Zwiebeln
40 g Butter
3 EL Öl
1 Bund Petersilie
½ TL Fleischextrakt
Salz

Die Leber häuten und in dünne Scheibchen, die Zwiebeln in feine Ringe schneiden, die Petersilie fein hacken. In einer Pfanne Öl und Butter sehr heiß werden lassen und Zwiebel und Petersilie hineingeben. Zugedeckt bei schwacher Hitze schmoren, die Zwiebeln dürfen nicht zu braun werden. Die Pfanne vom Herd nehmen und einige Minuten abkühlen lassen (so wird die Leber nicht hart). Dann die Leberscheibchen hineingeben und wieder auf die Kochplatte stellen. Die Hitze hochschalten und wenige Minuten braten. Vom Herd nehmen, mit Salz würzen und heiß servieren.

FEGATO ALL'ACETO

Saure Leber

400 g Kalbsleber
50 g Butter
Salz
frisch gemahlener Pfeffer
2 EL Essig
2–3 Bund Petersilie

Die Leber in kleine Stücke schneiden. In einer Pfanne die Butter zerlassen und die Leber hineingeben. Bei starker Hitze braun braten. Mit Salz und Pfeffer würzen und mit dem Essig beträufeln. Alles gut verrühren und auf einer vorgewärmten Platte anrichten. Mit der gehackten Petersilie bestreuen und sofort heiß servieren.

FEGATO AL POMODORO

Leber mit Tomaten

400 g Kalbsleber
Mehl
4 EL Öl
1 Knoblauchzehe
5–6 Salbeiblättchen
Salz
frisch gemahlener Pfeffer
1 Glas Tomatensauce (Rezept S. 124)

Die Leber in sehr dünne Scheibchen schneiden und leicht mit Mehl bestäuben. Das Öl in einer Pfanne erhitzen, die feingehackte Knoblauchzehe und die Salbeiblättchen hineingeben. Die Leberscheiben in einer Schicht in das sehr heiße Öl legen. Sobald sie auf einer Seite etwas Farbe annehmen, sofort wenden und die andere Seite braten. (Darauf achten, daß dieser Garvorgang nicht zu lange dauert, sonst wird die Leber hart.) Mit Salz und Pfeffer würzen und mit der Tomatensauce beträufeln. Die Hitze reduzieren und noch wenige Minuten ziehen lassen. Auf einer Platte anrichten und servieren.

FEGATO »GARBO E DOLCE«

Leber süßsauer

400 g Kalbsleber, in Scheiben geschnitten
1 Ei
Salz
Mehl
Semmelbrösel
80 g Butter
Saft von 1 Zitrone
1 TL Zucker

Das Ei mit einer Prise Salz verquirlen. Die Leberscheiben zuerst leicht mit Mehl bestäuben, dann im Ei und zuletzt in den Semmelbröseln wenden. Die Butter in einer Pfanne erhitzen und die panierten Leberscheiben von beiden Seiten goldbraun ausbraten. Den Zucker in dem Zitronensaft auflösen und über die Leber träufeln.

BIANCO E NERO

Schwarzweiß-Leber aus Genua

300 g Kalbsleber
200 g Kalbshirn
1 leicht verquirltes Ei
Mehl
Semmelbrösel
Öl zum Ausbacken

Das von Blutgerinnseln befreite Kalbshirn in einer Kasserolle mit leicht gesalzenem Wasser bedekken und aufsetzen. Sobald das Wasser aufwallt, den Topf vom Herd nehmen. Das Hirn nach wenigen Minuten herausnehmen und abtropfen lassen. Häutchen und Adern entfernen und das Hirn in nußgroße Stücke schneiden. Die Leber von Häutchen befreien und in Scheibchen schneiden. Hirn und Leber mit Mehl bestäuben, zuerst im verquirlten Ei, dann in den Semmelbröseln wenden. Nach und nach im heißen Öl ausbacken.

BÜSÊCA

Mailänder Kutteltopf

1 kg Kalbskutteln
50 g Butter
½ Glas Öl
50 g Bauchspeck oder Fettstreifen von rohem Schinken
1 Zwiebel
1 Mohrrübe
1 Stange Bleichsellerie
4 große, reife Tomaten (oder die entsprechende Menge aus der Dose)
4 Salbeiblättchen
100 g geriebener Parmesan
Salz, frisch gemahlener Pfeffer

Eine beliebte Spezialität aus der Lombardei.
Die Kutteln sehr gründlich unter fließendem Wasser reinigen (eventuelle Häutchen entfernen). In große Stücke schneiden und in reichlich Wasser ca. ½ Stunde kochen. Herausnehmen und in schmale Streifen schneiden. Die Zwiebel mit dem Bleichsellerie, den Salbeiblättchen und der Mohrrübe zusammen fein hacken. In einer Kasserolle das Öl und die Butter mit dem Bauch- oder Schinkenspeck erhitzen. Das kleingehackte Gemüse dazugeben und unter ständigem Rühren weichdünsten. Die Kutteln hinzufügen und ca. 10 Minuten braten. Mit Salz und Pfeffer würzen (nach Belieben mit etwas Muskatnuß und einer zerstoßenen Gewürznelke abschmecken). Die Tomaten durch ein Sieb passieren und dazugeben. Sobald die Sauce eingedickt ist, mit genügend warmem Wasser auffüllen, um die Kutteln zu garen. (Kalbskutteln benötigen ca. 2 Stunden, Kutteln vom Rind 3 Stunden und mehr.) Die Brühe der »Büsêca« sollte nicht zu dünnflüssig werden. Daher empfehlen wir, das Wasser nach und nach anzugießen, bis die Kutteln weichgekocht sind. Das Gericht heiß servieren und mit reichlich Parmesan bestreuen.
Die Mailänder genießen diese Spezialität mit Toastscheiben, die in Butter geröstet werden.

TRIPPA ALLA ROMANA

Kuttelgericht aus Rom

1 kg Kutteln vom Rind oder Kalb
Salz
1 Zwiebel, feingehackt
2 Stangen Bleichsellerie, feingehackt
1 Mohrrübe, feingehackt
Fleischsauce (Rezept S. 130)
Tomatensauce (Rezept S. 127)
4–5 Minzeblättchen
geriebener Parmesan oder Pecorino

Dieses berühmte römische Gericht kann entweder mit Fleischsauce oder mit Tomatensauce zubereitet werden. Welche Variante Sie auch wählen, die Art der Zubereitung ändert sich nicht.
Die Kutteln in reichlich Wasser waschen, in größere Stücke zerschneiden und in einer Kasserolle mit reichlich Salzwasser aufsetzen. Die Zwiebel, den Bleichsellerie und die Mohrrübe dazugeben und ungefähr 5 Stunden köcheln lassen. Hin und wieder abschäumen. Die Kutteln in fingerbreite Streifen schneiden und 30 Minuten in der Fleisch- oder Tomatensauce ziehen lassen. Mit Salz würzen. Etwas Parmesan mit sehr fein gewiegten Minzeblättchen mischen und darüberstreuen. Statt Parmesan kann Pecorino oder eine Mischung aus beiden Käsesorten verwendet werden. Reichlich Käse reiben, mit feingewiegten Minzeblättchen mischen und extra auf den Tisch stellen. Es ist die charakteristische Gewürzmischung für dieses Gericht.

TRIPPA E ZAMPA ALLA FIORENTINA

Kutteln mit Kalbsfuß

500 g Kutteln
1 Kalbsfuß
1 Zwiebel
2 kleine Mohrrüben
1 Knoblauchzehe
einige Basilikumblättchen
2 Stangen Bleichsellerie
1 Bund Petersilie
1 Rosmarinzweig
200 g sehr reife, aber feste Tomaten
1 Handvoll geriebener Parmesan
½ Glas Öl
50 g Butter
Salz, frisch gemahlener Pfeffer

Die Kutteln gründlich waschen, eventuelle Fetthäutchen entfernen. In handflächengroße Stücke schneiden und in reichlich Salzwasser legen. ½ Zwiebel, 1 Stange Bleichsellerie und 1 Mohrrübe grob hacken. Dieses Gemüse mit einigen Blättchen der Petersilie dazugeben. Den Kalbsfuß gründlich waschen und in einem zweiten Topf mit Salzwasser aufsetzen. Beide Töpfe zudecken und bei mäßiger Hitze 2 Stunden garen. Die Kutteln müssen weich sein, das Fleisch am Kalbsfuß muß vom Knochen fallen. Die Kutteln auf einem Holzbrett in dünne Streifen schneiden. Das Fleisch des Kalbsfußes vom Knochen lösen und in Würfel schneiden. Das restliche Gemüse – ½ Zwiebel, 1 Mohrrübe, 1 Knoblauchzehe, das Basilikum (es genügen 2–3 Blättchen), 1 Stange Bleichsellerie, Petersilie und die Rosmarinblättchen – sehr fein wiegen. In einer großen Pfanne das Öl und die Butter erhitzen und das Gemüse hineingeben. Bei mäßiger Hitze einige Minuten braten. Die Kutteln und das Fleisch dazugeben. Die Tomaten enthäuten, von Kernen befreien, zerkleinern und ebenfalls in den Topf geben. Mit wenig Salz und reichlich Pfeffer würzen. Den Topf zudecken und 2 Stunden langsam schmoren. Sofern nötig, hin und wieder mit einer Schöpfkelle etwas heißes Wasser nachgießen (am besten die Kuttelbrühe verwenden; vorher durch ein Sieb gießen).
Den Topf am Schluß vom Herd nehmen, großzügig Parmesan untermischen und das Gericht sofort servieren.

TRIPPA ALLA TREVISANA

Kutteltopf aus Treviso

1 kg vorgekochte Kalbskutteln
50 g Speck, kleingehackt
1 Zwiebel, in Scheiben geschnitten
50 g Butter
1 Rosmarinzweig
¾ l Rinderbrühe
12 Scheibchen geröstetes Brot
geriebener Parmesan

Die Kutteln in Streifen schneiden. Die kleingehackte Zwiebel mit dem Speck in der Butter andünsten. Die Kutteln und den Rosmarinzweig dazugeben. Mit der Brühe auffüllen und ca. ½ Stunde bei mäßiger Hitze garen. Jeweils 2 geröstete Brotscheiben in Suppentassen geben. Die Kutteln darübergießen und mit reichlich Parmesan bestreuen.

TRIPPA DORATA ALLA BOLOGNESE *

Gebratene Kutteln aus Bologna

800 g Kutteln vom Rind
Salz
2–3 EL Olivenöl
1 Knoblauchzehe, kleingehackt
2–3 Bund Petersilie, kleingehackt
200 g Bauchspeck, kleingehackt

1 Zwiebel, in dünne Scheiben geschnitten
frisch gemahlener Pfeffer
1 TL Fleischextrakt
3 Eier
4 EL geriebener Parmesan

Die Kutteln waschen und in Salzwasser 3–4 Stunden kochen. Abtropfen lassen und in kleine Quadrate schneiden. In einer Pfanne das Öl mit dem Bauchspeck erhitzen. Wenn das Fett prasselt, die Zwiebeln, den Knoblauch und die Petersilie hineingeben. Das Gemüse etwas weich dünsten, die Kutteln dazugeben und mit Salz und Pfeffer würzen. Unter häufigem Umrühren ca. 20 Minuten ziehen lassen.
1 TL Fleischextrakt in 2 EL Wasser auflösen und wenige Minuten vor dem Servieren mit den Eiern in einer Schüssel verquirlen. Den Topf mit den Kutteln vom Herd nehmen, die Eimasse hineingießen und eine Handvoll Parmesan darüberstreuen. Den Topf warm stellen, bis die Eimasse cremig geworden ist; sie soll aber nicht stocken. Sofort servieren.

SPIEDINI MISTI SPOLETINI

Fleischspießchen aus Spoleto

4 Stückchen Schweinelende
4 kleine Lammkoteletts
4 Stückchen Hühnerfleisch, ohne Knochen
4 Scheibchen Schweineleber
8 Scheibchen Bauchspeck
einige Salbeiblättchen
2 Rosmarinzweige
frisch gemahlener Pfeffer
3–4 Wacholderbeeren
½ Glas Öl
Salz

Die Fleischscheibchen mit dem Schinken, dem Salbei und dem Rosmarin auf vier Spieße verteilen. Mit reichlich Pfeffer würzen, die Wacholderbeeren darauf verteilen. Das Öl darübergießen und die Spieße 5–6 Stunden marinieren lassen. Auf den Rost des Holzkohlengrills legen und ca. ¼ Stunde grillen (oder bei mäßiger Hitze in einer Pfanne braten). Am Schluß mit etwas Salz bestreuen. Die Spießchen sehr heiß servieren.

UCCELLINI SCAPPATI

Spießchen mit Innereien

200 g Kalbs- oder Schweineleber
200 g Kalbsnieren
100 g Kalbsbries
150 g Bauchspeck
50 g Butter
einige Salbeiblättchen
Salz, frisch gemahlener Pfeffer

Die Innereien in Würfel, den Bauchspeck in Scheiben schneiden. Die Fleischstückchen und den Schinken sowie die Salbeiblättchen in etwa folgender Anordnung auf die Spieße stecken: Bauchspeck, Salbei, Bries, Niere, Leber, Salbei und Bauchspeck. Die Butter in einer Pfanne erhitzen, die Spieße nebeneinander hineinlegen. Mit Salz und Pfeffer würzen und einige Minuten braten. Dieses köstliche Gericht wird zu einem wahren Festschmaus, wenn die Spießchen auf einer Scheibe gebratener, heißer Polenta (s. S. 85) serviert werden.

AGNELLO COTTO A VAPORE IN FOGLIE DI LATTUGA AI 3 PURE'

Mit Lamm gefüllte Salatblätter und 3 Pürees (Broccoli, Äpfel, Mohrrübe)

1 Lammkarree von ca. 1 kg
8 große Blätter Kopfsalat
Salz

Für das 1. Püree:

250 g kleine Broccoli
20 g Zwiebeln
10 g Butter
Salz

Für das 2. Püree:

125 g Äpfel (Renetten)
250 g Kartoffeln
250 g Zwiebeln
10 g Butter
Salz

Für das 3. Püree:

250 g Mohrrüben
20 g Zwiebeln
10 g Butter
Salz
frisch gemahlener Pfeffer

Aus dem Lammkarree 8 kleine, ca. 2 cm dicke Koteletts schneiden. Salzen und pfeffern. Die Salatblätter in kochendem Wasser blanchieren, die Koteletts darin einwickeln und 3 Minuten dämpfen.
1. Püree: Die feingehackten Zwiebeln in der Butter anbräunen, die zerkleinerten Broccoliröschen hineingeben und ca. 15 Minuten garen. Eventuell etwas Brühe angießen. Salzen und pfeffern. Im Mixer pürieren.
2. Püree: Die feingehackten Zwiebeln in etwas Butter andünsten. Die geschälten und vom Kerngehäuse befreiten Äpfel in kleine Stücke schneiden und 10 Minuten mitgaren. Die bereits gekochten Kartoffeln dazugeben und weitere 10 Minuten garen. Mit Salz und Pfeffer würzen und im Mixer pürieren.
3. Püree: Die feingehackten Zwiebeln in etwas Butter andünsten, die in feine Scheiben zerkleinerten Mohrrüben dazugeben und ca. 10 Minuten garen. Etwas Brühe angießen, salzen und pfeffern. Alles im Mixer pürieren.
Die heißen Koteletts auf Tellern anrichten und die heißen Pürees dazu reichen.

FILETTO DI MANZO ALL'AMARONE

Rinderfilet in Amaronesauce

800 g Rinderfilet
½ l Amarone (bekannter Wein aus dem Valpolicella-Anbaugebiet)
500 g rote Zwiebeln
½ l Fleischbrühe
30 g Butter
200 g Spinat
Salz

Die Zwiebeln in feine Ringe schneiden. In den Wein geben und so lange kochen lassen, bis die Flüssigkeit zur Hälfte verdampft ist. Dann mit der Fleischbrühe auffüllen und weiterkochen, bis die Flüssigkeit auf ein Viertel ihres Volumens eingedampft ist. Die Zwiebeln herausnehmen und die Sauce noch etwas eindicken lassen; 10 g Butter unterrühren. Das Filetstück in 4 Medaillons schneiden und in Butter von beiden Seiten braten. Auf Tellern anrichten und mit der heißen Sauce übergießen.

Dazu Spinat reichen, der zuvor in sehr wenig Butter bei starker Hitze 2 Minuten weichgedünstet wurde. (Die Rippen von den Blättern vorher entfernen.)

SELLA DI CONIGLIO ALL'ARANCIA

Kaninchen in Orangensauce

2 Kaninchenrücken
½ Glas Wildfond (Rezept S. 131)
20 g Butter
1 Glas Weißwein
Saft einer Orange
1 Bund Petersilie
Salz

Aus den beiden Kaninchenrücken 4 Schnitzel herausschneiden. In einer niedrigen Kasserolle die Butter erhitzen und die Schnitzel darin braten. Mit Salz und Pfeffer würzen und mit dem Weißwein beträufeln. Den Wildfond angießen und das Ganze für 10 Minuten in den vorgeheizten Backofen (250 °C) schieben. Die Schnitzel herausnehmen, längs in feine Streifen schneiden und fächerartig auf einer Platte anrichten. Den Orangensaft in die Sauce gießen und bei starker Hitze eindicken lassen. Gehackte Petersilie hineingeben und die Butter unterrühren. Über das Kaninchenfleisch gießen. Als Beilage gekochtes Gemüse reichen.

CERVELLA AL BURRO NERO E CAPPERI

Kalbshirn in schwarzer Butter

2 Kalbshirne
80 g Butter
2 EL Balsamessig
1 Handvoll Kapern
Salz
Petersilienblättchen

Das Kalbshirn 15 Minuten in Salzwasser blanchieren. In dem Wasser ein Kräutersträußchen mitkochen. Häutchen und Adern entfernen. Jedes Hirn halbieren und jeweils eine Hälfte auf einem Teller anrichten. In einer Pfanne die Butter braun werden lassen. Vom Herd nehmen, die Petersilienblättchen, die Kapern und den Balsamessig hineingeben. Alles gut vermischen und über das Hirn verteilen.

ANIMELLE AI FUNGHI PORCINI

Kalbsbries mit Steinpilzen

1 kg Kalbsbries
200 g frische Steinpilze
40 g Butter
1 Glas Fleischbrühe
Salz
frisch gemahlener Pfeffer
1 Bund Petersilie

Das Bries 2 Stunden unter fließendes Wasser stellen. Danach 5 Minuten blanchieren. Das Häutchen entfernen und in kleine Stücke schneiden. In einer niedrigen Kasserolle 20 g Butter erhitzen und das Bries bei mäßiger Hitze braten. Hin und wieder etwas Brühe angießen und 15 Minuten garen. Mit Salz und Pfeffer würzen.
Die Steinpilze in feine Scheibchen schneiden, in einer Pfanne wenige Minuten anbraten und zu dem Bries geben. 3 Minuten weitergaren, die restliche Brühe unterrühren. Mit gehackter Petersilie bestreuen und sofort servieren.

ROGNONE ALLA VERZA E ACETO DI LAMPONI *

Kalbsnieren mit Kohl und Himbeeressig

12 Scheibchen Kalbsnieren (1 cm dick) mit dem anhängenden Fett
8 gekochte Blätter Wirsingkohl
20 g Butter
20 grüne Pfefferkörner
3 EL Himbeeressig
½ Glas Weißwein
1 EL brauner Fond (Rezept S. 131)
Salz
1 Bund Petersilie

Die Nierenscheibchen bei starker Hitze 5 Minuten in der Butter braten. Mit Salz würzen und mit dem Weißwein beträufeln. Danach die Pfefferkörner, den Essig, die gehackte Petersilic und den braunen Fond in den Bratenfond rühren. Die Sauce etwas eindicken lassen. Die Kohlblätter auf Tellern ausbreiten, die Nierenscheibchen darauflegen und mit der Sauce übergießen.

FEGATO DI VITELLO ALL'UVA

Kalbsleber mit Trauben

800 g Kalbsleber
40 g Butter
20 frische, weiße Weintraubenbeeren, enthäutet und entkernt
½ Glas süßer Weißwein
2 EL brauner Fond (Rezept S. 131)
1 Bund Petersilie

Die Leber in sehr dünne Scheibchen schneiden. In 30 g Butter bei starker Hitze 1 Minute braten. Mit Salz würzen, mit dem Wein beträufeln und sofort vom Herd nehmen. Die Beeren, die gehackte Petersilie und den braunen Fond unterrühren und mit der restlichen Butter vermischen. Die Sauce über die Leber verteilen und servieren.

Pollame

Geflügel

»Der langen Tradition der hauseigenen Geflügelzucht verdankt das Italienische viele Fachausdrücke, die Qualität und Alter des für die Pfanne bestimmten Federviehs genau bezeichnen: pollo (Huhn), pollo novello (junger Hahn), pollastra (Hühnchen), galletto (Hähnchen), gallinella (Poularde), gallina (Suppenhuhn), cappone (Kapaun) und andere regionale Ausdrücke, die dem einfachen Federvieh eine gewisse Würde verleihen. Zu Unrecht als »gewöhnlicher« Vogel abgetan, kann das Huhn zu einer kulinarischen Leckerei werden. Über dem offenen Feuer zubereitet, kann sein Fleisch sehr delikat, aber auch eine herzhafte Köstlichkeit sein.
Zur großen Familie der Gefiederten zählen jedoch auch Vögel wie der herrschaftliche Truthahn, junge und ausgewachsene Gänse, Enten und Perlhühner. Die Palette der Geflügelgerichte ist entsprechend vielfältig und abwechslungsreich: Neben wahrhaft königlichen Rezepten finden sich skurrile, phantastische, delikate, köstliche, nahrhafte, gesunde, kräftige und schlichtweg überwältigende.«

POLLO ALLA CACCIATORA

Huhn nach Jägerart

1 küchenfertiges Huhn (ca. 1 kg)
1 EL Olivenöl
50 g Bauchspeck
1 Knoblauchzehe
2–3 EL trockener Weißwein
3–4 reife Tomaten
1 Tasse Fleischbrühe (oder Wasser)
Salz
frisch gemahlener Pfeffer
gehackte Petersilie

Das ausgenommene und gewaschene Huhn in Stücke zerlegen. In einer Pfanne das Öl, den gewürfelten Speck und die Knoblauchzehe bei mittlerer Hitze anbraten, bis der Speck glasig wird. Die Hühnerteile zugeben und rundherum leicht anbräunen. Schließlich den Weißwein hinzugießen und verdampfen lassen. Währenddessen die Tomaten entkernen und zerkleinern. Sobald sich der Wein verflüchtigt hat, die Tomaten in die Pfanne geben und mit etwas Fleischbrühe oder warmem Wasser aufgießen. Mit Salz und Pfeffer abschmecken. Auf kleinster Flamme schmoren lassen. Die Sauce soll ziemlich flüssig bleiben, das Huhn eine schöne rötliche Farbe annehmen. Nach Belieben kann das Gericht mit ein wenig gehackter Petersilie verfeinert werden.

POLLO ARROSTO

Brathuhn

1 mittelgroßes küchenfertiges Huhn
3 EL Öl
ca. 1 EL Butter
Salz
frisch gemahlener Pfeffer

Das Huhn ausnehmen, waschen und dressieren (Flügel und Keulen zusammenbinden). Das Innere des Huhns sowie den Körper zwischen Flügeln und Keulen sorgfältig mit Butter einreiben und sparsam salzen. In einem Schmortopf 3 EL Öl erhitzen, das Huhn hineinlegen. Auf kleiner Flamme etwa 1 Stunde zugedeckt schmoren lassen. Das Huhn des öfteren wenden, damit es von allen Seiten gleichmäßig gar wird. In den letzten 7–8 Minuten den Deckel abnehmen, damit das Huhn Farbe bekommt. (Noch knuspriger wird das Huhn im Backrohr, bei 160–180 °C. Während der letzten 10 Minuten den Topfdeckel abnehmen.) Die goldbraune Farbe des Fleisches – aber auch ein prüfender Einstich mit der Gabel, bei dem nur klarer Fleischsaft, kein Blut mehr austreten darf – verrät, wann das Huhn aufgetischt werden kann.

POLLO AL LIMONE

Zitronenhuhn

1 küchenfertiges Huhn (ca. 1 kg)
2–3 Zitronen
Salz
frisch gemahlener Pfeffer
1 Glas trockener Weißwein

In das ausgenommene, geputzte, jedoch unzerteilte Huhn den Saft von 2–3 Zitronen geben, salzen und pfeffern. Über Nacht ruhen lassen.
Am folgenden Tag das Huhn in eine feuerfeste Form – möglichst aus Steingut – geben, ohne Butter oder Öl hinzuzufügen. In die vorgeheizte Backröhre schieben, bei 160–180 °C garen. Zwei- bis dreimal mit reichlich trockenem Weißwein übergießen. Das Huhn soll knusprig und goldbraun werden. Heiß servieren.

POLLO IN PORCHETTA

Schinkenhuhn

1 junges Huhn (mindestens 800 g)
120 g Schinken
3 Knoblauchzehen
ganze Pfefferkörner
wilder Fenchel
ca. 1 EL Butter
Rosmarin
80 g Pecorino
Kräuter nach Belieben
1 Zitrone

Das Huhn ausnehmen und waschen. Den Schinken grob zerkleinern. Das Huhn mit dem Schinken, den unzerkleinerten Knoblauchzehen, ein paar Pfefferkörnern und etwas Fenchelkraut füllen. Einen Steingut-Topf reichlich mit Butter einfetten. Das Huhn hineinlegen; Rosmarin, Pfefferkörner und Käsestückchen beigeben. Es wird für Koch oder Köchin ein Vergnügen sein, das Gericht nach eigenem Geschmack mit Kräutern zu verfeinern. Hübsch mit Zitronenscheiben garniert servieren.

POLLO AL TEGAME *

Geschmortes Huhn

1 junges Huhn (ca. 1 kg)
1 Zwiebel
1 Mohrrübe
1 Stange Bleichsellerie
50 g Butter
1 EL Öl
½ Glas trockener Weißwein
Salz
1 Gewürznelke
1 Prise Zimt
frisch gemahlener Pfeffer
200 g Tomaten
350 g kleine, frische Pilze

Das Huhn ausnehmen, säubern und zerlegen. Die Zwiebel in Scheiben schneiden, die Mohrrübe und die Bleichselleriestange hakken. In einer Kasserolle Butter und Öl erhitzen und das Gemüse anbraten. Das Huhn beigeben; mit dem Wein ablöschen. Mit etwas Salz, 1 Prise Pfeffer, 1 Prise Zimt und der Nelke würzen. Während das Huhn gart, die Tomaten enthäuten, entkernen und zerkleinern. Ist das Huhn gleichmäßig angebräunt, die Tomaten zugeben und das Gericht 1 gute Stunde schmoren lassen. 15 Minuten vor Ende der Garzeit die sorgfältig gewaschenen und in Scheiben geschnittenen Pilze untermengen. Mit Salz abschmecken und das Gericht zu Ende garen.

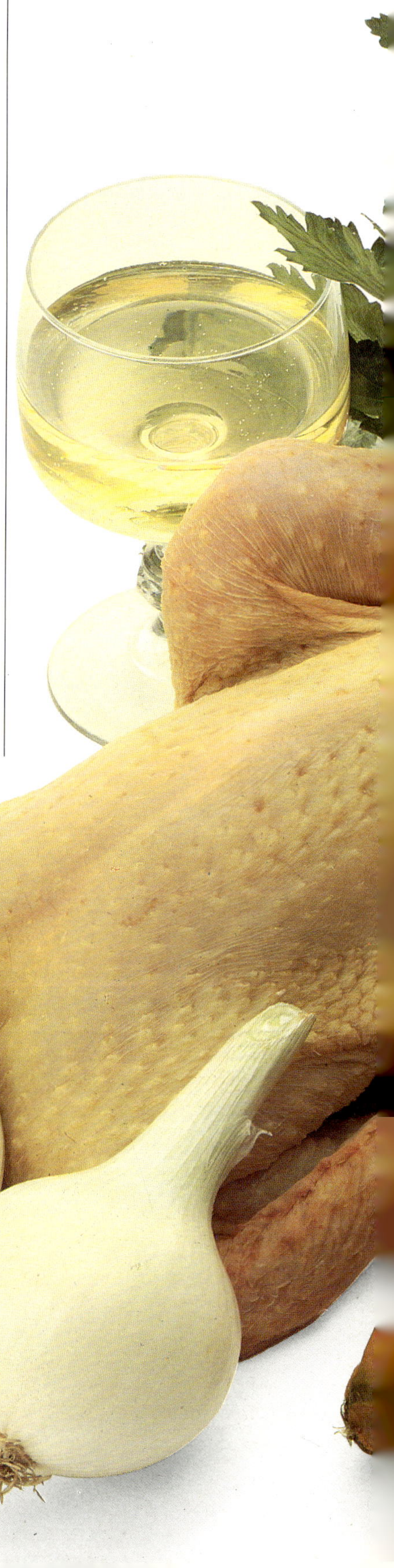

SPEZZATINO DI POLLO

Hühnerragout

800 g Hühnerteile
50 g Butter
2 EL Öl
Salz
frisch gemahlener weißer Pfeffer
½ Glas Weißwein
400 g Tomaten

In einem Schmortopf in Öl und Butter erst die Keulen und Flügel, zuletzt die Brustteile scharf anbraten. Mit Salz und Pfeffer abschmecken. Den Herd herunterschalten und das Fleisch so lange schmoren lassen, bis es zart ist. Währenddessen die Tomaten waschen, in kochendem Wasser abbrühen und durch ein Sieb streichen. Die Hühnerteile aus dem Topf nehmen und warm stellen. Den Bratensatz mit Weißwein lösen. Sobald der Wein verdampft ist, die Tomaten zugeben. 10 Minuten eindicken lassen; die Hühnerteile zurück in den Topf geben und etwas ziehen lassen. Auf einem vorgewärmten Teller das Ragout in der Tomatensauce servieren.

BUDINO DI POLLO

Geflügelpudding

1 Hühnchen (ca. 1 kg)
Salz
frisch gemahlener Pfeffer
1 verquirltes Ei
abgeriebene Zitronenschale
1 schwarze Trüffel, gewürfelt (nach Belieben)
½ Becher Sahne
Butter

Das Huhn enthäuten, entbeinen und zweimal durch den Wolf drehen. Mit Salz, Pfeffer, dem verschlagenen Ei, ein wenig abgeriebener Zitronenschale, der leicht geschlagenen Sahne und, nach Wunsch, der Trüffel anmachen. Das Ganze in eine mit Butter ausgeriebene Auflaufform geben. Mit der gefüllten Form einige Male auf die Arbeitsfläche klopfen, damit eventuell vorhandene Luft entweichen kann. Mit Pergamentpapier abdecken und in einen großen, mit heißem Wasser gefüllten Topf stellen; den Pudding im Wasserbad ins Backrohr schieben, bei ca. 160 °C etwa 1 Stunde backen. Ist der Auflauf gar, muß er ein paar Minuten erkalten, bevor er auf einen flachen Servierteller gestürzt werden kann.

POLLO ALLA MARENGO

Marengo-Huhn

1 küchenfertiges Hühnchen (ca. 1 kg)
8 EL Öl
2 Knoblauchzehen
4–5 Tomaten
Salz
frisch gemahlener Pfeffer
1 Glas Weißwein
½ TL Fleischextrakt
4 Eier
4 in Weißwein gekochte Garnelen (nach Wunsch)
1 Handvoll gehackte Petersilie
in Butter geröstete Brotschnittchen

Das Huhn zerlegen, waschen, abtrocknen und in einer Pfanne in sehr heißem Öl scharf anbraten. Die Bruststücke herausnehmen, kaum daß sie sich weißlich färben. Die anderen Teile weiterbraten. Währenddessen die Tomaten enthäuten, entkernen und zerkleinern. Wenn das Fleisch fast gar ist, das Öl abschütten und die Tomaten, den Weißwein und zwei Knoblauchzehen zugeben. Mit Salz und

Pfeffer abschmecken. Die Sauce etwas einkochen lassen, dann den Fleischextrakt unterrühren. Die Bruststücke in die Sauce zurücklegen und noch ein paar Minuten garen lassen. Das Huhn auf einer Platte anrichten, mit gerösteten Brotschnitten, gekochten Garnelen und Rühreiern garniert servieren.

POLLO RIPIENO

Gefülltes Huhn

1 küchenfertiges Huhn (ca. 1 kg)
150 g Kalbfleisch
50 g nicht zu magerer roher Schinken (oder Bratwurst)
etwas Milch
1 geriebenes altbackenes Brötchen
2 Eigelbe
geriebene Muskatnuß (nach Belieben)
ca. 1 EL Butter
Salz
frisch gemahlener Pfeffer

Alle Knochen, Hals und Flügel, Haut, Sehnen und Knorpel entfernen, ohne den Körper dabei zu zerteilen. Für die Füllung: Das Kalbfleisch mehrfach durch den Wolf drehen, bis eine sehr feine Masse entsteht. Den Schinken in Streifen schneiden. Die Semmelbrösel in etwas Milch einweichen. Alles zusammen in eine Schale geben und mit Salz und Pfeffer, eventuell mit 1 Prise geriebener Muskatnuß abschmecken. Die beiden Eigelbe zugeben und gut vermengen. Das Huhn füllen und zunähen. Ein sehr dünnes Baumwolltuch fest um das Huhn wickeln und gut verschnüren. Das Huhn ca. 2 Stunden in kochendem Wasser garen. Danach das Huhn ausgewickelt in einer Pfanne in wenig Butter bei geringer Hitze ringsherum anbräunen. Vor dem Servieren den Nähfaden entfernen. Als Beilage eignet sich frisches Gemüse der Jahreszeit.

POLLO ALLA LUCANA

Huhn auf lukanische Art

1 junges, frisches Huhn (ca. 1 kg)
4 Hühnerlebern
50 g Speck
(oder Schweineschmalz)
2 Eier
1 Zweig Rosmarin
2 EL geriebener Pecorino
Salz
frisch gemahlener Pfeffer

Hals, Füße und Flügelspitzen entfernen. Das ausgenommene Huhn absengen, waschen und abtrocknen. Den Speck zerdrücken (dazu erhitzt man die Messerklinge über der Flamme). 1 TL Speck in einem kleinen Tiegel anbraten, die Hühnerlebern zugeben, salzen, pfeffern und unter Rühren von allen Seiten anbräunen.
Schließlich fein hacken. In einer Schale die Eier mit dem Pecorino verschlagen und die Leber gut untermengen. Nun das Innere des Huhns leicht salzen und pfeffern und mit der zubereiteten Masse füllen. Die Öffnung mit Küchenzwirn zunähen. Keulen und Flügel mit einem geeigneten Garn so zusammenschnüren, daß sie eng am Körper anliegen. Das Huhn auch von außen ein wenig salzen und pfeffern, mit dem restlichen Speck einstreichen und in eine Kasserolle geben. Im Ofen bei ca. 160 °C etwa 1 Stunde garen. Dabei wiederholt wenden und mit dem eigenen Bratensaft beträufeln. Auf einer vorgewärmten Platte das Huhn im Bratensaft sofort servieren, die Fäden zuvor entfernen. Tranchiert wird das Huhn bei Tisch. Als Beilage reicht man gemischten Salat.

POLLO ALLA DIAVOLA

Salbei-Huhn

1 frisches Hühnchen (ca. 1 kg)
wenig Öl
1 Glas trockener Weißwein
1 Salbeizweig
Salz
frisch gemahlener Pfeffer

Hals, Flügelspitzen und Füße entfernen. Das Huhn ausnehmen, absengen und waschen. In zwei Hälften schneiden. Die beiden Teile sehr flach klopfen. Den Wein in einen hohen, großen Teller gießen, die Salbeiblätter fein hacken und hineingeben. In dieser Marinade die Hühnerhälften ein paar Stunden ziehen lassen, dabei des öfteren wenden. Schließlich das Huhn gut abtrocknen und mit Öl einpinseln. Auf dem Grill langsam rösten. Kurz bevor das Fleisch gar ist, reichlich salzen und pfeffern. Falls nötig, das Huhn während des Grillens mit Öl bestreichen, damit das Fleisch nicht zu sehr austrocknet. Sollte kein Grill im Hause sein, kann man die Hühnerteile auch in einem sehr großen Topf bei mäßiger Hitze braten, wobei sie von Zeit zu Zeit mit dem Wein der Marinade beträufelt werden. Ein wirklich frisches, junges Huhn verlangt nicht mehr als 20 Min. Garzeit.

POLLO IN POTACCHIO (in umido)

Schmorhuhn

1 junges Huhn (ca. 1 kg)
1 mittelgroße Zwiebel
2 Knoblauchzehen, zerdrückt
½ Glas Öl
30 g Butter
Salz
½ Glas trockener Weißwein

Für die Sauce:

1 Zwiebel
1 Zweig Rosmarin
½ Glas Öl
300 g reife Tomaten
Salz
1 Msp. zerkrümelte Chilischote
(oder Pfeffer)
ca. 1 EL Butter

Dieses Gericht ist typisch für die Marken. Das Huhn in kleine Teile zerlegen, waschen und abtrocknen. Die Zutaten vorbereiten: Die eine Zwiebel in Scheiben schneiden, die andere klein hacken; die Tomaten häuten, entkernen, zerkleinern; Rosmarin fein hacken. In einem ofenfesten Topf das Fleisch zusammen mit den Zwiebelscheiben, dem zerdrückten Knoblauch, Öl und Butter und ein wenig Salz anbraten. Den Knoblauch entfernen, sobald er anfängt zu bräunen. Wenn das Huhn eine schöne leichte Goldfärbung annimmt, den Weißwein darübergießen. Währenddessen in einem kleineren Schmortopf die gehackte Zwiebel mit dem Rosmarin in Öl erhitzen. Wenn die Zwiebel glasig wird, die zerkleinerten Tomaten zugeben. Mit Salz und zerkrümelter Chilischote (oder Pfeffer) würzen. Die Sauce ca. 20 Minuten köcheln lassen. Schließlich über das Hühnerfleisch geben, dazu ein paar Flocken Butter, und das Ganze ins vorgeheizte Rohr schieben. Bei 200 °C ca. 20 Minuten garen.

POLLO ALLA BOLOGNESE

Huhn auf Bologneser Art

1 junges Huhn (ca. 1 kg)
1 Scheibe nicht zu magerer roher Schinken
2 Knoblauchzehen
1 Zweig Rosmarin
50 g Butter
2 EL Öl
2 sehr reife Tomaten (oder
3 EL Tomatensauce, S. 124) bzw.
200 g geschälte Dosentomaten
500 g Kartoffeln
Salz
frisch gemahlener Pfeffer

Das Huhn zerlegen und die Knochen entfernen. In einer Pfanne, die groß genug ist, um alle Hühnerteile nebeneinander aufzunehmen, Öl, Butter, Schinken, den feingehackten Knoblauch und den Rosmarin leicht anbräunen. Die Hühnerteile zugeben und unter häufigem Wenden goldbraun braten. Die Tomaten enthäuten, entkernen, zerkleinern und in die Pfanne geben. (Als Ersatz für frische Tomaten kann man auch 2–3 EL Tomatensauce mit mehreren EL Wasser verdünnen, oder man drückt 200 g geschälte Tomaten aus der Dose durch ein Sieb.) Mit Salz und 1 Prise Pfeffer abschmecken, die Pfanne zudecken und bei mäßiger Hitze das Huhn garen. Von Zeit zu Zeit etwas Wasser zugeben. Herausnehmen, wenn das Fleisch gar ist. Die Sauce mit etwas Wasser verdünnen und die gewürfelten Kartoffeln hineingeben. Auf mittlerer Flamme zum Kochen bringen und die Kartoffeln darin garen. Kurz vor dem Servieren die Hühnerteile in die Sauce zurücklegen und aufwärmen.

POLLO IN PADELLA (alla romana)

Huhn in der Pfanne (nach römischer Art)

1 küchenfertiges Huhn (ca. 1 kg)
1 guter EL Schweineschmalz
2 Scheiben roher Schinken
Salz
frisch gemahlener Pfeffer
1 Prise Majoran
1 Knoblauchzehe, gehackt
1 Glas trockener Weißwein
4–5 reife Tomaten
Fleischbrühe oder Wasser

Das Huhn zerlegen, mit etwas Salz und Pfeffer bestäuben. Den Schinken würfeln und zusammen mit dem Schweineschmalz in einer Pfanne erhitzen. Sobald das Schweinschmalz zu zischen beginnt, die Hühnerteile zugeben und gut anbräunen. Den gehackten Knoblauch und 1 Prise Majoran dazugeben. Den Wein zugießen. Während der Wein einkocht, die Tomaten enthäuten, entkernen, zerkleinern und schließlich in die Pfanne geben. Bei starker Hitze braten. Falls die Sauce zu sehr eindickt und anzubrennen droht, etwas Wasser oder Fleischbrühe zugießen. Typisch für dieses echt römische Gericht ist aber gerade die dicke, dunkle, stark reduzierte Sauce. Das Fleisch braucht ca. 20 Minuten Garzeit, falls es zart ist. Darauf achten, daß es nicht zerkocht.

POLLO SPEZZATO E MELANZANE

Huhn mit Auberginen

1 küchenfertiges Huhn (ca. 1 kg)
3 mittelgroße Auberginen
Salz
½ Glas Olivenöl (auch etwas mehr)
1 Knoblauchzehe
frisch gemahlener Pfeffer
1 Glas trockener Weißwein
300 g reife Tomaten
100 g gehackter Schinken
Fleischbrühe (oder Wasser)
2–3 Bund Petersilie

Die Auberginen waschen und würfeln, ohne die Haut abzuziehen. In eine Schale oder, besser, auf ein leicht geneigtes Küchenbrett legen und mit Salz bestreuen. So verlieren sie etwas von ihrem bitteren Saft. Das Huhn in gleichmäßige Stücke zerlegen. In einer Pfanne reichlich Olivenöl erhitzen, den Knoblauch anbräunen und herausnehmen. Die Hühnerteile in das Öl geben und ringsherum anbraten. Mit Salz und einer Prise Pfeffer würzen, den Wein zugießen. Die Tomaten enthäuten, entkernen und zerkleinern. Sobald sich der Wein verflüchtigt hat, Tomaten und Schinken untermengen. Falls nötig, das Gericht ab und zu mit ein wenig heißer Brühe verlängern. Während das Huhn gart, in einem Steingut-Topf die Auberginen in dem restlichen Öl auf starker Flamme 10 Minuten braten. Mit Salz und Pfeffer abschmecken und mit gehackter Petersilie bestreuen. Die Hühnerteile, kurz bevor sie vollständig gegart sind, in den Steingut-Topf geben, mit der Sauce bedecken und bei geschlossenem Deckel noch einige Minuten schmoren lassen. Das Gericht im Steingut-Geschirr zu Tisch bringen.

POLLO IN SALSA PICCANTE

Huhn in pikanter Sauce

1 küchenfertiges Huhn (ca. 1 kg)
6 EL Olivenöl
1 gehackte Zwiebel
1 EL Weizenmehl
½ Glas trockener Weißwein
1 EL Tomatenmark
Salz
frisch gemahlener Pfeffer
6 EL Essig
1 Sardelle, entgrätet und gehackt
3 Essiggurken, gehackt
1 EL Kapern, gehackt
2 Bund Petersilie, gehackt
½ Knoblauchzehe, gehackt

Das geputzte Huhn zerlegen. In einer Pfanne Öl erhitzen. Die benötigten Zutaten wie oben angegeben vorbereiten. Die Zwiebel und die Hühnerstücke zart anbraten. Das Fleisch, kaum daß es sich leicht bräunt, mit dem Mehl bestäuben und mit dem Wein beträufeln. Den Wein verdampfen lassen. Das Tomatenmark, mit ein wenig Wasser verdünnt, über das Huhn gießen. Mit reichlich Salz und Pfeffer würzen. Die Tomatensauce kurz aufkochen lassen, dann das Huhn mit heißem Wasser bedekken und bei mäßiger Hitze die Sauce einkochen lassen. Währenddessen in einem kleinen Topf den Essig kochen, bis sich seine Menge auf ein Drittel verringert hat. Die gehackte Sardine, Knoblauchzehe,

Petersilie und die zerkleinerten Gurken einrühren. 5 Minuten bevor die Pfanne mit dem Huhn vom Feuer genommen wird, die Essigsauce zugeben und gut einrühren. Das Fleisch noch ein wenig ziehen lassen, damit es die Würze annimmt, und heiß servieren.

POLLO FRITTO

Huhn in Ei

1 sehr junges Hühnchen (ca. 1 kg)
ca. ½ Glas Öl
Saft von 1 Zitrone
1 Bund Petersilie, gehackt
Salz
frisch gemahlener Pfeffer
Mehl
2 verquirlte Eier
reichlich Öl

Das geputzte Hühnchen in kleine Stücke zerteilen: Flügel und Keulen in je zwei Teile, Brust und Rücken in je vier Teile zerlegen. In einer Marinade aus Öl, Zitronensaft, Petersilie, Salz und Pfeffer ca. 1 Stunde ziehen lassen. Abtropfen lassen, mit Mehl bestäuben und in den verquirlten Eiern wälzen. In reichlich Öl scharf anbraten, den Herd herunterschalten und bei mäßiger Hitze ca. 20 Minuten von allen Seiten goldbraun braten. Auf Küchenkrepp das Öl abtropfen lassen und sofort servieren. Als Beilage frischen Salat reichen.

POLLO ALL'ARRABBIATA

Feuriges Huhn

1 junges Huhn (ca. 1 kg)
6–8 EL Olivenöl
30 g Butter
Salz
1 Glas trockener Weißwein
3 große, reife Tomaten
1 Prise Cayennepfeffer

Das Huhn in nicht allzu große Teile zerlegen, sorgfältig waschen und abtrocknen. Öl und Butter in einem Schmortopf erhitzen. Die Hühnerteile schön goldgelb bakken. Salzen und den Wein zugießen. Die Tomaten enthäuten, entkernen und grob zerhacken. Wenn der Wein eingekocht ist, die Tomaten zugeben und mit einer guten Prise Cayennepfeffer würzen. Zugedeckt bei mäßiger Hitze schmoren, bis das Fleisch zart ist. Das Huhn, von seiner Sauce bedeckt, heiß servieren.

POLLO ALLA MACERATESE

Huhn mit Eier-Zitronen-Sauce

1 junges Huhn (ca. 1 kg)
Salz
40 g Butter
5 EL Öl
½ l Fleischbrühe (auch etwas mehr)
2 Eigelb
Saft von 1 Zitrone

Das Huhn ausnehmen (das Hühnerklein nicht wegwerfen), sorgfältig waschen und abtrocknen. Innen und außen mit Salz einreiben. Flügel und Keulen mit einem Faden an den Körper binden. Das gut geputzte und gewaschene Hühnerklein feinhacken und mit Öl und Butter in eine Kasserolle geben. (Die Kasserolle sollte, wenn möglich, eine ovale Form haben, auf jeden Fall aber so groß sein, daß das Huhn genügend Platz darin hat.) Das Hühnerklein unter Rühren ein paar Minuten anschmoren, bevor man das Huhn dazugibt und darin anbrät. Sobald sich das Fleisch leicht bräunt, kochende Fleischbrühe zuschütten, bis es fast bedeckt ist. Pergamentpapier über den Topf legen und den Deckel darauflegen. Etwa 1 Stunde schmoren lassen. Brühe, die nach dieser Stunde noch vorhanden ist, bei offenem Topf und starker Flamme verkochen lassen. Das Huhn in gleichmäßige Stücke zerlegen und auf einem vorgewärmten Anrichteteller wieder zusammensetzen. Den Bratensatz in der Kasserolle mit den beiden verquirlten Eigelben, dem Zitronensaft und 1 Prise Salz verrühren. Auf ganz kleiner Flamme ca. 1 Minute erhitzen. Dabei ständig rühren, damit das Ei die Sauce bindet, anstatt zu stocken. Die Sauce über das Huhn gießen und sofort servieren.

STECCHI ALLA GENOVESE

Genueser Spießchen

150 g Hühnerleber
80 g Hahnenkamm
150 g Kalbsgekröse
200 g frische Pilze
50 g Butter
Salz
Mehl
1 leicht geschlagenes Eigelb
Semmelbrösel
Öl

Für die Sauce:

1 Tasse Béchamelsauce (Rezept S. 126)
1 Eigelb
50 g Schinken
3 EL geriebener Parmesan
1 Bund gehackte Petersilie
1 kleine Trüffel, in Scheiben geschnitten

In einem kleinen Schmortopf Leber, Hahnenkamm, Kalbsgekröse und Pilze in etwas Butter anbraten. Falls erforderlich, etwas Fleischbrühe zugießen. Schließlich alles in nicht zu kleine Stücke teilen und abwechselnd auf dünnen, ca. 10 cm langen Holzspießchen aufreihen. Eine ziemlich dickflüssige Béchamelsauce zubereiten und mit geriebenem Parmesan, dem Eigelb, gehacktem Schinken und Petersilie verrühren. Erst wenn die Sauce fertig ist, die in Scheiben geschnittene Trüffel untermengen. Die Fleischspießchen in die Sauce tunken und zum Erkalten vorsichtig auf den Küchentisch legen. Sobald die Sauce erstarrt ist, die Spießchen panieren: Sehr behutsam eines nach dem anderen durchs Mehl ziehen. In Eigelb und anschließend in den Semmelbröseln wälzen. In viel und sehr heißem Öl ausbacken.

FARAONA AL CARTOCCIO *

Perlhuhn, in Folie gebacken

1 Perlhuhn (ca. 1,2 kg)
100 g Bauchspeck, vom Metzger in dünne Scheiben geschnitten
Schweinsnetz
1 Zweig Salbei
1 Knoblauchzehe
ca. 1 EL Butter
1 EL Öl
Salz
frisch gemahlener Peffer

Das Perlhuhn ausnehmen (die Innereien nicht wegwerfen). Kopf, Flügelspitzen und Füße abtrennen. Den Körper innen und außen gut waschen und abtrocknen. Butter in einem Tiegel zergehen lassen und die Innereien mit ein paar Salbeiblättern und zerdrücktem Knoblauch unter Rühren einige Minuten anbräunen. Salzen und pfeffern. Vom Herd nehmen und Knoblauch und Salbei entfernen. Die Innereien fein hacken und in den Tiegel zurückgeben. Gut vermengen, damit es den Bratensatz aufsaugt. Mit dieser Farce das Perlhuhn füllen.

Das Huhn salzen und bardieren: Mit den Speckscheiben belegen und mit dem Schweinsnetz umhüllen. Letzteres trägt in besonderem Maße dazu bei, daß das Fleisch delikat und zart wird. Aber auch ohne Schweinsnetz gerät das Gericht ganz vorzüglich. Das so vorbereitete Perlhuhn in leicht eingeölte Aluminiumfolie wickeln. Mit der Gabel die Folie an wenigen Stellen einstechen. Das Perlhuhn in das vorgeheizte Backrohr schieben und bei 170–180 °C etwa 1 Stunde backen. Das Perlhuhn kommt mitsamt der Folie auf den Tisch, damit es heiß bleibt. Mit frischem Salat der Jahreszeit und Bratkartoffeln servieren.

FARAONA ALLA CAMPAGNOLA

Perlhuhn in Weißweinsauce

1 küchenfertiges Perlhuhn
(ca. 1 kg)
1 Möhre
1 Stange Sellerie
1 kleiner Bund Petersilie
1 Zweig Rosmarin
60 g Butter
2 EL Öl
1 Glas trockener Weißwein
1 weiße Trüffel (nach Wunsch)
Salz
frisch gemahlener Pfeffer

Das Perlhuhn ausnehmen (die Innereien nicht wegwerfen), waschen und abtrocknen. Innen und außen salzen und pfeffern. In eine feuerfeste Kasserolle setzen, mit Öl einstreichen. Bei mäßiger Temperatur im Rohr backen. Von Zeit zu Zeit wenden. Gemüse und Kräuter (vom Rosmarin nur die zarten Teile verwenden), die Leber und das Herz hacken. Alle Zutaten zusammen in einem Tiegelchen in Butter auf kleiner Flamme braten: Wenn das Gemüse weich ist, den Weißwein zugießen, so daß alles bedeckt ist. Falls erforderlich, mit etwas Wasser ergänzen. Kurz einkochen lassen, dann durch ein Sieb gießen. Die Sauce darf nicht zu flüssig sein. Gegebenenfalls auf den Herd zurückstellen und noch ein paar Minuten unter Rühren eindicken lassen. Das Perlhuhn herausnehmen, wenn es gar ist, und in vier Stücke zerteilen, ohne jedoch die Knochen zu lösen. Auf einer Servierplatte arrangieren, mit der Sauce übergießen und mit Trüffelscheiben garnieren.

TACCHINELLA ALLA MELAGRANA

Pute in Granatapfel-Sauce
(für 6–8 Personen)

1 küchenfertige junge Pute
(ca. 2 kg)
3 Granatäpfel
200 g Bauchspeck in Scheiben
½ Glas Öl
Salz
frisch gemahlener Pfeffer

Die ausgenommene (das Klein nicht wegwerfen) und gesäuberte Pute in ein Speckhemd kleiden. In einer ofenfesten Backform etwa 1½ Stunden bei mäßiger Temperatur im Rohr backen. Dabei des öfteren wenden, so daß die Pute gleichmäßig rundherum bräunt. Nach der Hälfte der Garzeit den Saft von zwei Granatäpfeln über das Fleisch träufeln. Während die Pute zu Ende gart, in einem kleinen Schmortopf die Sauce zubereiten: Die Innereien (Leber, Lungen, Herz) sehr fein hacken und zusammen mit dem Öl in einen Topf geben. Salzen und den Saft des verbleibenden Granatapfels zugießen. Auf leiser Flamme eindicken lassen.
Die Pute tranchieren, sobald sie gar ist, auf einer vorgewärmten Servierplatte arrangieren, mit der Sauce übergießen und sofort servieren.

FILETTI DI TACCHINO AL MARSALA *

Putenbrust in Marsala

2 Putenbrustfilets
Mehl
60 g Butter
Salz
frisch gemahlener weißer Pfeffer
1 Glas Marsala
1 weiße Trüffel

Eventuell vorhandene sehnige Fasern aus dem Fleisch entfernen. Die Filetstücke leicht klopfen und halbieren. In Mehl wenden, mit Salz und weißem Pfeffer würzen. Auf starker Flamme in 40 g Butter bräunen. Aus der Pfanne nehmen und warm stellen.
Mit einem Glas Marsala den Bratensatz lösen. Sobald sich der Wein leicht reduziert hat, noch etwas Butter zugeben. Die Weinsauce über die Filetstücke gießen. Zuletzt das Gericht mit der geriebenen weißen Trüffel überstreuen.

SPEZZATINO DI TACCHINO

Truthahnragout

800 g Truthahnfleisch in Stücken
½ Glas Olivenöl
1 Knoblauchzehe
½ Glas trockener Weißwein
200 g milde schwarze Oliven, entkernt
Salz
frisch gemahlener Pfeffer

Dieses Gericht ist eine typisch umbrische Spezialität. In einer großen Pfanne das Öl zusammen mit der unzerkleinerten Knoblauchzehe erhitzen. Sobald das Öl heiß ist, den Knoblauch entfernen und das Truthahnfleisch hineingeben.
Die Hitze sehr hoch schalten, ein halbes Glas Wein zugießen und das Fleisch heftig schmoren lassen. Hat sich der Wein verflüchtigt, die Oliven, Salz, 1 Prise Pfeffer und 1 Kelle heißes Wasser beifügen. Den Deckel auflegen, den Herd ganz herunterschalten und das Fleisch mindestens 2½ Stunden schmoren. Danach ist das Wasser weitgehend verdampft; der Rest hat sich in eine wohlschmeckende Sauce verwandelt.

PETTO DI TACCHINO ALLA NAPOLETANA

Putenbrust mit Mozzarella

350 g Putenbrust
120 g Mozzarella
3 reife Tomaten
Salz
frisch gemahlener Pfeffer
50 g Butter
2 Bund Petersilie

Die Putenbrust kochen, abkühlen lassen und in feine Scheiben schneiden. Einen Bräter mit Butter einstreichen. Den Boden mit den Fleischscheiben belegen. Darüber eine Schicht Mozzarella und eine Schicht Tomatenscheiben geben. Salzen, pfeffern und mit ein paar Flocken Butter versehen. Im Rohr bei ca. 200 °C etwas 20 Minuten backen. Das Gericht ist fertig, wenn der Käse zu laufen beginnt. Mit gehackter Petersilie garnieren und servieren.

TACCHINO ALLA TRIESTINA

Truthahn mit Kastanien und Pflaumen

1 küchenfertige junge Pute (ca. 2 kg)
6 Eßkastanien
8 Dörrpflaumen
2 Stangen Bleichsellerie
100 g Bauchspeck in Scheiben
Salz
frisch gemahlener Pfeffer

Die Eßkastanien überbrühen, schälen und sorgfältig die Haut entfernen. Den Sellerie (nur die Herzstücke verwenden) zerkleinern. Den Truthahn mit Kastanien, Sellerie und 1 Prise Salz füllen. Den Vogel rundherum mit Bauchspeckscheiben belegen und mit einem Faden umwickeln. Auf den Spieß stecken. Im Grill oder in einem Heißluftofen langsam grillen. Von Zeit zu Zeit mit dem eigenen Saft beträufeln. Mit Salz und Pfeffer würzen. Zum Servieren den Truthahn in Stücke zerlegen. Auf einer Anrichteplatte den Vogel zusammen mit der Füllung hübsch arrangieren. Als Beilage Pommes frites reichen.

ANATRA ARROSTO

Gebratene Ente

1 küchenfertige Ente (1 kg)
ca. 1 EL Butter (oder 2 EL feines Öl)
Salz
frisch gemahlener Pfeffer
1 Knoblauchzehe
Rosmarinzweige

Die gesäuberte Ente innen und außen mit einer Prise Salz und Pfeffer, zerdrücktem Knoblauch und Rosmarinzweigen würzen. Mit Küchengarn dressieren. In einem Schmortopf etwas Butter (oder Öl) erhitzen. Die Ente hineinsetzen (das Fleisch muß nicht eingefettet werden, da es von Natur aus sehr fetthaltig ist). Keine Sorge, auch wenn der Topfboden trocken zu werden scheint, die Ente verliert genügend eigenen Saft. Den Vogel wiederholt wenden und mit dem Bratensaft beträufeln. Entenfleisch braucht im Durchschnitt 20 Minuten Garzeit pro ½ kg, auch wenn es innen noch leicht rosig sein soll. Von Zeit zu Zeit mit der Gabel prüfen, ob das Fleisch gar ist (der austretende Saft muß klar sein).

ANATRA RIPIENA *

Gefüllte Ente

(für 6–8 Personen)

1 küchenfertige Ente (ca. 2 kg)
100 g gehacktes Kalbfleisch
50 g gehackter Speck
50 g »Sopressa veneta« (s. S. 22)
1 Ei
2 EL geriebener Parmesan
1 gehackte Knoblauchzehe
gehackte Petersilie
Salz
frisch gemahlener Pfeffer
das Innere eines Brötchens, in Milch eingeweicht und ausgedrückt
100 g Bauchspeck in Scheiben
1 Glas Öl
40 g Butter
2 Rosmarinzweige

In einer Schale Kalbfleisch, »Sopressa veneta«, Speck, Ei, Parmesan, Knoblauch, Petersilie, Brötchenkrume, ausreichend Salz und Pfeffer miteinander vermengen. Die Ente damit füllen und zunähen. Mit den Speckscheiben umwickeln und verschnüren. In einen Schmortopf in Öl und Butter legen, mit Salz und Rosmarin würzen und im vorgeheizten Ofen bei 160 °C backen. Wenn das Fleisch gleichmäßig angebräunt ist, die Temperatur herunterschalten und die Ente noch ca. 1½ Stunden garen lassen. Im eigenen Saft servieren.

ANATRA IN SALSA PICCANTE

Ente in pikanter Sauce

(für 6–8 Personen)

1 küchenfertige Ente (ca. 2 kg)
80 g Butter
60 g gehackter Bauchspeck
1 gehackter Rosmarinzweig
4–5 gehackte Salbeiblätter
1 Zitrone
Salz
frisch gemahlener Pfeffer
200 g Bratwurst
1 gehackte Knoblauchzehe
200 g gehackte Sardellen
½ Glas Essig

In einem Schmortopf die Butter zerlassen und Rosmarin, Salbei und Bauchspeck zugeben. Einige Minuten anbraten, dann die Ente zusammen mit der halbierten Zitrone in den Topf geben. Salzen und pfeffern, den Deckel auflegen, und das Ganze in das vorgeheizte Rohr schieben. Bei 200 °C etwa ½ Stunde backen. Aus dem Ofen nehmen und Fett abschöpfen. Mit einer Gabel die Haut an Brust und Keulen einstechen. Ohne Deckel wieder in den Ofen schieben. Das Fleisch muß häufig mit Bratensaft beträufelt werden. Während die Ente schmort, die Sauce zubereiten: Bratwurst, Knoblauch und Sardellen klein hacken. In einem Tiegel braten, mit Salz und Pfeffer abschmecken. Sobald die Zutaten gut angebräunt sind, mit ½ Glas Essig löschen.
Die fertig gegarte Ente etwa ½ Stunde in dieser Sauce ziehen lassen, dann servieren.

OCA ARROSTO RIPIENA

Gefüllte Gans

(für 8 Personen)

1 küchenfertige Gans (3 kg)
250 g Bratwurst
150 g grüne Oliven
Salz
frisch gemahlener Pfeffer
1 Trüffel
1 Tasse Öl

Die Innereien sorgfältig säubern und fein hacken. Die Bratwürste ohne Haut zerkleinern, die Oliven entkernen und grob hacken, die Trüffel putzen und würfeln. Alles gut vermengen, und mit dieser Farce die Gans füllen. Mit Küchengarn die Hals- und Bauchöffnung zunähen. Den Vogel dressieren. In einen Schmortopf in reichlich Öl legen, salzen und pfeffern.
Etwa 3 Stunden im Ofen bei mäßiger Hitze (ca. 200 °C) garen, ab und zu mit einigen EL Wasser begießen.

PETTO D'ANITRA AL PEPE VERDE E PEPERONE

Entenbrust mit grünem Pfeffer und Paprika

2 Entenbrüste
2 EL Gänseschmalz
4 EL Weinbrand
1 Glas Weißwein
1 Glas brauner Fond
(Rezept S. 131)
30 grüne Pfefferkörner
1 EL gehackte rote Paprika

Die Entenbrüste im Schmalz 5 Minuten scharf anbraten. Salzen und mit Weinbrand beträufeln, solange sie innen noch blutig sind. Flambieren, herausnehmen und warm stellen. Den Bratensatz mit Wein und braunem Fond lösen, grünen Pfeffer und gehackte Paprika zugeben und ein paar Minuten einkochen lassen. Die Entenbrüste in Scheiben schneiden und auf einer Platte mit der Sauce übergießen.

ROTOLO DI FARAONA ALLE SPUGNOLE

Perlhuhnröllchen mit Morcheln

1 küchenfertiges Perlhuhn
(ca. 1 kg)
50 g Butter
200 g Morcheln
1 Glas Portwein
½ Glas Weißwein
1 Glas Wildfond (Rezept S. 131)
½ Becher Sahne
80 g gekochter Schinken
Rosmarin
Salz
frisch gemahlener Pfeffer

Das Perlhuhn so zerlegen, daß man zwei ganze Bruststücke und zwei Keulenstücke gewinnt. Die vier Stücke sorgfältig entbeinen. Den Schinken würfeln. Aus den vier Fleischstücken mit Schinken und Rosmarin gefüllte Röllchen formen. Diese in einem Schmortopf in Butter 20 Minuten braten. Salzen, pfeffern und den Weißwein angießen. Sobald sie gar sind, die Röllchen warm stellen. Die halbierten Pilze in den Bratenfond geben, falls erforderlich mit Salz und Pfeffer nachwürzen. Portwein, Sahne und Wildfond zugießen und das Ganze ziemlich stark einkochen lassen. Die Sauce über die Röllchen geben und sofort auftragen.

Selvaggina

Wild

»Wildgerichte waren in Italien einst weit verbreitet. Heute geht niemand mehr aus Hunger auf die Jagd – er würde hungrig bleiben. Jagen ist ein Sport geworden . . ., und es wäre besser, ihm seltener nachzugehen. Das bedeutet jedoch nicht, daß man ganz auf Wildgerichte verzichten muß. Der Wildbestand muß oft aus forstwirtschaftlichen Gründen dezimiert werden. Im Aostatal wird also die Gemse nicht von der Tafel verschwinden. In der Toskana werden in der Jagdsaison weiterhin Hunde auf Wildschweine angesetzt. Die vom Flug über das Adriatische Meer erschöpften Waldschnepfen, die sich in den Wäldern des Umbrischen Apennins ausruhen, bleiben nach wie vor ein beliebtes Jagdziel. In den felsigen Höhen von Gennargentu auf Sardinien gerät ab und zu ein alter Mufflon vor die Flinte. Auf den karstigen Hängen Friauls erlegen Jäger müde Hirsche.
Wildgerichte, angefangen vom sozusagen gewöhnlicheren Hasen bis zu solch erlesenen Gerichten wie Wildschwein aus den Maremmen, werden also auch in Zukunft die heimische Tafel bereichern.«

BECCACCE ARROSTO

Gebratene Waldschnepfen

2 Waldschnepfen
ca. 1 EL Butter
Leberpastete
geröstete Brotschnittchen
Salbeiblätter
Wacholderbeeren
50 g Speck

Man kann Waldschnepfen abhängen lassen, indem man sie 2–3 Nächte lang ungerupft im Freien kopfüber hängen läßt. Allerdings bereitet man sie nicht erst zu, wenn das Fleisch schon fault, wie manche Jäger behaupten. Die Waldschnepfen rupfen, ausnehmen, waschen und absengen. Man kann sie bei hoher Temperatur am Spieß grillen (im Speckhemd) oder im Schmortopf braten. Die Garzeit beträgt 20–30 Minuten. Dazu in Butter gebratene, mit Leberpastete bestrichene Weißbrotschnittchen reichen. Leberpastete ist im Handel erhältlich. Köstlicher ist aber eine eigenhändig aus den Waldschnepfenlebern zubereitete Pastete: Die Lebern im Bratensaft der Waldschnepfen schmoren. Etwas Butter, ein paar Salbeiblätter, Wacholderbeeren und Speckstückchen zugeben.

BECCACCE IN SALMÌ

Waldschnepfen in Salmi

2 abgehangene Waldschnepfen
4 Scheiben nicht zu magerer roher Schinken
2 eingesalzene Sardellen
1 TL in Salz eingelegte Kapern
½ Glas trockener Weißwein
½ Glas trockener Marsala
8 Scheiben altbackenes Weißbrot
½ Glas Öl
Salz

Die Waldschnepfen sorgfältig putzen und ausnehmen (die Innereien nicht wegwerfen). Innen mit Salz einreiben. 2 Schinkenscheiben um je eine Schnepfe wickeln und mit Küchengarn festschnüren. In einem Topf die Hälfte des Öls erhitzen. Die Schnepfen hineingeben und langsam anbräunen. Schließlich mit 2 EL Weißwein und 2 EL Marsala beträufeln, und zugedeckt auf ganz kleiner Flamme zum Kochen bringen. Falls nötig, ab und zu etwas Wasser angießen. Währenddessen die Sauce zubereiten: Von Kapern und Sardellen das Salz abwaschen. Die Sardellen entgräten. Kapern und Sardellen zusammen mit den Innereien (Leber, Magen, Herz, Lungen) fein hacken und in einem kleinen Tiegel im restlichen Öl anbräunen. Salzen; den restlichen Weißwein und Marsala zuschütten; 10 Minuten schmoren lassen, dabei häufig umrühren. Die Weißbrotscheiben toasten und mit der Sauce bestreichen. Waldschnepfen und Kanapees heiß servieren.

BISTECCHINE DI CINGHIALE *

Wildschweinkoteletts

60 g Speck
3 EL Öl
600 g Wildschweinkoteletts (ohne Knochen)
Salz
2 EL Zucker
4 Lorbeerblätter
1 Glas Essig
60 g Sultaninen
60 g Dörrpflaumen
60 g bittere Schokolade
1 Prise Zimt (oder ein Hauch geriebene Muskatnuß)
1 EL Mehl
½ Glas Essig

Dies ist ein typisch sardisches Gericht.
Sultaninen und Dörrpflaumen in warmem Wasser einweichen. In einem Schmortopf den gehackten Speck in dem Öl auf kleiner Flamme auslassen. Die Koteletts von beiden Seiten anbraten und salzen. Etwa 10 Minuten garen lassen. Für die Sauce: Die aufgeweichten Sultaninen und Dörrpflaumen entsteinen und das Wasser herausdrükken. Die Schokolade reiben. In einem Töpfchen den Zucker mit den Lorbeerblättern und 1 Glas Essig erhitzen; der Zucker muß sich auflösen, darf aber nicht braun werden, Sultaninen und Dörrpflaumen, Schokolade und Zimt (bzw. Muskat) gut untermengen. Leise köcheln lassen, bis die Sauce – nach etwa 10 Minuten – eingedickt ist.
In einem kleinen Tiegel das Mehl in ½ Glas Essig lösen und über die Koteletts geben, die unter Rühren noch ein paar Minuten geschmort werden. Schließlich das Fleisch mit der süß-sauren Sauce übergießen und etwa 10 Minuten ziehen lassen, so daß es die Würze der Sauce gut aufnimmt.

CINGHIALE AL BAROLO

Wildschweinfilet in Rotwein

Ein größeres Stück Wildschweinfilet
1 l Barolo (edler, trockener Rotwein)
40 g Speck
1 Mohrrübe
1 Zwiebel
1 Thymianzweiglein
einige Petersilienblätter
2 Lorbeerblätter
1 Gläschen Weinbrand
1 gehäufter EL Johannisbeergelee
Salz
frisch gemahlener Pfeffer
einige Pfefferkörner
½ Glas Öl
gut 2 EL Butter

Speck in Streifchen schneiden und in Pfeffer wenden. Das Filet damit spicken, in eine Schüssel legen und mit dem Wein übergießen. Mohrrübe, zerkleinerte Zwiebel, Kräuter, reichlich Salz und einige Pfefferkörner zufügen und das Filet 24 Stunden beizen. Anschließend herausnehmen, gut abtropfen lassen und trockentupfen. Das Öl mit gut 1 EL Butter erhitzen und das Filet darin ringsum anbräunen. Salzen, pfeffern und mit dem Weinbrand beträufeln. Mit 1 Schöpfkelle der Beize übergießen und das Fleisch schmoren, bis es zart ist (was je nach Alter des Tieres 1½–2½ Stunden dauern kann). Dabei immer wieder etwas Beize nachgießen, sobald die Flüssigkeit im Topf aufgenommen ist. Das fertig gegarte Filet herausnehmen und den Schmorfond auf lebhafter Flamme reduzieren. Vom Herd nehmen und mit 1 EL Butter und dem Johannisbeergelee vollenden. Das Filet aufschneiden, auf einer Platte anrichten und mit der Sauce überziehen.

FAGIANO CON FUNGHI

Fasan mit Steinpilzen

1 abgehangener Fasan
300 g Steinpilze
1 weiße Trüffel
50 g Butter
1 Zwiebel
2 Stangen Bleichsellerie
1 Bund Petersilie
4 Salbeiblätter
1 Prise Thymian
½ Glas Weinbrand
1 Tasse Fleischbrühe
Salz
frisch gemahlener Pfeffer
2 EL Öl
Saft von 1 Zitrone

Den Fasan sorgfältig putzen, absengen, waschen und in gleichmäßige Stücke zerlegen. Abtrocknen und in einen Schmortopf legen. Zwiebel, Sellerie, Petersilie, Salbei und Thymian fein hacken und zusammen mit der Butter und 2 EL Öl zu dem Fasan geben. Auf sehr kleiner Flamme braten. Erst wenn das Gemüse fast zerfällt und die Fasanenstücke schön braun sind, den Weinbrand angießen; salzen und pfeffern; schließlich die Brühe zuschütten. Zugedeckt langsam schmoren lassen. Die Pilze putzen, zerkleinern und in leicht mit Zitronensaft gesäuertes Wasser geben. Gut abtropfen lassen und in etwas Öl und wenigen EL Wasser, mit 1 Prise Salz gewürzt, dünsten. Schließlich Pilze und Fasanenfleisch zusammen noch etwas kochen lassen, auf einer Servierplatte anrichten und mit sehr feinen weißen Trüffelscheiben bestreuen.

FAGIANO TARTUFATO

Fasan mit Trüffeln

1 junger Fasan
2 kleine weiße Trüffeln
40 g zerdrückter Speck
3 Speckscheiben
3 EL Öl
Salz

Den Fasan am Tag zuvor sorgfältig putzen, absengen, waschen und abtrocknen. Die Trüffeln abschaben, waschen, trockentupfen und in feinste Scheiben schneiden. Den Fasan mit den Trüffeln und dem zerdrückten Speck füllen. In einem gut verschlossenen Behälter über Nacht kühl stellen. So nimmt das Fleisch besser das Aroma der Trüffeln an, was für das Gelingen des Gerichts ausschlaggebend ist. Am nächsten Tag die Brust des Fasans mit Speckscheiben belegen, mit Küchengarn festbinden. Den Fasan in einen Bräter setzen, salzen, mit Öl bestreichen und bei mäßiger Temperatur 45 Minuten braten. Den Fasan gleichmäßig tranchieren und auftischen.

FOLAGA ALLA PUCCINI

Bläßhuhn »Puccini«

1 Bläßhuhn
Essig
½ Glas Öl
ca. 1 EL Butter
1 Zwiebel
1 Möhre
1 Stange Bleichsellerie
1 Bund Petersilie
4–5 Blätter Basilikum
1 Lorbeerblatt
2 Sardellen
3 EL Tomatensauce
(Rezept S. 124)
½ Glas trockener Weißwein
Salz
frisch gemahlener Pfeffer

Die Sardellen gut abwaschen, damit sie etwas an Salzgehalt verlieren, entgräten und zerkleinern. Das Bläßhuhn rupfen, absengen, ausnehmen und waschen. Kopf, Füße und Flügelspitzen entfernen. Das Huhn in 4 Teile zerlegen und mehrere Stunden in Essig ziehen lassen. Danach unter fließendem Wasser gut abwaschen und abtrocknen. Möhre, Zwiebel, Sellerie, Petersilie, Basilikum, Lorbeerblatt und Sardellen zusammen kleinhacken. In einem Schmortopf in Öl und Butter ein paar Minuten anbraten, das Bläßhuhn zugeben. Salzen und pfeffern. Das Fleisch von allen Seiten schön anbräunen. Wein angießen und verdampfen lassen. Die Tomatensauce, mit ein paar EL warmem Wasser verdünnt, vorsichtig unterrühren. Zugedeckt auf kleiner Flamme etwa ½ Stunde schmoren lassen. Schließlich die Fleischstücke herausnehmen. Den Bratensaft durch ein Sieb gießen. Saft und Fleisch kurz vor dem Servieren zusammen im Schmortopf erhitzen.
Als Beilage geröstete Brotschnittchen reichen.

LEPRE IN SALMÌ *

Hase in Salmi
(für 4–6 Personen)

1 mittelgroßer Hase,
gut abgehangen
Mehl
50 g Butter
2 EL Öl
1 Zwiebel, gehackt

Für die Marinade:

1 Möhre, gehackt
1 Zwiebel, in Scheiben
geschnitten
1 Stange Bleichsellerie,
zerkleinert
1 Knoblauchzehe, zerdrückt
1 Zweig Thymian
1 Zweig Majoran
1 Zweig Salbei
2 Lorbeerblätter
2 Wacholderbeeren
4 Pfefferkörner
Salz
1 l Rotwein (Barbera oder
Barolo)

Den Hasen putzen, ausnehmen (Herz, Lunge und Leber nicht wegwerfen), gut waschen und zerlegen.
In die Marinade (siehe Zutatenliste) legen. Das Gefäß gut verschließen und für mindestens 48 Stunden kühl stellen (bei 6–8 °C). Das Fleisch herausnehmen, gut abtropfen lassen (die Marinade nicht weggießen), abtrocknen und mit Mehl bestäuben. In einem großen Schmortopf die gehackte Zwiebel in Öl und Butter anschwitzen und das Hasenfleisch zugeben. Sobald es Farbe annimmt, auch die zerkleinerten Innereien mitbraten. Mit der Marinade ablöschen. Salzen, pfeffern und etwa 2–3 Stunden (je nach Alter des Hasen) schmoren. Den Bratenfond durch ein Sieb gießen. Am besten schmeckt der Hase einen Tag später. Vor dem Servieren das Fleisch

und den Bratensaft zusammen erhitzen. Eine passende Beilage ist eine gute Polenta.

LEPRE ALLA MARENGO

Hase »Marengo«

1 Hase
5 EL Öl
2 Knoblauchzehen
1 Zwiebel
1 Möhre
1 Stange Bleichsellerie
2 Salbeiblätter
1 Gewürznelke
1 Lorbeerblatt
1 Zweig Rosmarin
2 Gläser Rotwein
Essig
2 EL Tomatenmark
40 g getrocknete Pilze
1 Glas trockener Weißwein
1 Handvoll gehackte Petersilie
Salz
ca. 1 EL Butter

Den Hasen häuten, in Stücke zerlegen, waschen und abtrocknen. Die Marinade zubereiten: Das Gemüse hacken und in 2 EL Öl auf ganz kleiner Flamme 15 Minuten braten, ohne daß es dabei braun werden darf. 1 Knoblauchzehe in feine Scheiben schneiden und mit der Gewürznelke, den Salbeiblättern, dem Lorbeerblatt und Rosmarin zufügen. Einige Minuten braten und schließlich 2 Gläser Wein und ca. ⅓ Tasse Essig angießen. Umrühren und aufwallen lassen. Vom Herd nehmen. Die Marinade in einem Steingut-Gefäß auskühlen lassen.
Die Hasenstücke in einer Schüssel mit der ausgekühlten Marinade übergießen. Mindestens 18 Stunden ziehen lassen. Schließlich die Pilze zum Einweichen in warmes Wasser legen. 3 EL Öl in einer Pfanne erhitzen und die gut abgetropften und abgetrockneten Hasenstücke scharf anbraten.
Die eingeweichten Pilze unter fließendem Wasser waschen und in einem Töpfchen in etwas Butter, wenigen EL Wasser und ein wenig Salz schmoren. Wenn die Pilze gar sind, 2 EL Tomatenmark in die Pilzsauce einrühren und mit einer feingehackten Knoblauchzehe würzen. Die Sauce über die Hasenstücke gießen. 1 Glas trockenen Weißwein zuschütten und 20 Minuten schmoren lassen. Ganz zum Schluß den Hasen mit gehackter Petersilie bestreuen.

PERNICI IN SALSA D'ACETO

Rebhuhn in Essigsauce

2 Rebhühner
1 Zwiebel
2 Stangen Bleichsellerie
2 Möhren
Salz

Für die Sauce:

1 Glas Olivenöl
2 EL Essig
Salz
1 EL gehackte Petersilie
1 EL gehackte Kapern

Die Rebhühner rupfen und putzen. In leicht gesalzenes kaltes Wasser legen, dem die Zwiebel, die Selleriestangen und die Möhren beigegeben werden. Zugedeckt bei mäßiger Hitze 45 Minuten kochen lassen, bis das Fleisch zart ist.
Währenddessen eine Sauce rühren aus Öl, Essig, gehackter Petersilie, zerkleinerten Kapern und etwas Salz. Die Rebhühner halbieren, sobald sie gar sind, und auf einem Servierteller arrangieren. Mit der Sauce übergießen. Abgekühlt servieren.

PERNICI ALLE OLIVE

Rebhuhn mit Oliven

4 Rebhühner
Salz
frisch gemahlener Pfeffer
einige Salbeiblätter
8 Scheiben nicht zu magerer roher Schinken
½ Glas Olivenöl
2 Gläser trockener Weißwein
200 g entkernte Oliven
1 Tasse Fleischbrühe

Ein tradiertes Rezept aus Sizilien. Die Rebhühner putzen und ausnehmen (die Lebern nicht wegwerfen). Mit einem feuchten Tuch abreiben. Die Rebhühner innen salzen und pfeffern und mit je 1–2 Salbeiblättern füllen. Auch außen leicht salzen. Die Vögel in Schinkenscheiben einwickeln, die mit Küchengarn festgeschnürt werden. In Öl die Rebhühner von beiden Seiten anbräunen. Wein zugießen und verdampfen lassen. Die gehackten Lebern, die entkernten Oliven und 1 Tasse Brühe beifügen. Zugedeckt etwa 30 Minuten schmoren lassen. Vor dem Servieren die Rebhühner von dem Faden befreien und mit dem Bratensaft übergießen.

PICCIONI IN SALMI

Tauben in Salmi

4 Tauben
4 Salbeiblätter
2 Bund Petersilie
4 Sardellenfilets
4 Knoblauchzehen
1 EL Kapern (auch etwas mehr)
2 Gläser Öl
abgeriebene Schale von
1 Zitrone
½ Glas Essig (oder 1 Glas
Rotwein, auch etwas mehr)
Salz
frisch gemahlener Pfeffer

Die Tauben putzen und entbeinen, dabei das Brustfleisch möglichst wenig verletzen. Das Fleisch, abgesehen von den Brustfilets, in kleine Stücke zerlegen. Innereien (Leber, Herz, Magen), Salbei, Petersilie, Sardellenfilets, Knoblauch und Kapern fein mixen.
Öl in einer Pfanne erhitzen. Die Taubenbrüste zusammen mit der abgeriebenen Schale von 1 Zitrone langsam anbraten. Sobald das Fleisch schön gebräunt ist, Essig (oder einen guten, trockenen Rotwein) angießen und verdampfen lassen.
Nun auch die kleineren Fleischstücke und die Mischung aus Innereien und Kräutern zugeben. Mit Salz und Pfeffer abschmecken. Den Topf mit Aluminiumfolie gut abdichten und den Deckel darüberlegen. Das Gericht etwa 1 Stunde schmoren lassen. Heiß servieren.

PICCIONI ALLA DIAVOLA

Teuflische Tauben

4 junge Tauben
8 EL Olivenöl
Salz
Cayennepfeffer

Als Beilage:
im Ofen gebackene oder gegrillte Tomaten
2 Zitronen, in Stücke geschnitten

Die Tauben rupfen, putzen und der Länge nach halbieren. Den Kopf entfernen. Die Tauben leicht flachklopfen. In einer Marinade aus Öl, Salz und Cayennepfeffer etwa 1 Stunde ziehen lassen. Ab und zu wenden.
Einen Grill (möglichst mit Holzkohle) stark anheizen und die Tauben rösten. Des öfteren mit dem Öl der Marinade einstreichen. Sehr heiß mit Tomaten und Zitronenstückchen servieren.

PICCIONI ALLO SPIEDO

Tauben am Spieß

2 Tauben
1 EL schwarze Oliven
1 Glas trockener Rotwein
1 EL sehr aromatischer Essig
3 EL Öl
1 Zitrone
4–5 frische Salbeiblätter
Salz

Die gerupften und geputzten Tauben ausnehmen. Herz, Leber und Magen säubern und wieder in die Tauben füllen. Die Tauben auf den Spieß stecken, salzen und mit etwas Öl bepinseln. Sehr sanft und langsam grillen. In die Auffangschale des Grills Essig und Wein gießen, schwarze Oliven, Salbei und die Zitrone (geschält und in dünne Scheiben geschnitten) dazugeben. Auf diese Weise tropft der Bratensaft in die Auffangschale, vermengt sich dort mit den anderen Zutaten und beginnt aufgrund der Hitze im Grill zu kochen. Die Tauben während des Grillens mit dieser würzigen Mischung ziemlich oft einstreichen. (Nicht vergessen, Tauben werden bei sehr niedriger Temperatur und sehr langsam gegrillt!) Sobald sie gar sind, die Innereien (Herz, Leber, Lunge) herausnehmen. Die Tauben warm stellen (Tauben brauchen diese »Ruhezeit«, um etwas Feuchtigkeit zu absorbieren). Die Innereien sehr fein wiegen und mit einem Holzlöffel in den Saft der Auffangschale einrühren. Jetzt erst die Tauben halbieren, auf einer Anrichteplatte, mit dem Saft übergossen, sofort servieren. Dazu kann man geröstete Weißbrotscheiben reichen.

PICCIONI ALLA CAVOUR

Tauben »Cavour«

4 Tauben
100 g Butter
1 EL Mehl
2 Hühnerlebern
2 EL Marsala
Salz
1 weiße Trüffel

Die Tauben rupfen, putzen und ausnehmen. Dressieren und in einem Schmortopf in Butter langsam anbraten. Salzen, mit Mehl bestäuben und mit Marsala beträufeln. Wenn sich der Alkohol verflüchtigt hat, eine gute Tasse warmes Wasser zugießen. Mit Salz abschmecken und auf kleiner Flamme etwa ½ Stunde schmoren lassen. Nach der Hälfte der Garzeit die gewürfelten Hühnerlebern und die in Scheiben geschnittene Trüffel beifügen. Zugedeckt zu Ende garen lassen. Der Bratensaft darf nicht zu sehr einkochen.

QUAGLIE ALLA VIGNAIOLA

Wachteln nach Art der Winzer

8 Wachteln
ca. 1 EL Butter
1 Glas Traubensaft oder Most
1 Weintraube mit großen Beeren
Salz
frisch gemahlener Pfeffer

Die Wachteln sorgfältig putzen und absengen und in wenig Butter in einem ofenfesten Topf anbraten – ohne sie zuvor zu bardieren. Mit einem Glas Traubensaft oder Most ablöschen und die entkernten Weinbeeren zugeben. Das Ganze in den mäßig heißen Ofen schieben und langsam zu Ende garen (ca. 20 Min.).

QUAGLIE AI TARTUFI

Wachteln mit Trüffeln

4 Wachteln
4 Scheiben Speck
80 g Butter
Salz
300 g Reis
2 EL geriebener Parmesan
1 weiße Trüffel

Die Wachteln sorgfältig putzen, absengen, waschen und abtrocknen. Die Wachteln bardieren: Jeden Vogel in eine Scheibe Speck hüllen und mit Küchengarn umwickeln. Die Hälfte der Butter in einem Tiegelchen zerlassen. Die Vögel nebeneinander in einen Schmortopf legen, mit der Butter begießen, salzen und in den vorgeheizten Ofen schieben. Bei ziemlich hoher Temperatur 20–30 Min. backen, dabei die Wachteln wiederholt umdrehen. 5 Minuten vor Ende der Garzeit den Faden lösen und die Wachteln aus den Speckscheiben wickeln, so daß sie noch

etwas Farbe bekommen. Indessen den Reis in Salzwasser körnig kochen und abgießen. Die Wachteln warm stellen. Den Reis im Schmortopf mit der restlichen Butter und Parmesan anmachen. Zum Servieren die Wachteln auf den Reis legen und mit der geriebenen Trüffel bestreuen.

QUAGLIE IN TEGLIA

Wachteln mit Erbsen

8 Wachteln
300–400 g frische (oder tiefgefrorene) Erbsen, enthülst
300 g reife Tomaten
100 g sehr fetter roher Schinken
30 g Butter
½ Glas trockener Weißwein
Salz
frisch gemahlener Pfeffer

Die Wachteln sehr sorgfältig putzen, absengen und ausnehmen. Kopf, Flügelspitzen und Füße entfernen. Die Vögel waschen und abtrocknen. In einen Schmortopf Erbsen, Butter und ⅓ des Schinkens (gewürfelt) geben; mit Wasser bedecken (bei sehr zarten Erbsen reicht ganz wenig Wasser). Damit die Erbsen nicht hart werden, erst salzen und pfeffern, wenn sie fast gar sind.
Indessen den restlichen Schinken hacken. Die Tomaten enthäuten, entkernen und zerkleinern. In einem recht großen Steingut-Topf den Schinken wenige Minuten anbräunen. Die Wachteln hineinlegen und unter wiederholtem Wenden anbraten. Mit Wein ablöschen, die Flüssigkeit auf starker Flamme verdampfen lassen und schließlich die Tomaten zugeben. Den Deckel auflegen und das Gericht auf kleiner Flamme zum Kochen bringen und ab und zu umrühren. Wenn die Vögel gar sind und die Sauce ziemlich eingedickt (nach ca. 20 Min.), den Herd etwas heraufschalten und die Erbsen behutsam in die Sauce einrühren. Auf einer großen Anrichteplatte die Wachteln im Kreis nebeneinanderlegen, in die Mitte die Sauce mit den Erbsen geben. Sofort servieren.

Pesce e crostacei

Fische und Meeresfrüchte

»Beinahe alle Regionen Italiens grenzen ans Meer, an ein Meer, das die Wiege der ältesten Kulturen war. So wird man leicht verstehen, daß die Fischgerichte zum Träger der gehobenen Eßkultur Italiens wurden. Es ist sehr schwierig, eine repräsentative Auswahl aus all unseren Küstenstrichen zu treffen, und noch viel schwieriger ist die Entscheidung, welchem Ort die Siegespalme für die beste Fischsuppe, das schmackhafteste Cacciucco oder die delikateste Buridda gebührt. Die zahllosen lokalen Varianten ein- und desselben Gerichtes können das kulinarische Interesse des Touristen wie des Feinschmeckers nur mehren, doch konzentriert sich das Hauptinteresse zweifellos auf die außergewöhnliche Vielfalt der Fische und Meeresfrüchte an unseren Küsten: Aale aus Comacchio, Glasaale aus Foce d'Arno, Gianchetti aus Ligurien, Strandkrabben aus Triest, Miesmuscheln aus Taranto, Meerbarben von den Tremiti-Inseln, Zackenbarsche aus Ustica, Sardinen aus Sizilien, Schwertfisch aus Kalabrien, Seespinnen aus der Lagune Venedigs, Meeräschen aus Lesina, Langusten aus Sardinien, Thunfische aus dem Golf von Neapel. Natürlich brachte diese Vielfalt eine ebenso große Fülle von Rezepten hervor, so daß Fisch nicht nur für sich zubereitet, sondern ebenso zu Brühen, Suppen, Saucen, in Vorspeisen und Marinaden verarbeitet auf den Tisch kommt.«

im Sud erkalten lassen. Hummer herausnehmen und längs teilen. Den dunklen Strang herausziehen, die korallenroten Hummereier jedoch nicht entfernen.

BRODETTO DI RIMINI *

Fischsuppe aus Rimini

1 kg gemischte Fische und Meeresfrüchte (Seezunge, Flunder, Steinbutt, Glatthai, Rotbarbe, Aal, Sardine, Meeräsche, Seebarsch, Heuschreckenkrebs, Tintenfisch, Kalmar, Scampi, Venusmuscheln usw.)
1 Glas Öl
2 Zwiebeln, gehackt
400 g Dosentomaten
1 EL Essig
geröstete Brotscheiben
Salz
frisch gemahlener Pfeffer

Für die Fischbrühe:

2 große EL Öl
1 Zwiebel, gehackt
2 reife Tomaten
1 Bund Petersilie, gehackt
die abgetrennten Fischköpfe (oder 400 g kleine Taschenkrebse bzw. kleine Fische)
Salz
frisch gemahlener Pfeffer
1 l Wasser
1 EL Essig

Wie bei jeder anderen Suppe, so gilt auch hier: Je mehr verschiedene Zutaten, in diesem Fall Fische, desto aromatischer wird der Gesamtgeschmack.
Fischköpfe abtrennen und beiseite legen. Die Fische säubern, in reichlich Salzwasser waschen und gut abtropfen lassen. Nun zunächst die Fischbrühe vorbereiten. Dafür die Zwiebel bei milder Hitze in einer Kasserolle im Öl hellgelb anschwitzen. Die gehäuteten, entkernten und zerkleinerten Tomaten zufügen und auf lebhafter Flamme ¼ Stunde kochen. Petersilie und Fischköpfe hineingeben (falls diese nicht ausreichen, mit kleinen Taschenkrebsen oder Fischen ergänzen). Mit Salz und Pfeffer würzen und das Wasser mit dem Essig angießen. Alles zugedeckt etwa 40 Minuten leise köcheln lassen. Zutaten durch ein Sieb streichen und wieder zur Flüssigkeit geben.
Jetzt die Fischsuppe zubereiten: Das Öl in eine Pfanne gießen, die groß genug ist, um alle Fische nebeneinanderliegend aufzunehmen. Die Zwiebel auf kleiner Flamme anbräunen; die geschälten Tomaten bei mäßiger Hitze etwa 20 Minuten zu einer Sauce verkochen. Zunächst die festfleischigen, dann die restlichen Fische nebeneinander der hineinlegen. Mit etwas Salz und Pfeffer würzen und aufwallen lassen. Den Essig darüberträufeln und verkochen lassen. Die Pfanne zudecken und alles etwa ½ Stunde bei sehr milder Hitze kochen. Nun ist der Fisch gar, ohne dabei zu zerfallen. Die gehackte Petersilie unterziehen. Die heiße Fischbrühe mit den Fischstücken in eine Terrine füllen und das Gericht sofort mit gerösteten Brotscheiben als Beilage servieren.

BRODETTO ALLA VASTESE

Feuriges Fischgericht aus Vasto

1 kg gemischte Fische und Meeresfrüchte (z. B. Kabeljau, Meerbarbe, Seezunge, Meergrundel, Glatthai, Kalmar, Tintenfisch, Heuschreckenkrebs, Languste, Venusmuscheln, Miesmuscheln)
2 Knoblauchzehen, gehackt
gut ½ Glas Öl
8 Chilischoten
1 Glas Rotweinessig
Salz
frisch gemahlener Pfeffer
1 Bund Petersilie, gehackt
Landbrotscheiben

Fische säubern und vorbereiten, die größeren in Stücke teilen. In einem großen Topf (möglichst aus Steingut) das Öl erhitzen. Knoblauch und Chilischoten auf lebhafter Flamme etwa 10 Minuten bräunen. Die Chilischoten herausnehmen und im Mörser unter Zugabe des Essigs zerreiben. Die Mischung wieder zum Knoblauch geben. Nun zunächst die größeren, dann die kleinen Fischstücke einlegen und die Hitze reduzieren. Mit Salz, Pfeffer und der Petersilie würzen. Zugedeckt auf kleiner Flamme ca. 20 Minuten schwach kochen lassen. Die Fischstücke rechtzeitig behutsam herausnehmen, damit sie nicht zerfallen, und heiß servieren. Dazu Landbrotscheiben.

BRODETTO ALLA PORTO RECANATI

Fischtopf aus Porto Recanati

1 kg gemischte Fische und Meeresfrüchte (z. B. Drachenkopf, Seeteufel, Steinbutt, kleine Seezungen, Scampi, Tintenfische, Miesmuscheln)
1 Glas Öl
1 Zwiebel
2 Knoblauchzehen
1 kleiner Bund Petersilie
1 Briefchen Safran
1 l gute Fleischbrühe
Salz
frisch gemahlener Pfeffer
geröstete Brotscheiben

Fische und Meeresfrüchte säubern und gründlich waschen. Zwiebel und Knoblauch sehr fein hacken, größere Fische in Stücke teilen. Die gehackten Zutaten in einer Kasserolle im Öl einige Minuten unter ständigem Rühren anschwitzen. Die Fischstücke nacheinander in der Reihenfolge ihrer Größe hineingeben. Immer wieder durchmischen und mit der heißen Brühe übergießen. Nach der Hälfte der Garzeit die Fische salzen und pfeffern; den in einer kleinen Kelle Brühe verrührten Safran und die Petersilie zufügen. Damit alle Bestandteile gleichmäßig garen, die Meeresfrüchte zuletzt zufügen, da sie sonst zerkochen würden. Bis alle Fische gar sind, ist die Brühe schön eingedickt und hat das volle Fischaroma aufgenommen. Das Gericht sehr heiß servieren und dazu geröstete Brotscheiben reichen.

CAPITONE MARINATO

Aal in würziger Beize

1 großer Aal (ca. 1 kg)
2 Knoblauchzehen, in feine Scheiben geschnitten
Salz
frisch gemahlener Pfeffer
3–4 Lorbeerblätter
gut 1 Glas Öl
½ l Essig

Aal ausnehmen, jedoch nicht köpfen. Gründlich unter fließendem Wasser waschen und trockentupfen. Mit dem Kopf beginnend aufrollen und in einen Topf legen, den er genau ausfüllt. Knoblauch, etwas Salz, reichlich Pfeffer, Lorbeerblätter, Öl und Essig darüber verteilen. Der Fisch muß völlig von der Flüssigkeit bedeckt sein. Den Topf verschließen und auf den Herd stellen. Bei milder Hitze etwa 1 Stunde leise köcheln lassen, bis der Fisch gar und der Essig teilweise verdampft ist. Den Aal in eine Schüssel legen, mit dem Sud begießen und erkalten lassen. Besonders schmackhaft ist er nach ein paar Tagen.

CIECHE ALLA PISANA

Glasaale mit Salbei

400 g Glasaale
1 Glas Öl
2 Knoblauchzehen, in feine Scheiben geschnitten
1 Bund Salbeiblätter
Salz
frisch gemahlener Pfeffer
3 Eier
2 EL geriebener Parmesan
Saft von ½ Zitrone
1 EL Semmelbrösel (nach Belieben)

Glasaale (im Italienischen heißen sie »cieche«, wörtlich »Blinde«, in Anspielung auf ihre Kurzsichtigkeit, die sie zu einer leichten Beute macht), sind ganz junge Aale, die an der Mündung des Arno in der Nähe von Pisa gefangen werden. Die Fische so lange in reichlich Wasser waschen, bis sie keinen Schaum mehr absondern. Knoblauch im Öl dünsten, Salbei zufügen und, sobald der Knoblauch leicht bräunt, die Aale dazugeben. Salzen und pfeffern, behutsam durchmischen und etwas heißes Wasser angießen. Etwa 20 Minuten garen.
Die Eier mit 1 Prise Salz, etwas Pfeffer, Zitronensaft, Parmesan und, nach Belieben, Semmelbröseln in einer Schüssel verquirlen. Über die Fische gießen und das Gericht in den heißen Ofen schieben, bis die Eier stocken.

ARAGOSTA ARROSTO

Gebackene Languste mit Senfsauce

1 Languste (ca. 1 kg)
½ EL englisches Senfpulver
frisch gemahlener Pfeffer
2 gehäufte EL gehackte Petersilie
1 TL Origano
Salz
1 Glas Öl
40 g Butter
2 gehäufte EL Semmelbrösel
1–2 Zitronen

Languste längs halbieren und den Darm entfernen, der sich vom Schwanzende bis zum Rumpf zieht. Die beiden Hälften mit der Fleischseite nach oben in einen ofenfesten Tontiegel legen. In einem Pfännchen das Senfpulver mit 1 kräftigen Prise Pfeffer, der Petersilie, dem Origano und etwas Salz vermischen. Mit ½ Glas Öl und der Butter ergänzen und die Mischung bei minimaler Hitze ganz leicht erwärmen. Die Languste mit dieser Sauce nappieren und mit den Semmelbröseln bestreuen, die mit einer Messerklinge gut angedrückt werden. Mit dem restlichen Öl übergießen und ca. 25 Minuten in den vorgeheizten Ofen (200 °C) schieben. Mit einer Garnitur aus Zitronenspalten auf einer Platte anrichten und mit Zitronensaft beträufelt sehr heiß servieren.

FILETTI DI BACCALÀ FRITTI

Gebackener Klippfisch

550 g Klippfisch
Öl zum Backen
1 Zitrone

Für den Backteig:

3 gehäufte EL Mehl
ca. 1 Glas kaltes Wasser
2 EL Öl
etwas Salz
1 Eiweiß

Den Fisch zwei Tage in kaltes Wasser legen, dabei das Wasser häufig wechseln. Anschließend 5 Minuten mit heißem Wasser überbrühen, gut abtropfen, häuten, entgräten und in Stücke schneiden. Das Mehl mit 1 Glas Wasser in einer Schüssel verquirlen, das Öl einrühren, leicht salzen und die Mischung 1 Stunde ruhen lassen. Dann das zu Schnee geschlagene Eiweiß unterziehen. Sofort die Fischstücke durch den Teig ziehen und in reichlich siedendem Öl portionsweise goldgelb backen. Zum Abtropfen auf Küchenkrepp legen und sehr heiß servieren. Dazu Zitronenspalten reichen.

BACCALÀ ALLA BOLOGNESE

Klippfisch auf Bologneser Art

600 g Klippfisch, gewässert
50 g Butter
½ Glas Öl
2 Knoblauchzehen
1 Bund Petersilie
Saft von 1 Zitrone
Salz
frisch gemahlener Pfeffer

Den gewässerten und ausgedrückten Fisch in große Stücke teilen und diese nebeneinander in einen mit Öl ausgestrichenen Steingut-Tiegel legen. Knoblauch und Petersilie fein hacken und gleichmäßig über den Fisch streuen. Leicht salzen und pfeffern, mit dem restlichen Öl beträufeln und mit ein paar Butterflöckchen belegen. Auf lebhafter Flamme braten und die Stücke gelegentlich wenden. Dies muß behutsam geschehen, da sie ohne eine Ei- oder Panadehülle leicht zerfallen können. Die Fischstücke nach Beendigung des Garvorgangs mit dem Zitronensaft übergießen und sofort im Kochgeschirr zu Tisch bringen.

BACCALÀ ALLA LIVORNESE

Klippfisch aus Livorno

800 g gewässerten Klippfisch
Mehl
2 Knoblauchzehen, gehackt
1 Glas Öl
1 Tasse Tomatensauce
(Rezept S. 127)
1 Bund Petersilie, gehackt

Fisch häuten, entgräten und in gleich große Stücke teilen. Gut abtrocknen und im Mehl wenden. Knoblauch im Öl anschwitzen. Die Fischstücke hineingeben und gleichmäßig bräunen. Die Tomatensauce dazugießen und den Fisch ca. 1 Stunde auf kleiner Flamme schmoren, dabei gelegentlich durchmischen. Zuletzt die Petersilie unterziehen und das Gericht mit Salz abschmecken.

BACCALÀ ALLA NAPOLETANA

Klippfisch auf neapolitanische Art

800 g gewässerten Klippfisch
Olivenöl
Mehl
2 Knoblauchzehen
200 g reife Tomaten
1 EL Kapern
60 g schwarze Oliven
Salz
frisch gemahlener Pfeffer

Den gut gewässerten Fisch häuten und in ca. 4 cm große Quadrate zerteilen. Trockentupfen, mehlen und in reichlich Öl backen. Anschließend zum Entfetten auf Küchenkrepp legen. Etwas Öl in eine zweite Pfanne geben, den Knoblauch darin goldgelb schwitzen und entfernen. Die gehäuteten, entkernten und zerkleinerten Tomaten zufügen, salzen, pfeffern und ca. 20 Minuten kochen lassen. Die Fischstücke nebeneinander in eine ofenfeste Form legen. Tomaten, Kapern und Oliven darüber verteilen. Die Sauce im Ofen bei mäßiger Hitze ca. ¼ Stunde eindicken lassen, bis sie das volle Aroma entwickelt hat und das Gericht schön heiß ist.

BACCALÀ ALLA VICENTINA *

Stockfisch aus Vicenza

600 g Stockfisch
2 große Zwiebeln
1 Knoblauchzehe
1 Glas Öl
2 Sardellen
1 Bund Petersilie
¼ l Milch
2 EL geriebener Parmesan

Dieses Gericht verwendet Stockfisch, der im Gegensatz zum Klippfisch nicht gesalzen, sondern nur an der Sonne getrocknet wurde. Den Fisch kräftig mit dem Fleischklopfer bearbeiten, danach in eine Schüssel mit Wasser legen und 2–3 Tage wässern, dabei das Wasser täglich erneuern. (Einfacher ist es, gleich gewässerten Fisch zu kaufen.) Den Fisch öffnen, einmehlen und mit geriebenem Parmesan bestreuen. Die Sardellen entgräten und waschen und zusammen mit der Petersilie fein zerkleinern. Die gehackten Zwiebeln mit der Knoblauchzehe in der Hälfte des Öls dünsten. Knoblauch entfernen, so-

bald er Farbe annimmt. Sardellen und Petersilie hineingeben und alles mit dem Holzlöffel gut vermischen. Den Fisch innen mit der Hälfte der Sauce bestreichen, behutsam zusammenlegen und in 4–5 cm breite Abschnitte teilen. Diese nebeneinander in einen Steingut-Tiegel geben, mit der restlichen Sauce überziehen und mit der Milch und dem übrigen Öl begießen. (Die Fischstücke müssen von Flüssigkeit bedeckt sein.) Zugedeckt auf sehr kleiner Flamme ca. 3 Stunden garen.

BACCALÀ CON LE OLIVE VERDI

Klippfisch mit grünen Oliven

800 g gewässerter Klippfisch
Mehl
Olivenöl
1 gehäufter EL Tomatenmark, in 1 Glas Wasser gelöst
½ gehackte Zwiebel
2 Essiggürkchen
1 EL Kapern
80 g entsteinte grüne Oliven
Salz
frisch gemahlener Pfeffer
1 EL gehackte Petersilie

Zunächst eine nicht zu dickflüssige Tomatensauce zubereiten: Zwiebel in etwas Öl dünsten. Tomatenmark zufügen und mit Gurkenscheibchen, den Kapern, Oliven, etwas Salz und Pfeffer ergänzen.
Klippfisch häuten, entgräten und in etwa 6 cm große Quadrate schneiden. Waschen, trockentupfen und im Mehl wenden. Etwas Öl in eine ofenfeste Pfanne gießen und durch Schwenken gleichmäßig verteilen. Die Fischstücke nebeneinander hineinlegen und leicht anbräunen, dann wenden. Das Öl in der Pfanne bis auf einen kleinen Rest abgießen und den Fisch mit der Tomatensauce überziehen. Kurz weiter köcheln lassen. Jetzt die Sauce mit einem Löffel vom Pfannenboden abschöpfen und wieder über den Fisch gießen. Das Gericht 10 Minuten bei mäßiger Hitze in den Ofen schieben, damit sich der volle Geschmack entfalten kann und die Sauce etwas eindickt. Den Fisch auf einer Platte anrichten und mit Petersilie bestreuen.

ZUPPA DI BACCALÀ

Klippfischsuppe

600 g gewässerter Klippfisch
gut ½ Glas Olivenöl
2 Zwiebeln
2 Knoblauchzehen
1 Stange Bleichsellerie
½ Lorbeerblatt
1 Thymianzweig
3 Bund Petersilie
1 TL Tomatenmark
(oder 2–3 geschälte und zerkleinerte Tomaten)
½ Glas trockener Weißwein
3 Kartoffeln
2 Bund Petersilie, gehackt
Salz
frisch gemahlener Pfeffer
geröstete Brotscheiben

Fisch häuten, entgräten und in 6–7 cm große Quadrate schneiden. Die in dünne Scheiben geschnittenen Zwiebeln und die feingehackten Knoblauchzehen im Öl in einer Kasserolle glasig werden lassen, jedoch nicht bräunen. Die fein zerkleinerte Selleriestange und ein Bouquet garni, bestehend aus den zusammengebundenen Petersilienbündeln, Lorbeerblatt und Thymianzweig, hineingeben. Sobald die Kräuter leicht Farbe annehmen, das in etwas Wasser verrührte Tomatenmark oder die Tomaten zufügen. Kurz kochen lassen, dann den Wein angießen. Mit den in Stückchen geschnittenen Kartoffeln ergänzen und mit ca. 1 l Wasser aufgießen. Kochen lassen, bis die Kartoffeln beinahe gar sind. Nun das Kräuterbündel entfernen und die Fischstücke zusammen mit dem restlichen Öl dazugeben. Die Hitze reduzieren und zugedeckt leise köcheln lassen. Falls der Sud zu stark eindickt, etwas Wasser ergänzen. Nach vollendetem Garvorgang einige EL gehackte Petersilie untermischen und die Suppe mit Salz und etwas Pfeffer abschmecken. Eine Terrine mit gerösteten Brotscheiben auslegen und die Suppe einfüllen. Vor dem Servieren kurz ziehen lassen.

BRANZINO BOLLITO

Gekochter Seebarsch

1 Seebarsch (1 kg)
1 Mohrrübe
1 Zwiebel
½ Sellerieknolle
Pfefferkörner
1 Lorbeerblatt
1 Zitrone
2 EL Essig
1 l Wasser
2 Glas trockener Weißwein
Salz
Mayonnaise (Rezept S. 125)

Aus dem Wasser, Wein, Essig, Zitronensaft, dem zerkleinerten Gemüse und zerdrückten Pfefferkörnern unter Zugabe von Salz einen Sud zubereiten: Alles in den Fischkessel geben und ½ Stunde leise köcheln lassen, dabei öfter abschäumen. Im Topf erkalten lassen.
Den Fisch schuppen, Kiemen und Flossen entfernen, ausnehmen und in reichlich Wasser waschen. Trockentupfen und mit einer Zitronenhälfte abreiben, damit sich die Haut beim Kochen nicht ablöst.
Den Fisch in den kalten Sud geben und aufsetzen. Sofort nach dem Aufwallen die Hitze reduzieren und den Garvorgang leise köchelnd vollenden. Den Fisch vom Herd ziehen, sobald die Augen hervortreten. Vor dem Herausnehmen 5 Minuten im Sud ruhen lassen. Abtropfen lassen und auf einer länglichen Platte mit einer Garnitur aus Zitronenrädchen und -schalen, Mohrrübenscheiben und Petersiliensträußchen anrichten. Eine Sauce aus leicht mit Zitronensaft und Pfeffer verschlagenem Öl bereitstellen und in einer zweiten Sauciere Mayonnaise reichen.

CALAMARETTI ALLA NAPOLETANA

Tintenfische auf neapolitanische Art

1 kg kleine Tintenfische
2 Zwiebeln in feinen Scheiben
1 Knoblauchzehe, zerdrückt
4 große EL Öl
½ Glas trockener Weißwein
350 g reife Tomaten
40 g Sultaninen
40 g Pinienkerne
Salz
frisch gemahlener Pfeffer
12 entkernte schwarze Oliven
1 Bund Petersilie, gehackt
geröstete Brotscheiben

Tintenfische gründlich waschen; kleinere Exemplare nicht zerteilen. Zwiebeln und Knoblauch in einer Kasserolle im Öl anschwitzen. Knoblauch entfernen, sobald er zu bräunen beginnt. Den Wein angießen und verdampfen lassen. Inzwischen die Tomaten kurz überbrühen, häuten, entkernen und zerkleinern. Sultaninen in lauwarmem Wasser einweichen und gut ausdrücken. Die Tomaten in den Topf zu den Zwiebeln geben und auf lebhafter Flamme ca. 10 Minuten kochen. Dann die Tintenfische, Sultaninen, Pinienkerne und, falls die Sauce zu dickflüssig ist, etwas lauwarmes Wasser zufügen. Salzen, pfeffern und zugedeckt etwa ½ Stunde schwach kochen lassen. Zuletzt die zerkleinerten Oliven und reichlich gehackte Petersilie unterziehen.
Das Gericht servieren, sobald die Tintenfische schön zart sind und die Sauce eingedickt ist. Dazu geröstete Brotscheiben.

CALAMARI RIPIENI

Gefüllte Kalmare

8 mittelgroße Kalmare
2 Knoblauchzehen
reichlich gehackte Petersilie
1 Rosmarinzweig
4 EL Olivenöl
1 Zitrone
2 Tomaten
1 Glas trockener Weißwein
Salz
frisch gemahlener Pfeffer

Den hornigen Kiefer, den inneren Schulp und den Tintenbeutel der Kalmare entfernen. Die Tiere unter fließendem Wasser waschen, bis das Fleisch ganz weiß ist. Köpfe und Fangarme von den Rümpfen abtrennen und zusammen mit dem Knoblauch, der Petersilie und dem Rosmarin hacken. Alles mit Salz, Pfeffer und 2 EL Öl gut vermischen. Die Kalmare damit füllen, sorgfältig zunähen und in eine Pfanne mit dem restlichen, stark erhitzten Öl legen. Mit dem Wein begießen und diesen leicht verdampfen lassen. Danach zugedeckt bei milder Hitze garen, bis das Fleisch zart und die Sauce stark eingedickt ist. Die Kalmare auf einer vorgewärmten Platte anrichten und, mit Zitronenspalten und rohen Tomaten garniert, sofort servieren.

CACCIUCCO ALLA LIVORNESE

Fisch-Tomaten-Eintopf aus Livorno

1 kg gemischte Fische und Meeresfrüchte (Glatthai, Drachenkopf, Polyp, Meerbarbe, Tintenfische, Miesmuscheln, Hechtdorsch, Meeraal, Seeteufel, Seezunge, Heuschreckenkrebs)
1 Glas Öl
1 Zwiebel
4 Knoblauchzehen
1 Bund Petersilie
1 Mohrrübe
1 Stange Bleichsellerie
500 g vollreife Tomaten (ersatzweise aus der Dose)
1 Glas trockener Weißwein
1 Chilischote
8 Scheiben altbackenes Brot
Salz

Aus den angegebenen Sorten mindestens 5 verschiedene auswählen (mindestens so viele, wie der Rezepttitel »C«s enthält, sagt man in Livorno). Fische und Meeresfrüchte gründlich waschen, kleinere Exemplare ganz lassen, größere in Stücke teilen, die Köpfe beiseite legen. Die Seezunge filetieren, die Abfälle nicht wegwerfen. Fischabfälle zusammen mit ½ Zwiebel, 1 Knoblauchzehe, der Selleriestange, Mohrrübe und ½ l leicht gesalzenem Wasser in einen Topf geben. Etwa ½ Stunde kochen, anschließend durch ein Sieb gießen und die erhaltene Fischbrühe beiseite stellen. ½ Zwiebel, 2 Knoblauchzehen und etwas Petersilie zusammen hacken und mit der Hälfte des Öls in einer Kasserolle dünsten. Sobald die Zwiebel leicht bräunt, die durchpassierten Tomaten zufügen und leicht salzen. Wenn die Tomaten etwas eingedickt sind, den Wein angießen und auf lebhafter Flamme ohne Deckel verdampfen lassen. Die Mischung durch ein Sieb streichen, wieder in den Topf füllen und auf den Herd stellen. Nun die vorbereiteten Fische hineinlegen, und zwar zunächst die fest-, dann nach einer Weile die zartfleischigen Sorten. Zugedeckt auf kleiner Flamme ca. 20 Minuten schmoren, dabei immer wieder etwas Fischbrühe angießen. Während des ganzen Vorgangs die Fischstücke möglichst wenig bewegen, damit sie nicht zerfallen. Wenn der Eintopf beinahe fertig, d. h. schön eingedickt ist, die aus den Schalen gelösten und gut gewaschenen (nicht unbedingt erforderlichen) Meeresfrüchte hineingeben und noch ein paar Minuten mitkochen. Den Herd abschalten und sofort sehr fein gewiegte Petersilie unterziehen. Die im Ofen gerösteten und mit Knoblauch bestrichenen Brotscheiben in die Teller legen, die Fischstücke behutsam darauf verteilen und mit einigen Schöpfkellen der Flüssigkeit übergießen.

CARPA ALLA GIUDEA

Karpfen auf jüdische Art

1 frischer Karpfen, ca. 700 g (oder 2 mittelgroße Karpfen)
Salz
frisch gemahlener Pfeffer
1 Glas Öl
2 Zwiebeln
4 Schalotten
1 EL Mehl
gehackte Petersilie
Wacholderbeeren

Karpfen quer in Scheiben schneiden. Die Schnitten auf einen Teller legen, mit Salz bestreuen und einige Stunden ruhen lassen. Nun das Öl in einer Pfanne erhitzen und, sobald es leicht raucht, die (grob) zerkleinerten Zwiebeln hineingeben. Kurz darauf die feingehackten Schalotten und das Mehl zufügen und alles goldgelb anschwitzen. Die Fischschnitten hineinlegen und mit lauwarmem Wasser bedecken. Sobald es zu sprudeln beginnt, gut 1 Handvoll gehackte Petersilie, einige Wacholderbeeren und Pfeffer aus der Mühle ergänzen. Den Fisch auf lebhafter Flamme ohne Deckel 30–35 Minuten kochen.

Auf diese Art zubereitet, kann der Fisch ebenso kalt und auch noch am nächsten Tag serviert werden.

CARPIONE AL VINO

Karpfen in Wein gedünstet

1 Karpfen (ca. 1 kg)
1 Zwiebel
2 große EL Öl
40 g Butter
1 gehäufter EL Mehl
1 Bund Petersilie
1 Glas trockener Weißwein
1 EL Essig
1 Glas Wasser
Salz
frisch gemahlener Pfeffer
1 Zitrone

Karpfen säubern, waschen, trockentupfen und in große Stücke teilen. Die feingehackte Zwiebel in einer Kasserolle im Öl dünsten. Die mit dem Mehl verknetete Butter, gehackte Petersilie und zuletzt den Wein dazugeben. Nun die Fischstücke hineinlegen, salzen und pfeffern. Mit dem Essig und 1 Glas Wasser begießen.
Zugedeckt ½ Stunde auf kleiner Flamme garen, dabei gelegentlich rühren.
Den Fisch heiß zusammen mit dem Kochfond und Zitronenspalten zu Tisch bringen.

CARPIONE AI FERRI

Gegrillter Karpfen

3 Karpfen à 400 g
3 EL Olivenöl
Salz
frisch gemahlener Pfeffer
Zitrone

Karpfen schuppen, ausnehmen, waschen und mit Küchenkrepp trockentupfen. Außen mit Zitronenscheiben abreiben, innen salzen und pfeffern und auf den sehr heißen Grill legen. Sofort die Hitze reduzieren und die Fische garen; wenden, sobald sie auf einer Seite goldbraun sind. (Sicherheitshalber öfter nachfühlen, ob das Fleisch schon gar ist.) Vor dem Servieren mit Öl und Zitronensaft beträufeln und auf einer Platte mit Salatblättern, Tomatenscheiben und Zitronenspalten anrichten. Die Zubereitung im Backofen dauert 35–40 Minuten bei einer Grilltemperatur von 160–180 °C.

CERNIA RIPIENA

Gefüllter Zackenbarsch

1 Zackenbarsch (knapp 1 kg)
1 EL Butter
6 Perlzwiebeln
1 Handvoll getrocknete Pilze
½ Glas Weißwein

Für die Füllung:

1 Handvoll Weißbrotkrume
Milch zum Einweichen
6 Garnelen
1 Handvoll getrocknete Pilze
1 EL Butter
2 EL geriebener Parmesan
Salz
frisch gemahlener Pfeffer
Muskatnuß
2 Eier

Den Fisch ausnehmen und die Mittelgräte entfernen, ohne die Filets zu beschädigen; anschließend waschen und abtrocknen. Weißbrotkrume in Milch einweichen und ausdrücken. Garnelen schälen und ihr Fleisch im Mörser zu einer Paste zerreiben. Pilze in warmem Wasser einweichen. Diese drei Zutaten mit 1 EL Butter, dem Parmesan, den verquirlten Eiern, Muskatnuß, Salz und Pfeffer vermengen. Den Zackenbarsch damit füllen und zunähen. In einer ofenfesten Kasserolle die restliche Butter zerlassen, Perlzwiebeln und die übrigen Pilze zufügen und den Fisch hineinlegen. Den Wein in 2–3 Portionen angießen, während der Fisch bei mäßiger Hitze im Ofen etwa 1 Stunde gart.

CODA DI ROSPO AL VINO BIANCO

Seeteufel in Weißwein

4 Seeteufel (oder Seeteufelschnitten) à 300 g
1 Zwiebel
2 Knoblauchzehen
gehackte Petersilie
Rosmarin
1 Stange Bleichsellerie
3 EL Mehl
2 Glas trockener Weißwein
1 Glas Olivenöl
Salz
frisch gemahlener Pfeffer

Die Fische in gesalzenem oder gesäuertem Wasser waschen und mit Küchenkrepp trockentupfen. Zwiebel, Knoblauch, Sellerie und Petersilie fein hacken und bei milder Hitze unter Zugabe von Rosmarin in einer Kasserolle im Öl anschwitzen. Die Fische mit Mehl bestäuben, anbraten und mit Salz und Pfeffer würzen. Den Wein angießen und etwa ½ Stunde bei mäßiger Hitze im Ofen dünsten, dabei öfter mit der Flüssigkeit im Topf übergießen. Die Fische oder -schnitten mit dem Fond auf eine Platte geben und mit Rosmarinsträußchen und Radicchioblättern garnieren.

FRITTO DI PESCE ALLA MODA DI NAPOLI *

Neapolitanisches Fritto misto

8 kleine Meerbarben
500 g kleine Tintenfische
200 g Garnelen
Mehl
Pflanzenöl zum Fritieren
Salz
2 Zitronen

Meerbarben schuppen und ausnehmen. Möglichst kleine Tintenfische verwenden, die ganz bleiben können; größere Exemplare von Schulp und Fangarmen befreien; den verbleibenden Rumpf in Ringe schneiden. Garnelen ohne Köpfe, aber mit Schalen verarbeiten (oder schälen, im Mehl wälzen und in mit Salz verquirltem Ei wenden). Die Fische in Salzwasser (besser noch in Meerwasser) waschen, abtropfen lassen und trockentupfen. Meerbarben und Tintenfische einmehlen. Reichlich Öl in einer Pfanne stark erhitzen und die Meerbarben hineinlegen. Die Hitze reduzieren, damit die Fische auch innen garen und, sobald sie goldbraun sind, zum Aufsaugen von überschüssigem Fett auf Küchenkrepp legen. Salzen und warm stellen. Im durchgeseihten Öl als nächstes portionsweise die Garnelen, dann die Tintenfische backen. Wenn sie knusprig braun sind, zum Entfetten auf Küchenkrepp legen und mit Salz bestreuen. Das Gericht wird sehr heiß, mit Zitronenspalten garniert, serviert.

FRITTATA DI MITILI

Miesmuschel-Omelett

350 g Miesmuscheln
2 EL Öl (auch etwas mehr)
½ Zwiebel
1 Bund gehackte Petersilie
4 Eier
2 gehäufte EL Parmesan
Salz
frisch gemahlener Pfeffer

Muscheln abbürsten, waschen und in einer Pfanne mit 1 EL Öl kräftig erhitzen, um sie zu öffnen. Schalen lösen und beiseite legen. In einer Pfanne die gehackte Zwiebel mit der gewiegten Petersilie im restlichen Öl anschwitzen. Sobald die Zwiebel etwas Farbe annimmt, die Muscheln dazugeben und kurz ziehen lassen. Die Eier verquirlen und mit dem Parmesan, Salz und Pfeffer mischen. In die Pfanne geben, durchrühren und stocken lassen.

FRITTATA DI GAMBERETTI

Garnelen-Omelett

200 g Garnelen
5 Eier
1 EL Butter
3 EL Öl
1 kleiner Bund Petersilie
Salz
frisch gemahlener Pfeffer

Garnelen in ganz wenig Salzwasser kochen. Nach 10 Minuten abtropfen lassen und aus den Schalen brechen. Butter in einer Kasserolle zerlassen, die Garnelen mit etwas Salz hineingeben, durchmischen und ein paar Minuten ziehen lassen. Die Eier mit ein wenig Salz und Pfeffer nach Belieben verquirlen. Öl in einer Pfanne stark erhitzen. Etwa ¼ der Eimischung hineingeben und stocken lassen. Eine Hälfte des Omeletts mit ¼ der Garnelen belegen, die andere Hälfte darüberklappen und die Ränder zusammendrücken. Das Omelett auf einen Teller legen und mit Petersilienblättchen garnieren. Aus den restlichen Zutaten 3 weitere Omeletts zubereiten.

FRITTATA DI GIANCHETTI

Omelett mit kleinen Sardellen

300 g »gianchetti« (frisch geschlüpfte Sardellen oder Sardinen)
4 Eier
1 kleiner Bund Petersilie
1 Knoblauchzehe
2 EL geriebener Parmesan
Öl
Salz
frisch gemahlener Pfeffer

Die Fischlein gründlich säubern, aber nicht waschen. Die Eier mit dem Schneebesen gut verquirlen und mit Salz und Pfeffer abschmekken. Knoblauch und Petersilie fein hacken und zusammen mit den Fischen unter die Eier ziehen. Alles gut vermischen und in eine Pfanne zum heißen Öl gießen. Das Omelett auf einer Seite langsam stocken lassen, wenden und auch auf der anderen Seite goldgelb backen.

INSALATA DI FRUTTI DI MARE

Meeresfrüchte-Salat

1 kg Miesmuscheln
400 g Venusmuscheln
2 EL Öl
400 g kleine Kraken (polpetielli)
400 g Krebse
Öl
1 TL Senf
Saft von 2 Zitronen
1 Bund Petersilie
Salz
frisch gemahlener Pfeffer

Miesmuscheln abbürsten und mit den Venusmuscheln in Salzwasser gründlich waschen. Beide Sorten mit 2 EL Öl und etwas Wasser in eine Pfanne geben und unter gelegentlichem Mischen erhitzen, bis sie sich öffnen (ca. 10 Minuten). Die Muscheln aus den Schalen brechen, den Kochfond durchseihen. Die Kraken säubern (für die Vorbereitung größerer Exemplare s. Anleitung S. 204 bei »Polpo alla Luciana«) und im Muschelfond bei milder Hitze ca. 20 Minuten kochen. Dann die Krebse mit Schalen zugeben und den Topf nach weiteren 10 Minuten vom Herd ziehen. Kraken in kleine Stücke schneiden, Krebsfleisch auslösen und alles zusammen mit den Muscheln in eine Schüssel geben. Mit reichlich Öl, dem Senf, dem Zitronensaft, der Petersilie, etwas Salz und 1 kräftigen Prise Pfeffer anmachen. Den Salat gut durchmischen und vor dem Servieren einige Stunden an einem kühlen Ort ziehen lassen.

GAMBERONI AGLIO E OLIO

Riesengarnelen mit Öl und Knoblauch

16 Riesengarnelen
Öl zum Backen
2 Knoblauchzehen
2 EL Mehl
Salz

Garnelen schälen, mehrmals unter fließendem Wasser waschen und mit Küchenkrepp trockentupfen. Reichlich Öl in einer Pfanne zum Sieden bringen, den Knoblauch darin goldbraun rösten und entfernen, wenn das Öl den Geschmack angenommen hat. Die gemehlten Garnelen hineingeben und backen. Mit dem Schaumlöffel herausheben, sobald sie leuchtend rot und glänzend sind, sofort salzen und unverzüglich servieren.

GAMBERONI ALLA GRIGLIA

Gegrillte Riesengarnelen

16 Riesengarnelen
1 Knoblauchzehe, gehackt
½ Glas Olivenöl
gehackte Petersilie
Salz
frisch gemahlener Pfeffer

Garnelen vorbereiten: Scheren abschneiden, Schwänze schälen, die Tiere waschen und trockentupfen. 1 Stunde unter Zugabe von Pfeffer und Salz in Öl einlegen. Den Grill gut vorheizen und den Rost mit Küchenkrepp abreiben. Die abgetropften Garnelen auf Spieße stekken, auf den Rost legen und sofort die Hitze reduzieren. Etwa 20 Minuten grillen; dabei wenden, damit sie gleichmäßig garen. Die fertigen Garnelen sofort mit Zitronenspalten auf einer Platte anrichten. Öl, Knoblauch und Petersilie darüber verteilen.

GRANCHIO DI MARE IN ZUPPIERA

Krebsfleischsalat

800 g Taschenkrebse
1 Kräuterbündel
1 Glas Olivenöl
1 Knoblauchzehe
gehackte Petersilie
1 Zitrone
Salz
frisch gemahlener Pfeffer

Salzwasser mit einem Kräuterbündel zum Kochen bringen. Sobald es sprudelt, die gesäuberten und gewaschenen Taschenkrebse hineinwerfen. Herausheben, wenn sie »krebsrot« sind (6–8 Min.), abtropfen und auskühlen lassen. Die Beine abschneiden, die Schalen auf der Unterseite öffnen und das Fleisch auslösen. In Stückchen schneiden und in einer Schüssel mit Öl, feingehacktem Knoblauch, gehackter Petersilie, einem Spritzer Zitronensaft, Salz und Pfeffer anmachen. Mindestens 1 Stunde ziehen lassen und, mit den Schalen und Zitronenrädchen dekoriert, servieren. Als Beilage dazu passen z. B. Eiachtel, Tomaten und andere Salate.

GRIGLIATA MISTA

Gemischter Grillteller

1 Seezunge (200 g)
1 Seeteufelschnitte (400 g)
1 Seebarsch (250 g)
8 Scampischwänze
½ Glas Olivenöl
1 Zitrone
Salz
frisch gemahlener Pfeffer
gehackte Petersilie

Seezunge säubern, häuten und ausnehmen; Seebarsch schuppen und die Innereien entfernen; Scampi schälen. Alle Sorten in reichlich gesalzenem oder gesäuertem Wasser waschen. Die Fische trockentupfen; innen und außen salzen und pfeffern. Den Grill kräftig anheizen und mit Küchenkrepp abreiben. Zunächst den Seeteufel garen, da er die meiste Zeit benötigt. Nun den Seebarsch, danach die Seezunge und zuletzt die auf Spießchen gesteckten Scampi dazugeben. Wenn der Fisch zu bräunen beginnt, die Hitze reduzieren. Wenden, sobald eine Seite goldbraun ist. Der Garvorgang erstreckt sich über 15–25 Minuten. Die Fische und Scampi auf einer Platte arrangieren, salzen und mit Öl beträufeln. Reichlich gehackte Petersilie und den Zitronensaft darüber verteilen und sofort servieren.

LAMPREDA AL VINO BIANCO

Beschwipste Lamprete

1 größere Lamprete für 4 Personen
4–5 mittelgroße Schalotten
einige Thymianblätter
½ Glas Olivenöl
½ Tasse Fleischbrühe
Salz
frisch gemahlener Pfeffer
1 Glas trockener Weißwein

In einem Topf mit gut schließendem Deckel die gehackten Schalotten mit zerriebenem Thymian im Öl anschwitzen. Den Fisch säubern, häuten und in Stücke teilen. Behutsam im Mehl wenden und zu den Schalotten geben. Etwas Fleischbrühe (oder heißes Wasser) angießen, salzen und pfeffern. Zugedeckt 10 Minuten dünsten, dann den Wein angießen und etwa 5 Minuten weitergaren. Die Lamprete im Kochgeschirr zu Tisch bringen.

LUCCIO ALLA MARINARA

Hecht auf Seemannsart

1 Hecht (1 kg)
2 EL Olivenöl
1 Zwiebel
1 Knoblauchzehe
1 kleine Mohrrübe
2 Bund Petersilie
Salz
frisch gemahlener Pfeffer
1 l Rotwein
50 g Butter
2 TL Weizenmehl
in Öl geröstete Brotscheiben

Den Fisch säubern, in gleich große Abschnitte teilen und diese mit dem Öl, der in feine Scheiben geschnittenen Zwiebel, der zerdrückten Knoblauchzehe, der feingewürfelten Mohrrübe, der gehackten Petersilie, etwas Salz und Pfeffer in eine Schüssel geben. Alles mit dem Wein bedecken und den Fisch ca. 1 Stunde marinieren. Den Schüsselinhalt in eine Kasserolle füllen und bei milder Hitze ca. ¼ Stunde leise köcheln lassen. Den garen Fisch herausnehmen und beiseite legen. Den Kochfond durchseihen und auf dem Herd reduzieren. Die Butter mit dem Mehl verkneten und zum Fond geben. Rühren, bis die Sauce cremig eindickt. Die Fischstücke wieder hineinlegen und aufwärmen, jedoch nicht kochen lassen. Das Gericht auf einer Platte anrichten und mit gerösteten Brotschnittchen garnieren.

FILETTI DI MERLUZZO

Kabeljaufilets

500 g Kabeljaufilet
1 Zwiebel
1 Knoblauchzehe
1 kleiner Bund Petersilie
1 EL Kapern
1 Zitrone
2 eingesalzene Sardellen
4 EL Öl
1 TL Weizenmehl
1 Chilischote
Salz

Zwiebel, Knoblauch und Petersilie sehr fein wiegen und in einer Kasserolle im Öl einige Minuten unter häufigem Rühren anbräunen. Die Fischfilets einlegen, salzen und auf kleiner Flamme beidseitig braten. Herausnehmen und auf die Servierplatte legen. Die grobgehackten Kapern mit den gewaschenen, entgräteten und zerkleinerten Sardellen, dem in ½ Glas kaltem Wasser verrührten Mehl und der Chilischote in den Topf zum Fond geben. 5 Minuten schwach kochen lassen, dabei ständig rühren. Die Chilischote entfernen und die Sauce mit Zitronensaft abrunden. Die Fischfilets mit der heißen Sauce nappieren und sofort servieren.

MUGGINE ALLA MELAGRANA

Meeräsche mit Granatapfelsaft

8–10 kleine Meeräschen
½ Glas Olivenöl
Salz
frisch gemahlener Pfeffer
Samenkerne von 2 Granatäpfeln

Die Fische gründlich waschen, jedoch nicht ausnehmen. Gut trockentupfen und auf den heißen Grill legen. Öl mit Salz und Pfeffer vermischen und die Meeräschen während des Garens damit bepinseln. Die garen und schön gebräunten

Fische auf tiefe Teller legen und mit einem zweiten Teller abdecken. Neben dem Feuer (oder im leicht geheizten Ofen) warm stellen, bis sie im austretenden eigenen Saft weich werden. Die Samenkerne der Granatäpfel ausdrücken und die Fische vor dem Verzehr großzügig damit beträufeln.

ORATA ALLA PUGLIESE *

Goldbrasse aus Apulien

1 große Goldbrasse (ca. 800 g)
4 mittelgroße Kartoffeln
2 Knoblauchzehen
1 Bund Petersilie
2 EL geriebener Pecorino
1 Glas Öl
1 EL Butter
Salz
frisch gemahlener Pfeffer

Die Goldbrasse schuppen, die Flossen entfernen, ausnehmen, gründlich waschen und trockentupfen. Petersilie und Knoblauch fein hacken und in einer Schale mit dem Öl vermischen. Kartoffeln schälen, waschen und in 1 cm dicke Scheiben schneiden. Eine ofenfeste Form, die groß genug ist, um den ganzen Fisch aufzunehmen, gleichmäßig ausbuttern. Die Hälfte des aromatisierten Öls hineingießen und eine Lage Kartoffeln (ungefähr die Hälfte) einfüllen. Mit etwas Salz, 1 Prise Pfeffer und 1 EL Pecorino bestreuen. Den Fisch darauflegen, den restlichen Pecorino und die übrigen Kartoffelscheiben darüber verteilen. Wieder leicht salzen und alles mit dem restlichen Öl beträufeln. Im heißen Ofen bei 180 °C ca. ¾ Stunde backen, dann sofort servieren.

PALOMBO COI PISELLI

Glatthai mit Erbsen

4 Glatthaischnitten (ca. 600 g)
400 g ausgehülste Erbsen
½ Zwiebel
2 EL Öl (auch etwas mehr)
1 Bund Petersilie
gut 1 EL Tomatensauce (Rezept S. 124)
Salz
frisch gemahlener Pfeffer

Die Fischstücke in gesalzenem, kaltem Wasser waschen und trockentupfen. Zwiebel in Scheiben schneiden. Das Öl in einer großen Pfanne erhitzen und die Zwiebel darin auf kleinster Flamme anschwitzen. Die Erbsen, die gehackte Petersilie und die in gut 1 Glas lauwarmem Wasser verrührte Tomatensauce dazugeben. Alles ¼ Stunde köcheln lassen, dann die Fischschnitten hineinlegen. Salzen und pfeffern und 5 Minuten pochieren. Wenden und weitere 5 Minuten garen. Sehr heiß servieren.

PESCE PERSICO ALLA SALVIA

Barsch mit Salbei

8 Barschfilets
Mehl
1 Ei
1 Prise Salz
Semmelbrösel
2 EL Öl
60 g Butter
12 Salbeiblättchen

Für die Marinade:

½ Glas Öl
Saft von 1 Zitrone
1 Frühlingszwiebel
Salz
frisch gemahlener Pfeffer

Aus den angegebenen Zutaten die Marinade rühren. Fischfilets in einen tiefen Teller legen und damit begießen. Einige Stunden ziehen lassen, dabei ab und zu wenden. Abtropfen lassen und mit einem Tuch abtrocknen. Einmehlen, durch das mit etwas Salz verschlagene Ei ziehen und dann in den durchgesiebten Semmelbröseln wenden. Die Hälfte der Butter mit dem Öl in einer großen Pfanne erhitzen und die Barschfilets auf beiden Seiten darin gut anbräunen. Abtropfen lassen und auf einer vorgewärmten Platte anrichten. Den Bratfond mit der restlichen Butter verfeinern, mit den Salbeiblättchen ergänzen, gut durchmischen und über die Fischfilets gießen.

POLIPETTI ARRABBIATI

Pikante Tintenfischchen

800 g kleine Tintenfische
3 eingesalzene Sardellen
1 Knoblauchzehe
1 Bund Petersilie
4 vollreife Tomaten
½ Glas Öl
1 Msp. Cayennepfeffer
1 Handvoll Kapern
Salz

Tintenfische vorbereiten: Haut abziehen und die Augen herausschneiden. Die Tiere gründlich unter fließendem Wasser waschen und abtropfen lassen. In einen Steingut-Topf geben und zugedeckt ohne Zugabe von Flüssigkeit 10 Minuten kochen. Dann das Öl zusammen mit den gewässerten, entgräteten und zerkleinerten Sardellen, der gehackten Knoblauchzehe, den Kapern und den gehäuteten, entkernten und kleingeschnittenen Tomaten unterziehen. Mit Salz, Pfeffer und Cayennepfeffer würzen und zugedeckt mindestens ½ Stunde schmoren, dabei gelegentlich durchmischen und, falls nötig, 1 kleine Schöpfkelle Wasser angießen. Kurz vor Ende des Garvorgangs mit der gehackten Petersilie bestreuen. Das Gericht heiß servieren.

POLPO ALLA LUCIANA

Krake »Luciana«

1 »echte« Krake (1 kg)
2 Knoblauchzehen
1 Bund Petersilie
½ Glas Öl
Zitronensaft
Salz
frisch gemahlener Pfeffer
reife Tomaten
1 Stückchen Chilischote

»Echte« Kraken sind diejenigen mit doppelten Saugnapfreihen. Um das Tier vorzubereiten, den Sack umstülpen und ausleeren; die Augen und den »Schnabel« am Sackanfang entfernen. Den Kraken gründlich waschen und energisch mit einem Holzstab weichklopfen. In einen großen Topf setzen, den er zu ⅔ ausfüllt, und mit reichlich Wasser bedecken (möglichst ¾ Meerwasser und ¼ Süßwasser).
Nach Belieben 1 Knoblauchzehe, 1 Stückchen Chilischote, 1 Bund Petersilie und ein paar zerkleinerte Tomaten dazugeben. Den Topf mit einem gut sitzenden Deckel verschließen und den Kraken auf sehr kleiner Flamme 2 Stunden kochen, ohne den Deckel auch nur einmal zu lüften. Den Kraken abtropfen lassen und in Stückchen schneiden. Noch heiß mit gehacktem Knoblauch, gewiegter Petersilie, dem Öl, Zitronensaft nach Geschmack und Salz und Pfeffer anmachen. Servieren, solange er noch lauwarm ist, oder erst etwas ziehen lassen.

RANE IN GUAZZETTO

Geschmorte Froschschenkel

500 g Froschschenkel, küchenfertig vorbereitet
1 Glas trockener Weißwein
100 g Butter
1 TL Weizenmehl
Salz
2–3 Bund Petersilie
Saft von 1 Zitrone

Froschschenkel waschen und trockentupfen. Mit dem Wein und 80 g Butter in eine Pfanne geben. Alles erhitzen und kochen lassen, bis der Fond eindickt. Das Mehl in 1–2 EL Wasser verrühren und damit den Fond binden. Mit Salz abschmecken und zum Schluß die gehackte Petersilie zufügen. Bei milder Hitze zugedeckt mindestens 15 Minuten köcheln lassen. Vor dem Servieren mit der restlichen Butter verfeinern und mit Zitronensaft vollenden.

RANE FRITTE *

Gebackene Froschschenkel

500 g Froschschenkel, küchenfertig
¼ l trockener Wein
2 Eier
1 Zitrone
Öl zum Ausbacken
ein paar EL Milch
etwas Mehl
Salz

Froschschenkel waschen, trockentupfen und einige Stunden in einer Schüssel im Wein marinieren. Die Eier mit der Milch, Salz und soviel Mehl verquirlen, daß sich ein ziemlich dickflüssiger Teig ergibt. Diesen ruhen lassen, bis die Froschschenkel zur Verarbeitung bereit sind. Aus dem Wein nehmen, abtropfen lassen und durch den Backteig ziehen. Eine ausreichende Menge Öl in einer Pfanne zum Sieden bringen. Die Froschschenkel portionsweise knusprig goldbraun backen. Mit der Gabel herausnehmen und zum Abtropfen auf Küchenkrepp legen. Mit Zitronenscheiben garnieren und heiß zu Tisch bringen.

SALMONE IN BELLAVISTA

Lachs »Bellevue«

1 Lachs (ca. 1300 g)
1 Zwiebel
1 Mohrrübe
1 Stange Bleichsellerie
Pfefferkörner
1 Lorbeerblatt
2 EL Essig
¼ l trockener Weißwein
2 l Wasser
Salz
6 EL gekochte Erbsen
4 Tomaten
einige Salatblätter
½ l Mayonnaise (Rezept S. 125)

Im Fischkessel mit dem Wein, dem Essig, zerdrückten Pfefferkörnern, Lorbeer, Zwiebel, Sellerie und der zerkleinerten Mohrrübe einen Sud vorbereiten: Alles mit dem Wasser und etwas Salz in den Topf geben, aufwallen lassen, abschäumen, ½ Stunde leise köcheln und anschließend erkalten lassen. Den gesäuberten, geschuppten und gewaschenen Lachs in den Fischkocher legen. Den Sud aufwallen lassen und dann den Fisch ½ Stunde auf kleiner Flamme garziehen. Den Herd ausschalten und den Lachs noch ½ Stunde im Sud ruhen lassen. Danach herausnehmen, abtropfen lassen und behutsam häuten, ohne das darunterliegende Fleisch zu verletzen. Mayonnaise in einen Spritzbeutel füllen und den auf einer Platte angerichteten Fisch damit dekorieren. Tomatenhälften mit Erbsen füllen und auf Salatblättern um den Lachs arrangieren. Die restliche Mayonnaise separat dazu reichen.

FILETTI DI SAN PIETRO

Gebratener Petersfisch

4 Petersfischfilets
2 Eier
Semmelbrösel
2 EL Mehl
Salz
frisch gemahlener Pfeffer
2 EL Olivenöl
50 g Butter
Zitronensaft

Fischfilets säubern, in Wasser mit etwas Zitronensaft waschen und trockentupfen. In einer Schüssel die Eier mit 1 Prise Salz und einigen Tropfen Zitronensaft verquirlen. Den Fisch einmehlen, dann im Ei und danach in den Semmelbröseln wenden.
Öl und Butter in einer großen Pfanne erhitzen. Die Fischfilets zunächst auf lebhafter Flamme anbräunen, dann bei reduzierter Hitze weiter braten, bis sie gar sind, zwischendurch wenden.
Die fertigen Fischfilets auf einer vorgewärmten Platte mit einer Garnitur aus Zitronenhälften, Petersiliensträußchen und gelben und roten Paprikaringen anrichten.

SARDE ALLA NAPOLETANA

Sardinen auf neapolitanische Art

800 g Sardinen
2 EL Olivenöl
Salz
frisch gemahlener Pfeffer
1 Bund Petersilie
1 Knoblauchzehe
1 Prise frischer Origano
4 Tomaten

Sardinen von Köpfen, Innereien und Mittelgräten befreien (ohne sie ganz durchzutrennen); den Schwanz nicht entfernen. Waschen und trockentupfen. Für die Zubereitung eine ofenfeste Form wählen, die groß genug ist, um alle Fische, in zwei Lagen, aufzunehmen. Sardinen hineinlegen. Mit etwas Öl beträufeln und mit Salz, Pfeffer, reichlich feingewiegter Petersilie, feingehacktem Knoblauch und 1 kräftigen Prise Origano bestreuen. Die gehäuteten, entkernten und zerkleinerten Tomaten darüber verteilen und das Gericht 20 Minuten in den heißen Ofen schieben.

SARDE RIPIENE

Gefüllte Sardinen

500 g frische Sardinen
200 g Mangoldblätter
2 EL geriebener Parmesan
1 Knoblauchzehe, gehackt
½ Brötchen
etwas Milch zum Einweichen
4 Majoran- oder Basilikumblätter
1 Ei
1 Glas Öl
Salz
1 gehäufter EL Pinienkerne
1 Zitrone

Sardinen säubern und köpfen; öffnen und die Mittelgräte entfernen, ohne sie zu zerteilen. Innen leicht salzen und zum Abtropfen auf ein schräges Holzbrett legen. Mangold in ganz wenig leicht gesalzenem Wasser kochen und fein hacken. Die Weißbrotkrume einweichen, ausdrücken und mit Mangold, Parmesan, Knoblauch, den gewiegten Kräutern, dem verschlagenen Ei, 1 Prise Salz und 2 EL Öl vermengen. Fische mit der Mischung füllen. ½ Glas Öl in eine ofenfeste Form gießen, die Fische hineinlegen und mit den Pinienkernen bestreuen. Etwa ¼ Stunde im vorgeheizten Ofen bei 180 °C garen.
Lauwarm mit Zitronenspalten servieren.

SARDE AL VINO BIANCO

Sardinen in Weißwein

800 g Sardinen
80 g Butter
2 entgrätete Sardellen
1 Glas Weißwein
Salz
frisch gemahlener Pfeffer

Sardinen vorbereiten: Kopf abtrennen; Bauch öffnen und die Mittelgräte entfernen; Schwanz abschneiden. Die Fische waschen und mit Küchenkrepp abtrocknen. Die gewaschenen und entgräteten Sardellen mit Butter im Mörser zu einer Paste zerreiben, die Sardinen damit innen bestreichen und wieder zusammenlegen.
In eine ausgebutterte ofenfeste Form legen und Butterflöckchen darüber verteilen. Salzen und pfeffern und mit dem Wein begießen. Die Form mit Alufolie abdecken und das Gericht ca. 10 Minuten in den mäßig heißen Ofen schieben. Sofort servieren.

SARDE IN TORTIERA

Sardinentorte

800 g Sardinen
8 EL Semmelbrösel
1 Knoblauchzehe
2 Bund Petersilie
Salz
frisch gemahlener Pfeffer
gut ½ Glas Olivenöl
Saft von 1–2 Zitronen

Sardinen säubern, köpfen, öffnen und von der Mittelgräte befreien, aber nicht zerteilen. Waschen und wieder behutsam zusammenlegen. Semmelbrösel mit Salz, Pfeffer, gewiegter Petersilie, Öl und gehacktem Knoblauch in einer Schale zu einer ziemlich festen Masse vermengen. Eine ausgebutterte ofenfeste Form mit Sardinen auslegen. Mit der vorbereiteten Mischung bestreichen und wieder eine Schicht Sardinen einfüllen. So weiter verfahren, bis die Zutaten aufgebraucht sind. Zuletzt mit einer Schicht der Semmelbrösel-Mischung bedecken. Etwas Öl darüber verteilen und die Torte bei mäßiger Hitze im Ofen backen, bis die Semmelbrösel kräftig angebräunt sind (ca. 20 Min.). Mit Zitronensaft beträufeln und heiß servieren.

SEPPIE RIPIENE

Gefüllte Tintenfische

4 mittelgroße Tintenfische
2 Knoblauchzehen
1 kleiner Bund Petersilie
2 EL Semmelbrösel
1 Glas trockener Weißwein
Öl
Salz
frisch gemahlener Pfeffer

Tintenfische säubern: Die feine Haut abziehen; Augen, Mund, Schulp und Tintenbeutel entfernen. Die Tiere gründlich unter fließendem Wasser waschen. Die Fangarme abschneiden, dabei den Körpersack nicht verletzen. Die Tentakel mit dem Knoblauch und der Petersilie sehr fein hacken. In eine Schale füllen und mit den Semmelbröseln mischen. Mit Salz und Pfeffer abschmecken und mit 2 EL Öl zu einer glatten Mischung verrühren. Die Tintenfische damit füllen und mit weißem Küchengarn zunähen. In einer ausreichend großen Kasserolle 4 EL Öl erhitzen und die Tintenfische nebeneinander hineinlegen. Unter häufigem Wenden kräftig anbräunen. Mit Salz und Pfeffer würzen, mit einigen Tropfen Öl beträufeln und mit dem Wein übergießen. Zugedeckt auf kleiner Flamme schmoren, bis das Fleisch sehr zart ist (zur Probe mit einer Gabel einstechen). Sofort zu Tisch bringen.

SEPPIE ALLA VENEZIANA

Tintenfisch auf venezianische Art

8 kleine Tintenfische
8 EL Öl
1 Bund Petersilie
1 Knoblauchzehe
½ Zwiebel
1 Glas trockener Weißwein
etwas Fleischbrühe
½ Zitrone
Salz
frisch gemahlener Pfeffer

Tintenfische von Schulp, hornigen Teilen und Tintenbeutel befreien (letztere beiseite legen); waschen und in Streifchen schneiden. Die ganze Knoblauchzehe mit der gehackten Zwiebel in 6 EL Öl anschwitzen. Knoblauch entfernen, sobald er zu bräunen beginnt. Die Tintenfische mit der gehackten Petersilie hineingeben. Den Wein angießen und auf hoher Flamme verdampfen lassen. Je nach Geschmack etwas Tinte ergänzen und mit Pfeffer würzen.
Die Tintenfische etwa ½ Stunde bei milder Hitze zugedeckt dünsten und falls nötig etwas Fleischbrühe (oder heißes Wasser, in dem ½ TL Fleischextrakt gelöst wurde) nachgießen. Bei Beendigung des Garvorgangs das Gericht mit 2 EL Öl und dem Zitronensaft geschmacklich abrunden und eventuell salzen. Dazu passen geröstete Polentascheiben.

SEPPIE IN UMIDO CON PISELLI *

Geschmorter Tintenfisch mit Erbsen

800 g Tintenfische, küchenfertig vorbereitet

Für die Marinade:

¼ l Essig
1 kleine Zwiebel, in Scheiben geschnitten
Salz
frisch gemahlener Pfeffer

Für die Sauce:

4 EL Olivenöl
1 Knoblauchzehe
1 kleine Zwiebel
2–3 Bund Petersilie
2 EL Tomatenmark
200 g ausgehülste Erbsen
Salz
frisch gemahlener Pfeffer

Tintenfische in feine Streifen schneiden. Die Zutaten der Marinade in einer großen Schüssel vermischen und die Tintenfische einige Stunden darin ziehen lassen. Das Öl in einer weiten Pfanne erhitzen und die zerdrückte Knoblauchzehe darin rösten, bis sie Farbe annimmt, dann entfernen. Nun die feingehackte Zwiebel im Öl goldgelb anschwitzen. Die gut abgetropften Tintenfische mit der gewiegten Petersilie, 1 EL der Marinade und dem in 1 Tasse Wasser verrührten Tomatenmark zufügen. Auf kleiner Flamme 15 Minuten schmoren. Die Erbsen unterziehen, salzen, pfeffern und den Garvorgang fortsetzen, bis die Tintenfische zart sind. Die Garzeit hängt von der Größe der Tiere ab.

SCAMPI GIGANTI AI FERRI

Riesenscampi vom Grill

12 große Scampi mit Köpfen
½ Glas Olivenöl
gehackte Petersilie
Salz
frisch gemahlener Pfeffer
Zitrone

Scampi waschen; die Schwänze oben längs aufschneiden und auslösen; die Köpfe so belassen, wie sie sind. Die Scampi in der Mitte auseinanderschneiden. Salzen, pfeffern und mit Öl beträufeln. Auf den sehr heißen Grill legen und sofort die Hitze reduzieren. Langsam garen und immer wieder wenden, damit sie nicht anbrennen und gleichmäßig bräunen. Mit den Köpfen auf einer Platte anrichten, mit etwas Öl begießen und mit gehackter Petersilie und Zitronensaft aromatisieren.

SPIEDINI ALLA GRIGLIA

Gegrillte Meeresfrüchte vom Spieß

8 Scampischwänze
8 Krebsschwänze
8 mittelgroße Kalmare
1 Knoblauchzehe
gehackte Petersilie
Semmelbrösel
Salz
frisch gemahlener Pfeffer
½ Glas Öl
Saft von 1 Zitrone

Meeresfrüchte säubern und vorbereiten: Scampi- und Krebsschwänze auslösen, gründlich waschen und trockentupfen; Kalmare von hornigen Teilen und Tintenbeuteln befreien und unter fließendem Wasser waschen, bis ihr Fleisch weiß wird. Die einzelnen Sorten auf separate Spießchen stecken. In einer weiten, flachen Schüssel Öl, Salz, Pfeffer, gewiegte Petersilie, gehackten Knoblauch und Semmelbrösel vermischen und die Spießchen darin ziehen lassen. Inzwischen den Grill heizen. Die Spieße in der Mischung wenden und auf den glühenden Grill legen. Sofort die Hitze reduzieren und die Meeresfrüchte langsam garen, bis sie gleichmäßig gebräunt sind. Auf eine Platte geben, mit Salz und Pfeffer würzen und mit etwas Öl beträufeln. Mit Zitronenspalten und verschiedenen Salaten garniert sofort servieren.

SARDINE AL FINOCCHIO

Sardinen mit Fenchel

800 g Sardinen
1 große Zwiebel
gut 1 Glas Öl
½ Glas trockener Weißwein
350 g reife Tomaten (ersatzweise aus der Dose)
Salz
frisch gemahlener Pfeffer
1 EL Semmelbrösel
1 EL zerstoßene Fenchelsamen

In einem kleinen Topf die in Scheiben geschnittene Zwiebel langsam hellgelb dünsten. Mit dem Wein ablöschen und diesen verdampfen lassen. Die gehäuteten, entkernten und zerkleinerten Tomaten zufügen. Salzen, pfeffern und auf lebhafter Flamme ¼ Stunde zu einer Sauce verkochen. Sardinen säubern, köpfen, in Salzwasser waschen und gut abtropfen lassen. Mit 1 Prise Salz und Pfeffer würzen, in den Semmelbröseln wenden und mit den Fenchelsamen bestreuen. Die Tomatensauce in eine ofenfeste Form (oder einen Steingut-Topf) gießen, die Sardinen einlegen und mit etwas Öl beträufeln. ½ Stunde im vorgeheizten Ofen bei 160 °C backen, bis die Semmelbrösel schön gebräunt sind. Das Gericht heiß im Kochgeschirr zu Tisch bringen.

SCAPECE ALLA VASTESE

Gebeizter Fisch aus Vasto

800 g Fisch am Stück (Rochen oder Glatthai)
Mehl
Salz
1 l Weißweinessig
½ g Safran

Den Fisch säubern, in Scheiben schneiden, im Mehl wenden und in reichlich siedendem Öl fritieren. Zum Aufsaugen von überschüssigem Fett auf Küchenkrepp legen und dann salzen. Essig in einem nichtmetallischen Topf erhitzen und den in etwas kaltem Essig gelösten Safran einrühren. Den Topf beim ersten Aufwallen vom Herd ziehen. Eine Schüssel mit Fischscheiben auslegen, etwas von dem Essig darübergießen, eine weitere Lage Fisch hineingeben und den übrigen Essig darüber verteilen. 24 Stunden zum Marinieren an einen kühlen Ort stellen und den Fisch vor dem Servieren abtropfen lassen.

SOGLIOLA ALLA MUGNAIA

Seezunge Müllerin-Art

2 große oder 4 mittelgroße Seezungen
Mehl
80 g Butter
gehackte Petersilie

Seezungen häuten, waschen und sorgfältig ausnehmen, anschließend in Mehl wenden. 1 großen EL Butter in einer Pfanne zerlassen und, sobald sie aufschäumt, die Seezungen auf beiden Seiten darin goldbraun braten. Das Garen dauert etwa ¼ Stunde und muß auf sehr kleiner Flamme erfolgen. Die appetitlich gebräunten Fische herausnehmen, mit gehackter Petersilie bestreuen und mit Butter beträufeln, die in derselben Pfanne zerlassen wurde.

FILETTI DI SOGLIOLA ALLA PUGLIESE

Seezungenfilets in Folie gegart

4 nicht zu große Seezungenfilets
50 g schwarze Oliven
1 Prise Origano
1 kleiner Bund Petersilie
Olivenöl
Salz
frisch gemahlener Pfeffer

Mit einer Schere die seitlichen Flossen abschneiden. Mit dem Häuten auf der dunklen Seite beginnen: Die Haut am Schwanzende mit einem spitzen Messer einritzen und mit einem kräftigen Ruck in Kopfrichtung abziehen. Auf dieselbe Weise die weiße Haut auf der anderen Seite entfernen. Die Messerspitze am Kopfende unter das erste Filet führen und den Fisch entlang der Seitenlinie einschneiden. Nun den Fisch entlang der Mittelgräte einritzen. Den Kopf abtrennen und die Filets auslösen. Waschen, trockentupfen und nebeneinander auf Alufolie legen. Mit einer Mischung aus gewiegter

Petersilie und gehackten Oliven bestreuen und mit Origano würzen. Etwas Öl darüberträufeln, salzen und pfeffern. Die Folie verschließen und die Filets im Ofen bei ca. 200 °C 15–20 Minuten garen. Herausnehmen, behutsam aus der Folie wickeln (sie dürfen nicht zerfallen!) und in eine leicht eingeölte ofenfeste Form legen. Mit dem in der Folie verbliebenen Saft beträufeln und weitere 5 Minuten bei 250 °C in den Ofen schieben, wobei die Filets überschüssige Feuchtigkeit abgeben und ihr volles Aroma entwickeln.

SOGLIOLA AL VINO BIANCO

Seezunge in Weinsauce

4 Seezungen à 250 g
80 g Butter
½ Glas trockener Weißwein
2 EL trockener Marsala
4 Salbeiblätter
1 TL Senf
Salz
frisch gemahlener Pfeffer
Saft von 1 Zitrone
2 EL Mehl

Seezungen säubern, häuten, ausnehmen und in Wasser, das mit etwas Zitronensaft gesäuert wurde, waschen. Trockentupfen und im Mehl wenden. Die Butter in einer großen Pfanne zerlassen und die Seezungen darin goldbraun braten. Mit Salz, Pfeffer und den Salbeiblättern würzen. Behutsam wenden und auch auf der anderen Seite bräunen. Mit dem Wein, Marsala und Zitronensaft übergießen. Den Senf einrühren und alles etwas einkochen. Zuletzt noch einmal abschmecken. Die garen Seezungen sofort auf einer Platte anrichten und mit Zitronenspalten und Tomatenachteln garnieren.

TRANCI DI PESCE SPADA LESSATI

Gekochter Schwertfisch

4 Schwertfischschnitten à 100 g
Salz
½ Zwiebel
1 Stange Bleichsellerie
1 Bund Petersilie
1 Mohrrübe
Öl
1 Knoblauchzehe
Paprika

Fischstücke häuten, in einen Steingut-Tiegel legen, mit kaltem Wasser bedecken und salzen. Zwiebel, Sellerie, Mohrrübe und Petersilie dazugeben. Langsam aufkochen lassen und dann 5 Minuten leise sprudelnd garen. Die Fischstücke herausnehmen und abtropfen lassen. Auf einem Teller mit reichlich Öl übergießen und mit der gehackten Knoblauchzehe und 1 kräftigen Prise Paprika würzen. Nach Belieben kann man das Gericht mit etwas gehackter Petersilie, einem Schuß Essig, gehackten Mixed Pickles oder einem kleinen Salat ergänzen.

BRACIOLE DI PESCE SPADA *

Gegrillte Schwertfischrouladen

500 g Schwertfisch
50 g frischer Mozzarella
1 Zwiebel
1 kleiner Bund Basilikum
1 Gläschen Weinbrand
1 Zitrone
3 EL Semmelbrösel
3 EL Öl
Thymian
Salz
frisch gemahlener Pfeffer

Käse und Fisch jeweils in 8 Scheiben schneiden. Eventuelle Reststückchen mit der Zwiebel hacken. Das Öl in einer Pfanne erhitzen, das Feingehackte dazugeben, mit 1 Prise Salz und reichlich Pfeffer würzen und anbräunen. Den Weinbrand angießen und die Sauce eindicken lassen. Vom Herd nehmen und die Semmelbrösel gründlich unterziehen. Jede Fischschnitte mit 1 Mozzarellascheibe belegen und etwas Sauce, 2–3 Basilikumblätter und 1 Prise Thymian darübergeben. Die Schnitten aufrollen und je 2 auf ein Spießchen stecken. Langsam garend auf dem Rost ringsum bräunen. Auf einer Servierplatte mit Zitronenspalten anrichten und sofort servieren.

PESCE SPADA AL FORNO

Gedünsteter Schwertfisch

1 Schwertfischscheibe (ca. 600 g)
1 Glas Olivenöl
3 EL Mehl
Salz
frisch gemahlener Pfeffer
Saft von 1 Zitrone
2 Knoblauchzehen
½ Zwiebel
½ Glas trockener Weißwein
Petersilienblättchen

Schwertfisch schuppen und waschen. Einmehlen und in eine ausreichend große ofenfeste Pfanne setzen.
Zwiebel und Knoblauch sehr fein hacken und zusammen mit Salz, Pfeffer und Öl über den Fisch geben. Mit Wein und Zitronensaft begießen. Die Pfanne mit Alufolie abdecken und mit dem Deckel verschließen.
Gut ½ Stunde in den warmen Ofen (160 °C) schieben und den Fisch gardünsten. In Scheiben schneiden und sofort, mit Petersilie und Zitronenrädchen garniert, zu Tisch bringen.

FRITTURA DI PESCE SPADA

Fritierte Schwertfischschnitten

800 g Schwertfisch
3 EL Öl
2–3 Bund Petersilie
Saft von 1 Zitrone
Salz
frisch gemahlener Pfeffer
Mehl
2 Eier
Semmelbrösel
Öl zum Fritieren
1–2 Zitronen als Garnitur

Schwertfisch häuten und in Schnitten teilen, die gewaschen und abgetrocknet werden. Anschließend 1–2 Stunden in eine Marinade aus 3 EL Öl, Salz, Pfeffer und dem Zitronensaft einlegen, wobei der Fisch das Aroma der Beize aufnimmt. Herausnehmen und trockentupfen. Im Mehl wenden, durch die mit etwas Salz verquirlten Eier ziehen und mit den Semmelbröseln panieren. Sofort in reichlich heißes Öl legen, die Hitze reduzieren und die Fischschnitten auf kleiner Flamme fritieren, bis sie auf beiden Seiten schön goldbraun sind. Auf Küchenkrepp legen, um überschüssiges Fett aufzusaugen. Auf einer Platte anrichten und mit Zitronenspalten garnieren.

SPIGOLA AL FORNO

Seebarsch im Ofen gebacken

1 Seebarsch (800–900 g)
1 Knoblauchzehe
Rosmarin
Thymian
Majoran
Petersilienstengel
Salz
1 EL Semmelbrösel
1 Glas Olivenöl
Saft von 1 Zitrone

Einen sehr frischen Fisch auswählen und diesen schuppen, ausnehmen und gründlich waschen. Die Kräuter und den gehackten Knoblauch in Bauch und Kiemen verteilen. Den Seebarsch in eine gut eingeölte ofenfeste Form legen, sparsam salzen und mit Semmelbröseln bestreuen. 1 Glas Öl mit dem Zitronensaft aufschlagen und den Fisch damit begießen. 40 Minuten im vorgeheizten Ofen bei 175 °C garen.

TINCHE MARINATE

Marinierte Schleie

8 küchenfertige Schleien
Mehl
Öl zum Braten

Für die Marinade:
1 Knoblauchzehe
1 Zwiebel
½ Glas Öl
1 EL Weißweinessig
1 EL trockener Weißwein
Salz
3 schwarze Pfefferkörner
8 Salbeiblätter

Schleien gründlich waschen, um ihnen den typischen Schlammgeschmack zu nehmen. Trockentupfen, leicht im Mehl wenden und in reichlich siedendem Öl braten, anschließend in einen Steingut-Topf legen. Knoblauch und Zwiebel hacken und im Öl anschwitzen. Essig und Wein zufügen; mit Salz, Pfeffer und Salbei würzen. Die Beize aufwallen lassen und über die Fische gießen. Vor dem Verzehr zugedeckt mindestens 2 Tage an einem kühlen Ort marinieren.

TRANCI DI TONNO AI FERRI

Thunfisch vom Grill

2 Scheiben frischer Thunfisch à 300 g
Öl zum Marinieren
2 Knoblauchzehen, gehackt
einige Zwiebelscheiben
1 Lorbeerblatt
gehackte Petersilie
1 EL Kapern, gehackt
4 EL Olivenöl
Salz
frisch gemahlener Pfeffer

Thunfisch in Öl einlegen, salzen, pfeffern, Lorbeer und Zwiebel dazugeben. Aus der Marinade nehmen und auf den glühenden Grill legen. Sobald die Stücke leicht gebräunt sind, die Hitze reduzieren. Beidseitig grillen, bis sie nicht mehr blutig sind, dabei gelegentlich mit dem Marinade-Öl bestreichen.
Sobald sie schön zart sind, auf einem Teller anrichten, mit kaltem Öl begießen und gehackte Knoblauchzehen, Petersilie und Kapern darüber verteilen.

TONNO FRESCO ALLA MARINARA

Frischer Thunfisch auf Matrosenart

4 Scheiben frischer Thunfisch (ca. 800 g)
1 Glas Öl
1 Bund Basilikum, gehackt
80 g schwarze oder grüne Oliven, entsteint
30 g Kapern
400 g vollreife Tomaten
Salz
frisch gemahlener Pfeffer
2 gehäufte EL Semmelbrösel

Thunfisch waschen, häuten und abtropfen lassen. Die Hälfte des Öls in eine ofenfeste Form gießen und die Fischscheiben nebeneinander hineinlegen.
Tomaten häuten, entkernen, abtropfen lassen und zerkleinern. Zusammen mit dem Basilikum, den gehackten Oliven, Kapern, etwas Salz, reichlich Pfeffer und den Semmelbröseln zum Fisch geben. Mit dem restlichen Öl übergießen und die Form gut ½ Stunde in den vorgeheizten Ofen (160 °C) schieben. Herausnehmen, wenn der Fisch gar und die Sauce eingedickt ist, und sofort servieren.

TONNO ALLA SICILIANA

Thunfisch auf sizilianische Art

600 g Thunfisch
¼ l trockener Weißwein
1 Knoblauchzehe
1 Rosmarinzweig
3 eingesalzene Sardellen
Saft von 1 Zitrone
½ Glas Öl
Semmelbrösel
Salz
frisch gemahlener Pfeffer

Am Vorabend der Zubereitung in einer Schüssel aus dem Wein und Zitronensaft unter Zugabe von Rosmarin, zerdrücktem Knoblauch, etwas Salz und 1 Prise Pfeffer eine Marinade zubereiten. Den Thunfisch gründlich unter fließendem Wasser waschen, in Scheiben schneiden und in die Marinade einlegen. Am nächsten Tag herausnehmen, abtropfen lassen und langsam auf dem Grill garen, dabei häufig mit der Marinade begießen. Die beidseitig schön gebräunten Thunfischscheiben nebeneinander auf eine Platte legen und warm stellen (z. B. im aufgeheizten und danach abgeschalteten Ofen). Das Öl in einem Pfännchen erhitzen und die gewässerten und entgräteten Sardellen mit Hilfe einer Gabel zu einer Paste zerdrücken. Die Mischung über den Fisch geben und das Gericht heiß servieren.

TRIGLIE DI SCOGLIO STUFATE

Geschmorte Meerbarbe

4 küchenfertige Meerbarben à 200 g
1 Knoblauchzehe
1 Bund Petersilie
2 EL Tomatenmark
1 Prise Cayennepfeffer
Salz
Mehl
4 EL Öl
2 EL trockener Weißwein

Die Fische waschen und trockentupfen. Knoblauch zusammen mit der Petersilie fein hacken. Mit 2 EL Öl in eine Pfanne geben und langsam weichdünsten. Das in 1 Schöpfkelle Wasser aufgelöste Tomatenmark dazugießen; mit Salz und Cayennepfeffer würzen. Die Sauce auf milder Flamme reduzieren. Das restliche Öl in einer Steingut-Pfanne erhitzen. Die Fische einmehlen und nebeneinander hineinlegen. Unter gelegentlichem Wenden ringsum bräunen. Salzen, den Wein darüberträufeln und verdampfen lassen. Die Fische mit der vorbereiteten Sauce überziehen und einige Minuten in den vorgeheizten Ofen schieben. Herausnehmen und in der Pfanne zu Tisch bringen.

TRIGLIE ALLA LIGURE

Meerbarbe auf ligurische Art

600 g küchenfertige Meerbarben
½ Glas Olivenöl
1 Knoblauchzehe, gehackt
2 Sardellenfilets, gehackt
2–3 Bund Petersilie, gehackt
½ Glas Weißwein
4 frische Tomaten, enthäutet und gehackt
Salz
frisch gemahlener Pfeffer
12 schwarze Oliven, entsteint und halbiert
1 EL Kapern
2 Zitronen

Meerbarben sorgfältig waschen. Das Öl in einer großen Pfanne erhitzen. Knoblauch, Petersilie und Sardellen leicht anschwitzen. Den Wein angießen und kurz verdampfen lassen. Dann die Tomaten zufügen und alles bei mäßiger Hitze etwa ¼ Stunde unter gelegentlichem Rühren köcheln lassen. Die Fische hineinlegen, salzen und pfeffern und ca. 15–20 Minuten garen. Vor dem Servieren mit den Kapern, Oliven und reichlich Zitronensaft geschmacklich vollenden und mit Zitronenspalten garnieren.

TRIGLIE DI SCOGLIO ALLA GRATICOLA

Meerbarbe vom Rost

700 g Meerbarben
½ Glas Olivenöl
2 Knoblauchzehen
2 Bund Petersilie
Salz
frisch gemahlener Pfeffer
Zitronensaft

Fische säubern, behutsam ausnehmen, damit sie nicht aufreißen, waschen und trockentupfen. Knoblauch und Petersilie fein hacken und mit Salz und Pfeffer würzen. Die Fische mit dieser Mischung füllen; die Öffnung behutsam zudrücken, damit die Füllung nicht herausrutscht. Einen Rost auf dem Grill glühend erhitzen und die Fische darauflegen. Während des Garvorgangs die Hitze drosseln. Die Fische vorsichtig wenden, sobald sie auf einer Seite schön gebräunt sind, damit sie gleichmäßig garen. Vor dem Servieren auf einer Platte mit kaltem Öl übergießen und mit Zitronensaft beträufeln.

TRIGLIE ALLA LIVORNESE

Meerbarbe auf Livorner Art

8 kleine (oder 4 große) Meerbarben
600 g vollreife Tomaten (ersatzweise aus der Dose)
3 Knoblauchzehen
1 Stange Bleichsellerie
reichlich gehackte Petersilie
½ Glas Öl
Salz
frisch gemahlener Pfeffer

Sellerie, Knoblauch und Petersilie fein hacken. Mit dem Öl in eine weite Pfanne geben und goldgelb anschwitzen. Die gehäuteten, entkernten und zerkleinerten Tomaten zufügen. Alles salzen und pfeffern und ca. ¼ Stunde durchkochen. Die Sauce danach durch ein Sieb streichen und wieder in die Pfanne gießen. Die küchenfertig vorbereiteten Fische nebeneinander hineinlegen und auf kleiner Flamme garen. Größere Exemplare zwischendurch behutsam mit Hilfe des Bratenwenders und einer Gabel wenden; bei kleineren Fischen ist dies nicht nötig. Kurz vor Beendigung des Garvorgangs noch etwas frisch gehackte Petersilie unterziehen und die Meerbarben heiß in der Pfanne zu Tisch bringen.

TRIGLIE AL CARTOCCIO *

Meerbarbe im Mantel

4 große Meerbarben
4 Knoblauchzehen
1 Lorbeerblatt
Öl
Salz

Die Fische sorgfältig säubern, waschen und trockentupfen. Frische Fische ausnehmen, dabei nach Möglichkeit die Leber aber nicht entfernen, denn im Gegensatz zu der anderer Fische enthält sie keine Galle und schmeckt daher nicht bitter. Jede Meerbarbe auf ein

Stück eingeöltes Pergamentpapier oder Alufolie legen; innen und außen mit gehacktem Knoblauch, etwas Lorbeer und ein wenig Salz würzen und leicht mit Öl einpinseln. Die Hüllen gut verschließen und in den stark vorgeheizten Ofen (250 °C) legen. Garen, bis sich die Hüllen aufblähen und die Fische sich völlig vom Papier gelöst haben. Die Meerbarben in ihrem Mantel zu Tisch bringen.

TRIGLIE ALLA CALABRESE

Meerbarbe aus Kalabrien

800 g küchenfertige Meerbarben
Salz
1 EL Origano
3 große EL Olivenöl
Saft von 1 Zitrone

Die Meerbarben sollten für dieses Rezept möglichst um die 100 g wiegen, es werden also pro Person 2 serviert. Eine ofenfeste Form (möglichst aus Porzellan) mit Öl ausschwenken und die Fische nebeneinander hineinlegen. Mit Salz, dem Zitronensaft und reichlich zerriebenem Origano würzen. Öl in feinem Faden gleichmäßig darüberträufeln. 10 Minuten vor dem Essen die Form in den vorgeheizten Ofen (180–220 °C) schieben und die Fische schnell garen, damit der austretende Saft nicht verdampft, sondern sich als Sauce in der Form sammelt. Sofort im Kochgeschirr servieren.

TRIGLIE ALLA SICILIANA

Meerbarbe auf sizilianische Art

4 Meerbarben à 200 g
Salz
frisch gemahlener Pfeffer
2 große EL Olivenöl
Schale von 2 Apfelsinen
3 EL Fleischsauce (Rezept S. 129) oder 1 knapper TL Fleischextrakt
½ Glas Weißwein
130 g Butter
Saft von 2 Apfelsinen und 1 Zitrone

Die Fische vorsichtig schuppen, ohne die zarte Haut zu verletzen; waschen, jedoch nicht ausnehmen. Salzen und pfeffern, mit dem Öl begießen und etwa 10 Minuten ziehen lassen. Anschließend auf dem Grill beidseitig je 5 Minuten braten. Die Apfelsinenschalen hacken und 1 Minute in heißem Wasser überbrühen. Abtropfen lassen und mit der Fleischsauce (bzw. dem in etwas Wasser verrührten Fleischextrakt) und dem Wein in eine Kasserolle geben. 1 Minute kochen lassen, dann den Topf vom Herd ziehen. Nun nach und nach die Butter und den Apfelsinen- und Zitronensaft unterziehen. Die Fische auf einer Servierplatte anrichten, mit der Sauce übergießen und sofort servieren.

TROTA ALLA PIEMONTESE

Piemonteser Forelle

1 küchenfertige Forelle (ca. 800 g)
20 g Sultaninen
1 kleine Zwiebel, gehackt
1 Knoblauchzehe, gehackt
1 Stange Bleichsellerie, gehackt
einige Salbeiblätter, gehackt
1 Rosmarinzweig, gehackt
2 EL Öl
3 EL Essig
abgeriebene Schale von 1 Zitrone
1 Tasse Fleischbrühe
Salz
1 EL Mehl

Forelle sorgfältig unter fließendem Wasser waschen. Sultaninen in lauwarmem Wasser einweichen. Die gehackten Gemüse und Kräuter im Kochgeschirr für die Forelle langsam anschwitzen. Den Fisch hineinlegen und den Essig, die Zitronenschale, etwas Salz, die Fleischbrühe und die Sultaninen zufügen. Zugedeckt auf kleiner Flamme 15–20 Minuten (je nach Größe der Forelle) leise köchelnd garen. Den Fisch aus dem Topf nehmen, häuten und entgräten; auf eine Platte legen und warm stellen. Das Mehl in knapp ½ Glas Wasser verrühren und den Kochfond damit binden. Durchmischen, kurz aufkochen lassen, den Fisch damit überziehen und sofort servieren.

TROTE AFFOGATE

Pochierte Forelle

4 kleine Forellen (à 200 g)
2 Knoblauchzehen
1 großer Bund Petersilie
1 Glas Öl
1 Glas trockener Weißwein
2 EL Weizenmehl
Salz
frisch gemahlener Pfeffer

Schwanz, Flossen und Innereien entfernen; die Fische gründlich waschen, trockentupfen und im Mehl wenden. Das Öl in eine Pfanne geben, die groß genug ist, um alle Fische nebeneinander aufzunehmen. Petersilie und Knoblauch sehr fein hacken und unter ständigem Rühren mit dem Holzlöffel auf kleiner Flamme im Öl dünsten, bis der Knoblauch zu bräunen beginnt. Jetzt die Forellen hineinlegen, salzen und pfeffern. Auf beiden Seiten kräftig anbräunen; dann den Wein angießen und bei milder Hitze wieder verdampfen lassen. Nach ca. 20 Min. sind die Fische gar. Auf einer Platte anrichten, mit ihrer Sauce überziehen und heiß servieren.

TROTA AL FORNO

Gebackene Forelle

1 küchenfertige Forelle (ca. 800 g)
Butter für die Form
4 mittelgroße Kartoffeln
Salz
frisch gemahlener Pfeffer
3 EL Olivenöl
3 Bund Petersilie, gehackt
2 Lorbeerblätter
abgeriebene Schale von 1 Zitrone

Für dieses Rezept kann die Forelle im ganzen oder auch in Scheiben geschnitten verarbeitet werden, was vorzuziehen ist.
Den gewaschenen und trockengetupften Fisch in nicht zu dünne Abschnitte teilen. Eine ofenfeste Form mit Butter ausstreichen; mit einer Schicht dünner, roher Kartoffelscheiben auslegen, die leicht gesalzen, gepfeffert und mit etwas Öl beträufelt werden. Nun die Fischstücke nebeneinander hineinlegen und mit der Petersilie, der Zitronenschale, den Lorbeerblättern, Salz und Pfeffer würzen. Ein paar EL Öl darüber verteilen und die Form ca. 40–45 Minuten in den mäßig vorgeheizten Ofen (200 °C) schieben.

TROTE ALLA TRENTINA

Marinierte Forelle

4 kleine küchenfertige Forellen
1 Glas Öl
1 Bund Petersilie
1 Knoblauchzehe
½ Zwiebel
2 Zitronen
1 Rosmarinzweig

etwas Salbei
60 g Sultaninen
1 EL Weizenmehl
¼ l Weißweinessig
Salz

Sultaninen in lauwarmem Wasser einweichen. Forellen sorgfältig waschen, trockentupfen und im Mehl wenden. ½ Glas Öl mit Rosmarin und Salbei in eine Pfanne geben und zum Sieden bringen. Die Kräuter entfernen, die Fische hineinlegen und braten, dabei häufig wenden. Knoblauch und Petersilie sehr fein hacken. Die Zwiebel in Scheiben schneiden und in 4 EL Öl in einer Kasserolle (möglichst aus Steingut) langsam bräunen. Das Feingehackte zufügen und die abgeriebene Schale von 1 Zitrone, den Essig, etwas Salz und zuletzt die ausgedrückten Sultaninen ergänzen. Diese Marinade ein paar Minuten kochen lassen. Die Forellen nebeneinander in eine große, flache Form legen und mit der Marinade begießen. Zudecken und etwa 24 Stunden ziehen lassen. Die Forellen vor dem Servieren aus der Flüssigkeit nehmen und auf einer Platte, jeweils mit 1 Zitronenachtel und 1 Petersiliensträußchen garniert, anrichten.

ZUPPA DI ARSELLE

Muschelsuppe

1,2 kg Muscheln
2 EL Olivenöl
2 Knoblauchzehen
2 Glas trockener Weißwein
Salz, frisch gemahlener Pfeffer
1–2 EL feingehackte Petersilie
fritierte Weißbrotscheiben

Muscheln mehrmals waschen. Mit einigen EL Wasser in eine Pfanne geben und zugedeckt auf kleiner Flamme erhitzen, bis sie sich öffnen (ca. 8 Minuten). Die Muscheln aus dem Sud nehmen und diesen beiseite stellen. Das Öl erhitzen und 1 zerdrückte Knoblauchzehe darin goldgelb anschwitzen, anschließend entfernen. Wein und Muscheln in den Topf geben. Salzen und pfeffern und 2 Gläser des Muschelsuds angießen. Bei minimaler Hitze 5 Minuten köcheln lassen und zuletzt mit gehackter Petersilie bestreuen. Mit der zweiten Knoblauchzehe die in Öl gerösteten Brotscheiben abreiben. Die Suppentassen damit auslegen und die Suppe darüber verteilen.

CASSÓLA

Sardische Fischsuppe

1,5 kg gemischte Fische und Meeresfrüchte (z. B. Glatthai, Meeraal, Petersfisch, Goldbrasse, Meeräsche, Seebarsch, Drachenkopf, Aal, Knurrhahn, Rochen, Tintenfisch, Krake, Taschenkrebs, Languste)
½ Glas Öl
1 Knoblauchzehe
1 Zwiebel
1 Bund Petersilie
4 vollreife Tomaten
1 Msp. Cayennepfeffer
½ Glas trockener Weißwein
8 geröstete Weißbrotscheiben
Salz

Fische und Meeresfrüchte küchenfertig vorbereiten; größere Fische in Abschnitte teilen (Köpfe und kleine Stückchen beiseite legen); Langustenschwanz zerpflücken, den Rumpf halbieren. Die Fischabfälle mit ½ l leicht gesalzenem Wasser in einen Topf geben und daraus eine Brühe bereiten. Knoblauch, Zwiebel und Petersilie fein hacken. Das Öl in einen Topf mit großem Fassungsvermögen gießen und das Feingehackte darin dünsten, bis es bräunt. Die gehäuteten, entkernten und zerkleinerten Tomaten mit dem Cayennepfeffer zufügen und einige Minuten leise köcheln lassen. Den Wein dazugießen und verdampfen lassen. Die zerkleinerten Tintenfische und Kraken hineingeben, salzen und ¼ Stunde kochen. Nun die Fische mit längerer Garzeit, etwas später die zartfleischigen Exemplare und zuletzt die Languste zufügen. Zugedeckt auf kleiner Flamme weitere 15 Minuten garen, dabei gelegentlich 1 Schöpfkelle der Fischbrühe angießen.
Wenn alle Zutaten gar sind, die (ziemlich flüssige) Suppe in tiefen Tellern verteilen, die zuvor mit gerösteten Brotscheiben ausgelegt wurden.

BURRIDA

Ligurische Fischsuppe

1 kg Seeteufel oder Meeraal (oder gewässerter Klippfisch oder gemischte Fische), küchenfertig
1 Knoblauchzehe
1 Zwiebel, gehackt
½ Glas Olivenöl
1 Sardelle in Öl, gehackt
1 Bund Petersilie, gehackt
2 große, reife Tomaten, in Stücke geschnitten
4 Walnußkerne, abgezogen und im Mörser zerstoßen
gut 1 Glas trockener Weißwein
1 Lorbeerblatt
Salz
geröstete Weißbrotscheiben

Fisch in Stücke teilen und gut waschen. Die ganze Knoblauchzehe mit der Zwiebel in einer Steingut-Kasserolle im Öl dünsten. Knoblauch entfernen, sobald er zu bräunen beginnt. Sardelle, Petersilie und zuletzt Tomaten zufügen. Die Nüsse im Wein verrühren und in die Kasserolle gießen. Sobald der Wein verdampft ist, Fisch und Lorbeer hineingeben. Beim Salzen Zurückhaltung üben, wenn Klippfisch verwendet wird, der ja bereits gesalzen ist. Die Suppe 20–30 Minuten leise köcheln lassen und dann direkt im Kochgefäß zu Tisch bringen. Dazu im Ofen oder Grill geröstete Brotscheiben reichen.

ZUPPA DI CAPE SANTE

Jakobsmuschelsuppe

500 g Seeteufel
½ Glas Olivenöl
30 g Mehl
1 Mohrrübe
1 Zwiebel
1 Stück Sellerie
2 l Wasser
4 Sardellenfilets, gehackt
Salz
frisch gemahlener Pfeffer
24 Jakobsmuscheln
2 Glas trockener Weißwein
8 Weißbrotscheiben, in Öl geröstet
gehackte Petersilie

Jakobsmuscheln auslösen und ausgiebig unter fließendem Wasser waschen, um Sandrückstände zu entfernen. Abtropfen lassen, in den erhitzten Wein legen und 5 Minuten sprudelnd kochen, dann erneut abtropfen lassen. Seeteufel säubern, waschen und in Stücke teilen. Mit dem gesamten Gemüse in einen Topf geben. Soviel Wasser angießen, daß sich genügend Brühe ergibt. Salzen und pfeffern und ½ Stunde kochen. Fisch und Gemüse mit dem Schaumlöffel herausheben und alles durchpassieren. Das Öl in einem Topf erhitzen und das Mehl leicht anrösten. Die Sardellenfilets dazugeben und in kleinen Mengen immer wieder etwas Fischbrühe einrühren, bis die Mischung ausreichend verdünnt ist. Dabei gut durchmischen, damit das Mehl sich verteilt und nicht klumpt. Die Mischung zusammen mit dem Fisch-Gemüse-Püree in die Brühe geben. Die ganzen Jakobsmuscheln ergänzen und alles noch einmal aufkochen lassen. In Suppentassen verteilen, mit Petersilie bestreuen und mit gerösteten Brotscheiben servieren.

ZUPPA DI COZZE ALLA TARANTINA

Miesmuschelsuppe aus Tarent

1,2 kg Miesmuscheln
2 EL Öl
1 zerdrückte Knoblauchzehe
¼ Chilischote
300 g reife Tomaten (oder 3 große EL Tomatensauce, Rezept S. 124)
Salz
1 Glas trockener Weißwein
1 gehackte Knoblauchzehe
geröstete Weißbrotscheiben

Muscheln abbürsten und mehrmals unter fließendem Wasser waschen. In einer großen Pfanne die Chilischote mit der zerdrückten Knoblauchzehe im Öl dünsten, bis diese zu bräunen beginnt. Beides aus der Pfanne nehmen und die gehäute-

ten, entkernten und zerkleinerten Tomaten (bzw. die in etwas lauwarmem Wasser verrührte Tomatensauce) hineingeben. 10 Minuten köcheln lassen und dann die Muscheln zufügen. Auf lebhafter Flamme erhitzen, bis sie alle geöffnet sind, dabei die Pfanne gelegentlich schütteln. Den Wein angießen, verdampfen lassen und zuletzt die gehackte Knoblauchzehe einstreuen. Die Suppe sofort servieren und dazu geröstete Brotscheiben reichen. Sie können auch nur das zuvor ausgelöste Muschelfleisch in seinem Kochsud mit gerösteten Brotscheiben servieren.

ZUPPA DI PESCE SIRACUSANA

Fischsuppe aus Syrakus

800 g küchenfertige gemischte Fische
Salz
1 Zwiebel in feinen Scheiben
2 Knoblauchzehen
2 Stangen Bleichsellerie
2–3 Bund Petersilie, gehackt
1 Lorbeerblatt
½ Glas Olivenöl
250 g reife Tomaten
1 Glas trockener Weißwein
frisch gemahlener Pfeffer
geröstete Weißbrotscheiben

Bei dieser Suppe kommt es auf eine möglichst große Vielfalt der verwendeten Fische an, wobei sich jede beliebige Sorte eignet. Die Fische in regelmäßige und nicht zu kleine Stücke teilen und diese in lauwarmem Salzwasser waschen. Mit der Zwiebel, der Petersilie, den ganzen Knoblauchzehen, dem zerkleinerten Sellerie, dem Lorbeerblatt und den gehäuteten, entkernten und in Stücke geschnittenen Tomaten in eine ofenfeste Kasserolle geben. Alles mit dem Öl, dem Wein und soviel Wasser begießen, daß der Fisch gerade noch aus der Flüssigkeit ragt. Salzen, pfeffern und zugedeckt im mäßig vorgeheizten Ofen (200 °C) etwa ½ Stunde kochen. Lorbeer und Knoblauch herausnehmen. Den Fisch auf einer Platte anrichten. Eine Terrine mit den Brotscheiben auslegen, die Fischbrühe hineingießen und zum Fisch reichen.

ZUPPA DI PESCE DI POZZUOLI

Fischsuppe aus Pozzuoli

1 kg gemischte Fische und Meeresfrüchte (z. B. Drachenkopf, Knurrhahn, Rochen, Aal, Seeteufel, Schwertfisch, Glatthai, Kraken, Tintenfische oder Kalmare)
300 g Venusmuscheln
300 g Miesmuscheln
300 g Tomaten
2 Knoblauchzehen
1 Stückchen Chilischote
Salz
2 Bund Petersilie
¼ l Olivenöl
4 Röstbrotscheiben

Fische säubern und in Stücke schneiden; die kleineren nicht zerteilen; Glatthai häuten und in Scheiben schneiden; Kraken, Tintenfische bzw. Kalmare säubern, waschen und in Stücke teilen; Muscheln abbürsten, in einer Pfanne mit einigen EL Öl erhitzen, bis sie sich öffnen, und warm stellen, ohne sie auszulösen. Reichlich Wasser in einen Topf geben. Einige EL Öl, die ganzen Knoblauchzehen, die gehäuteten, entkernten und zerteilten Tomaten, 1 Bund Petersilie, die Chilischote und eine kräftige Prise Salz zufügen und alles erhitzen. Die Tintenfische, Kraken und Kalmare hineingeben und garen. Nun die einzelnen Fischsorten nacheinander dazugeben und einige Minuten bei mäßiger Hitze garziehen. Suppentassen mit gerösteten Brotscheiben auslegen. Die Fischstücke darauf anrichten und die heiße Fischbrühe darübergießen. Mit den Muscheln und gehackter Petersilie garnieren und servieren.

BRANZINO AL FINOCCHIO

Seebarsch mit Fenchel

1 Seebarsch (ca. 1 kg), küchenfertig
4 Fenchelknollen
¼ Zwiebel, in Scheiben geschnitten
Fischbrühe
½ Glas Olivenöl
1 Bund Petersilie
Salz
frisch gemahlener Pfeffer

Seebarsch in 4 Stücke filetieren. Von den Fenchelknollen nur die Herzen verwenden, die in feine Scheiben geschnitten werden. Die Fischfilets in eine ofenfeste Form legen. Fenchelscheibchen, Zwiebel, Salz, Pfeffer, Öl und die Brühe zufügen. Die Filets 8 Minuten im vorgeheizten Ofen bei 250 °C pochieren. Fisch und Gemüse auf vorgewärmten Tellern verteilen. Die Sauce noch etwas reduzieren, mit gehackter Petersilie verfeinern und über den Fisch geben. Sofort servieren.

CAPE SANTE AL PEPE ROSA

Jakobsmuscheln mit rosa Pfeffer

48 Jakobsmuscheln
40 rosa Pfefferkörner
1 TL feingehackte rote Paprikaschote
1 Bund Petersilie
40 g Butter
Weißwein
Salz

Die Muscheln auslösen und unter fließendem Wasser gründlich abwaschen. In einer Pfanne in der Hälfte der Butter 1 Minute sautieren und dann mit etwas Weißwein beträufeln. Vom Herd ziehen, behutsam mit einem Tuch abtupfen und auf die Teller verteilen. Die Pfefferkörner, gehackte Petersilie, Paprikastückchen und die restliche Butter in die Pfanne geben und die Sauce reduzieren. Die Muscheln damit überziehen und sofort servieren.

CODE DI GAMBERO CON ASPARAGI E RUCOLA

Krebsschwänze mit Spargel und Rauke

40 frische Krebsschwänze
28 dicke grüne Spargelstangen
100 g Rauke (Salatart in Mittel- und Süditalien, auch wildwachsend)
Olivenöl
Salz
frisch gemahlener Pfeffer
Zitronensaft

Krebsschwänze auslösen und entdarmen. Spargelstangen von holzigen Stellen befreien, in der Mitte durchschneiden und in Salzwasser 10 Minuten kochen. Mit der Rauke vier Teller auslegen, den Spargel darauf strahlenförmig mit nach innen weisenden Köpfen anordnen und zuletzt die 2 Minuten gedünsteten Krebsschwänze dazugeben. Salzen, pfeffern und mit Zitronensaft und reichlich Olivenöl beträufeln.

SALMONE COTTO A VAPORE CON SALSA DI YOGURTH E ROSMARINO

Gedämpfter Lachs mit Joghurt-Rosmarin-Sauce

1 küchenfertiger Lachs (ca. 1 kg)
150 g Vollmilchjoghurt
50 g Sahne
30 g Petersilie
10 g frischer Rosmarin
20 g feingewürfelte Zwiebel
10 g Butter
Salz

Lachs sorgfältig säubern, in 4 Filets teilen und diese 4 Minuten dämpfen. Inzwischen Rosmarin und Zwiebel in der Butter anbräunen. Sahne und Joghurt unterziehen und alles 20 Minuten leise köcheln lassen. Petersilienblätter zufügen, salzen und weitere 5 Minuten köcheln. Alles im Mixer pürieren und durch das Spitzsieb streichen. Die Sauce auf eine Platte geben, den Lachs darauf anrichten und servieren.

Ova

Eierspeisen

»Heutzutage sehen Rezepte, in denen das Ei die Hauptrolle spielt, ausschließlich die Verwendung von Hühnereiern vor. Doch gab es eine Zeit, in der man ebenso das Gelege anderer Geflügelarten, beispielsweise von Pute oder Ente, in der Küche schätzte. Und noch immer werden in ländlichen Gegenden einzig zu diesem Zweck Truthennen gehalten, allerdings nur von einigen wenigen Hausfrauen. So bleibt uns inzwischen allein das Hühnerei, das aufgrund seines hohen Nährwertes für die Ernährung aller Altersstufen sehr zu empfehlen ist.
Auf den Verkaufstischen der Händler sieht man noch Aufschriften wie »Eier zum Trinken«, »legefrische Eier«, oder »Landeier« – Attribute, die auf verschiedenste Weise die Güte dieses Grundnahrungsmittels anpreisen, das zusammen mit der Milch in der Ernährung von Kindern eine so wesentliche Rolle spielt, aber auch aus dem Speisezettel der Erwachsenen nicht wegzudenken ist.«

2 gehäufte EL geriebener Pecorino (oder Parmesan)
1 Bund Minze, gehackt

Die Eier mit dem Parmesan, 1 kräftigen Prise Salz und etwas Pfeffer verquirlen. Eine mit etwas Öl ausgeschwenkte Pfanne erhitzen und ¼ des Teiges hineingießen. Die Hitze reduzieren und den Eierkuchen auf beiden Seiten goldgelb backen. Aus dem restlichen Teig 3 weitere Omeletts backen. Diese in Streifchen schneiden und eine ofenfeste Form damit auslegen. Den Schmorfond aufwärmen. Die Streifchen mit etwas Käse bestreuen und mit einigen EL der sehr heißen Sauce überziehen. Zuletzt ein paar Minzeblätter darüber verteilen.
In dieser Reihenfolge sämtliche Zutaten in die Form schichten. Das Gericht 10 Minuten in den vorgeheizten Ofen (180 °C) schieben und servieren.

FRITTATA CON LA RICOTTA

Ricotta-Omelett

Für die Sauce:

200 g Dosentomaten
¼ Zwiebel, gehackt
1 EL Öl
1 Prise Salz
2 Basilikumblätter

Für die Füllung:

200 g Ricotta (italienischer Frischkäse)
2 EL geriebener Parmesan
1 Prise Salz
1 Bund Petersilie, gehackt

Für die 4 Omeletts:

5 Eier
2 EL geriebener Parmesan
1 Prise Salz
frisch gemahlener Pfeffer
30 g Schweineschmalz (oder Butter)

Die angegebenen Saucenzutaten in einem Topf etwa ½ Stunde auf lebhafter Flamme kochen. In einer Schale Ricotta, Parmesan, Petersilie und 1 Prise Salz zu einer glatten Creme verrühren. Die Eier mit dem Parmesan, 1 Prise Salz und etwas Pfeffer in einer Schüssel verquirlen. ¼ des Schmalzes (oder der Butter) in einer Pfanne stark erhitzen und ¼ der Eimischung hineingeben. Sobald sie gestockt und auf der Unterseite schön gebräunt ist, ¼ der Käsecreme darauf verteilen. Von zwei Seiten über der Mitte zusammenschlagen und noch einige Minuten weiter backen. Aus den restlichen Zutaten 3 weitere Omeletts backen. Mit der sehr heißen Tomatensauce überziehen und sofort servieren.

UOVA ALLA SARDA

Eier auf sardische Art

4 Eier
2 EL Öl
1 EL Essig
1 Knoblauchzehe
1 kleiner Bund Petersilie
1 EL Semmelbrösel
Salz

Die Eier 7 Minuten in Salzwasser kochen, abschrecken und schälen. Längs halbieren und die Hälften nebeneinander in eine große Pfanne legen. Mit etwas Salz bestreuen und mit Öl und Essig beträufeln. Einige Minuten auf sehr kleiner Flamme köcheln lassen, bis der Essig verflogen ist. Die Eihälften mit einem Löffel aus der Pfanne heben und mit der Schnittfläche nach oben auf eine Platte legen. Die Pfanne wieder auf den Herd stellen. Feingehackten Knoblauch und gewiegte Petersilie hineingeben und weich dünsten. Zuletzt die Semmelbrösel einrühren und unter ständigem Rühren anbräunen. Die Eier mit dieser Sauce überziehen und servieren.

FRITTATA COI PISELLI

Omelett mit Erbsen, Fenchel und Schinken

60 g Butter
1 kleine Zwiebel, feingehackt
60 g Schinken, gewürfelt
1 kleine Fenchelknolle in Scheiben
250 g Erbsen
Salz
frisch gemahlener Pfeffer
4–5 Eier
1 gehäufter EL gehackte Petersilie
Öl zum Braten

Butter in einer Pfanne zerlassen. Zwiebel, Schinken, Fenchel und Erbsen ein paar Minuten darin dünsten. Mit Salz und Pfeffer abschmecken, etwas heißes Wasser oder Brühe angießen und leise köcheln lassen, bis der Fenchel weich ist.
Die restlichen Zutaten sind nun auch gar. Die Eier mit 1 Prise Salz leicht schaumig schlagen und die gehackte Petersilie einrühren. Die Pfanne mit der Gemüsemischung vom Herd ziehen und diese gut unter die Eier mischen. 2 EL Öl in einer großen Pfanne erhitzen. Die Eimischung einfüllen und stocken lassen.
Wenn die Unterseite schön gebräunt ist, das Omelett auf einen großen Teller stürzen und wieder in die Pfanne gleiten lassen. Auch auf der anderen Seite goldbraun backen und servieren, ohne es zusammenzuklappen.

UOVA AL BURRO

Gebackene Spiegeleier

2 Eier pro Person
2 EL Butter
Salz
frisch gemahlener Pfeffer

Die Eier in einem Teller aufschlagen. Die Hälfte der Butter in einer Steingut-Pfanne schmelzen und die Eier hineingleiten lassen, wobei das Eigelb nicht verletzt werden darf. Inzwischen die restliche Butter separat bräunen und sofort über die Eigelbe träufeln. Die Eier in den heißen Ofen schieben, bis sie stocken. Mit Salz und Pfeffer bestreuen und in der Pfanne zu Tisch bringen.

UOVA STRAPAZZATE AL POMODORO

Rührei mit Tomaten

2 Eier pro Person
Butter
2 EL Tomatenpüree
Salz
frisch gemahlener Pfeffer
1 EL Sahne

Eier in einer Schüssel mit der Gabel verschlagen und mit Tomatenpüree, Salz und Pfeffer würzen. Butter in einer Pfanne schmelzen, aber nicht bräunen. Die Eimischung dazugeben und unter Rühren stocken lassen. Dabei die Masse immer wieder vom Pfannenrand lösen und in die Mitte schieben, wo sie nicht so stark austrocknet. Die Sahne und etwas Butter unterziehen und die Pfanne vom Herd nehmen, wenn das Rührei zwar gestockt, aber noch weich und cremig ist.

UOVA SODE

Hartgekochte Eier

2 Eier pro Person
Olivenöl
Salz
frisch gemahlener Pfeffer

Wasser in einem Topf aufwallen lassen. Die zuvor in kaltes Wasser getauchten Eier mit Hilfe eines Löffels behutsam hineinlegen. Sie müssen völlig von Wasser bedeckt sein. 8 Minuten in kaum sprudelndem Wasser hart kochen. Herausnehmen, abschrecken und schälen. Halbieren und mit Olivenöl, Salz und Pfeffer anmachen.

UOVA AFFOGATE O IN CAMICIA

Verlorene Eier

2 Eier pro Person
1½ l Wasser
½ Glas Weißweinessig
Saft von 1 Zitrone

Wasser mit Essig und Zitronensaft in einem großen, weiten Topf erhitzen. Die Eier einzeln in eine Tasse schlagen und, sobald das Wasser leise zu sprudeln beginnt, behutsam hineingleiten lassen. Den Topf vom Herd ziehen und einen Augenblick warten, bis das Eiweiß stockt. Vorsichtig mit dem Schaumlöffel herausheben und auf einem Leinentuch abtropfen lassen. Das Eiweiß mit einem Messer oder Förmchen rund ausschneiden. Die fertig zubereiteten Eier auf einer Platte auf grünen Salatblättern anrichten und, mit einer Serviette bedeckt, servieren.

UOVA CON CROSTINI E PATATE

Rührei mit Croûtons und Kartoffelwürfeln

12 Weißbrotwürfel
12 Kartoffelwürfel
2 Eier pro Person
Butter
Salz
frisch gemahlener Pfeffer

Aus Kastenweißbrot und gekochten, kalten Kartoffeln jeweils 12 Würfel ausschneiden und diese in Butter rösten. Die Eier in einer Schüssel schaumig schlagen, mit Salz und Pfeffer würzen und die Würfel zufügen. Butter in einer

Pfanne langsam zerlassen, die Eimischung hineingeben und rühren, bis die Masse stockt, aber noch weich und cremig ist. Heiß servieren und dazu Sahne und Kartoffeln reichen.

UOVA ALL'OSTRICA *

Austerneier

sehr frische Eier
Salz
frisch gemahlener Pfeffer
Zitrone

In speziellen Löffeln aus Porzellan oder Metall jeweils 1 ganz frisches Eigelb mit etwas Salz und reichlich Pfeffer bestreuen und mit Zitronensaft beträufeln. Eine Platte mit einer eleganten Serviette auslegen und die Löffel mit einer Garnitur aus Zitronenspalten und Radicchioblättern darauf arrangieren.

UOVA FARCITE

Gefüllte Eier

4 Eier
2 Sardellenfilets
50 g Thunfisch in Öl
½ TL Delikateß-Senf
2 EL Mayonnaise

Die Eier in einen Topf legen und mit kaltem Wasser bedecken. Zum Kochen bringen und nach dem Aufwallen noch 8–9 Minuten garen. Abschrecken, schälen und längs halbieren. Die Eigelbe herauslösen und mit den Sardellen und dem Thunfisch durch ein Sieb streichen. Gut vermischen und Senf und Mayonnaise unterziehen. Die Mischung in einen Spritzbeutel füllen und appetitlich in die Eiweißhälften spritzen. Eine Platte mit Salatblättern auslegen und Mohrrübenraspeln darüber verteilen. Die Eier in die Mitte setzen und mit Tomatenachteln und Paprikastreifchen umlegen.

OMELETTE CON PEPERONI

Paprika-Omelett

2 Eier pro Person
1 Paprikaschote
¼ Zwiebel
2 EL Öl
1 großer EL Butter
Salz
frisch gemahlener Pfeffer

Paprikaschote überbrühen und häuten; halbieren, aushöhlen, waschen und in Streifen schneiden. Die gehackte Zwiebel bei milder Hitze in einer Pfanne in etwas Öl anschwitzen. Paprikastreifen dazugeben und zugedeckt auf kleiner Flamme dünsten. Die Eier in einen tiefen Teller schlagen, salzen und pfeffern und mit einer Gabel verrühren. Butter in einer Eisenpfanne erhitzen und die Pfanne damit ausschwenken. Die Eier hineingießen und auf lebhafter Flamme rühren. Sobald die Masse zu stocken beginnt, die Hitze reduzieren. Die Eimasse mit einer Gabel vorsichtig vom Rand und durch Schütteln der Pfanne vom Boden lösen. Sobald sie von cremiger Konsistenz ist, ⅔ der Paprikastreifen daraufgeben und das Omelett von zwei Seiten über der Mitte zusammenlegen. Das gefaltete Omelett auf eine Platte gleiten lassen und, mit den restlichen Paprikastreifchen und grünen Salatblättern garniert, servieren.

UOVA FRITTE ALLA FONTINA

Toast mit Ei, Sardellen und Käse

4 runde Weißbrotscheiben (von 6–7 cm Durchmesser)
80 g Butter
4 Scheiben Fontina (s. S. 288)
3 Sardellenfilets, fein zerkleinert
4 Eier
Salz
frisch gemahlener Pfeffer

Ein Originalrezept aus dem Aostatal.
Die Weißbrotscheiben nur auf einer Seite in Butter leicht rösten. Mit der gerösteten Seite nach oben in einen ausgebutterten Steingut-Tiegel geben, jeweils mit 1 Käsescheibe belegen und mit ein paar Sardellenstückchen bestreuen. Salzen, pfeffern und bei mäßiger Hitze (200 °C) in den Ofen schieben, bis der Käse zerläuft. Inzwischen die Eier in 60 g Butter braten und auf die Brotscheiben legen. Die restliche Butter mit den übrigen Sardellenstückchen erhitzen und die Mischung über die Eier verteilen. Sofort servieren.

UOVA ALLA FONTINA

Ei mit Schinken und Käse

1 Ei pro Person
30 g gekochter Schinken
2 EL Weißwein
40 g Fontina (s. S. 288) in feinen Scheiben
etwas Butter
Salz
frisch gemahlener Pfeffer

Etwas Butter in einem Steingut-Tiegel erhitzen. Das Ei auf einen Teller schlagen und behutsam in die Mitte der Pfanne gleiten lassen, ohne das Eigelb zu verletzen. Salzen, pfeffern und das Eigelb mit jeweils 1 Scheibe Schinken und darüber Käse bedecken. Mit 2 EL Wein beträufeln. In den heißen Ofen schieben, bis das Eiweiß stockt, der Käse zerläuft und der Wein völlig verdampft ist.

Verdure

Gemüse

»Aufgrund seiner geographischen Ausdehnung ist Italien ein wirkliches »Gemüseland«. Die bunte und aromatische Vielfalt reicht von den zarten Zucchini und stark duftenden Trüffeln des Piemont bis zu den Artischocken und schmackhaften Brokkoli des Latium, von den weißen Bohnen und herben Rüben der Toskana bis zu den Auberginen und Mohrrüben Apuliens, vom wilden Fenchel und Safran Siziliens bis zum Kohl und den Kartoffeln aus Südtirol. In bestimmten Regionen wird Gemüse gleichgesetzt mit Sonne (man denke nur an den Golf von Neapel); in anderen wird es, wie beispielsweise Kohl und wilder Fenchel in der Toskana, zum Inbegriff eines typischen Geschmacksspektrums; in wieder anderen (und hier wären als Beispiel die Brokkolipflanzen und Auberginen Apuliens zu nennen) ist es unverzichtbarer Bestandteil köstlicher lokaler Spezialitäten. Gemüse ist bei unseren ausländischen Gästen beinahe ebenso beliebt wie Pizza oder Nudeln. Und jeden Tag träufeln ungezählte Touristen in den Gasthäusern Venetiens, Kalabriens und der Toskana grünes, duftendes Olivenöl über die kostbaren Früchte unserer Erde.«

ASPARAGI CON SALSA AL VINO BIANCO

Spargel mit Weißweinsauce

800 g grüner oder weißer Spargel
4 Eigelb
1 Glas trockener Weißwein
Butter
Salz

Spargel schälen, holzige Stellen entfernen, die Stangen waschen. In einem hohen, schmalen Topf mit wenig kaltem Wasser und etwas Salz aufsetzen. Mit gut sitzendem Deckel verschließen und auf lebhafter Flamme kochen. Sobald sich die Spitzen biegen, ist der Spargel gar. Abtropfen lassen und warm stellen. In einer Schüssel die Eigelbe mit dem Wein und etwas Salz verquirlen. Die Schüssel ins Wasserbad stellen und die Sauce zu einer dicken Creme verschlagen. Kurz bevor sie vom Herd genommen wird, mit einem Stück Butter abrunden. Den noch heißen Spargel auf einer Platte anrichten und die heiße Sauce in der Schüssel separat reichen.

ASPARAGI ALLA LATTUGA

Spargel mit Kopfsalat

800 g weißer Spargel
100 g magerer gekochter Schinken
1½ Becher Sahne
½ Zwiebel
1 Salatkopf
½ Glas Fleischbrühe
Salz
1 Prise Muskatnuß

Spargelstangen dünn schälen und auf die gleiche Länge zurechtschneiden. Unter fließendem Wasser waschen und zu einem Bündel zusammenbinden. In einen schmalen, hohen Topf stellen und zu ⅔ mit kaltem, leicht gesalzenem Wasser bedecken. Zugedeckt aufwallen lassen und kochen, bis sich die Spitzen biegen, d. h. der Spargel gar ist. Das Bündel herausnehmen, den Faden lösen und die Spargelstangen warm stellen. Butter in einem Topf zerlassen und die in feine Scheiben geschnittene Zwiebel darin anbräunen. Den feingewürfelten Schinken und die verlesenen, gewaschenen und längs halbierten Salatblätter hineingeben. Etwas Brühe dazugießen und alles einige Minuten ziehen lassen. Mit Salz, Pfeffer und Muskatnuß würzen. Den Topf vom Herd ziehen und die Sauce mit der Sahne binden. Den Spargel in einer ovalen Form anrichten, mit der Sauce überziehen und sofort servieren.

ASPARAGI IN TORTIERA

Spargeltorte

800 g weißer Spargel
350 g grüner Spargel
Kastenweißbrot in Scheiben
120 g Fontina (s. S. 288), in feine Scheiben und kleine Würfel geschnitten
80 g magerer roher Schinken, feingewürfelt
2 Eigelb
1 Becher Sahne
1 Prise Muskatnuß
Salz
frisch gemahlener Pfeffer
Butter

Spargel schälen, waschen, auf die gleiche Länge zurechtschneiden und bündeln. In einem hohen, schmalen, gut verschlossenen Topf unter Zugabe von etwas leicht gesalzenem Wasser dämpfen, jedoch nicht zu weich werden lassen. Eine runde ofenfeste Form ausbuttern. Den Boden mit dünnen Brotscheiben auslegen und diese mit Käsescheiben bedecken. Abwechselnd weißen und grünen Spargel strahlenförmig einlegen, wobei die Spitzen in die Mitte zeigen. Mit Schinken- und Käsewürfeln bestreuen; mit Salz, Pfeffer und Muskatnuß würzen. Die Eigelbe mit der Sahne verquirlen und diese Creme über den Spargel gießen. Die Torte in den heißen Ofen schieben, bis sie goldbraun überkrustet ist. Auf einer Servierplatte mit Radicchioblättern umlegen und heiß servieren.

ASPARAGI ALLA CREMA *

Spargel mit Sahne

800 g weißer Spargel
½ l Sahne
3 Eigelb
80 g geriebener Parmesan
Salz
frisch gemahlener Pfeffer

Spargel waschen und dünn schälen. Zusammengebündelt mit den Köpfen nach oben in einen Topf mit etwas Salzwasser geben und kochen. Wenn die Spitzen sich biegen, vom Herd ziehen und warm stellen. In einem Steingut-Topf die Sahne aufkochen lassen. Vom Feuer nehmen und nun Salz, Pfeffer, geriebenen Parmesan und zunächst 1 Eigelb gründlich unterziehen, dann das zweite einrühren. Die heißen Spargelstangen auf einer runden Platte so anrichten, daß sich die Köpfe in der Mitte berühren. Mit der cremigen Sauce überziehen und mit Petersiliensträußchen garnieren.

ASPARAGI ALLA PARMIGIANA

Spargel mit Parmesan

800 g weißer oder grüner Spargel
100 g Butter
100 g geriebener Parmesan
Salz
frisch gemahlener Pfeffer

Spargelstangen dünn schälen und von holzigen, faserigen Teilen befreien; gründlich waschen und bündeln; in einen hohen, schmalen, gut verschließbaren Topf stellen, zu ⅔ mit Wasser bedecken und auf lebhafter Flamme kochen; während des Garvorgangs salzen. Abtropfen lassen, sobald die Spargelspitzen sich biegen, und auf einer Servierplatte anrichten. Mit reichlich Parmesan bestreuen und mit der gebräunten Butter übergießen. Nach Geschmack mit Salz und Pfeffer würzen und sehr heiß servieren.

ASPARAGI ALL'OLIO E ACETO

Spargel mit Öl und Essig

800 g weißer oder grüner Spargel
80 g Olivenöl
2 EL Weinessig
Salz
frisch gemahlener Pfeffer

Spargel waschen, dünn schälen und von holzigen Teilen befreien. Die Stangen auf die gleiche Länge zurechtschneiden, bündeln und in einen hohen, schmalen Topf stellen. Zu ⅔ mit kaltem Wasser bedecken, etwas salzen und zugedeckt auf lebhaftem Feuer kochen, bis sich die Spitzen biegen. Abtropfen lassen und auf einer Platte mit Petersiliensträußchen garniert anrichten. Dazu eine Vinaigrette aus verschlagenem Öl, Essig, Salz und Pfeffer reichen.

ASPARAGI IN SALSA TARTARA

Spargel in Tartarensauce

800 g Spargel
Salz

Für die Sauce:

3 Eigelb, hartgekocht
1 rohes Eigelb
1 Glas Olivenöl
1 TL Senf
1 EL gehackte Kapern
1 EL Essig
1 EL gehackte Petersilie
Salz
frisch gemahlener Pfeffer

Spargelstangen waschen und dünn schälen. Bündeln und in einem hohen, schmalen Topf mit kaltem Wasser unter Zugabe von etwas Salz aufsetzen. Dabei dürfen die Köpfe nicht mit Wasser bedeckt sein (sie werden im Dampf gegart). Den Deckel so auflegen, daß der Dampf noch entweichen kann. Nach dem Aufwallen 15–20 Minuten kochen, dann behutsam abtropfen und erkalten lassen.
Inzwischen die Sauce zubereiten: Das rohe mit den hartgekochten Eigelben in eine Schüssel geben und alles zu einer glatten Paste zerreiben. Die Mischung mit Senf, Essig, Salz und reichlich Pfeffer würzen. Gut durchmischen und nun tropfenweise das Öl unterziehen. Dabei die Mischung mit der Gabel oder dem Schneebesen wie bei der Mayonnaisezubereitung schlagen. Die Sauce mit den Kapern und der Petersilie vollenden, sobald sie die gewünschte Konsistenz angenommen hat, und zum Spargel servieren.

ASPARAGI CON LE UOVA

Spargel mit Eiern

1 kg Spargel
60 g Butter
50 g geriebener Parmesan
4 Eier
Salz

Sehr zarte, frische Spargelstangen verwenden. Sorgfältig waschen und etwa 10 Minuten in wenig Salzwasser (am besten im Spargeltopf) kochen. Abtropfen lassen und auf einer Servierplatte anrichten, wobei die Spitzen zur Mitte zeigen sollten. Den noch heißen Spargel mit dem Parmesan bestreuen. Die

Eier in der Butter braten. Solange das Eigelb noch nicht ganz gestockt ist, salzen und in die Mitte der Spargelplatte geben. Sofort zu Tisch bringen.

BROCCOLI STRASCINATI

Broccoli mit Sardellen

2 mittelgroße Broccoli
2 eingesalzene Sardellen
½ Glas Öl
Salz
frisch gemahlener Pfeffer

Ein typisches Gericht Liguriens. Sardellen wässern, um sie zu entsalzen; entgräten und mit Küchenkrepp trockentupfen. Das Gemüse von den Blättern befreien und in Röschen teilen; waschen und gut abtropfen lassen. In kochendes Salzwasser geben und garen. Abgießen, solange die Röschen noch bißfest sind. Öl in eine Kasserolle geben und die Sardellen darin mit Hilfe einer Gabel zu einer Paste zerdrücken. Das Gemüse dazugeben und mit der Sauce vermischen. Zwar galt dieses Gericht in der einfachen Küche einst als Hauptspeise, doch reicht man es heute gerne als Beilage zu gekochtem Fleisch.

CAPONATA

Gemüseallerlei süßsauer

600 g Auberginen
4 vollreife Tomaten
500 g milde grüne Oliven, entsteint
1 EL Pinienkerne
1 EL Rosinen
1 EL Kapern in Essig
½ TL Zucker
1 Zwiebel
Bleichsellerie
½ Glas Rotweinessig
Öl
Salz
frisch gemahlener Pfeffer

Rosinen 20 Minuten in warmem Wasser einweichen. Auberginen waschen, jedoch nicht häuten, und fein würfeln. Die Würfelchen mit reichlich Salz bestreuen und etwa ½ Stunde in ein Nudelsieb geben, um ihnen durch Entzug von Flüssigkeit den bitteren Geschmack zu nehmen. Mit kaltem Wasser abbrausen und sorgfältig trockentupfen. Reichlich Öl in eine Pfanne gießen und erhitzen. Die Auberginen unter Rühren darin kräftig anbräunen; abtropfen und zum Aufsaugen von überschüssigem Fett auf Küchenkrepp legen. Die zartesten und hellfleischigsten Selleriestangen in 3–4 cm lange Stücke teilen; in kaltem Wasser waschen, abtrocknen und im selben Öl knusprig goldgelb dünsten. Abtropfen lassen und zu den Auberginen auf Küchenkrepp geben. Das Öl aus der Pfanne bis auf 4–5 EL abgießen. Erneut erhitzen und die in Scheiben geschnittene Zwiebel zusammen mit den gehäuteten, entkernten und in Streifen geschnittenen Tomaten zufügen. Unter häufigem Rühren einige Minuten durchkochen. Nun den Zucker, Essig, die Pinienkerne, die abgetrockneten Rosinen, Kapern, Oliven, den Sellerie und die Auberginen dazugeben. Gut durchmischen und auf kleiner Flamme etwa ¼ Stunde schmoren lassen. Die Pfanne vom Herd ziehen, den Inhalt auf eine Servierplatte umfüllen und erkalten lassen. Bisweilen wird die »Caponata« auch mit Paprikaschoten ergänzt, die abgezogen und wie der Sellerie behandelt werden.

CARCIOFI AL TEGAME

Gedünstete Artischocken

8 Artischocken
1–2 Knoblauchzehen
1 Bund Minzeblätter
Salz
frisch gemahlener Pfeffer
½ Glas Öl

Die Artischocken von den holzigen Blättern befreien und den Stiel kappen; nur die zarten Teile an der Frucht lassen. Knoblauch und Minzeblätter fein hacken und mit 1 Prise Salz und Pfeffer in die Mitte der Artischocken geben. Diese mit den Blättern nach oben nebeneinander in eine Kasserolle setzen. Mit dem Öl und 1–2 Gläsern Wasser übergießen. Zugedeckt bei milder Hitze ca. 1 Stunde dünsten. Zuletzt den Fond auf lebhafter Flamme reduzieren.
So zubereitet, schmecken die Artischocken warm ebenso lecker wie kalt.

FRITTATA DI CARCIOFI

Artischocken-Omelett

4 große, sehr zarte italienische Artischocken

5 Eier
½ Glas Olivenöl
Fleischbrühe
Saft von 1 Zitrone
Salz
frisch gemahlener Pfeffer

Dieses Rezept entstammt der rustikalen Küche der Romagna.
Die harten Artischockenblätter entfernen, den Stiel abschneiden und die Artischocken zunächst senkrecht halbieren, dann in dünne Spalten teilen. Die erhaltenen Stücke sofort in Wasser mit Zitronensaft legen, damit sie sich nicht dunkel verfärben. Die Hälfte des Öls in einer ofenfesten Form erhitzen. Artischocken hineingeben und garen, dabei gelegentlich mit etwas Brühe (oder heißem Wasser mit ½ gelösten Brühwürfel) begießen.
Die Eier in eine Schüssel schlagen, salzen, reichlich pfeffern und gründlich verquirlen. Zum Schluß die möglichst gut abgetropften Artischocken unterziehen.
Das restliche Öl in einer großen Pfanne erhitzen und die Eimischung hineingießen. Auf lebhafter Flamme garen, bis das Omelett auf der Unterseite stockt. Die noch weiche Oberseite mit dem Bratenwender glattstreichen, das Omelett wenden und auch auf der anderen Seite stocken lassen. Es muß zum Schluß schön gebräunt sein. Entweder sofort oder auch später kalt servieren.

fort mit Zitrone einreiben, damit sie nicht dunkel werden. Aus der gehackten Minze und Knoblauchzehe, dem geriebenen Weißbrot, Salz, Pfeffer und etwas Öl eine Farce zubereiten. Die Blätter mit den Fingern auseinanderspreizen und den Hohlraum mit der Mischung füllen. Die Blätter wieder zusammenlegen, damit die Füllung nicht herausfällt, und die Artischocken kopfüber nebeneinander in eine Steingut-Form setzen. 1 Schöpflöffel Wasser angießen, die Form mit eingefettetem Pergamentpapier abdecken und mit dem Deckel verschließen.
Die Artischocken bei starker Hitze (250 °C) etwa 1 Stunde im Ofen garen. Sie werden entweder heiß als Beilage oder kalt als Vorspeise gereicht.

CARCIOFI ALLA GIUDÍA

Artischocken auf jüdische Art

8 sehr zarte Artischocken
1 Zitrone
1 Glas Olivenöl
Salz
frisch gemahlener Pfeffer

Am besten eignen sich für dieses Gericht die sogenannten *cimaroli,* also die frühen römischen Artischocken, die sich durch besondere Zartheit und Geschmacksintensität auszeichnen.
Die Stiele abschaben und bis auf 3 oder 4 cm abschneiden; mit einem spitzen Messer die äußeren harten Blätter entfernen und die Spitzen der verbliebenen Blätter stutzen. Die fertigen Artischocken sofort in Wasser legen, das mit dem Zitronensaft gesäuert wurde und so verhindert, daß sie sich dunkel verfärben. Zum Schluß müssen die Artischocken wie Zitronen aussehen – mit einer abgeschrägten Spitze am einen und dem Stiel am anderen Ende. Das Öl in einer hohen, aber nicht zu weiten Steingut-Form erhitzen und die Artischocken mit dem Stiel nach unten nebeneinander hineinsetzen. Leicht salzen und pfeffern und zugedeckt auf sehr kleiner Flamme ca. 10 Minuten dünsten. Danach wenden, wieder salzen und weitere 10 Minuten garen. Kurz vor Beendigung des Garvorgangs mit einigen EL Wasser beträufeln und dieses ohne Deckel auf höherer Flamme wieder verdampfen lassen. Die Artischocken

CARCIOFI IN FRICASSEA

Artischocken-Frikassee

6 zarte Artischocken
50 g Butter
1 kleiner Bund Petersilie
1 Knoblauchzehe
Saft von 1 Zitrone
50 g geriebener Parmesan
2 Eigelbe
Salz
frisch gemahlener Pfeffer

Artischocken säubern, die holzigen Blätter abzupfen und den Stiel abschneiden. Den Rest in Spalten teilen und diese sofort in Wasser, das mit dem Saft von ½ Zitrone gesäuert wurde, einlegen (so verfärben sie sich nicht dunkel). Die Butter in einer Kasserolle zerlassen und die abgetropften Artischocken zusammen mit der gewiegten Petersilie und dem gehackten Knoblauch hineingeben. Mit 1 Schöpfkelle Brühe begießen, salzen und nach Geschmack pfeffern.
Zugedeckt auf kleiner Flamme 10–15 Minuten dünsten und, falls nötig, ab und zu etwas Wasser ergänzen.
Die Eigelbe mit 1 EL Wasser, dem Parmesan, dem restlichen Zitronensaft und 1 Prise Salz verquirlen. Den Herd ausschalten und die Mischung zu den Artischocken geben; dabei ständig rühren, damit die Eier nicht stocken. Das Gericht sofort heiß servieren.

CARCIOFI ALLA ROMANA

Artischocken auf römische Art

8 Artischocken
1 Knoblauchzehe
50 g Weißbrotkrume
1 Glas Olivenöl
frische Minze
Salz
frisch gemahlener Pfeffer

Die Artischocken von den äußeren, holzigen Blättern befreien; die obere Spitze mit den fleischlosen Blättern abschneiden; die inneren Blätter mit einem scharfen Messer kappen; den Boden glattschneiden; den Stiel auf eine Länge von 4–5 cm stutzen; Schnittflächen so-

vom Feuer nehmen und zum Abtropfen auf Küchenkrepp legen. Auf einer Platte anrichten und noch heiß servieren.

FONDI DI CARCIOFO TRIFOLATI

Feine Artischockenböden

8 mittelgroße Artischockenböden
2 Knoblauchzehen
reichlich gehackte Petersilie
½ Glas Olivenöl
Saft von 1 Zitrone
2 EL Mehl
Fleischbrühe
Salz
frisch gemahlener Pfeffer

Am besten Artischockenböden kaufen, die bereits küchenfertig vorbereitet sind. Bis zur Verwendung in Wasser und Zitronensaft einlegen, um eine Verfärbung zu vermeiden. Öl in einer Kasserolle erhitzen und den Knoblauch darin anschwitzen, bis er bräunt; anschließend herausnehmen. Nun die eingemehlten Artischockenböden nebeneinander in den Topf legen. Anbräunen und dabei das Aroma des Öls aufnehmen lassen. Fleischbrühe oder Wasser angießen und die Artischocken zugedeckt langsam schmoren (ca. 20–30 Min.). Erst salzen, kurz bevor sie vom Herd genommen werden, da sie sich sonst dunkel färben. Sobald sie gar sind, in einer ovalen Form anrichten, mit dem Schmorfond beträufeln und mit gehackter Petersilie bestreuen.

TORTINO DI CARCIOFI

Artischocken-Gratin

4 zarte Artischocken
½ Glas Öl
4 Eier
1 Zitrone
Weizenmehl
2–3 EL Milch
Salz
frisch gemahlener Pfeffer

Artischocken von holzigen Außenblättern befreien; von den übrigen Blättern die harten Spitzen abschneiden; die Artischocken senkrecht in dünne Scheiben schneiden; sofort in Wasser mit Zitronensaft legen, damit sie sich nicht dunkel verfärben. Die Scheiben abtropfen lassen, trockentupfen und in Mehl wenden. Die Hälfte des Öls in eine große Pfanne gießen und erhitzen. Die Artischockenscheiben darin auf sehr kleiner Flamme anbräunen, dabei öfter mit Hilfe einer Gabel wenden, damit sie nicht austrocknen, und falls nötig 1 Schöpflöffel Wasser angießen. Nach etwa ¼ Stunde vom Herd ziehen und leicht salzen. Die Scheiben nebeneinander in eine ofenfeste Form legen. Die Eier mit etwas Salz, 1 kräftigen Prise Pfeffer und der Milch verquirlen. Die Artischokken mit dem restlichen Öl und dem Ei übergießen und in den vorgeheizten Ofen schieben. Bei etwa 180 °C ca. 20 Minuten backen und sofort in der Form zu Tisch bringen. Das Gericht muß sehr heiß gegessen werden.

CARDI ALLA PARMIGIANA

Karden aus Parma

1 kleine Karde
80 g Butter
80 g geriebener Parmesan
1 Zitrone
Salz

Die Karde sorgfältig vorbereiten: Harte Außenblätter entfernen; es werden nur die zarten inneren Blätter, d. h. nur deren Rippen, verwendet. Diese in ungefähr 10 cm lange Abschnitte teilen; damit sie nicht dunkel werden, jeweils sofort in kaltes Wasser legen, das mit Zitronensaft gesäuert wurde. Die Stücke in sprudelndes, leicht gesalzenes Wasser geben und etwa 3 Stunden kochen, anschließend abtropfen lassen. Eine ofenfeste Form ausbuttern und mit einer Schicht Karden auslegen. Mit ein wenig zerlassener Butter beträufeln und mit etwas Parmesan bestreuen. Nun wieder eine Lage Gemüse einschichten und auf diese Weise die Zutaten einfüllen, bis sie aufgebraucht sind. Das Gericht im vorgeheizten Ofen etwa 20–30 Minuten backen. Sofort in der Form servieren.

CAROTE AL MARSALA *

Mohrrüben mit Marsala

400 g Mohrrüben
50 g Butter
1 Gläschen trockener Marsala
Salz
frisch gemahlener Pfeffer

Ein sizilianisches Originalrezept. Mohrrüben gründlich abschaben, waschen, abtrocknen und in feine, gleichmäßig dicke Scheiben schneiden. Die Butter in der Pfanne zerlassen und, sobald sie leicht schäumt, das Gemüse hineingeben. Auf lebhafter Flamme ein paar Minuten anbraten. Mit dem Marsala ablöschen, salzen und auf kleiner Flamme zugedeckt dünsten, bis die Mohrrüben ziemlich weich sind und kaum noch Flüssigkeit in der Pfanne ist. Zuletzt leicht mit Pfeffer bestäuben und dann sofort servieren.

CAROTE ALL'ACCIUGA

Mohrrüben mit Sardellen

4 Mohrrüben
½ kleine Zwiebel
2 Sardellen
2 EL Olivenöl
1 EL Essig

Mohrrüben schälen, waschen, abtrocknen und fein raspeln. Von den Sardellen das Salz abstreifen; die Fische mit Zitrone abreiben und entgräten; zusammen mit der Zwiebel hacken und durch ein Sieb streichen. In einer Schüssel mit dem Öl, Essig (oder Zitronensaft) und Pfeffer vermischen. Die Mohrrüben in eine Schüssel geben, auflockern, mit Salatblättern garnieren und mit der Sauce übergießen.

CAVOLFIORE E FINOCCHI ALLA PANNA

Blumenkohl und Fenchel mit Sahne

1 Blumenkohl (800 g)
2 Fenchelknollen
80 g geriebener Parmesan
1 Zwiebel
1 EL Mehl
60 g Butter
1 Becher Sahne
Salz
frisch gemahlener Pfeffer

Den Kohl von Blättern und Strunk befreien und in einzelne Röschen teilen. Diese gründlich waschen und in lebhaft sprudelndem Salzwasser kochen. Abgießen, sobald sie gar, aber noch bißfest sind. Vom Fenchel die äußeren Blätter entfernen; die Knollen achteln, waschen und in kochendem Salzwasser, in dem das Mehl verrührt wurde, garen; nicht zu weich werden lassen und rechtzeitig abgießen. Die feingehackte Zwiebel in einer Steingut-Kasserolle in der Butter bei milder Hitze anschwitzen. Wenn sie zu bräunen beginnt, das Gemüse zufügen und goldgelb dünsten. Salzen, mit der Sahne begießen und in den gut vorgeheizten Ofen schieben, bis die Sahne zu stocken beginnt. Nun das Gericht mit Parmesan bestreuen und ein paar Butterflöckchen darüber verteilen. Erneut kurz in den Ofen stellen und dann sofort servieren.

CIPOLLE AL FORNO

Gebackene Zwiebeln

4 mittelgroße weiße Zwiebeln
knapp ½ Glas Olivenöl
2 EL Essig
Salz
frisch gemahlener Pfeffer

Zwiebeln vom Wurzelansatz befreien und schälen. Überbrühen, damit sie ihre appetitlich weiße Farbe behalten. In kaltes Wasser tauchen und abtropfen lassen. 1 Stunde in den vorgeheizten Ofen legen, anschließend auskühlen lassen; die äußere Haut abziehen und die Zwiebeln in Scheiben schneiden. In eine Schüssel geben; mit Öl, 1 Schuß Essig, Salz und Pfeffer anmachen und als Beilage zu gemischtem gekochtem Fleisch reichen.

CRAUTI AL VINO BIANCO

Sauerkraut mit Weißwein

800 g Sauerkraut
1 Zwiebel
1 Apfel (mögl. Renette)
½ l trockener Weißwein
2 EL Olivenöl
einige Wacholderbeeren
Salz

Sauerkraut in kaltem Wasser waschen, abtropfen lassen und ausdrücken. Zwiebel hacken; Apfel schälen, vom Kerngehäuse befreien und in feine Scheiben schneiden. Das Öl in einem Topf erhitzen und den Apfel darin anschwitzen. Sauerkraut zufügen, salzen und mit dem Wein aufgießen. Aufkochen lassen, dann die Hitze sofort reduzieren und das Gemüse eine Stunde zugedeckt dünsten. Gegen Ende des Garvorganges alles gut durchmischen und die Wacholderbeeren unterziehen. Eine ideale Beilage zu Cotechino (s. S. 18), Zampone (s. S. 22) und auch Schweinebraten.

FAGIOLI FRESCHI AL TONNO

Frische Bohnen mit Thunfisch

350 g frische Fagioli (spezielle dicke weiße Bohnen)
5–6 große EL Olivenöl
1 Knoblauchzehe, zerdrückt
4–5 Tomaten, enthäutet und zerkleinert
300 g Thunfisch in Öl, abgetropft und zerpflückt
2–3 Bund Basilikum, gehackt
frisch gemahlener Pfeffer

Bohnen ca. 1½ Stunden in Salzwasser garen und abtropfen lassen. Das Öl in einer Pfanne erhitzen und den Knoblauch darin goldbraun dünsten. Herausnehmen und die Tomaten zufügen. Leicht salzen und 10 Minuten auf lebhafter Flamme kochen. Die Bohnen zusammen mit dem Thunfisch hinzugeben; mit Basilikum und reichlich Pfeffer würzen. Bei milder Hitze weitere 10 Minuten garen und das Gericht heiß servieren.

FAGIOLI ALL'UCCELLETTO

Weiße Bohnen mit Salbei

1 kg frische Fagioli (spezielle dicke weiße Bohnen), ausgehülst ca. 350 g
4 EL Öl
2 EL Tomatensauce (s. S. 124) oder 2 vollreife Tomaten
1 Salbeizweig
Salz
frisch gemahlener Pfeffer

Bohnen in reichlich Wasser unter Zugabe von etwas Salz ca. 1½ Stunden kochen und abtropfen lassen. Salbei waschen, trockentupfen und im Öl andünsten. Bohnen zufügen, salzen, pfeffern und kurz ziehen lassen. Tomatensauce in 1 Schöpfkelle heißem Wasser verrühren und hineingießen (ganze Tomaten waschen und durchpassieren). Den Topf vom Herd ziehen, sobald die Bohnen die Sauce gut aufgenommen haben. Auf diese Art zubereitet, passen sie gut als Beilage zu gekochtem Fleisch, doch reicht man sie auch gerne als eigenständiges Gericht.

FAGIOLI COTTI AL FIASCO

Weiße Bohnen in der Flasche gekocht

1 kg frische Fagioli (spezielle dicke weiße Bohnen), ausgehülst ca. 350 g
½ Glas Olivenöl
2 Knoblauchzehen
5–6 Salbeiblätter
Salz
frisch gemahlener Pfeffer

Bohnen aushülsen, waschen und in eine große, dickbauchige Weinflasche füllen. Das Öl, die zerdrückten Knoblauchzehen, die gewaschenen Salbeiblättchen, etwas Pfeffer und ca. ½ l Wasser zufügen. Die Flasche mit einem Pfropfen aus Gaze verschließen, aufrecht in die Kaminglut stellen und die Bohnen auf diese Weise bei sehr milder Hitze garen. Nach etwa 3 Stunden in eine Schüssel füllen, nach Belieben pfeffern und salzen (dies muß zum Schluß geschehen, damit die Bohnenschalen nicht hart werden). Nach Belieben kalt oder warm servieren.

FAGIOLI CON LE COTICHE *

Weiße Bohnen mit Schwarte

400 g getrocknete weiße Bohnen
100 g Schinkenschwarte
50 g Schinkenspeck
1 Knoblauchzehe
1 Bund Petersilie
1 EL Schweineschmalz
1 Zwiebel
1–2 EL Tomatenmark
Salz
frisch gemahlener Pfeffer

Bohnen waschen und mindestens 12 Stunden in kaltem Wasser einweichen; in reichlich ungesalzenem Wasser garen und anschließend in der Kochflüssigkeit warm stellen. Schwarte abschaben und in einem Töpfchen mit kaltem Wasser aufsetzen. Einige Minuten kochen, abtropfen lassen und mit kaltem Wasser gründlich abbrausen. In ziemlich große Stücke teilen und mit viel Wasser in eine Kasserolle geben. Aufwallen lassen, die Hitze reduzieren und zugedeckt auf sehr kleiner Flamme köchelnd fertig garen. Inzwischen den Schinkenspeck, die Knoblauchzehe und die Petersilie fein hacken und alles mit dem Schmalz und der in feine Scheiben geschnittenen Zwiebel in einen Topf geben. Dünsten, bis die Zwiebel glasig wird. Das in etwas Wasser verrührte Tomatenmark zufügen, salzen, pfeffern, und alles 30 Minuten kochen. Die abgetropften Bohnen mit der Schwarte hineingeben, durchmischen und das Gericht bei minimaler Hitze weitere 30 Minuten ziehen lassen.

FAGIOLINI IN PADELLA

Bohnenpfanne

500 g grüne Bohnen
400 g reife Tomaten
3 EL Öl
1 Zwiebel, feingehackt
Salz
frisch gemahlener Pfeffer
2 Bund Petersilie, feingehackt

Bohnen putzen, die Enden abschneiden und gründlich waschen; bis zur Verwendung in kaltes Wasser legen. Tomaten häuten, zerkleinern und entkernen. Butter und Öl in einer großen Pfanne erhitzen und die Zwiebel darin anbräunen. Tomaten zufügen, alles durchmischen und auf kleiner Flamme zum Kochen bringen. Die Bohnen hineingeben, salzen und pfeffern. Zugedeckt bei milder Hitze 30 Minuten garen bzw. bis das Gemüse zart und die Sauce eingedickt ist. Mit Petersilie bestreuen und heiß servieren.

FUNGHI IMPANATI

Gebratene Steinpilze

8 Steinpilzköpfe
½ Zitrone
1 gehäufter EL Mehl
1 Ei
Salz
Semmelbrösel
80 g Butter

Pilze mit einem feuchten Läppchen säubern, mit der Zitrone abreiben und einmehlen. Besonders große Köpfe zuvor waagrecht halbieren. Das Ei mit einer Prise Salz verquirlen und die Pilze darin wenden; in den Semmelbröseln wälzen und in der gut erhitzten Butter braten; dabei öfter behutsam durchmischen. Der Garvorgang dauert höchstens ¼ Stunde.

FUNGHI TRIPPATI

Pilzragout

500 g frische Butterpilze
30 g Butter
2 Knoblauchzehen
1 EL Öl
2 EL geriebener Parmesan
Salz
frisch gemahlener Pfeffer

Die gesäuberten, gewaschenen und trockengetupften Pilze in feine Scheiben schneiden. Öl und Butter

in eine Kasserolle geben und die leicht zerdrückten Knoblauchzehen goldgelb dünsten. Entfernen und die Pilze hineingeben. Einige Minuten braten, dabei häufig mit dem Holzlöffel durchmischen. Salzen, pfeffern und zuletzt mit dem Parmesan bestreuen. Der Garvorgang dauert 10, höchstens 15 Minuten.

FUNGHI TRIFOLATI

Geschmorte Steinpilze

500 g frische Steinpilze
1 gehäufter EL Butter
2 EL Öl
1 Handvoll Petersilie
1 große Knoblauchzehe
Salz
frisch gemahlener Pfeffer

Die Pilze sorgfältig mit einem Küchenmesser und einem gröberen Tuch säubern, anschließend waschen und mit Küchenkrepp trokkentupfen; feinblättrig schneiden. In einer Kasserolle die Butter und das Öl erhitzen. Knoblauch und Petersilie fein hacken und zusammen mit den Pilzen hineingeben; salzen und pfeffern. Zugedeckt 20 bis 30 Minuten unter gelegentlichem Rühren dünsten. Einige Minuten vor Ende des Garvorganges den Deckel abnehmen und den Pilzsaft auf lebhafter Flamme weitgehend verdampfen lassen.
Eine beliebte Beilage zu Beefsteak sowie zu Braten allgemein und eine raffinierte Ergänzung zu hellem Fleisch; Sie können dieses Pilzgericht aber auch »solo« genießen.

FUNGHI PORCINI AL TEGAME

Steinpilze in Tomaten-Sardellen-Sauce

600 g Steinpilze
2 große EL Olivenöl
2 Sardellen
1 Knoblauchzehe
4 reife Tomaten
1–2 Minzeblättchen
Salz
frisch gemahlener Pfeffer
geröstete Weißbrotscheiben

Pilze abbürsten, in dicke Scheiben schneiden, waschen und trockentupfen. Sardellen waschen und entgräten. Das Öl in einer Pfanne erhitzen und die Sardellen darin zu einer Paste verkochen. Tomaten häuten, entkernen und zerkleinern. Zusammen mit den Pilzen, der zerdrückten Knoblauchzehe und den Minzeblättern in die Pfanne geben. Salzen und pfeffern und die Pilze auf lebhafter Flamme unter gelegentlichem Rühren garen. Zum Schluß den Knoblauch entfernen. Das Gericht auf einer Platte servieren und dazu in Öl geröstete Brotscheiben reichen.

FUNGHI CHIODINI AL PREZZEMOLO

Hallimasch mit Petersilie

400 g Hallimasch
½ Zitrone
¼ Zwiebel
1 Knoblauchzehe
4 EL Olivenöl
1 Glas trockener Weißwein
reichlich gehackte Petersilie
Salz
frisch gemahlener Pfeffer

Die Pilze mit Hilfe eines spitzen Messers von Erdrückständen befreien. Möglichst nicht waschen, sondern behutsam mit einem Tuch säubern. Mit Zitrone abreiben, damit sie sich beim Garen nicht dunkel verfärben. Zwiebel und Knoblauch in einer Kasserolle im Öl anbräunen. Die zerkleinerten Pilze dazugeben und scharf anbraten, damit der Pilzsaft verdampft. Pfeffern (gesalzen wird erst unmittelbar vor dem Servieren, da sie sich sonst schwarz verfärben) und mit dem Wein ablöschen. Diesen verdampfen lassen und die Hallimasche zugedeckt auf kleiner Flamme gar dünsten. (Dieser Vorgang dauert nur wenige Minuten.) Die Pilze mit Salz abschmecken, auf einer Platte anrichten und mit reichlich Petersilie und Parmesan bestreuen.

FUNGHI PORCINI ALLA GRIGLIA *

Gegrillte Steinpilze

8 Steinpilzköpfe
½ Glas Olivenöl
gehackter Knoblauch
gehackte Petersilie
Zitronensaft
Salz
frisch gemahlener Pfeffer
Zitronenspalten

Pilze säubern: Mit einem spitzen Messer Erdstückchen abschaben; zunächst mit einer feinen Serviette

und anschließend mit Zitrone abreiben. Aus Öl, Zitronensaft, Salz, Pfeffer und gehacktem Knoblauch eine Marinade bereiten und die Pilze darin ¼ Stunde beizen. Abtropfen lassen und auf den glühenden Grill legen. Sobald sie leicht gebräunt sind, die Hitze drosseln und die Pilze langsam fertig grillen. Auf einer Platte anrichten, mit der Marinade begießen und mit Petersilienbutterflöckchen garnieren. (Zubereitung der Petersilienbutter: Kalte Butter und gehackte Petersilie unter Zugabe von etwas Salz verkneten.)

FUNGHI BARBONI ALL'OLIO E LIMONE

Pilzsalat mit Parmesansplittern

500 g Ziegenfußporlinge
60 g Parmesansplitter
4 EL Olivenöl
1 Knoblauchzehe
Salz
frisch gemahlener Pfeffer
Zitronenscheiben

Möglichst frische und feste Pilze verwenden. Von Erdrückständen säubern, mit einem Tuch abwischen und mit Zitronenscheiben abreiben. Die Köpfe nicht von den Stielen trennen, sondern die ganzen Pilze längs feinblättrig schneiden. Auf einem hübschen Teller anrichten und mit Öl, Salz und Pfeffer, Knoblauchsaft (Knoblauchpresse verwenden) und Parmesansplittern vermischen. Als Beilage zu kalten Gerichten reichen.

CHAMPIGNONS CON ROGNONE

Champignons mit Kalbsniere

8 große Zuchtchampignons
½ Kalbsniere
4 EL Olivenöl
1 Knoblauchzehe
1 Glas trockener Weißwein
50 g Butter
Salz
frisch gemahlener Pfeffer
1 Bund Basilikum und Petersilie

Möglichst gleich große Exemplare auswählen. Die Köpfe abtrennen (die Stiele werden später verwendet) und häuten. Kalbsniere vorbereiten: Die feine Haut abziehen; von Sehnen und Fett befreien; in nicht zu dünne Scheiben schneiden und gründlich zunächst unter fließendem Wasser, dann in Wasser, das mit Essig gesäuert wurde, waschen. Abtropfen lassen, und auf lebhafter Flamme in einem Pfännchen zusammen mit dem Knoblauch im Öl anbraten. Die Champignonköpfe jeweils mit einer Nierenscheibe auslegen und mit einer Mischung aus den gehackten Pilzstielen, Kräutern, Salz und Pfeffer bestreuen. In eine ofenfeste Form setzen, jeweils ein Stückchen Butter darauflegen und etwa ½ Stunde in den kräftig vorgeheizten Ofen schieben. Während des Garvorgangs mit dem Wein begießen und erneut mit Butterflöckchen belegen. Aus dem Ofen nehmen, mit gehackter Petersilie bestreuen und servieren.

PASTICCIO DI FUNGHI OVOLI

Butterpilzpudding

1 kg Butterpilze
½ Glas Öl
80 g Butter
1 Knoblauchzehe
80 g geriebener Parmesan

3 Eier
gehackte Petersilie
Toastbrotscheiben
½ l Fleischbrühe

Pilze möglichst nicht waschen, sondern eventuelle Erdpartikel abschaben, unansehnliche Stellen entfernen und die Pilze mit einem Tuch abreiben. Die Eier mit dem Käse und gehackter Petersilie verquirlen. Die Pilze in Scheiben schneiden und zusammen mit dem Knoblauch 10 Minuten auf lebhafter Flamme im Öl und der Butter anbraten. Erst zum Schluß salzen und pfeffern, damit sie sich nicht dunkel verfärben. Sofort unter die Eier mischen. Eine ofenfeste Puddingform mit gebutterten Toast-

scheiben auslegen. Eine Schicht der Pilz-Ei-Mischung einfüllen, mit Brot abdecken und diese beiden Schritte noch einmal wiederholen. Die Form ist nun zu ⅔ gefüllt. Langsam 2 Schöpfkellen Brühe angießen und den Pudding ½ Stunde ruhen lassen. Anschließend ¼ Stunde im vorgeheizten Ofen backen. Herausnehmen und – nach einem kurzen Augenblick – auf einen Teller stürzen. Mit Parmesan bestreuen, sobald er sich gesetzt hat.

INDIVIE INTERE »A CRUDO«

Endiviengemüse

4 Endivienstauden
4–5 EL Olivenöl
1 Knoblauchzehe, zerdrückt
einige Minze- oder Basilikumblätter
Salz
frisch gemahlener Pfeffer

Endivien putzen, äußere Blätter entfernen und unter fließendem Wasser waschen. Die noch feuchten Stauden nebeneinander in eine große Pfanne legen. Die zerdrückte Knoblauchzehe, das Öl und die Kräuterblätter beigeben. Salzen, pfeffern und das Gemüse zugedeckt bei milder Hitze gar dünsten. Vor dem Servieren Knoblauch und Kräuterblätter entfernen. Gedünstete Endivien werden als Hauptgericht oder auch als Beilage zu gebratenem Fleisch gereicht.

INSALATA MISTA *

Gemischter Salat

80 g grüner Radicchio
80 g Tomaten
80 g Mohrrüben
80 g Frisée-Salat (oder eine andere krausblättrige Sorte)
80 g roter Radicchio
40 g Gurken
40 g Kapern
1 Sardelle
1 Knoblauchzehe, gehackt
½ Zwiebel, gehackt
2 EL Olivenöl
1 Spritzer Kräuteressig
Salz
frisch gemahlener Pfeffer

Frisée-Salat und Radicchio verlesen, unansehnliche Blätter und Strünke entfernen, gründlich waschen und zum Trocknen auf einem Tuch ausbreiten. Radicchio klein schneiden, Salat in kleine Blätter zerpflücken. Tomaten waschen, mit einem Tuch abreiben und in Scheiben schneiden. Mohrrübe schaben und raspeln. Gurke schälen, fein hobeln, salzen und zum Entwässern in ein Sieb geben. In einer Schale aus Öl, Essig, Salz, Pfeffer, gehackte Kapern, zerkleinerte Sardellen, Zwiebel und Knoblauch eine Marinade rühren. Den gemischten Salat in Schalen anrichten und in einer Sauciere die Marinade dazu reichen.

INSALATA IN PINZIMONIO

Rohkostsalat mit Kräuterdip

2 Stangen Bleichsellerie
1 Fenchelknolle
1 gelbe Paprikaschote
2 Stauden römischer Salat
2 Mohrrüben
1 Bund Radieschen
9–10 EL Olivenöl
2 EL Kräuteressig
Salz
frisch gemahlener Pfeffer

Pinzimonio ist eine typisch italienische Art der Salatzubereitung: Die verwendeten Gemüse werden, roh oder nur kurz blanchiert, in grobe Abschnitte geteilt und auf einer Platte angerichtet. Dazu bereitet man einen Dip aus Öl, Essig, Salz und Pfeffer. Für jeden Gast wird ein separates Schälchen mit der Sauce bereitgestellt. (Es sind auch spezielle Teller mit einer Vertiefung am Rand für den Dip erhältlich.) Man nimmt sich ein Gemüsestück von der Platte, taucht es in die Sauce und führt es mit der Hand zum Mund.
Vorbereitung: Sellerie grob in Abschnitte teilen; Fenchel schälen und vierteln; Paprikaschote halbieren, aushöhlen und in Streifen schneiden; Salat in einzelne Blätter teilen; Mohrrüben in Stifte schneiden; Radieschen bis auf ein paar zarte Blättchen vom Grün befreien und kreuzweise einschneiden. Aus den angegebenen Zutaten einen Dip rühren.

INSALATA CON TARTUFI

Salat mit Trüffel

1 Kopfsalat
1 große Stange Bleichsellerie
Öl
Salz, frisch gemahlener Pfeffer
Zitronensaft
1 weiße Trüffel
1 dl Sahne

Die hellen Salatblätter waschen, trockentupfen und feinstreifig schneiden. Sellerie von faserigen Teilen befreien und in Stifte schneiden. Die Zutaten in einer Salatschüssel mit Öl, Salz, Pfeffer und Zitronensaft anmachen. Mit Trüffelscheibchen und Sahne vollenden.

INSALATA DI LATTUGHELLA

Feldsalat mit Sardellendressing

200 g Feldsalat
3 EL Olivenöl
1 Knoblauchzehe
1 Sardelle
1 EL Essig
Saft von 1 Zitrone
Salz
frisch gemahlener Pfeffer

Salat verlesen, dabei welke und unansehnliche Blätter entfernen; die zarten, hellen Blättchen waschen und in einem Tuch trockenschleudern. Knoblauch und Sardelle fein hacken; mit Essig, Zitronensaft, etwas Salz und 1 Prise Pfeffer verrühren. Den Salat mit dieser Sauce vermischen und das Öl behutsam unterziehen.

INSALATA SICILIANA

Sizilianischer Salat

8 große, feste Tomaten
100 g Pilze, in Öl eingelegt
100 g Mixed Pickles
10 entsteinte Oliven
1 gehäufter EL Kapern
100 g gekochte Erbsen
100 g gekochte grüne Bohnen
1 kleine Tasse Mayonnaise (Rezept S. 125)
Salz
frisch gemahlener Pfeffer

Tomaten waschen und einen Deckel abschneiden; die Früchte sorgfältig aushöhlen, salzen und kopfüber gut abtropfen lassen. Inzwischen die restlichen Gemüse in einer Schüssel vermengen und die Mayonnaise gründlich unterziehen. Die Tomaten mit dieser Mischung füllen, einen eventuellen Rest in die Mitte einer Platte häufen und die Tomaten darum verteilen.

INSALATA DI FONTINA

Fontina-Salat

6 gelbe Paprikaschoten
300 g Fontina (s. S. 288), in Stifte geschnitten
50 g grüne Oliven, entsteint
1 TL Senf
Öl
Salz
frisch gemahlener Pfeffer
2 EL Sahne

Ein charakteristisches Rezept aus dem Aostatal. Paprikaschoten im Ofen rösten, um das Häuten zu erleichtern. Anschließend aushöhlen, entkernen und in Streifchen schneiden. Mit dem Käse und den Oliven in einer Schüssel mischen. Mit Öl, Salz, Pfeffer, Senf und Sahne anmachen, erneut gut durchmischen und vor dem Servieren 2 Stunden an einem kühlen Ort ziehen lassen.

INSALATA DI SEDANI

Sellerie-Salat

1 große Bleichselleriestaude
1 weiße Trüffel
1 Tasse Mayonnaise (Rezept S. 125)

Vom Sellerie die holzigen Rippen entfernen, die zarten waschen und gleichmäßig in Würfelchen oder Stifte teilen. Trüffel feinblättrig schneiden und in einer Schüssel mit dem Sellerie mischen. Die Mayonnaise unterziehen und den Salat bis zum Servieren an einen kühlen Ort stellen.

LENTICCHIE IN UMIDO

Gedünstete Linsen

300 g Linsen
50 g Bauchspeck
1 kleine Zwiebel
Salz

Linsen über Nacht in lauwarmem Wasser einweichen. Am Tag der Zubereitung den Speck mit der Zwiebel sehr fein hacken und beides in einer Kasserolle kurz unter Rühren anbräunen. Die abgetropften Linsen hineingeben, mit Wasser bedecken und mit Salz abschmecken. Bei milder Hitze zugedeckt dünsten, bis sie gar sind und die Kochflüssigkeit aufgenommen haben (ca. 1 Stunde). Falls nötig, etwas heißes Wasser nachgießen. Auf diese Weise zubereitet, eignen sich Linsen hervorragend als Beilage zu Cotechino (s. S. 18) und Zampone (s. S. 22).
Noch schmackhafter sind sie als Ergänzung zu frisch zubereiteter Polenta (s. S. 85 ff.).

MELANZANE AL FORNO

Auberginenschiffchen

4 große, längliche Auberginen
6 eingesalzene Sardellen
50 g Kapern
100 g schwarze Oliven
2 vollreife Tomaten
1 altbackenes Brötchen
1 Bund Petersilie
2 Knoblauchzehen
Olivenöl
Salz
Origano

Auberginen waschen, längs halbieren und vorsichtig mit einem spitzen Messer teilweise aushöhlen, so daß »Schiffchen« entstehen. In einen tiefen Teller legen, salzen, mit einem Deckel beschweren, den Teller schräg stellen und die Früchte zum Entbittern auf diese Weise 1 Stunde entwässern. Inzwischen das Fruchtfleisch fein würfeln und in einer Pfanne in etwas heißem Öl knusprig anbraten. Abtropfen lassen, zum Entfetten auf Küchenkrepp legen und salzen. Sardellen ausgiebig wässern, dann entgräten und zerkleinern. Oliven entsteinen und zusammen mit den Knoblauchzehen und der Petersilie fein hacken. Sardellen, Auberginenwürfel, das Feingehackte, Kapern und die zerbröselte Weißbrotkrume mit 1 Prise Origano (nach Belieben) in einer Schüssel gut vermischen. Die Auberginenhälften unter fließendem Wasser waschen und trockentupfen. Nebeneinander in eine große ofenfeste Form legen und mit der vorbereiteten Mischung füllen. Die in Streifen geschnittenen Tomaten darüber verteilen, alles mit 1 Prise Salz würzen und zuletzt mit reichlich Olivenöl so langsam übergießen, daß es sofort von den Zutaten aufgenommen wird. Die Auberginen

in den mäßig vorgeheizten Ofen (160–170 °C) schieben und 1 Stunde backen. Auch kalt serviert ein sehr schmackhaftes Gericht.

MELANZANE RIPIENE

Gefüllte Auberginen

4 runde Auberginen
500 g vollreife Tomaten
1 kleiner Bund Petersilie
einige Basilikumblätter
1 Knoblauchzehe
2 EL Semmelbrösel
½ TL Zucker
½ Glas Öl
Salz
frisch gemahlener Pfeffer

Dieses einfache, aber leckere Gericht stammt aus Apulien.
Die Auberginen waschen, vom Stengelansatz befreien und einen Deckel abschneiden. Mit einem spitzen Messer das Fruchtfleisch auslösen, so daß eine Becherform entsteht. Die ausgehöhlten Früchte mit Salz ausstreuen, umgekehrt auf einen Teller setzen und ca. 1 Stunde Wasser ziehen lassen. Das Fruchtfleisch würfeln, ebenfalls salzen, entwässern und danach abbrausen.
Knoblauch in der Hälfte des Öls in einer Pfanne goldbraun rösten und entfernen. Die Hälfte der gehäuteten, entkernten und zerkleinerten Tomaten zufügen. Mit Salz, Pfeffer und Zucker abschmecken und die Auberginenwürfel zusammen mit den gehackten Kräutern zufügen. Die Sauce auf lebhafter Flamme ¼ Stunde eindicken lassen und zuletzt die Semmelbrösel gründlich unterziehen.
Die Auberginen waschen, trockentupfen, mit der Sauce füllen und die Deckel wieder aufsetzen. Nebeneinander in einen nicht zu großen Steingut-Tiegel setzen und mit den restlichen durchpassierten Tomaten übergießen. Mit etwas Salz und 1 Prise Pfeffer bestreuen, 1 Schöpfkelle Wasser angießen und alles mit einigen EL Öl beträufeln. Zugedeckt auf sehr kleiner Flamme gar dünsten, dabei öfter rühren, damit nichts am Boden ansetzt.
Da die Auberginen während des Garvorgangs schrumpfen, ist es ratsam, von vornherein ein nicht zu großes Kochgeschirr zu wählen, da sie sonst später umkippen. Sie werden lauwarm oder auch kalt serviert.

MELANZANE ALLA CAMPAGNOLA

Auberginen auf ländliche Art

4 große Auberginen
2 Knoblauchzehen
1 kleiner Bund Petersilie
einige Blättchen Polei-Minze
3–4 Basilikumblätter
½ Glas Öl
Salz
frisch gemahlener Pfeffer

Auberginen waschen und längs in 1 cm dicke Scheiben schneiden. Salzen, auf einen Teller legen und, mit einem Deckel beschwert, etwa 1 Stunde ruhen lassen, um ihnen die leicht bittere Flüssigkeit zu entziehen. Anschließend in reichlich Wasser waschen und trockentupfen. Nebeneinander auf den Rost legen und über der Glut grillen; wenden, sobald sie auf einer Seite schön gebräunt sind, und gleichmäßig garen.
Die fertigen Auberginenscheiben auf einem Teller anordnen und mit einer Mischung aus dem gehackten Knoblauch und den gewiegten Kräutern bestreuen. Salzen, nach Belieben pfeffern und zuletzt langsam mit dem Öl begießen.
Die so zubereiteten Auberginen schmecken erst richtig lecker, wenn man sie vor dem Servieren 7–8 Stunden ziehen läßt.

PARMIGIANA DI MELANZANE

Auberginenauflauf

1 kg Auberginen
Salz
Öl zum Backen

Für die Sauce:

600 g reife Tomaten
3 EL Öl
1 Bund Basilikum
Salz
frisch gemahlener Pfeffer
100 g geriebener Parmesan
150 g Mozzarella oder Scamorza (s. S. 293), in Scheiben
1 Ei, verquirlt

Die Auberginen längs in Scheiben schneiden, mit 1 Prise Salz bestreuen und zum Entbittern ca. 1 Stunde auf einem schräggestellten Teller Wasser ziehen lassen. Anschließend gut trockentupfen und portionsweise in reichlich Öl backen. Zum Aufsaugen von überschüssigem Fett auf Küchenkrepp legen.
Die Tomaten häuten und entkernen. Das Öl in einem Topf erhitzen und die Tomaten zusammen mit dem Basilikum hineingeben. Salzen, pfeffern und auf lebhafter Flamme etwa 20 Minuten kochen, bis die Sauce eingedickt ist. Eine Steingut-Form mit einer Schicht Auberginen auslegen und reichlich Parmesan darüberstreuen. Nun einige dünne Käsescheiben darauf verteilen und mit etwas Tomatensauce und (nach Belieben) etwas verquirltem Ei übergießen. (Sie können auch ein hartgekochtes Ei in Scheiben schneiden und anstelle des verquirlten Eis verwenden.) In dieser Reihenfolge die Form weiter füllen, bis die Zutaten aufgebraucht sind. Den Auflauf in den vorgeheizten Ofen schieben und etwa 40 Minuten bei 180 °C backen. Lauwarm oder kalt genießen.

MELANZANE TRIFOLATE »A FUNGITELLI«

Auberginensauce

500 g Auberginen
½ Glas Öl
2 vollreife Tomaten
1 Knoblauchzehe
1 kleiner Bund Petersilie
1 EL Kapern
Salz

Die Auberginen waschen und fein würfeln, salzen und auf einen ge-

neigten Teller legen. Mit einem zweiten Teller beschweren und auf diese Weise etwa 1 Stunde Wasser ziehen lassen. Anschließend in ein Sieb geben, abbrausen, gut abtropfen lassen und trockentupfen. Das Öl in einer Pfanne erhitzen und die Auberginenwürfel darin anbraten. Mit Salz abschmecken und mit den durchpassierten Tomaten und gut ausgedrückten Kapern ergänzen. Alles unter ständigem Rühren eindicken lassen. Zuletzt die gewiegte Petersilie mit der feingehackten Knoblauchzehe untermischen und die Pfanne vom Herd ziehen.
Diese Sauce paßt, besonders kalt serviert, gut zu gekochtem Fleisch und Beefsteak.
Die Bezeichnung *a fungitelli* entstammt dem neapolitanischen Dialekt und bedeutet in der italienischen Sprache *a funghetti,* was auf eine Zubereitungsart hinweist, bei der die Hauptzutat in Stücke geschnitten wird.

TIMBALLO DI MELANZANE *

Auberginen-Schinken-Auflauf

3 große, längliche Auberginen
200 g Scamorza (s. S. 293)
100 g roher Schinken
50 g Butter
Öl
Weizenmehl
Salz

Auberginen in feine Scheiben schneiden, leicht salzen und auf einen geneigten Teller legen, um ihnen die etwas bittere Flüssigkeit zu entziehen. Nach etwa 1 Stunde trockentupfen, in Mehl wenden und in einer Pfanne in reichlich Öl braten. Abtropfen lassen und zum Aufsaugen von überschüssigem Fett auf Küchenkrepp legen. Den Scamorza in dünne Scheiben, den Schinken in Streifchen schneiden. Eine ofenfeste Form ausbuttern und eine Lage Auberginen hineingeben. Schinkenstreifchen und einige Butterflöckchen darüber verteilen und alles mit Scamorzascheiben bedecken. Nun wieder Auberginen einschichten und in der zuvor beschriebenen Reihenfolge sämtliche Zutaten einfüllen, bis sie aufgebraucht sind. Zuletzt mit einer Lage Auberginen abdekken, die mit zerlassener Butter beträufelt werden. Das Gericht etwa ½ Stunde im vorgeheizten Ofen bei 170 °C backen. Herausnehmen, sobald sich eine appetitlich goldbraune Kruste gebildet hat, und sofort servieren.

PATATE FARCITE

Gefüllte Kartoffeln

8 große Kartoffeln
80 g Butter
1 Becher Sahne
1 Eigelb
Salz
frisch gemahlener Pfeffer
1 Prise Muskatnuß

Möglichst Kartoffeln von gleicher Größe und Form wählen. Ungeschält in wenig Salzwasser im zugedeckten Topf gar dämpfen, dann sofort die Haut abziehen. Auf einer Seite in Längsrichtung glattschneiden, damit sie mehr Standfestigkeit bekommen. Auf der gegenüberliegenden Seite einen Dekkel abschneiden. Die Kartoffeln zu ⅔ mit einem Löffel behutsam aushöhlen, wobei sie nicht auseinanderbrechen dürfen, und nebeneinander in eine eingebutterte ofenfeste Form setzen. Die ausgeschabte Kartoffelmasse mit der Sahne, Salz, Pfeffer und Muskatnuß zu einem glatten und lockeren Püree vermischen. Dieses in einen Spritzbeutel mit weiter Tülle füllen und die Kartoffeln damit ausspritzen. Das Eigelb verquirlen und die Kartoffeln mit Hilfe eines Backpinsels auf der Oberseite damit bestreichen. Die Kartoffeln im Ofen bakken, bis sich eine knusprig goldbraune Kruste bildet, und heiß – entweder als Vorspeise oder als Beilage zu einem Braten – servieren.

PATATE AL SALE PROFUMATO

»Duftende« Kartoffeln

600 g Kartoffeln
60 g Butter
3–4 EL Olivenöl
5–6 Salbeiblätter
einige Rosmarinblättchen
1 Knoblauchzehe
1 Bund Petersilie
Salz
frisch gemahlener Pfeffer

Kartoffeln schälen, gründlich waschen und in Würfel schneiden. In ein Tuch legen und trockentupfen. Mit dem Öl und der Butter in der Pfanne anbraten. Sobald sie goldgelb sind, die Pfanne in den Herd schieben und dort fertig backen. Die zum Würzen erforderliche Salzmenge mit einer Mischung aus gehacktem Salbei, Rosmarin, einigen Tropfen Knoblauchsaft (dafür die Zehe in der Knoblauchpresse behutsam zerdrücken) und Pfeffer aromatisieren. Die Kartoffeln damit bestreuen, sobald sie aus dem Ofen kommen, und als Beilage servieren.

PATATE AL LATTE

Kartoffeln in Sahnesauce

800 g Kartoffeln
½ l Milch
1 Becher Sahne
50 g Butter
1 TL Kartoffelstärke
1 gehäufter EL gehackte Petersilie
Salz
frisch gemahlener Pfeffer

Kartoffeln waschen und ungeschält in einem Topf mit etwas Salzwasser aufsetzen. Den Topf mit eingefettetem Pergamentpapier abdecken und anschließend mit dem Deckel verschließen. So garen die Kartoffeln im Dampf, bleiben dabei trokkener und werden schmackhafter. Abgießen, solange sie noch Biß haben, sofort schälen, abkühlen lassen und würfeln. Die Butter langsam in einer Pfanne erhitzen und die Würfel darin anbräunen. Nun Milch und Sahne angießen. Kurz ziehen lassen und die Sauce nach Zugabe der in etwas Wasser verrührten Kartoffelstärke köchelnd eindicken lassen. Zuletzt mit Salz abschmecken, die Kartoffeln in eine Schüssel füllen, mit der Petersilie bestreuen und sofort servieren.

PATATE FRITTE

Fritierte Kartoffeln

1 kg Kartoffeln
Pflanzenöl zum Fritieren
Salz

Kartoffeln schälen und gründlich waschen. Einen Teil zu Würfeln zurechtschneiden, diese in 1 cm dicke Scheiben teilen, die wiederum in 1 cm breite Stäbchen geschnitten werden. Den Rest auf andere Weise zerteilen: z. B. auf dem Gemüsehobel in hauchdünne Scheiben schneiden, mit dem Kartoffelschäler Spiralen herstellen, die Kartoffeln einfach würfeln oder mit der Reibe zu streichholzdicken Raspeln verarbeiten. Jeweils sofort in kaltes Wasser legen und vor dem Fritieren gut trockentupfen. Portionsweise in den Fritierkorb geben und einige Minuten ins heiße Öl tauchen. Abtropfen lassen, den Herd hochschalten und die Kartoffeln erneut einige Sekunden ins siedende Öl geben. Abtropfen lassen, sobald sie goldgelb und knusprig sind. Auf Küchenkrepp entfetten und salzen. Als Beilage zu Braten und ausgebackenem Fleisch servieren.

PATATE AL POMODORO

Kartoffeln mit Tomaten

1 kg Kartoffeln
1 mittelgroße Zwiebel
350 g enthäutete Tomaten
1 Msp. Safran
Salz
frisch gemahlener Pfeffer
4 EL Olivenöl
50 g Butter

Kartoffeln schälen, waschen, achteln und mit einem Tuch trockentupfen. Zwiebel hacken und in einer Kasserolle in der Butter und im Öl goldgelb anschwitzen. Kartoffeln zufügen und anbraten; die in Streifen geschnittenen Tomaten, Salz, Pfeffer und den in etwas Wasser gelösten Safran zufügen. Zugedeckt leise köcheln lassen. Etwas Wasser nachgießen, falls die Sauce zu stark eindickt. Das Gericht salzen, sobald die Kartoffeln gar sind. In eine vorgewärmte Schüssel füllen und als Beilage servieren.

CROCHETTE DI PATATE

Kartoffelkroketten

800 g Kartoffeln
Salz
50 g Butter (oder Schweineschmalz)
3–4 EL geriebener Parmesan
1 Bund Petersilie
Pfeffer
1 Ei und 1 Eigelb
Mehl

Zum Fritieren:

2 Eiweiß und 1 Eigelb
Semmelbrösel
Öl zum Fritieren

Kartoffeln in etwas Salzwasser garen. Sofort schälen und durch die Kartoffelpresse drücken. Mit der zerlassenen Butter (bzw. dem Schmalz), dem Parmesan, der gehackten Petersilie, etwas Salz, reichlich Pfeffer, dem Ei und Eigelb vermengen. Mit leicht eingefetteten Fingern längliche Kroketten daraus formen. Diese zunächst im Mehl und dann in den zu Schnee geschlagenen Eiweiß, die mit dem verquirlten Eigelb vermischt wurden, wenden; schließlich in den Semmelbröseln wälzen. Überschüssige Panade abschütteln und die Kroketten portionsweise in reichlich siedendem Öl knusprig goldbraun fritieren. Zum Abtropfen auf Küchenkrepp legen und sehr heiß zu Tisch bringen.

CROCHETTINI DI PATATE

Fritierte Kartoffelröllchen

800 g Kartoffeln
80 g Scamorza (s. S. 293) oder Mozzarella, in Stückchen geschnitten
80 g Salami
2 Bund Petersilie, gehackt
etwas frisch gemahlener Pfeffer
Salz
5 Eier
3–4 EL geriebener Parmesan
Semmelbrösel
Öl zum Fritieren
Zitronenspalten

Die gekochten und geschälten Kartoffeln noch heiß durch die Kartoffelpresse drücken. Mit dem Scamorza oder Mozzarella, der gehackten Salami, 3 verquirlten Eiern, etwas Pfeffer, 1 Prise Salz, dem Parmesan und der feingehackten Petersilie gründlich vermengen. Aus der Masse Röllchen formen.
Reichlich Öl in einer Pfanne erhitzen. Die restlichen Eier verschlagen. Die Kroketten im Ei und dann in den Semmelbröseln wenden. Portionsweise im siedenden Öl goldgelb backen und anschließend zum Aufsaugen von überschüssigem Fett auf Küchenkrepp legen. Auf einer vorgewärmten Platte anrichten und sehr heiß, mit Zitronenspalten garniert, servieren.

TORTINO DI PATATE

Kartoffel-Gratin

800 g Kartoffeln
1 Packung Scheibletten
60 g Butter
2 dl Milch
Salz
frisch gemahlener Pfeffer

Kartoffeln in Salzwasser kochen, schälen, abkühlen lassen und in Scheiben schneiden. Eine eingebutterte ofenfeste Form mit Kartoffelscheiben auslegen und diese mit Scheibletten bedecken. Leicht mit Pfeffer bestäuben und einige Butterflöckchen darüber verteilen. In dieser Reihenfolge weitere Schichten einfüllen, bis die Zutaten aufgebraucht sind. Zuletzt Kartoffeln hineingeben, die mit der Milch übergossen und mit einigen Butterflöckchen belegt werden. Das Gericht im vorgeheizten Ofen bei 180–200 °C etwa ¼ Stunde backen.

PATATE TARTUFATE

Trüffel-Kartoffeln

600 g Kartoffeln
50 g geriebener Parmesan
50 g Butter
1 Trüffel
Saft von ½ Zitrone
Salz
frisch gemahlener Pfeffer

Kartoffeln in Salzwasser halb garkochen und abtropfen lassen. Sobald sie erkaltet sind, schälen und in feine Scheiben schneiden. Eine ziemlich enge, höhere ofenfeste Form ausbuttern. Abwechselnd mit Lagen aus Kartoffelscheiben und feinen Trüffelscheibchen, die mit Parmesan bestreut werden, füllen. Nach Geschmack salzen und pfeffern und jede Lage mit im Wasserbad geschmolzener Butter beträufeln. Zuletzt eine Schicht Kartoffeln hineingeben und etwas Butter darüber verteilen. Das Gericht in den mäßig vorgeheizten Ofen (150–160 °C) schieben und etwa ¾ Stunde backen, bis die Oberfläche knusprig gebräunt ist. Kurz vor Ende des Garvorgangs mit dem Zitronensaft beträufeln und sehr heiß servieren.

PATATE DUCHESSA

Herzoginkartoffeln

800 g Kartoffeln
80 g Butter
4 Eier
Salz

Ein Originalrezept aus der Emilia-Romagna.
Kartoffeln waschen, schälen und grob würfeln. Gut abbrausen und in reichlich Wasser unter Zugabe von etwas Salz kochen. Mit dem Schaumlöffel herausheben und gut abtropfen lassen. Besser noch gelingen sie, wenn sie vor der Weiterverarbeitung einige Minuten in den vorgeheizten Ofen geschoben werden, wo sie vollständig trocknen, ohne jedoch zu bräunen. Mit der Kartoffelpresse zerdrücken und mit den Eiern vermengen. Dies muß schnell geschehen, damit die Eier nicht durch die Hitze der Kartoffeln stocken. In einer Pfanne auf den Herd stellen und unter ständigem Rühren mit dem Holzlöffel die Butter unterziehen. Die Kartoffelmasse mit Hilfe des Spritzbeutels in Rosettenform auf ein eingefettetes Backblech spritzen. 30 Minuten im Ofen backen, bis sie an den Rändern goldgelb wird. Heiß als Beilage zu Fleischgerichten servieren.
Eine interessante Variante ergibt sich, wenn man die Herzoginkartoffeln nach dem Anrichten mit gemischten Käsewürfelchen – von Gorgonzola bis Fontina – bestreut, die durch die Hitze der Kartoffeln innerhalb der Rosetten zerlaufen.

PEPERONI ALLA BAGNA CAUDA

Paprikaschoten mit Trüffel-Sardellen-Sauce

4 große gelbe Paprikaschoten
3 reife Tomaten
4 Sardellenfilets
1 Knoblauchzehe
Bagna-Cauda-Sauce (Rezept S. 130)

Paprikaschoten einen Moment in den gut vorgeheizten Ofen legen, damit sich die Haut besser abziehen läßt. Halbieren, aushöhlen und feinstreifig schneiden. Eine Servierplatte mit den Streifchen auslegen und mit den zuvor gehäuteten, entkernten und in Scheiben geschnittenen Tomaten bedecken. Mit den zerpflückten Sardellenfilets und der sehr fein gehackten Knoblauchzehe bestreuen. Das Gemüse mit der zuvor zubereiteten Bagna Cauda übergießen.

PEPERONATA *

Gemüseragout mit Paprikaschoten

700 g gelbe Paprikaschoten
350 g reife Tomaten

350 g Zwiebeln
½ Glas Essig
½ Glas Öl
Salz

Paprikaschoten waschen, von Kernen und Rippen befreien und in kleine Streifchen schneiden. Tomaten abziehen und entkernen. Zwiebeln schälen und zerkleinern. Das vorbereitete Gemüse in eine große Kasserolle mit gut schließendem Deckel geben. Salzen und das Öl zufügen. Zugedeckt bei mäßiger Hitze ca. 1 Stunde leise köcheln lassen.
Die Paprikaschoten müßten nun gerade gar sein. Den Essig dazugießen und alles noch einige Minuten durchkochen. Sobald die Sauce eindickt, das Gericht auf eine Platte füllen und abkühlen lassen. Es kann kalt, lauwarm und auch heiß serviert werden.

PEPERONI RIPIENI

Gefüllte Paprikaschoten

4 große gelbe oder grüne Paprikaschoten
100 g Thunfisch in Öl
10 schwarze Oliven
3 altbackene Brötchen
etwas Milch zum Einweichen
Öl
Salz
frisch gemahlener Pfeffer

Die entrindeten Brötchen in etwas lauwarmer Milch einweichen. Thunfisch zerpflücken, Oliven entsteinen und sehr fein hacken. Diese beiden Zutaten zusammen mit der gut ausgedrückten Weißbrotkrume in eine Schüssel geben. Salzen, pfeffern und gründlich mit dem Holzlöffel vermengen. Nach und nach 4 EL Öl einarbeiten und alles zu einer glatten Mischung verrühren.
Paprikaschoten waschen, abtrocknen und waagerecht halbieren. Den Deckel beiseite legen und kleingeschnitten anderweitig verwenden. Die Schoten aushöhlen und mit der vorbereiteten Mischung füllen. Etwas Öl in einen Steingut-Tiegel gießen und die Paprikaschoten nebeneinander hineinsetzen (eine ausreichend große Form wählen!). 40 Minuten im vorgeheizten Ofen bei 160–170 °C garen.
Die so zubereiteten Paprikaschoten werden heiß oder auch kalt gereicht.

PEPERONI CON ARINGHE E CIPOLLA

Paprikaschoten mit Räucherhering und Zwiebel

2 gelbe Paprikaschoten
80 g geräuchertes Heringsfilet
½ Zwiebel
2 EL Olivenöl
Saft von ½ Zitrone
frisch gemahlener Pfeffer
1 TL Sardellenpaste

Die Paprikaschoten über der Flamme rösten, bis sich die Haut gut abziehen läßt. Halbieren und von den Rippen und Samenkernen befreien, anschließend in kaltes Wasser legen. Abtropfen lassen, trokkentupfen und längs in Streifchen teilen. Die Zwiebel in feine Scheiben schneiden, das Fischfilet zerpflücken. Alles in eine Schüssel geben und mit dem Öl, Zitronensaft, etwas Pfeffer und der Sardellenpaste anmachen.

PEPERONI E CIPOLLE

Paprikaschoten und Zwiebeln

4–5 milde Zwiebeln
3 EL Olivenöl
350 g Tomaten
4 Paprikaschoten (Farbe nach Wahl)
Salz

Tomaten überbrühen, häuten, entkernen und zerkleinern. Zwiebeln in feine Scheiben schneiden, mit kaltem Wasser abbrausen und gut ausdrücken. In einer Pfanne bei milder Hitze im Öl glasig werden lassen. Die Tomaten dazugeben, salzen und auf kleiner Flamme zu einer dicken Sauce verkochen.
Inzwischen die Paprikaschoten über der Flamme rösten, bis die Haut braun wird, und diese abziehen. Die Schoten halbieren, aushöhlen, in Streifen schneiden und zu den Tomaten geben. Mit Salz abschmecken und zugedeckt bei mäßiger Hitze gut ½ Stunde in der Sauce ziehen lassen.

PEPERONI AL RISO *

Paprikaschoten mit Reisfüllung

4–6 Paprikaschoten
200 g Reis
80 g gekochter Schinken
10 g Bratwurstfülle
1 Mozzarella
1 Knoblauchzehe
gehackte Petersilie
1 Zwiebel
4 EL Olivenöl
½ l Fleischbrühe
Salz
frisch gemahlener Pfeffer

Paprikaschoten über der Flamme leicht rösten. Deckel abschneiden und die Früchte mit einem Löffel behutsam aushöhlen, so daß die Haut nicht verletzt wird. Zwiebel in Scheiben schneiden und in einer Kasserolle im Öl bei milder Hitze dünsten. Den Reis zufügen und anrösten. Schließlich die Bratwurstfüllung und den in Stückchen geschnittenen Schinken dazugeben. Mit der heißen Brühe begießen und alles, ohne zu rühren, auf lebhafter Flamme kochen, bis der Reis »al dente« ist und die Brühe aufgenommen hat. Die Kasserolle vom Herd ziehen. Den gewürfelten Mozzarella mit der Petersilie und der gehackten Knoblauchzehe unterziehen. Die Paprikaschoten mit der Reismischung füllen und die Deckel wieder aufsetzen. Etwas Öl in eine ofenfeste Form geben und die Schoten nebeneinander hineinsetzen. Etwa ½ Stunde im gut vorgeheizten Ofen garen. Wenn das Paprikafleisch weich wird, die Form aus dem Ofen nehmen. Die gefüllten Schoten auf einer Platte anrichten und mit Petersiliensträußchen garniert heiß servieren.

PISELLI AL PROSCIUTTO

Erbsen mit Schinken

1 kg Erbsen
40 g Schweineschmalz (oder Butter)
1 kleine Zwiebel, gehackt
Salz
frisch gemahlener Pfeffer
1 Schöpfkelle Fleischbrühe (oder Wasser)
60 g roher Schinken, in Streifchen geschnitten
in Butter geröstete Weißbrotscheiben (nach Belieben)

Dieses Gericht ist eine typische Spezialität der Küche in der Gegend von Rom, wo besonders zarte und süße Erbsen wachsen.
Die Erbsen palen. In einer Pfanne die Zwiebel im Schmalz dünsten, bis sie zu bräunen beginnt. Nun die Erbsen zufügen, salzen, pfeffern und die heiße Fleischbrühe (oder Wasser) angießen. Auf lebhafter Flamme etwa 10 Minuten kochen, bis die Erbsen weich sind. Man gibt auch gern 1 Prise Zucker dazu, um den Erbsen einen süßeren Geschmack zu verleihen, was sich allerdings bei der römischen Sorte erübrigt. 2 Minuten vor Beendigung des Garvorgangs die Schinkenstreifchen untermischen und das Gemüse heiß, beispielsweise mit gerösteten Weißbrotscheiben als Beilage, servieren.

PISELLI ALLA MAIONESE

Erbsen mit Mayonnaise

350 g frische Erbsen
4 EL Mayonnaise (Rezept S. 125)
1½ l Wasser
Salz

Erbsen aushülsen, waschen und etwa ¼ Stunde im gesalzenen Wasser lebhaft sprudelnd kochen. Abgießen, sobald sie schön zart sind, und mit kaltem Wasser abbrausen, damit sie ihre appetitlich grüne Farbe behalten. Die frisch zubereitete Mayonnaise unterziehen (dies muß behutsam geschehen, damit sie nicht dabei zusammenfällt). Die Erbsen in eine Schüssel füllen und als Beilage zu kalten Speisen reichen.

PISELLI COL GUANCIALE

Erbsen mit Schweinebacke

1 kg sehr zarte und süße Erbsen
100 g Schweinebacke
2 Zwiebeln
4 EL Öl
Salz
frisch gemahlener Pfeffer

Erbsen aushülsen und waschen. Zwiebeln und Schweinebacke fein hacken und zusammen einige Minuten im Öl dünsten, dann die Erbsen zufügen. Mit Salz und Pfeffer abschmecken und einige Schöpfkellen Wasser angießen. Bei mäßiger Hitze zugedeckt gar dünsten, dabei öfter umrühren und falls nötig etwas Wasser nachgießen. Das Gemüse heiß servieren.

POMODORI GRATINATI

Gratinierte Tomaten

4 große Tomaten
1 Bund Petersilie

1 Knoblauchzehe
1 TL Kapern
Öl
3 EL Semmelbrösel
Salz
Origano

Reife, aber noch feste Tomaten auswählen. Diese waschen und abtrocknen; halbieren und entkernen; mit etwas Salz bestreuen und umgekehrt zum Entwässern auf einen geneigten Teller legen oder kopfüber in ein Nudelsieb geben. Knoblauch, Petersilie und Kapern zusammen fein hacken. Mit 2 EL Semmelbröseln, 1 Prise Salz und 1 kräftigen Prise Origano gut vermengen.
Die Tomaten mit dieser Mischung füllen und nebeneinander in eine mit Öl ausgeschwenkte ofenfeste Form setzen. Mit etwas Öl beträufeln und mit den restlichen Semmelbröseln bestreuen.
Etwa ½ Stunde im vorgeheizten Ofen bei ca. 180 °C garen und dann heiß zu Tisch bringen.

POMODORI FARCITI

Gefüllte Tomaten

8 Tomaten
½ Zwiebel
2 EL Semmelbrösel
2 Sardellen
40 g gekochter Schinken
2 hartgekochte Eier
Öl
Salz

Von den gewaschenen und abgetrockneten Tomaten einen Deckel abschneiden. Mit einem Löffel die Kerne herausschälen, die Tomaten leicht salzen und zum Entwässern kopfüber in ein Nudelsieb geben. Sardellen zum Entsalzen mit Zitrone abreiben, entgräten und hacken.
Die Zwiebel im Öl in einer kleinen Kasserolle andünsten. Semmelbrösel einstreuen und rühren, bis sie das Öl aufgenommen haben. Den Schinken fein würfeln; die Eier durch ein Sieb streichen.
Sardellen, Eier und Schinken mit den Semmelbröseln vermengen und die Tomaten damit füllen. Eine Servierplatte mit Salatblättern auslegen und die Tomaten darauf anrichten.
Als schmackhafte sommerliche Vorspeise oder auch im Rahmen eines kalten Abendessens servieren.

POMODORI ALLA SICILIANA *

Tomaten auf sizilianische Art

8 mittelgroße, reife Tomaten
Salz
2–3 entgrätete Sardellen
1 Zwiebel, feingehackt
2–3 Bund Petersilie, gewiegt
frisch gemahlener Pfeffer
1 Prise Muskatnuß
1 gehäufter EL Kapern
1 Tasse Semmelbrösel
gut ½ Glas Olivenöl

Tomaten waschen; einen Deckel abschneiden und die Samenkerne herausschälen. Die Tomaten salzen und zum Entwässern umgekehrt auf einen Teller setzen. In einer Kasserolle die Zwiebel im Öl langsam goldgelb dünsten. Den Topf vom Herd ziehen. Die gewaschenen, entgräteten und zerkleinerten Sardellen zusammen mit der Petersilie, den Kapern und den Semmelbröseln (bis auf 2 EL) hineingeben. Mit Salz, Pfeffer und 1 Prise Muskatnuß abschmecken und gut verrühren.
Diese Mischung in die Tomaten füllen und den Deckel wieder aufsetzen. Das restliche Öl in eine Pfanne geben, 2 EL Semmelbrösel unter ständigem Rühren darin anrösten und anschließend über die Tomaten verteilen. Eine ofenfeste Form leicht mit Öl ausschwenken, die Tomaten hineinsetzen und mit etwas Öl beträufeln. ½ Stunde im vorgeheizten Ofen bei 160 °C garen und heiß oder auch kalt servieren.

RADICCHIO ALLA VICENTINA

Radicchio aus Vicenza

300 g Radicchio aus Treviso
50 g frischer Speck
Essig
Salz
frisch gemahlener Pfeffer

Radicchio waschen, trockentupfen und in eine Schüssel geben. Den sehr fein zerdrückten Speck in einem Pfännchen kräftig anbräunen. Mit Salz und etwas Pfeffer bestreuen. Den Essig zufügen und auf ziemlich lebhafter Flamme verdampfen lassen. Den Radicchio mit dieser Sauce übergießen und sofort durchmischen.
Das Gericht unverzüglich servieren, solange der Speck nicht wieder erstarrt ist.

RADICCHIO ROSSO FRITTO

Gebratener Radicchio

300 g Radicchio aus Treviso
2 EL Weizenmehl
1 Ei
Öl
Semmelbrösel
Salz
frisch gemahlener Pfeffer

Radicchio von den harten Blättern befreien. Die Köpfe waschen, sorgfältig trockentupfen und halbieren. Die Hälften zunächst im Mehl, dann im verschlagenen Ei und zuletzt in den Semmelbröseln wenden. Reichlich Öl in einer Pfanne stark erhitzen und den Radicchio einige Minuten darin braten. Anschließend zum Abtropfen auf Küchenkrepp legen, salzen und noch heiß servieren.

RADICCHIO ROSSO AI FERRI

Gegrillter Radicchio

8 feste, geschlossene Radicchio-Köpfe aus Treviso
2 EL Olivenöl
Salz
frisch gemahlener Pfeffer

Große Radicchio-Köpfe auswählen. Die Strünke glattschneiden, die Köpfe sorgfältig waschen und längs halbieren. Das Restwasser abschütteln und die Köpfe behut-

sam auf einem Tuch trocknen, dabei die Blätter nicht beschädigen. Das Öl mit Pfeffer und Salz verrühren und löffelweise über die Radicchiohälften träufeln. Diese auf einen Rost legen und über der recht heißen Glut unter gelegentlichem Wenden garen, bis sie gleichmäßig gebräunt sind. Sie werden heiß als Beilage zu Wildspießchen gereicht.

CIME DI RAPA STUFATE

Geschmorte Brokkoliröschen

Das Originalrezept aus Apulien verwendet *cime di rapa,* ein brokkoliähnliches italienisches Gemüse, das aber ebenso durch Brokkoliröschen ersetzt werden kann.

1½ kg Brokkoliröschen
2 Zwiebeln
½ Glas Öl
Salz
frisch gemahlener Pfeffer

Das Gemüse putzen und dabei harte, faserige Teile entfernen. Waschen und zusammen mit den in Scheiben geschnittenen Zwiebeln in eine Kasserolle geben. Salzen, pfeffern und 2 Gläser Wasser angießen. Das Gemüse zugedeckt 10 Minuten kochen. Mit dem Öl übergießen und auf ziemlich lebhafter Flamme 10 Minuten weiter garen. Kurz vor Ende der Kochzeit die Flüssigkeit im Topf unter ständigem Rühren verdampfen lassen. Eine schmackhafte Beilage zu gekochtem Fleisch, aber auch generell zu Gebratenem und Fleisch vom Grill.

SEDANO ALLA MAIONESE

Sellerie mit Mayonnaise

2 Sellerieknollen
4 EL Mayonnaise (Rezept S. 125)
Saft von 1 Zitrone
Salz

Sellerie schälen, waschen und dünn in Scheiben schneiden. Diese in Streifchen teilen und in eine Schüssel geben. Salzen und mit Zitronensaft beträufeln, damit sie sich nicht dunkel verfärben. Behutsam die Mayonnaise unterziehen.

SPINACI DI MAGRO

Spinat zur Fastenzeit

500 g Spinat
1 Knoblauchzehe
1 kleiner Bund Petersilie
4 EL Öl
1 Prise Zucker
Salz
frisch gemahlener Pfeffer

Spinat verlesen und mehrmals unter fließendem Wasser waschen. Im eigenen Saft zugedeckt dünsten (das an den Blättern haftende Restwasser reicht dafür aus). Inzwischen Petersilie und Knoblauch sehr fein hacken und in der Pfanne im Öl dünsten. Den Spinat ausdrücken, sobald er gar ist (er darf nicht zu weich werden), und in die

Pfanne geben. Salzen, leicht pfeffern und den Geschmack mit 1 Prise Zucker abrunden. Gut durchmischen und das Gemüse als Beilage zu Fleisch oder Eierspeisen reichen.
Nach einem überlieferten Rezept aus der Romagna gibt man zusätzlich zum Zucker getrocknete Trauben dazu, die zuvor in lauwarmem Wasser eingeweicht und entkernt wurden.

TARTUFI ALLA PIEMONTESE

Trüffeln aus Piemont

Weiße Trüffeln
Parmesan
Öl
Salz
frisch gemahlener Pfeffer
Zitronenspalten

Trüffeln sorgfältig abbürsten, mit einem feuchten Tuch abreiben und feinblättrig schneiden. Parmesan in hauchdünne Blättchen hobeln. Beide Zutaten abwechselnd lageweise in eine kleine ofenfeste Form geben; jeweils mit etwas Öl beträufeln, leicht salzen und mit Pfeffer bestäuben. 10 Minuten in den vorgeheizten Ofen schieben und sofort servieren. Dazu Zitronenspalten bereitstellen.

FRITTO DI FIORI DI ZUCCA

Gebackene Kürbisblüten

400 g sehr frische Kürbisblüten
Backteig (s. Rezepttext)
Öl zum Ausbacken

Für die Füllung:

2 gehäufte EL Semmelbrösel (nach Belieben)
2 entgrätete Sardellen
1 EL Öl
1 Bund Petersilie, gehackt
frisch gemahlener Pfeffer

Die Blüten von Stielen und Staubfäden befreien; waschen und behutsam trockentupfen. Man kann sie nach Belieben mit einer Mischung aus Semmelbröseln, Sardellen, Öl, Petersilie und Pfeffer füllen oder auch nur jeweils ein Sardellenstückchen und etwas feingewürfelten Provatura (italienischer Käse) hineingeben. Sie werden aber auch ohne Füllung fritiert.

Vorbereitung des Backteigs: 2 Eier mit dem Schneebesen verquirlen. 150 g Mehl und ¼ l Milch unterrühren, salzen und den Teig schlagen, bis er cremig-dick wird. Die gefüllten oder auch ungefüllten Blüten durch den Backteig ziehen und portionsweise in reichlich siedendem Öl backen. Herausnehmen, sobald sie goldgelb sind, und zum Abtropfen auf Küchenkrepp legen. Sehr heiß servieren und, falls keine Füllung verwendet wurde, zuvor leicht salzen.

ZUCCHINE RIPIENE DI CARNE *

Zucchini mit Fleischfüllung

8 kleine frische Zucchini
150 g mageres Hackfleisch vom Rind
1 Ei
2 EL geriebener Parmesan
Weißbrotkrume
20 g gekochter Schinken
Salz
frisch gemahlener Pfeffer
1 EL Schweineschmalz
2 Bund Petersilie
1 Zwiebel, gehackt
20 g Schinkenspeck
1 EL Tomatenmark

Zucchini waschen, die Enden abschneiden, die Zucchini halbieren und aushöhlen. Für die Füllung Hackfleisch, Ei, Parmesan, grobgehackten Schinken und 1 Handvoll in Wasser eingeweichte und gut ausgedrückte Weißbrotkrume in eine Schüssel geben. Salzen, pfeffern und gründlich vermengen. Die Zucchini mit dieser Mischung füllen. In einer ofenfesten Pfanne, die groß genug ist, um alle Zucchinihälften nebeneinander aufzunehmen, den Schinkenspeck, die Petersilie und die Zwiebel im Schmalz anbräunen. Das in 1–2 Schöpfkellen Wasser verrührte Tomatenmark dazugießen, salzen und pfeffern. Wenn die Sauce einige Minuten gekocht hat, die Zucchini hineinlegen. Die Sauce erneut aufkochen lassen, die Pfanne zudecken und das Gemüse etwa 1 Stunde bei mäßiger Hitze (175 °C) im Ofen garen. Dabei muß die Sauce soviel dünner werden, daß die Zucchini beinahe von ihr bedeckt sind; sonst während des Garvorgangs etwas Wasser nachgießen. Das Gericht wird serviert, sobald die Zucchini gar, aber nicht zu weich sind.

ZUCCHINE GRATINATE

Gratinierte Zucchini

4 mittelgroße Zucchini
Weizenmehl
Olivenöl
Salz
800 g reife Tomaten
frisch gemahlener Pfeffer
200 g Mozzarella, in dünne Scheiben geschnitten

Zucchini waschen, Enden abschneiden; längs in feine Scheiben schneiden. Auf einen Teller legen, mit Salz und Pfeffer bestreuen und ca. ½ Stunde ruhen lassen. Anschließend in Mehl wenden und portionsweise in reichlich Öl braten. Zum Aufsaugen von überschüssigem Fett auf Küchenkrepp legen und warm stellen. Inzwischen die Tomaten überbrühen, häuten, entkernen, zerkleinern und durchpassieren. Das Öl aus der Pfanne bis auf 2 oder 3 EL abgießen. Tomaten hineingeben; salzen und pfeffern und auf lebhafter Flamme ca. 20 Minuten kochen. 2 EL Öl in einer Steingut-Form erhitzen. Die Zucchini mit der Tomatensauce einfüllen und kurz auf sehr kleiner Flamme ziehen lassen, damit sich die Aromen verbinden. Vom Herd ziehen, die Zucchini mit Mozzarellascheiben bedecken, mit etwas Öl beträufeln und im Ofen überbacken.

ZUCCHINE E PEPERONI

Zucchini und Paprikaschoten

4 mittelgroße Zucchini
Salz
Öl
1 gelbe Paprikaschote
3–4 reife Tomaten
1 Knoblauchzehe
1 Bund Basilikum
8 dünne Scheiben Caciocavallo (s. S. 286)
4 eingesalzene Sardellen

Von den Zucchini die Stielenden abschneiden; längs halbieren, leicht aushöhlen und 2 Minuten in sprudelndem Salzwasser garen (sie dürfen dabei nicht zu weich werden). Abtropfen lassen und nebeneinander in eine mit Öl ausgeschwenkte Steingut-Form legen. Die Paprikaschote über der Herdflamme rösten, bis die Haut bräunt und sich leicht abziehen läßt. Die Schote halbieren, aushöhlen und in Streifchen schneiden. Tomaten kurz überbrühen, häuten, entkernen und klein schneiden. Zusammen mit der zerdrückten Knoblauchzehe und gut 1 EL Öl in einen Topf geben; mit 1 Prise Salz und einigen zerkleinerten Basilikumblättchen würzen; auf lebhafter Flamme etwa 20 Minuten kochen. Inzwischen die Sardellen wässern, entgräten und filetieren. Jeweils 1 EL der Tomaten in die Zucchinihälften streichen, einige Paprikastreifen darauflegen, mit 1 Käsescheibe bedecken und 1 Sardellenfilet darauflegen. Etwas Öl darüberträufeln und das Gericht etwa ¼ Stunde in den vorgeheizten Ofen (160 °C) schieben. Herausnehmen, sobald der Käse zerlaufen und die Zucchini leicht gebräunt sind. Heiß oder auch kalt servieren.

TORTINO DI ZUCCHINE

Zucchini-Gratin

600 g Zucchini
3 EL Öl
1 EL Butter
1 Bund Petersilie
1 Knoblauchzehe
Béchamelsauce (Rezept S. 126)
Salz
frisch gemahlener Pfeffer

Zucchini säubern und in feine Scheiben schneiden. Petersilie und Knoblauchzehe zusammen sehr fein hacken. Öl und Butter in einer Pfanne erhitzen und die Zucchini mit dem Feingehackten unter ständigem Rühren darin dünsten, jedoch nicht bräunen. Mit Salz und 1 Prise Pfeffer abschmecken. In eine ofenfeste Form umfüllen, mit Béchamelsauce überziehen und ein paar Minuten im vorgeheizten Ofen bei etwa 200 °C gratinieren.

ZUCCHINE IN AGRODOLCE

Zucchini süß-sauer

4 mittelgroße Zucchini
2 EL Olivenöl (auch etwas mehr)
1 Knoblauchzehe
2 EL Essig
20 g Pinienkerne
2 gehäufte EL Sultaninen
2 entgrätete Sardellen
Salz

Für dieses typische Gericht der sizilianischen Küche zunächst von den Zucchini die Stielenden und Kappen abschneiden. Die Früchte in Längsrichtung achteln, von den Samenkernen befreien und waschen. Das Öl in einem Topf erhitzen und die Knoblauchzehe goldgelb anschwitzen. Herausnehmen und die Zucchini einlegen. Zugedeckt bei mäßiger Hitze dünsten und leicht anbräunen, dabei einige EL Wasser und Essig angießen. Nach etwa 10 Minuten die Pinienkerne, die entstielten Sultaninen und die gewässerten, entgräteten und filetierten Sardellen ergänzen. Einige Minuten ziehen lassen und die Zucchini dann mit der Sauce auf einer Platte anrichten.

PIATTO FREDDO DI ORTAGGI *

Kalter Gemüseeintopf

3–4 mittelgroße Auberginen
Salz
2 gelbe Paprikaschoten
2 rote Paprikaschoten
1 Glas Olivenöl
1 Glas Wasser
1 mittelgroße Zwiebel
1 Knoblauchzehe, zerdrückt
1 Prise Thymian
1 Lorbeerblatt
½ Glas Essig
frisch gemahlener Pfeffer

Auberginen würfeln, ohne sie zu häuten; Paprikaschoten rösten, schälen, aushöhlen und in Streifen schneiden; Zwiebel in Scheiben schneiden. Das Gemüse in eine ofenfeste Kasserolle füllen und mit je 1 Glas Wasser und Öl übergießen. Mit Knoblauch, Lorbeer und Thymian würzen und den Topf auf den Herd stellen. Sobald die Flüssigkeit zu sprudeln beginnt, den Topf mit Alufolie abdecken, mit dem Deckel verschließen und 1½ Stunden in den mäßig heißen Ofen (160 °C) schieben. Herausnehmen, mit dem Essig beträufeln, salzen und pfeffern. Auf eine Servierplatte geben und erkalten lassen.

Pizze e pane

Pizzen und Brote

»Man mag noch so weit fahren, sogar Völker völlig fremder Kulturkreise aufsuchen, überall wird man Frauen sehen, wie sie Teig kneten, aus den verschiedensten Mehlsorten, auf einfachen Holzbrettern, auf Nudelbrettern, auf poliertem Stein . . . Sie machen »pizze«, »foccacce«, »gallette«, »tortille« und was sich der menschliche Geist im Laufe der Jahrhunderte noch alles an Köstlichkeiten ausgedacht hat. Italien bildet da keine Ausnahme. Im Gegenteil, die Neapolitaner, Italiens wohl phantasievollste Bevölkerungsgruppe, haben die »Pizza«, dieses einzigartige und ziemlich nahrhafte Gericht, erfunden. Zu Recht konnte sie die ganze Welt erobern. Heute steht »Pizza« geradezu als Synonym für »Italien«. Aber Vorsicht, Pizza und Pizza ist nicht das gleiche. Improvisierten Neuentdeckungen sollte man mißtrauen. Die Neapolitaner hielten sich bei ihrer Erfindung strikt an die Regeln ihrer Küche mit den einfachen, lokalen Zutaten. Und daran sollte man sich weiterhin halten. Dies gilt auch für die »Foccacce« und »Piadine«: Wer wollte sie verfremden, die traditionelle »Foccaccia« aus Ligurien, die am frühen Morgen in den Ofen geschoben wird, während die Sonne sich langsam über San Terenzio erhebt und Portovenere in ihr Licht taucht?«

PIZZA ALLA NAPOLETANA *

Pizza aus Neapel
(für 4 Pizzen zu je 100 g oder für 1 große Pizza)

Für den Teig:

400 g Mehl
etwas Mehl zum Bestäuben der Arbeitsplatte
20 g Bierhefe
½ TL Salz
warmes Wasser
oder
500 g Brotteig
2 EL Öl

Für den Belag von 1 Pizza zu ca. 100 g:

70 g Tomaten, geschält, entkernt und zerkleinert
50 g gewürfelter Mozzarella
1 Sardelle, entgrätet und zerkleinert
Salz
1 TL Origano
2 EL Olivenöl
1 Prise Pfeffer

Teig
Die Hefe mit etwa 1 Glas lauwarmem Wasser auflösen. 2–3 EL Mehl zugeben und einen glatten Vorteig rühren. In einer leicht eingemehlten Schüssel, mit einem Tuch abgedeckt, ½ Stunde an einem warmen Ort gehen lassen. Das übrige Mehl auf der Arbeitsplatte zu einem Hügel zusammenschieben. Den Vorteig in die Mitte geben, leicht salzen und durchkneten. Dabei nach und nach etwas warmes Wasser zugeben. Etwa 10 Minuten kneten, bis der Teig geschmeidig ist. Entweder im ganzen oder schon in 4 Portionen aufgeteilt gut abgedeckt an einem warmen Ort etwa 2 Stunden gehen lassen. (Manche kneten das gesamte Mehl mit der in warmem Wasser aufgelösten Hefe in einem einzigen Arbeitsgang und lassen den Teig dann 2½ Stunden gut abgedeckt an einem warmen Ort gehen. Ratsamer ist jedoch die langsamere erste Methode.)
Bei Verwendung von fertigem Brotteig: 2 EL Öl etwa 10 Minuten lang einkneten. Im Grunde müßten die Pizzen in einem mit Holz geheizten Steinbackofen gebacken werden. Wenn man jedoch einen Gas- oder Elektroherd benutzt, muß er auf die höchstmögliche Temperatur (ca. 280 °C) vorgeheizt werden. Den Teig mit dem Nudelholz leicht ausrollen, sobald er gegangen ist, dann auf ein kleineres, gut eingeöltes Backblech (30 × 35 cm) legen und mit den Händen gleichmäßig verteilen. Für vier kleine Pizzen: Die Teigportionen von Hand oder mit einem Nudelholz zu Fladen von etwa ½ cm Dicke ausrollen; auf die bemehlte Arbeitsfläche (oder ein Marmorbrett) schlagen, und zwar derart, daß sich der Rand leicht aufwirft.

Belag
Die Zutaten wie oben angegeben vorbereiten. Den Teig mit Tomaten, Mozzarella und Sardellenstückchen belegen. Mit 1 Prise Salz, Origano und – falls erwünscht – etwas Pfeffer würzen. 2 EL Olivenöl darüberträufeln.
Im Holzofen die Pizza 4–5 Minuten

backen, mit einem Brotschieber dabei immer wieder verrücken. Im Gas- oder Elektroherd das Blech auf die mittlere Schiene schieben und 15–20 Minuten bei sehr starker Hitze (ca. 280 °C) backen. Auf dem großen Backblech braucht die Pizza etwas länger, da das Blech einen großen Teil der Hitze absorbiert.

PIZZA MARGHERITA

Pizza mit Tomaten, Mozzarella und Basilikum

Brotteig (Mehl, Hefe, Salz, Wasser)
4 EL passierte Tomaten (Tomaten enthäuten und durchs Sieb streichen)
50 g Mozzarella, gewürfelt
3 Basilikumblätter (oder 1 Prise getrocknetes Origano)
Olivenöl
Salz

Die Pizza in der angegebenen Reihenfolge mit den Zutaten belegen. Mit Öl beträufeln. In den Ofen schieben. (Genaue Beschreibung siehe oben.)

PIZZA QUATTRO STAGIONI

Pizza »Vier Jahreszeiten«

Brotteig (Mehl, Hefe, Salz, Wasser)
50 g Champignons (15 Minuten in etwas Butter gebraten)
50 g gekochter Schinken
50 g Mozzarella
2–3 kleine, in Essig eingelegte Artischocken
7–8 schwarze Oliven
1 Tomate, geschält
Olivenöl
Salz

Tomatenstücke und Mozzarella auf dem Teig gleichmäßig verteilen. Mit den restlichen Zutaten je ein Viertel der Pizza belegen. In den Ofen schieben. (Nähere Beschreibung siehe oben.)

PIZZA AL PROSCIUTTO

Pizza mit Schinken

Brotteig (Mehl, Hefe, Salz, Wasser)
50 g nicht zu magerer, gekochter Schinken
4 EL passierte Tomaten (Tomaten enthäuten und durchs Sieb streichen)
50 g Mozzarella, gewürfelt
Olivenöl
Salz

Die Pizza in der angegebenen Reihenfolge mit den Zutaten belegen, mit Olivenöl beträufeln und in den Ofen schieben. (Nähere Anleitung siehe oben.)

PIZZA PUGLIESE

Pizza nach Puglieser Art

Brotteig (Mehl, Hefe, Salz, Wasser)
1 Zwiebel
30 g geriebener Pecorino (s. S. 290 f.)
2 EL passierte Tomaten (Tomaten enthäuten und durchs Sieb streichen)
2 EL Olivenöl
Salz

1 EL Olivenöl in den Teig einarbeiten. Den üblichen runden Fladen formen. Mit sehr fein gehackter Zwiebel, geriebenem Pecorino und passierter Tomate belegen. Mit Öl beträufeln. Backen wie oben beschrieben.

PIZZA ROMANA

Pizza mit Tomaten, Mozzarella und Sardellen

Brotteig (Mehl, Hefe, Salz, Wasser)
4 EL passierte Tomaten (Tomaten enthäuten und durchs Sieb streichen)
50 g Mozzarella, gewürfelt
1 Prise getrocknetes Origano
2 eingesalzene Sardellen (gewaschen und entgrätet)
Olivenöl
Salz

Den Teig in der angegebenen Reihenfolge belegen. Mit Öl beträufeln, salzen und backen. (Nähere Anleitung siehe oben.)

So wird eine Pizza zubereitet

Das Mehl auf der Arbeitsplatte zu einem Hügel zusammenschieben. Die mit lauwarmem Wasser aufgelöste Hefe in die Mitte gießen. Salzen.

So lange kneten, bis ein glatter, geschmeidiger Teig entsteht. Sollte der Teig zu fest bzw. zu feucht sein, noch etwas lauwarmes Wasser bzw. Mehl zugeben. Den Teig gut abgedeckt an einem warmen Ort gehen lassen.

Nach 2–3 Stunden ist der Teig gegangen; in 4 gleiche Portionen aufteilen und 4 kleine Bällchen formen.

(Eine zweite, etwas langwierigere, aber sehr schmackhafte Variante ist auf S. 250 beschrieben.)

Die Teigbällchen zu runden Fladen von etwa ½ cm Dicke ausrollen. Der Rand muß leicht erhöht sein, so daß der gewünschte Pizzabelag nicht herunterlaufen kann.

Nach Wunsch belegen und 15–20 Minuten in den sehr heißen Ofen (280 °C) schieben.

PIZZA AL FORMAGGIO

Pizza mit Käse

350 g Mehl
20 g Hefe
80 g Parmesan
80 g Provolone (s. S. 292)
80 g Gruyère
20 g Pecorino (s. S. 290 f.), wenn gewünscht
2 Eier
Olivenöl
Salz

50 g Parmesan, 25 g Gruyère und 25 g Provolone reiben, den restlichen Käse würfeln. ⅓ des Mehls auf die Arbeitsfläche sieben. Die mit lauwarmem Wasser aufgelöste Hefe in das Mehl einarbeiten. Mit viel Ausdauer kneten, bis ein glatter, geschmeidiger Teig entsteht.

Eine Kugel formen, diese mit dem Messer kreuzweise einschneiden und in eine leicht eingemehlte Schüssel legen. Mit einem Tuch abdecken und an einem warmen, nicht zugigen Ort gehen lassen. (Der Teig muß sich mindestens verdoppeln.) In der Zwischenzeit das restliche Mehl auf die Arbeitsfläche sieben. Etwas Salz darüberstreuen, 1 EL gutes Öl zugeben. Kneten. Nach und nach genügend lauwarmes Wasser zugießen, bis ein relativ fester, jedoch sehr elastischer Teig entsteht. In einem Teller die Eier verschlagen, den geriebenen und gewürfelten Käse untermengen und das Ganze nach und nach in den Teig einarbeiten. Zuletzt auch die gegangene Teigkugel einkneten. Sehr ausdauernd und sorgfältig mit den Händen kneten, bis der Teig weich und samtig ist. In einer recht hohen und nicht zu weiten Kuchenform, die zuvor mit Öl eingepinselt wird, den Teig mit einem Tuch zugedeckt gehen lassen. Damit der Teig an der Oberfläche nicht austrocknet, ist es empfehlenswert, ein umgekehrtes Nudelsieb über den Teig zu stülpen und darüber ein feuchtes Tuch zu breiten. Ideal für das Gehen des Teiges ist eine Temperatur von etwa 30 °C. Er braucht mindestens 2–3 Stunden. Schließlich bei 180–200 °C im Ofen 30 Minuten backen. Herausnehmen, stürzen und servieren.

PIZZETTE AL GORGONZOLA

Kleine Pizzen mit Gorgonzola

200 g Mehl
60 g Butter
130 g Gorgonzola (s. S. 289)
2 Eier
Muskatnuß
Salz
1 Prise Pfeffer

Die Butter in den Gorgonzola einarbeiten. Auf der Arbeitsplatte das Mehl mit der Gorgonzola-Masse, zwei Eigelb, einem Hauch Muskatnuß und 1 Prise Salz und Pfeffer verkneten. Eine Kugel formen. Mit einem Teller abgedeckt 30 Minuten im Kühlschrank kalt stellen. Danach sehr dünn ausrollen, Scheiben von etwa 8 cm Durchmesser ausstechen. Auf ein eingebuttertes und mit Mehl bestäubtes Backblech legen; mit ein wenig geschlagenem Eiweiß bestreichen; mit der Gabel die Oberfläche mehrfach einstechen. Im vorgeheizten Ofen (180–200 °C) wenige Minuten backen.

PIZZA AL FUNGHI

Pizza mit Pilzen

Brotteig (Mehl, Hefe, Salz, Wasser)
500 g frische Pilze
2–4 zerdrückte Knoblauchzehen
10 EL Olivenöl
2–3 Bund gehackte Petersilie
Salz
1 Prise Pfeffer (nach Belieben)

Die Pilze schaben und waschen. Die Hüte in feine Scheiben schneiden, die Stiele wegwerfen. Die Knoblauchzehen zerdrücken und in Öl anbraten. Entfernen, sobald sie zu bräunen beginnen. Pilze und Petersilie ins Öl geben, mit einer Prise Salz abschmecken. Etwa 10 Minuten braten. Den Pizzateig mit dieser Mischung bestreichen und die Pizza in den Ofen schieben. Bei hoher Temperatur backen.

PIZZA ALLE VONGOLE (o cozze)

Pizza mit Venusmuscheln (oder Miesmuscheln)

Brotteig (Mehl, Hefe, Salz, Wasser)
200 g Tomaten, geschält, entkernt und zerkleinert
1 TL Origano
500 g Venusmuscheln (oder Miesmuscheln mit Schale)
1 gehackte Knoblauchzehe
1 Bund gehackte Petersilie
4 EL Öl
Salz
frisch gemahlener Pfeffer

Die Pizza wie oben angegeben vorbereiten und mit den zerkleinerten Tomaten belegen, leicht salzen, mit Origano bestreuen und mit 1 EL Öl beträufeln. Im Ofen backen (s. S. 251). In eine Pfanne 3 EL Öl, Knoblauch, Petersilie und die sorgfältig gewaschenen Venus- bzw. Miesmuscheln geben. Kein Wasser zugießen. Nach 5 Minuten haben sich die Muscheln geöffnet. Das Muschelfleisch aus den Schalen lösen. Im Muschelsud warm halten. Sobald die Pizza fertig gebacken ist, mit den Muscheln belegen und mit frisch gemahlenem Pfeffer würzen.

PIZZA CON UOVA E CIPOLLE

Pizza mit Ei und Zwiebel

Brotteig (Mehl, Hefe, Salz, Wasser)
4–5 Zwiebeln
einige EL Olivenöl
Salz
frisch gemahlener Pfeffer
2 Eier
2–3 Bund gehackte Petersilie

Die Zwiebeln in dünne Scheiben schneiden und in ein paar EL Öl langsam andünsten. Die Temperatur muß ganz niedrig sein, die Zwiebeln dürfen nicht braun werden, sondern nur glasig. Etwas Wasser angießen. Die Zwiebeln sollen zerfallen und die Flüssigkeit fast ganz verdampfen. Mit einer Prise Salz und Pfeffer abschmecken.
Währenddessen die Eier 7 Minuten kochen, abkühlen lassen, schälen und in Scheiben schneiden. Den Teig mit einer Schicht Zwiebeln belegen und in den Ofen schieben. Bei hoher Temperatur backen. Nach 20 Minuten herausnehmen. Über die Zwiebeln die Eier schichten. Mit etwas Öl beträufeln und mit gehackter Petersilie garnieren. Diese ländliche Pizza kann heiß und kalt gegessen werden.

PIZZA AL CICENIELLI

Pizza mit Glasfischchen

Brotteig (Mehl, Hefe, Salz, Wasser)
500 g frischgeschlüpfte Sardellen
1–2 gehackte Knoblauchzehen
Olivenöl
Origano (nach Belieben)
Salz

Die frischgeschlüpften Sardellen müssen weder geputzt noch ausgenommen, sondern nur gewaschen werden. Den Teig wie bei der Pizza Napoletana zubereiten. Ausrollen und mit den Fischchen belegen. Mit etwas Öl beträufeln, salzen und – falls gewünscht – mit Origano bestreuen. Bei sehr hoher Temperatur im Ofen backen.

PIZZA CALABRESE

Pizza mit Thunfisch und Sardellen

Brotteig (Mehl, Hefe, Salz, Wasser)
50 g Schweineschmalz

100 g Thunfisch in Öl
50 g eingesalzene Sardellen
100 g schwarze Oliven
1 Handvoll Kapern
600 g sehr reife, aber feste Tomaten
4 EL Öl
Salz
frisch gemahlener Pfeffer

Die Oliven halbieren und entkernen. Die Sardellen waschen, entgräten und zerkleinern. Den Thunfisch zerbröckeln. Die Tomaten schälen, entkernen und klein schneiden. In einer großen Pfanne 3 EL Öl erhitzen. Die Tomaten, mit etwas Salz gewürzt, bei starker Flamme ¼ Stunde braten, bis der Saft verdampft ist. Die Tomaten sollten jedoch nicht verkochen. Eine Tortenbodenform mit einem Durchmesser von 26–28 cm mit wenig Schweineschmalz einfetten. Den fertigen Brotteig auf die Arbeitsplatte legen, in der Mitte etwas aufreißen und das restliche Schweineschmalz, ein wenig Salz und Pfeffer hineingeben. Die Zutaten gut in den Teig einarbeiten. Den Teig zu zwei verschieden großen Fladen ausrollen. Mit dem größeren die Kuchenform auslegen (Boden und Rand), darauf nacheinander Tomaten, Sardellen, Thunfisch, Oliven und Kapern schichten. Mit dem zweiten Fladen den Belag abdecken. Den Rand des unteren Teigblattes darüberfalten und fest andrücken, so daß die Pizza dicht verschlossen ist. Mit dem restlichen Öl die Oberfläche bestreichen und die Pizza in den vorgeheizten Ofen schieben. Etwa 1 Stunde bei 180 °C goldbraun backen. Diese Pizza schmeckt heiß und kalt gleichermaßen gut.

PIZZA LIEVITATA DI VERDURE

Pizza mit gedünstetem Salat

250 g Mehl
15 g Hefe
Salz
frisch gemahlener Pfeffer
700 g Salat (Endivie, Kopfsalat, Chicorée etc.)
1 zerdrückte Knoblauchzehe
Olivenöl
1 EL Kapern
8 schwarze Oliven

Das Mehl auf der Arbeitsfläche zu einem Hügel aufhäufen. Die Hefe in die Mitte bröseln, etwas lauwar-

mes Wasser darübergießen, so daß sich die Hefe auflöst. Salzen und pfeffern. Eine weitere Schöpfkelle lauwarmes Wasser zugeben und den Teig gut durchkneten. Der Brotteig soll weich und glatt sein. In eine Schüssel geben, mit einem Tuch bedecken und an einem warmen Ort aufgehen lassen, bis er sich verdoppelt hat.
Den Salat verlesen, waschen und grob zerschneiden. Salatblätter, 4 EL Öl, Knoblauch, Salz und Pfeffer in einen Schmortopf geben. Den Deckel auflegen und bei sehr geringer Hitze schmoren. Den Knoblauch entfernen und den Salat abkühlen lassen. Den Teig in zwei Portionen teilen und zu zwei dünnen Fladen ausrollen. Einen Fladen in eine eingeölte Tortenbodenform legen. Mit dem gedünsteten Salat, Kapern und Oliven belegen und mit dem zweiten Fladen abdecken. Vorsichtig mit den Fingern den Rand ringsherum herunterdrücken und die Ränder beider Fladen zusammenfügen. Überstehenden Teig mit einem Messer entfernen. Die Pizza mit etwas Öl beträufeln. Im vorgeheizten Ofen 20 Minuten goldbraun backen. Diese Pizza kann heiß, aber auch kalt serviert werden.

PIZZA ALL'ANDREA

Pizza mit Tomaten, Sardellen und Oliven

Brotteig (Mehl, Hefe, Salz, Wasser)
2 kleine Zwiebeln
½ Glas Öl
800 g reife Tomaten
80 g eingesalzene Sardellen
Salz
2 Basilikumblätter
12 schwarze Oliven, in Salzwasser eingelegt (oder 1 EL Kapern)
1 Knoblauchzehe (falls erwünscht)

Eine Variante aus Ligurien.
Zutaten vorbereiten: Zwiebeln in Scheiben schneiden. Tomaten schälen, entkernen und zerkleinern. Den Brotteig mit 2 EL Öl verkneten. Währenddessen die Zwiebeln bei niedriger Hitze in Öl sanft anschwitzen. Sobald sie zu bräunen beginnen, die Tomaten zugeben. Den Herd höher schalten und die Tomaten etwa 30 Minuten kochen lassen, bis der Saft gänzlich verdampft ist. Die Sardellen waschen, entgräten, hacken und in die Tomatensauce geben. Die Sauce mit Salz abschmecken und etwas ziehen lassen. Den Boden einer großen, eingeölten Backform mit einer ca. 1 cm hohen Teigschicht belegen. Die abgekühlte Tomatensauce darüber verteilen, mit Basilikum, Oliven (oder Kapern) und nach Belieben mit einer in feine Scheiben geschnittenen Knoblauchzehe belegen. Mit Öl beträufeln.
In den vorgeheizten Ofen (240 °C) schieben und etwa 30 Minuten backen, bis die Pizza goldgelb und schön knusprig ist.

PIZZA DI PASQUA

Osterpizza

Brotteig (Mehl, Hefe, Salz, Wasser)
150 g Mehl
½ Glas Öl
3 Eier
Salz
100 g geriebener Parmesan
100 g geriebener Pecorino (s. S. 291)
Schweineschmalz
1 kleine schwarze Trüffel, in Scheiben geschnitten

Eine Spezialität aus den Marken.
Die Eier mit 1 Prise Salz, geriebenem Parmesan und Pecorino verschlagen. Das Gemisch ruhen lassen und indessen in den Brotteig das Mehl und das Öl einarbeiten. Energisch durchkneten. In die Mitte das Eiergemisch gießen und den Teig so lange durchkneten, bis er geschmeidig und glatt ist und sich in einem Stück von der Arbeitsplatte löst. An einem warmen Ort in einer mit einem Tuch bedeckten Schüssel ca. 2 Stunden gehen lassen. Schließlich eine Backform – möglichst aus Steingut – mit Schweineschmalz ausfetten. Den Boden mit dem Teig belegen. Erneut mit dem Tuch bedecken und etwa 1 Stunde gehen lassen. In den gut vorgeheizten Ofen (200 °C) geben – am besten wäre ein richtiger Brotbackofen, der mit Holz beheizt wird – und etwa 30 Minuten goldbraun backen. Die Pizza, mit Trüffelstückchen bestreut, heiß servieren. Man kann sie auch mit Salamischeiben und hartgekochten Eiern garnieren.

PITTA INCHIUSA

Pizza mit Grieben

Brotteig (Mehl, Hefe, Salz, Wasser)
80 g Schweineschmalz
2 Eier
Salz
frisch gemahlener Pfeffer
200 g Flomen

Eine typisch kalabresische Spezialität. »Pitta« heißt in Kalabrien eine aus Brotteig zubereitete Pizza.
Den Flomen zerkleinern, in einen Tiegel geben, etwas warmes Wasser zugießen und auf ganz kleiner Flamme ca. 2 Stunden schmoren. Anschließend leicht salzen. Den schon gegangenen Brotteig in der Mitte etwas aufreißen und mit den Händen leicht schlagen, damit er etwas zusammenfällt. In die Öffnung löffelweise das Schweineschmalz (in weichem Zustand) und die verschlagenen Eier geben (ein wenig Ei zum Bestreichen der »Pitta« übriglassen). Mit 1 Prise Salz und reichlich Pfeffer würzen und gut durchkneten, bis der Teig glatt und elastisch ist und sich in einem Stück von der Arbeitsplatte löst. Zu einer Kugel formen und in eine leicht eingemehlte Schüssel legen. Mit einem Tuch abdecken und an einem warmen Ort 1 Stunde gehen lassen.
Schließlich den Teig in zwei ungleiche Portionen aufteilen. Eine Backform von etwa 30 cm Durchmesser mit Schweineschmalz ausreiben und mit der größeren Teigportion auslegen. Den Flomen auf dem Teig verteilen und mit der zweiten Teighälfte bedecken. Die Ränder mit den Fingern fest zusammendrücken. Die Oberfläche mit dem restlichen, geschlagenen Ei bestreichen. Im vorgeheizten Ofen bei 180 °C etwa 30 Minuten backen, bis die Pizza schön goldbraun ist. Sehr heiß servieren.
Man kann die »Pitta« aber auch mit Mangold, Kräutern oder gedünstetem Spinat etc. füllen. Fein schmecken auch Sprotten in Tomaten geschmort oder sogar kleingehackte rote Pfefferschoten als Füllung.

PANDORATO

Gefüllte und gebackene Brotscheiben

400 g Kastenweißbrot
300 g Mozzarella
100 g roher Schinken, in Scheiben geschnitten
2 Eier
Milch
Mehl
Öl
Salz

Ein Rezept aus Latium.
Die Brotrinde entfernen. Das Brot auf folgende Weise in 1 cm dicke Scheiben schneiden: Mit einem scharfen Messer die erste Scheibe einschneiden, so daß sie an einer Seite noch mit dem Laib zusammenhängt. Die zweite Scheibe ganz durchschneiden. So fortfahren. Man erhält lauter gleichgroße Scheibenpaare, die an einer Seite zusammenhängen. Den Mozzarella und die Schinkenscheiben auf die Größe der Brotscheiben zurechtschneiden. Jedes »Sandwich« mit 1 Scheibe Mozzarella und 1 Scheibe Schinken füllen. Fest zusammendrücken und ganz kurz in die Milch tauchen (nicht hineinlegen!). In Mehl wälzen und auf eine tiefe Anrichteplatte legen. Ein Ei gut mit der Gabel verschlagen, salzen und über die Brotscheiben gießen. 2 Stunden ruhen lassen. 30 Minuten vor dem Servieren (sie eignen sich als Imbiß oder Vorspeise) in einer ziemlich großen Pfanne reichlich Öl stark erhitzen. Die gefüllten Brotscheiben, eine nach der anderen, von beiden Seiten goldbraun backen. Auf Küchenkrepp legen, damit das Öl abtropfen kann. In einem vorgewärmten Teller warmstellen, bis alle »Sandwiches« fertig sind. Von einem Tuch bedeckt sofort servieren. Sie werden möglichst heiß gegessen.

PANE AL RAMERINO

Rosmarin-Brötchen

300 g Brotteig (Mehl, Hefe, Salz, Wasser)
3 EL Öl
1 Zweig Rosmarin
1 EL Sultaninen

Ein Gericht der toskanischen Küche.
Die Sultaninen in warmem Wasser einweichen. In einem Tiegelchen die Rosmarinblätter in dem Öl braten. Sie dürfen jedoch auf keinen Fall verbrennen. Das Öl filtern und in die Mitte des Brotteiges gießen. Gut einarbeiten. Schließlich die zuvor ausgedrückten und abgetrockneten Sultaninen mit einkneten. Sie sollen sich gleichmäßig im Teig verteilen. Mit eingeölten Händen kleine Brötchen – oval oder rund, je nach Lust und Laune – formen, mit dem Messer kreuzweise einschneiden und auf das leicht eingemehlte Ofenblech legen. Mit einem Tuch bedecken und an einem warmen Ort etwa 30 Minuten gehen lassen. Schließlich im vorgeheizten Ofen bei etwa 200 °C 15–20 Minuten backen.
Diese ausgesprochen köstlichen Brötchen munden sowohl morgends wie mittags.

PANZAROTTI *

Gefüllte Teigtaschen

Für den Teig:
250 g Mehl
100 g Butter
Salz
1 Eigelb

Für die Füllung:
120 g Mozzarella
70 g gekochter Schinken
2 Eier
120 g geriebener Parmesan
1 Prise Muskat
2–3 Bund Petersilie, gehackt
2 verquirlte Eier
Öl zum Ausbacken
Schweineschmalz

Dieses Rezept stammt aus Apulien. Das Mehl zu einem Haufen zusammenschieben. In die Mitte Butterflocken, 1 Prise Salz und 1 Eigelb geben. Durchkneten, dabei nach und nach Wasser zugießen, bis ein glatter und geschmeidiger Teig entsteht. Den Teig zu einer Kugel formen und mit einem Tuch abgedeckt mindestens 30 Minuten kühl stellen. Ausrollen und mehrfach falten, wie bei einem Blätterteig. Wieder ausrollen, diesmal ziemlich dünn, und der Länge nach mit einem Messer in 6 cm breite Streifen schneiden. Diese nun quer zerteilen, so daß man 8 cm lange Rechtecke erhält. Mozzarella und Schinken würfeln und zusammen mit den beiden Eiern, dem geriebenen Parmesan, 1 Prise Muskat und der gehackten Petersilie in eine Schüssel geben. Gut vermengen. In die Mitte eines jeden Teigblattes einen guten Löffel Füllung geben. Die Teigblätter falten, die Ränder mit Eigelb bestreichen und mit einem Teigrädchen über die Ränder fahren, damit sie wirklich fest verschlossen sind. Außerdem erhalten die Teigtaschen so ein schöneres Aussehen.
In einer Pfanne reichlich Öl und Schweineschmalz erhitzen. Die Teigtaschen in geschlagenes Ei tauchen und sofort ausbacken. Sie müssen sich aufblähen und von beiden Seiten schön goldbraun werden. Auf Küchenkrepp gut abtropfen lassen. Heiß servieren.

FITASCETTA

Zwiebelbrot

350 g Brotteig (Mehl, Hefe, Salz, Wasser)
500 g rote Zwiebeln
80 g Butter
3 EL Olivenöl
Salz
1 Prise Zucker
etwas Öl oder Butter zum Einfetten
1 Mozzarella, in Scheiben geschnitten (nach Belieben)

Ein in der Lombardei beheimatetes Gericht.
Das Olivenöl in den Brotteig einarbeiten. An einem warmen Ort gehen lassen. Währenddessen die Zwiebeln in Scheiben schneiden und bei sehr niedriger Temperatur etwa 1 Stunde in Butter braten. Mit etwas Salz und Zucker abschmekken. Den Teig schließlich noch etwas kneten und zu einer langen Rolle formen. Ein Ofenblech einfetten. Die Teigrolle darauf zu einem Kreis biegen. Im Warmen aufgehen lassen, bis der Kreis fast doppelt so groß geworden ist. Die Teigoberfläche mit den Zwiebeln bestreichen. Das Brot bei mäßiger Temperatur (180 °C) im Ofen etwa 30 Minuten backen, bis es schön goldbraun ist. Dieses Zwiebelbrot kann heiß und kalt gegessen werden. Man schneidet es in Scheiben und bestreicht es mit Butter.
Wenn man ein ganz besonderes Zwiebelbrot servieren will, kann man vor dem Backen über die Zwiebeln auch noch Mozzarellascheiben legen.

SFINCIONE DI SAN VITO

Pizza mit Sprotten

400 g Brotteig (Mehl, Hefe, Salz, Wasser)
4 EL Öl
500 g reife Tomaten
1 gehackte Zwiebel (oder 1 gehackte Knoblauchzehe)
½ Glas Öl
Salz
frisch gemahlener Pfeffer
300 g eingesalzene Sprotten (»unechte« Anchovis)
80 g gewürfelter Caciocavallo (s. S. 286)
Olivenöl

Der sogenannte »sfincione di San Vito« ist eine Pizza-Variante aus Palermo.
Olivenöl in den Brotteig einarbeiten. Die Tomaten kurz mit kochendem Wasser abbrühen, enthäuten, entkernen und zerkleinern. In einem Schmortopf auf sehr kleiner Flamme die Zwiebeln (bzw. den Knoblauch) in Öl anbraten. Sobald die Zwiebeln glasig werden, die Tomaten zugeben, leicht salzen und pfeffern und 30 Minuten sanft schmoren lassen. Die Sprotten waschen, Köpfe entfernen, ausnehmen und entgräten. Die Hälfte der Sprotten in die Tomatensauce geben und etwa 10 Minuten ziehen lassen. Eine eingeölte Tortenbodenform von etwa 25 cm Durchmesser mit dem Teig belegen. Darauf die Hälfte der Tomatensauce und den gewürfelten Käse verteilen. In den vorgeheizten Ofen schieben und bei 180 °C etwa 20 Minuten backen. Herausnehmen, die restliche Sauce und die zweite Hälfte der Sprotten darübergeben. Mit Öl beträufeln. Und wieder 10 Minuten backen. Den »sfincione« sehr heiß servieren.

CALZONE ALLA RICOTTA

Calzone mit Ricotta

Brotteig (Mehl, Hefe, Salz, Wasser)
100 g Ricotta
30 g Mortadella oder Schinken
1 hartgekochtes Ei
2 Basilikumblätter

Ein ländliches Gericht aus Latium. Die oben angegebenen Zutaten gut miteinander vermengen. Das Gemisch auf die Pizzafladen gießen. Die Fladen halbmondförmig umklappen. Die Ränder fest zusammendrücken, bis sie dicht schließen. Im Ofen wie gewohnt backen.

CALZONI PUGLIESI

Teigtäschchen aus Apulien

Brotteig (Mehl, Hefe, Salz, Wasser)
2 EL Öl
350 g Zwiebeln
3 EL Öl
40 g Sardellenfilets
2 EL Kapern
80 g entkernte Oliven

oder
150 g Tomaten, geschält, entkernt und zerkleinert
80 g Pecorino (s. S. 291) oder Caciocavallo (s. S. 286)
200 g Zwiebeln
30 g Sardellenfilets
Olivenöl

Den Brotteig mit 2 EL Öl sorgfältig verkneten. Mit dem Nudelholz den Teig sehr dünn (2–3 mm) ausrollen und 8 cm große Quadrate herausschneiden.
Die Zwiebeln in nicht zu dünne Scheiben schneiden, in 3 EL Öl anbraten, ohne daß sie braun werden. Die Oliven entkernen und halbieren. Auf jedes Teigquadrat etwas Zwiebel, ein Stückchen Sardelle, ein paar Kapern und Oliven geben. Mit wenig Öl beträufeln. Die Quadrate zusammenklappen, die Ränder mit einer Gabel gut festdrücken, so daß sie dicht verschlossen sind. Die Teigtäschchen auf ein eingeöltes Backblech legen und die Teigoberfläche mit etwas Öl einpinseln. Im stark vorgeheizten Ofen (240 °C) 15 Minuten bakken, bis die Täschchen leicht goldbraun sind. Heiß servieren.
In einer anderen Variante besteht die Füllung aus Tomatenstückchen, geriebenem Käse, leicht in Öl angeschwitzten Zwiebeln und ein paar zerkleinerten Sardellen.

PAN MOLLE DEL GHIOTTONE

Getränktes Brot für Feinschmecker

12 Scheiben altbackenes Bauernbrot
6 hartgekochte Eier
2 Glas trockener Weißwein
1 Gurke
1 Zwiebel
1 Bund Petersilie
3 Knoblauchzehen
1 Zweig Rosmarin
1 Lorbeerblatt
3–4 Basilikumblätter
Essiggurken
in Öl eingelegte Pilze
2 Gewürznelken
schwarze Pfefferkörner
6 eingesalzene Sardellen
20 schwarze Oliven
3 EL Essig
Olivenöl
Salz
frisch gemahlener Pfeffer

Aus folgenden Zutaten eine Marinade zubereiten: Weißwein, etwas Wasser, Rosmarin, zerbröseltes Lorbeerblatt, Gewürznelken, wenige schwarze Pfefferkörner, 1 Prise Salz. 24 Stunden ziehen lassen. Am nächsten Tag die Marinade filtern. Die Brotscheiben mit Knoblauch einreiben und in die Marinade legen. Essiggurken, Pilze, Petersilie, Basilikum, Zwiebel, 8 entkernte schwarze Oliven und die Sardellen (gewaschen und entgrätet) miteinander klein hacken. Die vollgesogenen Brotscheiben auf einer Anrichteplatte nebeneinanderlegen, mit dem Kleingehackten bedecken und mit etwas Salz und Pfeffer würzen. Reichlich Öl mit Essig verrühren und über die Brote gießen. Jede Scheibe mit ½ gekochten Ei und 1 schwarzen Olive krönen. Die Platte mit frischen Gurkenscheiben garnieren.

TORTA PASQUALINA

Ostertorte

600 g Mehl
6 EL Öl
30 g Butter
500 g Blattgemüse oder 5 zarte Artischocken
½ Zwiebel
50 g geriebener Parmesan
300 g Ricotta
4 Eier
1 dl Milch
Majoran
Salz
frisch gemahlener Pfeffer

Das Mehl auf die Arbeitsplatte sieben und 3 EL Öl, 1 gute Prise Salz und ausreichend Wasser einarbeiten, bis ein recht fester Teig entsteht. Ausgiebig kneten, der Teig soll elastisch und glatt werden. 6–7 Kugeln formen und auf ein angefeuchtetes Tuch legen. Einen Teil des Tuches über die Teigbällchen schlagen und etwa 15 Minuten ruhen lassen. Das Blattgemüse putzen und waschen (bzw. die Artischocken von den harten, äußeren Blättern befreien und in Wasser legen, das mit Zitrone angesäuert wurde, damit die Artischocken nicht oxidieren). In Salzwasser kochen. Schließlich das Blattgemüse (bzw. die Artischocken) abtropfen lassen, das Wasser gut herausdrükken und das Gemüse klein hacken (bzw. die Artischocken vertikal in Scheiben schneiden). Im restlichen Öl mit der sehr fein gehackten Zwiebel unter ständigem Rühren braten, salzen und ein paar Minuten ziehen lassen. In einer Schüssel Ricotta, Milch und 1 Prise Salz mit einem Holzlöffel gut verrühren. Nun die Teigbällchen sehr dünn ausrollen. Am besten rollt man nicht alle auf einmal aus, sondern immer gerade dasjenige, welches man für den nächsten Arbeitsgang braucht. In eine eingebutterte und leicht eingemehlte Tortenbodenform den ersten Fladen legen, so daß er über den Rand hinaussteht. Den Teig mit wenig Öl einpinseln und einen zweiten Fladen darüberbreiten. Wieder mit Öl einstreichen, am Rand ein paar Flocken Butter verteilen und einen dritten Fladen darauflegen. Den Vorgang wiederholen. Auf dem vierten Fladen das Gemüse gleichmäßig verteilen. Mit dem fünften Fladen bedecken. Darüber das Ricotta-Gemisch schichten. In gleichmäßigem Abstand 4 Vertiefungen anbringen. In eine jede ein Stückchen Butter geben, 1 Ei schlagen, etwas Salz, Pfeffer und Majoran und ½ EL Parmesan streuen. Mit den restlichen Teigfladen (wiederum mit Öl eingepinselt) abdecken. Den über die Kuchenform hinausstehenden Teigrand des untersten Fladens so nach innen biegen, daß der Teigmantel perfekt verschlossen ist. Die Teigoberfläche mit etwas Öl bestreichen und mit einer Gabel mehrfach einstechen, damit sich der Teig nicht aufbläht. Im vorgeheizten Ofen bei 200 °C etwa 45 Minuten backen. Die Ostertorte ist fertig, wenn sie schön goldbraun ist. Dieses Gericht wird lauwarm oder, noch besser, kalt serviert.

Dolci

Süßspeisen

»Bestimmte Süßspeisen erinnern uns an unsere Kindheit: Eine einfache Creme, ein Pudding oder ein Stück Kuchen waren die begehrte Belohnung für gut erledigte Pflichten. Was für eine schöne Zeit war das, in der Begriffe wie Figurprobleme und Diät noch Fremdwörter für uns waren! Die Energie für unseren unermüdlichen Bewegungsdrang und für die Stunden des Lernens schöpften wir aus dem Genuß von Köstlichkeiten wie Honig, Obst, Sahne und Schokolade. Heute stehen wir Süßigkeiten oft zurückhaltend gegenüber. Wenn der Ober oder die Gastgeberin ein Dessert anbieten, denken wir sofort an die Zutaten, addieren die Kalorien und unterziehen sie einer kritischen Kontrolle. Während wir versuchen, dem köstlichen Duft zu widerstehen, wandert unser Blick unwillkürlich nach unten, und wir betrachten geistesabwesend (so mag es jedenfalls scheinen) die Rundung unseres Bauches. Wollen wir wieder zu Kindern werden und Süßigkeiten vom Küchenbüffet stibitzen . . .?«

ALBICOCCHE ALLA PANNA

Aprikosen mit Sahnefüllung

7–8 große, reife Aprikosen
15 Amaretti (Mandelkekse)
1 Gläschen Maraschino
Vanillearoma
140 g Zucker
1 Glas Wasser
¼ l Sahne
80 g Puderzucker

Die Aprikosen mit einer Leinenserviette säubern, halbieren und entkernen. Wasser und Zucker zum Kochen bringen und die Aprikosen nacheinander kurz in diesen Sirup tauchen. Die Sahne mit dem Vanillearoma steif schlagen und mit Puderzucker süßen. Auf einem flachen Teller die Amaretti mit Maraschino tränken. Die Sahne in einen Spritzbeutel mit metallener Sterntülle geben und die Aprikosenhälften mit Sahnerosen füllen. Das Dessert auf einem runden Dekorteller anrichten. Dazu in die Tellermitte die steifgeschlagene Sahne geben und mit den getränkten Amaretti garnieren. Die gefüllten Aprikosenhälften kreisförmig um die Sahne legen und mit Amaretti verzieren.

AMARETTI DI SARONNO

Mandelkekse

100 g süße Mandeln
100 g bittere Mandeln
200 g Zucker
2 Eiweiß
Puderzucker

Die Mandeln überbrühen, schälen und im Ofen bei schwacher Hitze trocknen lassen. Danach zusammen mit 100 g Zucker in einem Mörser zu feinem Pulver zerstoßen und anschließend sieben. In einer kleinen Schüssel das Eiweiß zu Schnee schlagen, den restlichen Zucker löffelweise einrieseln lassen und untermischen. Wenn sich der Zucker aufgelöst hat, das Mandelmehl hinzufügen und die Masse in einen Spritzbeutel mit Lochtülle füllen. Ein Backblech einfetten und mit Mehl bestäuben. Nußgroße Teighäufchen in genügendem Abstand daraufsetzen, damit sie nicht aneinanderkleben. Die Häufchen mit dem Daumen leicht eindrücken. Mit Puderzucker bestreuen und einige Stunden ruhen lassen. Bei mittlerer Hitze backen: Die Amaretti gehen auf und werden innen hohl.

BRIGIDINI

Aniswaffeln

200 g Weizenmehl
40 g Butter
50 g Zucker
1 Ei
½ P. Backpulver
Vanillinzucker
1 TL Anissamen
1 Prise Salz
Milch

Brigidini sind eine typische toskanische Nachspeise.
Ei, Zucker, Mehl, Salz, Anissamen und weiche Butter in einer Schüssel verrühren. Soviel Milch hinzufügen, bis ein fester Teig entsteht. Zum Schluß Backpulver und Vanillinzucker vermischen und dazugeben. Den Teig gründlich durchrühren. Nußgroße Kugeln formen und mit den Händen etwas flachdrükken. Jeweils nur eine Portion in das bereits vorgewärmte Waffeleisen geben. Von beiden Seiten gut durchbacken. Die Aniswaffeln werden heiß serviert.

BUDINO DI RICOTTA *

Ricottapudding

1 Glas Wasser
3 EL Grieß
400 g Ricotta (ital. Frischkäse)
4 EL Puderzucker
4 Eier
40 g Zitronat und Orangeat
1 EL Sultaninen
1 Gläschen Rum
1 Msp. Zimt
abgeriebene Schale von ½ Zitrone
Butter und Mehl für die Form
Vanillinzucker

In einem Topf das Wasser zum Kochen bringen. Grieß in das kochende Wasser streuen, gut verrühren und nach ein paar Minuten vom Herd nehmen. Den Grieß auf einen feuchten Teller geben und mit einem Messer glattstreichen. Während der Grieß abkühlt, in einer Schüssel Ricotta mit Puderzucker, 1 ganzen Ei, 3 Eigelb, kleingehacktem Zitronat und Orangeat, in Rum getränkten Rosinen, Zimt und der abgeriebenen Zitronenschale verrühren. Den Teig gut vermischen und den Grieß

und das zu Eischnee geschlagene restliche Eiweiß hinzufügen. Den Teig in eine gut gebutterte und mit Mehl bestäubte Puddingform füllen, die ein Fassungsvermögen von ca. 1½ l hat. Bei ca. 180 °C eine Stunde im Herd garen lassen. Aus der Form stürzen und mit Vanillinzucker bestreuen.

BUDINO ARIANNA

Pudding »Arianna«

100 g Pan di Spagna (Biskuit)
60 g Zucker
2 Eier
80 g Rosinen
aus 2 Eiern bereitete Zabaione (s. S. 279)
¼ l Milch (evtl. etwas mehr)
200 g kandierte Früchte
1 Gläschen Rum
1 ganze kandierte Orange
1 Vanilleschote

Eier und Zucker in einer Schüssel schaumig rühren. Die Milch zusammen mit der Vanilleschote kochen und noch warm über die Eischaummasse gießen. Eine Puddingform einfetten, mit Zucker bestreuen und abwechselnd mit Biskuitscheiben, kandierten Früchten und mit in Rum getränkten Sultaninen füllen. Die Form zu ⅔ füllen und langsam die Creme darübergießen. Die Puddingform ins Wasserbad stellen (das Wasser darf nicht kochen), bis die Creme gerinnt. Herausnehmen und abkühlen lassen. Nach Erkalten auf einen Desserttelle stürzen. Zabaione (s. S. 279) vorbereiten, abkühlen lassen und einige TL steifgeschlagene Sahne vorsichtig unterziehen. Den Pudding mit der Zabaionecreme übergießen und mit einer kandierten Orange garnieren.

CANDELAUS

Zuckergebäck mit Mandeln

400 g süße Mandeln
350 g Zucker
abgeriebene Schale von 1 Zitrone
1 Gläschen Orangenblütenwasser
150 g Puderzucker
Wasser

Eine Spezialität aus Sardinien.
Mandeln kurz in kochendes Wasser tauchen, schälen und zum Trocknen in den Herd schieben. Mandeln fein mahlen oder im Mixer pulverisieren. ½ Glas Wasser mit dem Zucker in einer Kupferkasserolle zum Kochen bringen. Sobald sich der Zucker aufgelöst hat, Puderzucker und feingemahlene Mandeln hinzufügen. Das Ganze mit abgeriebener Zitronenschale und Orangenblütenwasser aromatisieren und weitere 5 Minuten kochen. Sobald sich der Teig als Ganzes vom Topfboden lösen läßt, vom Herd nehmen und abkühlen lassen. Aus diesem fädenziehenden Zuckerteig mit etwas angefeuchteten Händen kleine Kugeln formen, diese auf ein Blech legen und 5 Minuten bei mäßiger Hitze backen. In wenig Wasser etwas Zucker auflösen und das Zuckergebäck damit glasieren.

CANESTRELLI

Mandelkringel

250 g Mandeln
175 g Zucker
etwas Orangenblütenwasser
1 Gläschen Orangensirup
1 TL Butter
Konfekthüllen

Eine Spezialität aus Ligurien.
Die Mandeln 2–3 Minuten in kochendes Wasser geben, schälen und in einem Mörser zu feinem Pulver zerstoßen. Zucker und Mandelmehl in eine Schüssel geben. Mit einem Holzlöffel verrühren und nach und nach etwas Orangenblütenwasser hinzugeben, bis der Teig fest ist. Aus dem Teig kleine Kringel formen und auf ein gefettetes Backblech legen. Bei ca. 200 °C auf die oberste Schiene des Backofens schieben, so daß die Kringel mehr Ober- als Unterhitze bekommen. Nach ca. 15 Minuten, wenn die Kringel goldbraun gebakken sind, aus dem Herd nehmen, mit dem Sirup bestreichen und in die Konfekthüllen legen.

CANNOLI ALLA SICILIANA

Sizilianische Teigröllchen

Für den Teig:
100 g Mehl
1 TL Kakao
1 TL Kaffeepulver
1 Prise Salz
1 EL Zucker
20 g Schmalz (oder Butter)
1 Glas Rot- oder Weißwein (oder Marsala)
Öl zum Fritieren

Für die Füllung:

200 g Ricotta (ital. Frischkäse)
130 g Puderzucker
1 EL Orangenblütenwasser
40 g Orangeat, Zitronat und kandierter Kürbis (oder gehackte Pistazien)
20 g in kleine Stücke geschnittene Kuvertüre
1 EL Kakao (nach Belieben)
8 kandierte Kirschen
Vanillinzucker

Zur Zubereitung sizilianischer Teigröllchen benötigt man einige tütenförmige Blechhülsen mit einem Durchmesser von 2 cm und einer Länge von ca. 15 cm. Ähnliche Blechhülsen werden für die Zubereitung von Blätterteigröllchen verwendet. Die Teigröllchen bestehen aus der sogenannten »Schale«, einer speziellen Teighülle, und einer Füllung aus Ricottacreme. Mehl auf die Arbeitsfläche geben und mit Kakao, Kaffee, Salz und Zucker vermischen. Schmalz (oder Butter) in kleinen Stückchen in die Mitte geben und mit soviel Wein (oder Marsala) vermengen, bis die Masse sehr fest ist. Den Teig so lange durchkneten, bis er glatt und geschmeidig ist. Zu einer Kugel formen und zugedeckt an einem kühlen Ort ca. 1 Stunde ruhen lassen. Den Teig mit dem Nudelholz etwa 2–3 mm dick ausrollen und in 8 cm große Quadrate teilen. Auf jedes Quadrat in Diagonalrichtung eine Blechhülse legen und diese mit den zwei anderen Ecken des Quadrates umwickeln. Den Teig mit dem Finger etwas festdrücken, so daß das Teigröllchen geschlossen ist. Ein oder zwei Teigröllchen in einer Pfanne in reichlich kochendem Öl fritieren. Sobald die »Schalen« hellbraun und schön knusprig gebacken sind, auf Küchenkrepp abtropfen lassen. Nachdem sie etwas abgekühlt sind, vorsichtig die Blechhülsen entfernen und völlig erkalten lassen. Ricotta in einer Schüssel gut verrühren, Zucker, Orangenblütenwasser, gewürfelte kandierte Früchte (Orangeat, Zitronat, Kürbis) oder Pistazien und zerkleinerte Schokolade hinzufügen. Nach Belieben kann man die Hälfte der Masse auch mit Kakao vermischen. Mit einem Löffel (oder einem Spritzbeutel) die Creme in die »Schalen« füllen (wurden zwei verschiedene Cremes zubereitet, die eine Hälfte des Teigröllchens mit der weißen Creme, die andere Hälfte mit der Kakaocreme füllen). Die Creme gleichmäßig verteilen, die kandierten Kirschen halbieren und die Teigröllchen an jedem Ende damit garnieren. Auf einer Platte anrichten und mit reichlich Vanillinzucker bestreuen.

So wird Blätterteig zubereitet:

Zutaten für 4 Personen:
400 g Mehl
400 g Butter
1 Prise Salz, Wasser

⅔ des Mehls mit Wasser anrühren, 1 Prise Salz hinzufügen. Den Teig an einem kühlen Ort ½ Stunde ruhen lassen. In der Zwischenzeit das restliche Mehl mit der Butter vermischen und den Teig in den Kühlschrank stellen. Den aus Wasser und Mehl zubereiteten Teig mit dem Nudelholz zu einem länglichen, nicht zu dünnen Viereck ausrollen. Der Teig muß dick genug sein, um den zweiten Teig aus Butter und Mehl darin einzurollen.

Nun beginnt der schwierigste Teil der Zubereitung. Das Ganze muß nun vorsichtig ausgerollt werden, ohne daß der äußere Teig reißt. Den Teig mit dem Nudelholz auf das Doppelte seiner ursprünglichen Größe ausrollen und auf die Hälfte zusammenschlagen. Danach wieder ausrollen. Dieser Vorgang wird 5- bis 6mal wiederholt.

CASSATA ALLA SICILIANA *

Sizilianische Festtagstorte

600 g Ricotta (ital. Frischkäse)
300 g Zucker
1 Msp. gemahlener Zimt (oder Orangenblütenwasser)
120 g in Stücke geschnittene Kuvertüre
350 g kandierte Früchte
40 g geschälte Pistazien (oder Pinienkerne)
1 Glas Maraschino
350 g Pan di Spagna (Biskuit)

Für die Glasur:

150 g Zucker
1 Glas Wasser
Saft von ½ Zitrone

Ricotta in einer Schüssel zu einer sämigen Creme verrühren. Zucker in eine Kasserolle geben, etwas Wasser angießen und einen klaren Sirup kochen. Kurz bevor der Sirup goldbraun wird, unter die Ricottacreme rühren, gut vermischen und das Ganze mit etwas Zimt aromatisieren. Ca. 150 g der kandierten Früchte klein würfeln (die schönsten als Garnitur zur Seite legen) und mit der Schokolade, den gehackten Pistazien und ½ Glas Maraschino untermischen. Den Biskuit in fingerdicke Scheiben schneiden und mit dem restlichen Maraschino tränken. Eine Springform von ca. 26 cm Durchmesser mit Biskuitscheiben auskleiden. Die Creme in die Mitte geben und glattstreichen. Mit den restlichen Biskuitscheiben bedekken. Die Torte mindestens 3 Stunden im Kühlschrank fest werden lassen. Danach aus der Form lösen und auf Backpapier legen. Zucker mit Wasser und Zitronensaft in einer Kasserolle unter ständigem Rühren zum Kochen bringen. Sobald der Zucker Fäden zieht, die Torte mit dieser Glasur überziehen. Ein Messer in kaltes Wasser tauchen und die Glasur damit glattstreichen. Wenn die Glasur trokken ist, das Ganze auf eine Tortenplatte legen und mit kandierten Früchten garnieren. Je nach Belieben kann die Torte auch nur mit Puderzucker bestäubt und nicht glasiert werden. In diesem Fall aber immer mit kandierten Früchten garnieren. Die Cassata sollte möglichst sofort serviert werden.

CASTAGNACCIO ALLA TOSCANA

Toskanischer Kastanienkuchen

400 g Kastanienmehl
½ l Milch
½ l Wasser
3 EL Zucker
4 EL Öl

2 EL Pinienkerne
2 EL Sultaninen
1 kl. Rosmarinzweig
Semmelbrösel
Salz

Rosmarinblätter sehr fein hacken. Die Sultaninen ca. 20 Minuten in warmem Wasser einweichen. Danach ausdrücken und trocknen lassen. Das Kastanienmehl mit Öl, Zucker und einer Prise Salz in einer Schüssel gut vermischen. Danach unter ständigem Rühren die kalte Milch und das Wasser hinzufügen. Es muß eine flüssige Creme ohne Klümpchen entstehen. Die Creme in eine gefettete und mit Semmelbröseln bestreute Springform (Durchmesser 22 oder 24 cm) geben. Sultaninen, Pinienkerne und kleingehackte Rosmarinblätter gleichmäßig verteilen. Etwas Olivenöl darübergießen und in den vorgeheizten Herd schieben. Ca. 1 Stunde bei 180 °C–200 °C bakken. Der Kuchen muß außen sehr knusprig und innen schön locker werden. Am besten schmeckt er lauwarm serviert.
Nach Belieben können bei diesem Rezept zusätzlich auch geschälte und zerkleinerte Nüsse verwendet werden.

DOLCE DI CASTAGNE E RISO

Süßer Kastanienreis

120 g getrocknete Maroni
3 Tassen Milch oder Wasser
Salz
200 g Reis
80 g Zucker
50 g Sultaninen
80 g Butter

Die Maroni mindestens eine Nacht in lauwarmes Wasser geben. Am nächsten Tag eventuell verbliebene Schalen abziehen. Die Maroni abtrocknen und in Wasser oder Milch auf kleiner Flamme ½ Stunde kochen. Etwas salzen. Wenn die Maroni halb gar sind, den Reis, die eingeweichten und gesäuberten Sultaninen und den Zucker hinzufügen. Unter ständigem Rühren weitere 20–25 Minuten kochen. Das Endprodukt ist eine Art Risotto, das zum Schluß noch mit Butter verfeinert wird. Butter gut untermischen, in eine Schüssel füllen und abkühlen lassen.

CASTAGNOLE FRITTE *

Krapfen

2 Eier
3 EL Zucker
200 g Weizenmehl
4 EL Olivenöl
3 TL Weinbrand
½ TL Vanillinzucker
abgeriebene Schale von
2 Zitronen
Öl zum Fritieren
Puderzucker
Salz

Eier und Zucker schaumig rühren. Mehl, Öl, Weinbrand, Salz, Vanillinzucker und die abgeriebene Zitronenschale hinzufügen. Das Ganze mit einem Holzlöffel gut vermischen. Öl in einer großen Friteuse erhitzen. Mit einem Eßlöffel kleine Teigportionen abstechen und mit Hilfe eines Teelöffels zu runden Bällchen formen, so daß sie die typische Krapfenform erhalten. Nicht zuviel Teigbällchen auf einmal in das heiße Öl geben, da sie noch aufgehen. Nach dem Fritieren auf Küchenkrepp abtropfen lassen und vor dem Servieren mit reichlich Puderzucker bestäuben.

CHIACCHIERE

Nonnenfürzchen

350 g Mehl
100 g Zucker
50 g Butter
2 Eier
½ Glas Weißwein
abgeriebene Schale von 1 Orange
und ½ Zitrone
1 Prise Salz
1 Päckchen Vanillinzucker
Puderzucker
Öl zum Fritieren

Nonnenfürzchen sind ein traditionelles Karnevalsgebäck.
Das Mehl auf die Arbeitsfläche geben. In der Mitte eine Mulde formen und Eier, weiche Butter, Zukker, Salz, abgeriebene Zitronen- und Orangenschale und Weißwein hinzufügen. Die Zutaten gut vermischen. Den Teig zu einer Kugel formen und 1 Stunde ruhen lassen. Mit einem Nudelholz den Teig dünn ausrollen und mit einem Teigrädchen in schmale Streifen schneiden. Die Streifen an den Enden miteinander verdrehen und verwickeln. Nach Belieben können auch Quadrate und Rechtecke ausgerädelt werden, die dann in der Mitte eingeschnitten werden. Das Öl erhitzen und die Teigstreifen in heißem Öl goldbraun fritieren. Mit einer Schaumkelle aus dem Öl nehmen und auf Küchenkrepp abtropfen lassen. Vanillinzucker und Puderzucker vermischen und das Gebäck damit bestäuben.

CREMA AL MASCARPONE

Mascarponecreme

200 g frischer Mascarpone
(s. S. 290)
150 g Zucker
3 Eigelb
2 Eiweiß
1 Gläschen Rum (oder Weinbrand)
4 trockene Kekse

Eigelb und Zucker mit dem Schneebesen schaumig rühren, Mascarpone hinzufügen und untermischen. Mit Rum oder Weinbrand aromatisieren. Das Eiweiß zu Schnee schlagen und unterheben. Die Creme in vier Schälchen füllen und einige Stunden im Kühlschrank fest werden lassen. Mit einem Keks garnieren und servieren.

CROSTATA DI VISCIOLE

Kirschkuchen

300 g Weizenmehl
150 g Puderzucker
80 g Butter
70 g frisches Schmalz
Saft von 1 Zitrone
1 Glas Sauerkirschmarmelade (ca. 400 g)
2 Eier
1 Eigelb
1 Prise Salz
etwas Milch

Eine Spezialität aus der Region Latium.
Mehl, Puderzucker und Salz vermischen. Danach die weiche Butter und das weiche Schmalz, 2 Eier und den Zitronensaft hinzufügen. Die Zutaten möglichst rasch vermischen (sollte der Teig zu fest sein, soviel Milch hinzufügen, bis er geschmeidig und weich ist. Er muß jedoch immer mit den Händen zu kneten sein). Den Teig in eine Schüssel geben und zugedeckt eine Stunde im Kühlschrank ruhen lassen. Danach die Hälfte des Teiges dünn ausrollen und eine gefettete und bemehlte runde Kuchenform (Durchmesser ca. 28 cm) damit auslegen, den Rand gut andrükken. Es sollte keine Springform verwendet werden. Die Sauerkirschmarmelade auf den Teigboden geben und mit einem Messer glattstreichen. Den restlichen Teig ausrollen. Mit einem Teigrädchen fingerdicke Streifen ausrädeln und gitterartig auf den Kuchen legen. Die Teigstreifen mit dem verquirlten Eigelb bepinseln und den Kuchen im vorgeheizten Herd bei 180 °C ca. 45 Minuten goldbraun backen. Abkühlen lassen und aus der Form lösen. Der Kuchen schmeckt am besten, wenn er am darauffolgenden Tag serviert wird.

CROSTATA DI PRUGNE E ALBICOCCHE

Aprikosen-Pflaumen-Kuchen

250 g Mehl
150 g Butter
80 g Zucker
1 Ei
abgeriebene Schale von 1 Zitrone
1 Prise Salz
Löffelbiskuit
Himbeermarmelade, Pflaumen und Aprikosen

Mehl auf die Arbeitsplatte geben. In der Mitte eine Mulde formen und zerlassene Butter, Zucker, Ei, abgeriebene Zitronenschale und Salz hinzufügen. Die Zutaten mit einer Gabel verrühren und das Mehl einmischen. Den Teig rasch zubereiten, zu einer Kugel formen und 1 Stunde zugedeckt ruhen lassen. Danach den Teig ca. ½ cm dick ausrollen und in eine Springform geben. Boden und Ränder fest andrücken und den Boden mit einer Gabel mehrmals einstechen, damit er sich während des Backens nicht hebt. Den Kuchen ca. 20 Minuten in den vorgeheizten Ofen (180 °C) schieben. Auf einem Kuchengitter abkühlen lassen und abwechselnd mit Marmelade und Löffelbiskuits bestreichen bzw. belegen. Die letzte Biskuitschicht mit Pflaumen und Aprikosen garnieren und den Kuchen auf einer Tortenplatte servieren.

DOLCETTI DELLA NONNA

Konfekt nach Großmutterart

60 g Eiweiß
150 g Puderzucker
200 g glasierte Maroni (zerkleinert)
1 Stückchen Butter
1 Gläschen Rum
Biskuitscheiben
150 g Mascarpone (s. S. 290)
40 g Zucker
gehackte, geröstete Mandeln
150 g gehackte Cashew-Nüsse
geriebene Schokolade
1 Gläschen Weinbrand
300 g Kuvertüre
3 EL Wasser

In einer kleinen Kupferkasserolle das Eiweiß mit der Hälfte des Puderzuckers schaumig schlagen, den restlichen Puderzucker nach und nach unterrühren. Die Mandeln kurz in siedendes Wasser tauchen, schälen, rösten, klein hacken und langsam unter den Eischnee heben. Die Schaummasse in kleine Papierformen füllen und ca. ¾ Stunde bei niedriger Hitze im Herd garen. Die Maroni durch ein Sieb streichen und das Maronipüree mit einem Stückchen Butter, Rum und kleingehackten Cashew-Nüssen vermengen. Aus dem Teig kleine Kugeln formen und teils in Schokolade, teils in gerösteten, gehackten Mandeln oder Nüssen wälzen.
Mascarpone, Zucker und Weinbrand mit einem Holzlöffel glatt verrühren. Den Biskuit in Rechtecke schneiden, mit der Creme bestreichen, danach halbieren und die zwei Hälften aufeinandersetzen. Die Kuvertüre mit 3 EL Wasser im Wasserbad schmelzen und die gefüllten Biskuits mit Hilfe eines Löffels in die etwas abgekühlte, lauwarme Kuvertüre tauchen, danach mit gerösteten Nüssen bestreuen. Die verschiedenen Süßigkeiten werden auf einer Platte in 3 übereinanderliegenden Schichten angerichtet.

DOPOSCUOLA PER BAMBINI

Rautenkirschkuchen

400 g Mürbeteig
16 Löffelbiskuits
½ Glas Marsala
16 entsteinte Kirschen
1 EL Kakaopulver
1 Eigelb

Für die Füllung:

½ l Milch
4 Eigelb
120 g Zucker
50 g Mehl
abgeriebene Schale von 1 Zitrone

Den Mürbeteig durchkneten und ruhen lassen. Mit einem Nudelholz ausrollen und eine gefettete Springform mit dem Teig auslegen, Rand und Boden dabei gut andrükken. Etwas Teig für den Belag zur Seite legen. Die Milch zum Kochen bringen und mit der abgeriebenen Zitronenschale aromatisieren. In einem kleinen Topf Eigelb und Zucker schaumig schlagen. Unter ständigem Rühren zuerst das Mehl, dann die warme Milch hinzugeben. Den Topf auf den Herd stellen und die Creme bei schwacher Hitze unter ständigem Rühren eindicken. Abkühlen lassen und 1 EL Kakao untermischen. Die ausgelegte Springform mit ⅔ der Creme füllen, eine Schicht Löffelbiskuits, die vorher mit Marsala getränkt wurden, darauflegen und mit der restlichen Creme bedekken. Den restlichen Teig mit dem Teigrädchen in Streifen schneiden und den Kuchen rautenartig damit belegen. Jede Raute wird in der Mitte mit einer Kirsche verziert. Den Kuchen anfangs bei großer Hitze backen, dann die Temperatur etwas herunterschalten. Nach der Hälfte der Backzeit kurz aus dem Ofen nehmen und mit Eigelb bestreichen. Wenn der Kuchen goldbraun gebacken ist, abkühlen lassen und erst dann aus der Form lösen.

FICCHI AL CIOCCOLATO

Gefüllte Schokoladenfeigen

400 g große, getrocknete Feigen
120 g geröstete Mandeln
80 g gewürfeltes Zitronat
1 zerriebene Gewürznelke
80 g Kakao (oder geriebene Blockschokolade)
80 g Puderzucker

Die Feigen zur Hälfte aufschneiden und mit einer Mandel, etwas Zitronat und zerriebener Nelke füllen. Die Feigen wieder gut verschließen, auf ein Backblech legen und ca. ¼ Stunde bei 160 °C in den Herd schieben, bis sie eine schöne goldbraune Farbe bekommen. Aus dem Herd nehmen und entweder in einem Gemisch aus Zucker und Kakao wälzen oder in die mit etwas Wasser und Zucker verrührte geschmolzene Schokolade tauchen. Die Feigen können über einen längeren Zeitraum hinweg in Holzkistchen oder Blechdosen aufbewahrt werden.

FOCACCIA RUSTICA

Bauernkranz

800 g feines Mehl
220 g Butter
220 g Zucker
1 Glas Milch
3 Eier
10 g Salz
abgeriebene Schale von 1 Zitrone
Vanillearoma
1 Päckchen Backpulver

In einer Schüssel die weiche Butter und den Zucker mit einem Holzspatel verrühren. Die Eier nacheinander einzeln unterrühren. Salz, abgeriebene Zitronenschale, Vanillearoma und das in Milch aufgelöste Backpulver hinzufügen. Mehl auf eine Arbeitsplatte geben und die gut vermischten Zutaten mit dem Mehl vermengen. Den

Teig zu einer Kugel formen und ½ Stunde ruhen lassen. Danach aus dem Teig eine Rolle formen, auf ein Backblech geben und zu einem Ring schließen, dabei die Enden fest aneinanderdrücken. Bei mittlerer Hitze ca. 40 Minuten backen. Vor dem Anschneiden abkühlen lassen.

LAT BRÜLE

Crème Brûlée

1 l frische Milch
2 Eier
4 Eigelb
9 EL Zucker
1 Päckchen Vanillinzucker

Diese Süßspeise stammt aus der Emilia-Romagna.
Die Milch langsam aufwallen lassen und mindestens auf die Hälfte einkochen (ca. 4 dl). In eine Schüssel gießen und abkühlen lassen. In einer anderen Schüssel Eier, Eigelb und 6 EL Zucker zu einer schaumigen, lockeren Creme schlagen. Zum Schluß Vanillinzucker hinzufügen. Die Creme mit der abgekühlten Milch vorsichtig vermischen. Den restlichen Zucker in eine Puddingform geben und bei schwacher Hitze karamelisieren: Der Zucker ist fertig karamelisiert, wenn er hellgelb gefärbt ist. Wichtig ist, darauf zu achten, daß der Zucker nicht anbrennt. Um dies zu verhindern, während des Karamelisierens vom Rand her rühren, so daß der Zucker sich gleichmäßig auflöst und eine einheitliche Färbung erhält. Nun die mit der Milch vermischte Creme in die Puddingform geben und im Wasserbad garen. Dazu eine Backpfanne soweit mit Wasser füllen, daß das Wasser bis zur Hälfte der Puddingform reicht. Sobald das Wasser siedet, die Puddingform in die Backpfanne geben und die Form mit einem Deckel zudecken. Die Creme so lange garen, bis sie eingedickt ist. Bei Bedarf etwas heißes Wasser in den Topf geben, so daß die Wassermenge in etwa immer gleich bleibt. Nach ca. 3 Stunden Garzeit die Puddingform aus dem Wasserbad nehmen, mit einem spitzen Messer die noch warme Crème Brûlée vom Rand der Form lösen und auf einen tiefen Teller stürzen. Der karamelisierte Zucker verteilt sich gleichmäßig und effektvoll auf der gestürzten Creme. Die Crème Brûlée wird kalt serviert.

COPPA DI MARRONS GLACES

Maronibecher

½ l frische Sahne (evtl. etwas weniger)
220 g glasierte Maroni
120 g geriebene Schokolade und gehackte Pistazien
80 g Puderzucker

Sahne steif schlagen und mit Puderzucker süßen. Einen Teil der glasierten Maroni in Stückchen schneiden, in Dessertschalen geben und mit Sahne bedecken. Mit geriebener Schokolade, Pistazien und einer ganzen Marone garnieren. Dazu die restliche Sahne servieren.

So wird Mürbeteig zubereitet:

Diese Teigart wird sowohl für süße als auch für gewürzte Gerichte verwendet. Es können andere als die auf S. 268 angegebenen Zutaten verwendet werden, jedoch sollte die im Rezept beschriebene Reihenfolge in der Zubereitung eingehalten werden.

Das Mehl mit den Eiern, einer Prise Salz, der abgeriebenen Zitronenschale und eventuell auch mit Zukker vermengen.

Zum Schluß weiche Butter hinzufügen, so daß der Teig sich besser kneten läßt.

Wenn alle Zutaten gut vermischt sind, nur wenige Minuten zu einem relativ festen Teig kneten. Sollte der Teig zu fest werden, eventuell etwas Wasser oder Milch hinzufügen.

Den Teig zu einer großen Kugel formen und zugedeckt an einem kühlen Ort, z. B. im Kühlschrank, ruhen lassen.

MARZAPANE

Marzipankuchen

200 g Mehl
100 g Butter
100 g Zucker
2 Eigelb
1 Prise Salz
abgeriebene Schale von 1 Zitrone
200 g Mandeln
200 g Zucker für das Mandelmehl
½ Glas Sahne
3 Eier
Orangenblütenwasser

Das Mehl auf die Arbeitsplatte geben, mit Butter, 100 g Zucker, Salz und abgeriebener Zitronenschale vermischen. Die Zutaten rasch zu einem Teig verarbeiten. Den Teig zu einer Kugel formen und zugedeckt mindestens ½ Stunde an einem kühlen Ort ruhen lassen. Inzwischen das Mandelmehl zubereiten. Die Mandeln einige Minuten in kochendes Wasser geben, abtrocknen und lediglich zum Trocknen, nicht zum Rösten in den Herd schieben. Die Mandeln zusammen mit 200 g Zucker in einem Mörser zu feinem Pulver zerstoßen. Das Mandelmehl in eine Schüssel geben, flüssige Sahne unterrühren und die 3 Eigelb nacheinander untermischen. Eiweiß zu steifem Eischnee schlagen. Die Masse mit 3 TL Orangenblütenwasser aromatisieren und zum Schluß den Eischnee unterheben. Den vorher zubereiteten Teig nun dünn ausrollen und in eine runde gebutterte Kuchenform mit hohem Rand geben (Durchmesser 25 cm). Die Form zu ⅔ mit der Mandelcreme füllen und mit einem Messer glattstreichen. Den Kuchen bei mittlerer Hitze ca. 1 Stunde backen.

MONTE BIANCO

Montblanc

900 g Maroni
1½ l Milch
Vanillearoma
300 g Puderzucker
1 l flüssige Sahne
Rum

Die Maroni schälen und die Haut abziehen. Danach in der Milch weich kochen und noch warm durch ein Sieb passieren. Rum und Puderzucker untermischen und die Zutaten gut verrühren. Das Püree nochmals passieren und auf einem großen Teller anhäufen. Die Sahne cremig schlagen, mit Puderzucker süßen und die Spitze des Maroniberges mit »Sahneschnee« überziehen.

MOSTACCIOLI

Honigplätzchen mit Anis

300 g Weizenmehl
300 g Honig
1 EL Anislikör
Butter

Eine Spezialität aus Kalabrien. Mehl auf die Arbeitsplatte geben, in der Mitte eine Mulde formen und Honig und Anislikör hinzufügen. Den Teig gut durchmischen, bis er geschmeidig und glatt wie Brotteig ist. Etwa fingerdick ausrollen und mit dem Teigrädchen verschiedenste Formen ausschneiden. Ein Backblech einfetten, die Teigplätzchen darauflegen und bei ca. 150 °C goldbraun backen. Aus dem Herd nehmen und abkühlen lassen.
Die Plätzchen am besten erst nach einigen Tagen servieren, wenn sie weich sind. Die Plätzchen können lange aufbewahrt werden.

PANDOLCE

Rosinenbrot

500 g Weizenmehl
25 g Hefe
125 g Zucker
100 g Butter
100 g Sultaninen
100 g Zitronat
100 g Pinienkerne
Salz

Ein typisches Gebäck aus Ligurien. Die Hefe in etwas lauwarmem Wasser auflösen und mit 100 g Mehl vermischen. Den sogenannten Vorteig zu einem Laib formen und mindestens 12 Stunden in einem warmen Raum gehen lassen. Den Vorteig sodann mit dem restlichen Mehl vermischen. Butter, Zucker, Pinienkerne, grob gewürfeltes Zitronat und Sultaninen hinzufügen. Die Sultaninen zuvor in lauwarmem Wasser einweichen und danach gut abtrocknen. Eine Prise Salz dazugeben und den Teig kräftig durchschlagen, bis er geschmeidig und glatt ist. Nach dem Abschlagen nochmals ca. 4 Stunden gehen lassen. Zu einem runden Laib formen und auf ein gebuttertes, bemehltes Backblech legen. Den Teig kreuzförmig einschneiden und bei mittlerer Hitze eine gute Stunde backen. Der Kuchen ist gar, wenn an einem Hölzchen, das man an der dicksten Stelle in den Teig sticht, nichts mehr hängen bleibt.

PANDORO DI VERONA

Veroneser Hefekuchen

275 g Mehl
10 g Hefe
1 EL Wasser
80 g Zucker
2 Eier
3 Eigelb
180 g Butter
1 Msp. Vanillinzucker
1 Prise Salz
Puderzucker

Einen gehäuften EL Mehl in eine Tasse geben, die Hefe hineinbröckeln und 1 EL warmes Wasser hinzufügen. Einige Minuten verrühren, zu einer Kugel formen und ca. 20 Minuten bis zur doppelten Größe gehen lassen. 65 g Mehl mit 1 gehäuften EL Zucker, 1 ganzen Ei, 1 Eigelb und einem Stückchen weicher Butter in eine kleine Schüssel geben. Die aufgegangene Hefe hinzufügen und ca. 4–5 Minuten zu einem Teig verkneten, bis alle Zutaten gut vermischt sind. Die Schüssel zudecken und den Teig in einem warmen Raum auf das Doppelte aufgehen lassen. Inzwischen 130 g Mehl, 2 EL Zucker, 20 g weiche Butter, 1 ganzes Ei, 2 Eigelb, 1 Msp. Vanillinzucker und eine Prise Salz auf die Arbeitsplatte geben. Den aufgegangenen Teig hinzufügen und alle Zutaten mit-

einander verkneten. Den Teig ca. 10 Minuten kräftig durchkneten, bis er geschmeidig und feinporig ist. Damit der Teig etwas fester wird, nochmals 50 g Mehl hinzufügen und langsam unter den Teig kneten, danach mit einem Messer von der Arbeitsplatte lösen. Der Teig muß so geschmeidig wie Brotteig werden und darf weder an den Händen noch an der Arbeitsplatte kleben. Den Teig noch ein paar Minuten durchkneten, dann zu einer Kugel formen und in eine bemehlte Schüssel geben. Die Schüssel zudecken und den Teig ca. 3 Stunden gehen lassen. Nach den 3 Stunden auf eine leicht bemehlte Arbeitsplatte geben, etwas durchschlagen, so daß die entstandenen Gase entweichen, mit der Hand flachdrücken und mehrmals zusammenschlagen. Mit einem Nudelholz zu einem Quadrat ausrollen und in die Mitte 150 g Butterflöckchen geben. Die Ecken des Quadrates zur Mitte hin darüberschlagen, so daß die Butter ganz im Teig eingehüllt ist. Danach den Teig vorsichtig ausrollen und 3fach zusammenlegen. Den Vorgang wiederholen und den Teig ca. 20 Minuten ruhen lassen. Weitere zwei Touren folgen lassen, d. h. ausrollen, zusammenlegen, ausrollen, zusammenlegen und weitere 20 Minuten ruhen lassen. Nun den Teig vorsichtig auf dem Tisch durchkneten und mit Hilfe von etwas Mehl zu einer Kugel zusammenrollen. In eine gebutterte Kuchenform geben und an einem warmen Ort bis zum Rand der Kuchenform gehen lassen. Den Hefekuchen bei mittlerer Hitze in den Ofen schieben und nach ¼ Stunde die Hitze etwas verringern, so daß der Kuchen auch in der Mitte gut durchgebacken wird, ohne zu dunkel zu werden. Die Backzeit beträgt ca. ½ Stunde. Für die Garprobe sticht man mit einem Hölzchen in die Mitte des Kuchens. Bleibt kein Teig daran hängen, ist der Kuchen gar. Den Hefekuchen aus der Form lösen und auf einem Kuchengitter auskühlen lassen. Zum Schluß mit Puderzucker bestäuben.

PANE BOLOGNESE

Bologneser Brot

250 g Weizenmehl
100 g Puderzucker
80 g Butter
1 Ei
1 Eigelb
1 EL Pinienkerne
2 EL Sultaninen
1 EL Zitronat
½ Glas Milch
1 Päckchen Backpulver
Vanillinzucker
1 Prise Salz

Die Pinienkerne grob hacken, das Zitronat in dünne Streifen schneiden. Sultaninen 20 Minuten in warmem Wasser einweichen. Mehl auf die Arbeitsfläche geben und mit Backpulver, Zucker, einer Prise Salz und etwas Vanillinzucker vermischen. Eine Mulde in der Mitte formen, das Ei und die vorher in lauwarmer Milch geschmolzene Butter hinzufügen und zu einem kompakten Teig verarbeiten, so daß er mit den Händen geknetet werden kann. Nun Pinienkerne, Zitronat und gut abgetrocknete Sultaninen hinzufügen und ein paar Minuten gut durchkneten. Den Teig halbieren und zwei Ovale von 2 oder 3 cm Dicke formen. Der Teig kann jedoch auch ganz nach Belieben geformt werden. Die Teiglaibe mit Eigelb bestreichen und sofort in den auf ca. 200 °C vorgeheizten Ofen geben. Ca. 20–30 Minuten goldbraun backen. Während des Backens den Herd nicht öffnen, damit der Teig gut aufgehen kann.

PASTA FROLLA

Mürbeteigplätzchen

400 g feines Mehl
200 g Butter
200 g Zucker
4 Eier
abgeriebene Schale von 1 Zitrone
1 Prise Salz
Puderzucker

Das Mehl auf die Arbeitsplatte geben. In die Mitte weiche Butter, Zucker, Eigelb, abgeriebene Zitronenschale und Salz geben. Die Zutaten mit den Händen leicht durchmischen, den Teig zu einer großen Kugel formen und zugedeckt ca. 1 Stunde an einem kühlen Ort ruhen lassen. Den Teig 1 cm dick ausrollen und verschiedenste Formen ausschneiden: Plätzchen, Biskuits, kleine Kuchen, Schiffchen und Rauten. Auf ein Backblech legen und im vorgeheizten Backrohr bei 200 °C ca. ¼ Stunde backen. Aus dem Herd nehmen, abkühlen lassen und mit Puderzucker bestäuben.

PESCHE AL FORNO

Amarettopfirsiche

4 reife, gelbe Pfirsiche
80 g Amaretti (Mandelkekse)
80 g Zucker
8 geschälte Mandeln
1 Eigelb
1 Gläschen Amarettolikör
1 Glas Weißwein
1 Stückchen Butter
kandierte Früchte

Pfirsiche mit einer Serviette abreiben, halbieren, entkernen und mit einem Löffel leicht aushöhlen. Für die Füllung das Fruchtfleisch zusammen mit den zerkrümelten, vorher in Likör getränkten Amaretti, dem Zucker und dem Eigelb in eine kleine Schüssel geben und vermischen. Die Pfirsichhälften mit 1 EL des vermischten Fruchtfleisches füllen und mit einer geschälten Mandel garnieren. Die Pfirsiche in eine gebutterte Backpfanne legen. Weißwein mit Pfirsichblättern aromatisieren und über die Pfirsiche gießen. Bei 180 °C ca. ½ Stunde in den Ofen schieben. Die Pfirsiche werden in einer Auflaufform serviert und mit Amaretti und Mandeln garniert.

PINOCCHIATE

Pinienbonbons

350 g Zucker
150 g Pinienkerne
abgeriebene Schale von 1 Zitrone
150 g Wasser

Eine typische Süßigkeit aus Umbrien.
Die Pinienkerne kurz in den Herd schieben und trocknen, aber nicht zu braun werden lassen. In einem Topf Zucker und Wasser zum Kochen bringen. Sobald der Zucker Fäden zieht, von der Herdplatte nehmen und unter Rühren die Pinienkerne und die abgeriebene Zitronenschale hinzufügen. Danach sofort auf eine feuchte Marmorplatte geben und mit einem Messer glattstreichen. Noch warm in kleine Stückchen schneiden und wie Karamelbonbons in buntes Papier wickeln.
Die Pinienbonbons können auch mit Schokoladengeschmack hergestellt werden. Hierzu lediglich statt der Zitronenschale bittere Schokolade verwenden. Der genaue Zeitpunkt, zu dem der Zucker Fäden zieht, läßt sich leicht feststellen, indem man ein Holzstäbchen in die Masse taucht und davon einen Tropfen auf den Zeigefinger gibt: Wenn man Daumen und Zeigefinger zusammendrückt und wieder löst, müssen sich regelrecht Fäden bilden.
Dieses traditionelle Weihnachtskonfekt stammt aus dem 16. Jahrhundert.

PINZA DI PANE

Brotfladen

150 g altbackenes Brot
4 dl Milch
50 g Sultaninen
2 EL Zucker
30 Pinienkerne
1 EL Weizenmehl
abgeriebene Schale von ½ Zitrone
20 g Butter
2 Eier

Das zerbröckelte Brot in einer Schüssel in warmer Milch einweichen. Zucker hinzufügen und so lange umrühren, bis das Brot durch und durch weich ist. Ca. ½ Stunde ruhen lassen. Die Sultaninen in warmes Wasser geben. Das eingeweichte Brot nochmals umrühren, so daß ein geschmeidiger Flüssigteig entsteht. Eier, abgeriebene Zitronenschale, Mehl, Sultaninen und Pinienkerne hinzufügen und untermischen. Eine Kuchenform mit Butter ausstreichen und den Teig hineingeben. Mit einem Löffel die Oberfläche glattstreichen (das Brot sollte ca. 3 cm dick sein) und einige Butterflöckchen auf dem Teig verteilen. Bei 180 °C ca. ½ Stunde backen, bis die Kruste eine schöne dunkelbraune Färbung hat. Der Brotfladen schmeckt sowohl warm als auch kalt.

RICCIARELLI DI SIENA

Mandelmakronen

250 g geschälte und im Ofen geröstete Mandeln
200 g Zucker
200 g Puderzucker
2 Eiweiß (zu steifem Schnee geschlagen)
1 Prise Vanillinzucker
25 Oblaten

Die Mandeln in einem Mörser zu Pulver zerstoßen und mit dem Zukker und der Hälfte des Puderzukkers vermischen. Vanillinzucker hinzufügen und den Eischnee nach und nach unterziehen, so daß der Teig nicht zu weich wird. Mit den Händen kleine Rhomben formen, auf Oblaten geben und mit Puderzucker bestäuben. Eine Nacht ruhen lassen und bei mittlerer Hitze (ca. 160 °C) ca. 20 Minuten in das Backrohr schieben, bis die Mandelmakronen getrocknet sind. Sie dürfen nicht braun werden. Abkühlen lassen und nochmals mit Puderzucker bestäuben.

SFOGLIATELLE FROLLE

Gefüllte Mürbeteigplätzchen

Für den Teig:

200 g Mehl
80 g Zucker
40 g Wasser
1 Prise Salz
80 g Schmalz

Zum Bestreichen des Teiges:

1 oder 2 Eigelb

Für die Füllung:

450 g Wasser
150 g Grieß
1 Prise Salz
150 g Ricotta (ital. Frischkäse)
165 g Zucker
1 Ei
100 g gemischte, kandierte Früchte (Zitronat, Orangeat, Kürbis)
etwas Vanillearoma
1 Msp. Zimt
Puderzucker

Das Mehl auf die Arbeitsplatte geben, mit Zucker vermischen und nach und nach kaltes Wasser, in dem eine Prise Salz aufgelöst wurde, hinzugießen. Zum Schluß das Schmalz in kleinen Flöckchen hinzufügen. Die Zutaten rasch zu einem geschmeidigen, feinporigen Teig verarbeiten und in eine Schüssel geben. In einem kühlen Raum ca. ½ Stunde zugedeckt ruhen lassen. Inzwischen das Wasser zum Kochen bringen, den Grieß hineinstreuen, etwas salzen und bei großer Hitze unter ständigem Rühren mit einem Holzlöffel ca. 5 Minuten kochen. Den Grieß auf eine angefeuchtete Marmorplatte (oder einen großen Teller) streichen und abkühlen lassen. In einer Schüssel Ricotta mit Zucker, Ei, kleingewürfelten kandierten Früchten, Vanillearoma, Zimt und Grieß vermischen und zu einer geschmeidigen Creme verarbeiten. Den Herd vorheizen. Den Mürbeteig in 12 gleiche Portionen aufteilen und ca. ½ cm dicke Ovale formen. Die Ovale zur Hälfte mit etwas Füllung bestreichen, die andere Hälfte des Teiges darüberschlagen und die Ränder gut zusammendrücken. Mit einem Glas den Teig so ausstechen, daß kreisrunde Plätzchen entstehen. Die Plätzchen auf ein gut eingefettetes Backblech legen und mit etwas Eigelb bestreichen. Damit sie nicht zuviel Unterhitze bekommen, auf der obersten Schiene bei 200 °C in das Backrohr geben. Nach ca. ¼ Stunde, wenn sie goldbraun gebacken sind, aus dem Herd nehmen. Mit Puderzucker bestäuben und warm oder kalt servieren.

STRUDEL *

Apfelstrudel

Für den Teig:

150 g Mehl
1 Ei
30 g Butter
20 g Zucker
1 Prise Salz

Für die Füllung:

500 g Äpfel
2 EL Semmelbrösel
30 g Butter
30 g Sultaninen
30 g geschälte Mandeln oder Pinienkerne
etwas Marmelade (nach Belieben)
abgeriebene Schale von 1 Zitrone
50 g Zucker

Für das Backblech:

20 g Butter

Eine Spezialität aus Südtirol.
Das Mehl auf die Arbeitsfläche geben und mit Ei, Salz und Zucker (eventuell vorher in etwas lauwarmem Wasser aufgelöst) vermischen. Soviel Wasser hinzufügen, daß der Teig wesentlich geschmeidiger als Nudelteig wird. Zum Schluß die geschmolzene Butter dazugeben und den Teig gut durchkneten. Damit er nicht trocken wird, mit einer Schüssel bedecken und an einem warmen Ort mindestens ½ Stunde ruhen lassen.
In der Zwischenzeit die Sultaninen einige Minuten in lauwarmem Wasser einweichen. Sollten die Mandeln nicht geschält sein, diese ebenfalls für einige Minuten in lauwarmes Wasser geben und die Schalen abziehen. Die Äpfel schälen, das Kerngehäuse entfernen und die Äpfel in dünne Scheiben schneiden. Die Semmelbrösel in Butter nicht zu dunkel rösten, da sie sonst bitter schmecken. Den Teig nun auf ein bemehltes Tuch geben und mit dem Nudelholz hauchdünn ausrollen, ohne daß der Teig reißt. Um dies zu vermeiden, das Nudelholz öfter mit Mehl bestäuben.
Den Strudelteig mit gerösteten Semmelbröseln bestreuen und mit den Zutaten belegen, dabei die Teigränder frei lassen. Eventuell noch etwas Marmelade zu der Fülle geben. Damit der Teig nicht reißt, vorsichtig mit Hilfe des Tuches aufrollen. Den Teigrand an den Enden der Rolle mit den Fingern zusammendrücken, so daß während des

Backens keine Fülle austritt. Mit Hilfe des Tuches den Strudel mit der letzten Wicklung nach oben auf ein gefettetes Backblech (oder in eine Form mit nichthaftendem Boden) legen.
Ca. 1 Stunde bei 160–180 °C backen. Vor dem Servieren mit Puderzucker bestäuben.

STRUFFOLI ALLA NAPOLETANA

Honigbällchen

Für den Teig:

500 g Mehl
8 Eier und 2 Eigelb
1 Prise Salz
60 g Butter (oder 50 g Schmalz)
abgeriebene Schale
von ½ Zitrone
abgeriebene Schale von
½ Orange
Öl zum Fritieren

Zum Fertigstellen:

250 g Honig
50 g Zucker
100 g kandierte, gewürfelte Apfelsinenschalen
100 g gewürfeltes Zitronat
50 g kandierter, gewürfelter Kürbis
50 g bunte Zuckerstreusel

Ein typisches Weihnachtsgebäck. Die Zutaten für den Teig gut miteinander vermischen und zu einem geschmeidigen Teig kneten. Sodann ca. 1 Stunde in einer zugedeckten Schüssel ruhen lassen. Aus dem Teig fingerdicke Rollen formen und ca. 1–2 cm lange Stückchen abschneiden. Nacheinander in heißem Öl goldbraun fritieren und auf Küchenkrepp abtropfen lassen. Den Honig mit Zucker und etwas Wasser in einen Topf geben und so lange aufkochen lassen, bis sich der Schaum aufgelöst hat. Wenn die Masse goldgelb und durchsichtig ist, die Temperatur herunterschalten und die fritierten Teignudeln mit der Hälfte der kandierten Früchte hineingeben. Die Zutaten vermischen und sofort auf einen runden Teller geben. Die Hände mit kaltem Wasser anfeuchten und Bällchen (oder Hütchen) aus der Masse formen. Mit bunten Zuckerstreuseln bestreuen und mit den restlichen kandierten Früchten garnieren. Serviert werden die Honigbällchen nach ein paar Stunden, besser noch am darauffolgenden Tag.

TARALLUCCI

Likörkringel

2 Eier
1 TL Zucker
1 TL Likör (Chartreuse, Grand Marnier etc.)
1 Päckchen Vanillinzucker
1 Msp. Zimt
Weizenmehl
Öl

Ein in Kampanien, Apulien und Lukanien beliebtes Gebäck.
In einer Schüssel die Eier mit dem Zucker, dem Likör, dem Vanillinzucker und 1 Msp. Zimt verrühren. Soviel Mehl hinzufügen, daß der Teig so fest wie Brotteig wird. Auf einem Backbrett gut durchkneten, in eine Serviette wickeln und ca. 30 Minuten ruhen lassen. Sodann nacheinander aus etwa gleich großen Teigstückchen mit den Händen dünne Röllchen formen und kreisförmig zu Kringeln zusammenlegen. In einer Pfanne Öl erhitzen und die Kringel fritieren. Nach der Hälfte der Fritierzeit aus dem Fett nehmen und mit einem scharfen Messer schräg einritzen. Die Kringel wieder in das kochende Öl geben und goldbraun fritieren. Abtropfen lassen und auf Küchenkrepp legen, damit das überschüssige Öl aufgesaugt wird. Dieses köstliche Gebäck schmeckt sowohl warm als auch kalt.

So werden Crêpes zubereitet:

Zutaten für 12 Crêpes:
3 Eier
120 g Mehl
3 dl Milch
50 g Zucker
1 Prise Salz
Butter zum Backen

Eier in einer Schüssel verrühren. Mehl hinzufügen und mit einem Schneebesen kräftig verschlagen, so daß sich keine Klümpchen bilden. Zucker und eine Prise Salz unterrühren.

Sodann die Milch hinzufügen und das Ganze zu einem klumpenfreien, flüssigen Teig verrühren.

In einer Pfanne ein Stückchen Butter erhitzen. Wenn die Butter geschmolzen ist, den Boden dünn mit Teig bedecken.

Wenn die Crêpe auf einer Seite goldbraun gebacken ist, mit einer Backschaufel wenden und von der anderen Seite backen.

Die restlichen Crêpes auf die gleiche Art und Weise zubereiten und bis zum Servieren warmstellen.

TIRAMI SU

Biskuitdessert

3 Eigelb
3 EL Zucker
1 Päckchen Vanillinzucker
300 g Mascarpone (s. S. 290)
2 EL Weinbrand
16 Löffelbiskuits (oder in Scheiben geschnittenes Pan di Spagna)
½ Tasse starker Kaffee (oder Espresso)
Kakaopulver

Eigelb, Zucker und Vanillinzucker schaumig rühren. Mascarpone hinzugeben und gut mit der Eigelbmasse verrühren. Eiweiß zu steifem Schnee schlagen und unterheben. Zum Schluß mit Weinbrand aromatisieren. Die Löffelbiskuits mit Kaffee (oder Espresso) tränken. Eine rechteckige Auflaufform mit einer Schicht Biskuits auslegen und mit der Hälfte der Creme bedecken. Die übrigen Löffelbiskuits darauflegen und mit der restlichen Creme überziehen. Mit reichlich Kakaopulver bestäuben und ca. 3–4 Stunden in den Kühlschrank stellen.

TORRONE DI CIOCCOLATO

Schokoladennougat

250 g Honig
750 g Nüsse
250 g Zucker
250 g bittere Schokolade
2 Eiweiß
Oblaten

TORTA DI MACEDONIA DI FRUTTA *

Obstkuchen

250 g Mehl
150 g Butter
80 g Zucker
1 Ei
abgeriebene Schale von 1 Zitrone
1 Prise Salz
einige Scheiben Pan di Spagna (Biskuit)
Pfirsichmarmelade
Trauben, Äpfel, Ananas, Bananen, geröstete Nüsse (je nach Jahreszeit)

Aus Mehl, weicher Butter, Zukker, Ei, der abgeriebenen Zitronenschale und 1 Prise Salz einen Mürbeteig bereiten. Den fertigen Teig auf einer bemehlten Arbeitsplatte ca. 1 Stunde ruhen lassen. Danach mit einem Nudelholz 1 cm dick ausrollen und eine Springform damit auslegen; den Boden und die Ränder fest andrücken. Den Teigboden mehrmals mit einer Gabel einstechen, damit er sich während des Backens nicht hebt. Bei 200 °C ca. ¼ Stunde im vorgeheizten Rohr backen. Wenn der Mürbeteig goldgelb gebacken ist, aus dem Herd nehmen und abkühlen lassen. Mit Pfirsichmarmelade bestreichen und mit Biskuitscheiben belegen. Nun kann man der Phantasie freien Lauf lassen. Es gibt unzählige Möglichkeiten, den Kuchen zu belegen. Eine davon wäre: In die Mitte eine Scheibe Ananas legen, mit einem Kreis aus entkernten Kirschen und Pfirsichschnitzen umgeben. Dann folgt ein weiterer Kreis aus Aprikosenhälften und gerösteten Nüssen.

TORTA DI CASTAGNE

Maronitorte

400 g Maroni
200 g Zucker
100 g Butter
100 g Mandeln
4 Eier, getrennt
abgeriebene Schale von 1 Zitrone
Weizenmehl
Puderzucker

Eine früher in den Ostalpen und der toskanischen Romagna sehr beliebte Spezialität.
Maroni in einem Topf mit reichlich Wasser ca. 5 Minuten kochen. Dann sofort schälen und die Haut abziehen. Noch warm durch ein Sieb streichen und in eine Schüssel geben. Die Mandeln 2 oder 3 Minuten abbrühen, schälen und kleinhacken. Eigelb und Zucker sehr schaumig rühren. Die Butter (ein nußgroßes Stück Butter zur Seite legen) in der angefeuchteten Hand weich werden lassen und zusammen mit der abgeriebenen Zitronenschale, den gehackten Mandeln und den durchpassierten Maroni zu der Schaummasse geben. Die Zutaten mit einem Holzlöffel gut vermischen. Eiweiß zu steifem Schnee schlagen und vorsichtig unterheben. Die Kuchenform buttern und mit ausreichend Mehl bestäuben. Den Teig in die Kuchenform füllen und im vorgeheizten Herd bei 180 °C ca. 40 Minuten backen. Die Torte aus der Form lösen und auf eine Tortenplatte legen. Zum Schluß mit etwas Puderzucker bestäuben.

TORTA ALLE MANDORLE

Mandeltorte

150 g Zucker
100 g Mandeln
50 g Weizenmehl
4 Eier, getrennt
½ Päckchen Backpulver
Vanillearoma
abgeriebene Schale von 1 Zitrone
Puderzucker
1 Stückchen Butter

Eine Spezialität aus Sardinien.
Eigelb und Zucker schaumig rühren. Mehl, geschälte und feingehackte Mandeln, Backpulver, Vanillearoma und abgeriebene Zitronenschale hinzufügen. Eiweiß zu steifem Schnee schlagen und vorsichtig unterheben. Eine Kuchenform mit Butter ausstreichen und mit etwas Mehl bestäuben. Den Teig in die Form geben und in den vorgeheizten Ofen (170–180 °C) schieben.
Bei mittlerer Hitze garen. Die fertige Torte aus der Form lösen und abkühlen lassen. Auf eine Tortenplatte legen und mit Puderzucker bestäuben.

TORTA GLASSATA

Fondantkuchen

200 g Puderzucker
100 g Weizenmehl
80 g Kartoffelmehl
6 Eier, getrennt
8–10 eingemachte Aprikosenhälften
etwas Butter
1 Päckchen Backpulver
Vanillearoma

Für die Glasur (oder Fondant):

200 g Würfelzucker
20 g Traubenzucker
1½ Gläser (150 g) kaltes Wasser
1 Gläschen Orangenlikör (oder eine andere Geschmacksrichtung)

In einer Schüssel das Mehl mit dem Kartoffelmehl vermischen. In einer zweiten Schüssel die Eigelbe schlagen und mit Puderzucker, Backpulver und Vanillearoma vermischen. Das Eiweiß zu steifem Schnee schlagen und unter die Eimasse heben. Langsam und unter ständigem Rühren unter das vermischte Mehl mengen und zu einem cremigen Teig verarbeiten. In eine runde Kuchenform füllen und im vorgeheizten Herd bei ca. 200 °C backen. Der Teig ist fertig gegart, wenn an einem Holzstäbchen, das man in den Teig sticht, nichts mehr hängen bleibt. Für die Glasur Zucker, Traubenzucker und Wasser in eine kleine Kupferkasserolle geben und erhitzen. Mit Hilfe eines Löffels den Schaum entfernen, der sich eventuell an der Oberfläche bildet. Wenn die Masse eine Konzentration von 38 Baumé-Grad erreicht hat, von der Herdplatte nehmen. Diese Konzentration ist erreicht, wenn man auf den in die Masse getauchten und wieder herausgezogenen Schaumlöffel bläst und sich in den Löchern Blasen bilden. Diese Konzentration sollte nicht überschritten werden, da sich der Zucker ab 40 Grad zu verfärben beginnt (Malzzucker) und hart wird (Karamel). Die Masse auf eine Marmorplatte oder eine beschichtete Arbeitsplatte gießen und mit einem Spatel so lange bearbeiten, bis sie glatt und weißlich ist. Die Glasur kann auch vorher zubereitet werden.
In diesem Fall an einem kühlen Ort mit einem feuchten Tuch bedeckt aufbewahren. Bei Bedarf die benötigte Menge erwärmen und den Likör dazugießen. Den Kuchen gleichmäßig auf der Oberfläche und an den Seiten mit der Glasur überziehen. Der Guß kann nach Belieben mit kandierten Früchten oder Marzipanfiguren verziert werden.

TORTA CASALINGA

Eischneetorte

5 Eigelb
150 g Zucker
Saft von 1 Zitrone
Vanillearoma
120 g Kartoffelmehl
3 Eiweiß
2 TL Backpulver
Butter und Mehl

Eigelbe und Zucker in eine Schüssel geben und im warmen Wasserbad mit dem Schneebesen zu einer lockeren Schaummasse schlagen. Zitronensaft und Vanillearoma hinzufügen. Das Stärkemehl mit dem Backpulver vermischen und in die Schaummasse einrieseln lassen. Das Eiweiß zu steifem Schnee schlagen und vorsichtig unterheben. Die Masse in eine gebutterte und leicht bemehlte, runde Kuchenform von ca. 20 cm Durchmesser füllen. In den vorgeheizten Ofen schieben und ca. ½ Stunde bei mittlerer Hitze backen. Die Torte aus der Form lösen und abkühlen lassen.

TORTA SOVRANA

Fürstentorte

200 g Mehl
120 g Butter
100 g Zucker
2 Eier
5 g Hefe
70 g Sahne
1 Prise Salz
150 g geschälte Mandeln

Sollten die Mandeln nicht geschält sein, kurz in kochendes Wasser geben und die Schalen abziehen. Die Mandeln zusammen mit 50 g Zukker in einem Mörser zu feinem Pulver zerstoßen. Hefe in lauwarmem Wasser auflösen. Das Mehl auf die Arbeitsplatte geben, in der Mitte eine Mulde formen und Eigelb, Salz, Sahne, weiche Butter und Hefe hinzufügen. Die Zutaten gut vermischen. Den Teig mehrmals auf die Arbeitsplatte schlagen, bis er glatt und seidig glänzend ist, sodann den restlichen Zucker hinzufügen. Den Teig zu einer Kugel formen und zugedeckt auf der bemehlten Arbeitsplatte so lange ruhen lassen, bis er aufgegangen ist. Danach mit dem Nudelholz ca. ½ cm dick ausrollen. Eine Kuchenform mit niedrigem Rand und einem Durchmesser von ca. 20 cm buttern, mit Zucker bestreuen und mit einer Teigschicht auskleiden. Die geriebenen Mandeln darauf verteilen und Teigstreifen gitterartig darüberlegen. Die Oberfläche und den Rand des Teiges mit verquirltem Eigelb bestreichen. Ca. 35 Minuten bei mittlerer Hitze goldbraun backen.

TORTA DI RISO

Reistorte

180 g Reis
1 l Milch
150 g Zucker
2 Eier
abgeriebene Schale von 1 Zitrone
30 g Pinienkerne
50 g süße Mandeln
50 g kandierte Früchte (Orangeat und Zitronat)
1 Päckchen Vanillinzucker
Semmelbrösel

Die Mandeln für ca. 2–3 Minuten in kochendes Wasser tauchen, die Schale abziehen und fein hacken. Die Milch zum Kochen bringen, eine Prise Salz, den Reis und 50 g Zucker hinzufügen. Den fertig gekochten Reis abkühlen lassen. Die Eigelbe mit dem restlichen Zucker in einer Schüssel schaumig rühren, dann den Reis, die abgeriebene Zitronenschale, die Mandeln, die gewürfelten kandierten Früchte, die Pinienkerne und den Vanillinzucker dazugeben. Die Zutaten gut vermischen. Das Eiweiß zu steifem Schnee schlagen und vorsichtig unter die Masse ziehen. Den Teig in eine gebutterte und mit Semmelbröseln bestreute Kuchenform geben (sehr gut geeignet wäre eine Gugelhupfform). Bei ca. 160 °C etwa 1 Stunde garen. Der Reiskuchen schmeckt am besten am darauffolgenden Tag.

TORTA DI FRUTTA

Kirschcremetorte

200 g Mehl
1 nußgroßes Stück Butter
150 g Zucker
4 Eier
Vanillearoma
Likör nach Belieben
200 g entkernte Kirschen
1 Päckchen Backpulver

Für die Creme:

½ l Milch
4 Eigelb
120 g Zucker
50 g Mehl
abgeriebene Schale von 1 Zitrone

Eier und Zucker mit dem Schneebesen zu einer lockeren Schaummasse schlagen. Das Mehl mit dem Backpulver vermischen, durchsieben und vorsichtig unter die Schaummasse rühren. Dann die im Wasserbad geschmolzene Butter und das Vanillearoma hinzufügen. Den Teig in eine gebutterte und mit Zucker bestreute Kuchenform (24 cm Durchmesser) geben und im vorgeheizten Herd bei 200 °C ½ Stunde backen. Den fertigen Teigboden aus der Form lösen und auf einem Kuchengitter abkühlen lassen. Einmal in der Mitte durchschneiden, von der Deckplatte einen Rand abschneiden, so daß sie einen kleineren Durchmesser als die untere Teigplatte hat. Nun die Creme zubereiten. Dazu Eigelb und Zucker in einer kleinen, nicht verzinnten Kupferkasserolle mit einem Spatel verrühren. Das Mehl, die vorher gekochte Milch und die abgeriebene Zitronenschale unter ständigem Rühren langsam untermischen. Die Masse bei mittlerer Hitze eindicken und einige Minuten unter ständigem Rühren aufkochen. Abkühlen lassen. Den größeren Teigboden auf die Arbeitsplatte legen, mit Likör tränken, mit einer Schicht Creme überziehen und am Rand mit Kirschen belegen. Die Deckplatte ebenfalls mit Likör tränken, mit Creme überziehen und auf die andere Teigplatte legen.

TORTA ALLE NOCCIOLE

Nußtorte

150 g Mehl
200 g Zucker
150 g geröstete, gehackte Nüsse
40 g Sultaninen
40 g Stärkemehl
4 Eier
60 g Butter
1 Päckchen Backpulver
50 g Schokoladenpulver
1 Glas lauwarme Milch
150 g gehackte Mandeln
1 EL Aprikosenmarmelade
abgeriebene Schale von 1 Zitrone

In einer Schüssel Mehl, Stärkemehl, Zucker, Schokoladenpulver und die gehackten Nüsse vermischen. Die weiche Butter hinzufügen und ein Ei nach dem anderen unterrühren. Die gewaschenen und eingeweichten Rosinen und die abgeriebene Zitronenschale dazugeben. Das Backpulver in lauwarmer Milch auflösen und unter den Teig rühren. Alle Zutaten gut vermischen. Eine Kuchenform von 26 cm Durchmesser buttern. Etwas Zucker und Mehl vermischen und die Form damit bestreuen. Den Teig in die Kuchenform füllen und bei 200 °C ca. 30 Minuten im vorgeheizten Herd garen. Den fertigen Teig aus der Form lösen und auf einem Kuchengitter abkühlen lassen und trocknen lassen. Mit Aprikosenmarmelade bestreichen und eine Schicht gehackte Mandeln darüberstreuen.

TORTA DI TAGLIATELLE

Nudeltorte

350 g Mehl
200 g Zucker
150 g süße Mandeln
100 g Butter
80 g Amaretti (Mandelkekse)
4 Eier
Vanillearoma
1 Gläschen Maraschino

Das Mehl auf eine Arbeitsplatte geben, Eier und Likör hinzufügen und soviel lauwarmes Wasser dazugeben, daß der Teig die richtige Konsistenz erhält. Die Zutaten gut vermischen. Den Teig zu einer dünnen Platte ausrollen und trocknen lassen. Danach den Teig aufrollen und in schmale Streifen schneiden, die mit den Fingern auseinandergezogen und gelockert werden. Die Mandeln in kochendes Wasser tauchen, die Schalen abziehen, klein hacken und im Ofen rösten. Die Mandeln mit den zerbröckelten Amaretti vermischen und den mit Vanillearoma vermischten Zucker hinzufügen. Eine Kuchenform (ca. 20 cm Durchmesser) buttern und mit Mehl und Zucker bestreuen. Den Boden mit einer Schicht Teigstreifen belegen und mit einem gehäuften EL des vorbereiteten Gemisches bestreuen. Mehrere solcher Schichten aufeinanderlegen. Die letzte Schicht besteht aus Teigstreifen, die mit Butter bestrichen werden. In den vorgeheizten Backofen geben und bei 200 °C ca. ½ Stunde backen. Den Kuchen aus der Form lösen und lauwarm servieren.

TORTA DI MELE

Apfeltorte

120 g Butter
400 g Mehl
220 g Zucker
3 Eier
220 g Milch
1 Prise Salz
abgeriebene Schale von 1 Zitrone
Vanillearoma
1 Päckchen Backpulver
3–4 geschälte, in dünne Scheiben geschnittene Äpfel

Die Butter weich werden lassen und zusammen mit dem Zucker und 1 Prise Salz schaumig rühren. Ein Ei nach dem anderen unterrühren, die abgeriebene Zitronenschale und das Vanillearoma hinzufügen. Löffelweise die Milch dazugeben und zum Schluß das gesiebte, mit Backpulver vermischte Mehl unterheben. Die Zutaten gut verrühren und den Teig zugedeckt in einer Schüssel ruhen lassen. Eine Springform von 30 cm Durchmesser buttern und mit Mehl bestäuben. Die Hälfte des Teiges in die Form füllen, mit Apfelscheiben belegen, den restlichen Teig darübergeben und nochmals mit Apfelscheiben belegen. Den Apfelkuchen bei mittlerer Hitze ca. 30–40 Minuten goldgelb backen. Aus der Form lösen und auf einem Kuchengitter abkühlen lassen. Der Kuchen wird kalt serviert.

TORTELLINI DI MARMELLATA *

Gefüllte Teigtaschen

220 g Mehl
150 g Butter
80 g Zucker
2 Eier
abgeriebene Schale von 1 Zitrone
1 Prise Salz
Quittenmarmelade
Puderzucker
1 Ei zum Bestreichen

Mehl auf eine Arbeitsplatte geben, in der Mitte eine Mulde formen und die weiche Butter, den Puderzucker, die abgeriebene Zitronenschale und das Salz hinzufügen. Die Zutaten rasch zu einem Teig verarbeiten, eine Kugel formen und mit einer Serviette bedeckt auf der Arbeitsplatte 1 Stunde ruhen lassen. Den Teig mit dem Nudelholz zu einer ½ cm dicken Platte ausrollen und 7 cm große Kreise ausstechen. In die Mitte der Teigkreise 1 TL Quittenmarmelade geben (je nach Belieben auch eine andere Marmelade), den Rand mit verquirltem Eigelb bestreichen und die Teigkreise entweder halbmondförmig zusammenklappen oder mit einer zweiten Teigscheibe bedecken. Die Teigränder fest aufeinanderdrücken. Die Teigtaschen auf ein Backblech legen und vor dem Backen mit verquirltem Eigelb bestreichen. Bei mittlerer Hitze ca. ¼ Stunde backen. Auf eine Servierplatte legen und nach Wunsch mit Puderzucker bestäuben.

ZABAIONE FREDDO

Kalter Marsalaschaum

4 Eigelb
120 g Zucker
2 dl Marsala
2 dl Sahne
abgeriebene Schale von ½ Zitrone
1 Msp. Zimt
Vanillearoma
kandierte Früchte

Eigelb und Zucker mit einem Schneebesen in einem Kupfertiegel schaumig schlagen. Marsala, abgeriebene Zitronenschale, Zimt und Vanillearoma unter die Schaummasse mischen. Dann im Wasserbad bei milder Hitze so lange mit dem Schneebesen abschlagen, bis die Masse als kompakter Schaum aufsteigt. Aus dem Wasserbad nehmen und unter ständigem Rühren abkühlen lassen. Die steifgeschlagene Sahne löffelweise vorsichtig unterziehen.
Den kalten Marsalaschaum in Glasschalen füllen und mit Sahnerosetten und kandierten Früchten garnieren.

ZUCCOTTO *

Eisbiskuit

Für das Biskuit (Pan di Spagna):

4 Eier
120 g Puderzucker
1 TL Vanillinzucker
40 g Stärkemehl
40 g Mehl

oder 300 g fertiges Biskuit
(oder Pan di Spagna)

60 g geschälte Mandeln
60 g geschälte Nüsse
1 l flüssige Sahne
80 g Puderzucker
120 g bittere, geriebene Schokolade
1 EL Weinbrand
1 EL süßer Likör
Kakaopulver

Eine Spezialität der toskanischen Küche.
Eigelb und Zucker in einer Schüssel zu einer lockeren Schaummasse schlagen. Die Eiweiß zu steifem Schnee schlagen und vorsichtig unter die Eischaummasse ziehen. Vanillinzucker hinzufügen und Mehl und Stärkemehl unter ständigem Rühren einrieseln lassen. Eine hochwandige Kuchenform mit ca. 27 cm Durchmesser buttern und bemehlen. Den Teig in die Form füllen und im vorgeheizten Ofen bei 180 °C ca. 40 Minuten goldgelb backen. Auf einem Kuchengitter abkühlen lassen. Inzwischen die Nüsse und die Mandeln im Backrohr rösten und grob hacken. Die Sahne mit dem Zucker in einer

Schüssel steif schlagen und Mandeln, Nüsse und geriebene Schokolade unterrühren. Das Biskuit in ca. ½ cm dicke Scheiben teilen und mit Weinbrand und süßem Likör tränken. Eine tiefe Schüssel mit gut gebuttertem Pergamentpapier auskleiden und sowohl den Boden als auch die Ränder mit Biskuitscheiben auslegen. Die Schüssel bis zum Rand mit der Sahnecreme füllen. Die Sahnecreme mit einem Messer glattstreichen und die restlichen Biskuitscheiben darauflegen. Mindestens 2 Stunden in den Kühlschrank stellen. Auf eine Tortenplatte stürzen und das Eisbiskuit entweder mit einem Gemisch aus Kakao und Zucker bestreuen oder abwechselnd mit Zucker und Kakao so bestäuben, daß ein sternförmiges Muster entsteht.

ZUPPA ROMANA

Biskuit-Schichttorte

1 Biskuitboden (s. Rezept S. 280 oder auch fertig gekauft)
½ l Milch
1 Päckchen Vanillepudding
1 Vanilleschote
250 g Zucker
1 Prise Salz
4 Eier, getrennt
200 g kandierte Früchte
250 g Birnen (Dose)
250 g Aprikosen (Dose)
6 EL Birnengeist
¼ l Schlagsahne
50 g bittere Schokolade
⅛ l Amaretto (Mandellikör)
⅛ l Maraschino

Diese sehr beliebte Nachspeise ist nicht eigentlich »klassisch«, hat sich aber einen festen Platz in der Küche Italiens erobert. Es gibt sie in einer Vielzahl von Variationen. Hier eine besonders köstliche:
Aus Milch, 50 g Zucker, Salz und Puddingpulver nach Vorschrift Vanillepudding zubereiten; zuvor die aufgeschnittene Vanilleschote in der Milch aufwallen lassen. Die Eigelbe unter die heiße Masse rühren; abkühlen lassen. Kandierte und Dosenfrüchte fein würfeln, mit dem Birnengeist aromatisieren und beiseite stellen.
Den fertig gekauften Biskuitboden zweimal durchschneiden; aus den Böden ein Quadrat zurechtschneiden und die Ränder zu einem 4. Boden zusammenlegen. Mit einer Mischung aus Amaretto und Maraschino tränken.
Die abgekühlte Vanillecreme durch ein Sieb streichen und die steifgeschlagene Schlagsahne unterziehen. Die Creme halbieren, eine Hälfte mit der aufgelösten bitteren Schokolade vermischen und die Böden abwechselnd damit bestreichen. Das Obst auf der Vanillecreme verteilen. Zum Schluß den Würfel mit der Creme bestreichen. Die 4 Eiweiß mit 200 g Zucker zu steifem Schnee schlagen, den Würfel damit bestreichen und mit der Spritztülle verzieren. Unter dem Grill goldgelb überbacken.
Statt der Baisermasse wird der Biskuitwürfel oft auch mit steifgeschlagener Sahne verziert. Die Fruchtfüllung kann nach Belieben variiert oder auch ganz fortgelassen werden.

CROSTATA DI MELE CON GELATO DI DATTERI E CARAMELLO DI VINO

Apfelkuchen mit Datteleis und Weinkaramel

Für den Mürbeteig:

100 g Mehl
60 g Butter
50 g Zucker
1 Eigelb
1 Ei
½ Päckchen Vanillinzucker

Für die Füllung:

600 g geschälte und in Scheiben geschnittene Renetten

Für das Karamel:

100 g süßer Rotwein
100 g Zucker
Saft von ½ Zitrone

Für das Eis:

100 g Datteln
100 g Milch
2 Eier

Ei, Eigelb, Mehl und Vanillinzukker gut vermischen. Butter hinzufügen und die Zutaten zu einem weichen Teig verarbeiten. Den Teig in eine Serviette wickeln und im Kühlschrank 30 Minuten ruhen lassen. Mit einem nußgroßen Stück Butter eine Kuchenform einfetten und mit Mehl bestäuben. Den Teig mit dem Nudelholz 1 mm dick ausrollen und zwei Kreise vom gleichen Durchmesser wie die Kuchenform ausschneiden. Die Kuchenform mit einer Teigplatte auslegen, mit Apfelscheiben belegen und mit der zweiten Teigplatte zudecken. Bei 120 °C 1 Stunde backen. Den Zucker mit Rotwein und Zitronensaft bei großer Hitze ca. 10 Minuten so lange karamelisieren, bis er dunkelbraun ist. Für das Eis die Datteln in der Milch ca. 30 Minuten bei milder Hitze kochen. Verquirlen und die schaumig geschlagenen Eier (zuerst das Eigelb, dann den Eischnee) hinzufügen. Die Zutaten gut vermischen und in den Eisschrank stellen.
Den Apfelkuchen in dünne Scheiben schneiden und mit einer Eiskugel auf Karamel servieren.

PANNA COTTA CON SALSA DI FRAGOLE *

Gekochte Sahne mit Erdbeersauce

500 g Sahne
1 Vanillestange
70 g Zucker
10 g Gelatine

Für die Sauce:

400 g Erdbeeren
50 g Zucker

Die Gelatine in kaltem Wasser quellen lassen. Sahne mit Zucker und Vanillestange 15 Minuten kochen, die Gelatine hinzufügen und die Masse in kleine Formen gießen. 10 Stunden in den Kühlschrank stellen. Aus den Formen stürzen, auf einen Teller geben und Erdbeersauce darübergießen. Für die Erdbeersauce die Erdbeeren mit dem Zucker pürieren und durch ein Spitzsieb streichen.

TORTINO DI CIOCCOLATO E AMARETTI

Schokoladentörtchen in Karamel

1 l Milch
250 g Amaretti (Mandelkekse)
50 g Kakao
8 Eier
200 g Zucker
1 Glas Rum
100 g Karamel

Alle Zutaten (außer dem Karamel) 5 Minuten vermischen. Zuerst das Karamel in eine Form geben, dann die flüssige Teigmasse einfüllen und im Wasserbad bei 120 °C 1½ Stunden im Backrohr garen. Im Kühlschrank 4 Stunden kaltstellen und in Scheiben geschnitten servieren.

Formaggi

Käse

»Noch immer beschleicht manche Menschen ein gewisses Unbehagen, wenn sie einen guten, zum Essen passenden Käse aussuchen sollen, obwohl die Wahlmöglichkeiten praktisch unbegrenzt sind. Schließlich war der Käse jahrhundertelang Hauptbestandteil eines jeden italienischen Mahles, vor allem auf den eher karg gedeckten Tischen. Dieser Tatsache verdankt man eine Vielzahl an Käsesorten und ihre lokalen Abwandlungen.
Selbst so raffinierte Käse wie der Gorgonzola, der Burrata, der Fontina, der Parmigiano reggiano und der Pecorino romano können ihre zweifellos bäuerliche Herkunft nicht verleugnen. Was für den Wein gilt, gilt auch für den Käse: Jede Gegend, ja fast jedes Dorf hat sein eigenes Herstellungsverfahren entwickelt und immer mehr verfeinert. Mit dem wachsenden Tourismus und der kulturellen Öffnung nach außen haben die lokalen Käse immer mehr Aufmerksamkeit auf sich gezogen, und die Nachfrage stieg zusehends. Und hier liegt auch die Gefahr: Die einstmals optimale Produktion war für nur geringe Mengen ausgelegt. Heute muß sie strengstens überwacht und begrenzt werden. Die tradierten Verfahren müssen erhalten und geschützt werden, denn sie erst machten den Käse zu einer gesunden und delikaten Speise.«

Asagio
Dieser harte, halbfette Käse wird aus Kuh-Vollmilch gewonnen; er wird entweder trocken mit Salz eingerieben oder in schwach konzentrierte Salzlake getaucht. Als Tafelkäse wird *Asagio* verhältnismäßig jung gegessen, d. h. er reift nicht länger als vier bis fünf Monate. Der ausgereifte *Asagio,* mit einer Reifungszeit von über einem Jahr, wird gerieben verwendet. *Asagio* hat eine zylindrische Form mit einem Durchmesser von 30–40 cm und einer Höhe von 10 cm. Das Gewicht schwankt zwischen 10 und 14 kg. Der Teig ist von strohgelber Farbe und weist ziemlich regelmäßig verteilte, kleine bis mittelgroße Löcher auf. Frischer *Asagio* schmeckt sehr delikat, mit zunehmender Reife wird der Käse pikanter.
In der Hochebene von Vezzena wird ein vom Aroma her besonders würziger *Asagio* hergestellt. Auch er reift länger als ein Jahr, zeigt ein kräftiges Gelb und ist von regelmäßigen kleinen Löchern durchzogen. In seiner Heimat wird dieser Käse fast immer zu *Polenta* serviert.

Bitto
Dieser Käse trägt den Namen seiner Produktionsstätte, Valle di Bitto, das im Veltlin liegt. *Bitto* ist ein sehr traditionsreicher Käse, der eng mit den Gepflogenheiten der einheimischen Küche verbunden ist. So spielt er eine wesentliche Rolle bei der Zubereitung der *Pizzoccheri* aus dem Veltlin (s. S. 77) sowie bei der *Polenta taragna* (s. S. 87). Heutzutage gewinnt man ihn aus reiner Kuhmilch, die warm verarbeitet wird. Ursprünglich mußte der Kuhmilch ein bestimmter Anteil an Ziegen- oder Schafsmilch beigemischt werden.
Bitto weist völlig unterschiedliche Formen auf; er wiegt zwischen 8 und 10 kg, manchmal übertrifft er an Gewicht sogar bestimmte Parmesansorten. Er reift nur sehr langsam und wird nicht gegessen, bevor er ein Mindestalter von 6 Monaten erreicht hat. Sein Teig ist hart, mit einem hohen Fettgehalt und vielen sehr kleinen Löchern. Läßt man dem *Bitto* mehrere Jahre Reifungszeit, so verändert sich die Farbe. Der Käse nimmt einen zunehmend pikanteren und aromatischeren Geschmack an, und der Teig wird immer härter, bis er in seiner Konsistenz dem körnigen *Grana* entspricht.

Burrata
Dieses Produkt stammt vorwiegend aus den Käsereien Apuliens. Ein Laie mag den *Burrata* für einen riesigen *Mozzarella* halten, der ½ kg auf die Waage bringt. Ursprünglich wurde *Burrata* aus Büffelmilch hergestellt. Heute verwendet man Kuhmilch. *Burrata* ist fetter als *Mozzarella,* weswegen er wohl auch *Burrata* heißt (von *burro* = *Butter).* Charakteristisch für diesen Käse ist seine feste, aber eßbare Hauthülle, die den weichen, sahnedurchtränkten Teig umhüllt.
Mancher Feinschmecker bezeichnet diesen Käse als den besten der Welt. Aber auch ohne Lokalpatriotismus muß man zugeben: Der *Burrata* ist unbestritten eine wahre Köstlichkeit.

Caciocavallo
Caciocavallo wird in großem Umfang produziert. Er wird aus dickgelegter Kuhmilch gewonnen, in Salzlake gelegt und schließlich in seine charakteristische Birnenform gebracht, indem er am schmäleren, oberen Teil eingeschnürt wird. Zum Reifen wird er aufgehängt.
Namhafte Etymologen führen die Herkunft des Namens auf die Art

der Herstellung zurück: Die Käse werden paarweise durch eine Schnur verbunden und rittlings zum Reifen über Stäbe gehängt *(cacio = Käse, cavallo = Pferd)*. Der *Caciocavallo* wiegt 1–2 kg und wird manchmal geräuchert angeboten. Als Tafelkäse reift er nicht länger als drei Monate, als Reibkäse sechs bis zwölf Monate. Sein Teig ist weiß bis leicht strohgelb und sehr fest, vor allem in der ersten Reifeperiode, wenn er noch sehr mild und zart schmeckt. Mit der Zeit wird sein Geschmack immer intensiver und pikanter. *Caciocavallo* wird in fast allen Regionen Süditaliens hergestellt.

Caciofiore umbro
Früher gab es im ganzen Latium eine rege Produktion dieses Käses, heute kommt er aus dem Gebiet von Pian di Chiavano bei Cascia. Das Ausgangsprodukt ist die Sahne der Kuhmilch, von der sich der Name dieses Käses herleitet *(cacio = Käse, fiore di latte = Sahne, Rahm,* wörtl. *Blume der Milch)*. *Caciofiore umbro* hat einen sehr weichen Teig und wird frisch, nach kürzester Reifungszeit, verzehrt. Er schmeckt mild, und sein leichtes Aroma verdankt er wahrscheinlich der besonderen Beschaffenheit der Weiden, auf denen die Kühe grasen. Die Form des *Caciofiore* ist zylindrisch, er wiegt mehr als 1 kg.

Caciotta romana
Dieser Käse wird in handwerklichen Betrieben hergestellt, die verstreut in der hügeligen Umgebung von Rom liegen, aber auch in Nepi und Riano. *Caciotta* war bereits zu Zeiten Bellis (1791–1863) in Rom sehr verbreitet und beliebt und gilt auch heute noch als wichtiger Käsereiartikel von Latium. *Caciotta* wird aus einer Mischung aus Schafs- und Kuhmilch gewonnen, sehr selten findet man jedoch auch einen *Caciotta,* der rein aus der einen bzw. anderen Milchsorte besteht. Er hat eine runde Form und wiegt etwas mehr als 1 kg. Hauptsächlich frisch als Tafelkäse verzehrt, gehören er und der Scarmoza jedoch zu den beiden Käsesorten, die in der römischen Küche häufige und vielseitige Verwendung finden, wo sie gegrillt oder mit etwas Öl in der Pfanne gebakken werden.

Caciotta toscana
Der Begriff *Caciotta* steht für eine sehr große Anzahl verschiedener Käsesorten, die entweder aus einer Mischung von Kuh- und Schafsmilch oder aus reiner Kuhmilch gewonnen werden. *Caciotta* wird in den grünen Hügeln der Toskana, Latiums, der Marken und Umbriens produziert. Man darf ruhigen Gewissens behaupten, daß es so viele *Caciotte* gibt, wie Herden auf den Weiden grasen. Die Herstellung des *Caciotta* geht meist auf die persönliche Initiative der Hirten zurück. Eine der wichtigsten *Caciotta*-Sorten ist der toskanische *Caciotta,* dessen Ausgangsprodukt reine Kuhmilch ist. Man ißt ihn sehr frisch oder auch ausgereifter. Er ist rund und nicht allzu groß im Durchmesser, der Rand ist gerade oder auch leicht gewölbt. Die be-

rühmtesten Sorten kommen aus San Gimignano, Monte Amiata, aus den Maremmen und dem Casentino. Letzteren ist häufig Schafsmilch beigemischt.

Crescenza
Crescenza ist ein lombardischer Käse, der aus Kuh-Vollmilch gewonnen wird. Er ist halbfett und verdirbt leicht, weswegen er frisch verzehrt werden muß. In den Handel kommt er in quadratischer Form und ohne Rinde. Gewöhnlich beträgt die Länge seiner Seiten 15 cm, seine Höhe 4–5 cm. Man findet auch kleinere, doch immer quadratische Exemplare, die zwischen 200 g und 1 Pfund wiegen. Der weiße Teig ist normalerweise glatt und homogen. Legt man den Käse jedoch an einen warmen Ort, so geht er auf wie ein Hefeteig, und in seinem Inneren bilden sich viele Löcher. Diesem Phänomen verdankt er seinen Namen: *Crescenza* bedeutet *Wachstum, Zunahme.* Der Fettgehalt schwankt mit der Jahreszeit, im Winter ist er niedriger als im Sommer. Neben dem *Crescenza* gibt es noch die kleineren *Crescenzine* (Verkleinerungsform von *crescenza),* die dem *Crescenza* in Qualität und Aussehen in vielerlei Hinsicht ähneln.
Früher war der *Crescenza* auch unter dem Namen *Stracchino* bekannt, eine Bezeichnung, unter der alle rindenlosen, ungekochten Frischkäse der Lombardei zusammengefaßt wurden.
Wahrscheinlich hießen die Käse *Stracchini,* weil die Kühe, aus deren Milch (mit etwas zugemischter Sahne) man die Käse gewann, erst am Abend gemolken wurden. Die Kühe waren dann von dem langen Weidetag müde: *Stracchino* bedeutet *etwas müde, matt.*
Heutzutage wurde dieser alte Brauch von neuen Produktionstechniken abgelöst, mit deren Hilfe man auf einfachere Art und Weise das gleiche Resultat erzielt wie früher.

Fior di latte abruzzese
Ursprünglich stammt dieser Käse aus Kampanien. Inzwischen wird er fast überall hergestellt. Das Zentrum der Produktion sind die Abruzzen. *Fior di latte* ist der arme Verwandte des *Mozzarella,* er wird nicht wie jener aus Büffelmilch, sondern nur aus einfacher Kuhmilch gewonnen. In seinem Aussehen unterscheidet er sich kaum vom *Mozzarella:* Beide werden eier- oder zopfförmig in den Handel gebracht. Im Gegensatz zum *Mozzarella* besitzt er jedoch keinen fädenziehenden Teig, und seine Farbe hat eher das Weiß von Milch als das von Gips. Er wird sowohl als Tafelkäse wie auch zur Zubereitung von einigen regionalen Gerichten verwendet.

Fontal
Der *Fontal* gehört – neben dem *Fontina* und dem *Monatasio* – zu den Käsen des Alpenraumes, die aus Kuh-Vollmilch gewonnen werden.
Sein Teig ist strohgelb, zart und geschmeidig, mit wenigen, regelmäßig verteilten, winzigen Löchern. Die leicht konvexen Laibe erreichen einen Durchmesser von ca. 40 cm und eine Höhe von ca. 10 cm. Er wird, ebenso wie der *Fontina,* vor allem als Tafelkäse geschätzt. Aber auch zur Zubereitung regionaler Gerichte eignet er sich gut. Viele Feinschmecker behaupten, er sei in seinem Geschmack dem Emmentaler sehr ähnlich. Er wird auch gern zur Komposition kalter Speisen, wie für Reissalat, herangezogen.

Fontina
Ein typischer Käse aus dem Aostatal, dessen Name von der in den Alpen gelegenen Ortschaft Fontin herrühren dürfte. Aber diese Zuschreibung ist sehr umstritten, denn auch andere Orte erheben den Anspruch, sie seien der ursprüngliche Produktionsort gewesen. Auf jeden Fall kannte man diesen Käse schon in der Antike; heute ist seine Bezeichnung geschützt und die Herkunft kontrolliert.
Man findet auf dem Markt zwei verschiedene *Fontina*-Typen: Der eine wird im Sommer aus der Milch von Kühen gewonnen, die auf den Gebirgsalmen weiden, der andere aus der Milch von im Stall gehaltenen Tieren. Die *Fontina*-Laibe haben einen Durchmesser von 45–55 cm, eine Höhe von 8–10 cm und wiegen zwischen 8 und 18 kg. Die dünne Rinde kann rötlich-gelb bis dunkelbraun sein. Der Teig ist weich, weist kaum Löcher auf, und seine Farbe reicht von hellem Gelb bis ins dunkle Strohgelb. Die im Sommer produzierte Sorte zeichnet sich durch einen ausgeprägt aromatischen Geschmack aus.
Fontina hat einen hohen Fettge-

halt. Er wird mit Salz eingerieben und 90–100 Tage gereift. Man verwendet ihn häufiger zum Kochen denn als Tafelkäse. So dient er der Zubereitung vieler regionaler Gerichte.

Formaggetta
Unter diesem Oberbegriff verbirgt sich eine umfangreiche Produktionspalette verschiedenster Käse aus dem ligurischen Apennin. Das Ausgangsprodukt für diese zwar immer kleinen, jedoch verschieden geformten Käse ist eine Mischung aus Ziegen- und Kuhmilch. Von bäuerlichen Herstellern kann man manchmal auch Sorten aus reiner Ziegen- bzw. Kuhmilch im Handel erhalten. *Formaggetta* ist für den sofortigen Verzehr bestimmt und wird nur selten einer Reifung unterworfen. Oft findet man *Formaggetta* in Öl eingelegt, was den Geschmack intensiviert. Die wenigen *Formaggette,* die längere Zeit reifen – meist sind es welche aus Ziegenmilch –, dienen als Reibkäse. Sie empfehlen sich besonders für die Zubereitung von *Pesto genovese,* dem sie ein sehr würziges Aroma verleihen. Die im Grenzgebiet zwischen dem ligurischen und dem toskanischen Apennin produzierten Käse dieses Typs sind kräftiger im Geschmack und haben eine bräunliche Rinde.

Gorgonzola
Der *Gorgonzola* ist ein sehr alter Käse, mit einer langen Tradition. Seine Besonderheit verdankt er einem Schimmelpilz, der während der Reifezeit im geformten und an mehreren Stellen durchstochenen Käselaib wächst. *Penicillium glaucum,* so der wissenschaftliche Name des Schimmelpilzes, durchzieht den Käse in grünlichen Adern.
Die Geburtsstunde des *Gorgonzola* liegt weit zurück, im Jahre 879 n. Chr.; trotzdem war er nicht Europas erster Käse mit Schimmeladern, d. h. Edelpilzkäse. Bereits achtzig Jahre zuvor soll es – so berichtet eine französische Legende – Karl dem Großen vergönnt gewesen sein, während einer seiner häufigen Reisen bei einem frommen Einsiedler einen solchen Käse zu kosten, nämlich den Roquefort.
Der *Gorgonzola* ist ein Produkt aus Kuh-Vollmilch. Er hat eine flache Zylinderform, wiegt zwischen 7 und 13 kg, bei einer Höhe von 16–20 cm und einem Durchmesser von 25–30 cm. Sein Fettgehalt ist sehr hoch (bei 50%). Er reift mehrere Monate und wird währenddessen immer wieder mit trockenem Salz bestreut. Wie bereits erwähnt, sticht man den Käse in einem bestimmten Stadium der Reifung mit Nadeln an und impft ihn mit *Penicillium glaucum.* Dadurch entstehen später die charakteristischen grünlichen Pilzadern. In den letzten Jahren ist die Tendenz zu beobachten, auch andere *Gorgonzola*-Sorten herzustellen, die milder oder auch schärfer sind. Dies gelingt durch unterschiedliche Reifungsmethoden oder durch eine Änderung des Fettanteils. Wenn auf das »Impfen« des Käses verzichtet wird, entsteht der *Panerone* (s. nächste Seite).

Grana padano
Mit *Grana padano* wird eine Familie von italienischen Käsen bezeichnet, die im Norden des Po produziert werden. *Grana padano* ist ein halbfetter Käse mit hartem Teig, der einer sehr langen Reifezeit unterworfen wird. Ausgangspunkt ist Kuh-Vollmilch. Die Kühe werden mit Grün- oder Trockenfutter gefüttert. Die Milch wird teilentrahmt. Die Produktion läuft das ganze Jahr über. Folgende Merkmale sind für den *Grano padano* charakteristisch: Er hat die Form eines Zylinders bzw. konvexen Kegelstumpfes. Der Durchmesser beträgt 35–45 cm, die Höhe 18–25 cm. Das Gewicht schwankt zwischen 24 und 40 kg. Der Teig ist weiß bis strohgelb, mit zartem Geschmack und Aroma. Die Rinde ist 4–8 mm dick. In Reifungskellern bei einer Temperatur zwischen 15 °C und 22 °C reift er zum Teil bis zu 2 Jahren.
Die Produktion erfolgt in den Provinzen von Alessandria, Asti, Cuneo, Novara, Turin, Vercelli, Bergamo, Brescia, Como, Cremona, Mantua (links vom Po), Mailand, Pavia, Sondrio, Varese, Trento, Padua, Rovigo, Treviso, Venedig, Verona, Vicenza, Bologna (rechts des Flusses Reno), Ferrara, Forli, Piacenza und Ravenna. Je nach dem, in welcher Jahreszeit der Käse hergestellt wird, unterscheidet man den *Vernengo* oder *Invernengo* (von Dezember bis März produziert), den *Di testo* (von April bis Juni) und den *Tardivo* oder *Terzole* (von Oktober bis November). Die beste Sorte ist der *Di testa,* da die Kühe in dieser Zeit mit frischem Gras gefüttert werden.

Marzolino
Marzolino wird im Val di Chiana der originale *Pecorino* genannt, der früher ab März hergestellt wurde. Ein überall in der Toskana bekannter Käse, für den es nicht an literarischen Hinweisen mangelt.
Marzolino ist von der Form her oval, mit einem Durchmesser von 12 cm. Kommt er als Frischkäse auf den Markt, so ist seine Rinde weißlich und sehr dünn. Wird der Käse hingegen länger gereift, färbt man die Rinde rötlich ein – einst mit Schafsblut, heute mit Tomaten. Sein ziemlich dichter, weißer Teig mit wenigen Löchern bekommt beim Reifen einen leicht orangefarbenen Stich. *Marzolino* wird als Tafel- und als Reibkäse verwendet.

Mascarpone
Einer alten Überlieferung nach soll ein spanischer Statthalter im siebzehnten Jahrhundert, als er diesen Käse gekostet hatte, ausgerufen haben: »Más que bueno!« (mehr als gut). Daraus soll der Name *Mascarpone* entstanden sein. Aber, Anekdote beiseite, wahrscheinlicher ist, daß der Name auf den lombardischen Dialektausdruck *mascherpa* oder *mascherpin* zurückgeht, was die alte Bezeichnung für *Ricotta* war. Das ursprüngliche Produktionszentrum lag in der Gegend von Lodi. Dank seines großen Verkaufserfolges wird der *Mascarpone* heute jedoch in fast jeder italienischen Region produziert.
Man gewinnt den Käse, indem man Sahne mit Hilfe von Zitronensäure zum Gerinnen bringt (Koagulation). Der Käse selbst ist eher eine sehr fette, streichfähige Creme, die Geschmack und Farbe der Milch hat. *Mascarpone* ist leicht verderblich und kommt deshalb vorzugsweise in der kälteren Jahreszeit auf den Markt. Er wird nicht nur als Käse verzehrt, sondern dient auch der Zubereitung von Süßspeisen mit Schokolade, Kaffeepulver oder Likören. Er eignet sich vorzüglich als Tortenfüllung oder auch als Ersatz für Butter bzw. Sahne beim Kochen von Spaghettisaucen.

Montasio
Ursprünglich war die Produktion von *Montasio* auf die östliche Alpenregion beschränkt, heute umfaßt sie auch viele andere Gegenden. Im Sommer entsteht der fettere *Montasio,* für den Milch von Kühen verwendet wird, die auf den hoch gelegenen Weiden der Alpen grasen. Der im Winter produzierte Typ ist etwas magerer, da die Milch teilentrahmt wird. Auch diese Sorte trägt den Namen *Montasio,* wird jedoch frisch verzehrt. Der *Montasio* hat eine zylindrische Form, ist etwa 10 cm hoch und hat einen Durchmesser von 35–40 cm. Im allgemeinen wiegt er unter 10 kg. Der Teig ist halbfett, ziemlich fest, mit wenigen Löchern. Zum Konservieren taucht man ihn in eine schwach konzentrierte Salzlake und reibt ihn eventuell zum Schluß zusätzlich mit trockenem Salz ein. Frischer *Montasio* ist sehr mild, nach einer Reifezeit von ca. 12 Monaten schmeckt er kräftiger. Der alte *Montasio* wurde wegen seines intensiven Geschmacks früher *Pecorino* genannt, obwohl er in Wirklichkeit aus reiner Kuhmilch gemacht war. Die Käselaibe werden während der Reifezeit besonders sorgfältig ausgewählt. Leicht beschädigte Exemplare, solche mit zu großen Löchern oder Unregelmäßigkeiten in der Rinde, werden zum sofortigen Verzehr ausgesondert, die anderen bleiben im Reifungskeller.
Mönche der Abtei Moggio sollen diesen Käse angeblich schon im späten Mittelalter erfunden haben.

Morlacco
Der *Morlacco,* der heute im Norden der Provinz Vicenza hergestellt wird, ist nach einer Gegend bei Zadar in Jugoslawien benannt, aus der er stammen soll. Dort hieß er im Volk *Käse der Armen,* da er als Brotaufstrich einen hohen Nährwert besaß und gleichzeitig wenig kostete.
Der *Morlacco* wird aus teilweise entrahmter Kuhmilch gemacht. Sein weißer Teig weist sehr wenige, kleine Löcher auf. Mit zunehmendem Alter schmeckt er immer schärfer. Charakteristisch für diesen Käse ist die grün-blaue Schimmelschicht, mit der er sich schnell überzieht, was dem Käse einen sehr eigenwilligen Geschmack verleiht. Die leicht konvexen, zylindrischen Laibe werden in verschiedenen Größen von 25–30 cm Durchmesser und einer Höhe von 10–15 cm gehandelt.

Mozzarella
Mozzarella muß frisch verzehrt werden. Der Name geht auf die Art der Zubereitung zurück: Die durch Gerinnen entstehende elastische Dickmilch wird in sehr kleine Stükke zerteilt. *Mozzare* bedeutet *abschneiden, zerkleinern.*
Seine Erfindung liegt einige Jahrhunderte zurück; damals wurde er aus reiner Büffelmilch gewonnen. Auch heute findet man *Mozzarella* aus Büffelmilch, allerdings für teures Geld. Dafür ist seine Qualität besonders hochwertig. Büffelmozzarella kommt hauptsächlich aus der Gegen von Battipaglia (Provinz Salerno) oder aus dem Gebiet um Volturno. Der feuchte, weiche und gleichzeitig feste Teig schmeckt angenehm mild nach Milch. *Mozzarella* gibt es kugelförmig *(Bocconcini)* oder eiförmig *(Ovoline).* Aufgrund der sehr starken Nachfrage und weil *Mozzarella* nicht gelagert werden kann, begnügt man sich heute bei seiner Herstellung meist mit Kuhmilch. Auch dieser *Mozzarella* ist sehr wohlschmeckend und von guter Qualität, obwohl er einem Vergleich mit Büffelmozzarella nicht standhalten kann.
Mozzarella wird frisch verzehrt; er ist leicht verdaulich, da sein Fettgehalt nicht hoch ist. Aus der süditalienischen Küche läßt sich dieser Käse nicht wegdenken. Es sei hier nur an die zahlreichen Pizzavarianten erinnert, die alle vom *Mozzarella* leben.

Panerone
Ein typischer Käse aus der Lombardei, genauer gesagt aus der Gegend um Lodi. *Panerone* ist ein fetter Käse, der aus Kuh-Vollmilch gewonnen wird und in zylindrischer Form von ca. 26–30 cm Durchmesser und einer Höhe von 20 cm in den Handel kommt. Der Teig weist sehr kleine, regelmäßig verteilte Löcher auf, seine Farbe reicht von milchig weiß bis strohgelb. Wie bereits erwähnt, ähnelt er sehr dem *Gorgonzola,* ihm fehlt nur die grünliche Schimmeladerung. *Panerone* wird nicht gesalzen. Er wird bis zu zwei Monaten gereift und nimmt dabei einen sehr eigenen, leicht bitteren Geschmack an, der für diesen Käse charakteristisch ist. Man ißt ihn als Tafelkäse.

Parmigiano reggiano
Parmesan
Der König unter den Käsen! Er hat seinen angestammten Platz auf der italienischen Tafel und in der italienischen Küche. Das klassische Produktionsgebiet erstreckt sich von der Provinz Parma über die von Mantua (rechts des Po) bis zur Provinz Bologna (links des Flusses Reno).
Parmigiano ist ein halbfetter Käse mit hartem Teig. Er wird aus Kuhmilch gewonnen: Die am Morgen gemolkene Milch läßt man etwas ruhen, um sie dann teilweise zu entrahmen. Die Herstellungsperiode beginnt am 1. April und endet am 11. November eines jeden Jahres. Das Einsalzen erfolgt immer einige Tage nach der Gewinnung und dauert 20 bis 30 Tage. Die natürliche Reifung muß mindestens bis zum Sommerende des nachfolgenden Jahres dauern. Läßt man den Käse darüber hinaus reifen, so wird er immer wertvoller. Die Laibe sind zylindrisch, leicht konvex geformt, mit einem Durchmesser von 35–45 cm, einer Höhe von 18–24 cm und einem Mindestgewicht von 24 kg. Der Teig hat eine leicht strohgelbe Farbe, Aroma und Geschmack sind intensiv, jedoch nicht scharf. Von der Struktur her ist der *Parmigiano* körnig, mit schuppenförmigen Brüchen und kleinsten, fast unsichtbaren Löchern. Die Rinde ist ca. 6 mm dick. Vom Herstellerkonsortium des echten *Parmigiano reggiano* werden die Käselaibe mit dem Brandzeichen *Parmigiano reggiano* gekennzeichnet. Das Konsortium hat außerdem die Aufgabe, Herstellung und Handel zu überwachen.

Pecorino romano
Pecorino romano gehört zu den bekanntesten *Pecorino*-Sorten – und zwar nicht nur in Italien, sondern auch im Ausland. Ungefähr die Hälfte der Produktion wird exportiert, vorwiegend in die Vereinigten Staaten. *Pecorino romano* ist ein Hartkäse, der ausschließlich aus Schafsmilch gewonnen wird, und zwar in der Zeit von März bis Juni. Die dickgelegte, geronnene Milch wird schnell in eine Form abgeschöpft, wo sie nach einem bestimmten Verfahren durchgerührt und zerkleinert wird, damit die Molke rasch abfließen kann. Das Einsalzen erfolgt mit trockenem Salz und dauert 90 Tage. Die Laibe werden in dieser Zeit durch häufiges Waschen sauber gehalten und vereinzelt angebohrt, damit das Salz besser eindringen kann. Der *Pecorino* reift etwa 8 Monate. Die Laibe sind zylindrisch geformt, mit einer Höhe von 8–14 cm, und bringen 8–20 kg auf die Waage.

Pecorino ist ein halbfetter Käse mit weißem, kompaktem Teig. Sein Geschmack ist von charakteristischer Schärfe. Produktionsorte sind die Provinzen von Cagliari, Frosinone, Grosseto, Latina, Rom, Nuoro und Viterbo.

Pecorino sardo
oder Fiore sardo
Dieser Käse, ein typisches Produkt aus Sardinien, wird ausschließlich aus Schafsmilch gewonnen. Den Teig modelliert man in besonderen Formen, die aus je zwei Kegelstümpfen bestehen, welche an den Grundflächen miteinander verbunden werden. Dieses Verfahren nennt sich *a schiena d'asino* (nach Art des Eselrückens). Eingesalzen wird der Käse erst in Salzlake und anschließend mit trockenem Salz. Ein bis zu drei Monaten gereifter Käse wird als Tafelkäse verzehrt, nach sechs Monaten Reifungsdauer dient er als Reibkäse. Das Gewicht der einzelnen Formen schwankt zwischen 1,5 und 4 kg. Die Rinde des jungen *Pecorino sardo* ist gelb, die des alten dunkelt nach und wird schließlich graubraun. Der Teig variiert von Weiß bis Strohgelb; die Intensität des Geschmackes nimmt mit dem Alter zu.

Pecorino senese
Der *Pecorino* aus Siena gehört eigentlich zur Familie der aus Schafsmilch gefertigten *Caciotte*. Er unterscheidet sich jedoch – auch in gereiftem Zustand – in einigen geschmacklichen Eigenschaften von den normalen Schafskäsen. Er ist eher mild – selbst nach längerer Reifung –, schmeckt aber gleichzeitig leicht bitter, was mit der Beschaffenheit der Weiden zusammenhängt, auf denen die Schafe grasen. Zweifellos ist der beste Käse der im Frühling hergestellte, wenn das Gras noch weich und kaum bitter ist. Die runden, leicht konvexen Käselaibe wiegen 1–2 kg. Er heißt *Pecorino senese,* weil er vor allem im Raum Siena produziert wird, wo man sich noch immer – besonders bei der Reifung – an die alten Verfahren hält.

Pecorino siciliano
Dieser vorwiegend in Sizilien produzierte Käse wird in den ersten Tagen seiner Verarbeitung in besonderen Körben aufbewahrt, den *canestri.* Deswegen trägt er auch den Beinamen *canestrato.*

Er gehört zu den Hartkäsen; Ausgangsprodukt ist Schafsvollmilch. Die Herstellungsperiode erstreckt sich von Oktober bis Juni. *Pecorino siciliano* muß mindestens 4 Monate reifen. Das Einsalzen erfolgt mit trockenem Salz. Die zylindrischen Formen wiegen zwischen 4 und 12 kg. Auf der weißgelben Rinde ist das Flechtmuster der Körbe abgezeichnet, in denen die Käse aufbewahrt wurden. Der kompakte Teig weist wenige Löcher auf. Manchmal würzt man diesen Käse mit einigen Pfefferkörnern. Gepfefferter *Pecorino* ist unter dem Namen *Pecorino pepato* oder *maiorchino* im Handel.

Provola
Provola ist in Mittel- und Süditalien beheimatet. Wie der *Mozzarella* wurde auch er einst aus Büffelmilch gewonnen. Heute greift man oft auf Kuhmilch zurück. Die teigartige Dickmilch wird zu kleinen, unregelmäßigen Kugeln geformt, die zwischen 700 und 800 g wiegen. Den *Provola* gibt es in vier verschiedenen Typen: den frischen, den gereiften, den frisch geräucherten und den gereift geräucherten. Die frischen Sorten schmecken sehr mild und ähneln dem *Mozzarella,* während die gereiften an den *Caciocavallo* erinnern. Industriell gefertigten *Provola* findet man im Handel häufig von einer Wachsschicht umhüllt, wodurch der weiche Teig geschützt werden soll.

Provolone
Die Echtheit dieses Käses wird durch ein Dekret garantiert, das für die typischen Käse Italiens gilt. Von der Methode her entspricht seine Herstellung der des *Caciocavallo* (s. Beschreibung S. 269). Das Ausgangsprodukt ist wieder Kuh-Vollmilch. Die Formen sind sehr verschieden, man findet den Kegelstumpf, die Birne, die Melone oder den länglichen Zylinder. Letztere ist die häufigste Form, oben und unten abgerundet, mit einem Durchmesser von 35–45 cm und einem Gewicht von zwischen 1 und 6 kg. Riesige Exemplare können einen Durchmesser von 1 m haben und ein Kilogewicht, das in die Zehnerzahlen geht, weswegen sie mit Recht *Provoloni giganti* genannt werden. Wie der *Caciocavallo* wird auch der *Provolone* zur Reifung paarweise an Seilen aufgehängt. Der Teig zeigt Schattierun-

gen von Weiß bis Strohgelb. Während der Reifezeit können vereinzelt tropfenförmige Löcher auftreten. Den *Provolone* gibt es in drei Sorten: mild, pikant (durch längere Reifung) und geräuchert. Der geräucherte *Provolone* gilt, wegen seines sehr typischen Geschmackes, als Prototyp dieser Käse.

Ragusano
Ein typischer Käse aus dem Raum Ragusa.
Er wird aus Kuh-Vollmilch gewonnen. Sein Teig präsentiert sich faserig. Das Einsalzen erfolgt in Salzlake, manchmal wird er auch geräuchert. Zum Reifen bindet man ihn paarweise zusammen und hängt ihn auf spezielle Halterungen. Als Tafelkäse reift er mindestens sechs Monate, länger gereift dient er als Reibkäse. Er hat die Form eines schiefen Quaders mit leicht abgestumpften Kanten.
Die Schnüre, an denen der Käse aufgehängt wird, hinterlassen eine charakteristische Zeichnung in der Rinde. Jeder Laib wiegt zwischen 6 und 12 kg. Die Rinde ist dünn, bei den frischen Exemplaren strohgelb, bei den gereiften dunkelbraun. Der Teig des frischen *Ragusano* ist weiß und hat wenige Löcher. Durch Reifung wird der Teig dunkler. Auch der Geschmack wandelt sich während der Reifezeit von anfänglicher Milde zu intensiver Würze.

Ricotta stagionata
Gereifter *Ricotta* oder, in weiterem Sinn, trockener *Ricotta* ist eine Spezialität aus manchen Gegenden Siziliens.
Kleine *Ricotta*-Formen werden getrocknet und der Sonne so lange ausgesetzt, bis sie so hart und kompakt sind, daß sie sich reiben lassen. Aus der Gegend um Norcia kommt ein ähnlicher *Ricotta*, der allerdings einen wesentlich höheren Fettgehalt hat. Man verwendet ihn hauptsächlich zur Zubereitung für weiße Spaghettisaucen und als Ersatz von Parmigiano. Dieser *Ricotta* verleiht den Saucen das besonders geschätzte feine Milcharoma. Ein anderer *Ricotta* stammt aus Apulien und verlangt eine wesentlich langwierigere Verarbeitung: der sogenannte *Ricotta schianta*. Auch er ist gereift und wird für Saucen verwendet. Einige Sorten des *Ricotta* werden zusätzlich geräuchert, was ihnen ein besonderes Aroma verleiht.

Robiola
Der *Robiola* ist nach dem Ort Robbio in Lomellina benannt; manche vermuten auch, der Name gehe auf das lateinische *rubeola* zurück, da der Käse einst von einer roten Rinde umhüllt war.
Robiola ist ein kleiner, rechteckiger, fetter Käse, der frisch verzehrt werden muß. Meist aus Kuhmilch hergestellt, gibt es auch wenige Sorten, denen Schafs- bzw. Ziegenmilch beigemischt ist. Die Reifezeit beträgt nur 8 bis 15 Tage. In letzterem Fall vergleicht man ihn gern mit *Stracchino*-Käsen wie dem *Crescenza*. Wird der *Robiola* hingegen gereift, so entwickelt er ein sehr pikantes, eigenwilliges Aroma. Zu dieser Sorte gehören der *Robiola* aus Valsassina, aus Ballabio, Introbio und der aus Pasturo. In seiner Beschaffenheit ähnelt er sehr dem *Taleggio*, nur daß er in viel kleineren Formen gehandelt wird. Erwähnenswert ist auch der *Robiola* aus dem Langhe-Gebiet, dessen Ausgangsprodukt eine Mischung aus Kuh- und Ziegenmilch ist. Letztere wird – und das ist das Besondere – in der Paarungszeit der Ziegen gemolken. Dieser Käse nennt sich *Robiola del Bec: Bec* ist der piemontesische Dialektausdruck für *becco*, das *Ziegenbock* bedeutet. Nicht zu vergessen sind auch die *Robiole* aus Roccaverano, aus Ceva, aus Bossolasco und Monferrat. Manche *Robiole* werden konserviert: Der Käse wird in Gläser gefüllt, mit Öl bedeckt und mit verschiedenen Gewürzen aromatisiert.

Scamorza
Scamorza ist ein für Mittel- und Süditalien typischer Käse aus Gegenden, in denen Büffelzucht betrieben wird. Er wird in Formen gehandelt, die kleiner sind als die des *Caciocavallo*. Am berühmtesten sind der *Scamorza* aus Kalabrien mit seiner länglichen Form sowie zwei *Scamorze* aus Apulien, der eine rundlich, der andere in Form eines Schweinchens. *Scamorza, Mozzarella* und *Caciocavallo* werden vorwiegend zum Kochen verwendet. Man schneidet sie oft in Scheiben, grillt sie und würzt sie mit Öl und Pfeffer. Oder man überbäckt im Ofen Brotscheiben mit dem Käse. *Scamorza* dient häufig als Ersatz für *Mozzarella.* Manchmal wird er sogar für das Gericht *Mozzarella in carrozza* verwendet. (Hierbei wird *Mozzarella* zwischen zwei Toastscheiben gelegt, die in Ei und Mehl gewendet und in Öl ausgebacken werden.)

Taleggio
Taleggio ist ein sehr beliebter Käse der Lombardei, aber auch im restlichen Italien ist er nicht unbekannt. Ursprünglich stammt er aus dem Voralpengebiet von Bergamo. Er wird aus Kuh-Vollmilch gewonnen, mit trockenem Salz eingesalzen und hat einen weichen, fetten Teig. Seine Reifung dauert 40–50 Tage. Er kommt in der Form eines schiefen Quaders auf den Markt, wiegt etwa 2 kg und hat eine dünne, weiche Rinde. *Taleggio* schmeckt leicht würzig, mit zunehmendem Alter wird er immer aromatischer. Der Teig weist so gut wie keine Löcher auf. Seine Farbe ist weiß bis strohgelb.

Toma
Toma heißt ein Käse mit hartem Teig, der vor allem in den Alpen- und Voralpenregionen des Piemont und der Lombardei erzeugt wird. Die Produktion ist jedoch nicht nur auf diese Gebiete beschränkt, sondern findet auch im Apennin und sogar auf Sizilien statt, wo man ihn *Tuma* nennt. Allerdings sind die Käse dieses Namens sehr heterogen.
Neben dem eigentlichen, echten *Toma* existiert der *Tometta,* der zwar auch eine zylindrische Form hat, jedoch kleiner ist. Der echte *Toma* wiegt zwischen 8 und 9 kg, der kleinere *Tometta* wird nie schwerer als 2 kg.
Auch der *Tomino* gehört zur Familie. Dieser Käse wiegt ca. 200 g, ist streichfähig, von der Form her ebenfalls zylindrisch und schmeckt säuerlich. Alle Sorten werden in der Regel aus Kuhmilch gewonnen, aber auch Mischungen mit Schafs- oder Ziegenmilch sind nicht selten. Der Teig des frischen *Toma* zeigt eine weiße Farbe, die sich mit fortschreitender Reifung gelb färbt. Er schmeckt sehr mild, während der gereifte *Toma* pikant ist und deswegen als Reibkäse oder als Würze für Polenta-Gerichte verwendet wird. Auch der *Tometta* wird des öfteren gereift. Der weiche, cremige Teig nimmt dabei ein pikantes Aroma an und bekommt viele kleine Löcher. Der *Tomino* hingegen wird frisch gegessen. Häufig wird er mit Saucen, Tomaten oder Peperoncino angerichtet oder in gewürztem Öl eingelegt.

Sciroppi, marmellate, canditure, liquori

Eingemachtes, Kandiertes, Säfte und Liköre

»Im Sommer, wenn so mancher Ehemann allein zu Hause bleibt, während Frau und Kinder sich an der Riviera oder Adria tummeln, wird sich der eine oder andere bestimmt einmal aufraffen, eine Marmelade, einen Fruchtsaft oder ein Mixgetränk zu bereiten. Schwierig ist das schließlich nicht. Oder kennen Sie etwas Einfacheres als einen Obstsalat? Und trotzdem . . . Falls Sie schon zuviel von Ihrem neuen Hobby, der Küche, erzählt haben: Mit den nachfolgenden Rezepten werden Sie die Probe aufs Exempel bei Ihren Freunden glanzvoll bestehen. Es ist nie zu spät, sich an Kandiertem und Eingemachtem zu versuchen. Sie brauchen wenig Geld, die Zutaten sind natürlich und gesund, das Auge kommt auf seine Kosten, der Gaumen fühlt sich geschmeichelt, und – nicht zuletzt – die anderen sind beeindruckt. Ist dies nicht einen Versucht wert? Außerdem haben Marmeladen und Eingemachtes den großen Vorteil, daß sie – einmal zubereitet – immer griffbereit sind. Blitzschnell zaubert man sie aus der Vorratskammer hervor und überrascht die verdutzten und neidischen Freunde und Freundinnen. Ist das etwa nichts?«

RATAFIA DI ALBICOCCHE

Aprikosenlikör

1 kg Aprikosen
20 Aprikosenkerne
250 g Zucker
2 l Alkohol (90%)
4 Zimtstangen
6–8 Gewürznelken

Die Aprikosen sorgfältig waschen und in Stücke schneiden. Die Kerne in einem Mörser zerstoßen und mit den anderen Zutaten vermischen. Das Ganze mindestens 20 Tage – am besten an einem nicht zu hellen Ort – ruhen lassen. Schließlich die Flüssigkeit filtern und in Flaschen abfüllen. Vor dem Trinken 3 Monate ruhen lassen.

LIQUORE DI CILIEGIE

Kirschlikör

1 kg Kirschen
400 g Zucker
ca. 40 Kirschblätter
2 Zimtstangen
1 l Alkohol (90%)

Die Kirschen sorgfältig waschen und in einem Gefäß mit dem Zukker vermischen. Das Gefäß, fest verschlossen, 7–8 Tage der Sonne aussetzen. Danach den Inhalt in einen größeren Behälter umschütten, Kirschblätter, Zimtstangen und Alkohol zugeben. Etwa 1 Monat später die Flüssigkeit durch einen Papierfilter gießen und in Flaschen abfüllen. Einige Monate ruhen lassen.

NOCINO

Nußlikör

ca. 20 grüne Haselnüsse mit weicher Schale
6–7 Gewürznelken
1 Zimtstange
1 l Alkohol (90%)
½ kg Zucker
100 g Wasser

Die weichen Nüsse in einem Mörser zerstoßen und zusammen mit den Gewürznelken, der Zimtstange und dem Alkohol in ein Einweckglas füllen. Frühestens 40 Tage später die gewonnene Flüssigkeit filtern. Nun muß ein Sirup gekocht werden: Zucker mit dem Wasser vermischen, einige Minuten kochen lassen, durch einen Filter gießen und schließlich mit dem Alkohol vermengen. Einige Monate ruhen lassen.

MARASCHINO

Sauerkirschlikör

300 g Sauerkirschkerne
½ l Alkohol (80%)
400 g Zucker
400 g Wasser

Die Kirschkerne in einem Gefäß mit dem Alkohol bedecken und mindestens 2½ Monate ziehen lassen. Schließlich die Flüssigkeit filtern und einen Sirup bereiten: Den Zucker in dem Wasser auflösen und ca. 10 Minuten kochen lassen. Filtern, mit dem Alkohol mischen und in Flaschen abfüllen. 24 Stunden ruhen lassen, nochmals filtern. Ist der Likör noch nicht klar, die Prozedur wiederholen.

ROSOLIO

Zedratlikör

geriebene Schale von
5 Zedratfrüchten
½ l Alkohol (90%)
½ l Wasser
½ kg Zucker

Die Schale der Zedratfrüchte, einer kopfgroßen Zitronenart, reiben. Dabei muß sorgfältig vermieden werden, die weiße Haut unter der Schale mitzureiben. In einem Gefäß die abgeriebene Schale mit dem Alkohol vermischen. Etwa 10 Tage ruhen lassen, danach filtern. Einen Sirup bereiten: Den Zucker in dem Wasser auflösen und 10 Minuten kochen. Etwas abkühlen lassen, filtern und mit dem Alkohol vermengen. In Flaschen füllen. Wenigstens 2 Monate ruhen lassen.

GINEPRO

Wacholderlikör

100 g Wacholderbeeren
300 g Zucker
1 l Alkohol (90%)
1 TL Anissamen
1 TL Koriandersamen

Alle Zutaten – außer dem Alkohol – vermengen und in einem Gefäß 8–9 Tage an einem sehr hellen Ort ziehen lassen. Danach den Alkohol zugießen. 40 Tage ruhen lassen. Filtern und in Flaschen abfüllen.

CONFETTURA DI ALBICOCCHE

Aprikosenkonfitüre

1 kg Aprikosen
750 g Zucker

Die Früchte waschen, entkernen und in kleine Stücke teilen. Mit dem Zucker in einer Schüssel über Nacht stehen lassen. Danach ca. 1 Std. leise köcheln, bis das Ganze etwas eindickt. Noch lauwarm in ein Weckglas füllen. Ist die Konfitüre abgekühlt, das Glas fest verschließen.

ALBICOCCHE SCIROPPATE

Eingelegte Aprikosen

1 kg Aprikosen
600 g Zucker
ca. ½ l Wasser (lieber etwas weniger)
die Schale von 1 Zitrone
1 Zimtstange

Die Aprikosen sorgfältig waschen, aber nicht zerkleinern. Einen Sirup bereiten: Das Wasser mit dem Zucker, der Zitronenschale und der Zimtstange ca. 10 Minuten kochen. Die Aprikosen zugeben und weitere 3 Minuten kochen lassen. Mit einem Schaumlöffel die Aprikosen herausheben und in Einweckgläser verteilen. Den Sirup weiter eindicken lassen (noch etwa 7–8 Minuten kochen). Abkühlen lassen und die Gläser bis unter den Rand auffüllen. Hermetisch verschließen. Vor dem Verzehr 2 Monate warten. Die Gläser ab und zu umstülpen, damit die Früchte feucht bleiben.

GELATINA DI ALBICOCCHE

Aprikosengelee

1 kg Aprikosen
½ kg Zucker

Die frischen Aprikosen zu ½ l Saft verarbeiten. Diesen Saft mit dem Zucker ca. 30 Minuten kochen, bis das Gelee die richtige Konsistenz hat.

SCIROPPO DI AMARENE

Sauerkirschsirup

2 kg Sauerkirschen
Zucker
1 Zimtstange

Die Kirschen waschen und entkernen, die Stiele nicht wegwerfen. Kirschen und Stiele in eine Schüssel geben und zerquetschen, damit der Saft austritt. Eine zerbröselte Zimtstange zugeben. Ca. 48 Std. gären lassen. Ab und zu vorsichtig umrühren. Anschließend durch ein Stück Gaze filtern, den Saft wiegen und mit der gleichen Menge Zukker in einem Topf ca. 5 Minuten kochen. Den Sirup lauwarm in Flaschen füllen. Sobald er kalt ist, diese dicht verschließen.

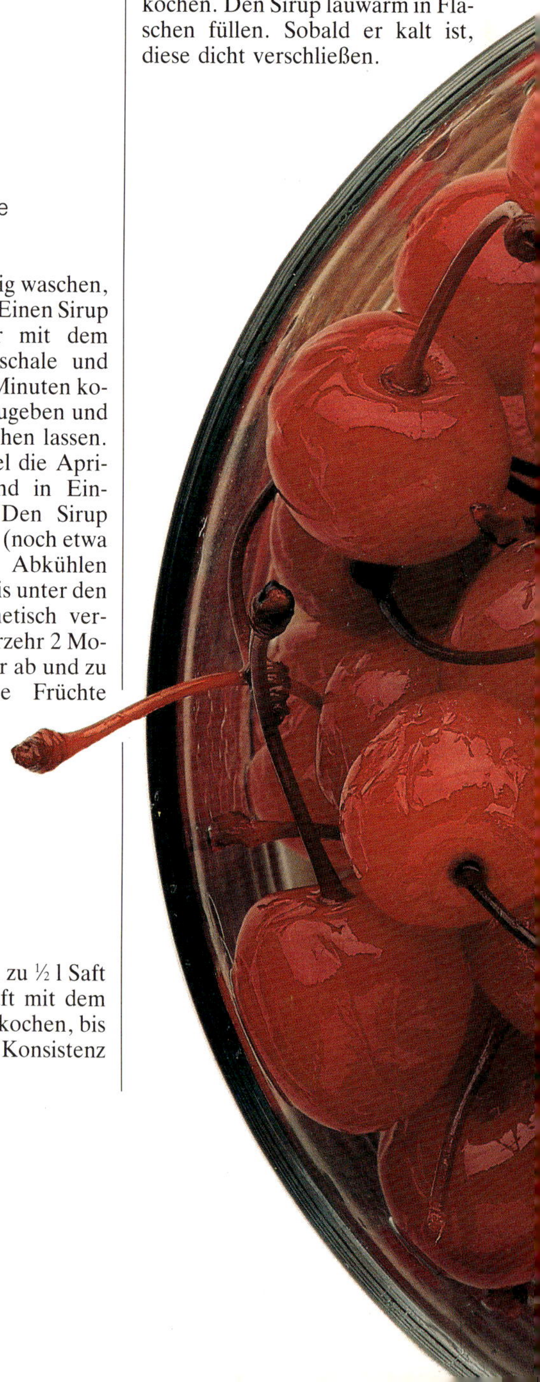

AMARENE SOTTO SPIRITO

Sauerkirschgeist

1 kg Sauerkirschen
½ kg Zucker
200 g Alkohol
Zimt

Die Sauerkirschen sorgfältig waschen und in Einweckgläser verteilen, Zucker und zerbröselte Zimtstangen zugeben. Die verschlossenen Gläser mindestens 8 Tage in die Sonne stellen. Den Alkohol zugießen, die Gläser wieder versiegeln. Einige Wochen ruhen lassen.

MARMELLATA DI ARANCE

Orangenmarmelade

ca. 12 schöne Orangen
2 Zitronen
Zucker
Wasser

Die Orangen und Zitronen sorgfältig waschen, schälen und in Scheiben schneiden. Den dabei abfließenden Saft auffangen. Die Schalen von den weißen Häutchen befreien und in feinste Streifen teilen. Diese in eine Schüssel geben, mit Wasser bedecken und 24 Stunden ruhen lassen. Schließlich abtropfen lassen und weich kochen. Erneut abtropfen lassen und in einer Kasserolle mit den Orangen- und Zitronenscheiben sowie dem aufgefangenen Saft 10 Minuten kochen. Wiegen und mit der gleichen Menge Zucker weiterkochen, bis die gewünschte Konsistenz erreicht ist.

GELATINA DI ARANCE

Orangengelee

1 kg Orangen
1 Zitrone
400 g Zucker
flüssiges Pektin

Die Orangen und die Zitronen halbieren, den Saft auspressen. Den Saft mit Zucker kochen. Je 2 TL Pektin pro Liter Flüssigkeit in den kochenden Saft unterrühren. So lange kochen lassen, bis die gewünschte Konsistenz erreicht ist.

BUCCE DI ARANCE CANDITE

Kandierte Orangenschalen

Orangenschalen
Zucker
Wasser

Die Schalen von den weißen Häutchen befreien, waschen, in dünne Streifen schneiden. Ca. 30 Min. in Wasser kochen. Abtropfen lassen und wiegen. Mit der gleichen Menge Zucker so lange auf der mäßig warmen Kochplatte erhitzen, bis die Schalen den Zucker vollständig absorbiert haben. Auf einem Holzbrett trocknen.
So zubereitet, sind die Schalen unbegrenzt haltbar.

MARMELLATA DI CACHI

Kakimarmelade

1 kg Kakifrüchte
700 g Zucker
Saft von 2 Zitronen
1 dl Wasser

Die Kakifrüchte waschen, schälen und durch ein Sieb streichen. Wasser und Zucker in wenigen Minuten zu einem Sirup verkochen. Das Fruchtfleisch hineingeben und kochen, bis die gewünschte Konsistenz erreicht ist.
Gegen Ende den Zitronensaft langsam einrühren und noch 5 Minuten weiterkochen.

MARMELLATA DI CASTAGNE

Kastanienmarmelade

1 kg Eßkastanien (Maroni)
½ kg Zucker
½ l Wasser
1 Glas Rum

Die Kastanien waschen, an den Schalen einschneiden und in kochendem Wasser weich kochen. Herausnehmen und schälen, bevor sie ausgekühlt sind; durch ein Sieb passieren. Wasser und Zucker in 10 Minuten zu einem Sirup einkochen, das Kastanienpüree zugeben. Die Marmelade knappe 15 Minuten weiterkochen lassen. Am Schluß langsam den Rum unterrühren.

CASTAGNE CANDITE *

Glasierte Maroni

Glasierte Maroni (marrons glacés) sind eine schwierig zu bereitende Köstlichkeit. Die einzigen Kastanien, für die sich Mühe und Geld lohnen, sind die großen, süßen Maroni. Beim Einkauf ist zu berücksichtigen, daß viele der Maroni bei der Zubereitung zerbrechen. Die geschälten Maroni in einem Topf mit heißem Wasser fast zum Sieden bringen, nicht aufwallen lassen. So lange garen, bis sie sich leicht mit einer Nadel einstechen lassen. Den Topf vom Herd nehmen. Die Kastanien einzeln herausholen und sofort die bittere Haut abziehen (in kaltem Zustand ist das weitaus schwieriger). Schon hierbei werden die ersten Exemplare zu Bruch gehen. Wasser und Zucker, zu gleichen Teilen, 10 Minuten zu einem Sirup einkochen. Dabei ständig abschäumen, damit er klar wird. Vom Herd nehmen, wenn er dünne Fäden zieht, dann nämlich hat er eine Konzentration von 25 Grad. Die Maroni in einer großen Pfanne mit dem kochend heißen Sirup übergießen. 1 Tag ruhen lassen. Den Sirup danach weiter eindicken lassen, bis er dicke Fäden zieht (30 Grad Konzentration). Erneut über die Kastanien gießen und diese auf der Platte bis kurz vor dem Siedepunkt erhitzen. Wieder 1 Tag ruhen lassen. Am nächsten Tag den Sirup mit einem Stückchen Vanilleschote und etwas Traubenzucker (damit der Sirup nicht kristallisiert) auf eine Konzentration von 33 Grad eindicken (er bildet Ballen am Holzlöffel). Die Maroni übergießen und 1 Tag ruhen lassen. Endlich die Maroni in Weckgläser füllen, mit dem Sirup übergießen. Hermetisch verschließen. Dies ist die sicherste Konservierungsmethode.
In Konditoreien konserviert man Maroni »trocken«. Sie liegen auf

großen Gitterrosten, die aus dem Sirup herausgehoben werden können, so daß der Sirup auf die Backbleche abfließt. Die Kastanien werden mehrfach in immer konzentriertere Zuckerlösungen getaucht, so daß die Glasur entsteht. Manche bevorzugen diese Methode auch zu Hause. Dazu spießt man die Maroni auf Gabeln, um sie aus dem Sirup zu holen. Dabei zerfallen allerdings sehr viele Früchte, was nicht unbedingt im Sinne des Verbrauchers liegt. Bei einem anderen Verfahren wird der Sirup nach dem letzten Glasurvorgang auf 39 Grad (kleine Ballen) eingedickt und über die Kastanien gegossen. Das Ganze wird erhitzt, darf aber nicht kochen. An der Oberfläche wird sich eine Haut bilden, die entfernt wird. Mit einer Küchenspatel streicht man am Rand des Topfes entlang; sobald sich der Zucker weißlich färbt, die Maroni vorsichtig herausheben und auf einem grobmaschigen Rost oder Sieb mit viel Abstand voneinander abtropfen und auskühlen lassen. Die Maroni in einer mit Pergamentpapier ausgelegten Blechdose aufbewahren. Zwischen jede Schicht Maroni ein Blatt Papier legen.

CHINOTTI CANDITI

Kandierte Pomeranzen

Die Früchte sorgfältig waschen und mit einer dicken Nadel drei- bis viermal einstechen. In einer Schüssel mit kaltem Wasser bedecken und 2 Tage ruhen lassen. Das Wasser muß während dieser Zeit mindestens zwei- oder dreimal am Tag ausgewechselt werden. Schließlich die Pomeranzen in einen Topf mit kaltem Wasser geben und ca. 15 Minuten leise köcheln lassen. In der Zwischenzeit in einem anderen Topf 1 l Wasser zum Kochen bringen. Die Pomeranzen aus dem ersten Topf herausnehmen und sofort in den zweiten mit dem kochenden Wasser geben. 10 Minuten kochen lassen. Die Früchte mit einem Schaumlöffel herausheben. Das Kochwasser in eine Pfanne umgießen, 1 kg Zucker einrühren. Den Zuckersirup stark eindicken lassen, bis nur noch eine dünne Schicht übriggeblieben ist. Jetzt die Früchte zugeben und 2–3 Minuten kochen. Das Ganze in eine Schüssel gießen und 24 Stunden ruhen lassen. Danach allein den Sirup in einem Topf zum Kochen bringen. Sobald er aufwallt, die Früchte zufügen. Die ganze Prozedur fünfmal wiederholen. Bei der letzten Kochphase muß der Sirup an dem eingetauchten Stiel eines hölzernen Rührlöffels große Zuckerballen bilden, woran man erkennen kann, daß die Konzentration nun etwa 39 Grad beträgt. Wer will, kann am Schluß ein Gläschen Grappa in die lauwarme Masse einrühren. Am darauffolgenden Tag die kandierten Pomeranzen in Einweckgläser füllen und hermetisch versiegeln.

CILIEGIE IN AGRODOLCE

Süßsaure Kirschen

1 kg Kirschen (eine feste, nicht zu saftige Sorte)
250 g Zucker
4–6 Gewürznelken
1 Zimtstange
¼ l Essig
geriebene Schale von ½ Zitrone

Die Kirschen waschen, abtrocknen und mit dem Entkerner die Steine entfernen. In ein Einweckglas (mit Gummiring) eine Schicht Kirschen füllen, mit Zucker bestäuben, ein Stückchen Zimtstange hinzufügen und eine zweite Schicht Kirschen darübergeben. So fortfahren, bis alle Kirschen aufgebraucht sind. Die Kirschen müssen so im Glas geschichtet werden, daß keine zu großen Zwischenräume entstehen. ¼ l Essig mit der geriebenen Zitronenschale einige Minuten kochen und kalt über die Kirschen gießen. Der Essig muß die Kirschen gut bedecken. Falls er nicht ausreicht, noch etwas Essig auf dieselbe Art kochen und zugießen. Das Glas gut verschließen und an einem dunklen, kühlen Ort aufbewahren. Für alle, die Süßsaures mögen, sind diese Kirschen eine köstliche Beilage zu Wild und gekochtem Fleisch.

CILIEGIE SCIROPPATE

Eingelegte Kirschen

1 kg Kirschen
600 g Zucker
400 g Wasser
Zimt

Die Kirschen waschen und entsteinen. Wasser und Zucker in 10 Minuten zu einem Sirup einkochen. Die Kirschen zugeben. Sobald die Flüssigkeit aufwallt, die Kirschen mit einem Schaumlöffel herausheben und in Einweckgläser füllen. Den Sirup weitere 10 Minuten auf der Kochplatte eindicken. Auskühlen lassen und über die Kirschen gießen, so daß die Gläser bis zum Rand gefüllt sind. Gut verschließen und ungefähr 20 Minuten sterilisieren.

GELATINA DI CILIEGIE

Kirschgelee

1 kg Kirschen
Zucker
Schale von 1 Zitrone
1 Zimtstange
Wasser

Die Kirschen sorgfältig waschen und entsteinen. Die Hälfte der Steine in ein Stück Gaze hüllen, mit den Kirschen und einem Teil der Stiele in eine Kasserolle geben. Das Ganze mit Wasser bedecken und ca. 10 Minuten kochen. Den so erhaltenen Saft filtern und über Nacht ruhen lassen. Am nächsten Tag den Saft wiegen und mit der gleichen Menge Zucker, der Zimtstange und der abgeriebenen Zitronenschale so lange langsam einkochen lassen, bis das Gelee die gewünschte Konsistenz hat.

CILIEGIE CANDITE

Kandierte Kirschen

Rote Kirschen sind geeigneter als die schwarzen, da diese nicht nur weniger schön, sondern auch zu saftig sind. Die Kirschen sorgfältig waschen, entsteinen und abwiegen. Im Verhältnis 1:1 Kirschen

und Zucker übereinanderschichten und 12 Stunden ziehen lassen. Schließlich den Saft abgießen und in einer Pfanne unter Rühren zum Kochen bringen. Ständig abschäumen. So lange einkochen lassen, bis nur noch eine dünne Schicht Sirup übrig ist. Diese kochend über die Kirschen gießen. 24 Stunden ziehen lassen. Danach den Sirup abgießen, mit 0,2 l Apfelsaft verdünnen und zum Kochen bringen. Die Kirschen zugeben und einige Minuten kochen. Das Ganze 2 Tage ruhen lassen. Dieselbe Prozedur noch zweimal wiederholen (ohne weitere Zugabe von Apfelsaft). Nach der Kochphase immer zwei Ruhetage einlegen. Der Sirup muß am Schluß »Perlen« bilden, er hat nun eine Konzentration von 33 Grad. 24 Stunden auskühlen lassen, die Kirschen in gut verschlossenen Weckgläsern aufbewahren. Sollten die Kirschen nicht genügend Saft haben, muß beim ersten Eindicken der Sirup mit etwas Wasser verdünnt werden.

MARMELLATA DI FICHI

Feigenmarmelade

1 kg Feigen
700 g Zucker
Saft von 1 Zitrone

Die Feigen sollten reif sein und eine Haut ohne Risse haben. Die Feigen waschen und in kleine Stükke schneiden. Zusammen mit dem Zucker in ein Steingutgefäß geben. Mindestens 12 Stunden ruhen lassen. Danach in einer Kasserolle das Ganze ca. 1 Stunde einkochen, bis die gewünschte Konsistenz erreicht ist. Einige Minuten vor dem Ende des Kochvorgangs den Zitronensaft langsam unterrühren.

MARMELLATA DI FRAGOLE

Erdbeermarmelade

1 kg Erdbeeren
800 g Zucker

Die Erdbeeren sehr vorsichtig waschen, ohne sie zu zerdrücken. Mit dem Zucker in ein Steingutgefäß geben und bei mäßiger Hitze erwärmen. Sobald sich der Zucker ganz aufgelöst hat, das Ganze in eine Kasserolle gießen und langsam unter vorsichtigem Rühren einkochen.

MARMELLATA DI LAMPONI

Himbeermarmelade

1 kg Himbeeren
700 g Zucker

Reife Himbeeren wählen. Sehr vorsichtig waschen, damit sie nicht verletzt werden. In einer Kasserolle ca. 10 Minuten auf der mäßig heißen Kochplatte erhitzen. Danach den Zucker zugeben und 30 Minuten weiterkochen, bis die Marmelade die gewünschte Festigkeit hat.

GELATINA DI LAMPONI

Himbeergelee

500 g Himbeeren
½ kg Zucker
1 dl Wasser

Die Himbeeren waschen und in einer Kasserolle kochen, bis sie zerfallen. Das Himbeermus in ein Gazetuch geben und über Nacht ruhen lassen. Den abgeflossenen Saft wiegen. Die gleiche Menge Zucker mit 1 dl Wasser einige Minuten bei schwacher Hitze kochen. Den Himbeersaft hineingießen und so lange kochen, bis das Gelee die gewünschte Konsistenz erreicht hat.

BUCCE DI LIMONI CANDITE

Kandierte Zitronenschalen

Zitronen
Zucker
Wasser

Die Zitronen schälen. Die Schalen ca. 20 Minuten in Wasser kochen. Abtropfen lassen und in feine Streifen schneiden. Abwiegen. Die Schalen mit der gleichen Menge Zucker in einer Kasserolle erhitzen, bis sie den Zucker vollständig absorbiert haben. Auf einem Holzbrett trocknen lassen.

MARMELLATA DI MELE

Apfelmarmelade

1 kg Äpfel (möglichst Renetten oder eine Sorte aus den ersten Augusttagen)
800 g Zucker
2 Stückchen Vanillestange

Die Äpfel sorgfältig waschen, in kleine Stückchen schneiden und in einer Kasserolle mit etwas Wasser ca. 15 Minuten kochen. Durch ein Sieb streichen und mit dem Zucker und den Vanillestückchen bei starker Hitze einkochen, bis die Marmelade die richtige Festigkeit hat.

ein Sieb passieren und über Nacht den Saft herausfiltern. Am nächsten Tag den Saft mit dem Zucker in einer Kasserolle langsam einkochen, bis das Gelee die gewünschte Festigkeit hat.

SCIROPPO DI MORE

Brombeersirup

Die Brombeeren unter fließendem, kaltem Wasser sorgfältig waschen und auf einer dicken Lage Küchenkrepp trocknen lassen. Die Früchte sollten von vornherein schon ziemlich sauber sein. Am Straßenrand gesammelte, staubige und – was noch schlimmer ist – durch Autoabgase vergiftete Früchte sind nicht zu empfehlen. Außerdem sollten die Beeren reif und fleischig sein. (Getrocknete Brombeeren sind absolut ungeeignet.) Schließlich die Früchte durch ein Haarsieb streichen; dazu ist es ratsam, ein umgedrehtes Glas zu verwenden, da die Brombeeren hartnäckige Flecken verursachen. Das Mus in einer Schüssel bei Zimmertemperatur an einem hellen Ort 2 Tage gären lassen. Die obere, geronnene Schicht mit einem Holzlöffel entfernen. Den Rest durch einen Papierfilter (oder durch ein mit einem dünnen Tuch ausgelegtes Sieb) gießen. Den so gewonnenen, klaren Saft wiegen (nicht vergessen, das Gewicht des Glases abzuziehen!). Für 1 kg Saft kalkuliert man 1½ kg Zucker. Die entsprechend dosierte Mischung in einen Topf geben. Gefilterten Saft von 2 Zitronen zufügen und sehr sorgfältig einrühren. Da die Brombeeren zu 85% aus Wasser bestehen, dürfte die Zugabe von Wasser überflüssig sein. Bei mäßiger Hitze die Flüssigkeit zum Kochen bringen, sorgfältig abschäumen und noch 2–3 Minuten weiterkochen. Lauwarm in Flaschen abfüllen. Wenn der Sirup abgekühlt ist, die Flaschen mit einem Korken verschließen.

GELATINA DI MELE

Apfelgelee

1 kg säuerliche Äpfel
Zucker

Die Äpfel waschen und in dünne Scheiben schneiden. (Die Kerngehäuse nicht entfernen.) In einer Kasserolle die Äpfel weich dünsten. Filtern und den Saft über Nacht abfließen lassen. Den Saft abwiegen, mit der gleichen Menge Zucker langsam einkochen. Ständig abschäumen, bis das Gelee die gewünschte Konsistenz hat.

MOSTARDA DI MELE

Apfel-Mostarda

1 kg Quitten
700 g Äpfel
200 g kandierte Orangen und Zedratfrüchte (Zitronenart)
1 kg Zucker
1 l Weißwein
2 EL Senfpulver

Das Obst sorgfältig waschen und schälen. In kleine Stücke schneiden und in eine Kasserolle geben. Mit Wein begießen und weich dünsten. Danach durch ein Sieb passieren. Das Mus zusammen mit dem Zucker und den kleingeschnittenen, kandierten Früchten in einer Kasserolle eindicken lassen. Das Senfpulver erst im letzten Moment hinzufügen.

SCIROPPO DI MIRTILLI

Heidelbeersirup

1 kg Heidelbeeren
Zucker

Die Heidelbeeren sehr behutsam waschen, damit sie nicht beschädigt werden. In einer Schüssel zerquetschen, so daß der Saft austritt. Mindestens 48 Stunden ruhen lassen. Dann das Heidelbeermus in ein Leinentuch geben und über Nacht den Saft abtropfen lassen. Den so gewonnenen Saft am nächsten Tag abwiegen und mit einer gleich großen Menge Zucker in einer Kasserolle genau 5 Minuten kochen. In vorgewärmte Saftflaschen füllen, solange der Sirup noch warm ist.

GELATINA DI MORE

Brombeergelee

1 kg Brombeeren
½ kg Zucker
1 Glas Wasser

Die gewaschenen Brombeeren mit wenig Wasser in einer Kasserolle 5 Minuten kochen. Danach durch

CONFETTURA DI PERE

Birnenkompott

1 kg Birnen
800 g Zucker
Saft von 1 Zitrone

Die Birnen sorgfältig waschen und in kleine Stücke schneiden. Mit dem Zucker in eine Schüssel geben

und einige Stunden ruhen lassen. Danach in einer Kasserolle langsam 45 Minuten köcheln. Den Zitronensaft erst kurz vor Ende des Garvorganges nach und nach unterrühren.

MARMELLATA DI PESCHE

Pfirsichmarmelade

2 kg Pfirsiche
750 g Zucker

Die Pfirsiche einige Minuten in kochendem Wasser blanchieren, damit sich die Haut leicht abziehen läßt. Die gehäuteten Pfirsiche in kleine Stückchen schneiden und ca. 10 Minuten kochen. Den Zukker zugeben. Das Ganze noch 45 Minuten weiterkochen, dabei vorsichtig rühren.

PESCHE INTERE AL BRANDY

Pfirsiche in Weinbrand

1 kg Pfirsiche
½ l Weinbrand
600 g Zucker

Die Pfirsiche waschen und mit einer Gabel mehrmals einstechen. In Einweckgläser geben, mit dem Zucker bestreuen und mit dem Weinbrand übergießen. Die Gläser mindestens 3 Monate verschlossen halten. Erst danach können die Pfirsiche verzehrt werden.

SUCCO DI POMODORO

Tomatensaft

Zu Hause hergestellter Tomatensaft ist praktisch genauso gut wie der im Restaurant servierte, industriell gefertigte. Die Industrie produziert die Säfte zwar aufwendiger und gewährleistet eine – fast – unbegrenzte Haltbarkeit, wohingegen der selbstgemachte Tomatensaft nur wenige Monate hält. Dafür ist er jedoch ein optimaler Vitaminspender und schmeckt außerdem au naturel oder auch gewürzt ganz phantastisch. Wichtigste Bedingung: Die Tomaten müssen sehr reif und saftig sein. Tomaten säubern, waschen und trocknen. Durch ein Sieb passieren, Saft und Fruchtfleisch dabei in einer Schüssel auffangen. Etwas Salz zufügen. (Das Salz muß sich vollständig auflösen. Deshalb ist es ratsam, erst etwas Tomatensaft in einer Tasse mit dem Salz zu verrühren und diesen dann sehr aufmerksam dem restlichen Tomatensaft zuzugießen. Eventuell ungelöste Salzkristalle bleiben am Boden der Tasse zurück.) Den Saft nun wie gewohnt in Flaschen abfüllen, gut verschließen und 1 Stunde sterilisieren. Wer kleine Flaschen, z. B. Bierflaschen, verwenden will, sollte zum Sterilisieren keinen hohen, sondern einen flacheren Topf verwenden. Die kleinen Flaschen werden in Tücher gewickelt und nicht länger als 30 Minuten sterilisiert. Falls dem Saft Salz zugegeben wurde, auch nur 20 Minuten, da das Salz die Flüssigkeit schneller zum Sieden bringt.

CONFETTURA DI PRUGNE

Pflaumenmarmelade

1 kg Pflaumen
750 g Zucker
Schale von 1 Zitrone
1 Zimtstange

Die Pflaumen sorgfältig waschen und entsteinen. Mit dem Zucker in ein Steingutgefäß geben und mindestens 12 Stunden ruhen lassen. Schließlich mit der zerbröselten Zimtstange und der abgeriebenen Zitronenschale würzen und unter ständigem Rühren langsam kochen, bis die Marmelade die gewünschte Konsistenz erreicht hat.

MARMELLATA DI RIBES

Johannisbeermarmelade

1 kg Johannisbeeren
800 g Zucker

Die Johannisbeeren waschen und von den Stielen abzupfen. In einer Kasserolle ca. 10 Minuten weich kochen. Den Zucker hinzufügen und noch ca. 45 Minuten weiterkochen. Dabei langsam rühren.

GELATINA DI UVA BIANCA

Traubengelee

1 kg grüne Weintrauben
ca. 700 g Zucker

Die Trauben waschen, entkernen und durch ein Sieb streichen. Den Fruchtsaft wiegen und mit der gleichen Menge Zucker bei mäßiger Hitze einkochen, bis das Gelee die gewünschte Festigkeit hat.

UVA SOTTO GRAPPA

Trauben in Grappa

1 kg grüne Weintrauben
½ kg Zucker
1 Zimtstange
2–3 Gewürznelken
Grappa

Die Trauben sorgfältig waschen, entkernen und in Einweckgläser füllen. Den Zucker, die zerbröselte Zimtstange und die Gewürznelken zufügen. Mit Grappa bedecken und 1 Monat ruhen lassen.

SCIROPPO D'UVA

Traubensirup

Für 1 kg Sirup sind 2 kg Weintrauben erforderlich. Die Trauben waschen, entkernen und auf Küchenkrepp trocknen lassen. In eine Schüssel geben und mit den Händen so gut wie möglich zerquetschen. Die Schüssel mit einem Tuch abdecken. Die Trauben mindestens 1 Woche gären lassen. Schließlich die Weinbeeren durch ein Sieb streichen, so daß die Schalen zurückbleiben. Den Saft nun durch ein dichtes Tuch pressen, damit auch die restlichen groben Bestandteile entfernt werden. Sollte der Saft noch immer etwas trüb sein, kann man ihn nochmals filtern, wobei ein sehr dichtes Tuch (z. B. Gaze) verwendet werden muß. Den Saft in einen säurebeständigen Topf gießen, wiegen (dabei muß natürlich das Gewicht des Gefäßes berücksichtigt werden) und mit einer genau dosierten Menge Zucker mischen. Für 1 l Saft werden 1,3 kg Zucker kalkuliert. Auf dem Herd langsam zum Kochen bringen, dabei ständig abschäumen. Sobald der Sirup aufzuwallen beginnt, noch 10 Minuten köcheln lassen. Vom Herd nehmen und lauwarm in Flaschen füllen. Erst wenn er vollständig ausgekühlt ist, die Flaschen mit einem Korken oder Flaschenverschluß verschließen.

MACEDONIA DI FRUTTA ALLA MANIERA DI ARTUSI

Obstsalat »Artusi«

500 g frisches Obst (Johannisbeeren, Erdbeeren, Kirschen, Aprikosen, 1 Birne, 1 Apfel)
100 g Puderzucker
Saft von 1 Zitrone
einige Eiswürfel
1 Prise Salz

Das Obst schälen und in Scheiben schneiden. Mit 100 g Puderzucker bestäuben und mit dem Saft der Zitrone beträufeln. Alles gut vermengen und ca. 30 Minuten ziehen lassen. Den Boden eines Gefäßes mit Papier auslegen, das Obst daraufgeben und die Eiswürfel hinzulegen. Das Ganze mit einer Prise Salz würzen. Zugedeckt über Nacht stehen lassen. Vor dem Servieren am nächsten Tag eventuell mit etwas Zuckerwasser beträufeln.

MOSTARDA CASALINGA

Früchte in würzigem Sirup

10 Aprikosen
10 Feigen
400 g Melonenschale (von der Wassermelone)
½ kg Zucker
½ l Wasser
1 Pfefferschote
Pfefferkörner

Das Obst sorgfältig waschen, nicht schälen. Die Melonenschale zweimal etwa 10 Minuten kochen, dann in dünne Streifen teilen. Wasser und Zucker in 10 Minuten zu einem Sirup kochen. Das Obst hineingeben und weichkochen. Mit einem Schaumlöffel das Obst herausheben und in Einweckgläser füllen. Mit der kleingeschnittenen Pfefferschote und einigen Pfefferkörnern würzen. Den Sirup noch weitere 10 Minuten eindicken lassen, dann über das Obst gießen. Die Gläser heiß verschließen, damit sich ein Vakuum bildet.

CIPOLLINE SOTT'ACETO

Zwiebelchen in Essig

Zum Einlegen, gleich ob in Essig oder in Öl, eignen sich Zwiebeln am besten, die im Februar oder März angepflanzt und – je nach Anbaugebiet – am Sommerende bis Herbst oder auch später geerntet werden. Die besten Zwiebeln zu diesem Zweck sind in Italien folgende Sorten mit kleinen Zwiebelknollen: *borretana, precoce di Barletta, giallognola di Como.*
1 kg solcher Zwiebelchen erwerben, die äußere Haut entfernen, ohne die Zwiebeln zu verletzen (am besten unter fließendem Wasser, um Tränen zu vermeiden). Die Zwiebeln 1 Minute in kochendes, leicht gesalzenes Wasser geben. Herausnehmen und abtropfen lassen. An diesem Punkt nun scheiden sich die Geister: Manche kochen die Zwiebeln noch zusätzlich 10 Minuten in gewürztem Essig, andere hingegen weichen sie nur darin ein. Bei der letztgenannten Methode bleibt das Gemüse fester, man vermeidet, daß die Zwiebeln zerfallen, wenn sie auf den Tisch kommen.
Dazu geht man folgendermaßen vor: Genügend Weißweinessig zum Kochen bringen, um die Zwiebeln zu bedecken. Die Zwiebeln 1–2 Minuten in den kochenden Essig geben. Die Hitze abschalten und die Zwiebeln 24 Stunden im Essig ziehen lassen. Danach frischen Weißweinessig erhitzen. Die Zwiebeln in Gläser füllen. Mit einigen Pfefferkörnern und 3–4 Gewürznelken würzen. Den inzwischen kochenden Essig darübergießen und abkühlen lassen. Vor dem Verschließen der Gläser 1–2 EL Öl hineinträufeln. Er bildet eine Schicht an der Oberfläche und schützt die Zwiebeln vor Luftkontakt.
Wer weiche Zwiebeln bevorzugt, sollte sie nicht einweichen, sondern abtropfen lassen und in kochenden Essig geben, der mit etwas Pfeffer, einem Stück Zimtstange, einem Lorbeerblatt und, nach Wunsch, mit einer Knoblauchzehe aromatisiert wurde. Nach 10 Minuten die Zwiebeln herausnehmen, in vorbereitete Gläser schichten und mit frisch gekochtem Essig übergießen. 1–2 EL Öl darüberträufeln und die Gläser verschließen. Vor dem Verzehr zwei Monate ruhen lassen.

FUNGHI SOTT'ACETO

Pilze in Essig

Am besten eignen sich kleine, feste Steinpilze zum Einlegen in Essig oder Öl. Feuchte, nicht feste Pilze aussondern. Auch kleine Champignons eignen sich, wenn sie weiß, frisch und fleckenlos sind. Die Stiele der Pilze nicht entfernen, nur am unteren Ende sauber abschneiden. Die Pilze sorgfältig in angesäuertem Wasser (Zitrone) waschen. Abtropfen lassen, trockentupfen und in einen Topf geben (möglichst aus Steingut). Mit Essig bedecken, einige Lorbeerblätter hineingeben

und, je nach Größe und Festigkeit der Pilze, ca. 15 Minuten kochen. Aus dem Topf nehmen, abtropfen lassen und auf einer dicken Lage Küchenkrepp an der Luft trocknen lassen. (Am schnellsten trocknen die Pilze, wenn das Papier zwischendurch einmal gewechselt wird.) Die Pilze dicht aufeinanderschichten, dabei darauf achten, daß die Stiele nicht abbrechen. Mit Essig bedecken (Weißweinessig für Champignons; für Steinpilze empfiehlt sich Rotweinessig, da er die braune Farbe der Pilze schön zur Geltung bringt) und nach Wunsch einige Pfefferkörner zugeben. Die Gläser verschließen und vor dem Verzehr mindestens 1 Monat ruhen lassen.

FUNGHI SOTT'OLIO

Pilze in Öl

Sehr kleine, frische und feste Steinpilze wählen. Die Stiele und Hüte sehr sorgfältig sauber schaben. Die Pilze nicht waschen und nicht zerkleinern. In einem Steinguttopf mit sehr wenig Wasser auf den Herd stellen, etwas Essig, Salz und Pfeffer sowie ein Lorbeerblatt hinzufügen. 5 Minuten kochen. Abtropfen lassen und auf einem Leinentuch ausbreiten. Die trockenen Pilze nach einigen Stunden in vorbereitete Gläser schichten und einige Pfefferkörner, Lorbeerblätter und etwas Salz zufügen. Mit gutem Olivenöl bedecken. Die Gläser fest versiegelt kühl aufbewahren. Vor dem Verzehr einige Zeit verstreichen lassen.

PEPERONI SOTT'ACETO

Paprika in Essig

Man kann normale gelbe oder rote Paprikaschoten ohne Bedenken einmachen. Sie werden enthäutet und in kleine Stücke geschnitten. (Das Verfahren wird weiter unten genauer beschrieben.) Es gibt allerdings auch spezielle, zum Einlegen besonders geeignete Paprikaschoten. Sie sind kleiner, und manche dieser Sorten müssen noch unreif geerntet werden, weil sie ansonsten höllisch scharf schmecken würden.
Diese Paprikasorten werden nicht zerkleinert, man schneidet nur die Stiele am Ansatz ab. Die Schoten waschen, trocknen und einige Tage entweder in Sieben oder Küchengittern an die Luft stellen. Am besten ist es, wenn sie tagsüber der Sonne ausgesetzt und nachts ins Haus geholt werden. Dadurch verlieren sie einen guten Teil ihrer natürlichen Feuchtigkeit. Schließlich die Schoten in eine Schüssel geben und mit kochendem Essig, der mit etwas Salz gewürzt wurde, übergießen. Mit einem Tuch abdecken und 15 Minuten ziehen lassen. Durch diese Prozedur wird den Schoten die restliche Feuchtigkeit entzogen. Die Schoten abgießen und in Gläser schichten. Nach Wunsch einige in Essig eingelegte Kapern zugeben. Die Gläser mit starkem, ungekochtem Weißweinessig auffüllen und hermetisch verschließen. Nach 2 Monaten kann man die Paprikaschoten verzehren.
Wer den großen roten oder gelben Gemüsepaprika vorzieht, sollte eine süße und fleischige Sorte wählen. Die Haut muß möglichst glatt sein, damit man sie leicht abziehen kann. Dazu spießt man die Schoten am Stielansatz auf eine Gabel und hält sie kurz über ein offenes Feuer oder rollt sie auf der heißen Herdplatte kurz hin und her. Die Haut wird dabei leicht angeröstet und läßt sich nun mühelos abziehen; das Fruchtfleisch darf aber nicht anbrennen. Die Schoten der Längsrichtung nach vierteln, Kerne und weiße Rippen entfernen. Die Paprikastücke auf große Platten legen und mit grobem Salz bestreuen. Die Platten schräg stellen, damit das austretende Wasser ablaufen kann. Schließlich das Salz sorgfältig abwaschen, die Paprikastücke abtropfen lassen und 10 Minuten in kochendem Essig garen. Herausnehmen und trocknen lassen. Danach in feine Streifen oder auch größere Stücke schneiden. Lagenweise in vorbereitete Gläser schichten, in die Mitte einige Pfefferkörner und blanchierte Zwiebelringe legen. Auf Wunsch können auch noch einige Stückchen scharfe Pfefferschoten (Peperoni) hinzugefügt werden. Den Essig noch einmal aufkochen und abkühlen lassen. Kalt über die Paprikaschoten gießen. Mit einer feinen Schicht Olivenöl das Gemüse vor Luftkontakt schützen. Die Gläser gut verschließen. Vor dem Verzehr einen Monat ruhen lassen.

MELANZANE SOTT'OLIO

Auberginen in Öl

Am besten eignen sich runde Früchte, weil sich die längs ge-

schnittenen, kurzen und breiten Scheiben leichter in die Gläser schichten lassen. Ob man die violette, die weißlich-violette oder gar die weiße Sorte verwendet, ist eine Frage des persönlichen Geschmacks. Die weißen Auberginen sind milder und weniger säuerlich, die violetten behalten immer ihr ausgeprägtes Aroma, auch wenn ihnen der bittere Saft entzogen wird.

Die Auberginen waschen, schälen, längs in Scheiben schneiden. Auf flache Platten legen und mit Salz bestreuen. Die Platten schräg stellen, so daß der bittere Saft abfließen kann. Nach einigen Stunden die Auberginen unter fließendem Wasser waschen und abtropfen lassen. In einem genügend großen Topf so viel Essig zum Kochen bringen, daß die Auberginen ganz bedeckt werden können. Die Auberginen hineingeben und 5 Minuten leise köcheln. Herausnehmen, abtropfen lassen und auf einer dikken Schicht Küchenkrepp einige Stunden an die Luft stellen. Dabei die Scheiben hin und wieder umdrehen. Durchgeweichtes Papier durch frischen Küchenkrepp ersetzen. Die trockenen Auberginenscheiben lagenweise in Gläser schichten, mit etwas Salz und einigen Pfefferkörnern würzen und je nach Geschmack auch etwas gehackten Knoblauch und scharfe Pfefferschote (Peperoni) zufügen. Mit Olivenöl auffüllen, so daß die Auberginen bedeckt sind. Die Gläser mit einem Tuch abdecken. Einige Tage beobachten, ob der Ölspiegel sinkt. Wenn nötig, Öl nachfüllen. Schließlich die Gläser versiegeln.

PEPERONI SOTT'OLIO

Paprika in Öl

Hier gilt dasselbe, was schon zuvor (s. S. 304) für die in Essig eingelegten Paprikaschoten gesagt wurde: Am geeignetsten sind die kleinen, süßlichen Früchte, aber auch die großen, fleischigen, gelben oder roten Schoten lassen sich gut verwenden. Auch die Zubereitung entspricht weitgehend der oben beschriebenen Methode (siehe dort), nur daß bei diesem Rezept die Schoten in den Gläsern mit Öl statt mit Essig begossen werden. Die Gläser nun mit Tüchern abdecken und einige Tage beobachten, ob die Schoten noch Öl absorbieren. In diesem Fall Öl nachgießen. Erst wenn der Ölspiegel sicher nicht mehr sinkt, die Gläser gut versiegeln und ein paar Monate warten.

ZUCCHINE SOTT' ACETO

Zucchini in Essig

Am besten eignen sich frische, mittelgroße Zucchini mit noch kaum entwickelten Kernen. Säubern, in 2 cm dicke Scheiben schneiden, auf einen schräggestellten Teller legen, mit Salz bestreuen und Wasser ziehen lassen. Nach ca. 2 Stunden unter fließendem Wasser abspülen; jeweils einige Scheiben mit den Händen ausdrücken, bis so gut wie keine Flüssigkeit mehr austritt. In kochendem Essig 3–4 Minuten blanchieren, herausnehmen und abtropfen lassen. Wenn sie kalt sind, mit Küchenkrepp trockentupfen, mit Pfefferkörnern, Petersilieblättchen und eventuell einer Knoblauchzehe in Gläser schichten. Den Kochessig mit etwas Salz wieder aufkochen, erkalten lassen und in die Gläser füllen. Luftdicht verschließen und einen Monat ruhen lassen.

ZUCCHINE SOTT'OLIO

Zucchini in Öl

Auch hier entspricht das Rezept den in Essig eingelegten Zucchini (s. oben).

Der Essig, in dem die Zucchini gekocht werden, muß nicht aufbewahrt werden, da man die Gläser später mit Öl auffüllt. Die in Gläser geschichteten Zucchinischeiben (ihnen sollte zuvor möglichst viel des natürlichen Wassergehalts entzogen worden sein) eventuell mit Pfeffer oder auch nach Belieben mit Knoblauch würzen. (Petersilie sollte man vermeiden, da sie in Öl eingelegt einen unangenehmen Geschmack entwickeln kann.) Die Gläser mit Öl auffüllen und mit einem Tuch bedecken. Einige Tage beobachten, ob der Ölspiegel sinkt, wenn nötig, Öl nachgießen. Dann die Gläses versiegeln. Vor dem Verzehr mindestens einen Monat ruhen lassen. Petersilie und milde Minze, die sehr gut zu Zucchini passen, kann man nachträglich beigeben: Die eingelegten Zucchini kurz vor dem Servieren aus dem Glas nehmen und die Gewürzblättchen zwischen den Scheiben etwas ziehen lassen.

Vini doc

DOC-Weine

»Wein ist ein Nahrungsmittel, und zwar eines mit ganz besonderen Eigenschaften, die es in gewissem Sinne in die Nähe der Kräuter und Gewürze rücken. Denn sein Duft und sein Geschmack tragen maßgeblich zum wahren Genuß einer Speise bei. Bei der Wahl des passenden Weines für ein bestimmtes Gericht muß man beide Komponenten sehr gut kennen, will man zwischen ihnen eine Harmonie schaffen. Aber auch zur Küche selbst, wo er für einen gelungenen Garvorgang – gern läßt man während des Bratens ein halbes Glas davon im Topf verdampfen – ebenso sorgt wie für die Bekömmlichkeit des Gerichts, findet der Wein Zugang. Oftmals und besonders in Gegenden, die an überlieferten ländlichen Traditionen festhalten, serviert man ihn auch als Aperitif. Bestimmte Käsesorten, und hier besonders der Gorgonzola, gelangen erst in Verbindung mit dem richtigen Wein geschmacklich voll zur Entfaltung, und auch Schmorbraten und Fischsuppen kommen in seiner Begleitung erst richtig zur Geltung. Im Glas selbst zeigt er seinen ganzen Glanz, wenn er, gegen das Licht gehalten, verführerisch schimmert, die Luft mit seinem köstlichen Duft erfüllt und bei der kleinsten Bewegung mit seinen funkelnden Reflexen eine unbeschwerte und heitere Atmosphäre schafft.«

Valle d'Aosta

Aostatal

Donnaz
Leuchtend roter Wein mit hellgranatrotem Schimmer. Delikater Duft mit Mandelaroma. Weich, nicht sehr körperreich; mit bitterem, leicht mandelartigem Nachgeschmack. Mindestalkoholgehalt 11,5°. Der Donnaz paßt gut zu lokalen Spezialitäten, speziell zu Gerichten mit *Fontina* (Käsesorte), zu Wild und generell zu Fleisch. Serviertemperatur: 20°C.
Er wird in den Gemeinden Donnaz, Perloz, Bard und Pont S. Martin entlang des Flusses Dora Baltea produziert.

Enfer d'Arvier
Von eher hellgranatroter Farbe. Charakteristisches Bukett. Weich im Geschmack, mit wenig Körper, angenehm herb. Mindestalkholgehalt 11,5°. Besonders zu Vorspeisen mit Wurst und Schinken, zu Käsesuppe (einer Spezialität im Aostatal), Gebackenem und den typischen regionalen Gerichten, beispielsweise *Saucisses* (dünne Brühwürste) und *Moccetta* (geräucherter Gemsenschinken). Ideale Trinktemperatur: 18°C.
Wird einzig in der Gemeinde Arvier erzeugt.

Piemonte

Piemont

Barbaresco
Granatrot mit orangeroten Reflexen. Charakteristischer Duft, ätherisch, angenehm, intensiv. Trockener, voller, robuster, herber, aber samtiger, harmonischer Geschmack. Mindestalkoholgehalt 12,5°. Der Barbaresco paßt hervorragend zu Braten, auch zu Federwild (Fasan, Rebhuhn), Schmorbraten, Grillgerichten, Beefsteak und Käse. Ideale Trinktemperatur mindestens 20°C; die Flasche sollte einige Stunden vor dem Genuß geöffnet werden.
Der Barbaresco wird in vier Gemeinden der Provinz Cuneo hergestellt: in Barbaresco, Neive, Treisco und einem Teil von S. Rocco Senodelvio d'Alba.

Barbera d'Alba
In der Jugend von rubinroter Farbe, mit zunehmendem Alter granatroter Schimmer. Weiniger, intensiver, aber delikater Duft. Im Geschmack trocken, körperreich, herb, mit ausgeprägter Säure, leicht tanninhaltig; nach angemessener Alterung voll und harmonisch. Mindestalkoholgehalt 11,5°. Dieser Wein wird gern zu Braten, pikantem Käse, deftigen Gerichten mit dunklem Fleisch, gekochtem Fleisch und Wild gereicht. Die ideale Trinktemperatur beträgt 18°C, für den *superiore* 20°C.

Barbera d'Asti
Wein von rubinroter Farbe, anfangs sehr intensiv, im Alter ins Granatrote spielend. Weiniger Duft mit charakteristischem Aroma. Trockener, zuweilen auch leicht lieblicher Geschmack, körperreich. Dieser Wein gewinnt bei richtiger Lagerung mit zunehmendem Alter an Harmonie und entwickelt einen angenehmen, vollen Geschmack. Mindestalkoholgehalt 12°. Der Barbera d'Asti paßt besonders zu Vorspeisen, dunklem oder gekochtem Fleisch und zu Wurstwaren. Der *superiore,* der durch ein besonderes Alterungsverfahren erzeugt wird, ist ein idealer Bratenwein und wird mit 18–20°C kredenzt.
Der Barbera d'Asti wird in zahlreichen Gemeinden der Provinzen Asti und Alessandria hergestellt.

Barbera del Monferrato
Ein Wein von mehr oder weniger intensiv roter Farbe. Weiniges Bukett. Trockener, bisweilen leicht süffiger, säuerlicher Geschmack; mittlerer Körper; manchmal moussierend. Mindestalkohlgehalt 12°. Eine ideale Ergänzung zu Zwischengerichten. Dieser Wein wird bei Raumtemperatur (18°C) oder leicht gekühlt (15–16°C) serviert. Das Herstellungsgebiet erstreckt sich auf das nördliche und südliche Monferrato, die Provinz Alessandria und einige Gemeinden des Gebietes um Asti.

Barolo
Granatrot mit hellen Reflexen. Charakteristischer, ätherischer, angenehmer, intensiver Duft.

Barbera del Monferrato

Barolo

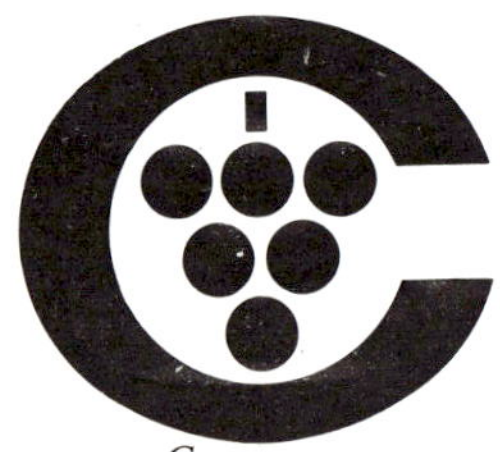
Carema

Grignolino del Monferrato Casalese

Moscato d'Asti

Freisa d'Asti

Trockener, voller, robuster Geschmack; rauh bis samtig, harmonisch. Mindestalkoholgehalt 13°. Sein voller Geschmack und aristokratischer Charakter machen den Barolo zum klassischen Begleiter von Braten, Schmorbraten, Wild und Käse. Ideale Trinktemperatur: etwa 20°C; die Flasche sollte ein paar Stunden vor dem Genuß geöffnet werden.
Dieser Wein wird in dreizehn Gemeinden in der hügeligen Gegend der Provinz Cuneo produziert.

Boca
Rubinroter Wein mit granatrotem Schimmer. Charakteristisches Bukett mit angenehmem Veilchenduft. Würzig, trocken und harmonisch, mit einem Geschmack nach Granatäpfeln. Mindestalkoholgehalt 12°. Der Boca wird gerne zu dunklem Fleisch, Wild und allgemein regionalen Gerichten gereicht. Seine ideale Trinktemperatur liegt bei mindestens 18–19°C. Er wird in der gleichnamigen Gemeinde sowie in vier weiteren Ortschaften der Provinz Novara erzeugt.

Bracchetto d'Acqui
Wein von mäßig rubinroter Farbe, ins Hellgranatrote oder auch Rosé spielend. Moschusartiger, sehr zarter Duft; süßlich, weich, mehr oder weniger stark schäumend. Mindestalkoholgehalt 11,6°. Besonders zu gebackenen Desserts, Dörrobst und generell Süßspeisen passend. Trinktemperatur: 10–12°C. Der Bracchetto d'Acqui wird in achtzehn Gemeinden der Provinz Asti sowie in acht Gemeinden der Provinz Alessandria erzeugt. Die Abfüllung kann in den Provinzen Asti, Alessandria und Cuneo erfolgen.

Bramaterra
Wein von granatroter Farbe mit orangeroten Reflexen, die sich im Laufe der Zeit verlieren. Charakteristischer, intensiver, leicht ätherischer Duft, der mit zunehmendem Alter immer feiner wird. Voll und trocken im Geschmack, samtig mit leicht bitterem Nachgeschmack, erlesen und harmonisch. Mindestalkoholgehalt 12°.
Besonders für Braten und Wild geeignet. Die ideale Trinktemperatur des Bramaterra liegt bei 20°C.
Das Herstellungsgebiet umfaßt die Gemeinden Massarano, Brusnengo, Curino, Roasio, Villa del Bos-

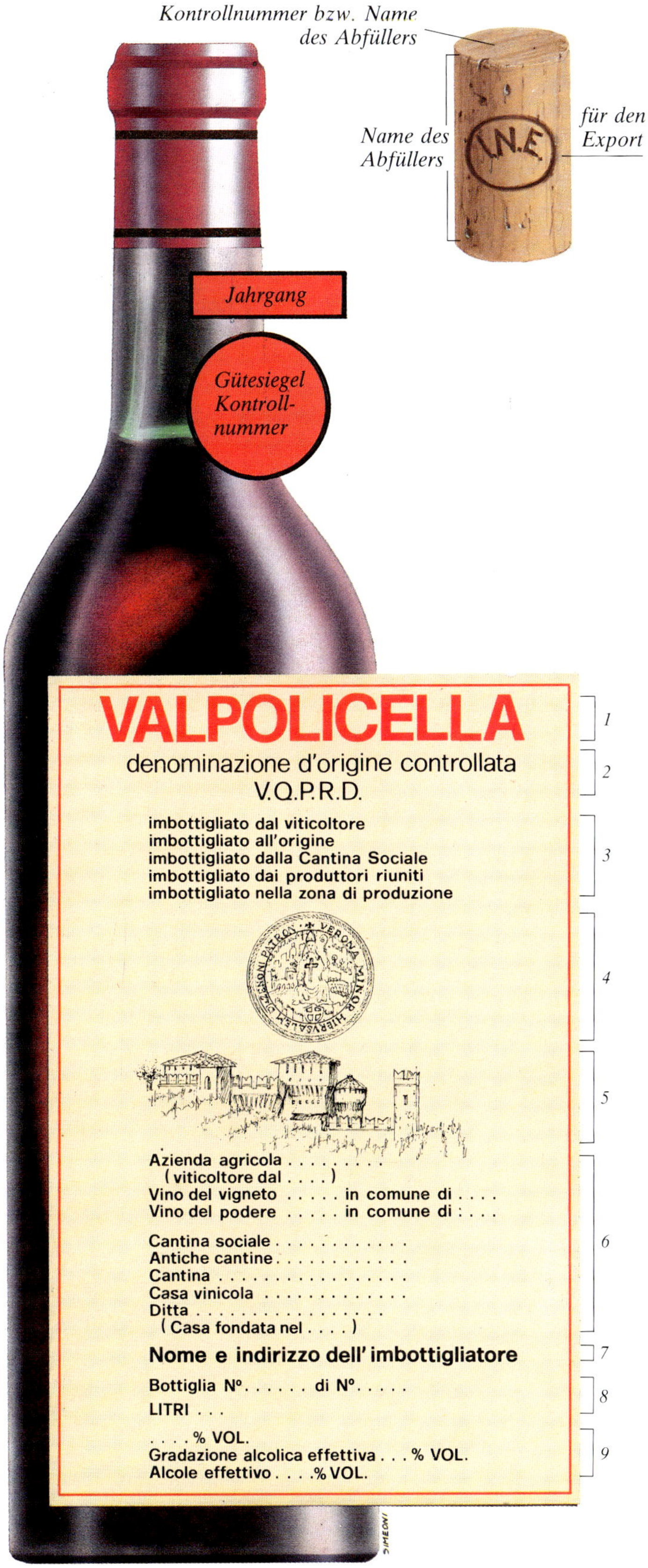

1
Name des Weins.
(Angabe vorgeschrieben)

2
Kategorie des Weins.
Es sind beide Arten der Angabe, auch kombiniert, möglich, wobei die Schriftgröße nicht die für den Weinnamen überschreiten darf.

3
Aus diesen Angaben geht hervor, daß der Wein im Ursprungsgebiet durch private Winzer bzw. Winzervereinigungen erzeugt und abgefüllt wurde. Sie können ersetzt werden durch die Aufschrift »Vinificato e imbottigliato da . .« (»Erzeugt und abgefüllt durch . .«). Die Angabe ist generell gesetzlich vorgeschrieben.

4
Ein spezielles Siegel (z. B. »San Zeno d'oro«, »Duja d'or«, »Pramaggiore« u. ä.) ist zulässig, sofern es sich einzig auf den in der Flasche enthaltenen Wein des betreffenden Jahrgangs bezieht. Angaben über errungene Auszeichnungen der Firma sind nicht erlaubt, jedoch darf das Etikett solche Siegel tragen, die auf Familienwappen, Gemeindewappen oder eingetragenen Firmenzeichen basieren.

5
Bildliche Darstellungen von Schlössern, Landgütern, Weinbergen usw. sind nur dann zulässig, wenn der Wein tatsächlich aus solchen Weinbergen stammt, die zum Besitz des Weingutes gehören.

6
Name des Erzeugers (verschiedene Angabemöglichkeiten). Die Hinweise »Vino del Vigneto di . . .« (»Aus dem Weinberg . . .«) oder »Vino del Podere di . . .« (»Vom Weingut. . .«) sind nur dann erlaubt, wenn der Weinberg bzw. das Weingut zum Besitz des Abfüllers gehören.

7
Name (Firmenname) und Adresse des Abfüllers (Angaben gesetzlich vorgeschrieben).

8
Inhalt der Flasche. Sofern er mit den EG-Normen übereinstimmt, trägt das Etikett zusätzlich den Buchstaben »e«.

9
Alkoholgehalt (3 Angabemöglichkeiten; siehe abgebildetes Etikett).

co, Sostegno und Lozzolo, nördlich der Staatsstraße 142 in der Provinz Vercelli gelegen.

Carema
Ein Wein mit granatfarbenem Schimmer und einem Duft, der an Rosen erinnert. Weicher Geschmack, samtig, körperreich. Mindestalkoholgehalt 12°. Seine Eigenschaften kommen besonders in Ergänzung zu Schweinebraten, Schmorbraten, Grillgerichten, Zicklein und Lamm zur Geltung. Die Serviertemperatur sollte 20–22 °C nicht unterschreiten.
Er wird ausschließlich in der gleichnamigen Gemeinde in der Provinz Turin erzeugt.

Colli Tortonesi Barbera
Von ziemlich intensiv rubinroter Farbe, die mit zunehmendem Alter nachläßt und allmahlich granatrote Reflexe annimmt. Angenehm weiniges Bukett mit charakteristischem, anhaltendem Duft. Trockener, frischer, robuster Geschmack von lebhafter Würze; wird mit dem Alter feiner und entwickelt ein volles, rundes, harmonisches Aroma. Mindestalkoholgehalt 12°. Kann zu allen Gängen gereicht werden und paßt besonders zu Wurstwaren, Nudelgerichten, Risottos sowie pikanten und reifen Käsesorten. Er wird bei Raumtemperatur (18 °C) genossen.
Das Herkunftsgebiet dieser Barbera-Sorte erstreckt sich auf die Hügellandschaft um Tortona und umfaßt neben dieser weitere 31 Gemeinden in der Provinz Alessandria.

Colli Tortonesi Cortese
Von hellem Strohgelb mit grünlichen Reflexen. Delikates, angenehmes und anhaltendes Bukett mit charakteristischem Aroma. Im Geschmack trocken, frisch, leicht, mit einem Hauch von Mandelduft. Mindestalkoholgehalt 10,5°; bei der moussierenden Variante 11,5°. Ein Wein, der sich als Aperitif ebenso anbietet wie zu Vorspeisen, feinen Gerichten, hellen Fleisch- und Fischgerichten. Er wird frisch, d. h. mit einer Temperatur von 8–10 °C, getrunken.
Der Colli Tortonesi Cortese stammt aus demselben Gebiet wie der zuvor beschriebene Wein.

Cortese dell'Alto Monferrato
Ein Wein von hell strohgelber Farbe, die zuweilen ins Grünliche

spielt. Im Duft charakteristisch, delikat, sehr zart, doch zugleich anhaltend. Von trockenem, harmonischem, würzigem Geschmack mit angenehmem Bittermandelaroma. Mindestalkoholgehalt 10°.
Der Cortese dell'Alto Monferrato paßt besonders zu Vorspeisen, Risottos, Fisch und Eierspeisen. Die ideale Trinktemperatur beträgt 10°C.
Das Anbaugebiet umfaßt 33 Gemeinden in der Provinz Asti sowie 51 Gemeinden in der Provinz Alessandria.

Dolcetto d'Acqui
Ein leuchtend rubinroter Wein, im Alter eher ziegelrot. Von weinigem, zurückhaltendem und charakteristischem Duft. Im Geschmack weich und harmonisch; angenehmes Mandel- bzw. Bittermandelaroma. Mindestalkoholgehalt 11,5°. Der Dolcetto d'Acqui ist ein idealer Wein zu Zwischengerichten sowie zu Fleisch und den lokalen gastronomischen Spezialitäten. Als ideale Serviertemperatur wird 18°C empfohlen.
Er ist in der Gemeinde Acqui Terme sowie weiteren 23 Gemeinden der Provinz Alessandria heimisch und wird, einer alten Tradition folgend, in sechs Provinzen hergestellt, nämlich Asti, Alessandria, Cuneo, Turin, Genua und Savona.

Dolcetto d'Alba
Seine rubinrote Farbe kann bisweilen im Schaum ins Dunkel-Violettrote spielen. Weiniges, charakteristisches Bukett. Trockener Geschmack mit angenehmem Bittermandelaroma; zurückhaltend in der Säure, körperreich, harmonisch. Mindestalkoholgehalt 11,5°. Der Dolcetto d'Alba wird besonders gern zu den typischen gastronomischen Spezialitäten der Langhe-Berge in der Gegend von Alba gereicht. Seine ideale Trinktemperatur beträgt 18–20°C.
Das Weinbaugebiet umfaßt, neben der Gemeinde von Alba, zahlreiche weitere Ortschaften in der Provinz Cuneo.

Dolcetto d'Asti
Lebhaft rubinrote Farbe. Weiniger, angenehmer, charakteristischer Duft. Trockener, leicht bitterer Geschmack von mäßiger Säure; im Körper zurückhaltend. Mindestalkoholgehalt 11,5°. Der Dolcetto d'Asti paßt besonders zu Vorspeisen, Zwischen- und Hauptgerichten, insbesondere zu *Agnolotti*, Kalbsschnitzel, Risotto und Tagliatelle mit Pilzen. Eine Serviertemperatur von 18°C wird empfohlen. Seine Anbauzone erstreckt sich auf 24 Gemeinden der Provinz Asti (nördlich von Mombaruzzo bis nach Bobbio und Serole). Sein Herstellungsgebiet umfaßt, einer langen Tradition folgend, die sieben Provinzen Asti, Genua, Savona, Imperia, Alessandria, Cuneo und Turin.

Dolcetto delle Langhe Monregalesi
Ein Wein von lebhaft rubinroter Farbe mit weinigem, charakteristischem Bukett. Im Geschmack trocken, angenehm; dezentes Bittermandelaroma, von mäßiger Säure und verhaltenem Körper. Mindestalkoholgehalt 11°. Der Wein wird gern zu Zwischengerichten und Fleischgängen gereicht, und zwar mit einer Temperatur von mindestens 17–18°C.
Der Dolcetto delle Langhe wird in 12 Gemeinden um Mondovì produziert.

Dolcetto di Diano d'Alba
Ein rubinroter Wein mit charakteristischem, weinigem Duft. Trockener Geschmack, begleitet von einem angenehmen Bittermandelaroma; maßvolle Säure, körperreich, harmonisch. Mindestalkoholgehalt 12°. Die ideale Abrundung zu den gastronomischen Spezialitäten von Alba. Die empfohlene Trinktemperatur beträgt 17–20°C.
Einziger Erzeuger dieses Dolcetto ist die Gemeinde Diano d'Alba.

Dolcetto di Dogliani
Rubinrot, ins Violette spielend. Weiniges, typisches Bukett. Trokken, mit mäßiger Säure, leichtes Bittermandelaroma; delikat und angenehm im Geschmack, dezenter Körper, harmonisch. Mindestalkoholgehalt 11,5°. Dieser Wein paßt besonders zu den typischen Gerichten der Langhe-Berge; allerdings kann man ihn generell als Tischwein zu allen Gerichten, außer zu Fisch, empfehlen. Jung trinkt man ihn am besten mit 17°C, im Alter mit 19–20°C.
Dieser Dolcetto wird in der Gemeinde Dogliani sowie weiteren zwölf Ortschaften in der Umgegend erzeugt.

Dolcetto di Ovada
Von leuchtendem Rubinrot, das sich mit zunehmendem Alter ins Granatrote verlagert. Weiniges Bukett; trockener, weicher, harmonischer Geschmack mit gefälligem Mandel- oder Bittermandelaroma. Mindestalkoholgehalt 11,5°. Für alle traditionellen Gerichte der Piemonteser Küche geeignet. Als Serviertemperatur wird 16–20°C angegeben.
Die Anbauzone des Dolcetto di Ovada umfaßt neben der Gemeinde Ovada weitere 21 Gemeinden in der Provinz Alessandria. Die Produktion erstreckt sich auf folgende sechs Provinzen: Asti, Alessandria, Cuneo, Turin, Genua und Savona.

Erbaluce di Caluso und Caluso passito
Der Erbaluce di Caluso läßt sich folgendermaßen beschreiben: von strohgelber Farbe; weiniges, feines, charakteristisches Bukett; trocken und frisch im Geschmack; Mindestalkoholgehalt 11°. Paßt gut zu Fischgerichten und wird mit einer Temperatur von 10°C genossen.
Typische Merkmale des Caluso passito: Seine Farbe nuanciert von Goldgelb bis Dunkel-Bernsteingelb; der Geruch ist delikat und charakteristisch; im Geschmack

lieblich, harmonisch, voll und samtig. Mindestalkoholgehalt 13,5°. In erster Linie als Dessertwein zu empfehlen, der jedoch ebenso zu pikantem Käse und gefüllten Süßspeisen paßt. Er wird mit 15–16°C oder auch zimmerwarm (18°C) serviert. Es ist auch ein *Caluso passito liquoroso* erhältlich.
Diese Weine werden in 32 Gemeinden der Provinz Turin und in vier weiteren der Provinz Vercelli erzeugt.

Fara
Rubinroter Wein mit feinem, an Veilchen erinnerndem Bukett; trocken, voll und harmonisch im Geschmack. Mindestalkoholgehalt 12°. Besonders zu dunklem Fleisch, Braten und Wild passend. Es wird empfohlen, den Fara mit einer Temperatur von 18–20°C zu reichen und die Flasche einige Stunden zuvor zu öffnen.
Dieser Wein wird in der Provinz Novara, und zwar in den Gemeinden Fara und Briona, erzeugt.

Freisa d'Asti
Von granatroter oder auch hellkirschroter Farbe, die mit zunehmendem Alter ins Orangerote hinüberwechselt. Charakteristisches Bukett, das an Himbeeren und Rosen erinnert. Der liebliche Typ *(amabile)* zeichnet sich durch einen angenehmen, himbeerartigen Nachgeschmack aus, während der trockenen Variante *(secco)* ein lebhafter, säuerlicher Geschmack zugeschrieben wird, der nach kurzer Alterung einen delikat weichen Charakter entwickelt. Mindestalkoholgehalt 11°. Der Freisa d'Asti *amabile* wird besonders gern zu Obst gereicht, der Freisa d'Asti *secco* hingegen zu *Bagna cauda,* aber ebenso zu hellem Fleisch, Schmorgerichten und Gebratenem. Beide werden bei Zimmertemperatur, also mit 18°C, genossen.
Das Anbaugebiet liegt in der Hügellandschaft der Provinz Asti.

Freisa di Chieri
Ein Wein von nicht sehr ausgeprägtem Rubinrot, der ein feines, an Himbeeren und Veilchen erinnerndes Bukett entfaltet. Trockener, säuerlicher Geschmack, der sich im Alter beim Typ *secco-amabile* verfeinert und beim Typ *amabile* an Aroma gewinnt. Mindestalkoholgehalt 11°. Unter der Bezeichnung Freisa di Chieri wird auch ein Perlwein *(frizzante)* sowie ein Schaumwein *(spumante)* angeboten, die durch Gärung des natürlichen Restzuckers gewonnen werden. Der Freisa di Chieri *secco* wird bei Zimmertemperatur kredenzt und paßt besonders zu hellem Fleisch, Lamm, Zicklein und zu Vorspeisen. Die Typen *amabile, frizzante* und *spumante* gelten als klassische Dessertweine und werden frisch, d. h. mit 8–10°C, serviert.
Dieser Freisa wird in der Gemeinde Chieri und in weiteren elf Ortschaften der Provinz Turin erzeugt.

Gattinara
Seine granatrote Farbe nuanciert bisweilen ins Orangerote. Das feine Bukett erinnert, insbesondere im Alter, leicht an Veilchen. Er ist trocken und harmonisch im Geschmack und entfaltet ein tpyisches Bittermandelaroma. Mindestalkoholgehalt 12°. Der Gattinara ist der ideale Begleiter zu Braten, Wild und Hartkäse. Als ideale Trinktemperatur wird 20°C angegeben; die Flasche muß einige Stunden vor dem Genuß geöffnet werden.
Produziert wird dieser Wein in der Gegend der Gemeinde gleichen Namens.

Gavi oder Cortese di Gavi
Ein Wein von mehr oder weniger kräftigem Strohgelb. Delikater, charakteristischer Duft. Im Geschmack trocken, gefällig und frisch. Mindestalkoholgehalt 10,5°. Der Gavi ist auch als *frizzante* und *spumantizzato* erhältlich. Er ist ideal als Aperitif, wird aber ebenso häufig zu mageren Vorspeisen, Austern, Meeresfrüchten, kalten Fischsalaten, Forellen und anderen Süßwasserfischen gereicht. Er muß frisch (10°C) serviert werden.
Sein Anbaugebiet umfaßt elf Gemeinden um Gavi in der Provinz Alessandria.

Ghemme
Granatrot; charakteristischer Veilchenduft; im Geschmack trocken und würzig. Mindestalkoholgehalt 12°. Der Ghemme ist ein optimaler Bratenwein, paßt jedoch ebenso zu Wild und pikantem, gut gereiftem Käse. Seine ideale Trinktemperatur beträgt 19–20°C.
Produziert wird er in den Gemeinden Ghemme und Romagnano Sesia in der Provinz Novara.

Grignolino d'Asti
Ein Wein von mehr oder weniger intensivem Rubinrot, im Alter mit Tendenz zum Orangerot. Von charakteristischem, feinem Duft und trockenem Geschmack; leicht tanninhaltig, mit angenehmem Bittermandelaroma; anhaltender Nachgeschmack. Mindestalkoholgehalt 11°. Ein delikater Tischwein, der ebenso mit Vorspeisen wie mit Suppen, *Fritto misto alla piemontese* und anderen regionalen Gerichten harmoniert. Serviertemperatur: 16–18°C. Anbaugebiet: 37 Gemeinden in der Provinz Asti.

Grignolino del Monferrato Casalese
Ein hellrubinroter Wein, der im Alter einen orangeroten Schimmer entwickelt. Charakteristisches und delikates Bukett. Trockener Geschmack; leichtes Tanninaroma und dezenter Bitterton; typischer Nachgeschmack. Mindestalkoholgehalt 11°. Dieser Wein paßt zu Zwischengerichten, gekochtem Fleisch, *Bagna cauda* und gebratenem Geflügel. Als Trinktemperatur wird der Bereich um 15°C angegeben. Das Anbaugebiet liegt in der Hügellandschaft des Monferrato Casalese in der Provinz Alessandria und umfaßt neben der Gemeinde Casale Monferrato weitere 35 Ortschaften.

Lessona
Granatrot, im Alter ins Orangerote nuancierend. Typisches Bukett, das an Veilchen erinnert; fein und intensiv. Trocken, mit leichtem Tanningeschmack, charakteristischer Würze und gefälligem, anhaltendem Nachgeschmack. Mindestalkoholgehalt 12°. Ein idealer Wein zu Braten, Wild, Grillgerichten und Fleisch vom Rost, der mit 20°C serviert wird.
Der Weinname selbst gibt Auskunft über den Ort seiner Herkunft, nämlich die Gemeinde Lessona in der Provinz Vercelli.

Malvasia di Casorzo d'Asti
Von rubin- bis kirschroter Farbe mit typischem, vollem Bukett und lieblichem, leicht aromatischem Geschmack. Mindestalkoholgehalt 10,5°. Ein Wein, der besonders zu Süßspeisen und Eis paßt und, auch als *spumante,* frisch serviert wird. Sein Herkunftsgebiet umfaßt sechs Gemeinden in den Provinzen Asti und Alessandria.

Malvasia di Castelnuovo Don Bosco
Wein von kirschroter Farbe, in dessen Duft das würzige Aroma der Malvasier-Traube zum Tragen kommt. Süßer, leicht aromatischer Geschmack. Mindestalkoholgehalt 10,5°. Der Malvasia di Castelnuovo Don Bosco ist auch als *frizzante* und *spumante* erhältlich. Er muß jung getrunken werden und paßt besonders zum Dessert (Obst, Süßspeisen). Man serviert ihn frisch, d.h. mit einer Temperatur von 10–12°C.
Dieser Wein wächst in Castelnuovo Don Bosco sowie in weiteren fünf Gemeinden der Provinz Asti.

Moscato d'Asti
Strohgelb bzw. hellgelb bis bernsteinfarben. Typisch würziges Muskateller-Aroma. Süß, aromatisch und charakteristisch im Geschmack. Mindestalkoholgehalt 10,5°. Ein Wein, der besonders zu Gebäck und allgemein zu Desserts gut paßt. Ideale Trinktemperatur: 15°C.
Das Produktionsgebiet umfaßt 28 Gemeinden der Provinz Asti, 15 Gemeinden der Provinz Cuneo und 9 in der Provinz Alessandria.

Moscato d'Asti spumante oder Asti
Von strohgelber bis zart goldgelber Farbe, zuweilen mit grünlichen Reflexen. Deutliches und zugleich delikates Muskatellertrauben-Aroma. Feiner, süßer und aromatischer Geschmack. Mindestalkoholgehalt 12°. Ein Wein, der gern zum Abschluß einer Mahlzeit zum Dessert, aber auch als kleine Erfrischung gereicht wird. Er wird kühl serviert; die Flasche wird erst unmittelbar vor dem Genuß geöffnet. Er wird im gleichen Gebiet angebaut wie der zuvor beschriebene *Moscato d'Asti*.

Nebbiolo d'Alba
Mehr oder weniger sattes Rubinrot, das mit zunehmendem Alter des Weines granatrote Reflexe entwickelt. Bezeichnend für sein Bukett ist ein leichtes, feines Aroma, das an Himbeeren und Veilchen erinnert und sich im Laufe der Zeit verstärkt und voll entfaltet. Im Geschmack trocken bis angenehm süß, körperreich; als junger Wein im rechten Maße tanninhaltig, samtig, harmonisch. Mindestalkoholgehalt 12°. Der trockene Nebbiolo paßt zu Risottos, leichten ausgebackenen Speisen, Käsefondue mit weißer Trüffel, hellem Fleisch; im Alter zu Braten und Wild. Man serviert ihn mit 18–20°C, zum Abschluß der Mahlzeit zu Gebäck gereicht.
Dieser Wein ist auch als *spumante* im Handel. Er wird in 25 Gemeinden der Provinz Cuneo erzeugt.

Rubino di Cantavenna
Hellrubinroter Wein mit Granatreflexen. Weiniges Bukett mit leichtem, angenehmem Aroma. Trokkener, harmonischer und voller Geschmack. Mindestalkoholgehalt 11,5°. Der Cantavenna kann zu allen Gängen serviert werden, und zwar mit einer Temperatur von 16–18°C.
Er wächst in vielen Gemeinden der Provinz Alessandria.

Sizzano
Rubinrot mit granatfarbenen Reflexen. Weiniger Duft mit einem charakteristischen Veilchenaroma; fein und angenehm. Im Geschmack trocken, würzig und harmonisch. Mindestalkoholgehalt 12°. Ein idealer Bratenwein, der jedoch ebenso gut zu Wild und gekochtem Fleisch paßt; grundsätzlich kann man ihn zu allen Gerichten der Piemonteser Küche reichen, Fisch ausgenommen. Serviertemperatur: 20°C.
Der Sizzano wird ausschließlich in der gleichnamigen Gemeinde in der Provinz Novara erzeugt.

Lombardia

Lombardei

Botticino
Sattes Rubinrot mit granatfarbenen Reflexen. Weiniges, intensives, leicht ätherisches Bukett. Warmer, voller Geschmack; leicht tanninhaltig. Mindestalkoholgehalt 12°. Ein vielseitiger Tischwein, der besonders zu Braten, Wild und den typischen Wurstspezialitäten aus Brescia paßt. Er wird mit einer Temperatur von etwa 20°C gereicht, wobei es ratsam ist, den Wein einige Stunden vor dem Genuß zu dekantieren.
Sein Anbaugebiet umfaßt die Gemeinden Brescia, Botticino und Rezzato.

Capriano del Colle
Lebhaft funkelndes Rubinrot. Weiniges, typisches Bukett. Würzig und trocken im Geschmack, feurig und harmonisch. Mindestalkoholgehalt 11°. Die ideale Ergänzung zu Fleischgerichten, insbesondere zu Gebratenem. Dieser Wein wird bei Zimmertemperatur (18°C) serviert.
Sein Anbaugebiet liegt in den Hügeln der Gemeinden Capriano del Colle und Poncarale in der Provinz Brescia.

Capriano del Colle Trebbiano
Dieser Wein nuanciert zwischen Grünlichgelb und Strohfarben. Er entwickelt ein angenehmes, delikates Bukett und zeichnet sich durch einen trockenen, in der Jugend leicht säuerlichen Geschmack aus. Mindestalkoholgehalt 11°. Geeignet für Vorspeisen und Fischgerichte. Trinktemperatur: 10°C.
Das Anbaugebiet ist identisch mit dem des zuvor beschriebenen Weins.

Cellatica
Rubinroter Wein mit typisch weinigem Duft. Im Geschmack würzig und trocken. Mindestalkoholgehalt 11,5°. Der Cellatica ist ein feiner Tischwein, der eigentlich zu allem paßt, außer zu Fisch. Die empfohlene Serviertemperatur beträgt 18°C.
Er wird in den Hügeln angebaut, die sich von Brescia nach Westen Richtung Cellatica und Gussago erstrecken.

Colli Morenici Mantovani del Garda bianco
Ein Wein von strohgelber Farbe, dessen Duft durch ein dezentes und feines, angenehm nachhaltiges Aroma gekennzeichnet ist. Im Geschmack trocken, würzig und harmonisch. Mindestalkoholgehalt 11°. Ein idealer Begleiter zu Fisch und Reissalat. Serviertemperatur: 10°C. Er wächst in folgenden sechs Gemeinden der Provinz Mantua: Castiglione delle Stiviere, Cavriana, Monzambano, Ponti sul Mincio, Solferino und Volta Mantovana.

Colli Morenici Mantovani del Garda rosso e rosato
Rosé bzw. hellrubinrot, im Alter ins Kirschrote spielend. Weiniger, delikater, angenehmer Duft. Trokkener, harmonischer und leicht bitterer Geschmack. Mindestalkoholgehalt 11°. In der Jugend besonders passend zu hellem Fleisch und Zwischengerichten (ausgezeichnet zu Tortellini mit Kürbis, einer Spezialität aus Mantua). Er wird mit 18–20°C serviert.
Dieser Wein wächst in derselben Gegend wie der zuvor beschriebene Wein.

Franciacorta Pinot
Blaßgelber Wein mit grünlichen Reflexen. Sein Duft ist delikat und charakteristisch, im Geschmack ist er würzig und harmonisch. Mindestalkoholgehalt 11,5°. Der Pinot di Franciacorta ist ein ausgezeichneter Tischwein, besonders zu fleischlosen Vorspeisen, Soufflé und Süßwasserfischen. Seine ideale Trinktemperatur beträgt 10°C.
Er wird in 21 Gemeinden der Hügellandschaft gleichen Namens südlich des Lago d'Iseo (Provinz Brescia) angebaut.

Franciacorta rosso
Dieser Wein weist in der Jugend ein lebhaftes Rot mit violettem Schimmer auf, das im Alter leicht nachläßt und Granatreflexe entwickelt. Er zeichnet sich durch ein charakteristisches Bukett aus, das sich im Laufe der Zeit wandelt. Im Geschmack ist er trocken, nicht zu körperreich, weinig und harmonisch. Mindestalkoholgehalt 11°. Er paßt besonders zu Ravioli, Risottos, Fleischgerichten, Geflügel und generell zu Gerichten, die in Tomatensauce geschmort wurden; auch zum Schweineschmorbraten aus Rovato ist er eine ausgezeichnete Ergänzung. Er wird bei Zimmertemperatur (18 °C) serviert.
Das Anbaugebiet ist identisch mit dem des *Franciacorta Pinot.*

Lugana
Hellstrohgelb bis grünlichgelb, im Alter ins Goldgelbe nuancierend. Delikater, angenehmer und charakteristischer Duft. Frischer, weicher, harmonischer, besonders feiner Geschmack. Mindestalkoholgehalt 11,5°. Der Lugana paßt hervorragend zu allen Fischgerichten und zu fleischlosen Vorspeisen. Serviertemperatur: ca. 10 °C.
Er wird südlich des Gardasees in Peschiera und Desenzano in den Provinzen Verona und Brescia produziert.

Oltrepò Pavese Barbacarlo
Tiefrubinroter Wein. Ausgeprägt weiniger Duft mit typischem Veilchen- und Himbeeraroma. Voller Geschmack, leicht tanninhaltig im Körper, zurückhaltend lieblich. Mindestalkoholgehalt 12°. Als *secco* paßt er gut zu herzhaften Gerichten und kräftigen Saucen, die Typen *amabile* und *frizzante* werden gerne zum Abschluß einer Mahlzeit gereicht. Empfohlene Serviertemperatur: ca. 18–20 °C.
Die Anbauzone *(oltrepò = jenseits des Po)* umfaßt ein begrenztes Gebiet um Broni zwischen den Flüssen Versa und Scuropasso.

Oltrepò Pavese Barbera
Wein von kräftig rubinroter Farbe. Weiniges Bukett, das im Alter einen charakteristischen Duft entfaltet. Trocken und würzig im Geschmack; körperreich, etwas gerbsäurehaltig und leicht säuerlich. Mindestalkoholgehalt 11,5°. Ein klassischer Wein zu deftigen und nicht zu raffinierten Gerichten; hervorragend zu Schmorbraten, gegrilltem Fleisch und Wild. Ideale Trinktemperatur: 20 °C.
Dieser Wein wird in einer Hügellandschaft südlich des Po angebaut, genauer gesagt in 42 Gemeinden der Provinz Pavia.

Oltrepò Pavese Bonarda
Volles Rubinrot. Intensiver, angenehmer Duft. Weicher, voller Geschmack, leicht tanninhaltig, frisch. Mindestalkoholgehalt 11°. Dieser Wein paßt gut zu Suppen und Geflügel; insbesondere im Alter harmoniert er auch mit Schweine- und Rinderbraten, Schmorbraten und Hasenragout. Er wird bei Zimmertemperatur (18 °C) serviert.
Das Anbaugebiet ist identisch mit dem des zuvor beschriebenen Weins.

Oltrepò Pavese Buttafuoco
Rubinroter Wein mit intensiv weinigem Duft. Voller Geschmack, leicht tanninhaltig, körperreich. Mindestalkoholgehalt 12°. Zu kräftigen Gerichten, Ravioli, Braten und Wild. Serviertemperatur: 12–14 °C. Er wird in einer begrenzten Zone in der Gegend von Broni und Stradella angebaut.

Oltrepò Pavese Cortese
Hellstrohgelber Wein. Weiniges, typisches Bukett. Trockener, weicher Geschmack; frisch und angenehm. Mindestalkoholgehalt 11°. Besonders zu Fischsuppen passend, aber ebenso zu geschmortem Fleisch, gebratenen Fröschen und *Zuppa pavese* (Brühe mit Eiern und gerösteten Brotscheiben). Der Cortese wird kühl, d. h. mit 7–8 °C, serviert.
Gleiches Anbaugebiet wie der *Oltrepò Pavese Barbera.*

Oltrepò Pavese Moscato
Blaß- bis strohgelber Wein mit aromatischem, charakteristischem Duft, intensiv und delikat. Im Geschmack angenehm süß. Mindestalkoholgehalt 10,5°. Klassischer Dessertwein, der besonders zu Obstsalat und Mandeltorte paßt; wird auch außerhalb der Mahlzeiten, besonders von Damen, geschätzt. Als *spumante* wird er zum Dessert gereicht. Serviertemperatur: 5–7 °C. Er wächst im gleichen Gebiet wie der *Oltrepò Pavese Barbera.*

Oltrepò Pavese Pinot
Von sehr klarem Strohgelb bis Grünlichgelb bzw. Rosé oder Rot, je nach Rebsorte und Herstellungs-

verfahren. Charakteristisches Bukett. Im Geschmack trocken, frisch, würzig, fein, sehr gefällig. Mindestalkoholgehalt 11°. Der Weißwein ist ausgezeichnet als Aperitif sowie zu Fisch, Krustentieren und leichten Vorspeisen. Er wird kühl (mit 9–10 °C) serviert. Als *spumante* (im allgemeinen weiß, aber auch rosé) kann er zu allen Gängen bis zum Dessert gereicht werden, wobei er besonders als Aperitif zu empfehlen ist. Er wird kalt (6–8 °C) getrunken; die Flasche wird erst unmittelbar vor dem Genuß geöffnet.
Für das Anbaugebiet s. *Oltrepò Pavese Barbera,* Seite 313.

Oltrepò Pavese Riesling
Hellstrohgelber Wein mit leicht grünem Schimmer. Charakteristischer, angenehmer Duft. Trocken, mit vollem, frischem Geschmack. Mindestalkoholgehalt 11°. Zu Fisch (besonders, wenn er gebraten ist) und salzigen Vorspeisen; ausgezeichnet zu Fröschen und Kartoffel-Gnocchi; als *spumante brut* exzellent zu Fisch und Käse. Er wird kühl getrunken: mit 7–8 °C bzw. als *spumante* mit 5 °C.
Das Anbaugebiet ist der Beschreibung des *Oltrepò Pavese Barbera* auf S. 313 zu entnehmen.

Oltrepò Pavese rosso
Wein von rubinroter Farbe. Weiniges, intensives Bukett. Voller Geschmack, im Körper leicht tanninhaltig. Mindestalkoholgehalt 11,5°. Generell gut als Tischwein, der besonders zu rustikalen, herzhaften Gerichten, zu Pilzen und Wild paßt. Ideale Trinktemperatur: 18 °C.
Für das Anbaugebiet s. *Oltrepò Pavese Barbera* auf S. 313.

Oltrepò Pavese Sangue di Giuda
Rubinroter Wein mit intensiv weinigem Bukett. Mäßig süß im Geschmack, eigenwillig, heftig, markant und spritzig. Mindestalkoholgehalt 12°. Ein typischer Dessertwein, der mit 16–18°C serviert wird. Wächst in einem begrenzten Gebiet bei Broni.

Riviera del Garda Bresciano chiaretto
Rosé mit kirschrotem Schimmer und rubinfarbenen Reflexen. Delikates, gefälliges Bukett. Weich, neutraler Nachgeschmack, leichtes Bittermandelaroma. Mindestalkoholgehalt 11,5°. Ein Wein, der am besten mit leichten Gerichten, z. B. Fisch und weißem gebratenem Fleisch, harmoniert. Serviertemperatur: 17 °C. Er wird in 30 Gemeinden im Moränenkessel am Westufer des Gardasees in der Provinz Brescia angebaut.

Lugana

Oltrepò Pavese Pinot

Franciacorta Pinot

Oltrepò Pavese Bonarda

Riviera del Garda Bresciano

Valcalepio

Valtellina

Riviera del Garda Bresciano rosso
Brillantes Rubinrot. Weiniges, charakteristisches Bukett. Im Geschmack würzig, leichtes Bittermandelaroma. Mindestalkoholgehalt 11°. Er paßt am besten zu Schmorgerichten und allgemein zu herzhaften Speisen wie auch zu mittelaltem und altem Käse. Die empfohlene Trinktemperatur beträgt für den jungen Wein 16–17 °C, für den älteren 18–20 °C. Sein Anbaugebiet ist identisch mit dem zuvor beschriebenen Wein.

Tocai di San Martino della Battaglia
Zitronengelb, mit zunehmendem Alter ins Goldgelbe spielend. Ziemlich intensiver, charakteristischer und angenehmer Duft. Trockener Geschmack mit typischem Bittermandelaroma. Mindestalkoholgehalt 12°. Besonders zu Vorspeisen, ausgebackenem Fisch, leichten Gerichten und Fischsuppen. Die empfohlene Trinktemperatur beträgt 10–12 °C.
Dieser Wein wird in den Gemeinden Sirmione, Desenzano, Lonato, Pozzolengo und Peschiera in den Provinzen Brescia und Verona erzeugt.

Valcalepio bianco
Wein von mehr oder weniger intensiver strohgelber Farbe. Delikates, charakteristisches Bukett. Im Geschmack trocken, ausgeglichen, charakteristisch. Mindestalkoholgehalt 11,5°. Er harmoniert besonders mit Fischgerichten und gekochtem Fleisch, ist aber auch ein hervorragender Aperitif. Serviertemperatur: 8–10 °C.
Der weiße Valcalepio wächst in 15 Gemeinden im Hügelgebiet südöstlich von Bergamo.

Valcalepio rosso
Mehr oder weniger sattes Rubinrot, mit leicht granatfarbenen Reflexen. Intensiv ätherischer Duft; angenehm, charakteristisch. Trockener und harmonischer Geschmack, voll und nachhaltig. Mindestalkoholgehalt 12°. Ein optimaler Bratenwein, der gut mit der traditionellen Küche Bergamos harmoniert. Für den jungen Wein liegt die ideale Trinktemperatur bei 16 °C, für den älteren beträgt sie 18–20 °C. Es wird empfohlen, die Flasche einige Stunden vor dem Genuß zu öffnen.
Der rote Valcalepio ist im gleichen Gebiet wie die zuvor beschriebene weiße Sorte heimisch.

Valtellina
Lebhaft rubinroter Wein mit feinem, nachhaltigem und charakteristischem Duft. Trockener, leicht fruchtiger Geschmack; tanninhaltig. Mindestalkoholgehalt 11°. Der einfache Valtellina paßt ausgezeichnet zu Wild und dunklem

Fleisch, *Pizzoccheri valtellinesi* und gebratenen Tauben. Man serviert ihn mit 20–22 °C; die Flasche wird einige Stunden vor dem Genuß geöffnet. Als *Sfurzat,* oder auch *Sforzato,* ist er eine exzellente Ergänzung zu deftigem reifem Käse mit hohem Fettanteil.
Er wird im Valle dell'Adda in der Provinz Sondrio erzeugt.

Valtellina Superiore
Rubinrote Farbe mit granatfarbenem Schimmer. Typischer, nachhaltiger Duft, der mit zunehmendem Alter des Weins an Feinheit und Gefälligkeit gewinnt. Trockener Geschmack; leicht tanninhaltig; herb, samtig, harmonisch und charakteristisch. Mindestalkoholgehalt 12 °. Alle vier Weine mit der Bezeichnung Valtellina Superiore – Sassella, Grumello, Inferno, Valgella – sind sehr edle Tropfen, die man zu allen Gängen reichen kann, insbesondere jedoch zu Fleischgerichten, Südtiroler Speck, *Bresaola* (eine Art Bündner Fleisch), *Bitto* (Käsesorte), Wurstwaren, Grillgerichten, Wild, Steak und vor allem den typischen Spezialitäten der Lombardei. Sie dürfen nicht zu jung sein und werden, nachdem die Flasche einige Stunden zuvor geöffnet wurde, mit 20–22 °C gereicht.
Die Anbauzone des Valtellina Superiore ist auf vier begrenzte Gebiete, nämlich Sassella, Grumello, Inferno und Valgella, beschränkt.

Veneto

Venetien

Bardolino
Hellrubinroter Wein, der bisweilen ins Kirschrote tendiert und mit zunehmendem Alter in Granatrot übergeht. In der Jugend kann er manchmal roséfarben sein und wird dann auch als *Chiaretto* bezeichnet. Weiniger Duft mit zurückhaltendem, delikatem Aroma. Trockener, würziger Geschmack mit leicht bitterem Unterton; harmonisch, fein, zuweilen leicht prikkelnd. Mindestalkoholgehalt 10,5 °. Der Bardolino paßt generell zu Suppen und Gerichten mit Reis oder Nudeln, weiterhin zu hellem Fleisch, auch geschmort oder gebraten, und zu leichten Wildgerichten. Er wird mit 15–18 °C getrunken. Durch Entkorken der Flasche eine Stunde vor dem Servieren kann er sein charakteristisches Aroma voll entfalten. Das klassische Anbaugebiet umfaßt die Gemeinden Bardolino, Garda, Costermano, Cavaion Veronese, Lazise und Affi. Die DOC-Zone umschließt außerdem ein zu den Gemeinden Pastrengo, Rivoli Veronese, Bussolengo, Sona, Sommacampagna, Castelnuovo, Peschiera und Valeggio sul Mincio gehörendes Hügelgebiet in der Provinz Verona.

Bianco di Custoza
Strohgelber Wein. Weiniges, sehr blumiges, leicht aromatisches Bukett. Im Geschmack weich, würzig, delikat. Mindestalkoholgehalt 11 °. Die ideale Ergänzung zu Krustentieren und Fischsuppe. Serviertemperatur: 10 °C.
Das Anbaugebiet des Bianco di Custoza umfaßt neun Gemeinden in der Provinz Verona mit Custoza, einem Vorort von Sommacampagna, als Zentrum.

Breganze bianco
Wein von strohgelber Farbe; mit weinigem, leicht intensivem Duft. Im Geschmack trocken, rund, frisch. Mindestalkoholgehalt 11 °. Man reicht ihn gerne zu fleischlosen Gerichten, Fisch und Eierspeisen. Empfohlene Trinktemperatur: ca. 10 °C.
Dieser Wein wächst in der Provinz Vicenza an den fruchtbaren Hängen von Breganze und weiteren zwölf umliegenden Gemeinden.

Breganze Cabernet
Dunkles Rubinrot mit Granatreflexen. Sehr intensives, angenehmes Bukett. Trockener, robuster Geschmack; ausgewogen tanninhaltig. Mindestalkoholgehalt 11,5 °. Der Breganze Cabernet paßt besonders zu hellem und dunklem Fleisch sowie zu gut gereiftem Käse. Seine Serviertemperatur sollte 20 °C nicht unterschreiten.
Er wächst in derselben Zone wie der zuvor beschriebene Wein.

Breganze Pinot bianco
Sehr heller, klarer Wein mit strohfarbenem Einschlag. Delikater, angenehmer, charakteristischer

Duft. Harmonisch, rund und samtig im Geschmack. Mindestalkoholgehalt 11,5°. Gut zu Vorspeisen mit Meeresfrüchten, zu Languste, Artischockentorte und -omelett sowie generell zu Fisch. Ideale Trinktemperatur: zwischen 8 und 10 °C. Für das Anbaugebiet s. Beschreibung des *Breganze bianco.*

Breganze Pinot nero
Rubinfarbener Wein mit ziegelrotem Schimmer. Delikates Bukett. Trockener, würziger Geschmack mit leichtem Bittermandelaroma. Mindestalkoholgehalt 11,5°. Paßt exzellent zu Lamm- und Schweinefleisch. Dieser Wein wird nicht unterhalb 18 °C serviert.
Sein Anbaugebiet ist identisch mit dem des *Breganze bianco.*

Breganze rosso
Lebhaft rubinrot, mit weinigem, charakteristischem Duft. Im Geschmack harmonisch; körperreich, trocken, robust, leicht tanninhaltig. Mindestalkoholgehalt 11°. Generell ein guter Tischwein, der mit 16–18 °C kredenzt wird.
Er wird im gleichen Gebiet wie der *Breganze bianco* angebaut.

Breganze Vespaiolo
Entweder von strohgelber Farbe oder auch von ziemlich kräftigem Rosé. Intensiv fruchtiges Bukett. Voller, frischer Geschmack. Mindestalkoholgehalt 11,5°. Besonders zu Schinken, Wurst und Käsesorten wie *Asiago* oder *Robiola.* Serviertemperatur: ca. 12–13 °C. Dieser Wein wächst im gleichen Gebiet wie der *Breganze bianco.*

Cabernet del Piave
Rubinroter Wein, der im Alter beinahe granatfarben erscheint. Intensiver, charakteristischer, angenehmer Duft. Trocken und würzig, körperreich; leichtes Grasaroma; harmonisch. Mindestalkoholgehalt 11,5°. Paßt zu Braten, Kotelett, Wild und kräftigem Käse. Der junge Wein wird mit 16–17 °C serviert, der ältere dagegen mit 20 °C. (Nach drei Jahren darf er sich *riserva* nennen.)
Sein Anbaugebiet liegt im Piave-Tal und umfaßt, ganz oder teilweise, das Gebiet von 51 Gemeinden der Provinz Treviso und 12 Gemeinden der Provinz Venedig.

Cabernet di Pramaggiore
Wein von sattem Rubinrot, das mit zunehmendem Alter ins Ziegelrote tendiert. Typisches, intensives Grasaroma, das sich im Laufe der Zeit immer mehr ausprägt. Trockener, voller Geschmack; ausgewogen tanninhaltig; im Alter herb und samtig im Körper. Mindestalkoholgehalt 11,5°. Gut zu dunklem Fleisch und Wild, hervorragend auch als junger Wein zu kaltem Fleisch und Wildgeflügel. Trinktemperatur: 18 °C, für die *riserva* etwa 19–21 °C.
Neben der Gemeinde Pramaggiore umfaßt sein Anbaugebiet weitere zehn Gemeinden der Provinz Venedig, zwei der Provinz Treviso und sechs der Provinz Pordenone.

Colli Berici Cabernet
Kräftiges Rubinrot, das im Laufe der Zeit in Orangerot übergeht. Angenehm intensives, sortentypisches Bukett. Trockener, robuster Geschmack mit ausgewogenem Gerbsäureanteil. Mindestalkoholgehalt 11°. Ein idealer Wein zu Wild. Die empfohlene Trinktemperatur beträgt für den jungen Wein 16–18 °C, für die *riserva* 20–21 °C.
Unter der Bezeichnung Colli Berici sind sieben Weine zusammengefaßt (Cabernet, Garganega, Merlot, Pinot bianco, Sauvignon, Tocai italico, Tocai rosso), deren Produktionsgebiet 27 Gemeinden des gleichnamigen Gebiets in der Provinz Vicenza zugehören.

Colli Berici Garganega
Strohgelber Wein mit hellgoldgelber Nuancierung. Leicht weiniges Bukett mit feinem, charakteristischem Duft. Trockener Geschmack, leicht bitterer Unterton, von mittlerem Körper, harmonisch. Mindestalkoholgehalt 10,5°. Dieser Wein kann zu allen Gängen gereicht werden, paßt aber besonders gut zu Fisch. Serviertemperatur: ca. 10–12 °C.
Sein Anbaugebiet ist identisch mit dem des zuvor beschriebenen Weins.

Colli Berici Merlot
Rubinroter Wein mit weinigem, angenehm intensivem, charakteristischem Duft. Weicher, harmonischer Geschmack; voll im Körper. Mindestalkoholgehalt 11°. Paßt zu allen Gängen, besonders aber zu Braten, gekochtem Fleisch, Fleischspießen und Käse. Empfohlene Trinktemperatur: 15–17 °C.
Er wird im gleichen Gebiet erzeugt wie der *Colli Berici Cabernet.*

Colli Berici Pinot bianco
Blaß strohgelb. Angenehm intensives, sortentypisches Bukett. Im Geschmack ausgewogen, voll, samtig. Mindestalkoholgehalt 11°. Besonders zu Vorspeisen, Risottos, Fisch, Meeresfrüchten. Die Serviertemperatur sollte bei 8–10 °C liegen.
Das Produktionsgebiet deckt sich mit dem des *Colli Berici Cabernet.*

Colli Berici Sauvignon
Strohgelber Wein mit delikatem, sortentypischem Bukett. Trocken, harmonisch, frisch; körperreich. Mindestalkoholgehalt 11°. Zu Vorspeisen, Fisch und *Polenta alla vicentina,* einer dortigen Spezialität. Er wird frisch, d. h. mit etwa 10–12 °C, getrunken.
Für die Anbauzone s. *Colli Berici Cabernet.*

Colli Berici Tocai italico
Wein von strohgelber Farbe. Erlesenes, weiniges Bukett. Trockener Geschmack, harmonisch, im Körper frisch. Mindestalkoholgehalt 11°. Gut zu Suppen und Gerichten

auf Reis- und Nudelgrundlage, zu Eierspeisen, Fröschen, Schnecken und Fischgerichten. Er sollte frisch (mit ca. 8–10 °C) gereicht werden. Er wird im gleichen Gebiet produziert wie der *Colli Berici Cabernet.*

Colli Berici Tocai rosso
Nicht sehr kräftiges und trotzdem lebhaftes Rubinrot. Weiniges, intensives, sortentypisches Bukett. Angenehmer Geschmack mit leichtem Bitterton; harmonisch, im rechten Maße tanninhaltig. Mindestalkoholgehalt 11°. Eine ideale Abrundung zu Klippfisch, leichten Bratengerichten und Wurstwaren. Dieser Wein wird bei Zimmertemperatur (18 °C) oder auch leicht gekühlt (16–17 °C) serviert.
Seine Anbauzone ist identisch mit der des *Colli Berici Cabernet.*

Colli Euganei bianco
Mehr oder weniger volles Strohgelb. Weiniges Bukett mit gefälligem, charakteristischem Duft. Trocken oder lieblich im Geschmack; würzig, weich, fein und samtig. Mindestalkoholgehalt 10,5°. Ausgezeichnet zu Nudelgerichten, die nur mit zerlassener Butter zubereitet wurden, sowie zu Fisch und Omeletts. Die Trinktemperatur sollte etwa 10 °C betragen. Dieser Wein wird in 17 Gemeinden der Provinz Padua an den sanften Hängen der Colli Euganei angebaut.

Colli Euganei moscato
Goldfarbener Wein. Intensiver Duft mit typischem Muskatelleraroma. Im Geschmack immer süß und intensiv – ob still, perlend oder schäumend. Mindestalkoholgehalt 10,5°. Wird gern zu Süßspeisen und Eis gereicht, und zwar mit einer Temperatur von etwa 6–7 °C. Er wächst im gleichen Gebiet wie der zuvor beschriebene Wein.

Colli Euganei rosso
Wein von unterschiedlich intensivem Rubinrot. Weiniger Duft mit charakteristischem Aroma. Im Geschmack trocken *(secco)* oder lieblich *(amabile)*; würzig, weich, körperreich, fein und samtig. Mindestalkoholgehalt 11°. Eine ausgezeichnete Ergänzung zu Wurstwaren, typischen Fleischgerichten der lokalen Küche und Huhn vom Spieß. Als Serviertemperatur wird 17–18 °C angegeben. Der *spumante* paßt als *amabile* zum Dessert, als *brut* oder *secco* zu verschiedenen lokalen Spezialitäten.
Das Anbaugebiet entspricht dem des *Colli Euganei bianco.*

Gambellara
Strohfarben bis hell goldgelb. Leicht weiniges Bukett mit markantem, typischem Duft. Im Geschmack trocken und samtig. Mindestalkoholgehalt 11°. Gut zu fleischlosen Vorspeisen, Teigwaren mit zerlassener Butter und Fisch. Die Serviertemperatur darf 10 °C nicht überschreiten.
Der Gambellara wird im Weinbaugebiet der Gemeinden Gambellara, Montebello Vicentino, Montorso und Zermeghedo in der Provinz Vicenza erzeugt.

Gambellara Recioto
Goldgelb, mit intensiv-fruchtigem Bukett. Charakteristischer, harmonischer Geschmack, der etwas an *passito* (Wein aus teilgetrockneten Trauben) erinnert; lieblich; als stiller, mehr oder weniger perlender *(frizzante)* oder schäumender *(spumante)* Typ erhältlich; leichtes Bittermandelaroma. Mindestalkoholgehalt 12°. Zum Dessert ebenso wie zu rohen Krustentieren. Empfohlene Serviertemperatur: 13 bis 14 °C.
Das Produktionsgebiet ist identisch mit dem des *Gambellara.*

Gambellara Vinsanto
Sattes Bernsteingelb. Intensiver, charakteristischer *passito*-Duft. Süß, harmonisch, samtig im Geschmack. Mindestalkoholgehalt 14°. Ein Dessertwein, der gerne zu Süßspeisen und besonders zu trockenem Gebäck gereicht wird. Er wird mit 15–16 °C serviert.
Sein Herkunftsgebiet ist aus der Beschreibung des *Gambellara* zu ersehen.

Merlot del Piave
Sein Rot nuanciert mit zunehmendem Alter ins Granatfarbene. Er besitzt einen intensiven Duft, der allmählich feiner und gefälliger wird. Im Geschmack ist er trocken und würzig, körperreich, ausgewogen tanninhaltig, harmonisch. Mindestalkoholgehalt 11°. Ein guter Tischwein, der insbesondere zu Wurst, Braten und generell Schweinefleisch paßt und bei Zimmertemperatur (18 °C) serviert wird.
Zu seinem Anbaugebiet, das sich am Fluß Piave entlangzieht, zählen 51 Gemeinden der Provinz Treviso sowie zwölf in der Provinz Venedig.

Merlot di Pramaggiore
In der Jugend von rubinroter Farbe, die im Laufe der Zeit ins Granatrote übergeht. Weiniges, ziemlich intensives Bukett; charakteristisches Grasaroma; gefälliger Duft. Im Geschmack trocken, in rechtem Maße tanninhaltig, körperreich, angenehm, typisch. Mindestalkoholgehalt 11,5°. Als junger Wein ausgezeichnet zu Risottos und Nudelgerichten mit Fleischsaucen, gebratenem Geflügel und *Fritto misto;* die *riserva* paßt besonders zu gegrilltem Fleisch und pikantem Käse. Die ideale Trinktemperatur schwankt, je nach Alter des Weins, zwischen 18 und 21 °C.
Das Produktionsgebiet umfaßt, neben der Gemeinde Pramaggiore, zehn weitere in der Provinz Venedig, zwei in der Provinz Treviso und sechs in der Provinz Pordenone (Grenzgebiet zwischen Venetien und Friaul).

Montello e Colli Asolani Cabernet
Rubinroter Wein, der sich im Alter beinahe granatrot verfärbt. Weiniges, intensives, charakteristisches und gefälliges Bukett. Trocken, würzig im Körper, leichter Grasgeschmack, ausgewogen tanninhaltig, harmonisch, typisch. Mindestalkoholgehalt 11,5°. Eine exzellente Ergänzung zu edlen Braten, Wild und Edelpilzkäse. Man trinkt diesen Wein mit einer Temperatur von 18–20 °C.

Seine Anbauzone umschließt das gesamte Gebiet der Gemeinde Monfumo sowie Teile der Gemeinden Asolo, Caerano S. Marco, Castelcucco, Cavaso del Tomba, Cornuda, Crocetta del Montello und darüber hinaus weitere Gemeinden der Montello-Zone bis Nervesa della Battaglia.

Montello e Colli Asolani Merlot
Anfangs rubinrot, später dann eher granatfarben. Weiniges, intensives Bukett; in der Jugend sehr charakteristisch, im Alter dagegen feiner, ätherisch und gefällig. Trocken im Geschmack, würzig, robust, körperreich, im rechten Maße tanninhaltig, harmonisch. Mindestalkoholgehalt 11°. Hervorragend zu Braten und Wild, gut auch zu Schmorgerichten. Als Serviertemperatur wird 18–20 °C angegeben. Dieser Montello stammt aus dem gleichen Gebiet wie der zuvor beschriebene.

Montello e Colli Asolani Prosecco
Strohgelber Wein, der zuweilen einen mehr oder weniger tiefen Goldton aufweist. Entfaltet ein weiniges, charakteristisches, fruchtiges Bukett. Im Geschmack trocken und rund, leicht an Mandeln erinnernd, beim *frizzante* lieblich. Mindestalkoholgehalt 10,5°. Man serivert ihn besonders gern zu Vorspeisen und Fisch, und zwar mit einer Temperatur von 10 °C. Als *spumante* wird er kälter, d. h. mit 7–8 °C, getrunken und rundet Süßspeisen der lokalen Küche sowie *Panettone* ausgezeichnet ab.
Das Herkunftsgebiet deckt sich mit dem des *Montello e Colli Asolani Cabernet.*

Prosecco di Conegliano e Valdobbiadene
Mehr oder weniger intensives Strohgelb. Weiniges, charakteristisches Bukett mit leicht fruchtigem Aroma, das sich besonders beim *amabile* und *dolce* entfaltet. Angenehmer Bittermandelgeschmack; als *secco* nicht sehr körperreich; als *amabile* und *dolce* fruchtig. Mindestalkoholgehalt 10,5° bzw. beim *superiore di Cartizze* 11°. Generell ein guter Tischwein; zu Vorspeisen, Salzgebäck, Fisch und Krustentieren; ausgezeichnet zu einer lokalen Spezialität, die mit *Radicchio* und *Soppressa* zubereitet wird, sowie zu gegrilltem Seebarsch. Dieser Wein wird kalt (8–10 °C) gereicht.
Sein Produktionsgebiet liegt in den Marca-Trevigiana-Hügeln, die sich von Conegliano Richtung Westen bis nach Valdobbiadene erstrekken. Es umfaßt neben den beiden zuvor genannten weitere 13 Gemeinden. Der *Cartizze* wird im gleichnamigen Gebiet der Gemeinde Valdobbiadene erzeugt.

Prosecco di Coneglianoe-Valdobbiadene Superiore di Cartizze

Bianco di Custoza

Tocai di Lison

Gambellara

Colli Berici

Valpolicella

Prosecco di Coneglianoe-Valdobbiadene

Bardolino

Colli Euganei rosso

Vini del Piave o Piave-Merlot

Soave

Prosecco di Conegliano e Valdobbiadene frizzante
Leuchtend strohgelber, deutlich perlender Wein. Gefälliges und charakteristisches fruchtiges Bukett. Trocken und lieblich, perlend, fruchtig im Geschmack. Mindestalkoholgehalt 10,5° (bzw. 11° beim *superiore di Cartizze).* Als Aperitif oder auch als Wein, den man außerhalb der Mahlzeiten genießt; ebenso zu Vorspeisen und Fischgerichten; als *amabile* auch ein Dessertwein. Die Serviertemperatur liegt zwischen 6 und 8 °C. Das Herkunftsgebiet ist identisch mit dem zuvor beschriebenen Wein.

Prosecco di Conegliano e Valdobbiadene spumante
Von funkelndem Strohgelb, anhaltend schäumend. Angenehmes, charakteristisches fruchtiges Bukett. *Secco* (trocken), *amabile* (lieblich) oder *dolce* (süß); körperreich, angenehm fruchtig, charakteristisch. Mindestalkoholgehalt 11°. Als *brut* reicht man diesen Wein gerne zum Aperitif oder zu Hauptgerichten, besonders mit Fisch; der liebliche *demi-sec* paßt gut zum Dessert, zu *Panettone* (Hefekuchen mit kandierten Früchten) und *Pandoro* (typisches Gebäck aus Verona). Serviertemperatur: 6–8 °C.
Für das Anbaugebiet s. *Prosecco di Conegliano e Valdobbiadene.*

Soave
Strohgelber Wein, zuweilen mit grünlichgelbem Schimmer. Weiniges Bukett mit charakteristischem, intensivem und delikatem Duft. Trockener Geschmack, von mittlerem Körper; harmonisch, leichtes Bittermandelaroma. Mindestalkoholgehalt 10,5°. Dieser Wein ist die ideale Ergänzung zu Vorspeisen im allgemeinen, zu Reis, Fischgerichten und Eierspeisen; exzellent zu gekochter Forelle mit Mayonnaise. Wird am besten mit etwa 10 °C getrunken.

Der *Soave classico* wächst an den Hängen der Gemeinden Soave und Monteforte d'Alpone. Die Nachbargemeinden Montecchia di Crosara, Cazzano di Tramigna, Illasi, Caldiero, S. Martino Buon Albergo, Colognola ai Colli, Roncà und S. Giovanni Ilarione produzieren den Soave DOC.

Soave Recioto
Wein von hellgoldgelber Farbe mit weinigem, intensivem und furchtigem Bukett. Im Geschmack lieblich, samtig, harmonisch, körperreich. Mindestalkoholgehalt 14°. Ein idealer Dessertwein, der besonders gerne zu Süßspeisen aus Verona und Mailänder *Panettone* gereicht wird. Man serviert ihn frisch mit 12–14 °C.
Er stammt aus demselben Gebiet wie der zuvor beschriebene *Soave*.

Tocai del Piave
Helles Strohgelb, ins Grünliche spielend. Delikates, gefälliges Bukett. Trockener, harmonischer Geschmack, frisch und aromatisch. Mindestalkoholgehalt 11°. Besonders zu Risotto mit Meeresfrüchten, generell Fisch, Vorspeisen. Serviertemperatur: 10 °C.
Sein Produktionsgebiet erstreckt sich längs des Flusses Piave und umfaßt 51 Gemeinden der Provinz Treviso und zwölf in der Provinz Venedig.

Tocai di Lison
Strohgelber Wein mit leichtem, fruchtigem Bukett. Im Geschmack trocken, charakteristisch, würzig, harmonisch; leicht bitterer Nachgeschmack. Mindestalkoholgehalt 11,5°. Gut zu Vorspeisen, hellem Fleisch und Käse. Als ideale Trinktemperatur wird 10–12 °C angegeben.
Dieser Tocai wird in mehreren Gemeinden der Provinzen Venedig, Treviso und Pordenone erzeugt; das klassische Anbaugebiet umfaßt die Bezirke Lison, Sumaga und Pradipozzo in der Gemeinde Annone Veneto sowie die Bezirke Belfiore, Bessaglia und Salvarolo in der Gemeinde Pramaggiore.

Valpolicella
Rubinrot von mittlerer Leuchtkraft, das mit zunehmendem Alter des Weins ins Granatfarbene übergeht. Weiniges, intensives Bukett mit zartem, charakteristischem Duft, der gelegentlich an Bittermandeln erinnert. Trocken oder

samtig, körperreich, leicht bitter, würzig, harmonisch. Mindestalkoholgehalt 11°. Der Valpolicella paßt ausgezeichnet zu Zwischengerichten, besonders aber zu Braten; exzellent zu im Ofen bereitetem Lammbraten und zu mittelaltem Käse. Er muß mit einer Temperatur von 18–20°C getrunken werden.
Seine klassische Anbauzone umschließt die Gemeinden S. Ambrogio, Fumane, S. Pietro Incariano, Negrar und Marano im Valpolicella-Gebiet; die DOC-Zone erstreckt sich weiter nach Osten in die Veroneser Hügel bis nach Illasi und Cazzano di Tramigna; das Valpolicella-Valpantena-Gebiet ist auf die Weinberge des Valpantena, hauptsächlich der Gemeinden Grezzana und Verona, beschränkt.

Valpolicella Recioto
Ziemlich intensiv granatroter Wein mit charakteristischem, markantem Duft. Im Geschmack delikat, voll, warm, samtig, lieblich, charaktervoll. Mindestalkoholgehalt 14°. Der *»Amarone«* ist ein großartiger Bratenwein, der jedoch ebenso zu pikantem Käse paßt; er wird mit 20–22°C kredenzt, wobei die Flasche einige Stunden zuvor geöffnet werden sollte. Die normale Variante harmoniert besonders mit Süßspeisen. Als *spumante* wird dieser Wein mit 15°C gereicht, am besten zu *Pandoro* (Gebäck aus Verona) und *Panettone* (besonderer Hefekuchen aus Mailand).
Das Herkunftsgebiet deckt sich mit dem des zuvor beschriebenen Weins.

Verduzzo del Piave
Hellgoldgelber Wein mit grünlicher Nuancierung. Delikater, charakteristischer, angenehmer Duft. Trocken, würzig, harmonisch, gefällig im Geschmack. Mindestalkoholgehalt 11°. Gut zu Fleischbrühe mit Nudeleinlage, *Passatelli* (Nudelspezialität aus der Emilia-Romagna), Fisch und Vorspeisen. Dieser Wein sollte kühl, d. h. mit 7–10°C, getrunken werden.
Er wird entlang des Flusses Piave angebaut, und zwar in 51 Gemeinden der Provinz Treviso sowie in weiteren zwölf der Provinz Venedig.

Trentino Alto Adige

Trentino – Südtirol

Alto Adige Cabernet
Intensiv rubinroter Wein, der im Alter orangefarbene Reflexe entwickelt. Charakteristischer Duft mit leichtem Grasaroma, ätherisch, gefällig. Im Geschmack trokken, voll, leicht tanninhaltig, körperreich. Mindestalkoholgehalt 11,5°. Sehr gut zu dunklem Braten, den typischen Südtiroler Wildspezialitäten, Gemse auf Tiroler Art, gegrilltem Fleisch und pikantem Käse. Dieser Wein wird bei Zimmertemperatur (18°C) serviert.
Das Herkunftsgebiet der Alto-Adige-Weine umschließt 32 Gemeinden der Provinz Bozen.

Alto Adige Lagrein rosato (Lagrein-Kretzer)
Rosé- bis hellrubinfarbener Wein mit nicht sehr ausgeprägtem, delikatem und gefälligem Duft. Harmonisch und angenehm im Geschmack; kein ausgeprägter Körper. Mindestalkoholgehalt 11,5°. Man trinkt diesen Wein gern zu leichten Gerichten und zu den für die Gegend typischen Knödeln. Serviertemperatur: etwa 13–15°C.
Produktionsgebiet wie beim *Alto Adige Cabernet.*

Alto Adige Lagrein scuro (Lagrein Dunkel)
Tiefrubinroter Wein. Ausgeprägter, angenehmer, charakteristischer Duft. Weich, samtig und voll. Mindestalkoholgehalt 11,5°. Generell ein guter Tischwein, der besonders zu Zwischengerichten auf Fleischgrundlage paßt. Er wird mit einer Temperatur von 18°C gereicht.
Produktionsgebiet wie beim *Alto Adige Cabernet.*

Alto Adige Malvasia (Malvasier)
Rubinrot mit orangefarbenen Reflexen; angenehmer Duft; voller und harmonischer Geschmack. Mindestalkoholgehalt 11,5°. Besonders zu Schinken mit Melone sowie zu pikanten Vorspeisen. Empfohlene Trinktemperatur: 10–12°C.
Produktionsgebiet wie beim *Alto Adige Cabernet.*

Alto Adige Merlot
Rubinroter Wein mit charakteristischem, gefälligem Duft. Voll, würzig, trocken im Geschmack; leichtes Grasaroma. Mindestalkoholgehalt 11°. Gut zu einem schmackhaften ersten Gang wie auch zu dunklem Fleisch. Wird mit ca. 18°C serviert.
Produktionsgebiet wie beim *Alto Adige Cabernet.*

Alto Adige Moscato giallo (Goldenmuskateller)
Goldgelb; charakteristischer, intensiver, feiner Duft; süß, aromatisch, angenehm. Mindestalkoholgehalt 11°. Ein klassischer Dessertwein, der mit 16–17°C getrunken wird.
Produktionsgebiet wie beim *Alto Adige Cabernet.*

Alto Adige Moscato rosa (Rosenmuskateller)
Roséfarben; delikater, angenehmer, aromatischer Duft; im Geschmack süß, angenehm, charakteristisch. Mindestalkoholgehalt 12,5°. Gut zu Süßspeisen und Eis. Dieser Wein wird frisch, d.h. mit 13–15°C, gereicht.
Produktionsgebiet wie beim *Alto Adige Cabernet.*

Alto Adige Pinot bianco (Weißburgunder)
Wein von strohgelber Farbe mit gefälligem, charakteristischem Duft. Trocken und würzig im Geschmack. Mindestalkoholgehalt 11°. Er paßt ausgezeichnet zu allen Vorspeisen und wird mit 10–15°C serviert.
Produktionsgebiet wie beim *Alto Adige Cabernet.*

Alto Adige Pinot grigio (Ruländer)
Strohgelber Wein mit sehr ausgeprägtem, doch gefälligem Duft. Trocken im Geschmack, voll und harmonisch. Mindestalkoholgehalt 11,5°. Sehr gut als Aperitif, paßt ebenso zu feinen Gerichten. Man reicht ihn mit einer Temperatur von ca. 10–12°C.
Produktionsgebiet wie beim *Alto Adige Cabernet.*

Alto Adige Pinot nero (Blauburgunder)
Wein von leuchtendem Rubinrot, das im Alter einen Orangeschimmer entwickelt. Ätherischer, gefälliger Duft; elegant, charakteristisch, intensiv. Im Geschmack trocken, weich und voll; angenehmer, leicht bitterer Nachgeschmack; ausgeglichen. Mindestalkoholgehalt 11,5°. Dieser Wein ist eine harmonische Abrundung zu den in der Gegend typischen Haarwild-Gerichten sowie zu Grilltellern, Braten und Schmorgerichten. Er sollte bei Zimmertemperatur (18°C) gereicht werden; dabei wird empfohlen, die Flasche mindestens zwei Stunden vor dem Genuß zu öffnen.
Produktionsgebiet wie beim *Alto Adige Cabernet.*

Alto Adige Riesling italico (Welschriesling)
Helles Strohgelb mit blaßgrünem Anflug. Charakteristischer, angenehmer Duft. Trockener, voller Geschmack; frisch und gefällig. Mindestalkoholgehalt 11°. Ein süffiger Wein, der zu allen Speisen paßt und frisch, d.h. mit ca. 10–12°C, getrunken wird.
Produktionsgebiet wie beim *Alto Adige Cabernet.*

Alto Adige Riesling renano (Rheinriesling)
Strohgelber Wein mit grünlichem Schimmer. Delikater Duft, angenehm säuerlich, fruchtig. Mindestalkoholgehalt 11°. Ausgezeichnet zu in Folie gegartem Fisch und Vorspeisen. Als Serviertemperatur werden ca. 10–12°C angegeben.
Produktionsgebiet wie beim *Alto Adige Cabernet.*

Alto Adige Riesling Sylvaner (Müller-Thurgau)
Wein von strohgelber Farbe mit Stich ins Grünliche. Delikater, charakteristischer Duft. Im Geschmack trocken, säuerlich, fruchtig. Mindestalkoholgehalt 11°. Sehr gut zu Vorspeisen, besonders Fisch, passend. Empfohlene Trinktemperatur: 10–12°C.
Produktionsgebiet wie beim *Alto Adige Cabernet.*

Alto Adige Sauvignon
Grünlichgelber Wein mit charakteristischem, angenehmem Duft. Typischer, trockener, fruchtiger Geschmack. Mindestalkoholgehalt 11,5°. Dieser Wein kann zu allen Gängen gereicht werden, paßt jedoch insbesondere zu fettem See- oder Flußfisch. Er wird frisch (10–12°C) getrunken.
Produktionsgebiet wie beim *Alto Adige Cabernet.*

Alto Adige Schiave (Vernatsch)
Granat- bis rubinroter Wein. Nicht sehr intensiver Duft, angenehm und charakteristisch. Weicher Geschmack, der leicht an Mandeln erinnert. Mindestalkoholgehalt 10,5°. Besonders zu hellem Fleisch und Geflügel; generell ausgezeichnet zu den regionalen Südtiroler Spezialitäten. Dieser Wein wird mit Zimmertemperatur (18°C) serviert.
Produktionsgebiet wie beim *Alto Adige Cabernet.*

Alto Adige Sylvaner
Strohgelber Wein von charakteristischem, gefälligem Duft. Im Geschmack fein, frisch, harmonisch. Mindestalkoholgehalt 11°. Die ideale Ergänzung zu gegrilltem Fleisch und Saucen. Es wird eine Serviertemperatur von 10–12°C empfohlen.
Produktionsgebiet wie beim *Alto Adige Cabernet.*

Alto Adige Traminer aromatico (Gewürztraminer)
Wein von goldgelber Farbe. Intensiver, charakteristischer Duft. Voller Geschmack mit leichtem Bitterton, angenehm aromatisch. Mindestalkoholgehalt 11,5°. Ein Wein, der besonders mit pikanten Gerichten harmoniert; ausgezeichnet auch zu gegrillten Krustentieren. Er wird gut gekühlt (10–12°C) gereicht.
Produktionsgebiet wie beim *Alto Adige Cabernet.*

Caldaro oder Lago di Caldaro (Kalterer oder Kalterersee)
Rubin- bis granatroter Wein. Angenehmes, fruchtiges Bukett. Weicher, harmonischer Geschmack, der leicht an Mandeln erinnert. Mindestalkoholgehalt 10,5°. Besonders zu hellem Fleisch und Geflügel; generell ausgezeichnet zu regionalen Südtiroler Spezialitäten. Der Kalterersee wird bei Zimmertemperatur (18 °C) serviert.
Sein Produktionsgebiet liegt in der hügeligen Umgebung des Sees in der Provinz Bozen und umfaßt darüber hinaus einige benachbarte Gemeinden in der Provinz Trient.

Casteller
Hell rubinrot bis rosé. Weiniges Bukett mit leichtem, gefälligem Duft. Trockener, etwas lieblicher Geschmack, harmonisch und samtig. Mindestalkoholgehalt 11°. Ein sehr guter Tischwein, den man gern zu Suppen und Gerichten auf Reis- oder Nudelgrundlage reicht sowie zu Fleisch, Wild, Geflügel, Schmorgerichten, Käse. Man serviert ihn bei Zimmertemperatur (18 °C).
Angebaut wird er bis zu 600 m ü. M. in den Hügeln von 28 Gemeinden der Provinz Trient.

Colli di Bolzano (Bozner Leiten)
Rubin- bis granatfarbener Wein mit charakteristischem Duft. Voll, weich und harmonisch im Geschmack. Mindestalkoholgehalt 11°. Ein typischer Tischwein, der besonders zu (gekochtem) Fleisch paßt und mit einer Temperatur von 16–17 °C getrunken werden sollte.
Er wird in der Provinzhauptstadt Bozen sowie weiteren sechs Gemeinden erzeugt.

Meranese oder Meranese di Collina (Meraner Hügel)
Wein von rubinroter Farbe. Charakteristisches, leicht duftiges Bukett. Harmonisch und würzig im Geschmack. Mindestalkoholgehalt 10,5°. Ein ausgesprochener Tischwein; besonders zu Suppen, Gemüse, Hausgeflügel, Braten, Käse. Er wird bei Zimmertemperatur (18 °C) oder leicht gekühlt serviert.
Angebaut wird er in Meran sowie in weiteren zwölf Gemeinden der Provinz Bozen.

Santa Maddalena (St. Magdalener)
Rubin- bis granatfarbener Wein, der im Alter ins Ziegelrote hinüberwechselt. Intensiver Duft mit Veilchen- und Mandelaroma, das sich im Laufe der Zeit verstärkt. Samtiger, würziger Geschmack. Mindestalkoholgehalt 11,5°. Hervorragend zu hellem und dunklem Fleisch, Wild und Bündner Fleisch. Der St. Magdalener wird bei Zimmertemperatur (18 °C) getrunken. Seine Anbauzone umfaßt mehrere Gebiete der Gemeinde Bozen, so zum Beispiel St. Magdalena selbst, und weitere begrenzte Gebiete der Gemeinden Terlano, S. Genesio und Renon.

Sorni bianco
Strohgelber Wein; von charakteristischem, gefälligem, delikatem Duft. Im Geschmack frisch, harmonisch, manchmal auch weich. Mindestalkoholgehalt 10°. Besonders zu Vorspeisen aus Gemüse, Spargel auf Trienter Art, Graupensuppe, Forelle und anderen Fischen aus der Etsch. Der Sorni bianco wird gekühlt (10–12 °C) gereicht.
Sein Anbaugebiet umschließt die Gemeinden Lavis, Giovo und S. Michele all'Adige in der Provinz Trient; Hauptzentrum ist der Bezirk Sorni in der Gemeinde Lavis.

Sorni rosso
Wein von mehr oder weniger kräftigem Rubinrot. Fein duftend; im Geschmack harmonisch, weich, charakteristisch. Mindestalkoholgehalt 10,5°. Ein exzellenter Tischwein, insbesondere zu den traditionellen Spezialitäten der Trienter Küche, zu Schinken, Federwild und gereiftem Käse. Man serviert ihn mit Zimmertemperatur (18 °C).
Sein Herkunftsgebiet ist identisch mit dem zuvor beschriebenen Wein.

Terlano (Terlaner)
Hellstrohgelber Wein mit charakteristischem Bukett, fruchtig und fein. Im Geschmack trocken und ausgewogen. Mindestalkoholgehalt 11,5°. Generell ein guter Tischwein, der jedoch ganz besonders mit Fisch und leichten Fleischgerichten harmoniert. Man genießt ihn gekühlt, d. h. mit ca. 10–12 °C.
Sein Produktionsgebiet liegt in der Gemeinde Terlano und Umgebung (Bozen).

Terlano Müller-Thurgau
Strohgelb mit Tendenz ins Grünliche. Delikater, charakteristischer Duft. Trockener, angenehm säuerlicher und fruchtiger Geschmack. Mindestalkoholgehalt 11°. Zu Vorspeisen und Fisch. Empfohlene Trinktemperatur: etwa 10 °C.
Für das Anbaugebiet s. *Terlano.*

Terlano Pinot bianco
Grünlichgelber bis goldfarbener Wein von charakteristischem Duft und trockenem Geschmack. Sehr gut zu fetten Wurstprodukten, Vorspeisen mit Fischen und Meeresfrüchten und konserviertem Fisch. Dieser Terlano wird mit etwa 10 °C getrunken.
Er wächst im gleichen Gebiet wie der *Terlano.*

Terlano Riesling italico
Grünlichgelb; sortentypisches Bukett; trocken, lebhaft und harmonisch im Geschmack. Mindestalkoholgehalt 10,5°. Ein süffiger Wein, den man zu allen Gängen reichen kann, und zwar mit einer Temperatur von etwa 10 °C.
Für das Produktionsgebiet s. *Terlano.*

Terlano Riesling renano
Grünlichgelb bis gelb. Sortentypisches Bukett. Trocken, körperreich, harmonisch im Geschmack. Mindestalkoholgehalt 11,5°. Ausgezeichnet mit in Folie gegartem Fisch sowie zu Vorspeisen auf Fischgrundlage. Man trinkt ihn kühl, d. h. mit ca. 10 °C.
Sein Herkunftsgebiet ist identisch mit dem des *Terlano.*

Terlano Sauvignon
Wein von grünlichgelber Farbe. Mit delikatem, leicht aromatischem Duft. Voller, charakteristischer Geschmack. Mindestalkoholgehalt 12°. Aufgrund seines markanten Aromas paßt der Terlano Sauvignon besonders zu fettem Fisch, Octopus, Tintenfisch, Makrele, Forelle. Er wird gekühlt (ca. 10–12 °C) serviert.
Produziert wird er im gleichen Gebiet wie der *Terlano.*

Terlano Sylvaner
Grünlichgelber Wein mit delikatem Duft. Körperreich und harmonisch im Geschmack. Mindestalkoholgehalt 11,5°. Er paßt gut zu Fisch mit Mayonnaise oder anderen Saucen, Toast mit Hühnerleberfarce, Miesmuscheln vom Grill und sollte mit etwa 10 °C getrunken werden.
Für das Anbaugebiet s. *Terlano.*

Teroldego Rotaliano
Als *rosato* (Roséwein) von leicht granatroter Farbe, als *rosso* (Rotwein) von ziemlich kräftigem Rubinrot mit zuweilen leichtem Violettschimmer. Charakteristischer, angenehmer Duft, fruchtig; beim Rotwein besonders intensiv. Trokken und würzig im Geschmack, leicht bitter mit einer Andeutung von Mandelaroma; der *rosso* ist etwas körperreicher und leicht gerbsäurehaltig. Mindestalkoholgehalt 11,5°. Ein feiner Tischwein, der als Rosé besonders mit Vorspeisen, Obstkrapfen und Käsesoufflé harmoniert und als Rotwein sehr gut zu gekochtem, gegrilltem und zu hellem Fleisch paßt. Es wird empfohlen, ihn mit 17–18 °C zu trinken. Der *superiore* ist ausgezeichnet zu Wildbraten.
Das Produktionsgebiet liegt in der Provinz Trient zwischen Mezzolombardo, Mezzocorona und S. Michele all'Adige.

Trentino Cabernet
Intensives Rubinrot mit orangefarbenen Reflexen. Charakteristischer Grasduft, ätherisch, angenehm. Trocken und voll, mit leichtem Tanningeschmack. Mindestalkoholgehalt 11°. Ein idealer Wein zu Braten und in Tomatensauce Geschmortem, der mit 18–20 °C gereicht werden sollte.
Alle Weine, die den Namen »Trentino« und dazu eine weitere Bezeichnung tragen, werden in 38 Gemeinden der Provinz Trient produziert; die Anbauzone umfaßt beinahe das gesamte Weinbaugebiet des Trentino.

Trentino Lagrein
Rosé, hellgranatrot oder auch rubinfarben. Fruchtiges, charakteristisches Bukett. Angenehmer, trockener Geschmack. Mindestalkoholgehalt 11°. Zu Nudelgerichten und Braten. Dieser Trentino wird mit Zimmertemperatur (18 °C) serviert.
Sein Herkunftsgebiet ist der Beschreibung des *Trentino Cabernet* zu entnehmen.

Trentino Marzemino
Rubinroter Wein mit orangefarbenen Reflexen. Von delikatem, intensivem, charakteristischem Duft. Im Geschmack trocken, würzig, voll und harmonisch. Mindestalkoholgehalt 11°.
Besonders zu Ravioli und gebratenem Fleisch.

Empfohlene Trinktemperatur: 18–20 °.
Er wird im gleichen Gebiet wie der *Trentino Cabernet* produziert.

Trentino Merlot
Rubinroter Wein mit charakteristischem, markantem Duft. Trocken, voll, angenehm; leichter Kräutergeschmack. Mindestalkoholgehalt 11 °. Ein Wein, der zu allen Gängen gereicht werden kann. Wird mit Raumteperatur (18 °C) serviert.
Seine Anbauzone ist der Beschreibung des *Trentino Cabernet* zu entnehmen.

Trentino Moscato
Volles Strohgelb. Ätherischer, aromatischer, charakteristischer Duft. Feiner Muskatellergeschmack, süßlich. Mindestalkoholgehalt 13 °. Zum Abschluß eines Essens, besonders zu Süßspeisen und Desserts. Man trinkt ihn mit 13–15 °C. Sein Herkunftsgebiet ist mit dem des *Trentino Cabernet* identisch.

Trentino Pinot bianco
Strohgelber Wein mit delikatem, ätherischem, charakteristischem Duft. Trocken, leichter Bittermandelgeschmack; harmonisch, glatt. Mindestalkoholgehalt 11 °. Besonders zu Vorspeisen mit Fisch und Meeresfrüchten sowie zu Gemüsesuppe. Empfohlene Serviertemperatur: 8–10 °C.
Seine Anbauzone ist der Beschreibung des *Trentino Cabernet* zu entnehmen.

Trentino Pinot bianco
Rubinroter, manchmal auch roséfarbener Wein. Delikater, gefälliger, charakteristischer Duft. Im Geschmack trocken mit angenehm bitterem Unterton. Mindestalkoholgehalt 11,5 °. Paßt gut zu Vorspeisen wie auch zu hellem und dunklem Fleisch. Seine ideale Trinktemperatur liegt bei 19–20 °C. Das Produktionsgebiet deckt sich mit dem des *Terlano Cabernet.*

Trentino Riesling
Wein von strohgelber Farbe. Delikater, charakteristischer Duft. Trockener, angenehm säuerlicher, fruchtiger Geschmack. Mindestalkoholgehalt 11 °. Besonders zu Schinken mit Melone, Fisch-Risottos, Krustentieren und Fischsuppen. Als Serviertemperatur wird 8–10 °C empfohlen.
Für die Herkunftsangabe s. die Beschreibung des *Terlano Cabernet.*

Trentino Traminer aromatico
Strohgelber Wein mit goldfarbenem Einschlag, der einen harmonischen, sehr intensiven Duft entfaltet. Aromatischer, feiner Geschmack, delikat und charakteristisch. Mindestalkoholgehalt 12 °. Dieser Wein wird gern zu Vorspeisen, Nudelgerichten und kräftigem Käse gereicht. Die Serviertemperatur sollte 10 °C betragen.
Er wächst in derselben Gegend wie der *Terlano Cabernet.*

Trentino Vinsanto
Wein von bernsteingelber Farbe. Angenehmer, aromatischer, feiner und delikater Duft. Angenehm süßer Geschmack, der an *passito* (Wein aus teilgetrockneten Trauben) erinnert; körperreich, harmonisch. Mindestalkoholgehalt 16 °. Ein klassischer Dessertwein, den man mit 13–15 °C genießen sollte; es wird empfohlen, die Flasche ½ Stunde zuvor zu öffnen.
Anbaugebiet s. *Trentino Cabernet.*

Valdadige bianco
Strohgelb. Weiniges, angenehmes Bukett. Im Geschmack harmonisch, mäßig säuerlich, zuweilen lieblich. Mindestalkoholgehalt 10,5 °. Generell ein guter Tischwein, der jedoch besonders gern zu fleischlosen Vorspeisen, Fleischbrühe mit Nudeleinlage und Fisch gereicht wird. Man trinkt ihn gekühlt, d. h. mit 10–12 °C.
Er wächst in 38 Gemeinden der Provinz Trient sowie in 33 der Provinz Bozen und in 4 der Provinz Verona.

Valdadige rosso
Mehr oder weniger sattes Rosé bis Rubinrot. Weiniges, angenehmes Bukett. Harmonischer Geschmack, mäßig in der Säure, manchmal lieblich. Mindestalkoholgehalt 11 °. Ein Wein, der zu allen Gängen paßt, besonders aber zu Gerichten auf Reis- oder Nudelgrundlage, Wurstwaren, Gemüse- und Käseaufläufen sowie zu hellem Fleisch und Geflügel. Er wird bei Zimmertemperatur (18 °C) serviert.
Sein Anbaugebiet ist identisch mit dem zuvor beschriebenen Wein.

Valle Isarco Müller-Thurgau
Strohgelber Wein mit blaßgrünen Reflexen. Weiniges und leichtes Bukett, charakteristisch im Duft. Im Geschmack trocken, frisch, nicht sehr körperreich, würzig. Mindestalkoholgehalt 10,5 °. Generell ein guter Tischwein, besonders zu einfacheren Gerichten. Wird frisch, d. h. mit 10 °C, getrunken.
Das Produktionsgebiet umschließt elf Gemeinden im Eisacktal (Provinz Bozen).

Valle Isarco Pinot grigio
Strohgelbe Farbe. Weiniges Bukett mit leichtem, charakteristischem Duft. Trocken, körperreich, frisch, würzig, angenehm, charakteristisch im Geschmack. Mindestalkoholgehalt 11 °. Zu Vorspeisen, hellem Fleisch, Aufläufen, Fisch. Empfohlene Trinktemperatur: ca. 10 °C.
Seine Anbauzone ist der Beschreibung des *Valle Isarco Müller-Thurgau* zu entnehmen.

Valle Isarco Sylvaner
Von grünlichgelber Farbe. Weiniges Bukett mit leichtem, feinem Duft. Im Geschmack trocken, delikat, frisch; mittlerer Körper. Mindestalkoholgehalt 10,5 °. Paßt zu allen Gängen, speziell zu einfachen Gerichten, und wird mit ca. 10 °C gereicht.
Für das Anbaugebiet s. *Valle Isarco Müller-Thurgau.*

Valle Isarco Traminer aromatico
Blaßstrohgelber Wein mit grünlichen Reflexen. Delikater und intensiver Duft mit charakteristischem Aroma. Trocken, frisch und samtig, angenehm aromatisch im Geschmack. Mindestalkoholgehalt 11 °.
Aufgrund seines markanten Aromas harmoniert dieser Wein ausgezeichnet mit pikanten Gerichten und Fischen, die einen kräftigen Meergeschmack aufweisen. Man serviert ihn mit ca. 12–13 °C.
Er wird im gleichen Gebiet wie der *Valle Isarco Müller-Thurgau* erzeugt.

Valle Isarco Veltliner
Hellgelber, ins Grünliche spielender Wein. Weiniges Bukett mit leichtem, sortentypischem Duft. Trocken und frisch im Geschmack, fruchtig und würzig. Mindestalkoholgehalt 10 °. Ein unkomplizierter Wein, der zu leichten Speisen paßt und mit etwa 10 °C getrunken werden sollte.
Sein Herkunftsgebiet ist mit dem des *Valle Isarco Müller-Thurgau* identisch.

Friuli Venezia Giulia

Friaul – Julisch Venetien

Aquileia Cabernet
Wein von intensiv rubinroter Farbe. Kräuterduft, angenehm und intensiv. Charakteristisch im Geschmack, gefällig, leichtes Grasaroma, weich. Mindestalkoholgehalt 11,5 °. Generell ein guter Tischwein, insbesondere zu Braten, deftigem Fleisch, Spanferkel und allgemein zu Wurstwaren. Empfohlene Serviertemperatur: 18–20 °C.
Zu seinem Herkunftsgebiet gehören neben Aquileia weitere 17 Gemeinden der Provinz Udine.

Aquileia Merlot
Rubinrot; mit weinigem, charakteristischem Bukett. Im Geschmack trocken, weich, aromatisch. Mindestalkoholgehalt 11 °. Ein Wein, der zu allen Gängen gereicht werden kann, jedoch besonders zu Braten, deftigem Fleisch, Spanferkel und Wurstwaren paßt. Man genießt ihn mit etwa 18 °C.
Für das Anbaugebiet s. den zuvor beschriebenen Wein.

Aquileia Pinot bianco
Strohgelber bis goldfarbener Wein mit leichtem, charakteristischem Duft. Samtig und weich im Geschmack. Mindestalkoholgehalt 11,5 °. Gut als Aperitif; exzellent zu Vorspeisen, Fisch und hellem Fleisch. Serviertemperatur 8 bis –10 °C.
Er wird im gleichen Gebiet wie der *Aquileia Cabernet* erzeugt.

Aquileia Pinot grigio
Wein von goldgelber Farbe, charakteristischem Duft und trockenem, vollem, harmonischem Geschmack. Mindestalkoholgehalt 11 °. Er wird gern als Aperitif gereicht, ist aber auch ausgezeichnet zu Vorspeisen, Fisch und hellem Fleisch.
Sein Produktionsgebiet ist mit dem des *Aquileia Cabernet* identisch.

Aquileia Refosco
Tiefrubinroter Wein mit Violettschimmer. Weiniges Bukett. Trok-

kener, voller, leicht bitterer Geschmack. Mindestalkoholgehalt 11°. Paßt generell zu allen Gerichten, ausgenommen Fisch. Man serviert ihn zimmerwarm (18°C).
Für die Anbauzone s. *Aquileia Cabernet.*

Aquileia Riesling renano
Wein von hellgoldgelber Farbe. Charakteristischer Duft. Trocken, körperreich, harmonisch im Geschmack. Mindestalkoholgehalt 11°. Besonders gut zu Vorspeisen, hellem Fleisch, Fisch und leichtem Käse. Dieser Wein wird kühl, d. h. mit 10–11°C, getrunken.
Er wächst im gleichen Gebiet wie der *Aquileia Cabernet.*

Aquileia Tocai italico
Strohgelber Wein mit hellem Goldton. Delikater, angenehmer, charakteristischer Duft. Trocken, harmonisch; aromatischer Nachgeschmack. Mindestalkoholgehalt 11°. Ein Wein, der gut mit Fisch in jeglicher Zubereitungsart, Krustentieren und leichtem Käse harmoniert. Man reicht ihn gekühlt, möglichst mit 10–12°C.
Erzeugt wird er im gleichen Gebiet wie der *Aquileia Cabernet.*

Colli Orientali del Friuli Cabernet
Tiefrubinrot; intensiv-weiniges, angenehmes Bukett; weich im Körper, fein, leicht nach Gras duftend. Mindestalkoholgehalt 12°. Zu kaltem Braten, insbesondere Lamm und Zicklein; die *riserva* ist ein typischer Wein zu deftigem Braten. Serviertemperatur: 18–20°C.
Die Anbauzone erstreckt sich über das gesamte Hügelgebiet der Provinz Udine, das als Fortsetzung der Hügelkette des Collio Goriziano anzusehen ist.

Colli Orientali del Friuli Merlot
Tiefrubinrot; weiniges, intensives, angenehmes Bukett mit besonderem Duft. Feiner Geschmack, weich im Körper, an Kräuter erinnernd. Mindestalkoholgehalt 12°. Paßt zu gebratenem und gegrilltem Fleisch. Dieser Wein wird bei Zimmertemperatur (18°C) kredenzt.
Produktionsgebiet wie beim zuvor beschriebenen Wein.

Colli Orientali del Friuli Picolit
Sattes Strohgelb. Fein duftend. Im Geschmack lieblich und süß, warm, harmonisch, angenehm, de-

Colli Orientali del Friuli Pinot bianco

Collio Goriziano o Collio Tocai italico

Latisana

Isonzo

Grave del Friuli Merlot

likat. Mindestalkoholgehalt 15°. Köstlich zu leichtem Gebäck, exquisit aber auch zu rohen Krustentieren und kräftigem Käse. Wird ziemlich frisch (6–8°C) serviert.
Produktionsgebiet wie beim *Colli Orientali del Friuli Cabernet.*

Colli Orientali del Friuli Pinot bianco
Hellstrohgelber oder goldfarbener Wein. Delikater Duft. Samtig, weich, harmonisch im Geschmack. Mindestalkoholgehalt 12°. Zu Vorspeisen und Fischgerichten. Ideale Trinktemperatur: 8–10°C.
Produktionsgebiet wie beim *Colli Orientali del Friuli Cabernet.*

Colli Orientali del Friuli Pinot nero
Nicht sehr kräftiges Rubinrot, im Alter leicht granatfarben. Markanter, charakteristischer und delikater Duft. Etwas aromatisch im Geschmack, angenehm, mit leichtem Bitterton, samtig. Mindestalkoholgehalt 12°. Diesen Wein reicht man gern zu Wurst, zu hellem und zu gekochtem Fleisch jeglicher Art. Er wird bei Zimmertemperatur (18°C) getrunken.
Produktionsgebiet wie beim *Colli Orientali del Friuli Cabernet.*

Colli Orientali del Friuli Refosco
Tiefviolettroter Wein, der im Alter ins Granatrote umschlägt. Weiniger, leicht eigenwilliger Duft, charakteristisch. Trocken, warm, leicht bitter, voll im Geschmack. Mindestalkoholgehalt 12°. Im Alter vorzüglich zu edlem Braten, Hase in Salmì und verschiedensten Wildgerichten. Als Serviertemperatur wird etwa 20°C empfohlen.
Produktionsgebiet wie beim *Colli Orientali del Friuli Cabernet.*

Colli Orientali del Friuli Ribolla
Strohgelber Wein mit grünlichem Schimmer. Duftiges, charakteristisches Bukett. Trocken und weinig im Geschmack, frisch und harmonisch. Mindestalkoholgehalt 12°. Gut zu Vorspeisen, Wurstprodukten, Süßwasserfischen. Er wird gekühlt, d. h. mit 7–8°C, gereicht.
Produktionsgebiet wie beim *Colli Orientali del Friuli Cabernet.*

Colli Orientali del Friuli Riesling renano
Von hellgoldgelber Farbe. Charakteristischer Duft. Trockener, harmonischer Geschmack. Mindestalkoholgehalt 12°. Paßt besonders zu Vorspeisen, Reis, Fisch und wird mit 7–8°C serviert.
Produktionsgebiet wie beim *Colli Orientali del Friuli Cabernet.*

Colli Orientali del Friuli Sauvignon
Hellgoldgelber Wein mit delikatem, beinahe aromatischem Duft. Im Geschmack trocken, körperreich, warm, samtig. Mindestalkoholgehalt 12°. Er eignet sich besonders als Ergänzung zu Vorspeisen generell sowie zu Fisch und Eierspeisen. Als ideale Trinktemperatur wird 7–8°C angegeben.
Produktionsgebiet wie beim *Colli Orientali del Friuli Cabernet.*

Colli Orientali del Friuli Tocai italico
Von hellstrohgelber Farbe, ins Zitronengelbe spielend. Entfaltet ein angenehmes, delikates Bukett mit charakteristischem Duft. Trocken, warm, voll; mit leicht aromatischem Nachgeschmack. Mindestalkoholgehalt 12°. Besonders zu Vorspeisen und Fisch passend. Empfohlene Serviertemperatur: 8–10°C.
Produktionsgebiet wie beim *Colli Orientali del Friuli Cabernet.*

Colli Orientali del Friuli Verduzzo
Goldgelber Wein mit charakteristisch-fruchtigem Bukett, das besonders beim *dolce* (»Ramandolo«) zum Tragen kommt. Im Geschmack trocken oder lieblich-süß, fruchtig, körperreich; leichter Tanningeschmack. Mindestalkoholgehalt 12°. Dieser Wein rundet Eierspeisen und gekochten Fisch harmonisch ab. Man serviert ihn kühl, d. h. mit 8–10°C.
Produktionsgebiet wie beim *Colli Orientali del Friuli Cabernet.*

Collio oder Collio Goriziano
Wein von mehr oder weniger intensiver strohgelber Farbe. Im Duft neutral. Trocken, manchmal leicht perlend, körperreich. Mindestalkoholgehalt 11°. Generell ein guter Tischwein; zu Fisch, Gemüse und Suppen. Als Serviertemperatur wird 8–10°C empfohlen.
Er wächst im gleichnamigen Gebiet an der Grenze zu Jugoslawien.

Collio Cabernet franc
Lebhaftes Rubinrot von nicht sehr ausgeprägter Tiefe. An Gras erin-

nerndes, besonderes Bukett, charakteristisch und angenehm. Im Geschmack trocken, rund, harmonisch. Mindestalkoholgehalt 12°. Ein optimaler Begleiter zu Grillgerichten, im Alter auch zu edlem Braten und Parmesan. Er wird bei Zimmertemperatur (18°C) kredenzt.
Sein Anbaugebiet ist der Beschreibung des *Collio Goriziano* zu entnehmen.

Collio Malvasia
Strohgelber Wein mit besonderem, gefälligem, charakteristischem Duft. Trocken, rund, harmonisch; besonderer Geschmack. Mindestalkoholgehalt 11,5°. Paßt gut zu pikanten Fischgerichten sowie zu Vorspeisen und Fischsuppen. Es wird empfohlen, diesen Wein frisch, d. h. mit 8–10°C, zu genießen.
Sein Produktionsgebiet deckt sich mit dem des *Collio*.

Collio Merlot
Von nicht sehr intensivem, aber lebhaftem Rubinrot, mit rotem Schaum. Spezieller Kräuterduft. Im Geschmack leicht an Bittermandeln und Kräuter erinnernd; würzig, körperreich, harmonisch. Mindestalkoholgehalt 12°. Ein ausgesprochener Tischwein, der zu hellem und dunklem Fleisch besonders paßt. Man serviert ihn bei Zimmertemperatur (18°C).
Produziert wird er im gleichen Gebiet wie der *Collio*.

Collio Pinot bianco
Strohgelber Wein mit delikatem, charakteristischem Duft. Trockener, voller und harmonischer Geschmack. Mindestalkoholgehalt 12°. Ausgezeichnet zu Wurst, Schinken und Süßwasserfischen.
Er wächst im gleichen Gebiet wie der *Collio*.

Collio Pinot grigio
Von goldgelber Farbe. Besonderer, charakteristischer Duft. Im Geschmack trocken, voll, harmonisch, typisch. Mindestalkoholgehalt 12,5°. Man reicht diesen Wein gern zu Vorspeisen, Nudeln mit zerlassener Butter und Krustentieren. Die Serviertemperatur sollte 8–10°C betragen.
Für das Anbaugebiet s. *Collio*.

Collio Pinot nero
Nicht zu intensives, aber lebhaftes Rubinrot. Markanter und charakteristischer, delikater Duft. Leicht aromatisch im Geschmack, angenehm, etwas an Bittermandeln erinnernd, samtig. Mindestalkoholgehalt 12,5°.
Ein Wein, der besonders mit Lamm, Schwein, Nieren, Kaninchen auf Jägerart und Schmorbraten harmoniert. Er sollte mit Zimmertemperatur (18°C) getrunken werden.
Sein Herkunftsgebiet deckt sich mit dem des *Collio*.

Collio Riesling italico
Hellgoldgelber Wein mit besonderem, charakteristischem Duft. Trocken im Geschmack, körperreich und harmonisch. Mindestalkoholgehalt 12°. Eine ausgezeichnete Ergänzung zu Vorspeisen mit Fischen und Meeresfrüchten sowie zu Fischgerichten mit Saucen. Die empfohlene Serviertemperatur liegt bei 8–10°C.
Das Anbaugebiet ist der Beschreibung des *Collio* zu entnehmen.

Collio Sauvignon
Von kräftigem Strohgelb. Delikater, leicht aromatischer Duft. Trockener Geschmack, körperreich, frisch, harmonisch, eigenwillig. Mindestalkoholgehalt 12,5°. Besonders zu fettem Fisch, Octopus, Tintenfisch, Seeteufel. Ideale Trinktemperatur: ca. 8–10°C.
Er wächst im gleichen Gebiet wie der *Collio*.

Collio Tocai italico
Zitronenfarben bis strohgelb. Weiniges, delikates und angenehmes Bukett mit charakteristischem Duft. Im Geschmack trocken, warm, voll; mit leichtem Bitterton, der etwas an Mandeln erinnert. Mindestalkoholgehalt 12°. Der ideale Begleiter zu Meeresfrüchten und Fischsuppe. Er wird gekühlt (8–10°C) serviert.
Sein Herkunftsgebiet stimmt mit dem des *Collio* überein.

Collio Traminer
Volles Strohgelb. Besonderes Bukett mit charakteristischem Duft. Aromatischer, intensiver Geschmack; voll, robust, körperreich. Mindestalkoholgehalt 12°. Dieser Wein, der zu Krustentieren ebenso paßt wie zu pikantem Käse (beispielsweise Gorgonzola, Provolone und Pecorino), wird kühl (8–10°C) getrunken.
Produziert wird er im gleichen Gebiet wie der *Collio*.

Grave del Friuli Cabernet
Von intensiv rubinroter Farbe. Entfaltet ein angenehmes Grasbukett. Charakteristischer Geschmack, der etwas an Kräuter erinnert, fein und weich. Mindestalkoholgehalt 11,5°. Zu Zwischengerichten, Fleisch und Wild. Dieser Wein wird bei Zimmertemperatur (18°C) bzw. im Alter mit etwa 20°C getrunken.
Er wird in einem großflächigen Gebiet erzeugt, das in den Provinzen Udine und Pordenone liegt.

Grave del Friuli Merlot
Rubinrot; weiniges, charakteristisches Bukett; im Geschmack trokken, weich und aromatisch. Mindestalkoholgehalt 11°. Paßt generell zu Zwischengerichten und zu Braten und wird mit Zimmertemperatur (18°C) serviert.
Die Anbauzone ist die gleiche wie beim *Grave del Friuli Cabernet*.

Grave del Friuli Pinot bianco
Hellstrohgelber bis goldfarbener Wein. Leichtes, duftiges, charakteristisches Bukett. Samtiger, harmonischer und weicher Geschmack. Mindestalkoholgehalt 11,5°. Besonders zu Vorspeisen, Risottos und Gerichten mit Fisch. Die empfohlene Serviertemperatur liegt bei 8–10°C.
Er stammt aus dem gleichen Gebiet wie der *Grave del Friuli Cabernet*.

Grave del Friuli Pinot grigio
Wein von goldgelber Farbe. Besonderer, charakteristischer Duft. Trockener, voller, harmonischer Geschmack. Mindestalkoholgehalt 11°. Gut zu verschiedenen Wurstprodukten und Aufschnitt sowie zu Vorspeisen und Fisch. Er sollte gekühlt, d. h. mit 8–10°C, gereicht werden.
Für das Herkunftsgebiet s. *Grave del Friuli Cabernet*.

Grave del Friuli Refosco
Intensiv violettroter Wein mit weinigem Bukett. Im Geschmack trocken, voll; leichter Bitterton. Mindestalkoholgehalt 11°. Ein Wein, der gut mit Edelpilzkäse und Fleisch harmoniert. Man serviert ihn bei Zimmertempertur (18°C).
Die Anbauzone ist die gleiche wie beim *Grave del Friuli Cabernet*.

Grave del Friuli Tocai italico
Strohfarbener bis hellgoldener Wein mit zitronengelber Nuancierung. Delikater, angenehmer und charakteristischer Duft. Trocken und harmonisch, mit aromatischem Nachgeschmack. Mindestalkoholgehalt 11°. Zu gegrilltem und gekochtem Fisch. Die ideale Trinktemperatur liegt bei 8–10°C.
Für die Anbauzone s. *Grave del Friuli Cabernet*.

Grave del Friuli Verduzzo
Wein von goldgelber Farbe und typischem Duft. Leichter Tanningeschmack, voll, körperreich, trocken. Mindestalkoholgehalt 11°. Dieser Wein wird gern zu Eierspeisen und Fischgerichten gereicht. Die Serviertemperatur sollte 8–10°C betragen.
Sein Anbaugebiet ist identisch mit dem des *Grave del Friuli Cabernet*.

Isonzo Malvasia istriana
Strohgelber Wein mit gefälligem Duft. Trocken und delikat im Geschmack, nicht sehr ausgeprägter Körper, angenehm. Mindestalkoholgehalt 10,5°. Paßt gut zu Risottos, Vorspeisen und generell zu Fisch und wird mit etwa 10°C kredenzt.
Dieser Wein wird im Isonzo-Bekken von Monfalcone bis Gradisco, Cormons und Gorizia angebaut.

Isonzo Merlot
Rubinroter Wein. Charakteristischer, angenehmer Duft, leicht an Gras erinnernd. Voller und würziger Geschmack, trocken. Mindestalkoholgehalt 10,5°. Ideal zu Zwischengerichten und gebratenem Fleisch; ausgezeichnet zu Wild. Dieser Wein wird grundsätzlich bei Zimmertemperatur (18°C) getrunken.
Sein Produktionsgebiet stimmt mit dem des zuvor beschriebenen Weins überein.

Isonzo Pinot bianco
Hellstrohgelber oder leicht goldfarbener Wein. Delikater, charakteristischer, angenehmer Duft. Samtig, weich und harmonisch im Geschmack. Mindestalkoholgehalt 11,5°. Ein Wein, der ebenso als Aperitif wie zu Vorspeisen oder Fisch gereicht werden kann. Empfohlene Trinktemperatur: etwa 10°C.
Er gedeiht im gleichen Gebiet wie der *Isonzo Malvasia istriana*.

Isonzo Pinot grigio
Gelber Wein mit roséfarbenen Reflexen. Entfaltet ein besonderes,

charakteristisches und angenehmes Bukett und zeichnet sich durch einen harmonischen und typischen Geschmack aus. Mindestalkoholgehalt 11°. Er wird gerne zu Eierspeisen, Risottos und Fisch gereicht, und zwar gut gekühlt (9–10°C).
Sein Anbaugebiet ist identisch mit dem des *Isonzo Malvasia istriana.*

Isonzo Riesling renano
Wein von strohgelber Farbe. Recht intensiver, charakteristischer, delikater, angenehmer Duft. Trocken, recht körperreich, harmonisch und typisch im Geschmack. Mindestalkoholgehalt 11°. Paßt gut zu Vorspeisen, Risottos, Fisch und Weichkäse. Man trinkt ihn mit etwa 8–10°C.
Er wächst im gleichen Gebiet wie der zuvor beschriebene Wein.

Isonzo Sauvignon
Hellgoldgelber Wein mit delikatem, fast schon aromatischem Duft. Trocken, körperreich, samtig, angenehm im Geschmack. Mindestalkoholgehalt 11°. Ausgezeichnet zu gegrilltem Fisch. Er wird mit etwa 10°C serviert.
Sein Anbaugebiet ist das gleiche wie beim zuvor beschriebenen Wein.

Isonzo Tocai
Strohgelber bis hellgoldgelber Wein mit Stich ins Zitronengelbe. Delikates, angenehmes Bukett mit charakteristischem Duft. Trocken, warm, voll, mit leicht aromatischem Nachgeschmack. Mindestalkoholgehalt 10,5°. Paßt zu den verschiedensten Vorspeisen, insbesondere zu Schinken mit Melone; gut auch zu Fisch. Empfohlene Trinktemperatur: etwa 10°C.
Für das Produktionsgebiet s. *Isonzo Malvasia istriana.*

Isonzo Traminer aromatico
Wein von sattem Strohgelb. Gefälliges Bukett mit markantem, charakteristischem Duft. Leicht aromatischer Geschmack, intensiv, charakteristisch, körperreich, angenehm. Mindestalkoholgehalt 11°. Zu pikanten Vorspeisen; hervorragend auch zu hellem Fleisch und Fisch. Als ideale Serviertemperatur wird etwa 8–10°C angegeben.
Erzeugt wird er im gleichen Gebiet wie der *Isonzo Malvasia istriana.*

Isonzo Verduzzo friulano
Mehr oder weniger volles Strohgelb. Weiniges, charakteristisches, fruchtiges Bukett. Im Geschmack trocken, fruchtig, körperreich, leicht tanninhaltig. Mindestalkoholgehalt 10,5°. Generell ein guter Tischwein, der jedoch besonders mit Fisch harmoniert. Man reicht ihn mit etwa 10°C.
Sein Anbaugebiet deckt sich mit dem des vorher beschriebenen Weins.

Latisana Cabernet
Intensiv rubinroter Wein mit einem Duft, der an Kräuter erinnert; angenehm und intensiv. Leichtes Grasaroma, fein, weich. Mindestalkoholgehalt 11,5°. Paßt grund-

sätzlich gut zu kaltem Fleisch und edlem Geflügel; im Alter besonders zu Wild. Dieser Wein wird bei Zimmertemperatur (18 °C) serviert.
Sein Produktionsgebiet umschließt neben der Gemeinde Latisana weitere elf Gemeinden Friauls in der Provinz Udine.

Latisana Merlot
Wein von rubinroter Farbe. Weiniges, charakteristisches Bukett. Im Geschmack trocken, weich, harmonisch. Mindestalkoholgehalt 11 °. Ein erlesener Rotwein, der zu allen Gängen gereicht werden kann, insbesondere aber zu Braten und geschmortem Fleisch. Man serviert ihn bei Zimmertemperatur, d. h. etwa mit 16–18 °C.
Sein Anbaugebiet deckt sich mit dem des *Latisana Cabernet.*

Latisana Pinot bianco
Hellstrohgelber bis goldfarbener Wein mit leichtem, charakteristischem Duft. Im Geschmack samtig, weich, typisch. Mindestalkoholgehalt 11,5 °. Ein vielseitiger Tischwein, der besonders gut zu Vorspeisen, Fisch und hellem Fleisch paßt. Man genießt ihn frisch, d. h. mit etwa 8–10 °C.
Er wächst im gleichen Gebiet wie der *Latisana Cabernet.*

Latisana Pinot grigio
Goldgelber Wein; charakteristischer Duft; trockener, voller, harmonischer Geschmack. Mindestalkoholgehalt 11 °. Besonders für typische Fischgerichte und verschiedene Vorspeisen geeignet. Empfohlene Serviertemperatur: 8–10 °C.
Er wird im gleichen Gebiet angebaut wie der *Latisana Cabernet.*

Latisana Refosco
Intensiv rubinroter Wein mit violettfarbenem Schimmer. Weiniges, charakteristisches Bukett. Trockener, voller, leicht bitterer Geschmack. Mindestalkoholgehalt 11 °. Ein ausgesprochener Tischwein, der gut zu allen Gängen paßt und bei Zimmertemperatur (18 °C) kredenzt wird.
Seine Anbauzone ist identisch mit der des *Latisana Cabernet.*

Latisana Tocai italico
Stroh- bis hellgoldgelber Wein mit zitronengelber Nuancierung. Delikater, angenehmer, typischer Duft. Harmonischer, charakteristischer Geschmack. Mindestalkoholgehalt 11 °. Generell ein guter Tischwein, der ausgezeichnet zu Fisch in jeglicher Zubereitungsart sowie zu Käse paßt. Man reicht ihn gekühlt, d. h. mit 10–12 °C.
Produziert wird er im gleichen Gebiet wie der *Latisana Cabernet.*

Latisana Verduzzo
Wein von goldgelber Farbe mit weinigem, charakteristischem Bukett. Leichter Tanningeschmack, voller Körper. Mindestalkoholgehalt 11 °. Dieser Wein bietet sich zu allen Gängen an, speziell jedoch zu Vorspeisen mit Wurst, gehaltvollen Nudelgerichten und hellem Fleisch. Als ideale Trinktemperatur wird 8–10 °C angegeben.
Sein Herkunftsgebiet deckt sich mit dem des *Latisana Cabernet.*

Liguria

Ligurien

Cinque Terre
Wein von mehr oder weniger intensivem Strohgelb. Typischer, frischer, delikater Duft. Trocken und leicht aromatisch im Geschmack, charakteristisch und gefällig. Mindestalkoholgehalt 11 °. Eine ideale Abrundung zu Fischsuppen, Fisch in Folie gegart, Meeresfrüchten; gut auch zu gefülltem Gemüse. Der Cinque Terre sollte mit 9–11 °C gereicht werden.
Er wird in den Gemeinden Riomaggiore, Vernazza und Monterosso in der Provinz La Spezia sowie in einem Teilgebiet der Gemeinde La Spezia produziert.

Cinque Terre Sciacchetrà
Goldgelber bis bernsteinfarbener Wein mit gefälligem Duft. Seine Geschmacksskala reicht von süß bis beinahe trocken.
Mindestalkoholgehalt 17 °. Bei beinahe trockenem Geschmack ein ausgezeichneter Aperitif, ansonsten gut zu *Macedonia* (Obstsalat), Keksen und Eis. Als Aperitif wird er kalt (mit etwa 6–8 °C) serviert, ansonsten mit ca. 10–14 °C.
Für das Herkunftsgebiet s. den zuvor beschriebenen Wein.

Rossese di Dolceacqua oder Dolceacqua
Rubinroter, im Alter granatfarbener Wein. Weiniges Bukett; intensiv, doch zugleich fein, charakteristisch. Im Geschmack weich, aromatisch, warm. Mindestalkoholgehalt 12 °. Vorzüglich zu den lokalen Raviolispezialitäten mit Fleischsauce, zu geschmortem Hasen und generell zu Braten. Dieser Wein wird bei Zimmertemperatur (18 °C) gereicht, als *superiore* auch mit 20 °C.
Sein Produktionsgebiet liegt an der Grenze zu Frankreich und umfaßt neben der Gemeinde Dolceacqua zehn umliegende Gemeinden sowie Teilgebiete zweier weiterer Gemeinden, darunter Ventimiglia.

Emilia Romagna

Emilia-Romagna

Albana di Romagna secco
Strohgelber bis goldfarbener Wein. Leichtes, typisches Albana-Trauben-Bukett. Trockener Geschmack mit einer Andeutung von Tanninaroma, warm. Mindestalkoholgehalt 12 °. Ein ausgezeichneter Wein zu Vorspeisen, aber ebenso zu *Lasagne alla bolognese, Culatello* (Spezialität aus der Po-Ebene), verschiedensten Wurstprodukten, *Piadine* (dünne, mit Käse, Wurst oder Schinken gefüllte Teigfladen), Seefisch von der Küste der Emilia-Romagna, Süßwasserfisch und besonders Aal. Als ideale Trinktemperatur wird 10–12 °C angegeben.
Zum Anbaugebiet dieses Weins gehören mehrere Gemeinden der Provinzen Forlì, Ravenna und Bologna.

Albana di Romagna amabile
Wein von goldgelber Farbe, mit charakteristischem, delikatem Duft. Fruchtig im Geschmack, mehr oder weniger süß, angenehm, typisch. Mindestalkoholgehalt 12,5 °. Besonders zu kräftig gewürzten, aber feinen Speisen; exzellent auch zum Abschluß einer Mahlzeit. In jedem Falle sollte dieser Wein kühl, d. h. mit etwa 10–12 °C, gereicht werden; dies gilt auch für den *Spumante.*
Die Anbauzone ist dem zuvor beschriebenen *Albana* zu entnehmen.

Bianco di Scandiano secco
Wein von mehr oder weniger leuchtendem Strohgelb. Typischer, aromatischer Duft. Charakteristischer Geschmack, süß und süffig, würzig, frisch, harmonisch, ausgewogener Körper. Mindestalkoholgehalt 10,5 °. Exzellent als Abrundung zu den typischen Gerichten der emilianischen Küche. Empfohlene Serviertemperatur: 10 °C.
Dieser Wein wird in Scandiano sowie fünf weiteren Gemeinden der Provinz Reggio Emilia produziert.

Bianco di Scandiano semisecco
Von mehr oder weniger intensivem Strohgelb. Typischer, angenehm aromatischer Duft. Charakteristisch im Geschmack, süß, würzig, frisch, harmonisch, in rechtem Maße körperreich. Mindestalkoholgehalt 10,5 °. Er paßt gut zu Süßspeisen, Eis und generell zu Desserts und wird frisch (10 °C) getrunken.
Für das Herkunftsgebiet s. *Bianco di Scandiano secco.*

Colli Bolognesi (di Monte S. Pietro oder dei Castelli Medievali) Barbera
Tiefrubinroter Wein mit violettem Schimmer. Weiniges, charakteristisches Bukett. Harmonischer Geschmack, im rechten Maße tanninhaltig. Mindestalkoholgehalt 11,5 °. Als junger Wein vorzüglich zu Vorspeisen, Wurst, Lasagne, Tortellini; die *riserva* paßt auch gut zu Wild, Fleisch vom Rost und Zicklein. Man serviert diesen Wein bei Raumtemperatur, also mit 16–18 °C, die *riserva* hingegen mit etwa 20 °C.
Die Produktionszone dieses Weins umschließt zehn Gemeinden in der Hügellandschaft um Bologna, in denen seit jeher Weinbau betrieben wird. In den Bezeichnungen Colli Bolognesi Monte San Pietro bzw. Colli Bolognesi Castelli Medievali werden die Namen zweier Örtlichkeiten aufgegriffen, die von Anbeginn den dort hergestellten Weinen ihren geographischen Namen zur Verfügung stellten: Monte San Pietro ist eine Gemeinde, Castelli Medievali ist der Beiname der Staatsstraße 569, die durch dieses Gebiet führt.

Colli Bolognesi (di Monte S. Pietro oder dei Castelli Medievali) bianco
Wein von hellstrohgelber Farbe. Weiniges Bukett mit dem Duft der

Albana-Traube. Trocken und süffig; würzig und harmonisch im Geschmack; leichtes Tanninaroma. Mindestalkoholgehalt 11°. Ein vielseitiger Tischwein, der besonders zu *Minestrone* (dicke Gemüsesuppe), Nudel- und Reisgerichten mit Fleischsauce, hellem Fleisch und Vorspeisen paßt. Er sollte mit einer Temperatur von etwa 10°C getrunken werden.
Sein Herkunftsgebiet deckt sich mit dem des zuvor beschriebenen Weins.

Colli Bolognesi (di Monte S. Pietro oder dei Castelli Medievali) Merlot
Rubinfarbener Wein mit violettroten Reflexen; charakteristischer Duft; trocken oder leicht lieblich im Geschmack, würzig und harmonisch. Mindestalkoholgehalt 11,5°. Die ideale Ergänzung zu den berühmten Spezialitäten der emilianischen Küche, zu Schmorbraten, Huhn vom Spieß, Wurst und mit Schinken gefüllten *Piadine* (dünne Fladen). Man genießt ihn am besten mit Zimmertemperatur (18°C).
Erzeugt wird er im gleichen Gebiet wie der *Colli Bolognesi Barbera.*

Colli Bolognesi (di Monte S. Pietro oder dei Castelli Medievali) Pinot bianco
Strohgelb mit zuweilen grünlichen Reflexen. Ätherischer, delikater Duft. *Secco* (trocken) oder auch *abboccato* (lieblich), harmonisch im Geschmack. Mindestalkoholgehalt 12°. Besonders zu Vorspeisen, Wurst, Fleischbrühe mit Nudeleinlage, Omeletts, hellem Fleisch. Als Serviertemperatur wird 10°C empfohlen.
Dieser Wein stammt aus dem gleichen Gebiet wie der *Colli Bolognesi Barbera.*

Colli Bolognesi (di Monte S. Pietro oder dei Castelli Medievali) Riesling italico
Wein von mehr oder weniger intensivem Strohgelb; delikat und charakteristisch im Duft; trocken oder auch etwas lieblich, typisch und harmonisch im Geschmack. Mindestalkoholgehalt 12°. Gut zu Vorspeisen, Omeletts, deftigen Salaten, Fisch, hellem Fleisch und Frischkäse. Die ideale Trinktemperatur liegt bei 8–10°C.
Das Herkunftsgebiet ist der Beschreibung des *Colli Bolognesi Barbera* zu entnehmen.

Colli Bolognesi (di Monte S. Pietro oder dei Castelli Medievali) Sauvignon
Wein von strohgelber Farbe und delikatem, leicht aromatischem, charakteristischem Duft. Im Geschmack trocken oder auch lieblich; körperreich, frisch und harmonisch. Mindestalkoholgehalt 12°. Man reicht ihn gerne zu Fleischbrühe mit Nudeleinlage, hellem Fleisch und Fisch, und zwar mit einer Trinktemperatur von 8–10°C.
Für das Produktionsgebiet s. *Colli Bolognesi Barbera.*

Gutturnio dei Colli Piacentini
Von kräftigem Rubinrot. Weiniges Bukett. Trocken oder leicht lieblich. Mindestalkoholgehalt 12°. Besonders zu Risottos, Nudelgerichten, Gebackenem, Gebratenem und Fleisch; als *amabile* (lieblich) zu Obstsalat und Süßspeisen. Man reicht ihn bei Zimmertemperatur (mit 18°C).
Der Gutturnio wird in drei Hügelgebieten der Provinz Piacenza angebaut.

Lambrusco di Sorbara
Unterschiedlich intensives Rubinbis Granatrot. Angenehmes, an Veilchen erinnerndes Bukett. Trocken oder auch lieblich, körperreich; frisch, würzig und harmonisch im Geschmack. Mindestalkoholgehalt 11°. Man genießt diesen Wein besonders gern mit den typischen Gerichten der emilianischen Küche. Er sollte mit etwa 15°C, im Sommer auch etwas kühler, gereicht werden; es wird empfohlen, die Flasche erst unmittelbar vor dem Genuß zu entkorken.
Das Anbaugebiet dieses Lambrusco umschließt neben dem Teilbezirk Sorbara in der Gemeinde Bomporto weitere neun Gemeinden in der Provinz Modena.

Lambrusco Grasparossa di Castelvetro
Rubinroter, leicht violett schimmernder Wein. Ausgeprägt weiniger, besonders aromatischer Duft. Trocken oder auch lieblich, würzig und harmonisch. Mindestalkoholgehalt 10,5°. Ein feuriger Wein, der zu allen Speisen paßt, besonders jedoch zu den typischen emilianischen Spezialitäten: Risottos, *Zampone* (gefüllter Schweinsfuß), *Cotechino* (Schweinskochwurst), Tortellini mit Fleischsauce; den *amabile* trinkt man besser zum Abschluß der Mahlzeit. Grundsätzlich sollte eine Serviertemperatur von etwa 13°C eingehalten werden.
Dieser Lambrusco gedeiht in der Provinz Modena, und zwar in Castelvetro sowie weiteren 13 Gemeinden.

Lambrusco Reggiano
Das Farbspektrum dieses Lambrusco reicht von Rosé bis lebhaft Rubinrot. Er entfaltet einen angenehmen, charakteristischen Duft. Im Geschmack ist er entweder trocken oder auch lieblich, leicht perlend, nicht sehr körperreich, harmonisch, frisch und gefällig. Mindestalkoholgehalt 10,5°. Er wird gern zu den lokalen gastronomischen Spezialitäten gereicht sowie zu gekochter Wurst und gemischtem gekochtem Fleisch. Man trinkt ihn mit einer Temperatur von 14–15°C.
Sein Herkunftsgebiet liegt in der Provinz Reggio Emilia und umfaßt etwa zwanzig Gemeinden zwischen Secchia und Enza.

Lambrusco Salamino di S. Croce
Rubinrote Farbe unterschiedlicher Intensität. Ausgeprägt weiniges Bukett mit typischem Fruchtaroma. Trocken oder lieblich, leicht weinig, angenehm im Geschmack; körperreich, würzig, frisch und perlend. Mindestalkoholgehalt 11°. Dieser Lambrusco paßt hervorragend zu den typischen gehaltvollen Gerichten der emilianischen Küche und wird mit 15°C serviert; im Sommer kann er gern etwas kühler gereicht werden. Die Flasche wird erst unmittelbar vor dem Ausschenken entkorkt.
Auch der Lambrusco Salamino di S. Croce wächst in der Provinz Modena. Zentrum des Anbaugebiets ist der zur Gemeinde Carpi gehörende Bezirk S. Croce. Dazu kommen weitere zehn Gemeinden in der Umgebung.

Monterosso Val d'Arda
Strohgelber bis leicht goldgelber Wein mit delikatem, charakteristischem Duft. Trocken oder leicht lieblich im Geschmack, manchmal perlend; fein, mit zartem Körper. Mindestalkoholgehalt 11°. Als *secco* ausgezeichnet zu *Fettuccine, Panzerotti, Risotto ai funghi;* als *amabile* oder *frizzante* harmoniert er besonders mit Süßspeisen, Obstsalat und verschiedensten Nachspeisen; der *spumante* dagegen ist ein klassischer Dessertwein in Verbindung mit Süßspeisen und Eis. Grundsätzlich wird er gekühlt, d. h. mit 8–10°C, gereicht.
Der Monterosso wächst in den Weinbaugebieten der Gemeinden Vernasca, Alseno, Lugagnano, Castell'Arquato, Gropparello, Carpeneto, die alle, eingebettet in die Hügel des Val d'Arda, in der Provinz Piacenza liegen.

Sangiovese di Romagna
Rubinroter Wein, der zuweilen einen Violettschimmer aufweisen kann. Weiniges Bukett mit delikatem Duft, der an Veilchen erinnert. Trocken und harmonisch im Geschmack, manchmal leicht tanninhaltig, angenehmes Bittermandelaroma. Mindestalkoholgehalt 11,5°. Ein ausgesprochener Tischwein, der zu den verschiedensten Gerichten paßt. Man genießt ihn bei Zimmertemperatur (18°C) oder leicht gekühlt (15–16°C).
Zu seinem Produktionsgebiet gehören 44 Gemeinden in der Provinz Forlì, sechs in der Provinz Ravenna und sieben in der Provinz Bologna.

Trebbiano Val Trebbia
Wein von strohgelber bis hellgoldgelber Farbe. Weiniges, leicht aromatisches Bukett. Im Geschmack trocken oder aber ganz leicht lieblich, delikat, zuweilen etwas perlend, fein, ziemlich arm an Körper. Mindestalkoholgehalt 11°. Zu leichten Vorspeisen, Meeresfrüchten, Omeletts. Empfohlene Serviertemperatur: 8–10°C.
Dieser Trebbiano wird in folgenden fünf Gemeinden des Val Trebbia in der Provinz Piacenza erzeugt: Bobbio, Coli, Travo, Rivergaro, Gazzola.

Trebbiano di Romagna
Strohgelbe Farbe von unterschiedlicher Intensität. Weiniges, gefälliges Bukett. Trockener, würziger und harmonischer Geschmack. Mindestalkoholgehalt 11,5°. Dieser Wein harmoniert besonders mit Gerichten auf Fischgrundlage, Eierspeisen und *Antipasti;* als *Spumante* reicht man ihn mit Vorliebe zum Dessert. Die empfohlene Trinktemperatur liegt für den Tischwein bei etwa 10°C, für den *Spumante* dagegen bei 5–7°C.
Das Herkunftsgebiet dieses Trebbiano umschließt zehn Gemeinden in der Provinz Bologna sowie 30 in der Provinz Forlì und 14 in der Provinz Ravenna.

Barbera

Cabernet franc

Carignano

Müller-Thurgau

Trebbiano toscano

Riesling-Sylvaner

Toscana

Toskana

Bianco della Valdinievole
Hellgoldgelb, ins Strohgelbe nuancierend. Leicht weiniger, angenehmer Duft. Trockener, lebhafter und harmonischer Geschmack, manchmal ganz leicht perlend. Mindestalkoholgehalt 11°. Hervorragend zu Vorspeisen, Fisch und hellem Fleisch. Man reicht ihn bei Zimmertemperatur (18 °C) oder leicht gekühlt (15 °C).
Zu seinem Anbaugebiet zählen die Gemeinden Buggiano, Montecatini Terme, Uzzano und Teilgebiete weiterer sechs Gemeinden in der Provinz Pistoia.

Bianco della Valdinievole Vinsanto
Stroh- bis bernsteingelber Wein mit mehr oder weniger rötlichbraunem Einschlag. Intensiver, ätherischer, typischer Duft. Harmonisch und weich, mit typischem Bittermandelgeschmack. Mindestalkoholgehalt 17°. Ein klassischer Dessertwein, den man mit Vorliebe zu toskanischen Trockengebäck-Spezialitäten reicht. Es wird empfohlen, diesen Wein bei Zimmertemperatur (18 °C) oder leicht gekühlt (15 °C) zu genießen.
Sein Anbaugebiet ist der Beschreibung des zuvor vorgestellten Weins zu entnehmen.

Bianco di Pitigliano
Strohgelber Wein mit blaßgrünen Reflexen. Delikater Duft. Trockener, neutraler Geschmack, leicht bitterer Unterton, von mittlerem Körper, weich. Mindestalkoholgehalt 11,5°. Generell ein guter Tischwein, besonders jedoch zu Vorspeisen, Rindfleisch und Fisch. Dieser Wein wird gekühlt, d. h. mit etwa 8–10 °C, gereicht.
Das Produktionsgebiet liegt in der Provinz Grosseto, genauer gesagt in den Gemeinden Pitigliano und Sorano sowie Teilbezirken von Scansano und Manciano.

Bianco Pisano di S. Torpé
Strohgelber Wein mit zuweilen eindeutigem grünlichem Schimmer. Zartes, duftiges, delikates, intensives, nachhaltiges Bukett mit aromatischem Duft. Trocken und ausgewogen, mit typischem, leicht bitterem Nachgeschmack. Mindestalkoholgehalt noch nicht festgelegt. Zu Fisch oder zum Abschluß einer Mahlzeit; wird zuweilen auch zum ersten Gang gereicht. Man trinkt ihn frisch, d. h. mit 8–10 °C.
Produziert wird er im Gebiet von Chianti sowie in der weiteren Umgebung in der Provinz Pisa.

Bianco Vergine Val di Chiana
Strohgelb mit blaßgrünen Reflexen. Im Duft neutral, charakteristisch; bemerkenswertes delikates und angenehmes Aroma. Trocken und leicht lieblich; mit zartem Bittermandel-Nachgeschmack. Mindestalkoholgehalt 11°. Ausgezeichnet zu Vorspeisen, Fisch, Suppen und hellem Fleisch. Die ideale Trinktemperatur bewegt sich zwischen 10 und 12 °C.
Die Anbauzone dieses Weins umfaßt Teilgebiete folgender Gemeinden in den Provinzen Arezzo und Siena: Arezzo, Castiglion Fiorentino, Cortona, Foiano, Marciano, Monte S. Savino, Civitella in Valdichiana, Sinalunga, Torrita di Siena, Chiusi und Montepulciano.

Brunello di Montalcino
Intensiv rubinroter Wein, der im Alter ins Granatfarbene hinüberwechselt. Charakteristischer und intensiver Duft. Im Geschmack trocken, warm, leicht tanninhaltig, robust, lebhaft und zugleich weich. Mindestalkoholgehalt 12,5°. Dieser Wein rundet edle Braten und Wild vorzüglich ab und wird mit etwa 20–22 °C gereicht. Die Flasche sollte mindestens zwei Stunden vor dem Genuß geöffnet werden.
Wird nur in der Gemeinde Montalcino (Provinz Siena) angebaut.

Candia dei Colli Apuani
Strohgelbe Farbe von unterschiedlicher Intensität. Delikater, intensiver Duft; leicht aromatisch, charakteristisch. Trocken, zuweilen ganz leicht lieblich im Geschmack; voll, harmonisch, mit Bittermandelaroma. Mindestalkoholgehalt 11,5°. Ein idealer Begleiter zu Fisch, der mit 8 °C serviert werden sollte.
Seine Produktionszone umschließt die Gemeinden Carrara, Massa und Montignoso in der Provinz Massa-Carrara.

Carmignano
Lebhaftes Rubinrot, das mit zunehmendem Alter des Weins ins

Granatrote hinüberwechselt. Weiniges Bukett mit intensivem Veilchenduft, das im Alter an Feinheit gewinnt. Im Geschmack trocken, würzig, harmonisch und weich. Mindestalkoholgehalt 12,5°. Ein großartiger Bratenwein, der ebenso gut zu reifem Käse paßt und mit 18–20 °C getrunken werden sollte. (Für die *riserva* wird eine Temperatur von 20–22 °C empfohlen, die Flasche sollte einige Stunden vor dem Genuß geöffnet werden.)
Dieser Wein wächst in den Gemeinden Carmignano und Poggio a Caiano in der Provinz Florenz.

Chianti
Lebhaft rubinroter Wein mit intensiv-weinigem Duft. Im Geschmack harmonisch, trocken, würzig, leicht tanninhaltig. Mindestalkoholgehalt 11,5°. Generell ein guter Tischwein. Man serviert ihn bei Zimmertemperatur (18 °C).
Sein Anbaugebiet nimmt Teile der Provinzen Florenz, Siena, Arezzo, Pisa und Pistoia ein und erstreckt sich dabei auf folgende Gegenden: Montalbano, Rufina, Colli Fiorentini, Colli Senesi, Colli Aretini, Colline Pisane; zum klassischen Gebiet zählen die Gemeinden Radda, Gajole, Castellina in Chianti, Greve und S. Casciano Val di Pesa.

Chianti Classico
Wein von lebhaft rubinroter Farbe, die sich mit zunehmendem Alter des Weins ins Granatrote verlagert. Weiniges, feines Bukett mit typischem und deutlichem Veilchenduft. Harmonisch, trocken und würzig; leichter Tanningeschmack, der sich im Laufe der Zeit verfeinert und einen weichen und samtigen Charakter annimmt. Mindestalkoholgehalt 12°. Ein klassischer Tischwein, der mit 20–22 °C gereicht wird; die Flasche sollte bereits einige Zeit vor dem Servieren geöffnet werden.
Für das Herkunftsgebiet s. den zuvor beschriebenen Wein.

Elba bianco
Von sprödem Strohgelb. Weiniges, duftiges und delikates Bukett. Trocken und harmonisch im Geschmack. Mindestalkoholgehalt 11°. Dieser Wein paßt gut zu gekochtem Fisch und Braten sowie zu Eierspeisen. Man serviert ihn mit einer Temperatur von etwa 10 °C; für den *spumante*, der im allgemei-

Lambrusco di Sorbara

Sangiovese di Romagna

Colli Bolognesi Barbera

Trebbiano di Romagna

Gutturnio dei Colli Piacentini

Chianti

Chianti Classico

Bianco Vergine Val di Chiana

Montecarlo

Vernaccia di S. Gimignano

Brunello di Montalcino

nen zum Dessert gereicht wird, ist eine Temperatur von 5–7 °C angegeben.
Der Elba bianco wächst im gesamten Gebiet der Insel Elba.

Elba rosso
Intensiv rubinroter Wein mit weinigem Bukett. Trockener, aber harmonischer Geschmack. Mindestalkoholgehalt 12°. Generell ein geeigneter Tischwein. Serviertemperatur: etwa 18 °C.
Auch er wird auf der gesamten Insel Elba angebaut.

Montecarlo
Wein von zart strohgelber Farbe. Delikater Duft. Trocken, samtig und harmonisch im Geschmack. Mindestalkoholgehalt 11,5°. Ausgezeichnet zu Fisch und Vorspeisen. Die ideale Trinktemperatur beträgt für diesen Wein etwa 9–10 °C.
Er wird in einem begrenzten Gebiet in der Provinz Lucca produziert, das sich in Richtung Pistoia erstreckt und die Gemeinden Montecarlo, Altopascio, Capannori und Porcari umschließt.

Montescudaio bianco
Strohgelber Wein mit weinigem, delikatem Bukett. Trockener, harmonischer, gefälliger Geschmack. Mindestalkoholgehalt 11,5°. Paßt sehr gut zu allen Wurstsorten sowie zu Vorspeisen und Fisch. Er sollte frisch, d. h. mit etwa 10 °C, getrunken werden.
Produziert wird dieser Wein in der gleichnamigen Gemeinde sowie in sechs weiteren Gemeinden der Provinz Pisa.

Montescudaio rosso
Von tiefrubinroter Farbe. Weiniges, weiches, fruchtiges Bukett. Im Geschmack trocken, von ausgewogenem Körper, im rechten Maße tanninhaltig, harmonisch. Mindestalkoholgehalt 11,5°. Sehr gut zu Zwischengerichten, insbesondere mit dunklem Fleisch. Er wird bei Zimmertemperatur (18 °C) serviert.
Sein Herstellungsgebiet stimmt mit dem des zuvor beschriebenen Weins überein.

Montescudaio Vinsanto
Strohgelb bis bernsteingelb mit rötlichbraunem Schimmer. Intensiver, ätherischer, typischer Duft. Harmonisch und weich im Geschmack, mit leichtem Bitterton,

Rosso delle Colline Lucchesi

Vino Nobile di Montepulciano

charakteristisch. Mindestalkoholgehalt 17°. Ein sehr beliebter Dessertwein, der auch zum Abschluß einer Mahlzeit zusammen mit dem traditionellen Trockengebäck gereicht wird, das man dann hineintaucht. Er wird bei Zimmertemperatur (etwa 18°C) oder leicht gekühlt kredenzt.
Für das Produktionsgebiet s. *Montescudaio bianco.*

Morellino di Scansano
Rubinroter Wein, der im Laufe der Zeit ins Granatrote nuanciert. Weiniges Bukett, das im Alter einen ätherischen, intensiven, angenehmen und feinen Duft entwikkelt, der leicht an Veilchen erinnert. Trocken und rauh im Geschmack, warm und leicht tanninhaltig. Mindestalkoholgehalt 11,5°. In der Jugend ein vielseitiger Tischwein; im Alter vorzüglich zu Fleischspießen aus den Maremmen, Beefsteak und generell zu Braten. Es wird empfohlen, diesen Wein zimmerwarm (18°C) zu genießen.
Neben Scansano in der Provinz Grosseto produzieren noch weitere sechs Gemeinden, im Hügelgebiet zwischen den Flüssen Ombrone und Albegna gelegen, diesen Wein.

Parrina bianco
Strohgelber Wein mit leichtem Goldton. Weiniges, feines Bukett. Trockener, aber samtiger Geschmack mit leichtem Bittermandelaroma. Mindestalkoholgehalt 11,5°. Vorzüglich zu leichten Vorspeisen, Fisch, hellem Fleisch, Gemüse- und Fleischaufläufen. Als ideale Trinktemperatur wird 10°C angegeben.
Der Parrina bianco wird im Ort gleichen Namens, der zur Gemeinde Orbetello (Provinz Grosseto) gehört, produziert.

Parrina rosso
Rubinrot; mit weinigem, delikatem, angenehmem Duft. Harmonisch, trocken, samtig im Geschmack. Mindestalkoholgehalt 11,5°. Eine exzellente Ergänzung zu Aufschnitt und zum ersten Gang. Serviertemperatur: 18°C.
Anbauzone wie beim *Parrina bianco.*

Rosso delle Colline Lucchesi
Leuchtend rubinroter Wein mit angenehmem, charakteristischem Duft. Im Geschmack trocken, harmonisch, weich; im ersten Jahr lebhaft. Mindestalkoholgehalt 11,5°. Gut zu allen Gängen zu trinken, besonders zu dunklem Fleisch und Gebratenem. Empfohlene Trinktemperatur: 18–20°C.
Er wächst im Gemeindegebiet von Lucca, Capannori und Porcari.

Vernaccia di San Gimignano
Von klarem Goldgelb. Feiner und durchdringender Duft. Trocken, frisch, harmonisch im Geschmack. Mindestalkoholgehalt 12°. Zweifellos am besten zu Fisch, sehr gut aber auch zu Vorspeisen, den typischen toskanischen Toastspezialitäten, Reissalat und *Cappeletti in brodo* (kleine gefüllte Nudeln in Fleischbrühe). Man serviert ihn gekühlt (8–10°C).
Das Anbaugebiet dieses Weins gehört zur Gemeinde San Gimignano in der Provinz Siena.

Vino Nobile di Montepulciano
Granatfarbe von unterschiedlicher Intensität, die im Alter einen bräunlichroten Ton annehmen kann. Delikater und intensiver Veilchenduft. Trockener, leichter Tanningeschmack. Mindestalkoholgehalt 12°. Ein großartiger Bratenwein, erlesen, außergewöhnlicher Körper. Er wird am besten mit etwa 20°C getrunken; die Flasche muß eine gewisse Zeit vor dem Genuß entkorkt werden.
Dieser Wein gedeiht im Gebiet der Gemeinde Montepulciano in der Provinz Siena.

Umbria

Umbrien

Colli Altotiberini bianco
Unterschiedlich intensives Strohgelb. Charakteristischer, angenehmer Duft. Trocken und harmonisch im Geschmack. Mindestalkoholgehalt 10,5°. Besonders zu Meeresspezialitäten und Vorspeisen. Man reicht ihn gekühlt (10°C).
Zu seinem Produktionsgebiet zählen Teilbezirke der Gemeinden S. Giustino, Cisterna, Città di Castello, Monte S. Maria Tiberina, Montone, Umbertide, Gubbio und Perugia.

Colli Altotiberini rosato
Zart roséfarbener Wein mit leicht fruchtigem Bukett. Im Geschmack frisch und lebhaft. Mindestalkoholgehalt 11,5°. Generell ein guter Tischwein, der meist jung getrunken wird. Die empfohlene Serviertemperatur bewegt sich um 12–14°C.
Für das Anbaugebiet s. den zuletzt vorgestellten Wein.

Colli Altotiberini rosso
Von rubinroter Farbe; angenehmer Duft; trocken und rund im Geschmack. Mindestalkoholgehalt 11,5°. Ideal zu erlesenen Zwischengerichten. Er wird bei Zimmertemperatur (18°C) gereicht.
Das Herkunftsgebiet deckt sich mit dem des *Colli Altotiberini bianco.*

Colli del Trasimeno bianco
Strohgelber Wein von gefälligem Duft und harmonischem Geschmack. Mindestalkoholgehalt 11°. Paßt zu Vorspeisen, Fisch, Risotto und wird mit 10–12°C gereicht.
Erzeugt wird er in Teilgebieten der Gemeinden Castiglione del Lago, Città della Pieve, Paciano, Piegaro, Panicale, Perugia, Corciano, Magione, Passignano sul Trasimeno und Tuoro sul Trasimeno.

Colli del Trasimeno rosso
Von mehr oder weniger intensivem Granatrot, das im Laufe der Zeit ins Ziegelrote hinüberwechselt. Delikates Veilchenbukett, gewinnt im Alter an Feinheit. Trocken und harmonisch, leichter Tanningeschmack. Mindestalkoholgehalt 11,5°. Ausgezeichnet zu Fleisch, Wild und Zwischengerichten. Man serviert ihn bei Zimmertemperatur (18°C).
Sein Produktionsgebiet deckt sich mit dem des zuvor beschriebenen *Colli del Trasimeno bianco.*

Montefalco
Rubinfarbener Wein mit Tendenz zu Granatrot. Weiniger, charakteristischer Duft. Harmonischer, trockener und samtiger Geschmack. Mindestalkoholgehalt 11,5°. Man reicht ihn gern zu Zwischengerichten, besonders jedoch zu Fleisch, und zwar mit Zimmertemperatur (18°C).
Er wird in der Provinz Perugia, genauer gesagt im Gesamtgebiet der Gemeinde Montefalco und in Teilbezirken der Gemeinden Bevagna, Gualdo Cattaneo, Castel Ritaldi und Giano dell'Umbria, angebaut.

Montefalco Sagrantino oder Sagrantino di Montefalco
Rubinrot, im Alter ins Granatfarbene spielend. Delikater, charakteristischer Duft, der an Brombeeren erinnert. Trocken und harmonisch im Geschmack. Mindestalkoholgehalt 12,5°. Paßt gut zu aufwendigen Gerichten; der *passito* harmoniert ausgezeichnet mit Desserts und Trockengebäck. Er wird bei Zimmertemperatur (18°C) bzw. als *passito* mit 15–17°C serviert.
Sein Herkunftsgebiet ist der Beschreibung des *Montefalco* zu entnehmen.

Orvieto
Von mehr oder weniger kräftigem Strohgelb. Delikater und angenehmer Duft. Trocken und mit leicht bitterem Nachgeschmack oder auch lieblich bis delikat. Mindestalkoholgehalt 12°. Dieser Wein ist besonders zu Fisch und Vorspeisen zu empfehlen; die liebliche Variante ist generell ein guter Tischwein, der speziell zu Schinken mit Melone paßt. Er wird gekühlt, d. h. mit etwa 10°C, gereicht.
Das Anbaugebiet umschließt ganz oder teilweise die Gemeinden Orvieto, Allerona, Baschi, Castel Giorgio, Castel Viscardo, Ficulle, Montecchio, Fabro, Montegabbione, Monteleone d'Orvieto, Castiglione in Teverina, Civitella d'Agliano, Graffignano, Lubriano, Bagnoregio und Porano. Das traditionelle, klassische Produktionsgebiet erstreckt sich rechts und links von Paglia.

Torgiano bianco
Wein von strohgelber Farbe. Weiniges, ziemlich gefälliges, etwas nach Feldblumen duftendes Bukett. Ganz leicht fruchtiger Geschmack, ausgeprägt säuerlich. Mindestalkoholgehalt 11,5°. Exzellent als Aperitif, gut auch zu Vorspeisen, Fisch und Nudelgerichten. Empfohlene Serviertemperatur: 10–12 °C.
Das Produktionsgebiet liegt nördlich von Torgiano Richtung Ponte S. Giovanni – Collestrada in der Provinz Perugia.

Torgiano rosso
Leuchtend rubinroter Wein. Weiniges, feinfruchtiges Bukett. Trokken und harmonisch im Geschmack, ausgewogen körperreich. Mindestalkoholgehalt 12°. Zu Braten und Wild. Er sollte mit 18–20 °C getrunken werden; die ideale Trinktemperatur für die *riserva* beträgt 20–22 °C, wobei empfohlen wird, die Flasche einige Stunden vor dem Genuß zu öffnen. Für das Herkunftsgebiet s. *Torgiano bianco*.

Marche

Marken

Bianchello del Metauro
Von strohgelber Farbe. Angenehmes, charakteristisches, fruchtiges Bukett, das vage an reife Pfirsiche erinnert. Trocken und frisch im Geschmack, harmonisch und gefällig. Mindestalkoholgehalt 11,5°. Vorzüglich zu Fisch, aber auch zu Vorspeisen und hellem Fleisch. Die Serviertemperatur sollte etwa 10–12 °C betragen.
Dieser Wein wird in achtzehn Gemeinden im unteren Metauro-Tal angebaut.

Bianco dei Colli Maceratesi
Zart strohgelber Wein mit charakteristischem, gefälligem Duft. Trocken und harmonisch im Geschmack. Mindestalkoholgehalt 11°. Ein Wein, der besonders mit den Fischspezialitäten der Adria harmoniert; ausgezeichnet auch zu Vorspeisen, Suppen, leichten Fleischgerichten. Er sollte gekühlt, d. h. mit 8–10 °C, gereicht werden. Sein Herstellungsgebiet erstreckt sich über die ganze Provinz Macerata sowie die Gemeinde Loreto in der Provinz Ancona.

Falerio dei Colli Ascolani
Wein von zartem Strohgelb. Leicht aromatischer Duft. Trockener, würziger, harmonischer Geschmack; leicht säuerlich, angenehm. Mindestalkoholgehalt 11,5°. Zu leichten, schmackhaften Vorspeisen, gebratenem Fisch und delikaten Gerichten. Man serviert ihn mit 8–10 °C.
Angebaut wird er im Hügelgebiet der Provinz Ascoli Piceno.

Rosso Conero
Leuchtend rubinroter Wein. Angenehmes, weiniges Bukett. Im Geschmack würzig, harmonisch, recht herb, trocken, körperreich. Mindestalkoholgehalt 11,5°. Ideal zu dunklem Fleisch und Gegrilltem. Serviertemperatur: etwa 18 °C.
Der Rosso Conero wird im gesamten Gebiet der Gemeinden Ancona, Offagna, Camerano, Sirolo und Numana sowie in Teilbezirken von Castelfidardo und Osimo erzeugt.

Rosso Piceno
Von nicht sehr hellem Rubinrot, das im Alter ins Granatfarbene nuanciert. Angenehmer, weiniger, leicht ätherischer Duft. Würzig, harmonisch, trocken im Geschmack. Mindestalkoholgehalt 11,5°. Paßt gut zu Gerichten auf Reis- oder Nudelgrundlage sowie zu Fleisch; der *superiore* bietet sich besonders als Ergänzung zu Braten, Grillgerichten und Wild an. Dieser Wein wird bei Zimmertemperatur (18 °C) kredenzt.
Sein Anbaugebiet zieht sich in Höhe der Provinz Ascoli Piceno an der Adria entlang.

Sangiovese dei Colli Pesaresi
Eher mattes Granatrot. Weiniger, delikater, charakteristischer Duft. Von trockenem Geschmack. Mindestalkoholgehalt 11,5°. Ein ausgesprochener Tischwein, der besonders zu Fleisch und zu Kaninchen mit Fenchel, einem traditionellen Gericht aus der dortigen Gegend, paßt. Man reicht ihn bei Zimmertemperatur.
Erzeugt wird er in 37 Gemeinden im Hügelgebiet der Provinz Pesaro.

Verdicchio dei Castelli di Jesi
Zart strohgelber Wein mit delikatem, charakteristischem Duft. Trocken und harmonisch im Geschmack. Mindestalkoholgehalt 12°. Man trinkt diesen Wein gern zu Vorspeisen sowie Fleisch- und Eiergerichten; als *spumante* ein geeigneter Dessertwein. Die Serviertemperatur beträgt 10 °C, für den Typ *amabile* 6–7 °C.
Dieser Verdicchio stammt aus einem klassischen Weinbaugebiet, das sich mit der ursprünglichen Anbauzone deckt, jedoch die Gegend links des Flusses Misa sowie die Gemeinden Ostra und Senigallia ausschließt; das Gebiet umfaßt im ganzen 27 Gemeinden in der Provinz Ancona.

Verdicchio di Matelica
Blaßstrohgelber Wein mit delikatem, charakteristischem Duft. Trocken und harmonisch, mit angenehmem Bittermandelgeschmack. Mindestalkoholgehalt 12°. Paßt zu kalten Vorspeisen, Eierspeisen und Fisch. Empfohlene Trinktemperatur: etwa 10–12 °C.
Der Verdicchio di Matelica wird in der Gemeinde Matelica (Provinz Macerata) sowie in weiteren fünf dortigen Gemeinden und in zweien der Provinz Ancona erzeugt.

Vernaccia di Serrapetrona
Granat- bis rubinroter Wein. Charakteristischer, aromatischer, weiniger Duft. Lieblich oder süß im Geschmack, angenehmer Bitterton. Mindestalkoholgehalt 11,5°. Ein roter *spumante* (Schaumwein), der gern zum Dessert getrunken wird, und zwar mit einer Serviertemperatur von etwa 14–15 °C.
Er wird im Gesamtgebiet der Gemeinde Serrapetrona sowie in Teilbezirken der Gemeinden Belforte del Chieti und Sanseverino Marche in der Provinz Macerata produziert.

Abruzzo

Abruzzen

Montepulciano d'Abruzzo
Intensiv rubinroter Wein mit leichtem Violettschimmer; mit zunehmendem Alter ins Orangerote spielend. Weinig, zart, angenehm im Duft. Im Geschmack trocken, weich, würzig, tanninhaltig. Mindestalkoholgehalt 12°. Dieser Wein harmoniert mit den lokalen gastronomischen Spezialitäten, beispielsweise pikant zubereiteten Paprikaschoten, Tagliatelle mit Fleischsauce, Rebhuhn, Wild, Lamm, Hammel vom Grill und Wurstprodukten; die kirschrote Variante paßt gut zu Nudelgerichten, Geflügel, Kutteln, Omelett. Der dunklere Montepulciano wird mit 17–20 °C, der kirschrote mit etwa 15 °C gereicht.
Er stammt aus den Weinbaugebieten der Provinzen Chieti, L'Aquila, Pescara und Teramo.

Trebbiano d'Abruzzo
Von strohgelber Farbe. Weiniger, gefälliger, zart aromatischer Duft. Trocken, würzig, samtig, harmonisch. Mindestalkoholgehalt 11,5°. Generell ein guter Tischwein, besonders zu gegrilltem Fisch, reinen Fischvorspeisen, Krustentieren, Artischocken und Omeletts passend. Die Serviertemperatur darf 8–10 °C nicht überschreiten.
Dieser Trebbiano wird im gesamten Weinbaugebiet der Region produziert, das sich über die Provinzen Chieti, Pescara, Teramo und einen Teil von L'Aquila erstreckt.

Molise

Molise

Biferno
Von rubinroter Farbe unterschiedlicher Intensität, entwickelt im Alter orangerote Reflexe. Angenehmer, im Alter ätherischer Duft. Trocken, harmonisch und samtig im Geschmack. Mindestalkoholgehalt 11,5°. Gut zu Gebratenem und Wild. Serviertemperatur: 17°C.
Er wird in 43 Gemeinden der Provinz Campobasso erzeugt und ist auch als Rosé und Weißwein im Handel.

Pentro di Isernia
Mehr oder weniger kräftiges Rubinrot. Angenehmer, charakteristischer Duft. Im Geschmack trokken, harmonisch und samtig, leicht tanninhaltig. Mindestalkoholgehalt 11°. Gut zu Geschmortem und Gebratenem. Serviertemperatur: 18°C.
Auch als Rosé und Weißwein erhältlich.

Lazio

Latium

Aleatico di Gradoli
Granatrot mit Stich ins Violette. Fein-aromatisches, charakteristisches Bukett. Frischer Fruchtgeschmack, weich, samtig, süß. Mindestalkoholgehalt 12°. Paßt gut zu *Ciambelle* (eine Art Brandteiggebäck) und *Panettone* (Hefekuchen, Mailänder Spezialität); als *Liquoroso* (likörähnlicher Wein) auch gerne zum Abschluß einer Mahlzeit gereicht. Ideale Trinktemperatur: 10–12°C.
Zu seinem Produktionsgebiet zählen die Gemeinden Gradoli, Grotte di Castro, S. Lorenzo Nuovo und Lattera, alle in der Provinz Viterbo gelegen.

Bianco Capena
Strohgelber Wein mit Goldnuancen und grünlichen Reflexen. Leicht aromatischer Duft, charakteristisch und angenehm. Trocken oder leicht lieblich, weich, blumig im Geschmack. Mindestalkoholgehalt 11,5°. Generell ein guter Tischwein, der besonders zu den Spezialitäten der römischen Küche paßt; auch zu Gemüse, Suppen und Pizza. Er muß kühl (mit 10–12°C) getrunken werden.
Sein Herkunftsgebiet umfaßt neben der Gemeinde Capena weitere 13 Gemeinden der Provinz Rom.

Cerveteri bianco
Strohgelbe Farbe von unterschiedlicher Intensität. Weiniges, angenehmes, feines Bukett. Trocken, lieblich im Geschmack, mit leichtem Bitterton, würzig, voll und harmonisch. Mindestalkoholgehalt 11,5°. Ein vielseitiger Tischwein, der insbesondere mit den typischen Gerichten des Latiums harmoniert. Man genießt ihn mit 10–12°C.
Er wächst in Cerveteri sowie in sieben weiteren Gemeinden der Provinz Rom.

Cerveteri rosso
Mehr oder weniger intensives Rubinrot. Weiniges Bukett. Trocken, mit leichtem Bittermandelgeschmack, würzig, in rechtem Maße körperreich, harmonisch. Mindest-

alkoholgehalt 12°. Gut zu Braten und generell zu Gegrilltem. Ideale Trinktemperatur: 18–20 °C.
Das Herstellungsgebiet ist aus der Beschreibung des *Cerveteri bianco* zu entnehmen.

Cesanese del Piglio
Rubinroter Wein, der im Alter ins Granatfarbene hinüberwechselt. Delikater, charakteristischer Duft. Weicher, leicht bitterer Geschmack, trocken *(secco)* und herb, lieblich *(amabile)* oder auch süß *(dolce)*. Mindestalkoholgehalt 10°. Der *secco* wird gerne zum ersten Gang, zu Braten, Fleisch vom Grill, gebratenen Pilzen, Kalbsnierenragout und gereiftem Käse gereicht; als *amabile* und, weit mehr noch, als *dolce* zum Abschluß einer Mahlzeit, besonders zu Süßspeisen. Alle Typen werden grundsätzlich mit etwa 20 °C getrunken, der *spumante* dagegen mit etwa 15–16 °C.
Zum Anbaugebiet gehören neben der Gemeinde Piglio weitere vier Gemeinden in der Provinz Frosinone.

Cesanese di Affile oder Affile
Rubinroter Wein, im Alter ins Granatrote tendierend. Delikat im Duft, charakteristisch für die Cesanese-Traube. Weicher Geschmack mit leichtem Bitterton; als *secco* (trocken), *asciutto* (mild), *amabile* (lieblich) oder *dolce* (süß) erhältlich. Mindestalkoholgehalt 12°. Der *secco* paßt im Alter besonders gut zu gebratenem Fleisch. Empfohlene Trinktemperatur: etwa 20 °C. Auch ein *spumante* und *frizzante naturale* werden angeboten. Die Produktionszone umschließt die Gemeinden Affile und Roiate sowie ein Teilgebiet von Arcinazzo in der Provinz Rom.

Cesanese di Olevano Romano
Rubinrot, das im Alter in Granatrot übergeht. Delikater, charakteristischer Duft. Weicher, leicht bitterer Geschmack. Mindestalkoholgehalt 12°. Als *secco* gut zu Zwischengerichten und generell zu Fleisch; als *amabile* und *dolce* dagegen gern außerhalb der Mahlzeiten bzw. zu Dessert und Gebäck getrunken. Der *secco* wird bei Zimmertemperatur (18 °C), die anderen beiden Typen leicht gekühlt (15 °C) serviert.
Produziert wird dieser Wein in Olevano und Gennazzano (Provinz Rom).

Colli Albani
Strohfarbener bis tiefgelber Wein. Weiniger, delikater, aromatischer Duft. Trocken oder lieblich, weich, typisch, fruchtig im Geschmack. Mindestalkoholgehalt 11,5°. Ausgezeichnet zu den typischen Gerichten der römischen Küche, zu verschiedenen Vorspeisen, *Bruschetta* (Röstbrot mit Knoblauch), *Panzanella* (mit Öl, Essig, Tomaten und Gewürzen angerichtete Brotscheiben). Er sollte mit 10–12 °C gereicht werden.
Angebaut wird er in den Gemeinden Rom, Pomezia, Castelgandolfo und Lanuvio.

Colli Lanuvini
Strohgelb von unterschiedlicher Intensität. Weiniger, delikater und gefälliger Duft. Trocken oder lieblich; würzig, im rechten Maße körperreich, harmonisch und samtig im Geschmack. Mindestalkoholgehalt 11,5°. Gut zu Vorspeisen, Wurst, Fisch. Die empfohlene Serviertemperatur liegt bei 10 °C.
Der Colli Lanuvini wird im Gesamtgebiet der Gemeinde Genzano sowie in einem Teilbezirk von Lanuvio südlich des Lago di Nemi angebaut.

Cori bianco
Von strohgelber Farbe. Weiniger, angenehmer, charakteristischer Duft. Delikater, weicher und harmonischer Geschmack; *secco* (trocken), *amabile* (lieblich) oder *dolce* (süß). Mindestalkoholgehalt 11°. Paßt zu den verschiedensten Speisen, der *secco* aber insbesondere zu Fisch. Man serviert diesen Wein gekühlt, d. h. mit etwa 10 °C.
Sein Produktionsgebiet erstreckt sich über das Gesamtgebiet von Cori sowie einen Teil der Gemeinde Cisterna (Provinz Latina).

Cori rosso
Rubinrot; weiniger, angenehmer, charakteristischer Duft; trocken und weich im Geschmack, samtig und frisch. Mindestalkoholgehalt 11,5°. Generell ein guter Tischwein, dessen Charakter zusammen mit Fleisch aber besonders zur Geltung kommt. Er wird bei Zimmertemperatur (18 °C) serviert.
Für das Anbaugebiet s. den zuvor beschriebenen Wein.

Est! Est!! Est!!!
di Montefiascone
Von klarem Strohgelb. Weiniger Duft. Würziger Geschmack, körperreich, harmonisch, trocken. Mindestalkoholgehalt 10,5°. Kann zu allen Gängen gereicht werden und paßt besonders zu den gastronomischen Spezialitäten aus der Gegend von Viterbo. Serviertemperatur: 10–12 °C.
Zu seinem Produktionsgebiet, das sich nördlich von Rom erstreckt, gehören folgende Gemeinden: Montefiascone, Bolsena, San Lorenzo Nuovo, Grotte di Castro, Gradoli, Capodimonte und Marta.

Frascati
Klares Strohgelb mit starker Leuchtkraft. Weiniges Bukett mit delikatem, charakteristischem Duft. Würzig und weich im Geschmack, fein und samtig. Mindestalkoholgehalt 11,5°. Paßt zu allen Speisen; exzellent zu Gerichten der römischen Küche. Er wird gekühlt (8–10 °C) gereicht. Erhältlich als *secco* (trocken), *asciutto* (mild), *amabile* (lieblich) und *dolce,* auch *Cannellino* genannt (süß). Er wird in der Gemeinde Frascati und Umgebung (Rom, Monteporzio Catone, Montecompatri, Grottaferrata) erzeugt.

Marino
Von strohgelber Farbe mit weinigem, delikatem Duft. Trocken oder lieblich; weich, charakteristisch, fruchtig und harmonisch im Geschmack. Mindestalkoholgehalt 11,5°. Besonders zu Fisch und Eierspeisen passend. Die ideale Trinktemperatur liegt bei 10 °C.
Der Herkunftsgebiet des Marino umfaßt die Gemeinde gleichen Namens sowie Teile der Gemeinden Rom und Castelgandolfo.

Merlot di Aprilia
Granatroter Wein, der zuweilen im Alter in ein Ziegelrot übergeht. Weiniger, angenehmer Duft. Voller und weicher Geschmack, harmonisch, ausgewogener Körper. Mindestalkoholgehalt 12°. Generell ein guter Tischwein, der besonders zu gebratenem Fleisch, Schwein, Huhn, Wildschwein und herzhaften Gerichten paßt. Man kredenzt ihn bei Zimmertemperatur (18 °C).
Zu seinem Herstellungsgebiet gehören die Gemeinden Aprilia, Cisterna und Latina (Provinz Latina) sowie Nettuno (Provinz Rom).

Montecompatri Colonna
Strohgelbe Farbe von unterschiedlicher Intensität. Weiniger, ange-

Verdicchio dei Castelli di Jesi

Falerio dei Colli Ascolani

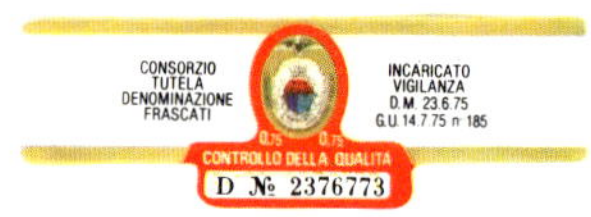

Frascati

Rosso Conero

Rosso Piceno

Colli Altotiberini bianco

Orvieto

Sangiovese dei Colli Pesaresi

Verdicchio di Matelica

nehmer, delikater Duft. Trocken, weich und charakteristisch im Geschmack. Mindestalkoholgehalt 11,5°. Man kann diesen Wein zu allen Speisen reichen, am besten schmeckt er jedoch zu fleischlosen Gerichten. Seine Serviertemperatur sollte etwa 8–10 °C betragen.
Erzeugt wird der Montecompatri Colonna im gesamten Gebiet der Gemeinde Colonna sowie in Teilbezirken von Montecompatri, Zagarolo und Roccapriora (Rom).

Sangiovese di Aprilia
Rosé unterschiedlicher Tiefe. Weiniges Bukett mit charakteristischem Duft. Im Geschmack trokken und harmonisch. Mindestalkoholgehalt 11,5°. Ausgezeichnet zu Risottos, Nudelgerichten, gegrilltem Geflügel und Milchlamm. Dieser Wein wird kühl, mit etwa 8–10 °C, getrunken.
Sein Herkunftsgebiet ist identisch mit dem des *Merlot di Aprilia.*

Trebbiano di Aprilia
Wein von mehr oder weniger intensivem Strohgelb. Weiniges Bukett mit typischem Duft. Delikater, harmonischer und charakteristischer Geschmack. Mindestalkoholgehalt 11°. Paßt gut zu kalten Vorspeisen, Krustentieren, Fisch und Fischsuppen sowie Miesmuscheln. Die ideale Trinktemperatur beträgt 8–10 °C.
Produziert wird dieser Wein im gleichen Gebiet wie auch der *Merlot* und der *Sangiovese di Aprilia.*

Velletri bianco
Strohgelb von unterschiedlicher Intensität. Weiniger, gefälliger, delikater Duft. *Secco* (trocken) oder *amabile* (lieblich). Mindestalkoholgehalt 11,5°. Kann zu allen Gängen gut getrunken werden, harmoniert jedoch besonders mit Fisch, Vorspeisen und Suppen. Dieser Wein sollte gekühlt (8–10 °C) gereicht werden.
Sein Anbaugebiet erstreckt sich über die Gemeinden Velletri und Sariano sowie einen Teilbezirk von Cisterna.

Velletri rosso
Mehr oder weniger kräftiges Rubinrot. Weiniges, intensives Bukett. Im Geschmack trocken, samtig, harmonisch, ausgewogen tanninhaltig. Mindestalkoholgehalt 12°. Zu herzhaften Vorspeisen, aber auch zu Wurstprodukten, Nudelgerichten (wie *Spaghetti all carbonara),* Artischocken; im Alter vorzüglich zu Braten und Geschmortem. Er wird am besten mit einer Temperatur von 18 °C serviert.
Sein Anbaugebiet deckt sich mit dem des zuvor beschriebenen Weins.

Zagarolo
Strohgelb von unterschiedlich ausfallender Tiefe. Weiniges, feines, gefälliges Bukett. Trocken, lieblich, weich, charakteristisch und harmonisch im Geschmack. Mindestalkoholgehalt 11,5°. Nicht nur zu Vorspeisen und Wurst ein idealer Begleiter, sondern ebenso zu hellem Fleisch. Als optimale Serviertemperatur wird etwa 10 °C angegeben.
Der Zagarolo gedeiht in den Gemeinden Zagarolo und Gallicano in der Provinz Rom.

Campania

Kampanien

Capri bianco
Mehr oder weniger intensives Strohgelb. Gefälliges Bukett mit charakteristischem Duft. Trocken und frisch im Geschmack. Mindestalkoholgehalt 11°. Gut als Abrundung zu Fischgerichten, besonders mit Meeresfrüchten, zu Fischsuppe, *Frittura mista* (gemischtes Ausgebackenes), Austern, *Risotto alla marinara.* Die empfohlene Serviertemperatur beträgt etwa 8–10 °C.
Sein Produktionsgebiet erstreckt sich über die ganze Insel Capri.

Capri rosso
Von mehr oder weniger kräftigem Rubinrot. Angenehm weiniges Bukett. Im Geschmack trocken und würzig. Mindestalkoholgehalt 11,5°. Dieser Wein paßt gut zu Gerichten auf Reis- oder Nudelgrundlage sowie zu Aufläufen und Kutteln auf neapolitanische Art. Man trinkt ihn leicht gekühlt (15–16 °C).
Angebaut wird er wie der *Capri bianco* auf der gesamten Insel Capri.

Fiano di Avellino
Strohgelb von unterschiedlicher Intensität. Angenehmer, kräftiger, charakteristischer Duft. Trockener und harmonischer Geschmack. Mindestalkoholgehalt 11,5°. Der Fiano di Avellino kann zu allen Gerichten getrunken werden, wobei man ihn besonders gern zu den verschiedensten Vorspeisen, hellem Fleisch, Miesmuscheln, Fischsuppe, gegrilltem Fisch und *Cannolicchi alla panna* (Muscheln in Sahnesauce) reicht. Dabei beträgt die ideale Trinktemperatur 8–10 °C.
Zum Produktionsgebiet gehört Avellino zusammen mit zahlreichen weiteren Gemeinden der Provinz.

Greco di Tufo
Strohgelber bis goldfarbener Wein. Feiner, gefälliger, typischer Duft. Im Geschmack zart, trocken, harmonisch. Mindestalkoholgehalt 11,5°. Besonders zu kalten Vorspeisen (speziell der *spumante secco);* die normale Variante paßt ausgezeichnet zu Gerichten aus konserviertem Fisch (Thunfisch, Klippfisch, Hering), gebackenen Miesmuscheln und Languste auf Kardinals-Art. Serviertemperatur: etwa 10–12 °C.
Neben der Gemeinde Tufo gehören zum Anbaugebiet dieses Weins weitere sieben Gemeinden der Provinz Avellino.

Ischia bianco
Strohgelb mit Goldschimmer. Weiniges, feines und gefälliges Bukett. Trockener Geschmack, ausgewogener Körper, harmonisch. Mindestalkoholgehalt 11°. Hervorragend zu Risottos, Vorspeisen und Fischgerichten. Er wird mit etwa 10 °C getrunken.
Er wächst im gesamten Gebiet der Insel Ischia.

Ischia bianco superiore
Strohgelber bis goldfarbener Wein mit gefälligem, aromatischem Duft. Charakteristischer Geschmack, harmonisch und trocken. Mindestalkoholgehalt 12°. Großartig als Ergänzung zu Fisch, sehr gut auch zu zahlreichen anderen Gerichten; im Grunde zu allen Speisen passend. Die Serviertemperatur sollte etwa 10 °C betragen.
Für das Anbaugebiet s. den zuvor beschriebenen Wein.

Ischia rosso
Mehr oder weniger intensives Rubinrot. Weiniges Bukett. Trocken, von mittlerem Körper, tanninhal-

tig. Mindestalkoholgehalt 11,5°. Dieser Wein kann zu allen Gängen gereicht werden, schmeckt jedoch besonders zu Zwischengerichten und Fleisch. Man trinkt ihn bei Zimmertemperatur (18°C).
Das Anbaugebiet ist das gleiche wie beim *Ischia bianco*.

Solopaca bianco
Strohgelb von unterschiedlicher Intensität. Weiniges, angenehmes Bukett. Trockener und samtiger Geschmack. Mindestalkoholgehalt 12°. Vorzüglich zu Risottos. Als ideale Trinktemperatur werden 7–8°C empfohlen.
Der Solopaca ist in der Gemeinde gleichen Namens sowie in weiteren zehn Gemeinden der Provinz Benevento heimisch.

Solopaca rosso
Rubinrot, das mit zunehmendem Alter des Weins etwas verblaßt. Intensiver, charakteristischer Duft. Trocken, harmonisch und samtig im Geschmack. Mindestalkoholgehalt 12°. In der Jugend paßt dieser Wein gut zu Nudeln mit Fleischsauce, nach kurzer Alterung hingegen exzellent zu Brathuhn, Lamm, gefüllten Tauben. Man reicht ihn bei Zimmertemperatur (18°C).
Sein Produktionsgebiet ist mit dem des *Solopaca bianco* identisch.

Taurasi
Kräftiges Rubinrot, das im Alter orangefarbene Reflexe entwickelt. Charakteristisches, angenehmes, intensives Bukett. Im Geschmack trocken, voll, robust, aromatisch. Mindestalkoholgehalt 12°. Zu aufwendigen Braten, Wildschwein in süßsaurer Sauce, Zicklein, Roastbeef und gebackenem Lamm. Die empfohlene Serviertemperatur beträgt etwa 20°C.
Sein Herkunftsgebiet umschließt neben Taurasi weitere fünfzehn Gemeinden in der Provinz Avellino.

Vesuvio bianco
Von hellem, leuchtendem Strohgelb. Feiner, intensiver, fruchtiger Duft. Trockener, voller Geschmack, sehr harmonisch. Mindestalkoholgehalt noch nicht bestimmt. Besonders zu Vorspeisen mit Fischen und Meeresfrüchten. Ideale Trinktemperatur: 8–10°C.
Dieser Wein wächst am Fuße des Vesuvs in der Provinz Neapel (Torre del Greco, Boscoreale usw.).

Vesuvio rosato
Sattes Kirschrot. Zarter, feiner, fruchtiger Duft. Voller Geschmack, mit leichtem Mandelaroma. Mindestalkoholgehalt noch nicht bestimmt. Er paßt zu allen Gerichten und wird mit etwa 14°C getrunken.
Für das Herkunftsgebiet s. den zuvor beschriebenen Wein.

Vesuvio rosso
In der Jugend von kräftigem Rubinrot, im Alter granatfarben. Feiner Duft mit Veilchenaroma, ätherisch; entfaltet ein elegantes Bukett. Im Geschmack trocken, voll, oftmals edel. Mindestalkoholgehalt noch nicht bestimmt. Gut zu gebratenem oder geschmortem Fleisch. Wird mit 18°C gereicht.
Dieser Wein gedeiht im gleichen Gebiet wie der *Vesuvio bianco*.

Basilicata

Basilikata

Aglianico del Vulture
Wein von unterschiedlich intensivem Rubinrot oder lebhaftem Granatrot, entwickelt im Alter orangefarbene Reflexe. Weiniges Bukett mit feinem, charakteristischem Duft. Trocken, würzig und frisch im Geschmack; harmonisch, ausgewogen gerbsäurehaltig. Mindestalkoholgehalt 11,5°. In der Jugend paßt dieser Wein gut zu Schmorgerichten, Hühnchen, Milchlamm, Kaninchen auf Jäger-Art und Gegrilltem; im Alter fein zu gebratenem Wild und Gerichten mit Trüffeln. Je nach Alter sollte die Serviertemperatur zwischen 18 und 20°C betragen.
Zu seinem Produktionsgebiet zählen 15 Gemeinden südlich des Monte Vulture in der Provinz Potenza.

Calabria

Kalabrien

Cirò bianco
Mehr oder weniger kräftiges Strohgelb. Aromatischer und charakteristischer Duft. Im Geschmack delikat, harmonisch, typisch. Mindestalkoholgehalt 12°. Als Aperitif, hervorragend aber auch als Ergänzung zu gegrillten Fischschnitten (Thunfisch, Schwertfisch). Er wird gekühlt (10–12°C) getrunken.
Angebaut wird dieser Wein in den Gemeinden Cirò und Cirò Marina sowie in Teilgebieten von Melissa und Crucoli.

Cirò rosso oder rosato
Rubinrot bis rosé. Angenehmer und delikater, wenn auch stark weiniger Geruch. Körperreich, warm und harmonisch im Geschmack; im Alter samtig. Mindestalkoholgehalt 13,5°. Ein großartiger Wein zu edlen Braten, der bei Zimmertemperatur (mit etwa 20–22°C) gereicht wird.
Sein Produktionsgebiet ist identisch mit dem des zuvor beschriebenen Weins.

Donnici
Rubinrote bis kirschrote Farbe von unterschiedlicher Intensität. Angenehm weiniges Bukett. Im Geschmack trocken und harmonisch. Mindestalkoholgehalt 12°. Generell ein guter Tischwein; ausgezeichnet zu Fleisch. Er wird bei Zimmertemperatur (18°C) getrunken.
Seine Anbauzone liegt in den Hügeln der Stadt Cosenza südlich des bewohnten Gebietes und umfaßt darüber hinaus etwa zehn weitere umliegende Gemeinden.

Greco di Bianco
Wein von goldgelber Farbe, die oft sehr kräftig ausfällt und ins Bernsteinfarbene nuanciert. Feiner, ausgeprägter, nachhaltiger, angenehmer Duft mit einem Aroma, das an Orangenblüten erinnert. Süß, aber nicht unangenehm im Geschmack, frisch, üppig, harmonisch. Mindestalkoholgehalt noch nicht bestimmt. Ein ausgezeichneter Dessertwein, der frisch, d. h. mit etwa 8–10°C, getrunken wird.
Er wächst teilweise in der Ebene, teilweise in den Hügeln der Gemeinde Bianco in der Provinz Reggio Calabria.

Lamezia
Von mehr oder weniger sattem Kirschrot. Angenehmes, zart-weiniges Bukett. Trocken, im rechten Maße körperreich, harmonisch im Geschmack. Mindestalkoholgehalt 12°. Ein Wein, den man zu allen Gängen reichen kann; paßt auch zu Fleisch. Serviertemperatur: ca. 18°C.
Er wird in Teilgebieten von zehn Gemeinden in der Provinz Catanzaro, unter anderem in Lamezia Terme, erzeugt.

Melissa bianco
Mehr oder weniger zartes Strohgelb. Charakteristisches, weiniges Bukett. Trocken, delikat, harmonisch im Geschmack. Mindestalkoholgehalt 11,5°. Hervorragend zu Fisch; paßt ebenso gut zu den Gerichten der lokalen Küche. Der Melissa bianco wird gekühlt (9–10°C) gereicht.
Neben der Gemeinde Melissa umfaßt sein Herstellungsgebiet zahlreiche weitere Gemeinden in der Provinz Catanzaro.

Melissa rosso
Volles Rosé bis Rubinrot; im Alter mit orangefarbenen Reflexen. Weiniger, charakteristischer Duft. Trocken, körperreich, würzig und typisch im Geschmack. Mindestalkoholgehalt 12,5°. Besonders im Alter harmoniert er gut mit Braten, Pilzen, Wild und generell Fleischgerichten. Er wird mit Zimmertemperatur (18°C) kredenzt.
Sein Anbaugebiet ist identisch mit dem des zuvor beschriebenen Weins.

Pollino
Rubinfarbener bis kirschroter Wein. Charakteristisch im Duft. Voller und trockener Geschmack. Mindestalkoholgehalt 12°. Paßt generell zu allen Speisen; im Alter vorzüglich zu edlem Wild und Geflügel. Seine ideale Trinktemperatur liegt bei 18°C.
Dieser Wein gedeiht in den sanften Ausläufern der Monti Pollino südlich von Cosenza, und zwar in den Gemeinden Castrovillari, S. Basile, Saracena, Cassano Ionio, Covita und Frascineto.

Sant'Anna di Isola Capo Rizzuto
Mehr oder weniger tiefes Rosé. Weiniger, charakteristischer Duft. Im Geschmack trocken, harmonisch und rund. Mindestalkoholgehalt 12°. Ein ausgesprochener Tischwein, der besonders gut zu Fleisch paßt. Die empfohlene Trinktemperatur bewegt sich bei 15–16°C.
Er wächst im gesamten Gebiet der Insel Capo Rizzuto sowie in Teilgebieten der Gemeinden Crotone und Cutro in der Provinz Catanzaro.

Savuto
Rubinroter Wein von unterschiedlicher Farbintensität, mit charakteristischem Duft. Voller, trockener Geschmack. Ein vorzüglicher Tischwein, der im Alter besonders zu herzhaften Fleischgerichten mundet; als Rosé ausgezeichnet zu Vorspeisen aus magerer Wurst wie auch zu hellem Fleisch, Spargel, Artischocken und Käse. Die ideale Trinktemperatur liegt, je nach Alter, zwischen 12 und 20 °C.
Sein Anbaugebiet liegt in der unwegsamen Hügellandschaft, die das Flußtal des Savuto säumt: Es umschließt 14 Gemeinden in der Provinz Cosenza und sechs der Provinz Catanzaro.

Puglia

Apulien

Aleatico di Puglia
Mehr oder weniger intensives Granatrot mit violetten Reflexen; im Alter ins Orangerote spielend. Fein-aromatischer, charakteristischer Duft. Voll, süß und samtig im Geschmack. Mindestalkoholgehalt 15°. Dieser Wein wird gern zu Obstsalat, frischen Früchten und Eis gereicht, und zwar mit einer Serviertemperatur von 12–14 °C.
Er wird im gesamten Gebiet der Provinzen Foggia, Bari, Brindisi, Lecce und Taranto produziert.

Aleatico di Puglia liquoroso
Mehr oder weniger kräftiges Granatrot mit violetten Reflexen; im Alter ins Orangerote nuancierend. Fein-aromatischer, charakteristischer Duft. Voll und warm im Geschmack, süß, harmonisch und angenehm. Mindestalkoholgehalt 18,5°. Ein Dessertwein, der mit 12–14 °C gereicht wird.
Für das Herkunftsgebiet s. den zuvor beschriebenen Wein.

Brindisi
Unterschiedlich farbintensiver rubinroter Wein, im Alter mit leichtem Orangeton. Weiniges Bukett mit intensivem Duft. Trocken, harmonisch, mit leicht bitterem Unterton, samtig, ausgewogener Gerbsäureanteil. Mindestalkoholgehalt 12°. Die perfekte Abrundung zu eher aufwendigen Fleischgerichten. Die empfohlene Serviertemperatur liegt bei 18–20 °C.
Erzeugt wird dieser Wein in den Gemeinden Brindisi und Mesagne.

Brindisi rosato
Korallenroter Wein, der zuweilen einen zart kirschroten Schimmer entwickelt. Leicht fruchtiger Duft, beim jungen Wein delikat und charakteristisch. Trockener, harmonischer Geschmack mit leicht bitterem Unterton.
Mindestalkoholgehalt 12°. Gut zu Wurstwaren, Fisch vom Spieß oder Grill sowie zu hellem Fleisch. Man reicht ihn gekühlt, d. h. mit etwa 12–14 °C.
Sein Herkunftsgebiet ist das gleiche wie beim zuvor beschriebenen Wein.

Cacc'e mmitte di Lucera
Unterschiedlich intensiv ausfallendes Rubinrot. Charakteristischer, intensiver Duft. Voller und harmonischer Geschmack mit charakteristischem Nachgeschmack. Mindestalkoholgehalt 11,5°. Ein Wein, der zu allen Gängen gereicht werden kann. Man serviert ihn bei Zimmertemperatur (18 °C).
Hergestellt wird er in den Gemeinden Lucera, Troia und Biccari in der Provinz Foggia.

Castel del Monte bianco
Von strohgelber Farbe. Angenehmer, etwas weiniger, delikater Duft. Trocken, frisch und harmonisch im Geschmack. Mindestalkoholgehalt 11,5°. Zu Speisen, die nur in Butter geschwenkt werden, wie auch zu Fisch, gegrillten Auberginen, Paprikaschoten und Vorspeisen. Die ideale Trinktemperatur liegt bei 10 °C.
Die Produktionszone dieses Weins umschließt das Gesamtgebiet der Gemeinde Minervo Murge sowie Teilbezirke der Gemeinden Andria, Corato, Trani, Ruvo, Terlizzi, Bitonto, Palo del Colle, Toritto und Binetto, alle in der Provinz Bari gelegen.

Castel del Monte rosato
Wein von mehr oder weniger intensivem Rubinrot. Weiniges, gefälliges Bukett mit charakteristischem Duft. Trocken und harmonisch im Geschmack, in rechtem Maße tanninhaltig. Mindestalkoholgehalt 11,5°. Sehr geschätzt zu Fisch, Krustentieren, fein zubereitetem Aal, Fischsuppe; ausgezeichnet auch als Aperitif. Als Tischwein reicht man ihn mit 10–12 °C, zum Aperitif mit nur etwa 7–8 °C.
Für das Herkunftsgebiet s. den zuvor beschriebenen Wein.

Castel del Monte rosso
Rubin- bis granatroter Wein, ins Orangerote spielend. Weiniges, angenehmes Bukett mit charakteristischem Duft. Trocken und harmonisch im Geschmack, ausgewogen tanninhaltig. Mindestalkoholgehalt 12°. Ein Wein, den man zu allen Speisen reicht, besonders gern jedoch zu Nudelgerichten, Braten und gegrilltem Fleisch; als *riserva* ausgezeichnet zu Braten und gereiftem Pecorino. Je nach Alter des Weins sollte die Serviertemperatur zwischen 17 und 20 °C betragen.
Er wächst im gleichen Gebiet wie der *Castel del Monte bianco*.

Copertino rosato
Lachsfarbener Wein, der manchmal einen zart kirschroten Schimmer aufweist. Leicht weiniger, feiner Duft. Trocken, ohne jede Herbheit; Kräutergeschmack, der von einem leichten Bitterton begleitet ist. Mindestalkoholgehalt 12°. Besonders zu Vorspeisen, Ausgebackenem und Käse. Die ideale Trinktemperatur bewegt sich um 10–12 °C.
Dieser Wein wird in Copertino und weiteren fünf Gemeinden der Provinz Lecce erzeugt.

Copertino rosso
Rubinroter Wein von unterschiedlicher Farbintensität, im Alter leicht ins Orangerote nuancierend. Weiniger, nachhaltiger Duft. Trockener Geschmack mit Bittermandelaroma, samtig, würzig und reich. Mindestalkoholgehalt 12°. Paßt zu allen Speisen und wird leicht gekühlt (mit etwa 10 °C) kredenzt; dagegen serviert man die *riserva* bei Zimmertemperatur (18–20 °C), wobei die Flasche eine gewisse Zeit vor dem Ausschenken entkorkt werden sollte.
Das Produktionsgebiet deckt sich mit dem des zuvor beschriebenen Weins.

Leverano bianco
Strohgelb von unterschiedlicher Farbtiefe. Angenehmer, leicht weiniger, delikater Duft. Trocken und weich im Geschmack, harmonisch und charakteristisch. Mindestalkoholgehalt 11°. Besonders zu Nudelgerichten mit Sahnesaucen, Risotto auf Seemannsart, Gemüse, Aufläufe, Miesmuscheln, Fisch, Gratins und hellem Fleisch. Als ideale Trinktemperatur sind 8–10 °C angegeben.
Das Anbaugebiet dieses Weins liegt in der Gemeinde Leverano (Provinz Lecce).

Leverano rosato
Roséfarbener bis zart kirschroter Wein, der zuweilen orangerote Reflexe aufweist. Leicht weiniges Bukett, in der Jugend mit fruchtigem Duft. Trocken, frisch und harmonisch im Geschmack. Mindestalkoholgehalt 11,5°. Ein Wein, der besonders zu Vorspeisen, Ausgebackenem, Klippfisch und Suppen paßt. Ideale Trinktemperatur: etwa 12 °C.
Sein Herstellungsgebiet ist der Beschreibung des *Leverano bianco* zu entnehmen.

Locorotondo
Hell strohgelber bis blaßgrüner Wein. Von delikatem, charakteristischem und gefälligem Duft. Trocken und fein im Geschmack. Mindestalkoholgehalt 11°. Wird gern zu Fischen und Krustentieren getrunken, weiterhin zu Gemüse, milden Risottos, Eierspeisen und Käse, insbesondere Pecorino. Die Serviertemperatur sollte bei etwa 9–10 °C liegen.
Das Produktionsgebiet umfaßt die Gemeinden Locorotondo und Cisterno sowie einen Teil der Gemeinde Fasano (Provinzen Bari und Brindisi).

Martina oder Martina Franca
Wein von blaßgrüner bis hellstrohgelber Farbe. Weiniges und delikates Bukett, charakteristisch und gefällig. Im Geschmack trocken, fein, harmonisch. Mindestalkoholgehalt 11°. Exzellent zu Risottos, Fisch, Krustentieren, Gemüse und Aufläufen. Serviertemperatur: 8–10 °C.
Neben den Gemeinden Martina Franca und Alberobello gehören zu seinem Anbaugebiet Teilbezirke von Cegio Messapico und Ostuni, in den Provinzen Bari, Taranto und Brindisi gelegen.

Matino rosato
Kräftiges Rosé, das nach dem ersten Jahr zarte Goldreflexe entwikkelt. Leicht weiniger Duft. Trokken, charakteristisch und harmonisch im Geschmack. Mindestalkoholgehalt 11,5°. Diesen Wein genießt man gern in Verbindung mit Wurst, Schinken, Nudelgerichten

mit Tomatensauce, Gemüse, hellem Fleisch, Kutteln mit Fleischsauce sowie Ausgebackenem. Seine ideale Trinktemperatur bewegt sich um 10–12 °C.
Er wächst in Matino und Teilgebieten weiterer sechs Gemeinden der Provinz Lecce.

Matino rosso
Rubinroter Wein, der im Laufe der Zeit orangefarbene Reflexe hervorbringt. Weiniges Bukett. Trockener, harmonischer Geschmack. Mindestalkoholgehalt 11,5°. Ein vielseitiger Tischwein, der ausgezeichnet zu Fleisch und Käse mundet. Er sollte bei Zimmertemperatur (18 °C) serviert werden.
Sein Herkunftsgebiet ist identisch mit dem des zuvor beschriebenen Weins.

Moscato di Trani
Wein von goldgelber Farbe und intensivem, charakteristischem Duft. Süß und samtig im Geschmack. Mindestalkoholgehalt 15°. Ein klassischer Dessertwein, besonders zu Süßspeisen und Gebäck. Er wird entweder gekühlt (8–10 °C) oder auch bei Zimmertemperatur (18 °C) kredenzt.
Sein Produktionsgebiet umfaßt neben der Gemeinde Trani weitere elf Gemeinden in der Provinz Bari.

Moscato di Trani liquoroso
Goldgelber Wein mit intensivem, charakteristischem Duft. Im Geschmack süß, samtig. Mindestalkoholgehalt 18°. Er wird als Dessertwein zu Süßspeisen und Gebäck gereicht; aber man genießt ihn ebenso gern außerhalb der Mahlzeiten. Die Serviertemperatur sollte 5–6 °C betragen.
Er stammt aus dem gleichen Gebiet wie der zuvor beschriebene Wein.

Ostuni bianco
Von strohgelber Farbe und weinigem, delikatem Duft. Trockener Geschmack, ziemlich ausgeprägter Körper, harmonisch. Mindestalkoholgehalt 11°. Paßt ausgezeichnet zu Fischgerichten. Die Serviertemperatur darf 12 °C nicht überschreiten.
Der Ostuni bianco wird in Ostuni und sechs weiteren Gemeinden der Provinz Brindisi erzeugt.

Ottavianello di Ostuni
Zart rubinroter Wein mit delikatem Duft und trockenem, harmonischem Geschmack. Mindestalkoholgehalt 11,5°. Besonders zu Schmorbraten, gebackenem Fleisch, gegrilltem Steak, Schwein und Lamm passend. Ideale Trinktemperatur: 15 °C.
Für die Anbauzone s. den zuvor beschriebenen Wein.

Primitivo di Manduria
Dunkelroter Wein, der mit zunehmendem Alter einen Purpur- oder auch Orangeton annehmen kann. Leichter, charakteristischer Duft. Angenehmer, voller Geschmack; harmonisch, im Alter eher samtig. Mindestalkoholgehalt 14°. Die Normalversion wird gern zu *Zuppa alla tarantina* (Muschelsuppe mit Tintenfisch, Scampi und Tomaten) gereicht sowie zu *Orecchiette* (Nudelart), *Braciolette* (kleine Koteletts), Schweinefleisch und Wurstprodukten; als *dolce naturale* harmoniert dieser Wein gut mit Süßspeisen und Desserts; als *liquoroso* (Likörwein), der *secco* (trocken) oder *dolce* (süß) angeboten wird, genießt man ihn im allgemeinen als Aperitif (besonders den *secco*) bzw. zum Dessert. Die ideale Trinktemperatur bewegt sich um 18 °C; als *liquoroso* und *dolce* wird er leicht gekühlt, jedoch nicht unterhalb 15 °C, gereicht.
Erzeugt werden diese Weine in Manduria und weiteren 15 Gemeinden der Provinz Taranto.

Rosso Barletta
Rubin- bis granatfarbener Wein, der im Alter orangerote Reflexe entwickelt. Weiniger, charakteristischer Duft. Trocken und harmonisch im Geschmack, körperreich. Mindestalkoholgehalt 12°. Kann zu allen Gängen gereicht werden, besonders gut jedoch zu Fleisch. Den jungen Wein trinkt man leicht gekühlt (15–16°), den älteren mit etwa 20 °C.
Neben Barletta zählen weitere vier Gemeinden der Provinzen Bari und Foggia zu seinem Herkunftsgebiet.

Rosso Canosa
Von mehr oder weniger intensivem Rubinrot, das im Alter orangefarbene Reflexe hervorbringt. Weiniges und gefälliges Bukett mit charakteristischem Duft. Trocken und würzig im Geschmack, ausgeprägter Körper, im rechten Maße gerbsäurehaltig, angenehmes Bittermandelaroma. Mindestalkoholgehalt 12°. In der Jugend zu allen Speisen passend, im Alter zu Braten, edlem Wild, Lamm, Zicklein und Gegrilltem. Je nach Alter sollte die Serviertemperatur zwischen 16 und 20 °C betragen.
Dieser Wein wird ausschließlich in der Gemeinde Canosa di Puglia (Provinz Bari) erzeugt.

Rosso di Cerignola
Mehr oder weniger intensiv rubinrot, später ziegelrot. Weiniges, gefälliges Bukett. Trocken und würzig, ausgeprägter Körper, ausgewogen tanninhaltig, angenehm bitterer Unterton. Mindestalkoholgehalt 12°. Ein vielseitiger Tischwein, besonders jedoch zu hellem Fleisch, Braten, Geflügel und edlem Wild. Er sollte mit etwa 18–20 °C serviert werden.
Zum Produktionsgebiet zählen die Gemeinden Cerignola, Stornara und Stornarella in der Provinz Foggia.

Salice Salentino rosato
Zartes Kirschrot, das im Laufe der Zeit in ein Altrosa übergeht. Leicht weiniger, angenehm nachhaltiger Duft. Im Geschmack trokken, samtig und warm. Mindestalkoholgehalt 12°. Paßt gut zu Vorspeisen, feinen und delikaten ausgebackenen Speisen, Fischsuppe aus Tarent und Käse. Man trinkt ihn kühl, mit etwa 10–14 °C.
Dieser Wein gedeiht in Salice Salentino und weiteren fünf Gemeinden der Provinzen Brindisi und Lecce.

Salice Salentino rosso
Unterschiedlich intensives Rubinrot, das im Alter gelegentlich orangefarbene Reflexe aufweist. Weini-

ger, ätherischer Duft, charakteristisch, angenehm, intensiv. Im Geschmack voll, trocken, robust und zugleich samtig, warm und harmonisch. Mindestalkoholgehalt 12,5°. Besonders im Alter ein exzellenter Bratenwein, der mit 18–20°C gereicht werden sollte.
Für das Produktionsgebiet s. den zuvor beschriebenen Wein.

San Severo bianco
Von zart strohgelber Farbe. Leicht weiniger, gefälliger Duft. Trocken, frisch und harmonisch im Geschmack. Mindestalkoholgehalt 11°. Ein Wein, der zu den verschiedensten Speisen paßt, besonders aber zu Fischsuppen, Nudelgerichten, Kalbsbraten mit Thunfischsauce und Fisch, auf jegliche Art zubereitet. Ideale Trinktemperatur: 10–11°C.
Er wird in acht Gemeinden der Provinz Foggia erzeugt.

Cirò rosso oder rosato

San Severo bianco

Marsala

San Severo rosso oder rosato
Roséwein mit rubinfarbener Nuancierung oder rubinroter Wein, der im Alter ins Ziegelrote übergeht. Weiniges Bukett mit angenehm-charakteristischem Duft. Trocken, körperreich, würzig und harmonisch im Geschmack. Mindestalkoholgehalt 11,5°. Während der Rotwein zu allen Speisen paßt, harmoniert der Roséwein besonders mit Vorspeisen, Ausgebackenem, Käse, Fischsuppe aus Tarent, *Orecchiette* (Nudelart), Fleischrouladen, herzhaften Gerichten, Toasts und Braten. Besonders für den Rosé sollte eine Serviertemperatur von etwa 10°C eingehalten werden.
Das Produktionsgebiet ist der Beschreibung des *San Severo bianco* zu entnehmen.

Squinzano rosato
Von rubinroter bis zart kirschroter Farbe. Weiniges, duftiges Bukett. Würzig, fein und samtig im Geschmack. Mindestalkoholgehalt 12,5°. Diesen Wein reicht man gern zu Vorspeisen, Ausgebackenem, Käse, Fischsuppe aus Tarent und gebackenen Miesmuscheln. Man trinkt ihn gekühlt, d.h. mit 10–11°C.
Angebaut wird er in Squinzano sowie in weiteren sechs Gemeinden der Provinz Lecce.

Squinzano rosso
Wein von mehr oder weniger intensivem Rubinrot, das zuweilen im Alter orangerote Reflexe hervorbringt. Weiniges, ätherisches Bukett, charakteristisch und intensiv. Im Geschmack voll, trocken, robust und zugleich samtig. Mindestalkoholgehalt 12,5°. Entwickelt sich im Alter zu einem hervorragenden Bratenwein, der aber auch zu allen anderen Gängen gereicht werden kann; vorzüglich zu Nudelgerichten, Vorspeisen mit Wurst, Lamm, Zicklein, gegrilltem Steak, im Ofen zubereitetem Schweinebraten. Die empfohlene Serviertemperatur beträgt 18–20°C.
Für das Herstellungsgebiet s. den zuvor beschriebenen Wein.

Sicilia

Sizilien

Alcamo oder Bianco di Alcamo
Strohgelb mit blaßgrünen Reflexen. Neutraler Duft, der ganz leicht die Ursprungstraube ahnen läßt. Trockener, würziger, fruchtig-frischer Geschmack. Mindestalkoholgehalt 11,5°. Ein vielseitiger Tischwein, der frisch (8–10°C) getrunken wird.
Sein Herkunftsgebiet liegt in der Gegend von Alcamo (Provinz Trapani).

Cerasuolo di Vittoria
Von leuchtendem Kirschrot. Weiniges, delikat duftendes Bukett. Warm, trocken und voll im Geschmack, harmonisch und körperreich. Mindestalkoholgehalt 13°. Besonders zu dunklem, gebratenem Fleisch, Kaninchen vom Spieß, Schwein sowie im Ofen oder auf dem Rost zubereitetem Hammel. Serviertemperatur: etwa 15–17°C.
Zu seiner Produktionszone gehören die Gemeinde Vittoria, außerdem vier Gemeinden der Provinz Ragusa und jeweils zwei in den Provinzen Caltanissetta und Catania.

Etna bianco
Strohgelber Wein, zuweilen mit leichten Goldreflexen. Delikater, typischer Duft. Trocken, frisch und harmonisch im Geschmack; leichtes Bittermandelaroma. Mindestalkoholgehalt 11,5°. Zu Vorspeisen und gebackenem Fisch. Er wird gekühlt, d.h. mit etwa 10°C, gereicht.
Das Anbaugebiet erstreckt sich über Teilbezirke von zwanzig Ge-

meinden am Fuße des Ätna in der Provinz Catania, darunter Paternò, Giarre, Acireale und Linguaglossa.

Etna bianco superiore
Von sehr mattem Strohgelb. Delikater Fruchtduft. Trockener, leicht frischer und harmonischer Geschmack. Mindestalkoholgehalt 12°. Dieser Wein harmoniert besonders mit gegrilltem oder in Folie gegartem Fisch sowie den typischen sizilianischen Nudelgerichten mit Sardinen und Tintenfisch. Er wird mit 10 °C gereicht.
Sein Produktionsgebiet deckt sich mit dem des zuvor beschriebenen Weins.

Etna rosso oder rosato
Entweder von rubinroter Farbe, die im Alter leichte Granatreflexe aufweist, oder auch rosé bis rubinrot. Weiniges Bukett mit intensivem Duft. Trockener, warmer, robuster Geschmack, voll und harmonisch. Mindestalkoholgehalt 12,5°. Als Rotwein paßt er zu allen Speisen und wird mit 18–20 °C serviert; als Rosé besonders zu kalten Gerichten, Gemüse, Couscous, Thunfisch mit Zwiebeln; in diesem Fall sollte die Trinktemperatur bei 16 °C liegen.
Für das Herstellungsgebiet s. *Etna bianco.*

Faro
Mehr oder weniger tiefes Rubinrot, das im Alter einen ziegelroten Ton annimmt. Delikater, ätherischer, nachhaltiger Duft. Im Geschmack trocken und harmonisch; von mittlerem Körper, charakteristisch. Mindestalkoholgehalt 12°. Ein ausgesprochen vielseitiger Tischwein, der mit etwa 20 °C getrunken wird.
Er wächst in den Gemeinden Messina und Ganzirri.

Malvasia delle Lipari
Goldgelber bis bernsteinfarbener Wein mit aromatischem, charakteristischem Duft. Süß und aromatisch im Geschmack. Mindestalkoholgehalt 11,5°. Ein Dessertwein, der auch gern außerhalb der Mahlzeiten getrunken wird; zu Süßspeisen und Eis. Er sollte sehr frisch, d. h. mit etwa 8 °C, gereicht werden.
Dieser Malvasia wird auf den Äolischen Inseln, in besonderem Maße auf Salina (Provinz Messina), erzeugt.

Marsala
Tiefbernsteinfarben bis bräunlichgelb. Charakteristischer, gefälliger, nachhaltiger Duft. Trocken oder süß im Geschmack, warm, aromatisch, körperreich. Mindestalkoholgehalt 17–18°. Der *secco* wird gerne zum Aperitif gereicht, und zwar mit einer Temperatur von etwa 10 °C; der *abboccato* schmeckt ausgezeichnet außerhalb der Mahlzeiten zu Keksen; der *dolce* ist ein ausgesprochener Dessertwein, der mit Zimmertemperatur (18 °C) serviert wird.
Dieser Marsala wird in einem großen Gebiet Siziliens in den Provinzen Trapani, Agrigento und Palermo erzeugt.

Moscato di Noto
Mehr oder weniger intensiv goldgelb bis bernsteinfarben. Sein Duft ist geprägt von einem fruchtigen Muskateller-Aroma. Leicht aromatischer, charakteristischer Geschmack. Mindestalkoholgehalt 11,5°. Zum Abschluß einer Mahlzeit, besonders zum Dessert und zu Obst in Sirup. Serviertemperatur: etwa 10 °C.
Folgende vier Gemeinden in der Provinz Siracusa stellen diesen Wein her: Moto, Rosolini, Pachino und Avola.

Moscato di Noto liquoroso
Von unterschiedlich ausgeprägtem Goldgelb. Delikater, aromatischer Duft. Im Geschmack süß, gefällig, warm und samtig. Mindestalkoholgehalt 22°. Ein Dessertwein, der mit etwa 10 °C gereicht wird.
Sein Herkunftsgebiet ist identisch mit dem zuvor beschriebenen Wein.

Moscato di Noto spumante
Strohgelber bis zart goldgelber Wein mit charakteristischem Aroma. Im Geschmack süßlich und aromatisch. Mindestalkoholgehalt 13°. Ein klassischer Dessertwein, der kühl (10 °C) getrunken werden sollte.
Für das Herstellungsgebiet s. *Moscato di Noto.*

Moscato di Pantelleria
Goldgelb bis bernsteinfarben. Delikater Duft mit typischem Muskateller-Aroma. Süß, aromatisch, charakteristisch im Geschmack. Mindestalkoholgehalt 12,5°. Mundet vorzüglich zum Dessert oder auch außerhalb der Mahlzeiten zu Keksen. Man serviert ihn mit etwa 10–12 °C, als *spumante* dagegen mit 6–7 °C.
Sein Anbaugebiet erstreckt sich über die gesamte Insel Pantelleria (Provinz Trapani).

Passito di Pantelleria
Bernsteinfarbener Wein mit delikatem Muskateller-Aroma. Von süßem, gefälligem Geschmack. Mindestalkoholgehalt 14° und mehr. Man genießt diesen Wein außerhalb der Mahlzeiten. Als ideale Trinktemperatur ist 10–12 °C angegeben; es wird empfohlen, ihn in gekühlte Gläser zu schenken.
Er stammt aus der gleichen Gegend wie der zuvor beschriebene Wein.

Moscato di Siracusa
Altgoldfarbener Wein, der zuweilen bernsteingelbe Reflexe aufweist. Delikater und charakteristischer Duft. Süß, samtig und gefällig im Geschmack. Mindestalkoholgehalt 16,5°. Ein ziemlich seltener Wein, der gut zu Süßspeisen und generell zum Dessert paßt. Man serviert ihn mit 8–12 °C.
Er wird im gesamten Gebiet der Gemeinde Siracusa erzeugt.

Sardegna

Sardinien

Campidano di Terralba oder Terralba
Von mehr oder weniger hellem Rubinrot. Weiniges, intensives Bukett. Trocken und würzig im Geschmack, voll und charakteristisch. Mindestalkoholgehalt 11,5°. Dieser Wein sollte jung getrunken werden und paßt besonders zu Suppen, Nudelgerichten, Fleisch, Oliven und Wurstwaren. Als Trinktemperatur wird 16–18 °C angegeben.
Das Produktionsgebiet umschließt neben Terralba zahlreiche andere Gemeinden in der fruchtbaren Campidano-Ebene (Provinzen Cagliari und Oristano).

Cannonau di Sardegna
Mehr oder weniger kräftiges Rubinrot, das im Laufe der Zeit einen Orangeton annimmt. Sehr charakteristischer, aromatischer, gefälliger Duft. Seine Geschmacksskala reicht von trocken bis süffig; würzig und typisch. Mindestalkoholgehalt 13,5°. Er wird in zahlreichen Versionen angeboten, die zu den verschiedensten Speisen passen: Als *secco* kann man ihn zu allen Gängen reichen; der *secco superiore* und *liquoroso* ist ideal zu edlen Braten und hier insbesondere zu Wildschwein und dunklem Fleisch; der *dolce naturale* hingegen ist ein Dessertwein, den man gern zu Kleingebäck genießt. Die empfohlene Serviertemperatur beträgt 16–18 °C für die Normalversion und 18–20 °C für den *superiore.*
Er wächst in allen Teilen Sardiniens.

Carignano del Sulcis rosato
Von mehr oder weniger intensivem Rosé. Angenehm weiniges Bukett. Trockener, harmonischer, samtiger und charakteristischer Geschmack. Mindestalkoholgehalt 11,5°. Paßt gut zu allen Speisen: von Nudelgerichten und Wurstprodukten über gekochtes Fleisch bis hin zu den Spezialitäten der lokalen Küche. Serviertemperatur 16–18 °C.
Er ist im Gebiet von Sulcis in der Provinz Cagliari heimisch.

Carignano del Sulcis rosso
Rubinrot unterschiedlicher Farbintensität. Weiniges, angenehm intensives Bukett. Trocken, würzig und harmonisch im Geschmack. Mindestalkoholgehalt 11,5°. Besonders zu Braten von dunklem Fleisch, Lamm, Wild und ähnlichen Speisen passend. Die empfohlene Trinktemperatur liegt bei 18–20 °C.
Für das Herkunftsgebiet s. den zuvor beschriebenen Wein.

Girò di Cagliari
Funkelnd hellrubinroter Wein. Delikater Duft mit Traubenaroma. Im Geschmack angenehm, warm und samtig. Wird als *dolce* und *secco* angeboten. Mindestalkoholgehalt beim *dolce* 14,5° bzw. 14° beim *secco.* Als *dolce* reicht man ihn zum Dessert, als *secco* beispielsweise zu Braten. Sie werden beide mit etwa 15–17 °C serviert.
Ihr Produktionsgebiet erstreckt sich über die gesamte Provinz Cagliari sowie einen Teil der Provinz Oristano.

Girò di Cagliari liquoroso
Funkelnd hellrubinrote Farbe. Feiner Duft mit ausgeprägtem Aroma. Je nach Typ süß oder trocken

im Geschmack. Mindestalkoholgehalt 17,5°. Man trinkt ihn wie Portwein, und zwar mit 15–17°C. Er ist im gleichen Gebiet heimisch wie der zuvor beschriebene Wein.

Malvasia di Bosa
Strohgelber bis goldfarbener Wein mit intensivem, sehr delikatem Duft. Das Geschmacksspektrum der angebotenen Typen reicht von *secco* (trocken) bis *dolce* (süß), wobei generell ein leichter Bitterton mitschwingt. Mindestalkoholgehalt 15°. Der Malvasia di Bosa *dolce* mundet besonders zu Desserts und Kleingebäck, während der *secco* in erster Linie zu Vorspeisen mit Krustentieren, Weichtieren, fetten Fischen, aber auch zu *Pecorino sardo* gereicht wird. In jedem Fall wird als ideale Trinktemperatur 8–10°C empfohlen.
Zum Produktionsgebiet zählen neben Bosa weitere sechs Gemeinden der Provinz Nuoro.

Malvasia di Bosa liquorosa
Strohgelb bis goldfarben. Sehr feiner, markant-aromatischer Duft. *Dolce* (süß) oder *secco* (trocken) je nach Typ; von großer Feinheit. Mindestalkoholgehalt 17,5°. Die süße Variante paßt sehr gut zu Kleingebäck und Desserts, der *secco* dagegen schmeckt ausgezeichnet als Aperitif oder auch als Bestandteil in Cocktails. Beide werden mit einer Temperatur von 8–10°C gereicht.
Für das Herkunftsgebiet s. den zuvor beschriebenen Wein.

Malvasia di Cagliari
Strohgelber, ins Goldfarbene nuancierender Wein mit intensivem, delikatem, charakteristischem Duft. Je nach Typ *dolce* (süß) oder *secco* (trocken), mit einem leicht bitteren Nachgeschmack, der an geröstete Mandeln erinnert. Mindestalkoholgehalt 14°. Der Malvasia di Cagliari dolce ist ein ausgesprochener Dessertwein, der Typ *secco* hingegen harmoniert besonders mit Vorspeisen aus Krustentieren, mit Weichtieren, fettem Fisch sowie *Pecorino sardo*. Dieser Wein wird grundsätzlich mit 8–10°C kredenzt.
Sein Herstellungsgebiet erstreckt sich über die Provinzen Cagliari und Oristano.

Malvasia di Cagliari liquorosa
Strohgelber Wein mit leichtem Goldschimmer. Ausgesprochen feiner Duft mit sehr ausgeprägtem Aroma. Je nach Typ *dolce* (süß) oder *secco* (trocken). Mindestalkoholgehalt 17,5°. Während der *dolce* gern zu Kleingebäck und Desserts gereicht wird, eignet sich der *secco* vorzüglich als Aperitif bzw. als Bestandteil von Cocktails. Die Serviertemperatur sollte stets 8–10°C betragen.
Sein Herkunftsgebiet stimmt mit dem zuvor beschriebenen Wein überein.

Monica di Cagliari
Zart rubinroter Wein mit ätherischem, intensivem, aber zugleich delikatem Duft. Angenehm, weich und samtig im Geschmack. Dieser Wein ist als *dolce* (süß) und *secco* (trocken) erhältlich. Mindestalkoholgehalt beim *dolce* 14,5°, beim *secco* 14°. Den *dolce* reicht man mit Vorliebe zu Gebäck und Obst, den *Secco* dagegen zu Braten, Wild und den gastronomischen Spezialitäten der Gegend. Sie werden beide mit einer Temperatur von etwa 16°C serviert.
Das Anbaugebiet erstreckt sich über die gesamte Provinz Cagliari sowie einen Teil der Provinz Oristano.

Monica di Cagliari liquoroso
Wein von zartem Rubinrot, das im Alter ins Orangerote übergeht. Sehr feiner Duft mit unverkennbarem Aroma. Als *dolce* oder *secco* erhältlich. Mindestalkoholgehalt 17,5°. Der *dolce* paßt sehr gut zu Gebäck und Obst, der *secco* zu Braten, Wild und den typischen Gerichten aus der Gegend. Grundsätzlich wird eine Serviertemperatur von 16°C empfohlen.
Das Herstellungsgebiet stimmt mit dem des zuvor beschriebenen Weins überein.

Monica di Sardegna
Helles, funkelndes Rubinrot, das mit zunehmendem Alter des Weins einen Purpurton annimmt. Intensives, angenehmes und gefälliges Bukett. Im Geschmack trocken und würzig. Mindestalkoholgehalt 12°. Besonders zu Suppen, Braten und Wild. Dieser Wein wird bei Zimmertemperatur (18°C) gereicht.
Er wird in ganz Sardinien produziert.

Moscato di Cagliari
Funkelnd goldgelber Wein mit intensivem, charakteristischem Duft. Von exquisiter Süße, samtig im Geschmack. Mindestalkoholgehalt 15°. Ein ausgezeichneter Dessertwein, der mit 10–12°C kredenzt wird.
Seine Anbauzone umschließt die gesamte Provinz Cagliari sowie einige Gemeinden der Provinz Oristano.

Moscato di Cagliari liquoroso
Funkelndes Goldgelb. Sehr feiner Duft mit intensivem Muskateller-Aroma. Ausgesprochen fein auch im Geschmack, von erlesener Süße, die an frische Trauben erinnert. Mindestalkoholgehalt 17,5°. Wird zum Dessert gereicht, und zwar mit einer Temperatur von 14°C.
Sein Herkunftsgebiet stimmt mit dem des zuvor beschriebenen Weins überein.

Moscato di Sardegna
Von leuchtendem Strohgelb. Aromatischer, delikater Duft, fruchtig und charakteristisch. Mindestalkoholgehalt 11,5°. Ein Dessertwein, der insbesondere zu Eis mundet und den man auch außerhalb der Mahlzeiten genießt. Er wird kühl, d. h. mit 5–6°C, getrunken.
Angebaut wird er auf ganz Sardinien.

Moscato di Sorso-Sennori
Tiefgoldgelber Wein mit intensivem, charakteristischem Aroma. Süß, voll und fein im Geschmack. Mindestalkoholgehalt 15°. Ein Dessertwein, den man ebenso gern außerhalb der Mahlzeiten zu Gebäck anbietet. Serviertemperatur: ca. 8–10°C.
Er gedeiht in den Gemeinden Sorso und Sennori in der Provinz Sassari.

Nasco di Cagliari
Strohgelb bis goldfarben. Delikater, leicht aromatischer Duft. Angenehmer Geschmack mit leichtem Bitterton. Er wird also *secco* (trokken) oder *dolce* (süß) angeboten. Für den letzteren liegt der Mindestalkoholgehalt bei 14,5°; beim *secco* dagegen beträgt er 14°. Der Nasco *dolce* wird gerne zu Obst und Desserts gereicht, der *secco* dagegen zu typisch sardischen Gerichten, insbesondere Krustentieren und Meeresfrüchten. Ideale Trinktemperatur: 10–12°C.
Das Produktionsgebiet umfaßt die gesamte Provinz Cagliari sowie einige Gemeinden in der Provinz Oristano.

Nasco di Cagliari liquoroso
Strohgelber bis goldfarbener Wein. Feiner und aromatischer, sehr markanter Duft. Je nach Typ süß *(dolce)* oder trocken *(secco)* im Geschmack. Mindestalkoholgehalt 17,5°. Der Nasco liquoroso *dolce* wird vorzugsweise zu Gebäck gereicht, aber auch außerhalb der Mahlzeiten getrunken; der *secco* eignet sich hervorragend als Aperitif. Beide werden mit etwa 8–10°C serviert.
Anbaugebiet wie beim zuvor beschriebenen Wein.

Nuragus di Cagliari
Von zartem Strohgelb, das zuweilen blaßgrüne Reflexe aufweist. Weiniges, angenehmes Bukett. Trocken, würzig und harmonisch im Geschmack, leicht säuerlich, gefällig, süffig. Mindestalkoholgehalt 11°. Dieser Wein paßt zu allen Gängen und wird gekühlt (10°C) getrunken.
Seine Anbauzone liegt in der Provinz Cagliari, außerdem in Teilgebieten der Provinz Oristano und in einigen Gemeinden der Provinz Nuoro.

Vermentino di Gallura
Strohgelber, blaßgrün funkelnder Wein. Feines, intensives, delikates Bukett. Trockener, weicher, leicht bitterer Geschmack. Mindestalkoholgehalt 12°. Ausgezeichnet als Aperitif. Serviertemperatur: etwa 8–10°C.
Sein Herstellungsgebiet umfaßt zahlreiche Gemeinden auf der Gallura-Halbinsel (Provinz Sassari), unter anderen Calangius, Tempio Pausania, S. Teresa di Gallura, sowie zwei Gemeinden in der Provinz Nuoro.

Vernaccia di Oristano
Wein von goldgelber Farbe, die sich im Laufe der Zeit ins Bernsteingelbe verlagert. Delikater Duft, der ein wenig an Mandelblüten erinnert. Im Geschmack fein, zart und warm, mit leichtem, angenehmem Bittermandelaroma. Mindestalkoholgehalt 15°. Hervorragend als Aperitif; außerdem zu Krustentieren und Austern. Als Tischwein sollte er mit 8–10°C serviert werden, als Aperitif dagegen eisgekühlt.
Produziert wird dieser Wein in Oristano sowie in fünfzehn weiteren, im Tirso-Becken gelegenen Gemeinden (Provinzen Cagliari und Oristano).

Glossar

Glossar

Abbacchio
Abbacchio ist die in den Metzgereien Latiums und anderer Regionen übliche Bezeichnung für Milchlamm. Manche Etymologen meinen, der Name käme von *abbacchiare (niederschlagen),* da die Lämmer mit einem Schlag auf den Kopf getötet werden. Andere Etymologen sehen in dem lateinischen *ad baculum* den Ursprung, was in etwa *kleines, an einen Stock angebundenes Lamm* bedeuten soll.

Absengen
Gerupftes Geflügel wird über eine offene Flamme gehalten, so daß stehengebliebene Teile der Federn und des Flaums abbrennen.

Agnolotti
Eine Teigware aus Eierteig, die in ganz Italien, vor allem aber im Piemont, in der Lombardei und der Toskana heimisch ist.
Die *Agnolotti* sind quadratische oder scheibenförmige Taschen aus Eierteig mit einer Farce aus Fleisch und Käse oder Gemüse.

Agresto
Der ausgesprochen saure Saft noch nicht reifer Trauben. Er wird zum Abrunden von Speisen und zum Zubereiten verschiedener Saucen verwendet.

Ajada
Ajada ist der Name einer Sauce. Man zerreibt Knoblauch, geschälte Walnüsse und Weißbrotkrume im Mörser und fügt etwas Olivenöl hinzu. *Ajada* wurde einst an den Fastentagen zu einem traditionellen Lasagnegericht gereicht.

Amatriciana
Hiermit wird eine bestimmte Zubereitungsart einer Sauce bezeichnet, die für Nudelgerichte, vor allem für die berühmten *Bucatini,* verwendet wird.
Name und Entstehung verdankt sie dem Städtchen Amatrice, das bis heute der kulinarischen Erfindung aus Latium mit einem Fest gedenkt, welches jedes Jahr am Sonntag nach Mariä-Himmelfahrt stattfindet.

Àola
Àola ist ein Süßwasserfisch aus der Familie der Stachelflosser (Akanthopterygier). Je nach Region wird er auch *Alborello* genannt. Er lebt in Schwärmen und ist besonders zahlreich im Gardasee vertreten.

Aranzada
Aranzada ist eine sardische Nougat-Spezialität. Sie wird hergestellt aus gerösteten Mandeln, vermischt mit feinen Scheiben in Honig gekochter Orangenschale.

Baccalà
So wird in Venetien Stockfisch genannt. Stockfisch ist durch Lufttrocknen haltbar gemachter Kabeljau.

Baci di dama
Diese kleinen Törtchen mit dem Namen *Damenküßchen* gelten als Spezialität aus Sanremo, Novi Lugure und Tortona. Mandeln, Mehl, Butter, Zucker, Likör und Vanille werden mit Schokolade gebunden.

Bagna cauda
Diese Spezialität der piemontesischen Küche ist eine Dip-Sauce aus Sardellen, Knoblauch, Öl, etwas Butter oder Sahne. Sie wird heiß, jedoch nicht kochend serviert und dient zum Eintunken verschiedener roher Gemüse, wie Fenchel, Bleichsellerie, Karden und Topinamburs. Man serviert die *Bagna cauda* in kleinen Steinguttöpfchen. Ein Rechaud sorgt dafür, daß die Sauce warm bleibt.

Bagòss
Ein Käse aus dem lombardischen Voralpengebiet. Produktionsort ist Val Sabbia, genauer Bagolino, nach dem der Käse benannt ist. *Bagòss* wird aus Kuhmilch gewonnen und ist sehr pikant. Er dient als Aufstrich für geröstetes Brot. Früher wurde dem *Bagòss* eine aphrodisische Wirkung zugeschrieben, weswegen er auch *formaggio dell'amore* (Liebeskäse) genannt wurde.

Bandiera
Das Weiß der Zwiebeln, das Rot der Tomaten und das Grün der Paprikaschoten erinnern an die Farben der italienischen Flagge *(bandiera).* Deswegen nennt sich diese umbrische Variante der weitverbreiteten Peperonata auch *Bandiera.* Die Zutaten werden in Olivenöl angebraten und dann bei schwacher Hitze langsam gegart. Bei einer guten *Bandiera* darf das Gemüse nicht verkochen.

Bardieren
Mageres Fleisch, vor allem Wild und Geflügel, wird in ein Speckhemd gekleidet, d. h. ringsherum mit Speckscheiben belegt, damit es beim Garen nicht austrocknet.

Basilikum
Basilikum, auch Basilienkraut, Königskraut, Suppenbasil genannt, stammt ursprünglich aus dem südostasiatischen Raum. In Italien werden meist die frischen Blättchen verwendet. Basilikum paßt gut zu Auberginen und Tomaten und dient häufig zur Zubereitung von Saucen, wie z. B. von *Pesto genovese.*

Bìgoli
Eine Nudelsorte aus Venetien. Die *Bìgoli* gleichen dicken *Spaghetti* und werden mit einer speziellen Nudelpresse aus Weizenmehl und Eiern hergestellt. Aus Vollkornmehl bereitete *Bìgoli* nennen sich *Bìgoli mati* (falsche Bìgoli). Sie werden meist mit einer Sauce aus Öl und Sardellen gereicht.

Blutwurst
Wird ein Schwein geschlachtet, so hängt man es auf, damit es ausbluten kann und das Fleisch schön weiß wird. Das Blut wird aufgefangen, mit Speck, geriebenem Brot, Pinienkernen und manchmal mit etwas Zucker vermengt, gekocht und zu Würsten verarbeitet. Blutwürste brät man auf dem Rost oder im Ofen. Fast in allen Regionen Italiens wurden einst Blutwürste hergestellt. Sie unterscheiden sich hauptsächlich in der Auswahl der Gewürze. Damals war das Sprichwort noch wahr, daß beim Schlachten eines Schweins nichts weggeworfen, alles genutzt werde.

Bomba di riso
Siehe *Reisbombe.*

Bondiola
Bondiola heißt der Darm des Ochsen, der mit Schweinefleisch oder zu gleichen Teilen mit Schweine- und Rindfleisch abgefüllt und zu Wurst verarbeitet wird. In Venetien wird *bondiola* zu *bóndola,* in der Lombardei zu *bondiana* und in der Emilia zu *bondéina.*

Borretsch
Ein Kuchenkraut aus der Familie der Borraginazeen. Er hat dichtbehaarte Blätter, denen man einst eine herzstärkende Wirkung zuschrieb. Hauptsächlich verwendet man Borretsch zu Gurkengerichten, weswegen es auch Gurkenkraut genannt wird.

Bottarga
Der »Kaviar« Venetiens. Die Eier der großen Meeräschen werden in der Sonne oder an der Luft getrocknet, in feine Scheiben geschnitten und als Vorspeise mit Öl, Zitronensaft und eventuell Pfeffer gereicht.

Boudin
Eine Blutwurstspezialität aus dem Aostatal, die aus gekochtem Schweineblut, Pfeffer und Speck besteht. Die Würste werden gekocht oder in der Pfanne leicht angebraten. Siehe auch unter dem Stichwort *Blutwurst.*

Brasato
Die Bezeichnung geht auf das norditalienische *brasa* (Glut, Holzkohle) zurück. Ein spezieller Topf mit Fleisch wird mit glühender Holzkohle bedeckt. Diese Garmethode kann recht lange dauern. Sie ähnelt dem französischen *daube:* Früher legten die Bauern, bevor sie beim Morgengrauen das Haus verließen, Fleisch (meist von nicht sehr hochwertiger Qualität) unter glühende Holzkohle. Wenn sie abends vom Feld zurückkehrten, war das Abendessen fertig. Das Fleisch war heiß und, aufgrund der langen Garzeit, sehr zart.

Brodetto
So wird in verschiedenen Küstenorten an der Adria Fischsuppe genannt. In Venedig heißt sie *broéto.*

Brovada
Saure weiße Rüben aus dem Friaul. Die Rüben werden in Holzbottichen in Weintrester gelegt und drei Monate der Gärung überlassen. Sie dienen der Zubereitung einer sauren Suppe, der *Jota,* wozu sie in Streifen geschnitten werden. Oder aber man schmort sie mit Speck und reicht sie als Beilage zu Schweinefleischgerichten.

Burrielli
Burrielli heißen in Neapel die kleinen Mozzarellakügelchen, die in Tongefäßen, den sogenannten *lancelle,* aufbewahrt werden. Die *Burrielle* haben einen etwas höheren Buttergehalt als der normale Mozzarella. Daher der Name: *Burro* bedeutet Butter.

Büsêca
Büsêca kommt aus dem Spanischen und ist in Mailand der Name für Kutteln. Die Mailänder sollen immer schon große Liebhaber dieser Innereien-Spezialität gewesen sein, weswegen sie von manchen mit dem Beinamen *büsecón* belegt werden, so wie sich die Venezianer den Namen *polentón* (von *polenta*) zugezogen haben.

Bussolani oder Bussolai
In der Po-Ebene wird so eine Art Kringelgebäck bezeichnet. Die Zutaten variieren von Ort zu Ort, die Form ist jedoch immer die gleiche.

Cacciucco
Das ursprünglich aus dem Türkischen stammende Wort *cacciucco* bezeichnete einen kleinen Fisch. In Livorno existiert eine Fischsuppe unter diesem Namen, die jedoch in ihrer Zubereitungsart und in der Wahl der Fische keineswegs mit einer gewöhnlichen Fischsuppe verglichen werden kann.

Caciuni
Caciuni sind große *Ravioli,* die jedoch im Gegensatz zu jenen nicht aus Nudelteig, sondern aus Brotteig hergestellt werden. Die Füllung besteht aus frischem und älterem Pecorino (wobei die Proportion eine Frage des individuellen Geschmacks ist). Der Käse wird mit Eigelben, Zucker und geriebener Zitronenschale vermengt.

Calzone
Die Herkunft des Wortes *calzone* ist ziemlich umstritten. Manche führen es auf *calizon* zurück, ein mit der Laute vergleichbares, bauchiges Musikinstrument. Der neapolitanische *Calzone* wird aus normalem Pizzateig gemacht. Der Teigfladen wird über der Füllung so zusammengeklappt, daß eine halbmondförmige Tasche entsteht. Für die Füllung verwendet man meist Mozzarella, Ricotta, Schinken und weitere Käsesorten. Auch in anderen Regionen Süd- und Mittelitaliens existiert der *Calzone.* Die Füllung variiert, zum Teil besteht sie nur aus Gemüsesorten. Früher wurde der *Calzone* nicht wie eine Pizza im Ofen gebacken, sondern in der Pfanne in Schweineschmalz gebraten.

Candelaos oder Gueffos
Mandelplätzchen aus Sardinien, die aus gemahlenen Mandeln und Zucker hergestellt werden. Orangelikör sorgt für das besondere Aroma.

Cannellone
Eine Nudelsorte mit der Form von Röhren, die etwa 2 cm Durchmesser haben. Die *Cannelloni* werden gekocht, mit Hackfleisch oder Gemüse gefüllt und in den Ofen geschoben. *Cannellone* heißt auch ein runder, mit Fleisch gefüllter Kuchen, der im Ofen gebacken wird.

Cannòlo
Eine Süßspeise aus Sizilien. Der knusprige, röhrenförmige Teigmantel ist mit gesüßtem Ricotta und kandierten Früchten gefüllt und mit Vanillin bestäubt.

Caponata
Ein traditioneller Gemüsetopf aus Süditalien, in den man Brot tunkt. Im allgemeinen verwendet man frische Tomaten, Zwiebeln, Basilikum, Knoblauch, grüne Paprikaschoten, Oliven, etwas Öl und Essig, ein paar Sardellen und Salz und Pfeffer. In der Toskana ist er unter dem Namen *Panzanella* bekannt. Sizilien kennt eine eigene Variante, die sich *Caponatina di melanzane* (Gemüsetopf mit Auberginen) nennt. Den gebratenen Auberginen, Bleichselleriestangen, Zwiebeln, Kapern, Oliven und Tomaten verleiht die Beigabe von Birnen, Zucker und Weißweinessig einen charakteristischen, süßsauren Geschmack.

Cappelletto
Eine Wurstspezialität aus Schweinefleisch, die der Füllung des *Zampone* (gefüllter Schweinsfuß) entspricht und gekocht wird. In ihrer Form erinnert sie an einen Dreispitz oder an ein Pfaffenhütchen, weswegen sie auch unter dem Namen *Cappello da prete* (Pfaffenhut) bekannt ist. Ein anderer italienischer Name für diese Wurstspezialität ist *Tortellino.*

Carbonade
Ein herkömmliches Gericht aus dem Piemont und Aostatal, wo man früher das Rindfleisch zur Konservierung noch pökelte. Wer den starken Salzgeschmack abmildern wollte, kochte das Fleisch zusammen mit einer gleichen Menge Zwiebeln. Als der Kühlschrank Einzug in die Küchen hielt, kam das Pökeln aus der Mode. Trotzdem überlebte das Rezept in vielen Restaurants, wo es nun einem gewöhnlichen Zwiebelschmortopf ähnelt. Zum Schmoren wird reichlich Rotwein verwendet, wodurch das Fleisch seine typische dunkle Färbung erhält. Daher mag wohl auch der Name des Gerichtes herrühren: *Carbone* bedeutet *Kohle.*

Carta da musica
Carta da musica (Notenpapier) nennt man dünne Dauerbrotfladen. Der Teig wird aus Wasser, Hartweizengrieß und 1 Prise Salz hergestellt und zu Fladen von 20–25 cm Durchmesser ausgerollt. Die Fladen werden erst ein paar Minuten bei niedriger Temperatur gebacken und dann in einem sehr großen Topf in Wasser gekocht. Mit Tomatenpüree, Käse und einem verlorenen Ei belegt, sind sie auch unter dem Namen *Pane frattau* bekannt.

Casonsèi
In der Gegend von Brescia und Bergamo trifft man auf die *Casonsèi,* große *Ravioli,* die mit Salami, Spinat, Sultaninen, Makronen, geriebenem Brot und Käse gefüllt und in zerlassener Butter und Salbei serviert werden.
Der Name dieses traditionsreichen Gerichtes soll – wie einige Etymologen vermuten – von dem lateinischen *caseus* (Käse) abstammen.

Cassata
Eine Süßspeise, die ursprünglich in Sizilien zu Ostern serviert wurde, allmählich jedoch auch den Alltag eroberte. *Pan di Spagna* (Biskuit), mit Vanillin gesüßter Ricotta oder Schokolade bildeten die Grundzutaten für die *Cassata.* Natürlich war es der Phantasie des Koches überlassen, noch andere Zutaten zu verwenden. Der Name geht wahrscheinlich auf das lateinische *caseus* (Käse) zurück. Lange Zeit drang das Rezept nicht über die Mauern der unzähligen Nonnenklöster Siziliens hinaus. Später entstand eine – mit einer Fruchteis-

schicht überzogene – Variante der *Cassata,* aus der sich die heute industriell hergestellte, gefrorene *Cassata* entwickelt hat.

Cassoeula
Ein im Winter beliebtes Gericht der Lombardei. Das Originalrezept gibt als Zutaten Schweinsfüße, Bratwurst, Schwarte, Möhren, Bleichsellerie, Tomaten und Wirsing an. Es existierten jedoch auch eine mailändische Variante, eine aus Como, eine aus Padua und eine Variante aus Novara, eine jede mit eigener Zusammensetzung der Zutaten. *Cassoeula* ist das lombardische Dialektwort für das italienische *casseruola* (Kasserolle).

Cassóla
In manchen Gegenden Italiens, die einst unter spanischer Herrschaft standen, wird mit *cassóla* alles bezeichnet, was in einem Schmortopf gekocht wird. In Sardinien versteht man speziell Fischsuppe unter diesem Namen. (Siehe auch *cassoeula.*)

Cayennepfeffer
Ein Gewürz aus den getrockneten und gemahlenen Schoten einer Chilipflanze *(capsicum fastigiatum)* oder roten Pfefferschoten; sehr scharf.

Cenci
Dieses süße, ausgezogene Gebäck aus der Toskana besteht aus Zukker, Mehl, Eiern, süßem Wein, Hefe, Anis, Vanille oder Orangenschale. Der Teig wird in Streifen geschnitten und in Öl oder Schmalz ausgebacken. Verwandt sind die *Galani* aus Venetien, die *Sfrappole* aus Bologna, die *Donzelline,* die *Nastrini di monaca* und die *Chiacchiere.*

Certosina
Alla certosina ist eine spezielle Risotto-Zubereitungsart. Möglicherweise wurde sie in den Küchen von Certosa di Pavia erfunden. Es handelte sich um ein Risotto aus Erbsen, Flußgarnelen, Pilzen, Knoblauch und Olivenöl. Man findet in Regionen, in denen schon seit langer Zeit Reis angebaut wird, viele ähnliche Originalrezepte.

Chilipulver
Chilipulver ist eine Gewürzmischung aus Cayennepfeffer, Origano und anderen Gewürzen. Es ist nicht ganz so scharf wie der Cayennepfeffer.

Chitarra
Spezielles Küchengerät zur Herstellung von *Maccheroni alla chitarra.* In den Abruzzen nennt man *chitarra* einen rechteckigen Rahmen, der wie eine Gitarre mit Stahldrähten bespannt ist. Man legt das Teigblatt auf die Stahlbespannung und fährt mit einem Rollholz derart darüber, daß die Drähte durch den Teig dringen, ihn also durchschneiden. Nun fährt man mit dem Finger über die Drähte, als wolle man eine Gitarre anschlagen, und die *Maccheroni* lösen sich und fallen herunter.

Cicenielli
Die Neapolitaner bezeichnen mit diesem Namen frischgeschlüpfte Sardellen, die aussehen wie kleine Kichererbsen. Daher auch der Name: *Ceci* bedeutet *Kichererbse.* Die Fischlein dienen als Pizzabelag oder werden mit Ei verrührt als Omelette serviert.

Cicerchiata
Ein Fastnachtsgebäck aus den Abruzzen. Die kleinen Teigwürfel werden in Öl gebacken. Mit Honig verrührt, kann man sie zu Kringeln und Herzen formen.

Cieche
Cieche sind Glasaale, d. h. ganz junge Aale, die gerade erst das Larvenstadium hinter sich haben. In allen Mittelmeerregionen Italiens sind Glasaal-Gerichte verbreitet. In Pisa brät man die Aale in Salbei und Knoblauch. In anderen Gebieten bereitet man aus ihnen ein Omelette mit Käse und geriebenem Brot. Als Gewürz dienen fast immer Salbeiblätter, Pfeffer und Zitronensaft.

Cima
Cima ripiena (gefüllter Kalbsbauch) ist eine Spezialität der ligurischen Küstenregion. Man stößt jedoch auch in anderen Gebieten auf ihn, unter Namen wie *Tasca ripiena* (gefüllte Tasche) und ähnlichem. Der Kalbsbauch wird so aufgeschnitten, daß eine Art runde Tasche entsteht, die man füllt. Die Farce besteht in der Regel aus Ei, Hirn, Kalbsrückenmark, gekochten Erbsen, Petersilie und geriebenem Parmesan. Es gibt viele Varianten, die sich alle an das Originalrezept anlehnen. Kalbsbauch wird heiß oder kalt serviert.

Ciriole
Kleine Aale nennt man auf Italienisch *ciriole.* Dahinter steckt das lateinische *cereus,* was soviel bedeutet wie *die Form einer Kerze habend.* Kleine Aale werden mit Knoblauch, Kapern, Sardellen, Peperoncino und Weißwein zubereitet. In Umbrien versteht man unter *ciriole* allerdings auch große, selbstgemachte *Spaghetti,* die mit Knoblauch, Öl und Peperoncino gewürzt serviert werden.

Civét
Eine im Aostatal verbreitete Zubereitungsart, die speziell bei Hasen-, Ziegen- und Gemsengerichten angewendet wird. Das Wild wird in – mit Kräutern gewürztem – Rotwein mariniert, gebraten und mit Grappa beträufelt.

Classico
Die Bezeichnung Classico auf den Weinetiketten besagt, daß der Wein aus dem Herzen des betreffenden Anbaugebietes stammt.

Connita
Ein Rezept aus den Abruzzen. Mit geriebenem Käse und Petersilie verschlagene Eier werden in Brühe geschüttet, in der zuvor Bauchspeck gekocht wurde. Diese Suppe ähnelt der römischen Einlaufsuppe, ist nur etwas würziger.

Coppiette
Eine Spezialität der Maremmen, die einst bei den Hirten sehr beliebt war. Mageres Fleisch vom Ochsen und vom Wild- oder auch vom Hausschwein wird in dünne Streifen geschnitten, gesalzen und mit Ingwer gewürzt. Dann wird es getrocknet, geräuchert, zusammengeklappt und paarweise miteinander verbunden. Daher auch der Name: *Coppia* bedeutet *Paar.*

Couscous
Couscous ist in einigen afrikanischen Mittelmeerländern wie Libyen, Tunesien, Algerien und Marokko weit verbreitet. In Sizilien wurde das arabische *kuskus* zu *cuscùsu.* Kügelchen aus Hartweizengrieß werden über Wasserdampf gegart. Das Verfahren ist überall das gleiche, variabel dagegen sind die Beilagen. In Algerien ißt man dazu Fleisch und Gemüse mit einer scharfen Sauce. In Sizilien, bei Trapani, reicht man Fisch zu *Cuscùsu.*

Crauti
Siehe unter *Sauerkraut.*

Cren
Cren ist eine pikaten Sauce, aus der geriebenen Wurzel einer Pflanze namens *cochlearia armoracia,* einer Verwandten des Meerrettichs. In manchen Gegenden wird *Cren* mit Essig und Brotkrume vermengt, wodurch die Sauce noch schärfer wird.

Crostino
Die *Crostini* werden als Vorspeise gereicht. Sie sind ein Charakteristikum der italienischen, besser gesagt der toskanischen Küche. *Crostini* sind Bauernbrotscheiben, die in Butter angeröstet und mit einer Mischung aus gebratener Kalbsmilz, Hühnerlebern, Zwiebeln, Sardellen und Kapern bestrichen werden. In anderen Regionen weichen die Rezepte ab: In Spoleto zum Beispiel bestreicht man die *Crostini* mit zerstoßenen Trüffeln, Butter und Sardellen.

Crostone
Crostoni sind große Bauernbrotscheiben, die entweder in Butter und Öl geröstet oder im Ofen gebacken werden. In der moderneren Küche Italiens bestreicht man die *Crostoni* mit einem milden Käse, ehe man sie in den Ofen schiebt. Sehr beliebt sind *Crostoni* mit Gorgonzola.

Crumiri
Die *Crumiri* sind ein Gebäck aus dem Piemont. Die Biskuitstäbchen werden aus Weizenmehl, Maismehl, Eiern und Zucker hergestellt. Ihr Geburtsort ist Casale Monferrato.

Cubbàita
Eine Süßigkeit aus Sizilien, die wahrscheinlich arabischen Ursprungs ist. Gewagtere Spekulationen sehen in ihr sogar einen Nachfolger der Fladenküchlein, die bei Fruchtbarkeitsriten in Griechenland eine Rolle spielten. Heute ist *Cubbàita* eine Art Nougat aus Honig, Sesamsamen und Mandeln.

Cuticùsu
Ein altes Bohnengericht aus Macerata. Dicke Bohnen werden gekocht und mit Öl und Essig, Sardellenfilets, Majoran und zerstoßenem Knoblauch angemacht.

Dekantieren
Das vorsichtige Umfüllen besonders von alten Rotweinen von der Flasche in eine Karaffe, damit

eventuelle Ablagerungen (Weinstein und Gerbsäure) in der Flasche zurückbleiben. Außerdem nimmt der Wein durch das Umfüllen und Durchsieben viel Sauerstoff aus der Luft auf, wodurch sich sein Aroma später um so besser entfalten kann.

D.O.C.
Denominazione di Origine Controllata (D. O. C.) = *kontrollierte Ursprungsbezeichnung* und ist auf dem Etikett von italienischen Weinen zu lesen. Weine, die vom italienischen Landwirtschaftsministerium diese Auszeichnung erhalten, müssen den gesetzlich festgelegten Produktionsvorschriften über Rebsorten, Mindestalkoholgehalt, Verfahren der Weinbereitung und Lagerung entsprechen. Auch geschmackliche Eigenschaften der Weine werden geprüft.

D.O.C.G.
Denominazione di Origine Controllata e Garantita (Kontrollierte und garantierte Ursprungsbezeichnung), abgekürzt D. O. C. G., ist ein vom Staat verliehenes Gütezeichen, das nur wenigen, ganz besonders wertvollen Weinen vorbehalten ist. Es gibt nur fünf Weine, die dieses Siegel bisher erhalten haben: Barbaresco, Barolo, Brunello di Montalcino, Chianti, Vino Nobile di Montepulciano.

Dressieren
Geflügel dressieren bedeutet in der Küchensprache, vor dem Braten Keulen und Flügel so zusammenzubinden, daß sie eng am Körper anliegen. Abstehende Gliedmaßen würden beim Braten sonst leicht verbrennen.

Estragon
Ein aromatisches Kraut, das auch unter den Namen Dragun und Bertram bekannt ist. Es dient zum Würzen von Saucen und anderen Speisen.

Extrakte
Extrakte gewinnt man, indem man Saft von Gemüse oder Fleisch einkochen läßt. Früher machte man das selbst. Heute dienen industriell hergestellte Fleischextrakte und Glutamat zum Verfeinern der Speisen.

Facciuni di Santa Chiara
In Noto auf Sizilien, in dem Kloster von Santa Chiara, pflegten die Nonnen den alten Brauch, mit Schokolade überzogene Fladen aus Mandeln mit Marmelade aus Zedratfrüchten und Orangen zuzubereiten. Diese Fladen zierte das Gesichtchen eines Engels, weswegen sie auch den Namen *Facciuni* (von *faccetta = Gesichtchen*) erhielten.

Farce
Farce wird die Füllung genannt, mit der man Huhn, Fisch und anderem Fleisch Würze verleiht. Auch Teigwaren (z. B. *Tortellini)* oder Süßspeisen können gefüllt werden.

Farsumagra
Ein Gericht, das dem gefüllten Kalbsbauch (siehe unter *Cima*) aus Genua entspricht. Ein Stück Kalbfleisch, meist vom Bauch, wird sorgfältig flachgeklopft und mit Ei, Käse, Schweinefleisch und anderem gefüllt. Das Ganze wird zu einer Rolle geformt und in einem Schmortopf gegart. In feine Scheiben geschnitten, wird das Fleisch lauwarm oder kalt verzehrt.

Favata
Favata ist eine häufig gekochte Bohnensuppe in Sardiniens Küchen. Naturgemäß gibt es zahlreiche Varianten. Das Grundrezept wird jedoch immer beibehalten: Die dicken Bohnen werden in Wasser eingeweicht und dann in einer Schweinefleischbrühe mit einem Stück Speck gekocht.

Fave dei morti
Diese Krokanttörtchen mit dem Namen *Fave dei morti* (Totenbohnen) sind kaum größer als Bohnen. Der Teig besteht aus Zucker, Mandeln, Pinienkernen, Eiweiß und Mehl. Ihre eigentliche Heimat ist die Lombardei, man findet sie jedoch inzwischen in der ganzen Po-Ebene.

Fenchel
Fenchel ist eine Doldenblüterpflanze aus dem Mittelmeerraum, die in Italien auch wild wächst und sehr vielseitig verwendet wird. Fenchelsamen und Fenchelkraut dienen als Gewürz, die Fenchelknollen mit ihrem leicht anisartigen Geschmack gedünstet als Gemüse.

Fiandoléin
Eine Creme aus verquirlter Milch, Eigelb, Zucker und Rum mit Orangenschalenaroma. Mit anderen Worten: *Fiandoléin* ähnelt dem *Za-*

baione (einer Art Weinschaumcreme). Die Zutaten müssen sehr ausgiebig miteinander verschlagen und im Wasserbad unter ständigem Rühren erhitzt werden. Diese Süßspeise aus dem Aostatal wird mit gerösteten Roggenbrotscheiben serviert.

Finanziera
Ein uraltes Gericht aus dem Piemont, das einst am Hof des Herzogs von Savoyen, Carlo Emanuele I., en vogue war. Geröstete Brotscheiben werden schichtenweise mit Fleischscheiben, Kalbsgekröse, Rückenmark und Pilzen belegt.

Flambieren
In Italien wird selten flambiert. Man flambiert im allgemeinen weniger aus geschmacklichen als aus ästhetischen Gründen. Um ein schönes Flammenspiel zu erzeugen, muß der Likör oder Weinbrand sehr heiß sein.

Fondüa
Eine heiße Creme aus geschmolzenem Hart- und Weichkäse (Fontina), Ei, Sahne und Butter, Salz und Pfeffer und einer Verzierung aus weißen Trüffelscheiben. Dazu reicht man gekochten Reis. *Fondüa* ist im piemontesischen Voralpengebiet beheimatet. Der im restlichen Italien gebräuchliche Name ist *Fonduta*.

Frégula
Eine Suppe aus Sardinien. Die Grundlage für diese Suppe bilden Grießkügelchen, die denen des sizilianischen *Cuscùsu* (siehe unter *Couscous*) ähneln. Auch hier wird der Grieß zwischen angefeuchteten Händen gerieben, so daß sich kleine Klümpchen bilden. Diese werden nun aber in Brühe mit reichlich Käse gekocht. Diese Suppe ist bei semitischen Völkern sehr verbreitet, was vermuten läßt, daß sie schon vor sehr langer Zeit nach Sardinien importiert wurde.

Fritto misto
Unter *Fritto misto* versteht man verschiedenerlei Ausgebackenes. Der berühmteste *Fritto misto* stammt aus Bologna, wo eine unglaubliche Vielfalt an Fleisch und Gemüse verwendet wird. Dazu gehören Artischocken, Tomaten, Äpfel, Hühnerfleischstücke, Hirn, Zucchini, Orangen, Grießnockerl und Bananen. Man taucht die Zutaten in einen Teig aus Ei, Milch

Glossar

und Mehl und bäckt sie in reichlich Pflanzenöl aus. Die Florentiner hingegen bereiten *Fritto misto* aus Hirn, Kalbsgekröse, Artischokken, Zucchini und Lammfleisch. In Ascoli werden riesige Oliven mit Rind- und Kalbfleisch gefüllt.

Frutti della Martorana oder Marzipanfrüchte
Marzipanfrüchte waren einst eine Spezialität des Klosters von Martorana in Palermo. Man formte die verschiedensten Früchte naturgetreu nach und bemalte sie täuschend echt. Den Teig bereiteten die Nonnen (und heute ein paar wenige ausgesuchte Konditoreien) aus Mandeln und Zucker zu gleichen Teilen, im Mörser zerstoßen und mit einem süßen Likör und etwas Zimt vermengt. Die Masse gab man in ein Kupfergefäß und ließ unter ständigem Rühren die Feuchtigkeit verdampfen. Anschließend formte man die Früchte, bemalte sie mit natürlichen Farbstoffen und ließ sie letztlich bei nicht allzugroßer Hitze im Ofen hart werden.

Fumét
Fumét ist im Grunde genommen der Vorgänger der Fleischextrakte und Brühwürfel. Man ließ in wenig Wasser Knochen und Fleisch von Rind und Kalb mit etwas Butter, Salz, Pfeffer und Kräutern lange kochen. Dann wurde das Ganze durch ein Sieb gegossen und die Flüssigkeit noch einmal im Wasserbad gekocht.

Fusilli
Fusilli sind hausgemachte *Spaghetti* aus Hartweizen und Wasser oder aus Eierteig. Sie werden um ein Stöckchen gerollt, so daß sie – getrocknet – die Form einer Spirale haben. Heute werden die *Fusilli* auch industriell hergestellt. Man findet sie in den Abruzzen, in Latium, Kampanien, Apulien, Kalabrien und in der Basilikata.

Gamberino
Siehe *Riesengarnelen.*

Garmugia
In der Gegend von Lucca ist diese Suppe sehr beliebt. In feine Scheiben geschnittenes Kalbfleisch wird zusammen mit Bauchspeck, Zwiebeln, Erbsen, frischen dicken Bohnen, Artischockenherzen und Spargelspitzen in Olivenöl angebraten, mit Wasser gelöscht und so lange geschmort, bis das Gemüse gar ist. Dazu reicht man geröstete Brotscheiben.

Garziehen, Pochieren
Garziehen bedeutet, eine Speise, vor allem Fische und Meeresfrüchte, in Flüssigkeit zu garen. Auf Italienisch *affogare,* was wörtlich übersetzt *ertränken* heißt. Speziell Tintenfisch wird in der regionalen Küche Italiens in einem Tontopf *ertränkt,* aber auch Huhn in einem Gefäß, in das es gerade eben hineinpaßt. *Ertränkt,* d. h. pochiert, werden auch die sogenannten verlorenen Eier in siedendem Essigwasser.

Genepì
Ein Likör aus dem westlichen Alpengebiet. Vielleicht ist *Genepì* sogar der älteste Likör dieser Region. Das Originalrezept des Destillats aus alpinen Kräutern wird einem gewissen Genepin zugeschrieben, der in der zweiten Hälfte des vierzehnten Jahrhunderts lebte. Es gibt einen weißen und einen grünen *Genepì.*

Ghiotta
Dieses Wort geht wahrscheinlich auf das arabische *ghatta* zurück, das *Tunke* oder *Sauce* bedeutet. Wenn ein Gericht das Attribut *alla ghiotta* trägt, so heißt das, daß es mit einer speziellen Sauce serviert wird.

Giardiniera
Giardiniera hat zwei Bedeutungen: Erstens werden Gemüsesuppen ohne Bohnen so bezeichnet und zweitens in Essig eingelegtes Gemüse wie Möhren, Bleichsellerie, Zwiebeln usw.

Giuliana
Giuliana ist die Übersetzung des französischen *julienne* und steht für eine bestimmte Schnittechnik von Gemüse. Das Gemüse wird hierbei in feine Stäbchen geschnitten. In weiterem Sinne wird der Begriff auch auf Fleisch übertragen, das als Zutat von gemischtem Salat verwendet wird, so z. B. Hühnerfleisch, Schinken und Pökelzunge.

Goffa
Siehe *Reisbombe.*

Guazzetto
Ein vor allem in Venetien gebräuchlicher Ausdruck, der soviel bedeutet wie schmoren, d. h. unter Verwendung von Flüssigkeit braten.

Gubana
Eine Süßspeise mit Schokolade aus dem Friaul, die dem Strudel ähnelt.

Der Teigmantel, in den die Füllung eingerollt wird, besteht aus Blätterteig, manche bevorzugen jedoch leicht gesüßten und dünn ausgerollten Brotteig. Gefüllt wird die *Gubana* mit gehäuteten Walnüssen, Sultaninen, Pinienkernen, Dörrpflaumen und -feigen, Orangeat und Zitronat und bitterem Schokoladenpulver. Das Ganze wird mit Rum oder sehr süßem Wein getränkt. Etymologisch betrachtet dürfte das Wort *gubana* auf das friaulische *bubana* zurückgehen, das *Schlaraffenland* oder auch *Überfluß* bedeutet. Früher hatte die *Gubana* ihren traditionellen Platz auf der Ostertafel, sozusagen als Gabe, damit die nun kommende Zeit eine gute werde.

Infarinata
Eine Bohnensuppe, die für Garfagnana und Versilia typisch ist, wo sie auch *Intruglia* heißt. Eigentlich ist sie weniger eine Suppe als eine flüssige Polenta: Maismehl wird mit Bohnen, *Cavolo nero* (Schwarzkohl), passierten Tomaten und Rosmarin verkocht. Dazu gibt es fettes Schweinefleisch oder Bratwürstchen. Die *Infarinata* kann man sowohl kalt wie warm servieren. Ist letzteres der Fall, so muß man das Fleisch in Scheiben schneiden und in der Pfanne oder im Grill scharf anrösten.

Jota
Im Friaul und im Julischen Venetien ist diese Suppe weit verbreitet. Allerdings in zwei Varianten: Im Friaul verwendet man Bohnen, Maismehl, saure weiße Rüben und Milch, im Julischen Venetien hingegen Bohnen, Kartoffeln, Sauerkraut und geräucherten Bauchspeck.

Kapern
Der Kapernstrauch ist vor allem im Mittelmeergebiet beheimatet. Kapern sind nicht die Früchte dieser Gewürzpflanze, sondern die noch fest geschlossenen Knospen. Sie werden leicht angetrocknet und in Salzwasser, Essig oder Öl konserviert.

Karamel
Karamel ist eine Masse, die entsteht, wenn Zucker auf 180–200 °C erhitzt wird. Karamel wird zum Einfärben von Rändern und Saucen und zum Verzieren von Süßspeisen verwendet.

Karden
Die Karden, auch unter den Namen Kardonen, spanische Artischocken, spanische Disteln, Distelkohl bekannt, sind distelähnliche Gewächse, die in Südeuropa angebaut und als Gemüse verwendet werden. Sie sind im August und September im Handel erhältlich. Verzehrt werden nur die dickfleischigen Blattstiele.

Körper
Ausdruck aus der Sprache der Weinkenner: Die geschmacklich feststellbaren Extraktstoffe wie Gerbsäure, Glyzerin u. a. in ihrem Zusammenklang mit der Gesamtsäure – das, was dem Wein seine Fülle und Vollmundigkeit verleiht.

Kutteln
Kutteln, auch Kaldaunen genannt, sind in Italien sehr beliebt. Sie stammen vom Vormagen des Rindes. Die Mailänder bevorzugen den *foiólo,* d. h. den Omasus, einen Teil des Vormagens.

Lampascioni
Lampascioni sind wilde Traubenhyazinthen *(muscari comosum)* aus der Familie der Liliengewächse. In Apulien werden sie gegrillt oder gekocht als Salat verspeist. Man ißt nur die Zwiebel, die eine stark harntreibende Wirkung hat. Besonders beliebt ist das Gericht wegen seines leicht bitteren Geschmacks, der auch nach dem Kochen erhalten bleibt.

La Pigneti
Eine in der Basilikata gepflegte Zubereitungsart von Lammfleisch. Das Fleisch wird in Stücke geschnitten und zusammen mit Kar-

toffeln, Zwiebeln, Tomaten, Peperoncino, Pecorino und einem Stück Bratwurst in eine tönerne Amphore gefüllt. Dann wird soviel Wasser zugegossen, daß alles bedeckt ist. Die Amphore wird mit einem Tondeckel verschlossen und in den vom Brotbacken noch heißen Backsteinofen geschoben. Dort läßt man sie, bis der Ofen gänzlich ausgekühlt ist.

Lasagne
Lasagne sind besonders breite Eiernudeln. Es gibt viele Rezepte zur *Lasagne*-Zubereitung. Gewöhnlich werden sie im Ofen mit Fleisch und Käse, verschiedenen Saucen und anderen Zutaten überbacken.

Lattaiolo
Eine ausgesprochen delikate Süßspeise aus der Romagna. Man verquirlt Milch, Zucker und Eiweiß zu einer Creme, die im Ofen gebakken wird. Manchmal gibt man auch Rum oder Alkermes zu.

Lcpudrida
Der Ursprung des Wortes läßt sich in dem katalanischen *olla podrida* finden. *Lepudrida* ist eine Suppe aus Hülsenfrüchten. Die Cagliaritaner kochen Hülsenfrüchte zusammen mit Rind- oder Schweinefleisch.

Maccheroni
Maccheroni ist die italienische Bezeichnung für Makkaroni, eine uralte – mindestens 3000 Jahre alte – Erfindung. Das Wort *maccheroni* geht auf das griechische *machoirionon* zurück, was *lange Grashalme* bedeutet. *Maccheroni* sind lange, röhrenförmige Nudeln, die aus Weizenmehl hergestellt werden.

Maccu
Maccu ist eine der traditionsreichsten Suppen Süditaliens. Getrocknete dicke Bohnen werden enthülst und über Nacht eingeweicht. Am nächsten Tag werden sie in Wasser gekocht, dem wilder Fenchel und Öl beigegeben wird. Die Bohnen werden durch ein Sieb gestrichen, so daß man eine sehr dicke Suppe erhält. In dieser Suppe können nun die verschiedensten Nudelsorten gekocht werden.

Majoran
Majoran, auch Meiran, Kuttel-, Magran-, Wurstkraut genannt, ist eine Gewürzpflanze der Familie

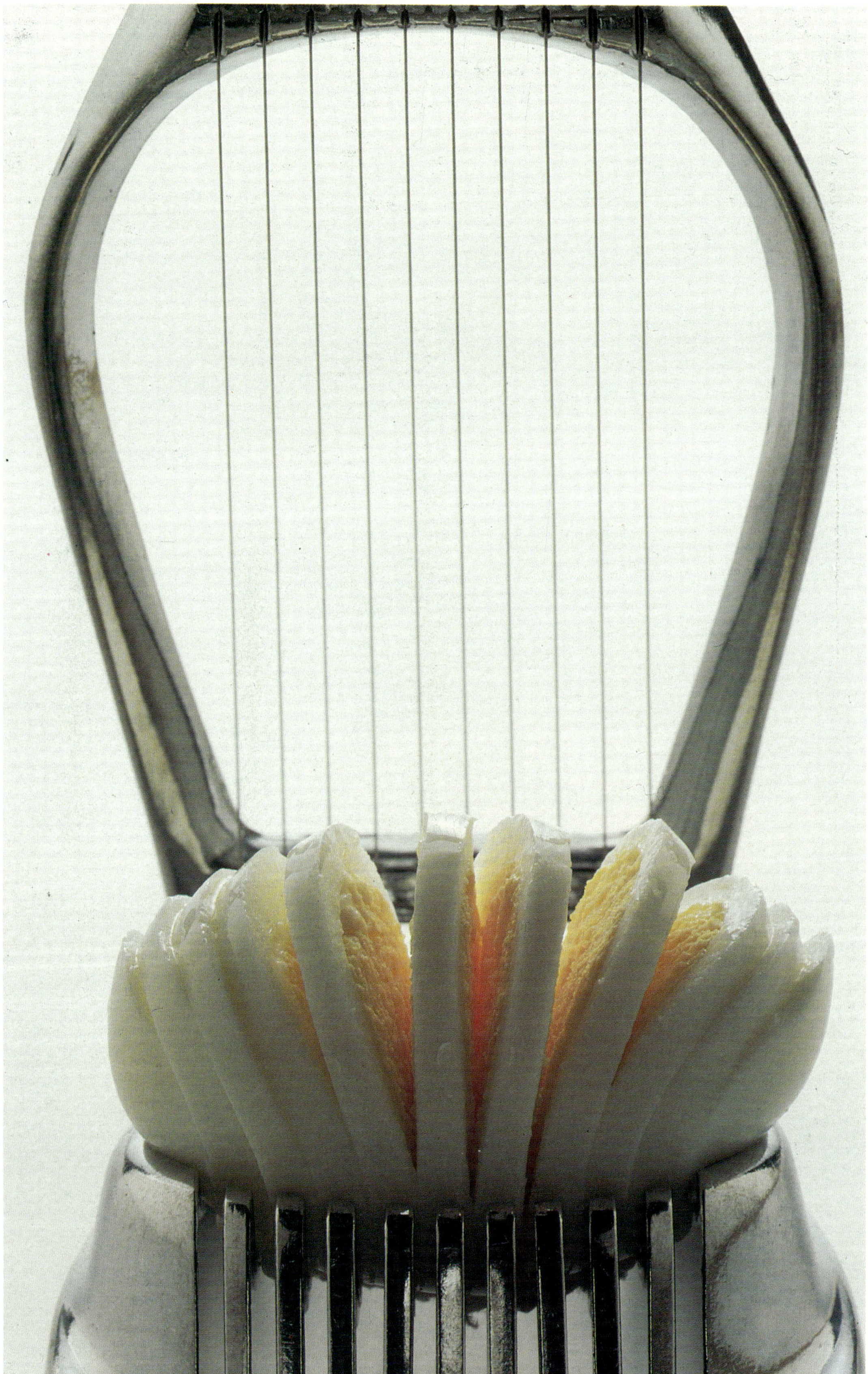

der Lippenblütler. Er gehört zu den wichtigsten Würzkräutern überhaupt. In der Wurstherstellung ist es unentbehrlich. Sehr beliebt ist es auch zum Würzen verschiedener Fleischgerichte.

Mandorlato
Ein süßes Gebäck aus gerösteten Mandeln, die mit einem Honigteig gebunden werden.

Martinsec
Im Aostatal und im westlichen Alpengebiet nenn sich so eine Birnensorte mit kleinen Früchten, die eine harte, durchfurchte Schale und weißes, süß-säuerliches Fruchtfleisch haben. Die Birnen werden sehr langsam in Rotwein mit ein paar Gewürznelken gegart. Man verzehrt sie meist kalt.

Mazzafegati
So heißen die in ganz Mittelitalien verbreiteten Bratwürste aus Schweineleber. Süße *Mazzafegati* erhält man durch Beigabe von Sultaninen, Zucker und Pinienkernen.
Besonders würzige *Mazzafegati* werden mit der Farce pikanter Bratwürste vermengt. Man grillt sie am Spieß oder brät sie im Ofen.

Messicani
Einer der vielen Phantasienamen, mit denen während der Zeit zwischen den beiden Weltkriegen viele regionale Gerichte getauft wurden. *Messicani* sind Rouladen aus Kalbfleisch, die mit Salami, Hühnerlebern, geriebenem Käse und etwas Muskatnuß gefüllt werden. Die Rouladen werden in Butter gebraten.

Mestecanza oder Mesticanza
Mestecanza bedeutet soviel wie Vermischtes: Tatsächlich handelt es sich meist um gemischten Salat aus Radicchio, Kresse, Endiviensalat, Rauke und diversen Kräutern, der mit Olivenöl angemacht wird.

Morseddu
Wenn man die Wurzeln des kalabresischen Wortes *morseddu* sucht, so stößt man auf das spanische *almuerzo* (Frühstück). Tatsächlich verzehren viele Kalabresen *Morseddu* zum Frühstück. *Morseddu* besteht aus Kutteln vom Schwein, die zusammen mit Tomaten und anderen Innereien gekocht und mit sehr viel Peperoncino gewürzt wer-

den. In Straßenlokalen erhält man Pizzafladen *(pitta)* mit *Morseddu* gefüllt. Man ißt sie wie belegte Brötchen. Allerdings sollte ein Fremder vorsichtig sein: *Morseddu* ist aufgrund des verschwenderischen Gebrauchs von Peperoncino sehr scharf.

Mörser
Der Mörser ist ein Küchengerät, in dem mit Hilfe eines Stößels alle möglichen Speisen zerrieben bzw. zerstoßen werden. Es gibt einige wenige Rezepte, für die ein Mörser unerläßlich ist (z. B. *Pesto alla genovese)*. Gewöhnlich jedoch kann man einen elektrischen Mixer verwenden, was viel Mühe erspart.

Mósa
Diese ziemlich cremige Suppe wird vor allem im Trentino – Tiroler Etschland und in einigen Regionen Venetiens gegessen. Man kocht Weizen- und Maismehl in Milch und lockert das Ganze zum Schluß mit etwas Butter auf.

Mostacciòli
Dieses Gebäck findet sich in ganz Süditalien. Es besteht aus Mehl, das mit Most vermengt wird. (Daher der Name: *mosto = Most.)* In den Abruzzen ist die Zubereitung weit ausgefeilter: Außer Mehl werden Mandeln, Honig und Zimt verwendet, und schließlich werden die Gebäckstückchen noch mit Schokoladenglasur überzogen.

Mostarda
Siehe *Senf.*

Mùstica
Mùstica (oder auch *bianchetti)* werden die ganz jungen, frischgeborenen Sardellen genannt, sehr kleine, weiße Fischchen. Sie werden eingesalzen und in Öl eingelegt. Sie sind eine eigene Spezialität der ionischen Küste. Der Name kommt wahrscheinlich von dem Tongefäß, in dem die Sardellen früher konserviert wurden.

Nocino
Ein Likör aus noch grünen Walnüssen, die mit ihrer Schale in Schnaps zermahlen und mit Zimt und Nelken gewürzt werden. Einen Monat später wird die Flüssigkeit durch einen Papierfilter gegossen und mit Zucker vermengt. Der berühmteste *Nocino* stammt aus der Emilia. Heute wird er auch industriell hergestellt.

Origano
Origano oder *Oregano* (Betonung auf der zweiten Silbe) ist eine wildwachsende Abart des Majorans, ausgezeichnet zu Pizza- und Tomatengerichten.

Pabassinas
Kleines Rosinengebäck aus Sardinien. Der Name stammt von dem sardischen Dialektwort *pabassa* für das italienische *uva passa* (Rosine). Der Teig besteht aus Rosinen, gerösteten Mandeln, gehäuteten Walnüssen und Zucker.

Pan de mej
Das *Pan de mej,* in Mailand *Pane di miglio* genannt, war ursprünglich ein grobes Brot, das mit Sahne serviert wurde. Der geschmackliche Kontrast war das Reizvolle für den Gaumen. Heute ist das *Pan di mej* ein weitverbreitetes, süßes Gebäck, das aus Maismehl, Hirse, Butter, Zucker, Ei und Hefe gebacken wird.

Pandoro
Ein klassischer Weihnachtskuchen aus Verona. Auf den ersten Blick scheint der Name von *pan d'oro* (goldenes Brot) abzustammen. Der Schein trügt jedoch: In Wirklichkeit steckt das veronesische *pandolo* dahinter, was der Name eines traditionellen Gebäcks war. Schon seit Ende des letzten Jahrhunderts wird in der Konditorei Melegatti in Verona der *Pandoro,* dieser äußerst zarte, in eine Puderzuckerschicht gehüllte Kuchen zubereitet. Er hat eine klassische, gezackte Form und besteht aus Mehl, Ei, viel Butter und Hefe.

Pane frattau
Siehe *Carta da musica.*

Panforte
Eine Art Lebkuchen aus Siena mit einer sehr langen Tradition. Vielleicht wurde *Panforte* schon von Dante Alighieri verspeist. Das Rezept lehnt sich auf jeden Fall an die Zubereitungsart der toskanischen Pfefferkuchen mit Honig an, die schon zu Beginn des 13. Jahrhunderts Berühmtheit erlangten. Derzeit wird *Panforte* in Siena industriell aus Mehl, Zucker, kandierten Früchten, Mandeln und verschiedenen Gewürzen hergestellt.

Paniscia oder Panissa
Schon im Mittelalter war unter diesem Namen eine recht dickflüssige Suppe aus Kichererbsenmehl und Hirse im Umlauf. Mit der Zeit hat sich das Rezept etwas verändert. Heute verwendet man Reis und Bohnen.

Pansoòti
Eine Art *Ravioli* aus Ligurien, die mit Blattgemüse, Käse, Ei und Knoblauch gefüllt werden. Dazu reicht man eine Sauce aus Walnüssen, Öl, Eigelben und ganz jungem Käse.

Panzanella
Ein einst in der Toskana sehr populäres Gericht, das mit Kastenweißbrot zubereitet wird.
Die Brotscheiben werden in Wasser eingeweicht, zusammen mit Sardellenfilets, Zwiebeln, Tomaten, Öl, Essig, Salz und Pfeffer. Die Herkunft des Wortes *panzanella* ist ungewiß.
Auf jeden Fall waren Gerichte dieser Art, kalt oder warm verzehrt, in den ländlichen Gegenden einst

sehr verbreitet. So brauchte man das altbackene Brot nicht wegzuwerfen.

Paparèle
Siehe *Pappardelle.*

Pappardelle
Die *Pappardelle* der Toskana und die *Paparèle* aus Venetien sind eine Variation der *Lasagne.* Es sind etwa 2,5 cm breite Nudeln. Sie werden auf die verschiedenste Weise angemacht. Am bekanntesten sind die *Pappardelle* mit Hase aus der Gegend um Arezzo und aus der Toskana.

Passatelli
Eine Mischung aus geriebenem Brot, Käse und Ei wird durch ein mit Löchern versehenes Eisen gestrichen. Die Löcher haben einen Durchmesser von ½ cm, so daß man entsprechend dicke, 3–4 cm lange Teigwürmchen erhält. *Passatelli* heißen die Nudeln, *passatello* nennt sich das Eisen. Man kann auch eine Kartoffelpresse mit etwas größeren Löchern benutzen. Die *Passatelli* sind eine Spezialität der Romagna. Sie werden gewöhnlich in reichlich würziger Fleischbrühe gekocht.

Pepatelli oder Pepatille
Ein Pfeffergebäck aus Kleie- oder Vollkornmehl, Honig, gehackten Mandeln und viel Pfeffer.

Peperoncino
Kleine rote Schoten aus der Paprika- oder Capsicumfamilie, die getrocknet und gerieben als Gewürz im Handel erhältlich sind. Es gibt milderen bis äußerst scharfen Peperoncino. Letzteren, den *Peperoncino picante,* nennt man in Latium auch *diavoletto* (Teufelchen). In Italien wird *Peperoncino* in reichem Umfang verwendet.

Perciatelli
Ein anderer Ausdruck für *Bucatini:* kleine, röhrenförmige *Spaghetti.*

Pesto
Eine Basilikumsauce aus Ligurien für Nudeln und Suppen. Man zerstößt im Mörser zarte Basilikumblätter mit etwas Öl, Pinienkernen, Knoblauch und geriebenem Pecorino.

Piada
Siehe *Schizzòti.*

Piatto elefante
Eine Fleischplatte aus Südtirol, die – wie der Name sagt (Elefantenplatte) – äußerst reichhaltig ist. Man bekommt eine unglaubliche Vielfalt an Fleisch- und Wurstwaren serviert. *(Piatto elefante* ist eine Spezialität des gleichnamigen Restaurants in Brixen.)

Piccagge
Sehr breite Lasagne-Nudeln aus Genua.

Piccellati
Süßes Gebäck aus dem Molise, das mit einer Farce aus Brotkrume, Walnüssen, Mandeln, abgeriebener Orangenschale, verschiedenen Gewürzen, Honig oder konzentriertem Most gefüllt wird.

Pillotto
Pillotto ist die Bezeichnung für ein Stück Speck, das auf ein Metallspießchen gesteckt zum Einfetten von Fleisch dient, welches gerade gegrillt wird. Dieses Verfahren ist in Umbrien gebräuchlich. Früher wurde der Speck in ein Stück Papier gewickelt, das beim Kontakt mit dem Feuer verbrannte. Der Speck schmolz und tropfte brennend auf das Grillfleisch. Diese Art des Grillens war in ganz Mittelitalien sehr gebräuchlich. Eine entsprechende Technik wird in Sardinien beim Zubereiten des *Porceddu* angewandt.

Pinne
Pinne (pinna nobilis) sind große Muscheln, deren faseriger Fuß in alten Zeiten zur Herstellung des berühmten Byssus dienten. Byssus war ein zartes Gewebe aus Muschelseide. Heutzutage findet man die *Pinne* in der Gegend von Salentino an der ionischen Küste. Sie werden mit Olivenöl, Zitronensaft, Pfeffer und Petersilie angemacht und kalt gegessen.

Pinza
Vom Wort her bedeutet *pinza* dasselbe wie *pizza.* In seinen Zutaten unterscheidet sich das Gericht des östlichen Alpengebiets jedoch sehr von der *Pizza:* Die *Pinza* ist ein süßes Gebäck aus altbackenem Brot (in Milch eingeweicht), Zukker, Ei, Pinienkernen und etwas Butter, um ihm eine gewisse Zartheit zu verleihen. Das Ganze wird in den Ofen geschoben. Varianten der *Pinza* findet man im Friaul und im Julischen Venetien, wo sie zu Ostern auf die Tafel kommt. Hier wird sie aus Mehl, Zucker und Ei bereitet.

Pizza al formaggio
Mit dieser umbrischen Käsepizza wird die Ostertafel eröffnet. Die Zutaten sind: Ei, Pecorino, Grana (ein dem Parmesan ähnlicher Hartkäse) und Olivenöl. Das Ganze wird miteinander vermengt und nach und nach mit einer gleichgroßen Menge Brotteig vermengt. Man knetet so lange, bis der Teig glatt und geschmeidig ist. In einer Tortenbodenform läßt man ihn gehen, bevor er im Ofen gebacken wird. Wenn der Teig wirklich gut ist, wird er sich verdoppeln.

Pizzòccheri
Eine Spezialität aus dem Veltlin. *Pizzòccheri* sind ziemlich breite *Tagliatelle* aus Buchweizen und Weizenmehl. Sie werden zusammen mit Kartoffeln, Wirsing und anderem Gemüse gekocht. Dann läßt man sie abtropfen, übergießt sie mit zerlassener Butter, bestreut sie mit Käse und würzt sie mit Knoblauch.

Polenta
Ein Brei, der aus Maismehl, Salz und Wasser gekocht wird. Man kann Polenta heiß essen, oder man läßt sie auskühlen und fest werden, schneidet sie in Scheiben und reicht sie gebraten oder gegrillt als Beila-

ge. In Venetien sind auch überbakkene Polentascheiben, die *Polenta pasticciata,* üblich.

Polenta di patate
Diese Kartoffelpolenta ist in einigen Gegenden des Trentins und im östlichen Alpengebiet beheimatet. Kartoffeln werden püriert und mit Maismehl vermengt. Zum Binden verwendet man ein wenig Buchweizen. *Polenta di patate* wird mit den verschiedensten Saucen, zarten Käsesorten und roher Wurstware serviert.

Polenta taragna
Diese *Polenta,* auch unter dem Namen *Furmentùn* bekannt, besteht aus Buchweizenmehl. In ihrer Zubereitungsart entspricht sie der normalen *Polenta* aus Maismehl. Am Schluß werden Butter und Käse zugegeben, was nicht nur den Geschmack ändert, sondern die *Polenta* auch in ihrer Konsistenz zarter macht. Der Name *taragna* kommt von *tarare*, was *vermengen* bedeutet. Das entsprechende Küchengerät heißt *Taràì.*

Potacchio oder potaggio
Der Name kommt von dem französischen *potage. Potacchio* entspricht unserem Schmorbraten, d. h. der Technik, Fleisch erst anzubraten, dann Flüssigkeit zuzugießen und das Fleisch in Flüssigkeit zu Ende zu garen. Im allgemeinen verwendet man den Begriff *Potacchio* in bezug auf Huhn, Kaninchen und Lamm.

Potìza
Unter *putiza* oder *butiz* versteht man im Friaul Bauch. Die *Potìza* ist denn auch ein süßes Gebäck mit einem richtig dicken Bauch: Er ist gefüllt mit Schokolade, Milch, Zucker, Sultaninen, Walnüssen, Pflaumen, geriebenem und geröstetem Brot, trockenen Feigen, abgeriebener Zitronenschale, Zimt und Muskat. Der Teigmantel besteht aus Hefe, Mehl, Milch, Ei und Zucker.

Prèsniz
Prèsniz besteht aus einem gesüßten Blätterteigmantel, der noch reicher gefüllt ist als die *Potìza:* mit Walnüssen, Mandeln, in Butter geröstetem, geriebenem Brot, Zukker, Schokolade, Sultaninen, Zitronat, abgeriebener Zitronenschale, Rum mit Vanillegeschmack und manchmal Zitronensaft.

Probusti
Probusti sind kleine, knoblauchhaltige Bratwürste, die zum größten Teil aus Schweine- und Kalbfleisch bestehen. Über Birkenholz leicht geräuchert, werden sie gekocht und mit Sauerkraut serviert. Sie sind eine alte, heute fast in Vergessenheit geratene Spezialität des Gebietes um Rovereto im Trentin.

Provatura
In einigen Gegenden von Latium ist dies der Name für Mozzarella. Das liegt daran, daß die Mozzarellabällchen in Form und Größe den Probierhäppchen ähneln, anhand derer die Käser Qualität und Reife eines Käses prüfen *(provare* bedeutet *testen, kosten).*

Pùddica
Eine Art Pizza aus Apulien, mit einer Teigdicke allerdings von etwa 1½ cm. Mit den Fingern werden Mulden in den Fladen gedrückt, die mit Tomaten, Knoblauch und Öl gefüllt werden. Die *Pùddica* wird sehr heiß serviert.

Puddighìnos
Mittelgroße Hühnchen aus Sardinien, die mit einer Farce aus Ei, angebräunten Innereien, geriebenem Brot, Sahne und Tomaten gefüllt und im Ofen gebacken werden.

Puìna
Ricotta wird im Friaul und im Julischen Venetien *Puìna* genannt. In engerem Sinne bezeichnet *Puìna* geräucherten *Ricotta.*

Puntarelle
Eine bittere Zichorienart, die als Salat gegessen wird. Sie ist eine Spezialität aus Latium. Man legt die Blätter in kaltes Wasser, damit sie sich kräuseln, und macht sie mit Öl, Essig und Sardellenfilets an.

Radicchio arrosto
Radicchio ist ein Salatgemüse aus der Gegend von Trevigniano. Jedoch auch in anderen Regionen Venetiens serviert man roten, langblättrigen *Radicchio* als Beilage. Erst werden die harten Blätter und die Stiele entfernt. Die übrigen Blätter schneidet man der Längsrichtung nach in vier oder auch in zwei Teile, je nach Größe. Gesalzen und mit Öl beträufelt werden sie auf dem Grill geröstet. Man muß sie sehr oft wenden, da sonst die Spitzen verbrennen. Der *Radicchio* ist gar, wenn die Blätter schlaff zusammenfallen. Man serviert ihn heiß mit ein paar Tropfen Zitrone.

Ratafià
Ein Likör aus Sauerkirschen. Die Sauerkirschen werden zermahlen, zusammen mit Zucker in ein Gefäß gefüllt und zwei Monate lang der Sonne ausgesetzt. Nach diesem Zeitraum gießt man Alkohol zu, so daß der alkoholische Gehalt bei 25–30% liegt.

Räuchern
Räuchern ist ein uraltes Verfahren zur Konservierung von Fleisch- und Fischwaren, die erst gepökelt und dann einige Zeit in speziellen Räucherkammern geräuchert werden. Der Rauch entsteht beim Schwelen aromatischer und feuchter Hölzer.

Rauke
Im ganzen Mittelmeergebiet verbreitete, auch wild wachsende Pflanze aus der Gattung der Kreuzblütler, die als leicht bitter schmekkender Salat in der Küche Verwendung findet.

Ravioli
Ravioli sind gefüllte Teigtäschchen aus Weizenmehl und Eiern. Sie ähneln den mit Fleischfarce gefüllten *Tortellini,* haben jedoch eine quadratische Form.

Reisbombe (Bomba di riso)
Ein typisches Reisgericht der emilianischen Küche, das der piemon-

tesischen *Goffa* und dem neapolitanischen *Sartù* entspricht. In eine mit Reis ausgekleidete Form wird ein Braten gelegt und im eigenen Saft im Backofen gegart.

Ricciarelli
Ein traditionsreiches Süßgebäck aus Siena, das aus Mandeln und Zucker besteht. Heute wird es industriell vertrieben.

Riesengarnelen
Riesengarnelen werden in ihrer Schale gegrillt oder manchmal auch geschält – in Mehl gewendet und in Ei gewälzt – in der Pfanne ausgebacken. In Italien heißen Riesengarnelen im allgemeinen *gamberoni,* in Rom und in seiner Umgebung werden sie *mazzancolle* genannt.

Riserva
Qualitätsbezeichnung für Weine mit vorschriftsmäßiger, individuell festgelegter Lagerzeit. *Riserva speciale* bedeutet eine noch längere Lagerzeit.

Risotto alla Pilota
In den großen Reisanbaugebieten sind schon viele Techniken der Reiszubereitung entstanden. In der Gegend von Verona und Mantua kocht man einen *Risotto* unter Beigabe von roher Salamifüllung *(tastassal).* Dieser *Risotto* nennt sich *alla pilota,* weil er in allererster Linie von den Arbeitern, den *piloti,* gegessen wurde, die für die Schälung, die *pilatura,* des Reises zuständig waren. Es existiert jedoch auch eine andere Interpretation des Namens *alla pilota: Pilotato* heißt soviel wie *gelenkt, geleitet.* Das Kochen des Reises sei *gelenkt* gewesen: In einen Topf mit kochendem Wasser wurde genau so viel Reis geschüttet, daß sich ein Kegel ergab, der den Boden exakt abdeckte und dessen Spitze genau bis an die Wasseroberfläche reichte. Den Gesetzen der Geometrie entsprechend nimmt auf diese Art der Reiskegel genau ⅓, das Wasser genau ⅔ des Gesamtvolumens ein. So befinden sich Reis und Wasser im Verhältnis 1:2. Bei diesem Mengenverhältnis hat der Reis am Ende der Garzeit das Wasser vollständig aufgesogen. Übrigens ist es empfehlenswert, den Reis bei geschlossenem Deckel im Ofen zu kochen, damit er nicht am Boden ansetzt.

Rosada
Ein Pudding, der im Trentino-Tiroler Etschland zu Ehren hoher Prälaten serviert wurde. Es handelt sich um eine Art Karamelcreme mit fein zerstoßenen Mandeln.

Rosmarin
Der Rosmarin-Halbstrauch gehört zur Familie der Lippenblütler und wächst in den Mittelmeerländern auch wild. Seine lederartigen Blätter sind ein vielseitiges Küchengewürz.

Rôstida
Unter *Rôstida* oder *Rôstisciada* versteht man in der Poebene in Butter gebratene Innereien vom Schwein wie Herz oder Lunge. Man aß sie im Winter, wenn die Schweine geschlachtet wurden.

Rôstisciada
Siehe *Rôstida.*

Salbei
Der Salbeistrauch ist im Mittelmeergebiet beheimatet, wächst aber auch in Deutschland. Im frühen Mittelalter galt er als eine der wichtigsten Arzneipflanzen. In der Küche verwendet man Salbei getrocknet oder auch frisch, auf jeden Fall nur sparsam. Er dient als Würze für Fischgerichte und Ragouts und ist unentbehrlich bei der Zubereitung von *Saltimbocca.*

Saltimbocca
Fleischspießchen mit magerem Kalbfleisch, Schinken und Salbeiblättern.

Sambuca
Ein Likör aus Latium auf der Basis von Anis und Zucker. In den ländlichen Gegenden gewann man ihn früher, indem man Schnaps mit Anissamen aromatisierte und nach und nach Zucker zugab. Sehr begehrt ist *Sambuca* aus Civitavecchia.

Saór
Saór ist eine Sauce, in der man Sardinen mariniert, ehe sie in Mehl gewälzt und in reichlich Öl gebakken werden. Diese Sauce aus Venetien besteht aus Zwiebeln und Essig. Die Dauer der Marinade beträgt zwei bis drei Tage.

Sartù
Sartù ist ein Reisgericht, das nach Neapel importiert und dort – in der Heimat der *Spaghetti* – zu einer besonders delikaten Spezialität wurde. Heute wird *Sartù* längst nicht mehr so kunstvoll zubereitet wie noch im letzten Jahrhundert. Auch unser Rezept (s. S. 109) ist wesentlich einfacher als das damalige.

Sauerkraut
Sauerkraut ist in Italien unter dem Namen *crauti* bekannt, in Südtirol dient es als Beilage zu vielen Gerichten, vor allem zu Schwein. Sauerkraut besteht aus gehobeltem Weißkohl, der gesalzen und mit Kräutern gewürzt in Fässer eingestampft wird, wo er zwei bis drei Monate gärt. Danach ist das Sauerkraut fertig. Man brät es mit Speck in der Pfanne oder kocht es sanft. In Venetien ist eine andere Sorte Sauerkraut gebräuchlich, das nicht gegoren, sondern mit Weißweinessig versetzt wird.

Sbira
Das Lieblingsgericht der Hafenarbeiter in Genua. Wahrscheinlich trägt es den Namen *Sbira,* weil es in den Straßenlokalen von den Sbirren, den ehemaligen Geheimagenten der Polizei, gegessen wurde. *Sbira* ist ein sehr gehaltvolles Gericht aus Kutteln und Fleischstückchen, das auf Brotscheiben serviert wird.

Sbrisolona
Ein typisches Süßgebäck aus Venetien, in das eine beachtliche Menge an Fett oder Butter eingearbeitet wird, was ihm seine charakteristische Zerbrechlichkeit verleiht. Daher der Name: *sbriciolarsi* bedeutet *leicht zerbröseln.*

Schizzòti
Sehr dünne Fladen. (Der Name kommt von *schiacciato,* was *zerdrückt* bedeutet.) Die *Schizzòti* entsprechen den *Piade* der Romagna. Der Teig (ohne Hefe) wird mit Schweineschmalz vermengt. Man kocht die Fladen in besonderen Gefäßen, den *testi,* die mit Glut bedeckt werden. Dann faltet man sie zusammen und ißt sie belegt, wie gewöhnliche Brötchen. Es gibt auch süße *Schizzòti,* die aus Mehl, Zucker, Ei, Rum und Rosmarin bereitet und im Ofen gebacken werden.

Schweinsrücken
Schweinsrücken wird am Spieß gegrillt oder im Backofen gebraten. Auf diese Weise zubereitet, hat er

eine lange Tradition. Bereits im frühen Rinascimento (etwa im 14. Jhd.) zierte er die Tafel.

Senf
Senf ist eine Würzpaste aus Senfkörnern, Essig, Pfeffer und anderen Gewürzen. Auf italienisch heißt Senf *mostarda. Mostarda di Cremona* besteht jedoch aus kandierten Früchten in süßem Sirup mit Senfgeschmack und wird zu gekochtem Rindfleisch gereicht. *Mostarda* ist auch der Name einer Süßspeise aus Sizilien, die aus Traubenmost gemacht wird.

Sfogliatelle
Kringelgebäck aus Blätterteig bzw. aus Mürbeteig. Die ersteren heißen auch *Sfogliatelle ricce.* Nicht alle haben die Form von Kringeln, manche sind mit Ricotta und kandierten Früchten gefüllt. So zubereitet, werden sie heiß gegessen.

Sópa coada
Ein Gericht, das ganz der Tradition Venetiens entspricht. Vor kurzem wurde es von verschiedenen Restaurants wiederentdeckt. Es besteht aus zwei Brotschichten, die eine Käseschicht und eine aus Taubenfleisch umhüllen. Das Ganze wird mit Fleischbrühe bedeckt und 4–5 Stunden im Ofen bei mäßiger Temperatur gegart. Dieser langen Kochzeit verdankt es auch seinen Namen *(zuppa covata* bedeutet in etwa *ausgebrütete Suppe).* Das Brot absorbiert dabei den Geschmack von Brühe, Fleisch und Käse, ohne zu verbrennen. In manchen Gegenden Venetiens, wie z. B. in Treviso, werden anstelle des Taubenfleisches Kutteln verwendet.

Stockfisch
Stockfisch ist luftgetrockneter, aber im Gegensatz zum *Klippfisch* ungesalzener Kabeljau. Das Fleisch wird bei dieser Konservierungsmethode hart wie ein Stock, was dem Fisch auch seinen Namen gegeben hat. (Auf Italienisch: *stoccafisso.)*

Stracciatella
Eine Suppe aus Latium, bei der mit einer Gabel Ei in die Brühe geschlagen wird. Wenn es gestockt ist, schwimmen kleine Eierfetzchen in der Flüssigkeit (*stracci = Fetzen).*

Stracotto
Siehe *Brasato.*

Sugna piccante
Pikantes Schweineschmalz ist in Süditalien, vor allem in der Basilikata, recht verbreitet. Man bereitet es, wenn die Schweine geschlachtet werden. Das frische Schweinschmalz wird mit viel Peperoncino vermengt. Es dient als Aufstrich für geröstetes Brot oder zum Würzen von Gemüse.

Superiore
Bezeichnung für D. O. C.-Weine mit über der Norm liegenden Qualitätsmerkmalen (höherer Alkoholgehalt, längere Lagerzeit, aus einem begrenzten Anbaugebiet usw.). Die Bedingungen sind verschieden.

Surecilli
In den Abruzzen ist *surecilli* das Wort für *Mäuse.* In übertragenem Sinn ist *Surecilli* der Name für Nokkerl aus Mehl, Wasser und Ei, die mit Bratensaft übergossen serviert werden.

Taccozze
Eine Teigware, die in Umbrien, in den Marken, in den Abruzzen, im Molise und in Kampanien beheimatet ist. Blätterteig wird in 3–4 cm große Quadrate geschnitten. In ihrer Dicke sind die Quadrate etwas stärker als gewöhnliche Tagliatelle. Man ißt die *Taccozze* trocken, mit einer kleinen Sauce angemacht, oder aber in Brühe. Im letzteren Fall verwendet man etwas kleinere *Taccozze.* Der Name geht auf *taccone* zurück, auf den *Flicken,* mit dem man Kleider ausbessert, womit auf die Form der *Taccozze* angespielt wird.

Tagliatelle
Tagliatelle sind dünne Streifennudeln mit einer Breite von etwa 2 cm.

Tajarìn
Sehr schmale, hausgemachte *Tagliatelle* aus Mehl und Ei. Die *Tajarìn* sind im ganzen Piemont, vor allem aber in der Gegend um Alba verbreitet, wo sie mit Butter, Zwiebeln und Hühnerlebern serviert werden.

Taralli
Kringelgebäck, das man in ganz Süditalien findet. Es gibt die *Taralli* in zwei Varianten: in einer mit Zucker und einer mit Pfeffer. Damit sie ganz zerbrechlich werden, kocht man sie kurz in Wasser vor,

ehe sie im Ofen bei mäßiger Temperatur gebacken werden können.

Tarallucci
Verkleinerungsform von *Taralli.* Süßes Gebäck in der Form von Kringeln oder kleinen Scheiben. Auch die *Tarallucci* sollen zart und zerbrechlich sein und werden deswegen, ehe sie im Ofen gebacken werden, in kochendem Wasser vorgekocht. Die *Tarallucci* sind in ganz Süditalien ein Festtagsgebäck. Zu kirchlichen Anlässen gibt es sie in Hülle und Fülle.

Tarantello
Eine Fischspezialität, für die der zarteste und fetteste Teil des Bauches vom Thunfisch verwendet wird. Benannt ist der *Tarantello* nach der Stadt Taranto, in der er früher produziert und gehandelt wurde.

Tassa
Eine Suppe aus dem Molise. Sie besteht aus Brot und Glühwein, verschiedenen Kräutern und viel Peperoncino. Bei den Bauern ist sie in den kalten Wintertagen sehr beliebt. *Tassa* heißt sie, weil sie in einer Tasse (= *tazza)* serviert wird.

Testaroli
Die *Testaroli* bestehen aus Wasser und Mehl und werden in speziellen Gefäßen gekocht, den *testi,* denen

sie auch ihren Namen verdanken. Die *testi* sind sehr niedrige Tongefäße mit Deckel, die in den Kamin gestellt und mit Glut und Kohle bedeckt werden. Die Teigscheiben werden in Rechtecke oder Streifen geschnitten, ein paar Minuten in Wasser gekocht, abgegossen und mit Öl, Knoblauch, Basilikum und viel Pecorino oder Parmesan serviert.

Tiella
Eine *Tiella* wird in Apulien auf folgende Weise zubereitet: Man legt in einer Backform Kartoffeln, Zwiebeln und in Streifen geschnittene Pilze in Schichten übereinander. Jede Schicht wird gesalzen, gepfeffert, mit Öl beträufelt, mit Knoblauch und Petersilie gewürzt. Die letzte Schicht bestreut man mit einer Handvoll geriebenem Brot. Nun wird das Ganze in den Ofen geschoben. In Latium, genauer in Gaeta, hingegen besteht die *Tiella* aus zwei Brotteigfladen, wie sie für die Pizza verwendet werden. Zwischen den beiden Fladen befindet sich eine Füllung, die variieren kann: Bei der fetten *Tiella* besteht sie aus frischem Käse, Ei, Wurst und Tomaten. Bei der anderen Variante aus Meeresfrüchten, Tomaten, entkernten Oliven, Kapern und Knoblauch. Diese *Tiella* wird in einer Pfanne in Öl oder Schweineschmalz gebacken.

Timballo
Eine Blätterteigpastete, die mit bereits gekochten Speisen, Fleisch, Pilzen, *Maccheroni* und anderem gefüllt ist. Den Namen verdankt sie vermutlich ihrer äußerlichen Ähnlichkeit mit einer Trommel (= *timballo*).
Timballo nennt sich auch die Backform, in der die Pastete gegart wird.

Torrone
Ein süßes Gebäck für die winterlichen Festtage in den verschiedensten Regionen Italiens. Es wird aus leicht gerösteten Mandeln zubereitet, die von einem Teig aus Honig, Zucker und Eiweiß gebunden werden. Die Zutaten allerdings variieren sehr (oft verwendet man Haselnüsse, Pistazien, Walnüsse usw.), und auch der Teig ist wandelbar: Es gibt ihn mit Schokolade oder sogar mit Feigen verfeinert.

Tortelli
Der *Tortello* ist eine Art Pfannkuchen, der süß, aber auch salzig sein kann. Der Teig wird aus Eiern, Milch und Mehl gerührt, mit verschiedenen Kräutern gewürzt und in Öl oder Butter gebacken.
Die *Tortelli* hingegen ähneln den *Tortellini*, sie sind nur etwas größer.

Tortellini
Mit Fleisch gefüllte Teigringe.

Trofie
Sehr weiche Nockerl aus mit Kartoffeln gemischtem Mehl oder auch aus reinem Mehl. Sie werden mit Basilikum- oder auch mit Fleischsauce serviert.
Die *Trofie* sind eine Spezialität aus Ligurien.

Uccelletti di mare
Spießchen mit Tintenfischchen, kleinen Kalmaren und anderen Meeresfrüchten. Die Spießchen sind aus Tamariskenholz. Bevor die Fische gegrillt werden, tunkt man sie in eine spezielle, recht dikke Sauce aus geriebenem Brot, Petersilie und Öl.

Vaccinara
Vaccinara wurden in Rom Metzger genannt, die Rinder schlachteten. Es gibt in der römischen Küche einige Gerichte, für die das weniger wertvolle Fleisch vom Rind verwendet wird. Diese Gerichte nennt man *alla vaccinara*. Sie wurden vor allem in Lokalen zubereitet, die in der Nähe der Schlachthallen lagen, da dort die Metzger zum Essen gingen.

Vincisgrassi
Ein traditionsreiches Gericht, das man auch heute noch in den Marken antreffen kann. Es ähnelt den *Lasagne* aus Bologna und besteht aus Schichten von Nudeln, die mit Bratensaft und Béchamel getränkt sind. Das Ganze wird im Ofen gebacken.
Früher scheint das Gericht reicher an Zutaten gewesen zu sein. Vor allem verwendete man viele Trüffeln.

Zabaione
Zabaione ist eine Weinschaumcreme. Das Wort *zabaione* – so will es die Volksüberlieferung – soll aus dem Namen des Schutzheiligen der Bäcker entstanden sein, San Giovanni di Baylon. Der *Zabaione* ist in ganz Italien bekannt, vor allem aber in den Küchen des Piemonts und Venetiens heimisch. (Rezept siehe S. 279.) Man reicht den *Zabaione* zu Süßigkeiten oder trockenen Biskuits.

Zedratfrüchte
Eine kopfgroße Zitronenart, die in Italien, Griechenland und auf Korsika angebaut wird. Aus den Fruchtschalen wird Zitronat hergestellt.

Zelten
Ein typisches Süßgebäck aus Südtirol. Datteln, getrocknete Feigen, Sultaninen, Pinienkerne, mit Weinbrand oder Rum beträufelte Walnüsse werden mit einem Brotteig aus Roggen- und Weizenmehl vermengt. Aus dem Teig werden Quadrate geschnitten, die mehrere Zentimeter hoch sind. Die Quadrate werden ringsherum mit gerösteten Mandeln und kandierten Früchten verziert. Dann wird das Gebäck im Ofen gebacken und anschließend mit etwas Honig und Wasser bestrichen.

Zéppole
Die *Zéppole* sind sehr verschiedenartig. Man trifft sie in ganz Süditalien.
Meist bestehen sie aus einem Teig aus Eiern und Mehl, der zu Kringeln geformt wird. Die Kringel werden in kochendem Wasser vorgekocht und dann mit Honig bestrichen in Öl gebraten.

Register

ANTIPASTI E SALUMI

PASTE ASCIUTTE

MINESTRE

RISO

SALSE

CARNI

POLLAME

SELVAGGINA

PESCI E CROSTACEI

UOVA

VERDURE

PIZZE E PANE

DOLCI

FORMAGGI

SCIROPPI, MARMELLATE, CANDITURE, LIQUORI

VORSPEISEN, WURST, SCHINKEN

TEIGWAREN

SUPPEN

REIS

SAUCEN UND FONDS

FLEISCH

GEFLÜGEL

WILD

FISCHE UND MEERESFRÜCHTE

EIERSPEISEN

GEMÜSE

PIZZEN UND BROTE

SÜSS-SPEISEN

KÄSE

EINGEMACHTES, KANDIERTES, SÄFTE UND LIKÖRE

Bildnachweis:
Studio ADNA, Mailand: 36, 44–45, 46, 62, 68–69, 92–93, 98, 102, 106–107,110, 111, 248–249, 252–253, 257, 266, 274–275, 291, 303, 304–305, 342–343, 346, 347. 348–349, 352, 353, 354–355, 358–359, 360–361.
AME, Mailand: 308, 314, 318, 324, 329, 330, 331, 334, 335, 339.
Stelvio Andreis e Elvio Lonardi, Verona: 1, 5, 6, 10–11, 12–13, 15, 24–25, 28–29, 30, 31, 32–33, 34–35, 38–39, 40–41, 42, 47, 48, 49, 50, 51, 52–53, 54–55, 56, 57, 58, 59, 60–61, 63, 64–65, 67, 70, 72–73, 74–75, 76–77, 78, 79, 80–81, 82, 83, 84, 84–85, 89, 90–91, 97, 100–101, 104–105, 116–117, 118–119, 120–121, 124–125, 126, 127, 128–129, 130–131, 136, 137, 138, 140–141, 142, 147, 148, 152–153, 154–155, 157, 158, 159, 160–161, 163, 164–165, 166–167, 170–171, 172, 173, 174–175, 176, 177, 178–179, 180–181, 182–183, 184–185, 186, 187, 188–189, 196–197, 198, 200, 201, 202–203, 204, 206–207, 208, 214–215, 224–225, 228–229, 230–231, 232–233, 236–237, 240–241, 242–243, 246–247, 250, 251, 254, 255, 256, 260–161?, 262, 264, 267, 268–269, 271, 272, 273, 278, 280–281, 282–283, 299, 306–307, 310–311, 312–313, 316–317, 320–321, 326, 332–333, 338–339, 344–345.
Paolo Belloni/Marzia Malli, Mailand: 298.
Riccardo Marcialis, Mailand: Umschlagfoto, 26–27, 86–87, 88, 94, 96, 99, 108–109, 112, 113, 122–123, 132–133, 144–145, 150–151, 168–169, 192–193, 194–195, 212–213, 221, 222–223, 226–227, 238–239, 263, 276–277, 284–285, 288–289, 294–295, 296–297, 300, 301, 302, 350–351.
Angela Prati Trient: 356, 357. PRIMA PRESS, Mailand: 258–259. Lino Simeoni, Verona: 309. Luca Steffenoni, Verona: 16–17, 18–19, 20, 23, 286–287, 292–293, 314–315, 319.